材料科学与工程著作系列
HEP Series in Materials Science and Engineering

材料分析方法

Analytical Methods for Materials

董建新

CAILIAO FENXI FANGFA

高等教育出版社·北京
HIGHER EDUCATION PRESS BEIJING

图书在版编目（CIP）数据

材料分析方法 / 董建新编著. — 北京：高等教育出版社，2014.2（2018.6重印）
（材料科学与工程著作系列）
ISBN 978-7-04-039048-3

Ⅰ.①材… Ⅱ.①董… Ⅲ.①工程材料－分析方法 Ⅳ.①TB3

中国版本图书馆CIP数据核字（2013）第303157号

策划编辑 刘剑波　　责任编辑 刘剑波　　封面设计 姜 磊　　版式设计 杜微言
插图绘制 尹 莉　　责任校对 张小镝　　责任印制 尤 静

出版发行	高等教育出版社	咨询电话	400-810-0598
社　　址	北京市西城区德外大街4号	网　　址	http://www.hep.edu.cn
邮政编码	100120		http://www.hep.com.cn
印　　刷	涿州市星河印刷有限公司	网上订购	http://www.landraco.com
开　　本	787mm × 1092mm　1/16		http://www.landraco.com.cn
印　　张	33.5	版　　次	2014年2月第1版
字　　数	610千字	印　　次	2018年6月第2次印刷
购书热线	010-58581118	定　　价	79.00元

物 料 号　39048-00

前　言

“材料分析方法”是材料学科必修的公共技术基础课之一。在学习掌握了“材料科学工程基础”的相关知识后，本课程侧重于从材料的微观角度来揭示和理解材料的组织性能演变规律。通过将课堂授课和实验教学相结合，使学生掌握材料分析的基本方法，包括光学金相、扫描电子显微镜、透射电子显微镜、X 射线和电子衍射结构分析等；通过解析相关的基本原理，使学生了解分析设备的操作过程及解决实际问题的具体应用。

本书在内容安排上由浅入深，从利于理解和掌握的形貌分析方法着手，用材料研究过程中的具体案例分析作为加深理解知识要点的手段，遵循从可“看到”的形貌分析到抽象的结构分析的授课思路。教材首先以材料分析案例作为引入，以建立在电子显微学基础上的扫描电子显微镜和透射电子显微镜为分析方法基础，突出电子显微分析的试样制备过程，结合对具体案例的分析和总结，便于学生加深理解以形貌观察分析为主的课程内容；进而以 X 射线衍射分析和电子衍射分析为基础，对材料结构分析的原理、方法和应用进行系统阐述，再以综合案例分析对课程内容进行归纳总结。为了使读者能对其他材料研究方法有初步的了解，本书在最后对材料计算分析方法进行了简述，并提供了俄歇电子能谱分析、扫描隧道显微分析等其他显微分析方法，作为后续课程和研究的基础。

为此，全书共分 14 章，以第六章“材料基本分析方法案例”和第十二章“材料综合分析方法案例”为界面，分为三大部分。第一部分主要阐述基于形貌分析的方法，以第一章的案例引入阐明材料分析方法的学习目的和意义；第二章则是复习已经在“材料科学工程基础”课程中学习过的金相技术，作为后续进一步分析方法的对照和基础；在对第三章“电子显微分析基础”了解和掌握的基础上，以第四章的“扫描电子显微分析”和第五章的“透射电子显微分析”阐述基于形貌分析的两种最基本的电子显微分析方法，突出分析试样制备技术和应用，为后续章节的结构分析提供基础分析手段，并以这种由“表”及“里”的课程安排方便读者循序渐进地理解课程内容。第六章的案例分析可对前五章内容巩固理解并起到学以致用的作用。随后第七章至第十一章讲述结构分析，即 X 射线分析和电子衍射分析。第七章到第九章为 X 射线分析，分别介绍 X 射线的性质和表征、X 射线的相关分析方法，以及利用 X 射线对材料结构进行应用分析；第十章和第十一章主要阐述电子衍射基本原理，重点讲述电子衍射谱的标定及应用。在以上形貌分析和结构分析的基础上，以第十二章综合案例分析作为总结。第十三章“材料计算分析方法”和第十四章“其他显微分析方法”作为本课程补充拓展的内容。

本书课堂授课学时建议为50学时，实验学时最少应为12学时，可分成3个基本实验进行，即扫描电子显微镜观察、透射电子显微镜观察及X射线衍射分析。若条件允许，建议增加用于组织结构分析的试样制备环节的实验及X射线残余应力分析等实验。

本书除了应用作者的研究结果作为图例外，还参考和引用了其他优秀教材和研究成果，以文献的方式予以标注，在此谨致谢忱。在引用的过程中若文献的标注欠准确，请指正并请谅解。也恳请读者对本书内容的疏漏和不当之处批评指正。

董建新

2014年2月

目　录

第一章 材料分析方法及案例

材料在人类文明进程中所起的作用是巨大的，现代高技术的发展依赖于新材料技术的发展。材料学科已经成为自然科学中一个重要的基础学科，自然科学的各种研究方法在材料科学的发展中发挥了很大的作用，而且在不断地产生新的研究思路和研究方法。

材料科学从经验科学逐步走向理性科学，很重要的发展方向是材料的设计与模拟。目前，人们在模拟设计方面取得了较大的成功，在材料的计算设计方面也已经迈出了坚实的步伐。本章结合材料科学与工程学科特点，归纳介绍有关的科学研究方法。简单阐述材料组织结构与测定的基础知识，并以材料研发过程中发生的实际案例为引入，使读者建立对材料分析方法的感性认识，以便逐渐进入本课程的系统学习。

1.1 材料科学研究的基本方法

1.1.1 归纳与演绎法[1]

归纳法是前提与结论之间有或然性联系的推理，归纳是从特殊到一般；演绎法是前提与结论之间有必然性联系的推理，演绎是从一般到特殊，其大前提多是一般性原理或公理。

归纳法与其他逻辑方法主要的区别，不仅在于它的推理方向是从个别到一般的过程，而且还在于它的结论是未经证实的，具有或然性。这是由归纳法的客观基础所决定的。因为任何个别事实中都包含着某种一般性，所以归纳结果有一定的可靠依据。但是又因为任何个别都不能完全地包括在一般之中，所以归纳的结论就不能不带有比较大的或然性。

演绎法是从已知的一般原理、定理、法则、公理或科学概念出发，推论出某些事物或现象具有某种属性或规律的新结论的一种科学研究方法。演绎法是从一般原理推理出个别结论的方法。其主要形式是三段论，即由大前提、小前提和结论组成。大前提是已知的一般原理，小前提是已知的个别事实与大前提中的全体事实的关系，结论是由大、小前提中通过逻辑推理关系获得的关于个别事实的认识。对于演绎推理来说，前提的真实性和形式的正确性是相对独立的，为了必然地得到真实的结论，一个演绎推理必须是前提真实而且形式正确。

1.1.2　分析与综合法

分析法就是把研究对象分解成几个组成部分，然后分别加以研究，从而认识事物的基础或本质的一种科学研究方法。分析法是以客观事物的整体与部分的关系为客观基础的。事物的各种属性、部分或关系从不同方面表现了事物的整体性。客观事物中的整体和部分之间的关系使分析法成为可能和必要。

分析法在思维方式上的特点，在于它从事物的整体深入到它的各个组成部分，通过深入地认识事物的各个组成部分来认识事物的内在本质或整体规律。基本上有 3 个环节：

1）把整体加以“解剖”，从整体中按照一定特性分离出各个部分。

2）深入分析各个部分的特殊本质，这是分析法的重要环节。

3）进一步分析各个部分的相互联系、相互作用的情况，了解它们各自在整体中的地位、作用，了解各个部分之间相互作用的规律。

由于分析法具有以上特点，所以它在科学认识发展中具有重要的意义。它使科学认识从一个层次发展到更加深入的层次，它是使现象的认识进入本质认识的重要条件。分析法几乎贯穿于科学研究的全过程，并且渗透到所有的研究方法中。

分析法也有局限性。对事物进行必要的分割，孤立研究各部分，虽然能将人们的认识引向深入，但是也可能将人们的认识限制在片面、狭窄的领域里。所以，要认识事物，不仅要认识事物的部分，更要认识事物的整体，这就要运用综合的方法。

综合法与分析法相比，两者认识过程的方向是完全相反的。所谓综合法，就是把研究对象的各个部分联系起来加以研究，从而在整体上把握事物的本质和规律的一种科学研究方法。

综合法在思维方式上的特点是，它把事物的各个部分联结为整体时，力求全面掌握事物各部分、各方面的特点以及它们之间的内在联系，然后加以概括和上升，从事物各部分及其属性、关系的真实联结和本来面目，复现事物的整体，将其综合为多样性的统一体。

1.1.3　类比与移植法

类比法是指通过对两个或两类事物或现象进行比较，根据其相似点或相同点，推论出它们的其他属性或规律也可能有相似点或相同点的结论。这是以比较为基础，既包含从特殊到特殊，又包含从一般到一般的逻辑思维方法。实际上，各学科彼此之间是有内在联系的，为了解决某个科学领域的问题，应该借助于其他有关的科学知识。移植法是指将某学科的原理、方法或技术等应用于研究和解决同一学科内的其他分支学科或其他学科和技术领域的原理、方法或技术问题。它是通过横向、纵向联系和类比等方法进行的，所以移植法和类比法、联想法有密切的联系和相似之处。

在材料科学中，移植法的应用非常普遍。如金属中的相变、韧化、磁畴等原理都在陶瓷材料中得到了移植应用；金属材料压力加工技术应用在高分子材料中，如塑料注射成形、压延成形等；金属材料的断裂力学理论在陶瓷材料、高分子材料和复合材料中都得到了很好的移植应用。

1.1.4　数学与模型法

数学方法是揭示研究对象的本质特征和变化规律的一种方法，是解决科学技术问题常用的也是最重要的方法。具体说来，数学方法是运用数学所提供的概念、理论和方法对研究对象进行数量、结构等方面的定量分析、描述和推导及计算，以便从量的概念上来对研究的问题作出分析、判断，认识事物变化的本质规律。

原则上，一切科学技术都可以用数学来解决有关问题。力学和物理是最早数学化的学科。随着量子力学的理论与方法引入化学领域，数学方法在化学中的作用越来越明显，古老的经验学科——化学也正在逐步转变为理论严密的系统的精确学科。现代生物学中，也已经大量运用数学方法来研究生理现象、神经活动、生态系统及遗传规律等重要的问题，并且产生了数学生物学和生物数学这样的交叉学科。材料科学也是如此，现在兴起了计算材料学及计算设计材料的热潮，材料学科也正在逐步由经验学科向精确学科发展。

在现代科学技术中所应用到的数学越来越广泛，而且许多极其抽象的数学理论也都得到了重要的应用。如作为纯数学理论之一的矩阵理论，1965 年后作为描述原子系统中矩阵力学的基本数学工具得到了应用；张量理论在 1935 年后被爱因斯坦应用于相对论，成为相对论的基本数学工具。这样的例子还有很多。

数学方法在科学技术研究中的应用程度也大大提高了。科学技术的数学化趋势的出现不是偶然的，这是现代科学技术发展的要求，也是科学技术的发展及数学本身发展的结果。科学技术要向更高水平发展，要走向定量化、精确化和系统化，必须求助于数学。

数学方法在科学技术研究中的作用主要有：① 提供简洁精确的形式化语言，用来描述问题、表达科学内容；② 提供数量分析和计算的手段与技巧，达到精确把握事物的本质特点和变化规律的目的；③ 提供可靠的逻辑推理和证明的工具，以便能作出科学预见，把握感性经验以外的客观世界。在材料科学中，研究微观粒子运动规律的量子力学，就是在获得了非欧几何、希尔伯特空间等数学工具后才发展起来的，现代兴起的计算材料学中的第一性原理计算就是建立在量子力学和量子化学等基础上的。

模型化(modeling)是用适当的文字、图表和数学方程来表述系统的结构和行为的一种科学方法。系统模型化是系统分析过程中的一个重要环节。其中数学模型方法就是通过建立和研究客观对象的数学模型来描述和揭示事物本质特征和变化规律的一种方法，它是解决科学技术问题最常用和最重要的研究方法。作为数学模型，一般须具备以下条件。

1）既要反映现实原型的本质特征和关系，又要加以合理的简化。

2）要能够对所研究的问题进行理论分析、逻辑推导，并能得出确定的解。

3）求得的解要能回到具体研究对象中去，解决实际问题。

像其他事物分类一样，根据不同的目的、内容，从不同的角度其分类也不同：按建立模型的方法分类有理论型和经验型；按变量性质分类有确定性型和随机性型；按函数关系分类有线性型和非线性型；还有其他方法的分类。

理论模型是从分析事物变化过程的机理出发，利用科学的基本理论建立的数学模型关系式。其特点是：关系式比较复杂，但是有明确的物理意义；利用基础理论研究成果，不必有真实过程的实验；从理论上对指导技术和生产有比较大的意义；理论分析和推导的难度比较大；推导过程必须作简化，与实际过程有比较大的差异，影响最后结果的准确性。

经验模型是以实验数据和结果为基础建立的模型。其特点是：对实验数据进行数理统计分析，得到各参数之间的关系；其关系式有时是撇开了过程的本质，所以其性质是唯象的或半唯象的，常用黑箱法或灰箱法来建立关系式，不必进行大量的理论分析，得到的模型也比较简便，所建立的模型只在实测数据或结果的范围内，一般不能外推或外推幅度不大。

模拟亦称为仿真(simulation)，是模型化的继续。有了模型后，还必须采用一定的模拟方法，对这初步的模型进行测试、计算或试验。通过模拟，可以获得问题的解答或改进模型。模拟基本上可以分为3类：① 几何模拟，用放大或缩小的方法制备与系统原型相同的模型；② 数字模拟，对于建立的数学模型，可以用计算机等方法进行计算模拟；③ 物理模拟，采用类比或相似等方法进行模拟试验。

1.1.5 系统与优化法

系统是由若干相互联系、相互作用的要素组成的具有特定功能的有机整体。系统与优化法就是从系统整体的观点出发，从系统与要素之间、要素与要素之间以及系统与环境之间的相互联系、相互作用中考察对象，以达到最优化地处理问题的科学方法。运用系统方法进行科学技术研究的全过程大概可以分为以下7个步骤。

1）确定问题。通过调查研究，尽量全面地搜集有关的文献、资料和数据、结果，系统地了解所要解决问题的历史、现状和发展趋势，为研究提供可靠的依据。

2）确定目标。根据确定的问题和研究的任务，提出系统研究所要达到的目标，包括各种技术指标、经济效益等。系统越大、越复杂，所要达到的目标也就越多，而且各个目标之间还相互影响、相互制约。

3）系统分析。全面搜集达到以上目标所能采取的各种方案，如技术方案、试验方案等，并且明确提出实施每一种方案时所采取的手段和可能性的分析，通过比较和鉴别，选择其中最优的系统方案，从而形成系统的整体概念。

4）建立模型。借助文字、图表和数学方法，提出模型，推导和建立数学关系，科学地描述系统。

5）模拟分析。对建立的模型进行理论分析和模拟试验，利用计算机和论证试验，按照最优化原则作出决策。

6）提出方案。系统最优化方案往往不是一个，而是有多个。要权衡利弊得失，从多个最优化方案中选出一个或几个试验的系统方案。方案中要包括进度、试验方案等内容。

7）付诸实施。在实施计划过程中，还可以进一步对系统进行评价和检验。

1.1.6 假说与理论法

科学研究过程中，在通过观察和实验获得的事实数据材料的基础上，进行理性思维的加工和概括，对所研究的对象提出带假定性的解释和说明，即科学假说。科学假说和科学理论是自然科学研究发展的重要形式，它们不仅是科学研究活动的一般成果，而且是科学研究过程的重要环节和基本方法。

科学假说也就是根据已知的科学原理和科学事实，对未知的自然现象及规律所作出的一种科学假定性说明，一般有两个特点：① 假说以一定的科学事实和已知的科学知识为依据，具有科学性。它在材料科学的研究中应用非常普遍，如利用科学假说对所研究的问题在一定实验基础上进行理论上的解释等。② 假说带有一定的想象、推测的成分，所以具有或然性。

科学理论是从科学实践中抽象出来、又为科学实践所证实、反映客观事物的本质和规律的概括性知识体系，具有内容上的客观真理性、结构上的逻辑完备性和功能上的科学预见性 3 个基本特征。这 3 个特征是一个完整的科学理论体系所不可或缺的组成部分，也是不可分割地联系在一起的。并且这 3 个特征都不是绝对的、凝固的，而是相对的、动态的、发展的。因为随着实践和认识的发展，原科学理论的真理性、完备性和预见性都会暴露出新的矛盾、新的问题，这就要求进一步发展科学理论。

1.1.7　原型启发与仿生法

原型启发法主要是通过对自然现象进行科学的观察、探索，从中受到启发来进行科学研究和创造发明的。启发是从其他事物、现象中得到启示后，找出解决某一问题的途径。起启发作用的事物称为原型，如自然现象、日常生活、日常用品等都可以成为原型。仿生法实际上是指原型启发法中的原型为自然界的动植物或自然现象。

现在人们更加重视观察和探索自然界中有生命的及无生命的种种现象，所以兴起了仿生和仿生材料的研究热潮，也取得不少成果。

1.2　材料的组织结构及测定

1.2.1　材料的组织结构

人类对材料感兴趣，是因为材料具有各种有用的性能。但是，要深入地理解和有效地控制材料性能，就必须了解材料内部的组织结构。材料内部结构可随化学成分和外界条件的变化而改变，从而改变材料的性能。所以了解材料成分、结构与性能之间的内在关系以及材料制备、加工、热处理和使用过程中组织结构的变化规律是非常重要的。

在材料科学领域内，人们应用了不同的名词来表示材料内部的组织或结构，例如，成分、宏观组织、微观组织、结构、晶体结构、原子结构和相组成等。但习惯上，“结构”常用于表示原子排列方式的晶体结构，电子排列方式的原子结构，中子、质子及其他基本粒子排列方式的原子核结构[1]；而“组织”的尺度则比较大，例如用光学显微镜所观察到的显微组织，肉眼观察到的宏观组织。

根据不同的目的和研究方法，材料中的结构是有不同层次的。从电子、声子等到原子、离子、分子，从晶体结构到相、组织，从位错等缺陷到微观裂纹。这些不同层次的知识对我们理解材料的各种行为、性能以及物理、化学的本质非常有帮助。

材料的性能是一种参量，用于表征材料在给定外界条件下的行为。材料的性能取决于组织结构，而组织结构又主要决定于工艺。所以，了解材料的制备或加工工艺过程非常重要，可以通过工艺来控制其组织结构。材料的组织结构设计和性能预测都是材料设计的重要组成部分。不仅性能与结构相关，而且决定性能的过程也是在材料的结构中进行的。因此，结构问题是材料科学中的核心问题。结构设计是指从材料的组元，特别是化学组元来设计它们的排列方式。在材料结构设计的发展过程中，既涉及基础学科，也有技术科学的意义。前者试图建立化学成分与固体结构(包括金属、高分子、陶瓷材料的结构)之间的普遍关系；后者是为了改进材料的性能和保证工程结构的可靠性，从化学成分和固体缺陷来设计有用的和最优化的结构。

1.2.2 材料结构的测定与表征

材料结构的测定与表征实际上有两个工作系统，一个是材料，一个是人。对于材料来说，输入是可见光及环境干扰，输出是反射波构成的图像；对于人来说，输入就是材料测试时所输出的图像信息，人们要利用所存储的知识来进行判断、表征，然后作出结论，即输出。这是材料结构测定方法的共性。

这两个工作系统的所有方法都有分辨率和环境干扰的问题。例如，用肉眼观察断口，可以确定某些钢的晶粒度、断口的脆性区百分数等。这样的方法，其特点是借助于可见光入射在材料的断面上，从反射光获得断口的形貌图像，观察者通过已有的知识对图像进行判断，作出结论。分辨率约为 0.1 mm。断口上的外来物或其他环境因素对测定结果有干扰，而且人为的因素影响也很大。为了将分辨率从 0.1 mm 提高到原子的 10^{-7} mm 以及更小的电子水平，人们需要借助于仪器及人掌握的知识和思维。实际上科学知识的丰富和发展就是在知识和试验不断地相互作用下实现的，当然人的思维是关键。

化学组元含量的定性测定中应用最广泛的方法是化学分析法。现在快速的物理方法，如光谱法、X 射线法等，在逐步取代传统的化学分析法。如需要了解各相或局部区域的化学成分，进行定位分析，有直接法和间接法两种方法。

间接法是采用化学方法或电化学方法分离要分析的相，再进行一般的或微量的化学分析，并且可用 X 射线法确定相的结构；直接法有示踪原子法、电子探针、离子探针、俄歇(Auger)能谱等。电子探针是根据元素的 X 射线能谱(energy dispersive spectroscopy，EDS)进行分析，适用于原子序数大于 11 的元素。利用入射电子的能量损失谱(electron energy loss spectroscopy，EELS 或 ELS)可以分析轻元素。这两种方法相辅相成，适用于 $10^{-9}\sim10^{-8}$ m 的微区成分分析。利用俄歇电子谱(Auger electron spectroscopy，AES)可以分析表层的化学成分，但由于信号比较弱，只能做 10^{-7} m 区域的成分分析。

材料结构的排列方式有各种层次。不同的层次有不同的测定方法，适用于不同的场合和满足不同的要求。使用低倍光学显微镜可观察断口或剖面，是判断金属内部组织的一种简易的方法。从断口可了解结晶组织晶粒大小及形状、断裂类型等；从剖面可看到内部的宏观缺陷，如气孔、裂纹和夹杂物等，若对剖面加以腐蚀，还可看到偏析、加工的纤维组织、表面处理的厚度等。使用高倍光学显微镜可观察到晶粒及各相的大小和形状，这是常用的测定方法，但其分辨率只能达到 2×10^{-7} m。更微观的层次如 $10^{-9}\sim10^{-10}$ m，则需要用 X 射线和电子显微镜了。X 射线衍射法广泛地用于研究原子排列的晶体结构，例如晶体结构类型、点阵常数、织构、晶体缺陷、有序度等。电子波的波长更短，最适于研究极薄层的内部结构，所以透射电子显微镜(transmission electron microscopy，TEM)在 100 ~ 200 nm 的薄晶试样中观察到了位错与层错的衍衬像。

对于通常意义上的微观组织结构的表征，有关参量很多，如第二相的形状、大小、数量和分布等，晶粒的大小、形状，夹杂物的类别、形状、数量等。

为了表征原子和电子的运动特征，也有许多结构参量，例如德拜(Debye)温度是表征原子振动的一个重要参量，通过它可以计算原子的最高振动频率。表征电子平动的重要结构参量有禁带宽度及费米(Fermi)面形状。任何与电子运动有关的性能，都可以通过测定某些参量，从而推算材料内部的电子运动和电子结构。

纳米材料的发展与扫描隧道显微镜(scanning tunneling microscope，STM)的研制成功有很大的关系。目前，以 STM 原理为基础，已经发展成一些微加工和检测的技术。STM 具有空前的高分辨率，可直接观察到物质表面的原子结构图，从而把人们带到了纳米世界，并可实现原子、分子的直接操纵。在 STM 原理的基础上，又发明了一系列新型的显微镜，如原子力显微镜、激光力显微镜、磁力显微镜等 10 多种。由于有了这些相当高分辨率的仪器，纳米材料结构各种参量的检测才能实现，新理论、新发现等成果才有可能不断地产生。

1.3 案例及材料分析引入

材料对科技发展起着举足轻重的作用。随着科学技术的进步，材料与器件或构件的结合愈来愈密切。1863 年金属材料研究中首先应用光学显微镜。几十年后出现了电子显微镜，如扫描电子显微镜(scanning electron microscopy, SEM)、高分辨电子显微镜(其分辨率可达 0.2 nm，足以观察到原子)。后来又出现了扫描透射电子显微镜，不但可以观察到原子，而且可以分析微小区域的化学组成和结构。20 世纪 80 年代初出现的扫描隧道显微镜，可以在非真空条件下观察到原子，并用来进行原子加工。原子力显微镜可以观察金属脆性或韧性断裂过程。这些分析装置与高性能计算机相结合，可以得出结构细节，直接、快速地解决材料中的问题。

总之，在材料的研发过程中，其分析“工具”具有极为重要的作用，而从上文可知，对材料组织结构进行分析有很多的方法和手段。为了使读者对材料分析方法课程的服务对象有初步的感性认识，了解和思考本课程学习的目的和任务，以下给出 5 个材料实际应用过程中发生的具体案例。

案例一：

1986 年 1 月 28 日，美国“挑战者”号航天飞机载 7 名宇航员进行美国航天飞机的第 25 次飞行。这一天早晨，航天飞机飞到 73 s 时，空中突然传来一声闷响，“挑战者”号顷刻之间爆炸成一团橘红色火球，碎片拖着火焰和白烟四散飘飞，坠落到大西洋海域(图 1－1)。

(a)

(b)

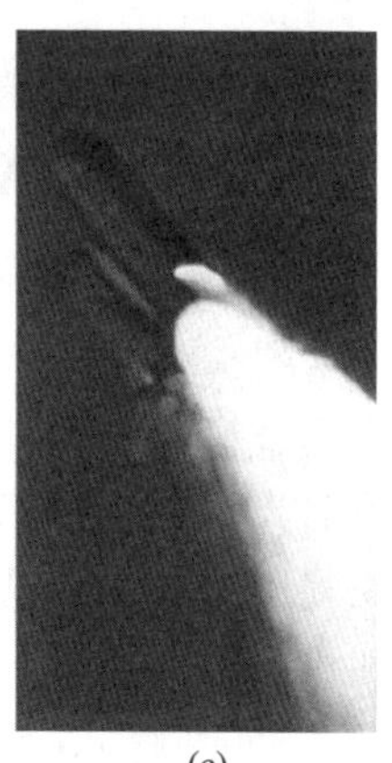

(c)

图 1－1　“挑战者”号航天飞机从发射到失事的过程。(a) 2.7 s；(b) 45 s；(c) 64.7 s

航天飞机的每一枚火箭助推器都要在填装数百万磅[①]的固态助推燃料后送往卡纳维拉尔角发射基地。由于没有铁路可以运输 38.4 m 长的物体，所以，负责相关事宜的瑟奥科尔公司不得不把火箭分成几部分用船运到佛罗里达的发射现场进行组装。

组装所用的钢圈看上去很结实，但点火后，每个部分由于受到巨大的压力，都会像气球一样被‘吹’起来。这样，就需要在各部分的接合处采用松紧带来防止热气跑出火箭。这项工作由两条名为“O 圈”的橡胶带完成，它们可以随着钢圈一起扩张，并能弥合缝隙。如果这两条橡胶带与钢圈脱离哪怕 0.2 s，助推器的燃料就会发生泄漏而导致爆炸。

“挑战者”号发射那天，天气非常寒冷——气温大概在摄氏零度以下。气温降低后，这些“O 圈”就变得非常坚硬(类似于金属材料的冷脆)，伸缩就更加困难。坚硬的“O 圈”伸缩速度变慢使密封效果大打折扣。“挑战者”号失事的根本原因是低温下橡胶失去弹性。

“哥伦比亚”号航天飞机于 2003 年 2 月 1 日，在结束了为期 16 天的太空任务之后返回地球，但在重返大气层的阶段中与控制中心失去联系，之后在得克萨斯州上空爆炸解体(图 1 - 2)，机上 7 名宇航员全部遇难。

(a)

(b)

图 1 - 2　“哥伦比亚”号发射现场(a)及部分残骸(b)

调查报告认为，外部燃料箱表面脱落的一块泡沫材料击中航天飞机左翼前缘的名为“增强碳碳”(即增强碳 - 碳隔热板)的材料。当航天飞机返回时，经过大气层而产生剧烈摩擦，使温度高达 1400 ℃的空气在冲入左机翼后致使机翼和机体熔化，导致了悲剧的发生。也就是说，首先是泡沫材料在安装过程中存在缺陷(裂缝)，脱落后击落了航天飞机的隔热材料，最终飞机未能承受返

① 1 lb(磅) = 0.453592 kg，下同。

航经过大气层时的气动加热而失事。

美国“哥伦比亚”号航天飞机外部燃料箱表面泡沫材料安装过程中存在的缺陷，是造成整起事故的祸首。

案例二：

船用液压缸进行开关体试验过程中，在第二次开关体试验时，开体动作正常，关体时驾控台指示的压力艏部为 23 MPa，艉部为 19 MPa，系统压力瞬时达到 28 MPa。压力上升时间约 2 s。在一瞬间听到巨大声响，同时感觉到船体剧烈震动，艉部液压缸末端封头整体脱落。图 1－3 为船用液压缸断裂情况的外观照片。

(a) (b) (c)

图 1－3 船用液压缸断裂情况的外观照片

进行现场调查，对液压缸不同部位进行详细的金相、扫描电子显微镜的微观组织观察和细致的断口分析，对焊接区、热影响区及基体母材进行成分分析和组织、硬度等的详细分析，并对夹杂物、合金中相的分布规律进行了对比分析。综合以上现场调研分析、微观组织行为及性能的对比分析，最终给出该船用液压缸失效的原因。

由此可见，如何对该船用液压缸断裂原因进行分析，应是材料科学工作者的任务，也正是本课程需要解决的问题。

案例三：

某发动机增压器涡轮叶轮在累计试车约 12 h 后，当转速达到约 60000 r/min 时发生爆炸性破碎，如图 1－4 所示。观察发现，此时涡轮叶轮已经“飞散”成一些碎片，主要是从轴中心裂成两块大的碎块，其余均为小的碎块，从破损特征看，具有破坏性试验产生的“飞散”破损特征。断裂主要发生在涡轮叶轮沿纵轴方向。

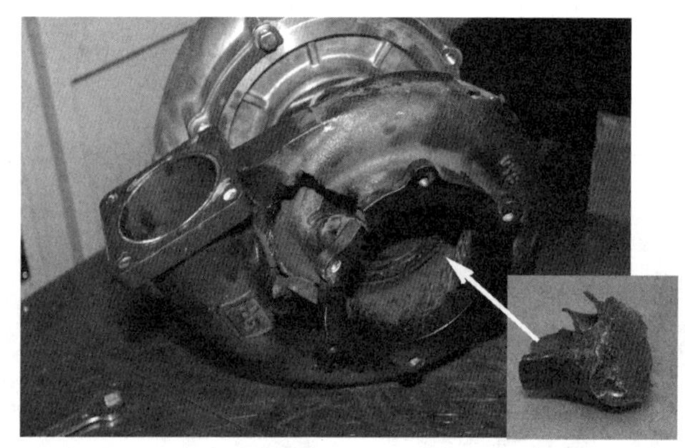

图 1－4　某发动机增压器涡轮失效形貌

通过材料分析手段，对该发动机增压器涡轮叶轮损伤原因进行分析，最终给出其失效的原因，并为同类增压器涡轮叶轮的结构设计及失效分析提供实验数据。通过本课程的学习，将掌握相关的材料分析方法，同时进一步对该类问题提出解决和实施方案。

案例四：

某火炮用弹链在静态试验及火炮交验过程中，先后均出现断裂，并且断裂部位在同一位置，如图 1－5 所示。如何综合应用材料分析方法，针对该类问题进行深入的分析研究，找出断裂的原因并进一步提出改进建议，是材料科学工作者必须要掌握的本领。

案例五：

炼油厂催化裂化装置所排出的烟气具有较大的能量，用来回收烟气中能量的装置为烟气轮机，其关键部件为涡轮盘和动叶片。图 1－6 所示为服役后在榫齿顶部观察到局部损伤的涡轮盘。该涡轮盘在使用 40000 多小时后，在修复过程中发现有多个榫齿根部有严重的几乎贯穿榫齿的裂纹。

针对不同损伤方式，如何通过材料分析手段，找到该类损伤的本质原因，就成为我们必须掌握的知识。

类似问题在材料研究和开发过程中常常遇到，如何熟悉和掌握基本的材料

(a)

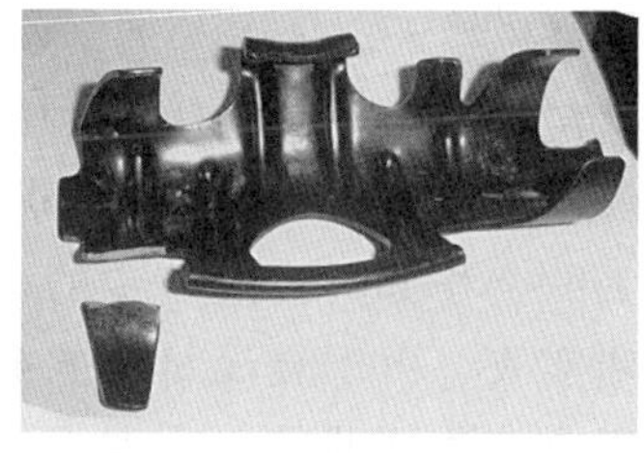

(b)

图 1－5　某火炮用弹链失效情况

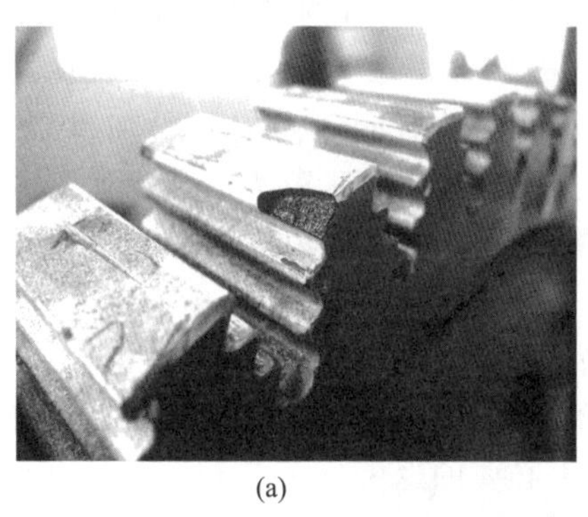

(a)

(b)

(c)

图 1－6　烟气轮机涡轮盘失效情况

分析方法，并准确判断材料分析过程中的组织结构特征，为解决材料问题提供有力的研究方法，正是本课程的目的所在。

实际上，在执行一项材料分析任务时，选择合适的分析方法对任务的圆满完成起到重要作用，而只有在掌握各种分析方法的原理和适用范畴后才能作出正确的判断。选择方法的依据首先要看分析的目的、要求及需要达到的准确度水平。如果分析的目的是配合金属材料冶炼的质量控制并需要实时、快速地完成材料中多项指定组分的同时测定，这种情况下，显然应当采用直读光谱分析技术。如果是为了对某材料中一项或几项组分的含量进行验证，或者是在研制标准物质时要求作协同定值分析时，则应选择准确可靠的分析方法，如国际的标准方法等。而若要对材料的组织结构进行分析时，则应结合相关的金相分析或进一步的衍射分析等手段。在选择方法时应同时考虑经济和实效。由于金属材料的分析通常是为了对产品的质量作检验，因此分析所要求达到的准确度就应以所分析的金属材料产品的相关技术标准为依据，而不应另作规定。但为了满足某些特殊需要，如标准物质的定值分析，也有提出达到比技术标准更高的准确度的要求。此外，随着金属材料研究的深入和冶炼工艺的发展，提出了许多在现行的技术标准中尚未纳入、对其分析的准确度也未作规定的分析项目，这时其分析的准确度水平可根据研究目标或生产工艺的需要和分析科学所能达到的水平加以确定。此外，了解所分析材料的基本组成，包括其合金相、基体、合金元素及可能存在的杂质元素等情况，有助于选择适宜的分析方法并考虑分析时可能遇到的干扰因素。

在选好合适的分析方法之后，应当为保证分析质量采取相应的措施。对所选择的分析方法的基本原理、操作过程的细节以及所需要的仪器设备作充分的了解，可以为正确操作、避免差错和不必要的返工打下基础。根据分析的目的、要求达到的准确度水平以及所分析的材料的种类和组成，选择合适的标准物质，与试样同时操作，以便对分析结果的准确性进行验证。使用标准物质对分析方法和分析结果进行验证和评估是保证分析质量的既经济又有效的途径。

本章知识点

1）理解材料分析方法在材料研究中的作用以及与材料研究的关系。

2）了解材料分析方法与其他专业课程的关系。

3）了解材料显微组织结构的表征技术及明确本课程的主要学习内容。

4）以材料分析案例为引入，给出材料分析方法课程的主要学习目的和学习方法，以及需要掌握的基本知识。

第二章 光学显微组织分析

在研究、开发和应用金属材料的漫长过程中，发展了各种观察材料组织结构的实验技术和方法。从肉眼的宏观分析到光学金相显微镜的出现，进而到电子显微镜和 X 射线衍射技术的应用，标志着组织结构研究技术的发展。金相显微镜是用于观察金属内部组织结构的重要光学仪器。所有光学仪器都是基于光线在均匀介质中作直线传播，在两种不同介质的分界面上发生折射或反射等现象构成的。随着几何光学和物理光学的发展，金相显微镜已日臻完善，它的最大分辨率为 0.2 mm，放大倍数一般小于 2000 倍，目前仍是材料分析方法中最基本的研究手段[2]。本章主要是复习已经在材料科学工程基础课程中学习过的内容，为后续课程中涉及的电子显微分析提供对照体系。

2.1 金相显微镜的原理及使用

2.1.1 金相显微镜的原理

正常人眼看物体时，最适宜的距离大约在 250 mm，在这一距离眼睛可以很好地区分物体的细微部分而不易疲劳，这个距离就称为“明视距离”。物体上的两点要能被眼睛分辨清楚，必须使它们的像落在人眼视网膜的两个不同的感光细胞上。从眼睛的光心到物体两端所引的两条直线的夹角叫视角，人眼可分辨清楚的最小视角为 $2'\sim4'$，在 250 mm 处能分辨的最小距离为 0.15 ~ 0.30 mm。为了增大视角，可在物体与眼睛之间置一放大镜，其放大倍数表示为

$$M=\frac{250}{f}$$

式中：f 为放大镜的焦距。从上式可见，f 愈小，M 愈大，但实际上不可能用焦距很短的放大镜来观察。透镜的曲率半径越小，眼睛所观察的范围就越小，且像差越显著，所以放大镜的放大倍数一般在 20 以下，若想继续提高放大倍数以观察更细微的物体，就必须用显微镜。

金相显微镜通过物镜及目镜两次放大而得到倍数较高的放大像。图 2－1 是它的放大原理图。

若将金相试样置于物镜下方的焦点 F_1 外少许，则物镜将试样上被观察的物体(以箭头所指 WS 表示)放大，而在物镜的上方得到一个倒立的实像 W_1S_1，在设计显微镜时就已安排好使这个实像刚好落在目透镜的焦点 F_2 以内，因而再经过目镜放大后，人眼在目镜上观察时，在 250 mm 的明视距离处，看到一个经再次放大的虚像 W_2S_2。所以观察到的像是经物镜和目镜两次放大的结果。总的放大倍数 M 应为物镜放大倍数 $M_{物}$ 与目镜放大倍数 $M_{目}$ 的乘积，即

$$M=M_{物}\times M_{目}$$

2.1.2　物镜

普通光学金相显微镜主要由 3 个系统构成，即光学系统、照明系统和机械系统。光学系统的主要构件是物镜和目镜，其任务是完成金相组织的放大，并获得清晰的图像。物镜的优劣直接影响显微镜成像的质量，因此物镜是决定显微镜的主要光学零件。衡量一个物镜的性能指标有数值孔径、分辨率、放大倍数、景深、像差校正程度等。

一些主要的性能指标在物镜上有标志说明，如图 2－2 所示。

40/0.65：表示物镜的放大倍数为 40，数值孔径为 0.65。

160/0：表示机械筒长为 160 mm，盖玻片的厚度为 0(即没有盖玻片)。

1. 数值孔径和分辨率

金相显微镜的分辨率主要决定于物镜的分辨率。对于分辨率不同的两个物镜，虽然都可以配成相同的放大倍数，但显微观察的效果不同，如对试样细微组织中相邻的两点，用分辨率高的物镜可以把它们分辨开，而用分辨率低的物镜看到的只是连成一片的轮廓，分不开相邻的两点。

物镜的分辨率指物镜所能清晰分辨出物体相邻两点的最小距离 Δr_0，与数

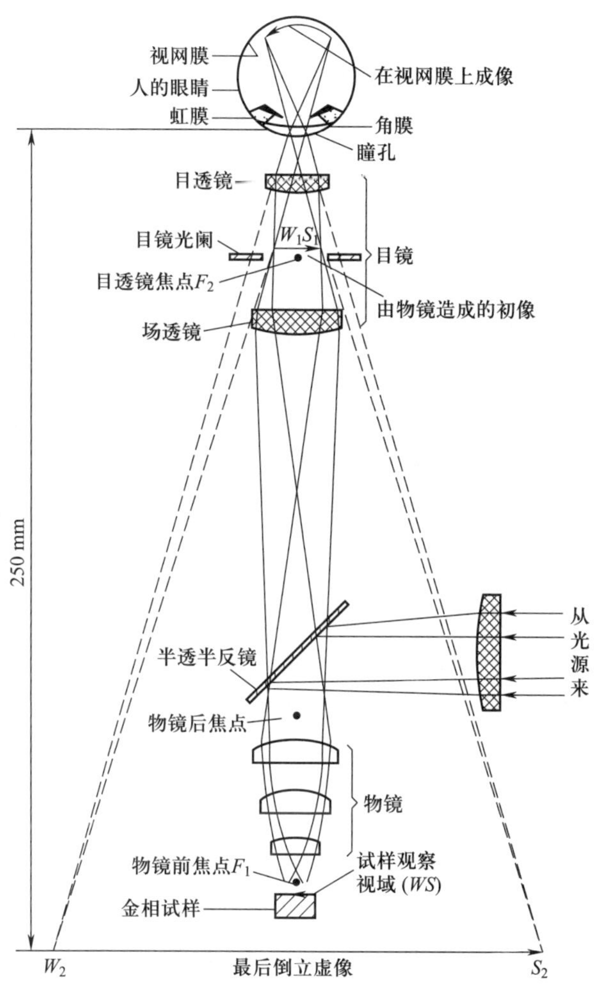

图 2－1　金相显微镜放大原理图

值孔径 N.A 有如下关系：

$$\Delta r_0 = \frac{\lambda}{2N.A}$$

式中：λ 为照明光源的波长。从上式可知，N.A 愈大或波长愈短，分辨率愈高。因此，使用黄、绿、蓝等滤色片，不仅可消除一些色差，还可提高显微镜的分辨率。滤色片与试样颜色配合恰当还可提高衬度。

物镜的数值孔径(N.A)表征物镜的聚光能力，是物镜的重要指标之一。增强物镜的聚光能力可提高物镜的

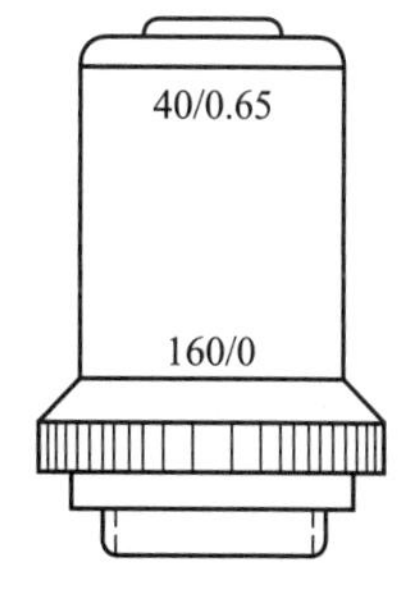

图 2－2　40 倍物镜

分辨率。数值孔径的大小主要决定于进入物镜的光线锥所张开的角度，即孔径角的大小，表示为

$$N.A = n \cdot \sin\theta$$

式中：n 为物镜前片玻璃到试样之间介质的折射率；θ 为孔径半角。由于 $\sin\theta$ 总是小于 1，所以对于以空气为介质的干系统物镜，$N.A<1$，目前最高可达 0.95；用油作介质，可以提高物镜的聚光能力，目前最高倍的油镜(120 ×)可做到 $N.A=1.40$。

2. 数值孔径和有效放大倍数

如前所述，人眼在 250 mm 处的分辨率为 0.15 ~ 0.30 mm，故要使物镜可分辨的最近两点的距离 Δr_0 能为人眼所分辨，必须将 d 放大到 0.15 ~ 0.30 mm，即

$$\Delta r_0 \times M = 0.15 \sim 0.30\ \text{mm}$$

由前文知 $\Delta r_0=\dfrac{\lambda}{2N.A}$，故 $M=\dfrac{1}{\lambda}(0.3\sim0.6)N.A$。若取 $\lambda=0.55\ \mu\text{m}$，则有 $M\approx 500N.A \sim 1000N.A$。

这里的 M 为有效放大倍数，物镜应在这两个放大倍数范围内使用。若不足 $500N.A$，则未能充分发挥物镜的功能；若大于 $1000N.A$，则只是“空虚放大”，因为不能分辨更多的细节。例如 40 倍物镜的 $N.A=0.65$，有效放大倍数在 325 ~ 650 的范围。即使对 $N.A=1.40$ 的油镜，一般也只在 1500 × 以下有效，这正是光学显微镜的局限性。

3. 景深

经腐蚀后的试样表面，显微组织是凹凸不平的。经物镜放大后，它们的像亦不会落在一个理想的平面上。物镜对这些高低不平的组织都可清晰成像的能力，称为景深，即物镜的垂直分辨率，它与数值孔径、放大倍数成反比。数值孔径越大，垂直分辨率越低。此外，显微镜上的孔径光阑对景深亦有影响。

2.1.3 目镜

目镜是用来观察由物镜所成像的放大镜，其作用是在显微观察时，于明视距离处形成一个清晰放大的虚像；而在显微摄影时，通过投射目镜使得在承影屏上得到一个放大的实像；此外，某些目镜(如补差目镜)除放大作用之外，还能将物镜成像的残余像差予以校正。

从目镜射出的光束接近平行光束，是一个小孔径、大视场系统。因此在像差校正上轴向像差(轴向色差、球差)可不予考虑，设计时主要考虑放大率色差和像散的消除。同时，由于入射光束接近平行，目镜的孔径角极小，故目镜本身的分辨率甚低，但对于物镜的初像的放大已是足够了。

2.1.4　照明方式

一般金相显微镜采用灯光照明，借棱镜反射在金相磨面上，靠金属自身的反射能力，部分光线被反射而进入物镜，经放大成像而最终被我们所观察。

图2-3为平行光照明系统，即灯丝像先汇聚在孔径光阑上，再成像于物镜后焦面上，经物镜射出一束平行光线投射在试样表面。其优点是照明均匀，且便于在系统中加入暗场、偏光等附件。

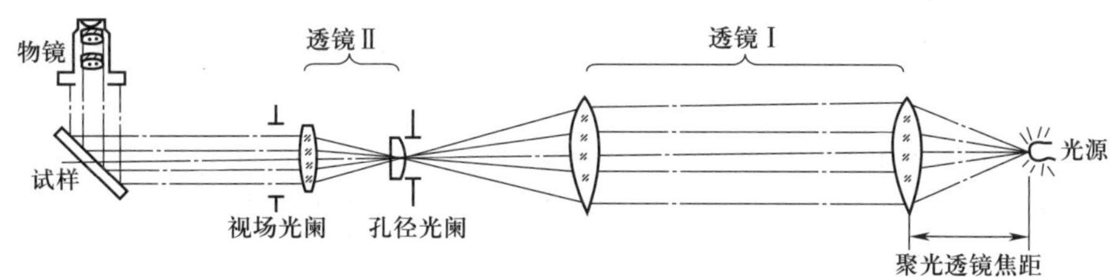

图2-3　平行光照明系统

由于观察目的不同，金相显微镜对试样的采光方式亦不同。据此，可分明视场照明和暗视场照明。明视场照明是金相研究中的主要采光方法，垂直照明器将来自光源的光线转向并照射在金相试样表面上，由试样表面反射的光线又经物镜、目镜成像。如果试样表面光滑如镜，那么显微镜中观察到的是明亮的一片；而反光能力差的相或产生漫散射的地区将变得灰暗。暗视场显微镜与明视场显微镜的区别在于，明视场中经垂直照明器转向后的入射光束通过物镜直射到试样上，而暗视场则是使入射光束绕过物镜斜射于试样上，这样的光束是靠环形光阑及环形反射镜获得的。

2.1.5　调整和维护

1. 光源的调整

光源的调整包括径向调整与轴向调整。前者的目的是将发光点调到仪器的光学系统的光轴上；后者主要是让灯丝通过聚光透镜后汇聚在孔径光阑上，以得到“平行光照明”。光源精确调整好后应达到视野照明最明亮且均匀，视野内无灯丝像。

2. 光阑的调整

在金相显微镜的照明系统中常有两个孔径可变的光阑：孔径光阑装在光源聚光透镜之后，视场光阑装在孔径光阑之后。

1）孔径光阑。孔径光阑用以控制射向物镜的入射光束的粗细。孔径光阑若开得太大，则入射光过强，增加了镜筒内部的反射与炫光，降低映像的衬度。缩小孔径光阑可避免上述弊病，且可消除由透镜边缘引起的球面像差并提高映像的景深。但若孔径光阑缩得太小，则光束只通过物镜的中心部分，使实际的数值孔径减小，使物镜的分辨率降低。因此，应按观察的要求适当调节孔径光阑的大小。一般是调到刚好使光线充满物镜的后透镜为宜，此时物镜的分辨率最高。有人认为可以将试样调焦后，去掉目镜，观察镜筒内的光斑，以刚好充满镜筒底部的3/4为宜。一般以调节到观察时物像最清晰、不产生浮雕，晶界不变形、不弯曲，光的强弱使人眼舒适为原则。物镜的数值孔径不同，透镜组尺寸也不同，更换物镜后必须重新调节孔径光阑。

2）视场光阑。视场光阑用以改变视场大小、减小镜筒内部的反射与炫光以提高映像的衬度而不影响物镜的分辨率。视场光阑的调节方法是在显微镜调焦后，缩小视场光阑，在目镜中观察其像，然后扩大它，使其边缘正好包围整个视域。有时为了观察某一试样的局部细致组织，也可将视场光阑缩小到刚好包围此局部组织，以收到更好的效果。

总之，孔径光阑与视场光阑都是为了提高成像质量而加入到光线系统中去的。通过调节这些光阑可最大限度地利用物镜的分辨率并得到良好的衬度。

3. 维护要点

金相显微镜是精密光学仪器，使用时必须了解其基本原理及操作规程，要认真维护保管，细心谨慎使用。

1）操作显微镜时双手及试样要干净，绝不允许把浸蚀剂未干的试样置于显微镜下观察，以免腐蚀物镜。

2）操作时应精力集中，小心谨慎。接电源时应通过变压器，装卸或调换镜头时必须放稳后才可松手，不可粗心大意。

3）调焦距时，应先转动粗调螺丝，使物镜尽量接近试样（目测），然后一边从目镜中观察，一边调节粗调螺丝使物镜慢慢上升，直到逐渐看到组织时，再用微调螺丝调至清晰为止。

4）显微镜的光学系统部分严禁用手或手帕等去擦拭，而必须用专用的驼毛刷或镜头纸轻轻擦拭。

2.2 金相试样的制备方法

金相试样制备的全过程包括：试样的截取与磨平（包括细薄试样的镶嵌）、试样的磨光与抛光、试样组织的显露和观察等。

2.2.1 金相试样的截取及镶嵌

根据所要观察的部位要求切取一小块试样，试样不能太大太重，以便于操作及置于显微镜载物台上。方柱体试样磨面的面积为 12 mm × 12 mm，高度为 12 mm。圆柱体试样的直径为 12 mm，高度为 12 mm。对于特小、特薄或特细的试样，以及检查表层组织(如化学热处理)的试样，需要镶嵌或用相应的夹具夹持，以便于操作和正确观测。

截取好的试样，需要用砂轮或锉刀进一步磨平，以得到平坦的磨面，并消除或减小切割时表面产生的变形。软的金属材料可用细锉刀锉平或用显微切片机切割，不得用砂轮磨平。

对于不允许低温回火的组织，应采用冷镶法或夹具。冷镶法一般可用环氧树脂浇入模子内。热压镶嵌法则是用电木粉或塑料粒在 180 ℃左右热压。

2.2.2 金相试样的磨光

经截取和镶嵌好的试样，由于表面粗糙，变形层厚，因此在显微镜观察之前需要经过磨光与抛光处理。磨光操作一般有两种，一种是用手工磨光，另一种是用机械设备磨光。从试样磨光用砂纸来区分，又分为干磨法和湿磨法两种方法。

干磨法使用的砂纸为刚玉砂纸，其黏结剂通常溶解于水，必须干用，或在无水的润滑剂条件下使用。干砂纸由粗到细的编号为 100、120、150、180、220、240 等，对应磨料尺寸由大变小。

湿磨法使用的砂纸为用碳化硅磨料、塑料或非水溶性黏结剂制成的水砂纸。水砂纸由粗到细的编号为……400、500、600、700、800……对应磨料尺寸由大变小。用水砂纸时，须用水不断冲刷，其优点是水可以不断将磨屑冲去，提高磨光效率及质量。

磨光时所用砂纸为先粗后细(砂纸编号为先小后大)逐号磨光。将砂纸平铺在玻璃板上，一手将砂纸按住，一手将试样磨面压在砂纸上，并向前推行，进行磨光，如图 2－4 所示。在磨光的回程中最好将试样提起拉回，不与砂纸接触。在试样上所加的压力应力求均衡，磨面与砂纸必须完全接触，这样才能使整个磨面均匀地进行磨削。磨光操作每更换细一号砂纸时，应将试样和手冲洗干净，并将下面垫的玻璃板擦干净，以防止粗砂粒掉入细砂纸上。为了便于观察前一道砂纸所留下的较粗磨痕的消除情况，磨面磨削的方向应该与前一号砂纸磨痕方向呈 90°或 45°角。磨光时要确保完全磨去前一号砂纸遗留下来的磨痕。在往复移动试样时应均匀用力，用力也不宜过大。

以水润滑的金刚砂蜡盘采用的也是湿磨方法。最先进的自动磨光机装有电子计算机，对磨光过程进行程序控制。

试样制备的主要目的是使制得的试样表面能够完全表征材料在截取之前本身所具有的显微结构特点，但又不引起虚假组织结构。因此，对于试样制备的

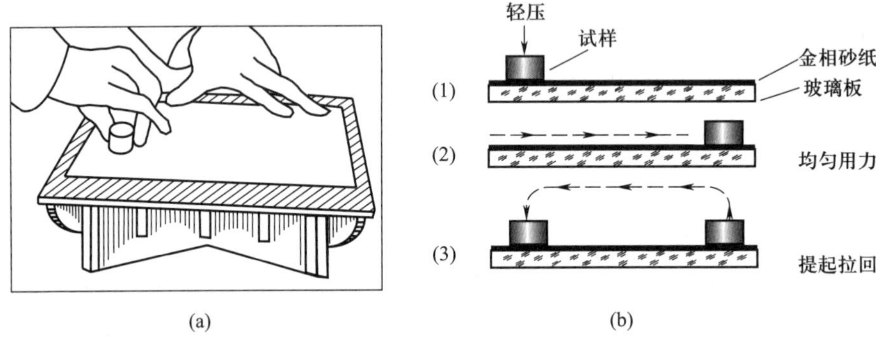

图 2-4　手工磨光操作示意图

要求并不仅仅是制得高度光滑的表面。

制样过程可能带来的不良影响如下：

1）通过磨光能够获得具有相当细小均匀划痕的试样表面，但也可能产生具有一定深度的塑性变形表面。这层变形金属与真实的试样在显微结构上存在显著差别，出现人为的虚假组织结构（如 70-30 黄铜最易产生磨样变形层，在浸蚀后出现带状斑痕）；非立方晶体结构的金属（如锌）在塑性变形层还容易产生相当深度的形变孪晶；低熔点金属（如锡和锌）即使在室温下在变形层中也会发生再结晶，产生细小的晶粒尺寸，而且越靠近表面，晶粒越细。

2）中、高含碳量钢在磨样不当或冷却不足的情况下，会因过热而导致再硬化马氏体表面层，并伴随回火层的出现。

3）非常软的金属（如铅或高纯铝）表面，砂纸上脱落的磨粒很容易嵌入试样表面，并且难于鉴别。

4）烧结制成的硬质合金，组织中通常含有特别硬的相和相对较软的相，硬度差别大，试样制备比较困难，很容易出现浮雕。

5）表面氧化物层结构的确定通常是研究氧化物层的孔隙率、裂纹等重要特性，而氧化物本身是脆性的，对试样制备过程十分敏感，易产生碎裂和脱落；对于含石墨的铸铁，脆性石墨相在制样过程中容易剥落，形成曳尾和空孔。

因此，在制样过程中应当注意以下几个方面：

1）对于易变形合金，每换一道砂纸时应该去除前一道砂纸产生的人为的虚假结构层，这远远比去除前一道磨样上的划痕要花费更多的时间。

2）对于再加热可能引起结构变化的合金系统，应该保证提供充足的液体冷却剂，避免干磨而造成过热。

3）对于软金属，避免磨粒碎屑嵌入试样表面的方法是在砂纸上涂蜡，使得磨粒碎屑嵌入软蜡中。软金属的试样也可用切片机切割，获得高质量表面。

4）对于硬度差别大的复相合金，特别是硬质合金，其碳化物的硬度大于 Al_2O_3 磨料的硬度，需要使用金刚石磨料或金刚石研磨膏。金刚石磨料对软相和硬相几乎都能快速磨削，可避免浮雕出现。

5）对于脆性材料，特别是易于发生解理的材料，宜用松散磨料滚压磨光，而不宜用固定磨料的砂纸磨光。具体做法是将磨料糊浆置于玻璃板上，试样在其上移动磨光，这样磨光的磨削速度快，而且表面所产生的脆性裂纹缺陷层浅薄。所用磨料是氧化铝粉或碳化硅粉，粒度号可按砂纸的编号选用 240、320 和 400。当磨光进行到最后步骤时用固定磨料的蜡盘（软化点为 80～90 ℃ 的硬石蜡 100 g，10～20 μm 的氧化铝磨料 300 g）来磨光，这样能将脆性裂纹缺陷减少甚至消除。

2.2.3 金相试样的抛光

磨光后的试样表面仍留有细的砂纸磨痕，还不能用来有效地观察浸蚀后的组织，因此必须将砂纸磨痕完全抛去，使表面达到光亮如镜的光洁度，才能满足显微观察的要求。抛光后的表面在 200 倍显微镜下观察应基本上没有磨痕和磨坑。抛光的方法主要有机械抛光、化学抛光及电解抛光等。

1. 机械抛光

机械抛光是一种常用的方法，在专用的金相试样抛光机上进行，转速一般以 200～500 r/min 为宜。在抛光前应将试样的边角磨圆滑，以便保护织物不被刮破及避免试样飞出。在抛光盘上织物的选择方面，抛光较硬的材料（如钢铁），一般粗抛用帆布、呢料或无毛呢绒等，细抛则用短毛细软呢绒或毡呢等；尤其是检验钢中夹杂物或铸铁中石墨时，不要用长毛呢绒，以免将夹杂物或石墨抛掉。一般软的金属或合金用很软的织物抛光。

常用的抛光磨料是粒度为 0.3～1.0 μm 的 Cr_2O_3 粉或 Al_2O_3 粉的水悬浮液，一般是在 1 L 水中加入 5 g Al_2O_3 粉或 10～15 g Cr_2O_3 粉。铝及铝合金用 Al_2O_3 抛光不能得到好的表面质量，而选用氧化镁则效果较好。在新的抛光磨料中，人造金刚石研磨膏具有很高的抛光效能，正在得到广泛的应用。

抛光时要适当地保持抛光织物上的湿润度，一般以试样上的湿润膜（当从抛光盘上拿起来时）能在 2～5 s 干燥为宜。抛光织物太干，会导致抛光试样发热氧化；而太湿且长时间抛光，又会导致抛光试样发生坑蚀，出现麻点。

2. 化学抛光和化学机械抛光

化学抛光是依靠化学试剂对试样的选择性溶解作用将磨痕去除的一种方法，例如用 1～2 g 草酸、2～3 mL 氢氟酸、40 mL 过氧化氢、50 mL 蒸馏水的化学抛光剂，对碳钢、一般低合金钢的退火、淬火组织进行化学抛光(擦拭法)，效果较好。此法适用于没有机械抛光设备的条件。

在进行化学抛光时，影响抛光质量的可控参数有：抛光剂的组分、浓度、温度以及抛光时间等，需根据具体情况制订合适的工艺规程。

化学抛光效果一般不是太理想，若和机械抛光结合，利用化学抛光剂边腐蚀边进行机械抛光可以提高抛光效能，即化学机械抛光。

3. 电解抛光

电解抛光是在一定的电解液中进行的，最简单的电解抛光机(或自行组合的装置)如图 2－5 所示。试样作为阳极，选用耐蚀金属材料(如不锈钢、铂、铅等)作为阴极。在接通直流电源后，阳极表面产生选择性溶解，逐渐使表面的磨痕消去。通常认为，电解抛光时在阳极表面与电解液之间将形成一层具有较大电阻率的薄膜层。试样表面高低不平，致使这层薄膜的厚度不均匀。表面凸出部分的薄膜厚度比凹下去的部分要薄一些，因此凸出部分的电流密度大，此处阳极溶解快，使凸出部位渐趋平坦。

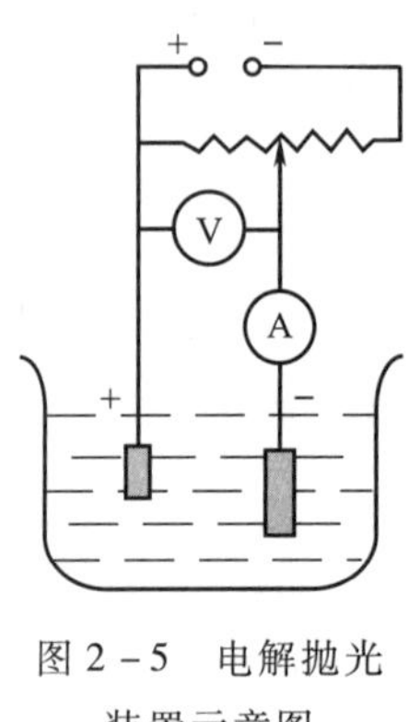

图 2－5 电解抛光装置示意图

电解抛光时，影响抛光质量的可控参数有：电解液的组分、浓度、温度，电解电流密度以及抛光时间等，需根据具体情况制订合适的工艺规程。

2.2.4 金相试样的显微组织显露方法

抛光好的试样，直接在显微镜下观察，仅能区分反光能力差别大于 10% 的组织，例如钢中的非金属夹杂物、灰口铸铁中的石墨等，而无法观察到晶界、各类相和组织。若要显露组织，必须通过适当的显露方法，通常有化学法和物理法两类。

1. 化学浸蚀及染色法

化学浸蚀及染色法是最普遍使用的显露方法，其基本原理是试样表面的不同组织(不同成分或结构的晶粒、晶界、相界等)在浸蚀液中形成微电池作用，导致溶解速度和程度不同。

1) 单相合金的浸蚀。单相合金(包括纯金属)的组织是由不同晶粒组成的，各个晶粒的位向不同，存在着晶粒间界(晶界)。一般晶界处的电极电位和晶粒内的不同，而且具有较大的化学不稳定性，因此在和化学试剂作用时，溶解得比较快，不同位向的晶粒，溶解程度也不同。浸蚀结果如图 2－6 所示。晶界处被浸蚀而凹下去，光线被反射向斜方向而不进入目镜，呈现黑色。晶粒内也因表面倾斜程度不同而深浅不同。

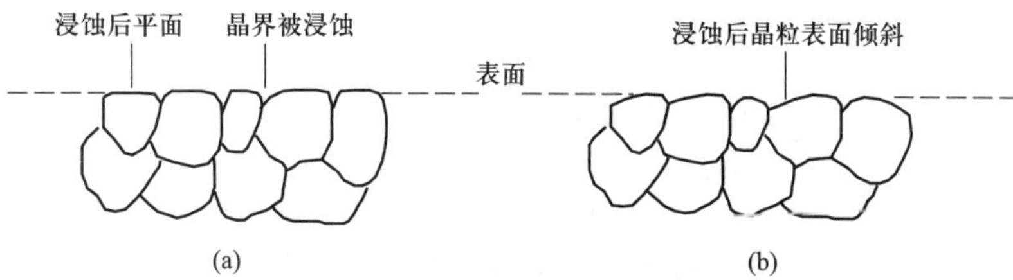

图 2－6 单相合金晶界、晶粒显示

2）二相合金的浸蚀。二相合金的浸蚀是由于化学成分不同、结构不同，因而电化学性质不同、电极电位也不同的相组成了微电池：具有较高负电位的相成为阳极，溶解得快，逐渐凹下去；具有较高正电位的相则成为阴极，一般不易溶解，基本上保持原有平面(凸出，光亮色)。作为阳极的相如果表面(凹下去)本身又不平滑，则在显微镜下呈现暗黑色，如图 2－7 所示。

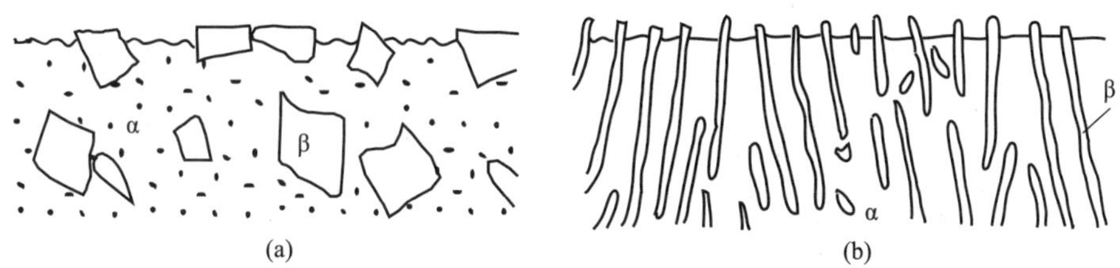

图 2－7 二相合金浸蚀后各相的显示

3）多相合金的化学染色浸蚀。这种方法是利用浸蚀剂对各相的氧化还原反应不同，使不同的相形成的氧化膜厚度不同，因而产生不同的光的干涉效应，呈现出不同的颜色。

2. 电化学浸蚀法和恒电位法

电化学浸蚀法适用于化学稳定性高的合金，和电解抛光原理相似，但具体规程不同。恒电位法采用恒电位仪直接控制阳极电位，能够得到理想的重复性好的电解结果。恒电位法浸蚀的优点是能对用一般浸蚀法难以区分的相进行示差浸蚀，提高不同相的衬度；还可以灵敏地区分出微区成分的不均匀性，如偏析等。

3. 物理显示法

由于物理显示法往往也伴随化学反应，所以这里包括一些不是单纯物理变化的显示方法。通常所指的物理显示法有磁性金相显示法、真空喷涂膜法、阴极真空显示法、真空热蚀法、一般热染法等。

表 2－1 和表 2－2 分别列出了常用的化学浸蚀剂和电解浸蚀剂及相应规范。

表 2－1　常用化学浸蚀剂

编号	名称	成分	适用范围
1	硝酸酒精溶液	HNO_3(1.4)1～5 mL， 酒精 100 mL (加入一定量的水可加速浸蚀作用，而加入一定量的甘油可延缓浸蚀作用；HNO_3含量增加，浸蚀加剧，但选择性腐蚀减少)	碳钢及低合金钢： ① 珠光体变黑，增加珠光体区域的衬度； ② 显示低碳钢中铁素体晶界； ③ 显示矽钢片的晶粒； ④ 能识别马氏体和铁素体； ⑤ 显示铬钢的组织
2	苦味酸酒精溶液	苦味酸 4 g， 酒精 100 mL	碳钢及低合金钢： ① 能清晰显示珠光体、马氏体、回火马氏体、贝氏体； ② 显示淬火钢的碳化物； ③ 能识别珠光体与贝氏体； ④ 显示铁素体晶界上的三次渗碳体
3	盐酸苦味酸酒精溶液	HCl 5 mL， 苦味酸 1 g， 酒精 100 mL (显示回火组织需要 15 min 左右)	① 能显示淬火回火后的原奥氏体晶粒； ② 显示回火马氏体组织
4	氯化铁盐酸水溶液	$FeCl_3$ 5 g， HCl 50 mL， H_2O 100 mL	显示奥氏体不锈钢组织
5	硝酸酒精溶液	HNO_3 5～10 mL， 酒精 95～90 mL	显示高速钢组织
6	过硫酸铵水溶液	$(NH_4)_2S_2O_3$ 10 g， H_2O 90 mL	纯铜、黄铜、青铜、铝青铜、Ag－Ni 合金
7	氯化铁盐酸水溶液	$FeCl_3$ 5 g， HCl 10 mL， H_2O 100 mL	同上(黄铜中 β 相变黑)
8	氢氧化钠水溶液	NaOH 1 g， H_2O 10 mL	铝及铝合金
9	苦味酸水溶液	苦味酸 100 g， H_2O 150 mL (适量海鸥牌洗洁剂)	碳钢、合金钢的原奥氏体晶界

表 2-2　常用电解浸蚀剂及相应规范

编号	电解浸蚀剂成分	电解浸蚀规范				用途说明
		温度/℃	电流密度/(A/cm^2)	时间/s	阴极	
1	$FeSO_4$ 3 g，$Fe_2(SO_4)_3$ 0.1 g，H_2O 100 mL	<40	0.1～0.2	10～40	不锈钢	中碳钢及低合金结构钢
		<40	0.1～0.2	30～36	不锈钢	高合金钢
		<40	0.1～0.2	30～36	不锈钢	加锰铸铁
2	赤血盐 10 g，H_2O 90 mL	<40	0.2～0.3	40～80	不锈钢	高速钢
3	草酸 10 g，H_2O 100 mL		0.1～0.3	40～60(淬火) 5～20(退火)	铂	耐热钢和不锈钢；区别碳化物和 σ 相
4	CrO_3 10 g，H_2O 90 mL		0.1～0.2	30～60	不锈钢	高合金钢
			0.2～0.3	30～70	不锈钢	高锰钢
			0.1～0.3	120～140	不锈钢	高速钢

2.2.5　试样制备自动化

随着科学的发展和技术的进步，对于金相试样的制备，从试样的切割、镶嵌，到磨光、抛光，都不断研制开发出越来越现代化的辅助设备。

1）金相试样切割机。利用高速旋转的薄片砂轮来截取金属试样，同时附有冷却装置，用来带走切割所产生的热量，避免试样过热而改变金相组织。可用于切割各种金属材料、非金属材料(如塑料、胶管等)。

2）金相试样镶嵌机。对于形状不规则、尺寸过于细薄、磨抛时不易持拿的试样，进行热固性塑料压制。成形后便于进行试样的磨抛操作，也有利于金相显微镜的观察。

3）金相试样磨光机。利用各种粒度的抗水砂纸对各种金属及其合金进行湿式磨光。其特点是除以机械磨光代替手工操作、提高制备试样效率以外，还能去除试样切割过程中产生的塑性变形和表面加热痕迹，供进一步抛光后进行组织的显微测定。

4）金相试样抛光机。对磨光后的试样进行抛光，获得光亮如镜的金属表面，以便在显微镜下观察与测定金相组织。自动化抛光设备配有速度、配重和时间的可调装置，一次可抛光 3～12 个试样。

2.3 金相组织显示和记录

传统金相分析记录系统是利用照相金相显微镜把所要研究的组织拍摄下来，以便较长时间地保存和进行研究。显微照相原理与一般照相相同，其显微镜的构造与一般显微镜一样，不过是附加了一套照相暗箱及照相镜头。一种照相显微镜是在主体上已配备了照相用的暗箱及照相镜头；另一种照相显微镜主体本身不带暗箱，但可以另外配一套适合于该显微镜的照相附件，其附件有暗箱、照相壳体及观察目镜 3 部分。暗箱装在照相壳体上，用镜筒连接在显微镜上。在照相壳体内装有反射镜和观察目镜。这种显微镜使用方便，因为光线射至观察目镜的光程与射至底片的光程相等，所以照相时只要在观察目镜中把试样聚焦清晰，在毛玻璃上就同样能看到清晰的像。

随着现代科学技术的发展，利用计算机和数码技术改进传统的光学金相显微镜、实现高效及自动化金相分析是大势所趋。长期以来，一直采用传统金相测试手段，如制样、观测、拍摄、底片冲洗、晾干、相纸曝光、显影、定影、烘干、裁剪等，需花费大量的时间和材料。数码技术极大地改进了金相的照相及显微分析工作。

数码采集金相显微镜系统的硬件部分由金相光学显微镜、计算机、图像监视器、视频拷贝机、摄像头、计算机内载图像采集卡、打印机等组成(图 2－8)。软件部分则由一些专用的图像分析软件构成。软件侧重点不同，会有不同的功能，如晶粒度分析、相含量分析、夹杂物分析、脱碳分析等。

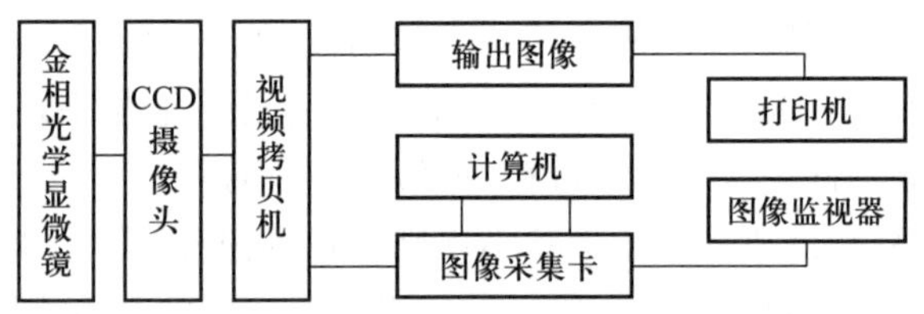

图 2－8 数码采集金相显微镜系统框架图

其工作原理主要是将摄像头通过专门接口与显微镜相连，把放大的试样视场像依次从拷贝机、计算机传送到监视器上，同时利用计算机板载图像转换卡将模拟信号转换成数字信号，由计算机的图像分析软件对图像进行分析。可以实现金相图像的视频调节和图像格式转换，金相图像的计算机分析计算，金相图像的保存、打印和拷贝，试验报表和图像数据管理等。

与传统金相分析比较，计算机系统分析体现了以下特点：

1）多人同时观察图像。利用图像监视器可进行多人观察，金相分析更直接。而传统方法在同一时间只能一人观察。

2）图像处理量化。利用图像分析软件可以使原来用目测估计的视场得到具体量化的数据，使分析结果更具有科学性和客观性，属于定量分析。而大部分传统金相分析为定性分析。

3）图像保存信息化和高效率。利用计算机保存保证了图像不失真且传递迅速，并随着互联网的广泛应用达到信息共享。

4）金相处理的经济化。利用计算机系统进行图像拍摄，省去了洗相所用的各种材料，大大节省了实验经费，减少工作时间，提高工作效率。

两种分析方法的特点比较如表 2－3 所示。

表 2－3　两种分析方法的特点比较

项目	传统金相分析	计算机系统分析
分析性质	定性	定性、定量
工作时间	长	短
照片清晰度	清晰	较清晰
数据保存和传送	不容易	容易

本章知识点

1）为学习电子显微分析过渡，复习金相试样制备、金相显微镜的使用和工作原理。

2）掌握利用金相显微镜对材料进行分析的范畴和所获得的显微组织信息。

第三章
电子显微分析基础

长期以来人们一直在不遗余力地改进研究材料显微组织形态、晶体结构和微区化学成分的手段。电子显微镜的出现和不断完善，提供了一种高放大倍数、高分辨率、综合功能好的新型分析仪器。熟悉光学显微镜，就不难理解电子显微镜，它们之间的区别仅在于所使用的照明源和聚焦成像的方法不同而已。前者用可见光照明，用玻璃透镜聚焦成像；后者用电子束照明，用一定形状的静电场或磁场(静电透镜或磁透镜)聚焦成像。

当一束定向飞行的电子打到试样后，电子或从薄试样穿透而过，或从厚试样表面掠射而过，总之电子的行踪轨迹要发生改变。而入射电子轨迹的变化决定于物质与电子的相互作用，也就是说，决定于原子核及核外电子以及原子核所形成的静电场对电子的作用。其结果将以各种不同的信息反映出来，也就形成了各种不同的电子衍射分析方法。本章将对照光学金相显微镜，阐述如何构建电子显微分析技术的“透镜”和“光束”，并对其特征行为进行讨论，为电子显微分析技术提供必要的理论基础。

3.1　电子波与电磁透镜

3.1.1　光学显微镜的分辨率极限

分辨率是指成像物体(试样)上能分辨出来的两个物点间的最小距离。光学显微镜的分辨率为[3]

$$\Delta r_0 \approx \frac{1}{2}\lambda \tag{3-1}$$

式中：λ 为照明光源的波长。

式(3－1)表明，光学显微镜的分辨率取决于照明光源的波长。在可见光波长范围(390 ~ 760 nm)，光学显微镜分辨率的极限为200 nm。因此，要提高显微镜的分辨率，关键是要有波长短又能聚焦成像的照明光源。

1924 年德布罗意(de Broglie)发现电子波的波长比可见光短十万倍。又过了两年，布施(Busch)指出轴对称非均匀磁场能使电子波聚焦。在此基础上，1933 年鲁斯卡(Ruska)等人设计并制造了世界上第一台透射电子显微镜。

3.1.2　电子波的波长

电子显微镜的照明光源是电子波。电子波的波长取决于电子运动的速度和质量：

$$\lambda = \frac{h}{mv} \tag{3-2}$$

式中：h 为普朗克(Planck)常量；m 为电子的质量；v 为电子的速度，它和加速电压 U 之间存在如下关系：

$$\frac{1}{2}mv^2 = eU \tag{3-3}$$

即

$$v = \sqrt{\frac{2eU}{m}} \tag{3-4}$$

其中，e 为电子所带的电荷。

由式(3－2)和式(3－3)可得

$$\lambda = \frac{h}{\sqrt{2emU}} \tag{3-5}$$

如果电子速度较低，则它的质量和静止质量相近，即 $m \approx m_0$。如果加速电压很高，使电子具有极高的速度，则必须经过相对论校正，此时，

$$m = \frac{m_0}{\sqrt{1 - \left(\frac{v}{c}\right)^2}} \tag{3-6}$$

式中：c 为光速。

表 3-1 是根据式(3-5)计算出的不同加速电压下电子波的波长。

表 3-1　不同加速电压下电子波的波长(经相对论校正)

加速电压/kV	电子波波长/Å	加速电压/kV	电子波波长/Å
1	0.388	40	0.0601
2	0.274	50	0.0536
3	0.224	60	0.0487
4	0.194	80	0.0418
5	0.173	100	0.0370
10	0.122	200	0.0251
20	0.0859	500	0.0142
30	0.0698	1000	0.0087

可见光的波长在 3900～7600 Å 之间，从计算出的电子波波长来看，在常用的 100～200 kV 加速电压下，电子波的波长要比可见光小 5 个数量级。

3.1.3　电磁透镜

透射电子显微镜中用磁场来使电子波聚焦成像的装置是电磁透镜。

图 3-1 为电磁透镜的聚焦原理示意图。通电的短线圈就是一个简单的电磁透镜，它能造成一种轴对称非均匀分布的磁场。磁力线围绕导线呈环状，磁力线上任意一点的磁感应强度 $\boldsymbol{B}$ 都可以分解成平行于透镜主轴的分量 $\boldsymbol{B}_z$ 和垂直于透镜主轴的分量 $\boldsymbol{B}_r$[图 3-1(a)]。速度为 $\boldsymbol{v}$ 的平行电子束进入透镜的磁场时，位于 a 点的电子将受到 $\boldsymbol{B}_r$ 分量的作用。根据右手法则，电子所受的切向力 $\boldsymbol{F}_t$ 的方向如图 3-1(b)所示。$\boldsymbol{F}_t$ 使电子获得一个切向速度 $\boldsymbol{v}_t$。$\boldsymbol{v}_t$ 随即和 $\boldsymbol{B}_z$分量叉乘，形成了另一个向透镜主轴靠近的径向力 $\boldsymbol{F}_r$，使电子向主轴偏转(聚焦)。当电子穿过线圈走到 b 点位置时，$\boldsymbol{B}_r$ 的方向改变了 180°，$\boldsymbol{F}_t$ 随之反向，但是 $\boldsymbol{F}_t$ 的反向只能使 $\boldsymbol{v}_t$ 变小，而不能改变 $\boldsymbol{v}_t$ 的方向，因此穿过线圈的电子仍然趋向于向主轴靠近。结果使电子作如图 3-1(c)所示那样的圆锥螺旋近轴运动。一束平行于主轴的入射电子束通过电磁透镜时将被聚焦在轴线上一点，即焦点，这与光学玻璃凸透镜对平行于轴线入射的平行光的聚焦作用十分相似。

图 3-2 为一种带有软磁铁壳的电磁透镜示意图。导线外围的磁力线都在

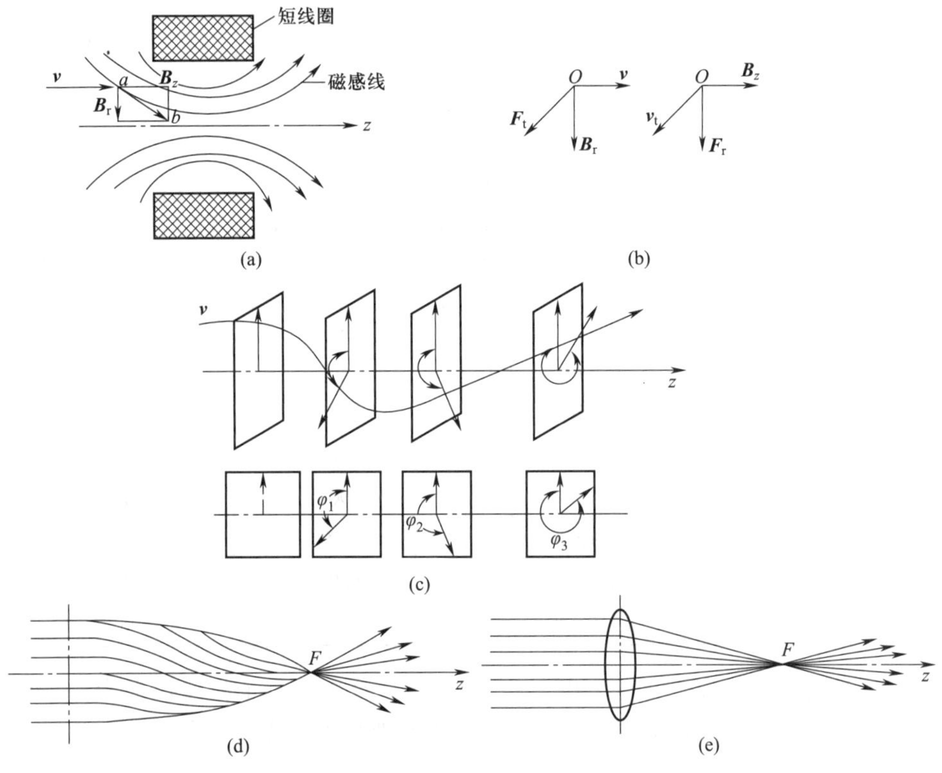

图 3－1　电磁透镜的聚焦原理示意图

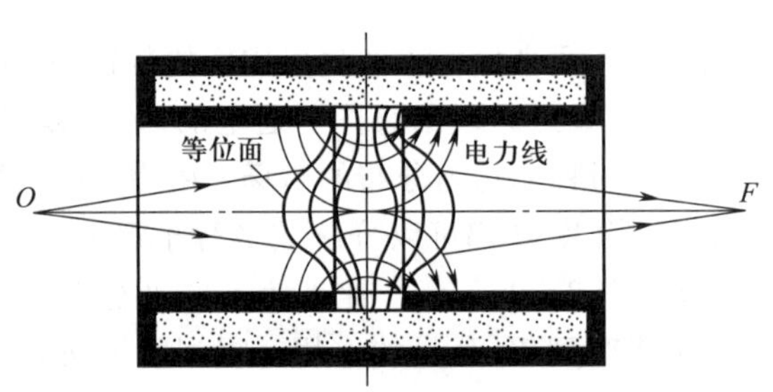

图 3－2　带有软磁铁壳的电磁透镜示意图

铁壳中通过，在铁壳的内侧开一道环状的狭缝，从而可以减小磁场的广延度，使大量磁力线集中在缝隙附近的狭小区域之内，增强了磁场的强度。为了进一步缩小磁场轴向宽度，还可以在环状狭缝两边接出一对顶端呈圆锥状的极靴，如图 3－3 所示。带有极靴的电磁透镜可使有效磁场集中到沿透镜轴向几毫米的范围之内。图 3－3(c)给出短线圈加铁壳和极靴后透镜的磁感应强度分布。

与光学玻璃透镜相似，电磁透镜物距、像距和焦距三者之间的关系式及放大倍数分别为

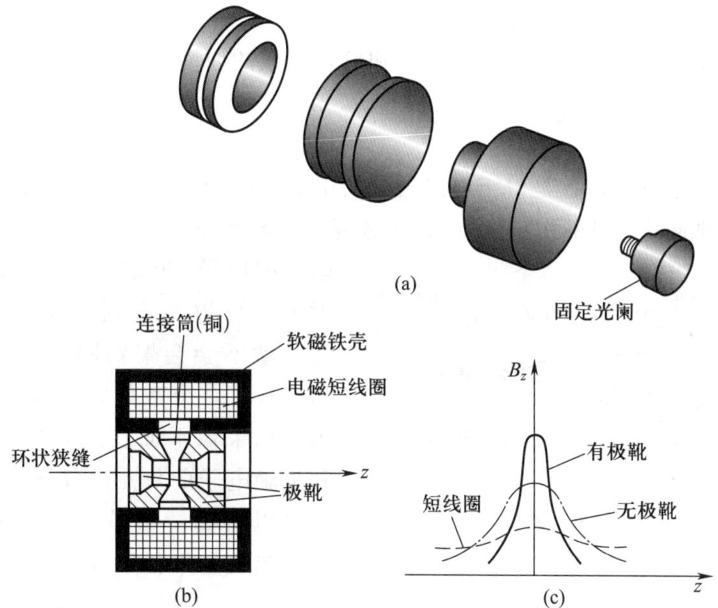

图 3-3 带有极靴的电磁透镜。(a) 极靴组件分解；(b) 带有极靴的电磁透镜剖面；(c) 3 种情况下电磁透镜的轴向磁感应强度分布

$$\frac{1}{f}=\frac{1}{L_1}+\frac{1}{L_2} \tag{3-7}$$

$$M=\frac{f}{L_1-f} \tag{3-8}$$

式中：f 为焦距；L_1 为物距；L_2 为像距；M 为放大倍数。

电磁透镜的焦距可由下式近似计算：

$$f\approx K\frac{U_r}{(IN)^2} \tag{3-9}$$

式中：K 为常数；U_r 为经相对论校正的电子加速电压；IN 为电磁透镜激磁安匝数。

从式(3-9)可看出，无论激磁方向如何，电磁透镜的焦距总是正的。改变激磁电流，电磁透镜的焦距和放大倍数发生相应变化。因此，电磁透镜是一种变焦距或变倍率的会聚透镜，这是它有别于光学玻璃凸透镜的一个特点。

3.1.4 电磁透镜的像差和分辨率

1. 像差

像差分两类，即几何像差和色差。几何像差是因为透镜磁场几何形状上的缺陷而造成的。几何像差主要指球差和像散。色差是由于电子波的波长或能量发生一定幅度的改变而造成的。

下面我们将分别讨论球差、像散和色差形成的原因并指出减少这些像差的途径。

(1) 球差

球差即球面像差，是由于电磁透镜的中心区域和边缘区域对电子的折射能力不符合预定的规律而造成的。离开透镜主轴较远的电子(远轴电子)比主轴附近的电子(近轴电子)被折射的程度大。当物点 P 通过透镜成像时，电子就不会会聚到同一焦点上，从而形成了一个散焦斑，如图 3－4 所示。如果像平面在远轴电子的焦点和近轴电子的焦点之间作水平移动，就可以得到一个最小的散焦斑。最小散焦斑的半径用 R_s 表示。若把 R_s 除以放大倍数，就可以把它折算到物平面上去，其大小为 $\Delta r_s = \frac{R_s}{M}$，$M$ 为透镜的放大倍数。Δr_s 为由于球差造成的散焦斑半径，就是说，物平面上两点距离小于 $2\Delta r_s$ 时，则该透镜不能分辨，即在透镜的像平面上得到的是一个点。Δr_s 可通过下式计算：

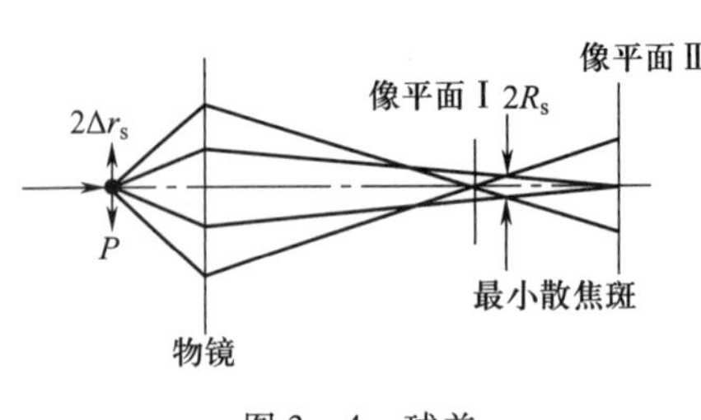

图 3－4　球差

$$\Delta r_s = \frac{1}{4} C_s \alpha^3 \tag{3-10}$$

式中：C_s 为球差系数，通常情况下，物镜的 C_s 值相当于它的焦距大小，约为 1～3 mm；α 为孔径半角。从式(3－10)可以看出，减小球差可以通过减小 C_s 值和缩小孔径角来实现。因为球差和孔径半角呈三次方的关系，所以用小孔径角成像时，可使球差明显减小。

(2) 像散

像散是由透镜磁场的非旋转性对称而引起的。极靴内孔不圆、上下极靴的轴线错位、制作极靴的材料材质不均匀以及极靴孔周围局部污染等，都会使电磁透镜的磁场产生椭圆度。透镜磁场的这种非旋转性对称，会使它在不同方向上的聚焦能力出现差别，结果使成像物点 P 通过透镜后不能在像平面上聚焦成一点，如图 3－5 所示。在聚焦最好的情况下，能得到一个最小的散焦斑，把最小散焦斑的半径 R_A 折算到物点 P 的位置上去，就形成了一个半径为 Δr_A 的圆斑，即 $\Delta r_A = \frac{R_A}{M}$($M$ 为透镜的放大倍数)，用 Δr_A 来表示像散的大小。Δr_A 可通过下式计算：

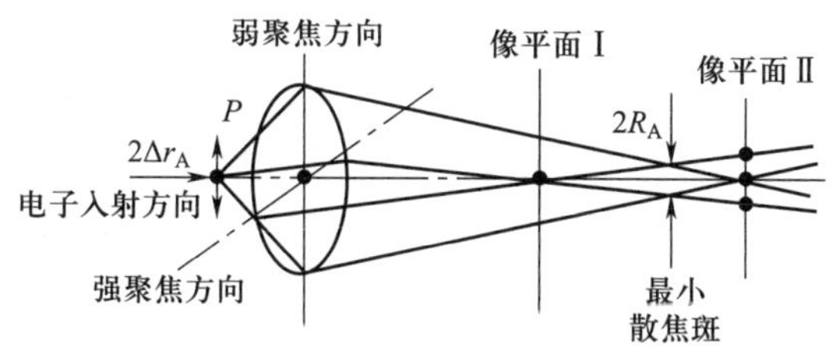

图 3-5 像散

$$\Delta r_A = \Delta f_A \alpha \tag{3-11}$$

式中：Δf_A 为电磁透镜出现椭圆度时造成的焦距差。

如果电磁透镜在制造过程中已存在固有的像散，则可以通过引入一个强度和方位都可以调节的矫正磁场来进行补偿，这个产生矫正磁场的装置就是消像散器。

（3）色差

色差是由于入射电子波长（或能量）的非单一性所造成的。

图 3-6 为形成色差原因的示意图。若入射电子能量出现一定的差别，则能量高的电子在距透镜光心比较远的地方聚焦，而能量较低的电子在距光心较近的地方聚焦，由此造成了一个焦距差。将像平面在长焦距和短焦距之间移动时，也可得到一个最小的散焦斑，其半径为 R_c。

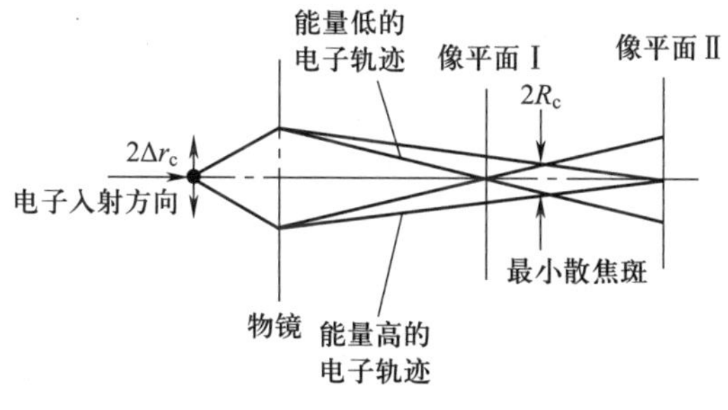

图 3-6 色差

把 R_c 除以透镜的放大倍数 M，即可把散焦斑的半径折算到物点 P 的位置上去，这个半径大小等于 Δr_c，即 $\Delta r_c = \dfrac{R_c}{M}$，其值可以通过下式计算：

$$\Delta r_c = C_c \alpha \left| \frac{\Delta E}{E} \right| \tag{3-12}$$

式中：C_c 为色差系数；$\left| \dfrac{\Delta E}{E} \right|$ 为电子束能量变化率。

当 C_c 和孔径角 α 一定时，$\left| \dfrac{\Delta E}{E} \right|$ 的数值取决于加速电压的稳定性和电子穿

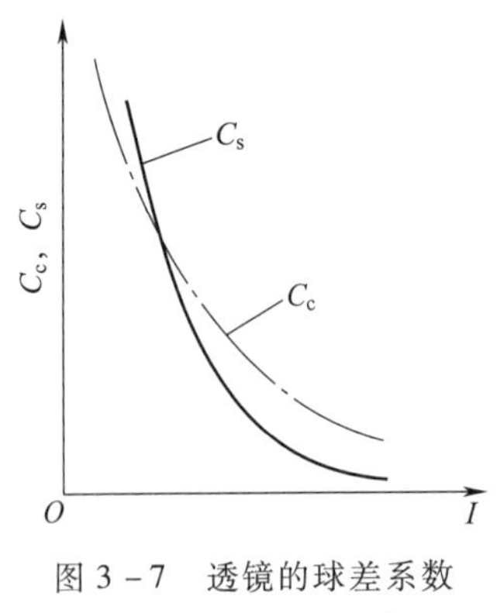

图 3－7　透镜的球差系数 C_s、色差系数 C_c 与激磁电流 I 的关系

过试样时发生非弹性散射的程度。如果试样很薄，则可把后者的影响略去，因此采用稳定加速电压的方法可以有效地减小色差。色差系数 C_c 与球差系数 C_s 均随透镜激磁电流的增大而减小，如图 3－7 所示。

2. 分辨率

电磁透镜的分辨率由衍射效应和球差来决定。

（1）衍射效应对分辨率的影响

由衍射效应所限定的分辨率在理论上可由瑞利（Rayleigh）公式计算，即

$$\Delta r_0 = \frac{0.61\lambda}{N\sin\alpha} \tag{3-13}$$

式中：Δr_0 为成像物体（试样）上能分辨出来的两个物点间的最小距离，用来表示分辨率的大小，Δr_0 越小，透镜的分辨率越高；λ 为波长；N 为介质的相对折射系数；α 为透镜的孔径半角。

现在主要来分析 Δr_0 的物理含义。图 3－8 中试样上的物点通过透镜成像时，由于衍射效应，在像平面上得到的并不是一个点，而是一个中心最亮、周围带有明暗相间同心圆环的圆斑，即所谓艾里（Airy）斑。若试样上有两个物点 S_1、S_2 通过透镜成像，则在像平面上会产生两个艾里斑 S_1'、S_2'，如图 3－8(a) 所示。如果这两个艾里斑相互靠近，当两个光斑强度峰间的强度谷值比强度峰值低 19% 时（把强度峰的高度看做 100%），这个强度反差对人眼来说才刚有所感觉。也就是说，这个反差值是人眼能否感觉出存在 S_1'、S_2' 两个斑点的临界值。式（3－13）中的常数项就是以这个临界值为基础的。在峰谷之间出现 19% 强度差值时，像平面上 S_1' 和 S_2' 之间的距离正好等于艾里斑的半径 R_0，折算到物平面上点 S_1 和 S_2 的位置上去时，就能形成两个以 $\Delta r_0 = \frac{R_0}{M}$ 为半径的小圆斑。两个圆斑之间的距离与它们的半径相等。如果把试样上 S_1 点和 S_2 点间的距离进一步缩小，那么人们就无法通过透镜把它们的像 S_1' 和 S_2' 分辨出来。由此可见，以任一物点为圆心，以 Δr_0 为半径作一个圆，若与之相邻的第二物点位于这个圆周之内时，则透镜就无法分辨出此二物点间的反差。如果第二物点位于圆周之外，便可被透镜辨别出来，因此 Δr_0 就是衍射效应限定的透镜的分辨率。

由以上分析可知，若只考虑衍射效应，则在照明光源和介质一定的条件下，孔径半角 α 越大，透镜的分辨率越高。

（2）球差对分辨率的影响

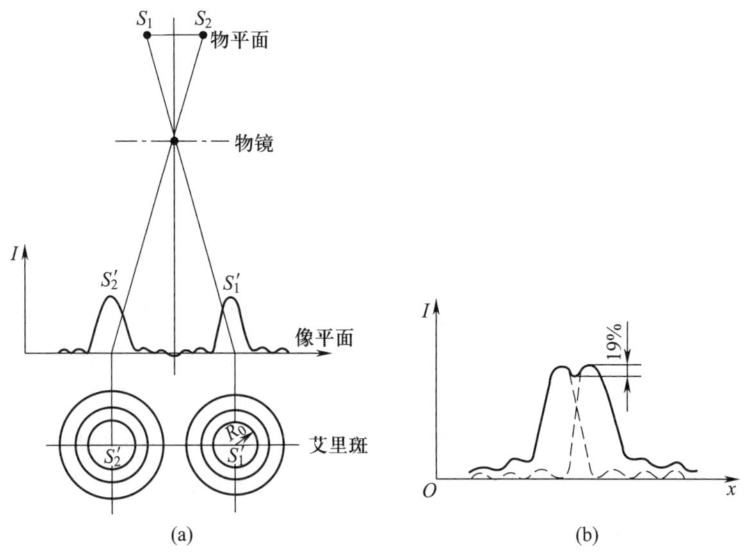

图 3-8 两个点光源成像时形成的艾里斑。(a) 艾里斑;(b) 两个艾里斑靠近到刚好能分得开的临界距离时强度的叠加

如前所述,由于球差、像散和色差的影响,物体(试样)上的光点在像平面上均会扩展成散焦斑。各散焦斑半径折算回物体后得到的 Δr_s、Δr_A、Δr_c 值自然就成了由球差、像散和色差所限定的分辨率。

因为电磁透镜总是会聚透镜,至今还没有找到一种矫正球差的行之有效的方法,所以球差便成为限制电磁透镜分辨率的主要因素。若同时考虑衍射效应和球差对分辨率的影响时,则会发现改善其中一个因素时会使另一个因素变坏。为了使球差变小,可通过减小 α 来实现$\left(\Delta r_s = \dfrac{1}{4}C_s\alpha^3\right)$,但从衍射效应来看,$\alpha$ 减小将使 Δr_0 变大,分辨率下降。因此,两者必须兼顾。关键是确定电磁透镜的最佳孔径半角 α_0,使得衍射效应艾里斑和球差散焦斑尺寸相等,表明两者对透镜分辨率影响效果一样。令式(3-10)中的 Δr_s 和式(3-13)中的 Δr_0 相等,求出 $\alpha_0 = 12.5\left(\dfrac{\lambda}{C_s}\right)^{\frac{1}{4}}$。这样,电磁透镜的分辨率为 $\Delta r_0 = A\lambda^{\frac{3}{4}}C_s^{\frac{1}{4}}$,$A$ 为常数,$A \approx 0.4 \sim 0.55$。目前,透射电子显微镜的最佳分辨率达 10^{-1} nm 数量级,如日本日立公司的 H-9000 型透射电子显微镜的点分辨率为 0.18 nm。

3.1.5 电磁透镜的景深和焦长

1. 景深

电磁透镜的另一特点是景深(或场深)大,焦长很长,这是由于小孔径角

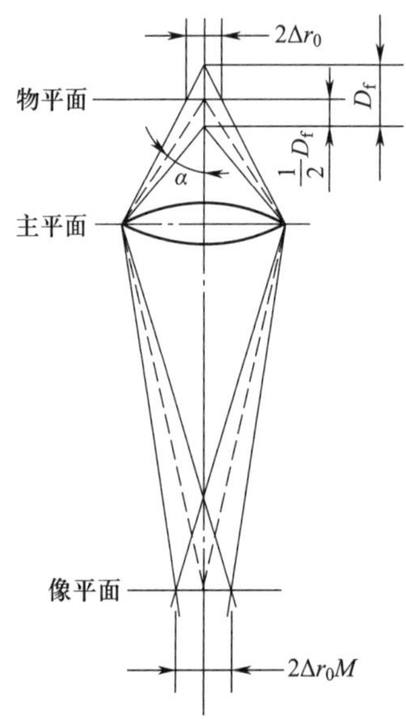

图 3－9　电磁透镜的景深

成像的结果。任何试样都有一定的厚度，从原理上讲，当透镜焦距、像距一定时，只有一层试样平面与透镜的理想物平面相重合，能在透镜像平面获得该层平面的理想图像。而偏离理想物平面的物点都存在一定程度的失焦，它们在透镜像平面上将产生一个具有一定尺寸的失焦圆斑。如果失焦圆斑尺寸不超过由衍射效应和像差引起的散焦斑，那么对透镜像分辨率并不产生什么影响。因此，我们把透镜物平面允许的轴向偏差定义为透镜的景深，用 D_f 来表示，如图 3－9 所示。它与电磁透镜分辨率 Δr_0、孔径半角 α 之间的关系如下：

$$D_f = \frac{2\Delta r_0}{\tan\alpha} \approx \frac{2\Delta r_0}{\alpha} \qquad (3-14)$$

这表明，电磁透镜的孔径半角越小，景深越大。一般的电磁透镜 $\alpha = 10^{-2} \sim 10^{-3}$ rad，$D_f = (200 \sim 2000)\Delta r_0$。如果透镜分辨率 $\Delta r_0 = 1$ nm，则 $D_f = 200 \sim 2000$ nm。对于加速电压为 100 kV 的电子显微镜来说，试样厚度一般控制在 200 nm 左右，在透镜景深范围之内，因此试样各部位的细节都能得到清晰的像。如果允许较差的像分辨率(取决于试样)，那么透镜的景深就更大了。电磁透镜景深大，对于图像的聚焦操作(尤其是在高放大倍数情况下)是非常有利的。

2. 焦长

当透镜焦距和物距一定时，像平面在一定的轴向距离内移动，也会引起失焦。如果失焦引起的失焦斑尺寸不超过透镜因衍射效应和像差引起的散焦斑大小，那么像平面在一定的轴向距离内移动，对透镜像的分辨率没有影响。我们把透镜像平面允许的轴向偏差定义为透镜的焦长，用 D_L 表示，如图 3－10 所示。

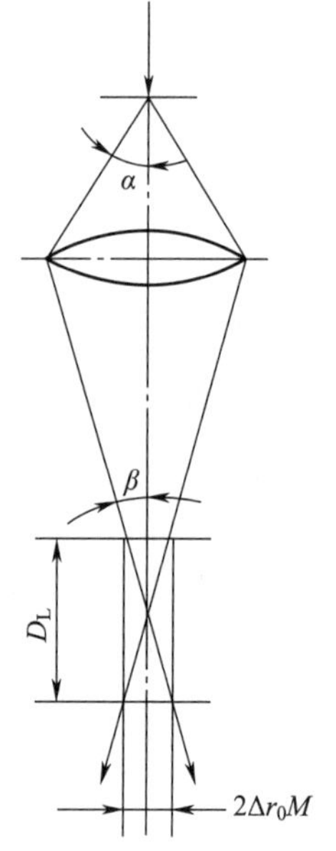

图 3－10　电磁透镜的焦长

从图 3－10 中可以看到透镜焦长 D_L 与分辨率 Δr_0、像点所张的孔径半角 β 之间的关系为

$$D_L = \frac{2\Delta r_0 M}{\tan\beta} \approx \frac{2\Delta r_0 M}{\beta}$$

因为 $\beta = \frac{\alpha}{M}$，所以

$$D_L = \frac{2\Delta r_0}{\alpha} M^2 \tag{3-15}$$

式中：M 为透镜的放大倍数。

当电磁透镜放大倍数和分辨率一定时，透镜焦长随孔径半角减小而增大。如一电磁透镜分辨率 $\Delta r_0 = 1$ nm，孔径半角 $\alpha = 10^{-2}$ rad，放大倍数 $M = 200$，计算得焦长 $D_L = 8$ mm。这表明该透镜实际像平面在理想像平面上或下各 4 mm 范围内移动时不需要改变透镜聚焦状态，图像仍保持清晰。

对于由多级电磁透镜组成的电子显微镜来说，其终像放大倍数等于各级透镜放大倍数之积。因此终像的焦长就更长了，一般说来超过 10 ~ 20 cm 是不成问题的。电磁透镜的这一特点给电子显微镜图像的照相记录带来了极大的方便。只要在荧光屏上图像是聚焦清晰的，那么在荧光屏上或下十几厘米处放置照相底片，所拍摄的图像也将是清晰的。

3.2　电子与物质的交互作用

3.2.1　散射

当一束聚焦电子沿一定方向射到试样上时，在试样物质原子的库仑电场作用下，入射电子方向将发生改变，称为散射。原子对电子的散射还可以进一步分为弹性散射和非弹性散射。在弹性散射中，电子只改变运动方向，基本上无能量变化。在非弹性散射中，电子不但改变方向，能量也有不同程度的衰减，衰减部分转变为热、光、X 射线、二次电子等，如图 3－11 所示。

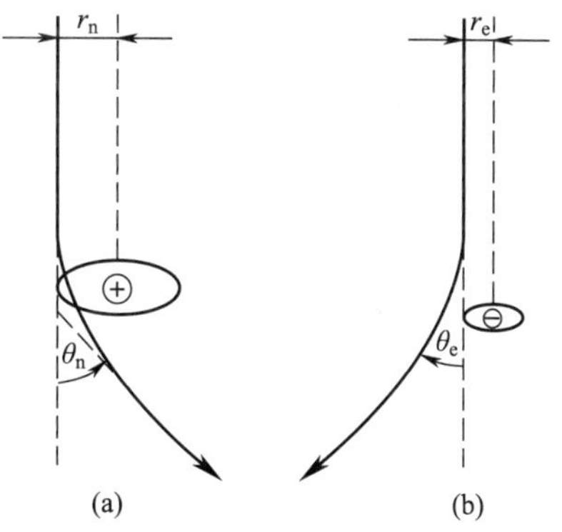

图 3－11　原子引起电子束偏转示意图。（a）原子核对入射电子的弹性散射；（b）核外电子对入射电子的非弹性散射

1. 原子核对入射电子的弹性散射

当入射电子从距原子核 r_n 处经过时，由于原子核正电荷的吸收作用，使入射电子偏离入射方向[图 3－11(a)]。根据卢瑟福(Rutherford)的经典散射模型，散射角 θ_n 的大小取决于瞄准距离 r_n、核电荷数 Z_e 和入射电子的能量 E_0，其关系如下：

$$\theta_n = \frac{Z_e}{E_0 r_n} \tag{3-16}$$

可见原子序数越大，电子的能量越小，距核越近，则散射角越大。显然，这是一个相当简化的模型，除了考虑核对电子的散射作用外，还应考虑核外电子的负电荷的屏蔽作用。

这种弹性散射是电子衍射及成像的基础，原子对入射电子在 θ_n 角方向的弹性散射振幅(即散射因子)为[4]

$$f_e(\theta_n) = 2.38 \times 10^{10}\left(\frac{\lambda \times 10^8}{\sin\theta_n}\right)[z - f_X(\theta_n)] \tag{3-17}$$

式中：z 代表核对入射电子的弹性散射振幅；$f_X(\theta_n)$ 是原子对 X 射线的散射因子，由于只有核外电子才对 X 射线有散射作用，所以这一项代表核外电子对入射电子的散射作用，它的负号表示核外电子的负电荷对原子核弹性散射的屏蔽作用。一般来说，原子对电子的散射远较对 X 射线的散射为强，因此电子在物质内部的穿透深度要较 X 射线小得多。

2. 原子核对入射电子的非弹性散射

由于这种非弹性散射中入射电子不但改变方向，而且有不同程度的能量损失，因此速度减慢。损失的能量 ΔE 转化为 X 射线，它们之间的关系是

$$\Delta E = h\gamma = \frac{hc}{\lambda} \tag{3-18}$$

式中：h 是普朗克常量；c 是光速；γ 及 λ 分别是 X 射线的频率与波长。显然，能量损失越大，X 射线的波长越短。由于这种散射产生连续的无特征波长值的 X 射线，因而并不反映试样结构或成分的任何特征，反而会产生背景信号，影响成分分析的灵敏度和准确度。但近几年的研究表明，连续谱的强度数据在分析颗粒试样和粗糙表面试样的绝对浓度时是十分有用的。

3. 核外电子对入射电子的非弹性散射

原子中核外电子对入射电子的散射作用是一种非弹性散射，散射过程中入射电子所损失的能量部分转变为热，部分使物质中原子发生电离或形成自由载流子，并伴随着产生各种有用信息，如二次电子、俄歇电子、特征 X 射线、特征能量损失电子、阴极发光、电子感生电导等。

核外电子对入射电子的非弹性散射在电子衍射及透射电子显微镜成像中，由于引起色差而增加背景强度及降低图像衬度，因而是有害的。但是，在这种非弹性散射中产生的电离、阴极发光及电子云的集体振荡等物理效应，可以从不同侧面反映试样的形貌、结构及成分特征，为一系列电子显微分析仪器提供了重要的信息来源。

3.2.2 高能电子与试样物质交互作用产生的电子信息

样品在电子束的轰击下会产生如图 3－12 所示的各种信号。

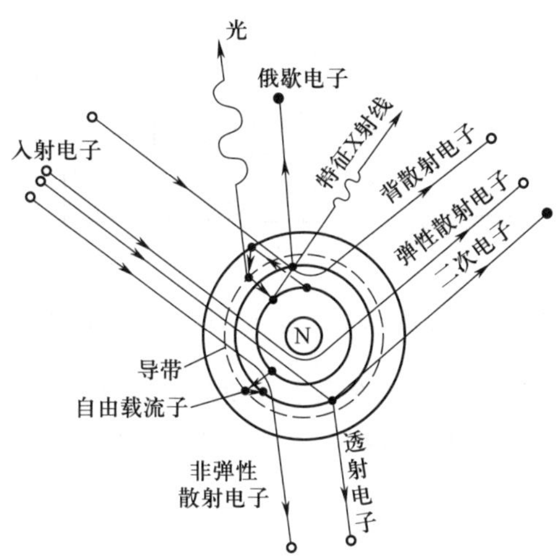

图 3－12 入射电子与原子的交互作用产生的各种信息示意图

1. 二次电子

当入射电子与原子核外电子发生相互作用时，会使原子失掉电子而变成离子，这种现象称为电离，而这个脱离原子的电子称为二次电子。如果被电离出来的二次电子是来自原子中的价电子，则这种电离过程称为价电子激发；如果被电离出来的二次电子是来自原子中的芯电子，则这种电离过程称为芯电子激发。入射电子使固体中价电子激发到费米能级以上或游离时损失的能量较小(约几十电子伏)，而使芯电子激发或游离时损失的能量相当大，一般至少要等于芯电子的结合能(即费米能级和内层能级之差，约几百电子伏)。所以价电子的激发概率远大于芯电子的激发概率。

二次电子的主要特点如下。

(1) 对试样表面形貌敏感

这是因为二次电子产额(或激发效率)δ_{SE}与入射电子束相对于试样表面的入射角 θ 之间存在下列关系：

$$\delta_{SE} \propto \frac{1}{\cos\theta} \qquad (3-19)$$

式中：$\delta_{SE}=I_{SE}/I_P$，I_{SE}为二次电子电流强度，I_P 为入射电子束电流强度。

如图 3－13 所示，在 I_P 不变的情况下，当试样表面不平时，入射电子束相对于试样表面的入射角 θ 发生变化，使二次电子的强度(I_{SE}或 δ_{SE})相应改变。

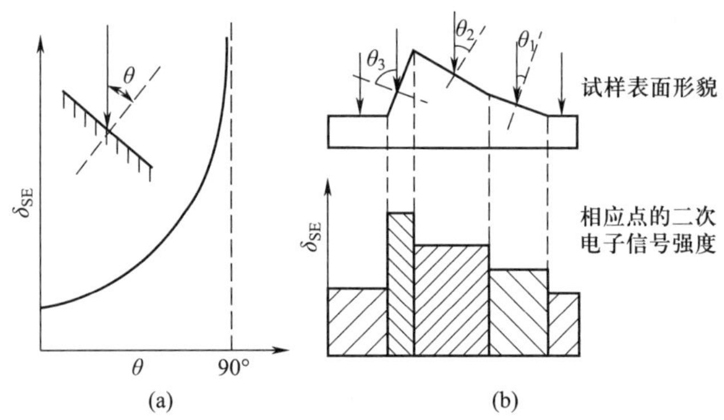

图 3-13 入射角 θ(a)及试样表面形貌(b)对二次电子信号强度的影响示意图

如果用检测器收集试样上方的二次电子并使其形成反映试样上各照射点信号强度的图像，则可将试样表面形貌特征反映出来，形成所谓“形貌衬度”图像。

(2) 空间分辨率高

通常入射电子束进入试样表面后，由于受到原子核及核外电子的散射，其作用范围有所扩展而形成类似于图 3-14 所示的分布(入射电子束在试样内沿纵向及侧向扩展的具体尺寸范围取决于入射电子的能量及试样物质的原子序数)。尽管在电子的有效作用深度内都可以产生二次电子，但由于其能量很

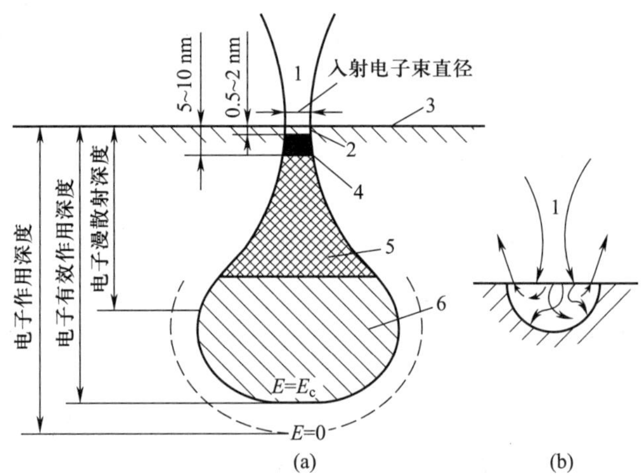

图 3-14 入射电子产生各种信息的深度和广度范围。(a) 电子束散射区域形状(梨形作用体积)；(b) 重元素试样的电子束散射区域形状(半球形作用体积)(1. 入射电子束；2. 俄歇电子激发体积；3. 试样表面；4. 二次电子激发体积；5. 背散射电子激发体积；6. 初级 X 射线激发体积)

低，只有在接近表面大约 10 nm 以内的二次电子才能逸出表面，成为可以接收的信号。此时，由于入射电子束尚无明显的侧向扩展，因而这种信号反映的是一个与入射电子束直径相当的、很小体积范围内的形貌特征，故具有较高的空间分辨率。目前在扫描电子显微镜中二次电子像的分辨率一般在 3 ~ 6 nm 之间(取决于电子枪类型及电子光学系统结构)，在透射扫描电子显微镜中达到 2 ~ 3 nm。

(3) 信号收集率高

在入射电子束作用下，试样上被照射区产生的二次电子信号(以及后面即将谈到的其他几种信号)都是以照射点为中心向四面八方发射的(相当于点光源)，其中在试样表面以上的半个球体内的信号可能被收集。但是，由于仪器结构设计及其他原因，信号检测器的检测部分通常只占信号分布表面积中很小的一部分。为了提高信噪比，必须尽量提高信号的收集率。二次电子本身能量很低，容易受电场的作用，所以只要在检测器上面加一个 5 ~ 10 kV 的正电压，就可以使试样上方绝大部分二次电子都进入检测器，从而使试样表面上无论是凹坑还是突起物的背向检测器的部分都显示出来。

二次电子信息的上述特点使其成为扫描电子显微镜成像的主要手段。图 3 – 15 给出了二次电子成像的 SEM 形貌。

2. 背散射电子

入射电子在试样内被散射而改变前进方向，在非弹性散射情况下，还会损失一部分能量。在这种弹性散射和非弹性散射的过程中，有些入射电子累计散射角超过 90°，将重新从试样表面逸出，称为背散射电子。若在试样上方安放一个接收电子的检测器，就可将测量得到的电子数目按能量分布绘制成电子能谱曲线，如图 3 – 16 所示。除了 E_0(入射电子能量)处有明锐的弹性散射峰外，在小于 50 eV 的低能端还有一个较宽的二次电子峰。在这两个峰之间是非弹性散射电子构成的背景，如用高灵敏度的检测装置，则可发现其中还有一些微弱电子峰，这就是后面将要谈到的俄歇电子峰及特征能量损失峰。

在电子显微分析仪器中利用的背散射电子信号通常是那些能量较高的电子，其中主要是能量等于或接近 E_0 的电子，其特点如下。

(1) 对试样物质的原子序数敏感

这是因为背散射电子产额 δ_{BE} 随原子序数 Z 的增大而增加，如图 3 – 17 所示。因此，背散射电子像的衬度与试样上各微区的成分密切相关，从而可以显示出金属中各种相的分布情况。背散射电子来自试样表层几百纳米的深度范围。由于它的产额能随试样原子序数的增大而增多，所以不仅能用做形貌分析，而且可以用来显示原子序数衬度，定性地用做成分分析。如图 3 – 18 给出了一种镍基合金 GH 4169 晶界块状析出相的元素背散射形貌及对应的二次电子

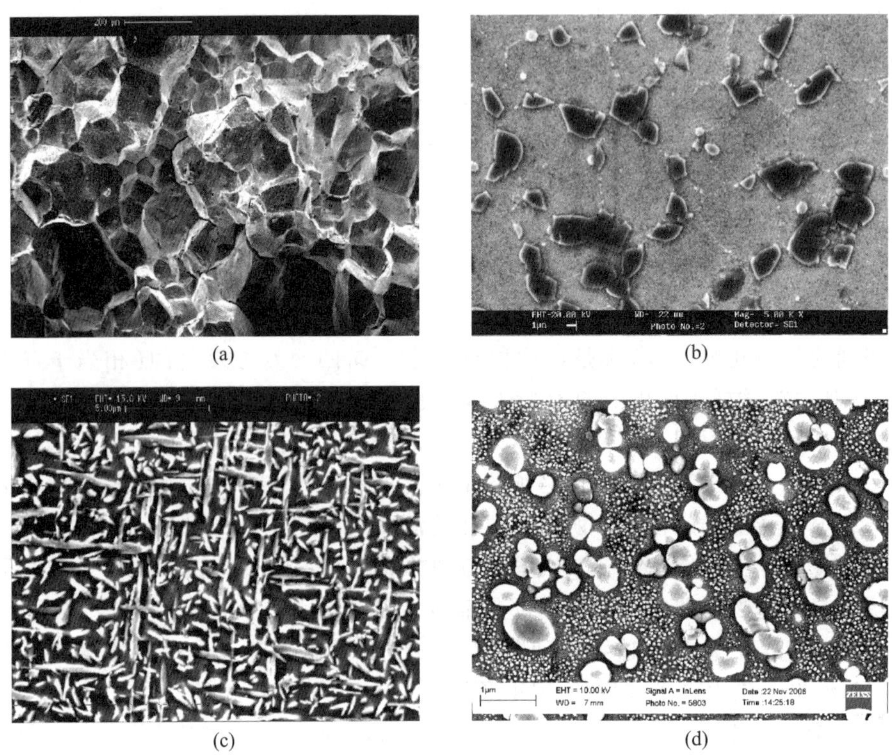

图 3－15　二次电子成像的 SEM 形貌。(a) GH 864 合金沿晶断口；(b) FGH 95 合金γ′相形貌；(c) K 648 合金 α－Cr 相形貌；(d) U 720 合金γ′相形貌

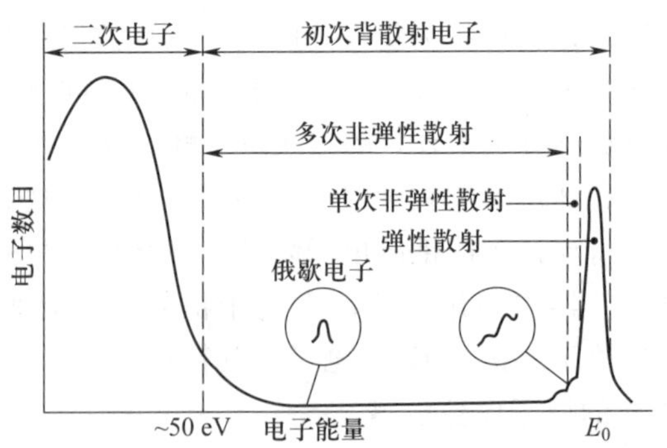

图 3－16　在试样上方接收到的电子能谱曲线

像形貌。

(2) 分辨率及信号收集率低

由于背散射电子能量与入射电子能量相当，因而从试样上方收集到的背散射电子可能来自试样内较大的体积范围，使得这种信息成像的空间分辨率低；

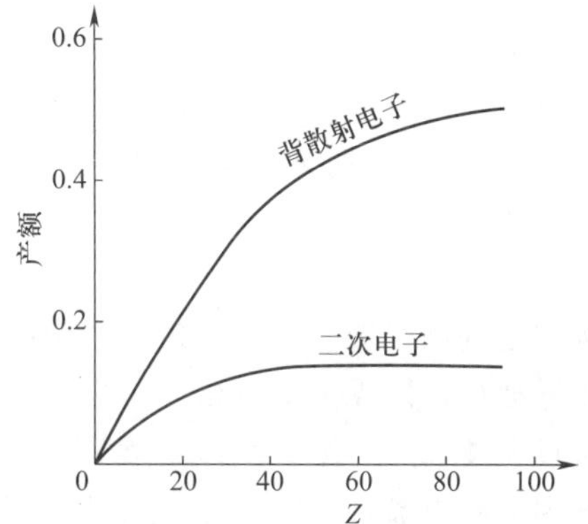

图 3-17 背散射电子产额和二次电子产额随原子序数 Z 的变化(加速电压为 30 kV)

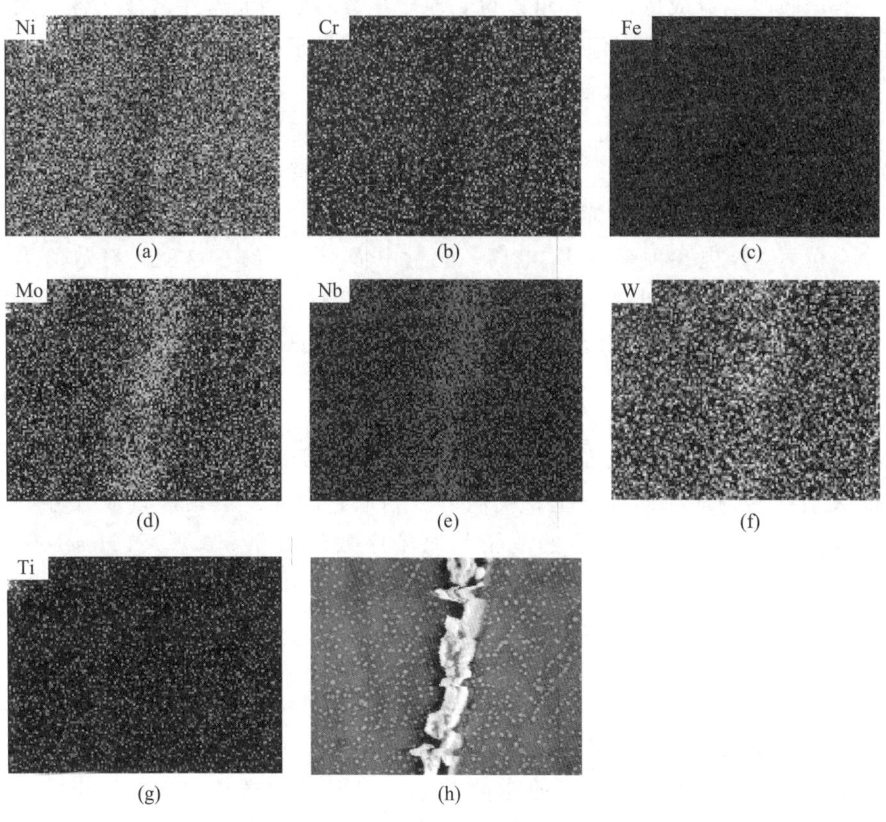

图 3-18 镍基合金 GH 4169 晶界块状析出相的元素背散射形貌[(a)~(g)],以及对应的二次电子像形貌(h)

同时由于背散射电子能量高，运动方向不易偏转，检测器只能接收按一定方向出射及较小立体角范围内的电子，因而信号的收集率较低。由于上述两种因素的影响，使背散射电子像的空间分辨率通常只能达到100 nm(相应仪器中二次电子分辨率可达3～6 nm)。近年来在某些新型仪器上采用了半导体环形检测器，由于电子收集率高，使分辨率提高到6 nm左右。

3. 吸收电子

当试样较厚时，例如达到微米数量级，入射电子中的一部分在试样内经过多次非弹性散射后，能量耗尽，既无力穿透试样，也不能逸出表面，称为吸收电子。通过一个高灵敏度的电流表(例如毫微安表)使试样接地，就能检测试样对地电流的大小，称为吸收电流信号。由于试样中背散射电子(包括二次电子)的比例与吸收电子的比例之和等于1，两者在数量上存在互补关系。由图3－17可知，随着原子序数的增大，背散射电子增多，则吸收电子减少。因此，若用吸收电流成像，同样可以得到原子序数不同的元素在试样上各微区定性的分布情况，只不过图像的衬度正好与背散射电子图像相反。

4. 特征X射线及俄歇电子

电离使原子处于较高能量的激发态，这是不稳定的，外层电子会迅速填补芯电子空位而使能量降低。如一个原子在入射电子的作用下失掉一个K层电子，它就处于K激发态，能量是E_K［图3－19(a)］。当一个L_2层电子填补了这个空位后，K电离就变为L_2电离，能量由E_K变为E_L，这就会有数值等于$(E_K - E_L)$的能量释放出来。能量释放可以采用两种方式，一种方式是产生X射线，即该元素的K_α辐射，如图3－19(b)所示。这种X射线的波长是

$$E_K - E_{L_2} = \frac{hc}{\lambda_{k_\alpha}} \tag{3-20}$$

由于E_K和E_L都有特定数值，随元素不同而异，所以X射线为特征X射线。特征X射线谱叠加在连续谱上，我们可以利用它的固定波长进行成分分析和晶体结构研究。特征X射线的波长与原子序数的关系［莫塞莱(Moseley)定律］是

$$\lambda = \frac{1}{(Z - \sigma)^2} \tag{3-21}$$

式中：σ是一个常数。对应每一个元素，都有一个特定的波长λ。根据特征X射线的波长及强度就能得出定性及定量分析结果。

上述K层电子复位释放出的能量$E_K - E_L$，还能继续产生电离，使另一核外电子脱离原子变成二次电子。如$E_K - E_L > E_L$，就可能使L_2、L_3、M、N层以及导带V上的电子逸出，产生相应的电子空位，如图3－19(c)所示。使L_2层电子逸出的能量略大于K_L，因为这不但要产生L_2层电子空位，还要有逸出

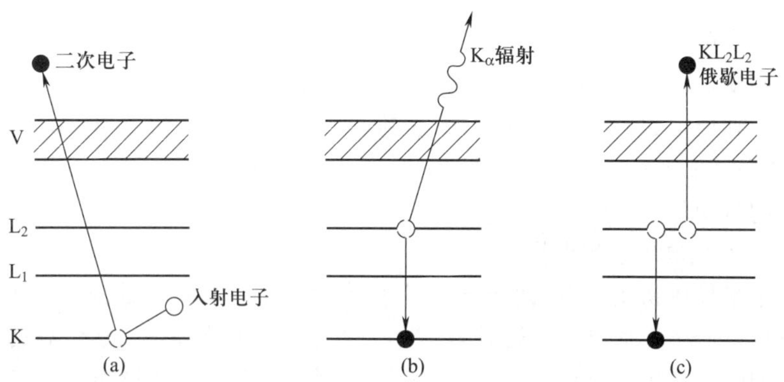

图 3－19 处于 K 激发态的原子(a)产生 K_α 辐射(b)或 KL_2L_2 俄歇电子(c)的示意图

功。这种二次电子称为 KL_2L_2 电子，它的能量近似等于 $E_K - E_{L_2} - E_{L_3}$，因此也有固定值，随元素不同而异，这种具有特征能量值的电子称为俄歇电子。利用俄歇电子进行元素分析的仪器称为俄歇电子能谱仪。俄歇电子具有以下特点。

1）适于分析轻元素及超轻元素。因为这些元素的特征 X 射线产额很低，例如 Al($Z=13$)的 δ_X 为 0.040，而 C($Z=6$)的 δ_X 只有 0.0009，相应的信号强度十分微弱。但这类元素的俄歇电子产额很高，因此，用其进行成分分析时灵敏度远远优于 X 射线。

2）适于表面薄层分析。尽管俄歇电子的发射范围取决于入射电子的穿透能力，但真正能够保持其特征能量而逸出表面的俄歇电子却只限于表层以下 1 nm 以内的深度范围。这个特点使俄歇电子具有表面探针的作用，可用于分析试样表面、晶界或相界处的成分。

5. 自由载流子产生的伴生效应

对于一些半导体、磷光体或绝缘体物质，当入射电子进入这些物质中时，也会使芯电子被激发游离。芯电子在激发过程中还可以通过碰撞电离，使满带电子被激发到导带中去，这样，就在满带和导带内产生大量电子和空穴等自由载流子。因为在物质中电子－空穴对的形成会破坏局部的平衡，它有回复到平衡状态的趋势，并因物质不同而伴生不同的信息。

(1) 产生阴极发光

对于磷光物质，当入射电子在其中产生电子－空穴对后，如果陷在导带中的负载流子(电子)发生跳回基态的复合过程，则将以发射光的形式而释放出能量，其波长大约在可见光到红外光范围之间，这种现象称为阴极发光。

对于不同种类的固体，导致阴极发光的物理过程是不同的，但重要的是大多数阴极发光材料对杂质十分敏感，任何杂质原子分布的不均匀都可以造成阴极发光的强度差异，因此，应用阴极发光信息来检测杂质十分有效，它比 X 射线发射光谱的分析灵敏度高 3 个数量级。例如分析在 La_2O_3 中的杂质 Pr，其下限可到 5×10^{-8}。此外，利用阴极发光现象来鉴定物质相也十分有效。例如，渗入到钨中的氧化钍，可以观察到蓝色荧光；钢中夹杂物 AlN 发蓝光；Al_2O_3 发红光；$MgO\cdot Al_2O_3$ 发绿光；$6\ Al_2O_3\cdot CaO$ 发蓝光等。因此，很容易鉴定出物质相。

（2）产生电子感生电导

对于半导体物质，当入射电子在其中产生电子－空穴对后，在外加电场的作用下可以产生附加电导，这种效应称为电子感生电导，而 pn 结对这些自由载流子的收集作用可以产生附加电动势，这种效应称为电子感生伏特。因为载流子的扩散迁移受扩散长度的控制，因此，利用这种效应就可以测量半导体中少数载流子的扩散长度和寿命。

6. 入射电子和晶体中电子云的相互作用

原子在晶体中的分布是长程有序的，因此，我们可以把金属晶体看做一种等离子体，即一些正离子基本上处于晶体点阵的固定位置，而价电子构成流动电子云，散布在整个晶体结构空间中，并且在晶体空间中正离子与电子分布基本上保持电荷中性。

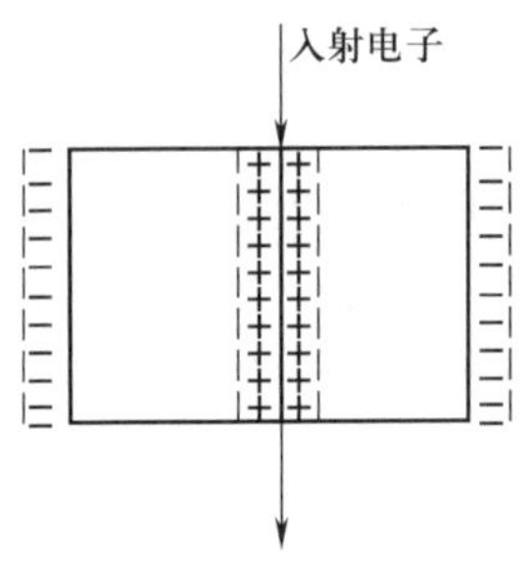

图 3－20　入射电子引起电子云的集体振荡

当入射电子通过晶体空间时，其轨道周围的电中性会被破坏，使电子云受到排斥作用而在垂直于入射电子的轨道方向上作径向发散运动，结果，在入射电子路径近旁形成正电区域，而在较远处形成负电区域，如图 3－20 所示。

当这种径向发散运动超过电中性的平衡位置时，则在入射电子的轨道周围变成正电性，又会使电子云受到吸引力而向相反方向作径向向心运动。当超过其平衡位置后，又再度产生负电性，迫使入射电子周围的电子云再作一次径向发散运动。如此往复不已，造成电子云的集体振荡现象，称为等离子激发。入射电子导致晶体等离子激发的同时也会伴随能量的损失（约几十电子伏特的数量级）。由于等离子振荡的能量也是量子化的，并有一定的特征能量值，因此，在等离子激发过程中，入射电子的能量损失也具有一定的特征值，并随元素和成分的不同而异。例如在纯铝中，等离子激发所伴随的能量损失为 15.3 eV。因为入射电子在晶体内的不同地点可以产生多于 1 次的集体振荡，因此，其能量损失是特征能量的整数倍。如果入射电子引起等离子激发后能逸出试样表面，则这种电子称为特征能量损失电子。若对这种电子信息进行能量测量，就可以进行成分分析，称为能量分析电子显微技术；如果利用这种电子信息来成像，则称为能量选择电子显微技术。这两种技术已在透射电子显微镜中得到应用。

7. 入射电子和晶格的相互作用

在物质晶格点阵中原子不是静止不动的，而是在结点平衡位置上不断作热振动，这种现象称为晶格振动。晶格振动的能量也是量子化的，它的能量量子称为声子，等于 $h\nu$(ν 是晶格全振动的角频率)，它的最大值约为 0.03 eV，这个值很小，热运动很容易激发声子，在常温下固体声子很多。由于晶格振动的波长可以小于 1 nm，因此声子的动量可以相当大。

晶格对入射电子的散射作用也属于一种非弹性散射过程，被晶格散射后的电子也会损失部分能量，这部分能量被晶格吸收，导致原子在晶格中的振动频率增加，当晶格的振动回复到原来状态时，它将以声子的形式把这部分能量释放，这种现象称为声子激发。由此可见，入射电子和晶格的作用可以看做电子激发声子、吸收声子的碰撞过程，碰撞后入射电子的能量改变甚微(约 0.1 eV)，但动量改变可以相当大，即可以发生大角度散射。

如果入射电子经过多次声子散射后所损失的总能量在 10 ~ 100 eV 之间便返回试样表面逸出，则这种电子称为低损失电子，它是产生电子通道效应的主要衬度来源。

8. 周期脉冲电子入射的电声效应

当高能电子进入试样内部而发生物质相互作用时，除了损失部分能量外，还有 40%~80% 的能量转换为热，结果导致在试样中电子扩散区域的温度升高。一般来说，当入射电子是采取连续扫描方式照射试样时，则由这种电子能量损失所转换成的热是一种无用的信息。但是，如果入射电子是采取周期脉冲方式照射试样，而且频率极高(例如频率为 100 kHz ~ 5 MHz)，就会在试样中产生声波，这种现象称为电声效应。近年来扫描电子显微镜所发展的新成像技术中，由电声效应所产生的声波信息也是十分重要的成像信息。

9. 透射电子

如果试样是薄膜，例如厚度为几十至几百纳米，比入射电子的有效穿透深度小得多，就会有相当数量的入射电子穿透试样而被装在下方的检测器接收，叫透射电子。若受入射电子束照射的微区在厚度、晶体结构或成分上有差别，则在透射电子的强度、运动方向及能量分布上将有所反映。

(1) 质厚衬度效应

试样上的不同微区无论是质量还是厚度的差别，均可引起相应区域透射电子强度的改变，从而在图像上形成亮暗不同的区域，这一现象称为质厚衬度效应。利用这种效应观察复型试样，可以显示出许多在光学显微镜下无法分辨的组织形貌细节。

（2）衍射效应

入射电子束通常都是波长恒定的单色平面波，照射到晶体试样上时会与晶体物质发生弹性相干散射，使之在一些特定的方向由于相位相同而加强，但在其他方向却减弱，这种现象称为衍射。与晶体物质对 X 射线的衍射规律相同，其衍射条件由布拉格(Bragg)方程给出：

$$2d\sin\theta=\lambda \tag{3-22}$$

式中：d 为晶体试样的晶面间距；λ 为入射电子的波长；θ 为入射电子束与晶面的掠射角。

当 λ 已知时，测出产生衍射效应的一系列掠射角的大小，即可求出相应的晶面间距 d 值数列，从而确定晶体试样的结构。对于已知晶体结构的晶体，还可以通过衍射效应确定晶体的空间方位及其与相邻晶体间的位向关系，为研究金属相变及形变过程中的结构变化提供了有力的手段。

（3）衍衬效应

在同一入射电子束照射下，由于试样相邻区域位向或结构不同，以致衍射束(或透射束，二者强度互补)强度不同而造成图像亮度差别(衬度)，称为衍衬效应。它可以显示单相合金晶粒的形貌，或多相合金中不同相的分布情况，以及晶体内部的结构缺陷等。

本章知识点

1）了解电磁透镜的构造、原理及特点。

2）掌握电子与物质交互作用产生的电子信息及特点。

3）对比了解电磁透镜与光学显微镜的区别。

思考题

1）什么是轴对称场？为什么电子只有在轴对称场中才被聚焦成像？

2）在电磁透镜中为什么要缩小场强沿轴广延度？

3）电磁透镜的像散是怎么形成的？如何加以矫正？

4）电磁透镜和光学玻璃透镜的异同点是什么？

5）高能电子与试样物质交互作用产生的电子信息及其各自的特点是什么？如何能利用其特点进行显微组织结构的分析？

第四章 扫描电子显微分析

在了解了电子束与物质相互作用及电磁透镜后，参照光学金相显微镜，自然会想到如何利用二次电子或背散射电子来观察组织形貌。扫描电子显微分析是一种最为普遍使用的显微组织分析方法。因此本章将对扫描电子显微镜的构造、试样要求及其应用进行阐述。

扫描电子显微镜(SEM)是近几十年来获得迅速发展的一种新型电子光学仪器。它的成像原理与光学显微镜或透射电子显微镜不同，不是用透镜放大成像，而是以类似电视摄影显像的方式，用聚焦电子束在试样表面扫描时激发产生的某些物理信号来调制成像。

反射式的光学显微镜虽可以直接观察大块试样，但分辨率、放大倍数、景深都比较低；透射电子显微镜分辨率、放大倍数虽高，但对试样的厚度要求却十分苛刻。因此在一定程度上限制了它们的适用范围。扫描电子显微镜的出现和不断完善弥补了光学显微镜和透射电子显微镜的某些不足之处。它既可以直接观察大块的试样，又具有介于光学显微镜和透射电子显微镜之间的性能指标。扫描电子显微镜具有试样制备简单、放大倍数连续调节范围大、景深大、分辨率比较高等特点，是进行试样表面分析研究的有效工具，尤其适用于比较粗糙的表面，如金属断口和显微组织三维形态的观察研究。这使得扫描电子显微镜在许多部门获得了广泛的应用。近些年来场发射电子枪的研制成功，为高分辨率扫描电子显微镜提供了一种较为理想的电子源，使其分辨率获得较显著的提高。

实际分析工作中，在获得试样表面形貌放大像后，往往希望能在同一台仪器上进行原位化学成分或晶体结构分析，提供包括形貌、成分、晶体结构或位向在内的丰富资料。为此，近来相继出现了扫描电子显微镜－电子探针或扫描电子显微镜－透射电子显微镜等兼有多种分析功能的组合型仪器。在扫描透射电子显微镜(STEM)上已获得接近透射电子显微镜分辨率的先进水平，它不仅可以获得与普通透射电子显微镜(CTEM)类似衬度的图像，而且还能进行显微电子衍射、X 射线能谱(EDS)和电子能量损失谱(ELS)分析，提供 10～20 nm 试样微区的晶体结构和化学成分资料；在特定条件下，还可以直接观察单个重金属原子像。由此可见，扫描透射电子显微镜是一种很有希望的电子光学仪器，在未来的电子显微分析中必将发挥重要的作用。

4.1　扫描电子显微镜的工作原理及构造

4.1.1　工作原理

图 4－1 显示了常用的扫描电子显微镜的外观照片，其工作原理可借助图 4－2 说明。由热阴极电子枪发射出的电子在电场作用下加速，经过 2～3 个电磁透镜的作用，在试样表面聚焦成为极细的电子束(最小直径为 1～10 nm)。该电子束在末透镜上方的双偏转线圈的作用下，在试样表面扫描。被加速的电子束与样品室中的试样相互作用，激发试样产生出各种物理信号，其强度随试样表面特征而变。与闭路电视系统类似，试样表面不同的特征信号，被按顺序、成比例地转换为视频信号。通过对其中某些物理信号的检测、视频放大和信号处理，调制阴极射线管(CRT)的电子束强度，从而在 CRT 荧光屏上获得

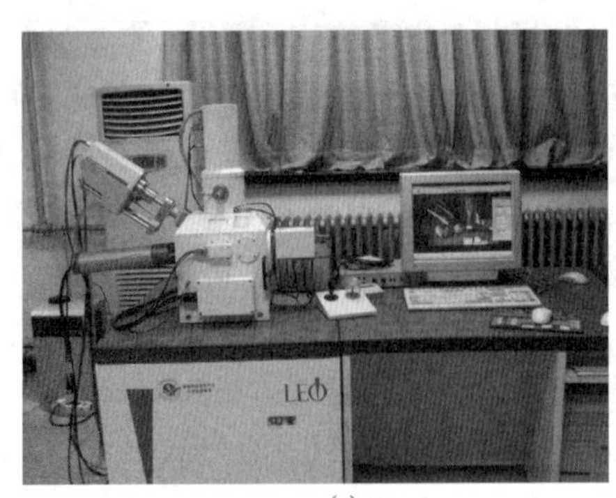

(a)

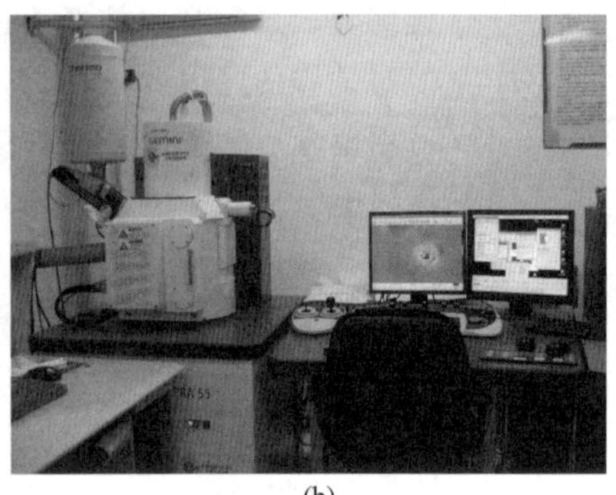

(b)

图 4－1　常用的扫描电子显微镜的外观照片

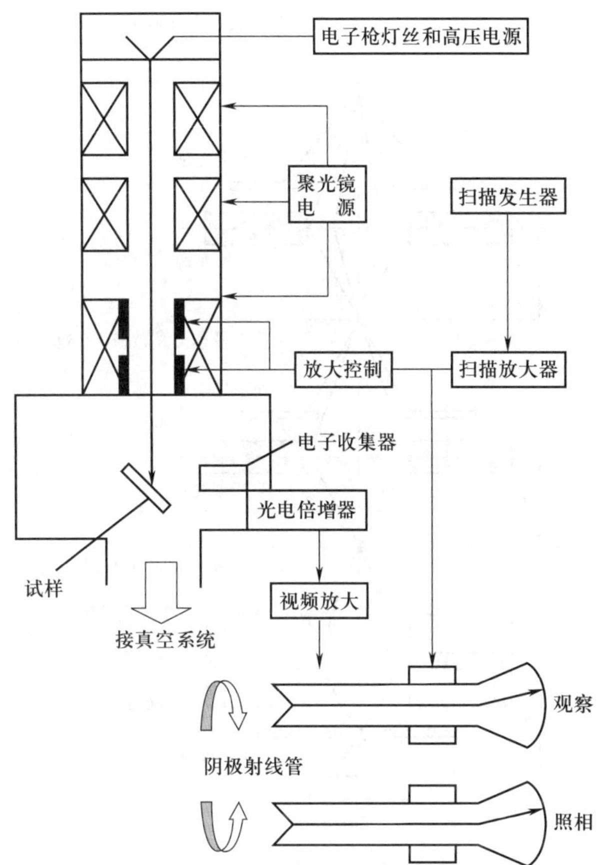

图 4-2 扫描电子显微镜的工作原理示意图

能反映试样表面特征的扫描图像。

4.1.2 构造与主要性能

1. 构造

扫描电子显微镜由电子光学系统(镜筒)、偏转系统、信号检测放大系统、图像显示和记录系统、电源系统和真空系统等部分组成，各部分的主要作用简介如下。

(1) 电子光学系统

电子光学系统由电子枪、电磁聚光镜、光阑、样品室等部件组成，如图 4-3 所示。它的作用是用来获得扫描电子束，作为使试样产生各种物理信号的激发源。

为获得较高的信号强度和扫描像(尤其是二次电子像)分辨率，扫描电子

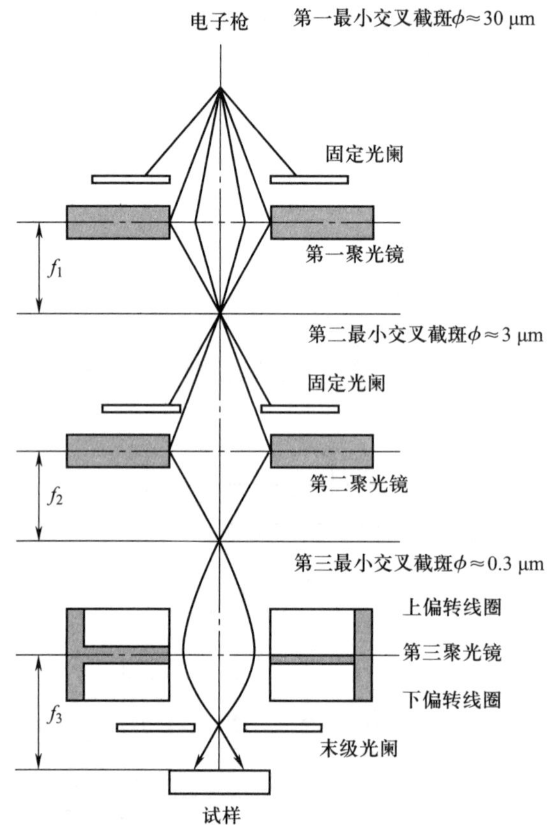

图 4－3　电子光学系统示意图

束应具有较高的亮度和尽可能小的束斑直径。电子束斑的亮度和直径与电子枪的类型有关，如表 4－1 所示。由表 4－1 可见，场发射电子枪是高分辨率扫描电子显微镜较理想的电子源。

表 4－1　几种类型电子枪的性能比较

电子枪类型	电子源直径	能量分散度/eV	总束流/μA	真空度/Pa	寿命/h
发夹形热钨丝	30 μm	3	100	1.33×10^{-2}	50
LaB_6 热阴极	5～10 μm	1	50	2.66×10^{-4}	100
场发射电子枪	5～10 nm	0.3	50	1.33×10^{-4} 1.33×10^{-8}	1000 >2000

此外，扫描电子显微镜所要求的电子束斑直径和亮度还要靠电磁透镜（即电磁聚光镜）协助完成。在图 4－3 扫描电子显微镜的电子光路中，共有 3 个聚

光用的磁透镜，即第一聚光镜、第二聚光镜和第三聚光镜(物镜)。经过电磁透镜二级或三级的聚焦，在试样表面上可得到聚细的电子束斑，在采用场发射电子枪的扫描电子显微镜中，可形成一个 1 nm 到几个纳米直径的电子束斑。最末级聚光镜因为紧靠试样上方，且在结构设计等方面有一定特殊性，故也称为物镜。

试样和标样存放在样品室中，样品室上面与电子光学系统相接，使电子光学系统形成的电子束能轰击到试样上所选的分析点；侧面和下面留有一些接口及加有真空密封盖的孔，以备安装各种测量装置、输出测量信号以及加装附件等。样品台有三轴 x、y、z 移动装置，其中 x、y 方向的移动用于把试样及标样移至电子束下，而 z 方向的移动是为了保证显微镜的聚焦。

具有不同孔径的光阑可以提高束流或增大景深，从而改善图像质量。一般扫描电子显微镜的末级光阑为可移动式，工作时可根据不同条件选择不同尺寸的光阑孔径。

(2) 偏转系统

偏转系统的作用是使电子束产生横向偏转，包括用于形成光栅状扫描的扫描系统，以及使试样上的电子束间断性消隐或截断的偏转系统。偏转系统可以采用横向静电场，也可以采用横向磁场。

扫描系统可通过双偏转线圈控制，上偏转线圈装在末级聚光镜的物平面位置上。当上、下偏转线圈同时起作用时，电子束在试样表面作光栅扫描，即既有 x 方向的扫描(行扫)又有 y 方向的扫描(帧扫)。通常电子束在 x 方向和 y 方向的扫描总位移量相等，所以扫描光栅是正方形的。当下偏转线圈不起作用、末级聚光镜起着第二次偏转作用时，电子束在试样表面作角光栅扫描(摆动)。

电子束的消隐或截断是指将射到试样上的电子束变成短脉冲，使其持续时间比重复出现的周期小。这样可将电子束产生的某种微弱信号从稳态信号中分离出来，或者可以测量出短脉冲电子束照射试样后信号的衰弱。实现电子束消隐的方法很多，最常见的是用平行板电容器使电子束产生横向偏转。

(3) 信号检测放大系统

信号检测放大系统的作用是收集(检测)试样在入射电子束作用下产生的各种物理信号，并进行放大。不同的物理信号，要用不同类型的收集系统。闪烁计数器是最常用的一种信号检测器，由闪烁体、光导管、光电倍增器组成，具有低噪声、宽频带(10 Hz ~ 1 MHz)、高增益(10^6)等特点，可用来检测二次电子、背散射电子等信号。

(4) 图像显示和记录系统

图像显示和记录系统的作用是将信号检测放大系统输出的调制信号转换为能显示在阴极射线管荧光屏上的图像，供观察或记录。

（5）电源系统

电源系统的作用是为扫描电子显微镜各部分提供所需的电源，由稳压、稳流及相应的安全保护电路组成。

（6）真空系统

真空系统的作用是确保电子光学系统正常工作、防止试样污染、保证灯丝的工作寿命等。在任何电子显微镜中，气压都必须降低到能使电子与气体分子碰撞前就走完应走的路程，但真空度过高会使真空系统变得很复杂。采用普通热阴极的电子显微镜要保持优于 $1.33\times10^{-2}\sim1.33\times10^{-4}$ Pa 的真空度。

2. 主要性能

扫描电子显微镜的主要性能如下。

（1）放大倍数

在光栅扫描的情况下，扫描区域一般是正方形的，由大约 1000 条扫描线组成。扫描电子显微镜的放大倍数 $M=A_C/A_S$，其中 A_C 是阴极射线管电子束在荧光屏上的扫描振幅，A_S 是入射电子束在试样表面上的扫描振幅。通常照相用的阴极射线管荧光屏尺寸为 100 mm×100 mm，即 $A_C=100$ mm。而电子束在试样表面上的扫描振幅 A_S 可根据需要通过扫描放大器来调节，因此荧光屏上扫描像的放大倍数是随 A_S 的缩小而增大的。例如 $A_S=1$ mm，放大倍数为 100 倍；$A_S=0.01$ mm，放大倍数为 1 万倍。可见扫描电子显微镜中放大倍数的调节是十分方便的。目前大多数扫描电子显微镜的放大倍数可从 20 倍到 20 万倍连续调节。

（2）分辨率

分辨率是扫描电子显微镜最主要的一项性能指标，通常通过测量图像上两亮点（区）之间的最小暗间隙宽度，然后除以总放大倍数，即可得出扫描电子显微镜的极限分辨率。

应该注意，仪器标定的分辨率是指扫描电子显微镜处于最佳状态下达到的性能，并不保证在任何情况下都可得到。所谓最佳状态包括电源的高度稳定、环境振动和外界杂散磁场被抑制到允许限度以下、电子显微镜处于最佳清洁状态和高真空度等。分辨率为 5 nm 并不意味着所有小至 5 nm 的显微细节都能显示得很清楚，这与许多因素有关。影响扫描电子显微镜图像分辨率的主要因素如下。

1）扫描电子束斑直径。一般情况下，扫描电子显微镜的最小分辨率不可能小于扫描电子的束斑直径。

2）入射电子束在试样中的扩展效应。高能电子与试样相互作用区（参见图 3-14）的形状与大小主要取决于试样的原子序数。轻元素试样，电子束散射的区域形状为“梨形作用体积”；而重元素试样，电子束散射的区域形状为“半球形作用体积”。改变电子能量只能引起作用体积大小的变化，而不会显著地改变形状。因此，提高入射电子束的能量对提高分辨率是不利的。

3）操作方式及其所用的调制信号。由于各种成像操作方式所用的调制信号不同，因而所得图像的分辨率也不一样。常见的成像方式有以下几种：

① 发射方式以二次电子为调制信号，在试样上方检测到的二次电子主要来自试样近表面几个纳米的薄层内，图像的分辨率较高(几个纳米)。在理想情况下，二次电子像的分辨率约等于束斑直径。正因为如此，我们常以二次电子像的分辨率作为衡量扫描电子显微镜分辨率的主要指标。

② 反射方式以背散射电子为调制信号，在试样上方检测到的背散射电子主要来自试样较深层，且散射区域比二次电子大得多，所以背散射电子像分辨率(50 ~ 200 nm)要比二次电子像分辨率低。当入射电子束直径很小时，分辨率与束斑直径无关。

③ 透射方式以透射电子为调制信号，由于试样较薄，所检测到的是只发生了有限次数散射、侧向尺寸基本没有变化的透射电子。因此，扫描透射电子像分辨率等于扫描电子束斑直径。

至于以吸收电子、X 射线、阴极荧光、束感生电导或电位等作为调制信号的其他操作方式，由于这些信号均来自整个电子束散射区域，因此所得扫描图像的分辨率都比较低，一般在 100 ~ 1000 nm 以上不等。

4）信噪比。信号强度由入射电子的能量和束流等决定，是扫描电子显微镜成像的关键；噪声则干扰成像，使图像变得模糊，其大小主要取决于所用的检测器和试样情况。一般信噪比越高，分辨率越高。

5）杂散磁场。机内或周围环境存在的杂散磁场都可能使扫描电子束形状发生畸变、电子运动轨迹改变、图像质量变低，从而使分辨率下降。

6）机械振动将引起束斑漂流等，使分辨率下降。

(3）景深

扫描电子显微镜的景深比光学显微镜的大，成像富有立体感。如图 4 - 4 所示，景深(F_f)与扫描电子束发散角(β)及扫描像分辨率(d_0)的关系为

$$F_f = \frac{d_0}{\tan\beta} \approx \frac{d_0}{\beta} \tag{4-1}$$

表 4 - 2 给出了在不同放大倍数下，扫描电子显微镜像分辨率和相应的景深值($\beta = 1\times10^{-3}$ rad)。为便于比较，也给出相应放大倍数下光学显微镜的景深值。由此可见，同样放大倍数下，扫描电子显微镜的景深比光学显微镜的景深大 1 ~ 2 个数量级，所以特别适用于粗糙表面的观察和分析。

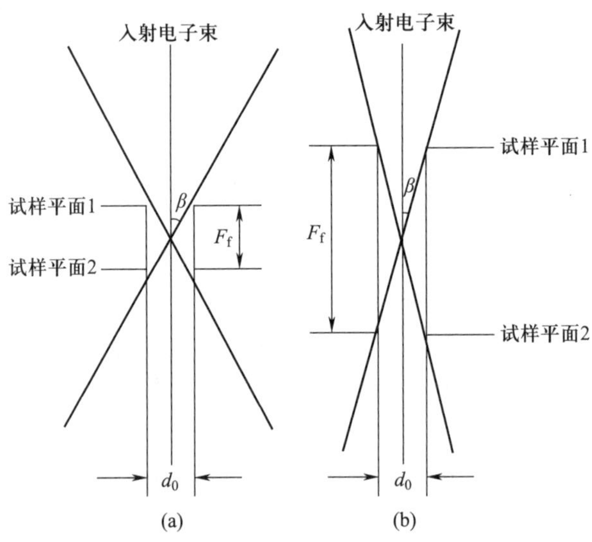

图 4-4　扫描电子显微镜的景深与扫描电子束发散角的关系

表 4-2　扫描电子显微镜的景深

放大倍数	分辨率	视场	景深	
			光学显微镜(OM)	扫描电子显微镜(SEM)
1	0.2 mm	100 mm		
10	0.02 mm	10 mm		1～10 mm
100	2 μm	1 mm	0.1 mm	0.1～1 mm
1000	0.2 μm	0.1 mm	1 μm	10～100 μm
10000	20 nm	10 μm		约 1 μm
100000	2 nm	1 μm		

4.2　扫描电子显微镜的试样制备和衬度原理

4.2.1　试样制备

扫描电子显微镜的试样制备方法非常简便。对于导电性材料来说，除要求尺寸不得超过仪器规定的范围外，只要用导电胶把它粘贴在铜或铝的样品座上，即可放到扫描电子显微镜中直接进行观察。试样大小要适合仪器专用样品座的尺寸，不能过大。样品座尺寸各仪器不尽相同，一般小的样品座为 ϕ(3～5)mm，大的样品座为 ϕ(30～50)mm，分别用来放置不同大小的试样。试样的高度也有一定的限制，一般为 5 ~ 10 mm。如图 4 – 5 所示为某一型号扫描电子显微镜的样品室。试样大小要符合具体分析用的扫描电子显微镜对试样的要求。

图 4 – 5 扫描电子显微镜的样品室

对于导电性较差或绝缘的试样来说，由于在电子束作用下会产生电荷堆集，影响入射电子束斑形状和试样发射的二次电子运动轨迹，使图像质量下降，因此这类试样粘贴到样品座之后要进行喷镀导电层处理。通常采用二次电子发射系数比较高的金、银或碳真空蒸发膜做导电层，膜厚控制在 20 nm 左右。形状比较复杂的试样在喷镀过程中要不断旋转，才能获得较完整和均匀的导电层。

真空镀膜法的装置很简单，主要由真空部分（真空泵）和溅射部分（真空罩）组成，如图 4 – 6 所示。在真空罩内装有阴极和阳极，阴极对着阳极的一面装有溅射用的碳棒或金属靶（黄金靶、铂靶、白金靶或钯靶等），试样放在阳极的样品座上面。当真空罩内的真空度抽到 10 ~ 1 Pa 时，在阴极与阳极之间加上 1000 ~ 3000 V 的直流电压，两极之间产生弧光放电的电场。在电场的作用下，罩内残余的气体分子被电离为正离子和电子，正离子被阴极吸引轰击金属靶，激发出金属颗粒和电子，并被阳极吸引附着在试样表面而形成金属导电膜。

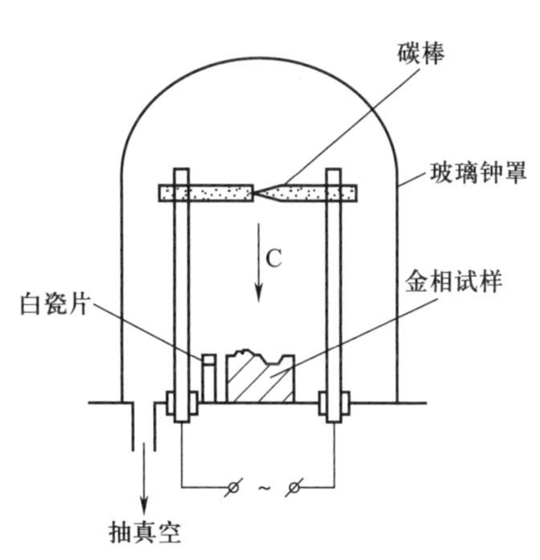

图 4 – 6 测射镀膜装置

镀膜的方法有两种，一种是真空镀膜，另一种是离子溅射镀膜。离子溅射镀膜的原理是：在低气压系统中，气体分子在相隔一定距离的阳极和阴极之间的强电场作用下电离成正离子和电子，正离子飞向阴极，电子飞向阳极，二电极间形成辉光放电。在辉光放电过程中，具有一定动量的正离子撞击阴极，使阴极表面的原子被逐出，称为溅射。如果阴极表面为用来镀膜的材料（靶材），需要镀膜的试样放在作为阳极的样品台上，则被正离子轰击而溅射出来的靶材原子沉积在试样上，形成一定厚度的镀膜层。离子溅射时常用的气体为惰性气体氩，要求不高时，也可以用空气，气压约为 5×10^{-2} Torr①。离子溅射镀膜与真空镀膜相比，其主要优点是：① 装置结构简单，使用方便，溅射一次只需几分钟，而真空镀膜则要半个小时以上；② 消耗贵金属少，每次仅约几毫克；③ 对同一种镀膜材料，离子溅射镀膜质量好，能形成颗粒更细、更致密、更均匀、附着力更强的膜。

在实际分析中可能遇到各种类型的断口，如试样断口和故障构件断口。试样断口表面一般比较清洁，可以直接放到仪器中去观察；而构件断口表面的情况则取决于服役条件，可能有沾污或锈斑，那些在高温或腐蚀性介质中断裂的断口往往被一层氧化或腐蚀产物所覆盖。该覆盖层对构件断裂原因的分析是有价值的。倘若它们是在断裂之后形成的，则对断口真实形貌的显示不利，甚至还会引起假像，所以这类覆盖物必须予以清除。如果沾污情况并不严重，用塑料胶带或醋酸纤维薄膜干剥几次就可以将其除去，否则应该用适当的有机或无机试剂进行清洗。对磁性试样要预先去磁，以免观察时电子束受到磁场的影响。粉末试样的制备是先将导电胶或双面胶纸粘贴在样品座上，再均匀地把粉末试样撒在上面，用洗耳球吹去未粘住的粉末，再镀上一层导电膜，即可上电子显微镜观察。

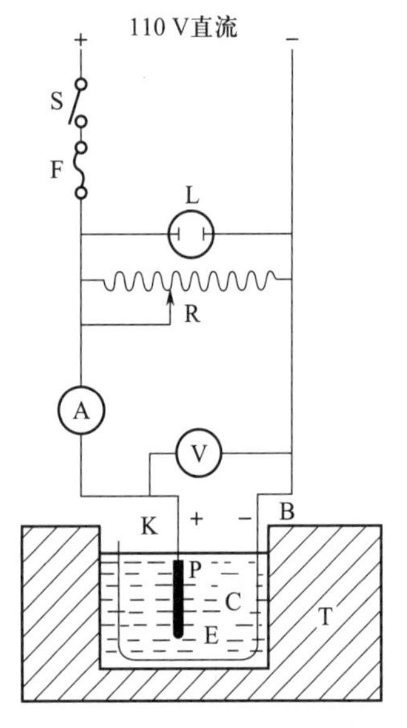

图 4－7　电解抛光装置示意图

金属试样一般需要经抛光和浸蚀后再进行观察，抛光和浸蚀方式与金相试样制备类似，可经机械抛光或电解抛光，再进行化学浸蚀或电解浸蚀以获得试样。图 4－7 为电解抛光装置示意图。值得注意的是，扫描电子显微镜试样制备极为重要，尤其对电解浸蚀而言，浸蚀程度不理想将影响组织特征的正确评估。

试样制备对用扫描电子显微镜进行组织特征的观察分析起着非常重要的作

① 1 Torr = 1 mmHg = 1.33322×10^{2} Pa，下同。

用。下面以镍基高温合金 GH 4169 为例，说明用不同的制样方法可以显示合金中的不同析出相[5]。熟练掌握研究对象的浸蚀方法，可以为研究过程提供捷径。

GH 4169 高温合金在扫描电子显微镜观察范围主要有两种析出相存在，即 δ 相和 α - Cr 相，然而在时效过程中会析出 α - Cr 相的过程在很长一段时间都没有引起人们的重视，关键原因之一是受制样方法的限制。因为 GH 4169 合金具有很好的抗腐蚀性能，这对其组织的显示造成一定的困难。常规的试样浸蚀方法可显示该合金中的 δ 相，但无法明显显示 α - Cr 相，经研究，使用以下 3 种不同的浸蚀方法都可以成功地显示 α - Cr 析出相。

1）将试样先进行机械磨光，然后在 20% H_2SO_4 +80% 甲醇溶液中电解浸蚀（电压应接近于电解抛光的电压值）。这种制样方法使 α - Cr 相和碳化物 MC 凸出显示，在扫描电子显微镜下呈现白色亮颗粒（图 4 - 8），而 δ 相则被抛平，留下凹坑。

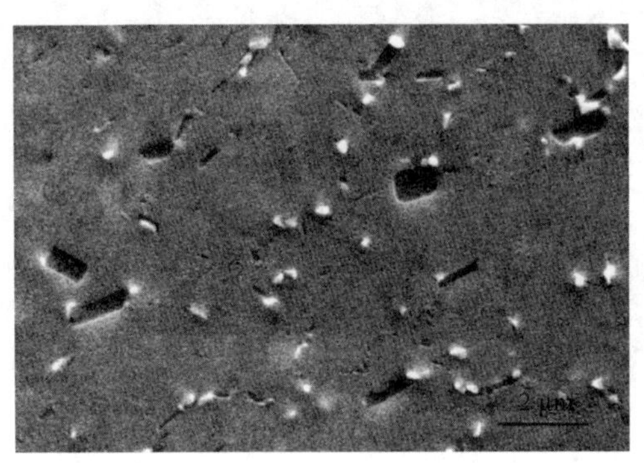

图 4 - 8　在 20% H_2SO_4 +80% 甲醇溶液中电解浸蚀后显示出 α - Cr 相的亮颗粒

2）经电解抛光后再在 150 mL H_3PO_4 + 10 mL H_2SO_4 + 15 g CrO_3 溶液中电解浸蚀。由于在含氧酸根的电解液中 δ 相被保留，而 α - Cr 相被溶解掉，所以这种制样方法得到的扫描电子显微镜组织中，在显示 δ 相的同时，突出显现的 α - Cr 相表现为黑孔洞，如图 4 - 9 所示。

3）为克服上述两种方法不能同时凸出显示 δ 相和 α - Cr 相的缺憾，选用 20% $HClO_4$ +80% 甲醇溶液，在 -40 ℃ 下电解抛光同时电解浸蚀，可以将 δ 相和 α - Cr 相都凸出显示，但两个相的衬度略有不同，α - Cr 相显示为更亮一点的白色颗粒，如图 4 - 10 中箭头所示。

3 种不同的制样方法各有其优缺点，在分析具体问题时，根据需要选取适当的制样方法，会给分析带来很大的方便。

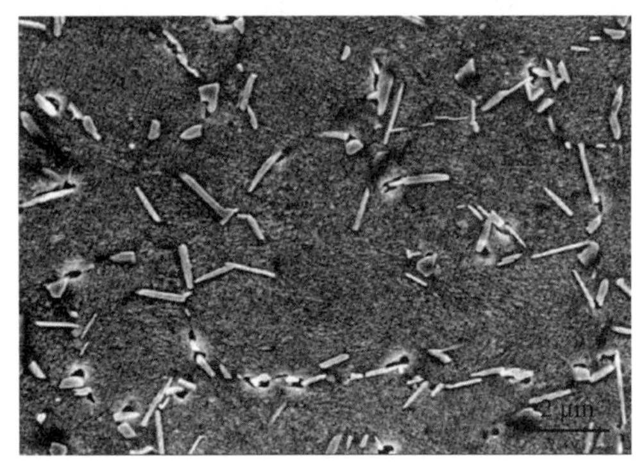

图 4-9　电解抛光 + 电解浸蚀后 α-Cr 相表现为黑孔洞

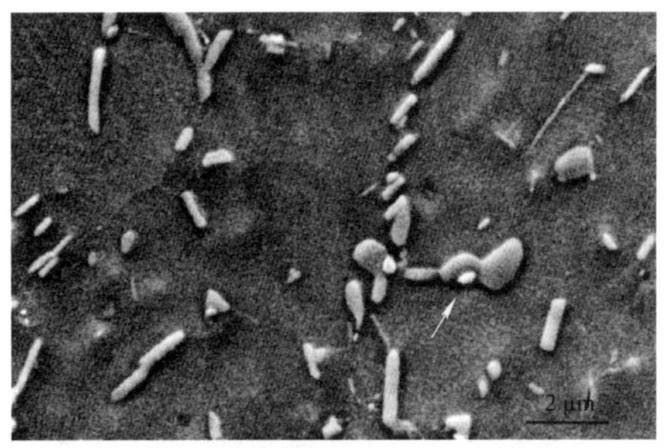

图 4-10　使用 20% $HClO_4$ + 80% 甲醇溶液在 -40 ℃下电解抛光同时电解浸蚀后显示的组织(GH 4169 合金经 677 ℃时效 2000 h)

从以上的案例分析可以看出，用扫描电子显微镜对合金材料进行分析的过程中，试样制备方法的合理选取及试样的精心制备，对问题的解决有非常明显的作用，并可大大简化研究过程。因此，扫描电子显微镜试样的制备须引起大家的高度重视。

4.2.2　衬度原理

扫描电子显微镜像衬度主要是利用试样表面微区特征(如形貌、原子序数或化学成分、晶体结构或位向等)的差异，在电子束作用下产生不同强度的物理信号，导致阴极射线管荧光屏上不同的区域出现不同的亮度，从而获得具有一定衬度的图像[6]。

1. *表面形貌衬度*

表面形貌衬度是利用对试样表面形貌变化敏感的物理信号（如二次电子信号）作为调制信号得到的一种像衬度。二次电子信号主要来自试样表层 5 ~ 10 nm 深度范围；它的强度与原子序数没有明确的关系但对微区刻面相对于入射电子束的位向却十分敏感；二次电子像分辨率较高。

在扫描电子显微镜中，二次电子检测器一般装在与入射电子束轴线垂直的方向上。对于一个平面试样，如图 4 - 11 所示，在入射电子束作用下将试样逐渐倾斜，使它的法线与入射电子束轴线之间的夹角 θ 从 0°逐渐增大，二次电子检测器连续地检测试样在不同倾斜情况下发射的二次电子信号。结果表明，当入射电子束强度 i_p 一定时，二次电子信号强度 i_s 随试样倾斜角 θ 的增大而增大。若用二次电子产额（或二次电子发射系数）δ 来表示（即 $\delta = i_s/i_p$），则它们之间的关系如图 4 - 12 所示。

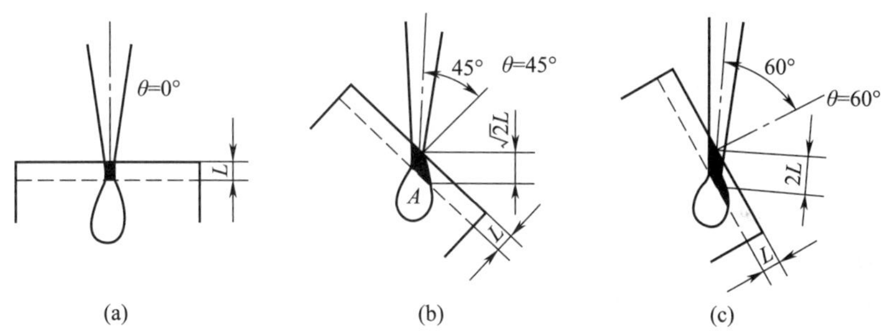

图 4 - 11　试样倾斜对二次电子信号的影响

对于光滑的表面来说，当入射电子能量大于 1 keV 时，二次电子产额 δ 与试样倾斜角 θ 的余弦存在着反比的关系：

$$\delta = \frac{i_s}{i_p} \propto \frac{1}{\cos\theta} \qquad (4-2)$$

如果试样是由图 4 - 13 所示那样的 3 个小刻面 A、B、C 所组成的，由于 $\theta_C > \theta_A > \theta_B$，所以 $\delta_C > \delta_A > \delta_B$ 或 $i_{sC} > i_{sA} > i_{sB}$，结果在荧光屏或照片上 C 小刻面的像比 A 和 B 都亮，如图 4 - 13 所示。这是因为随着试样倾斜角 θ 的增大，入射电子束在试样表层 5 ~ 10 nm 范围内运动的总轨迹增长，导致价电子电离的机会增多，产生的二次电子数增多；其次，随着试样倾斜角 θ 的增大，入射电子

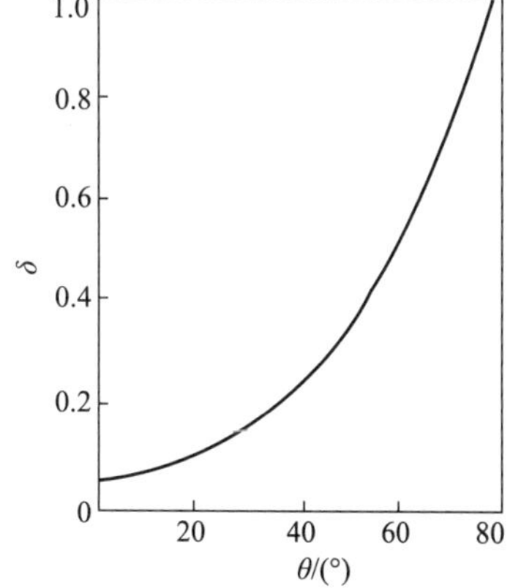

图 4 - 12　二次电子产额 δ 与倾斜角 θ 的关系曲线

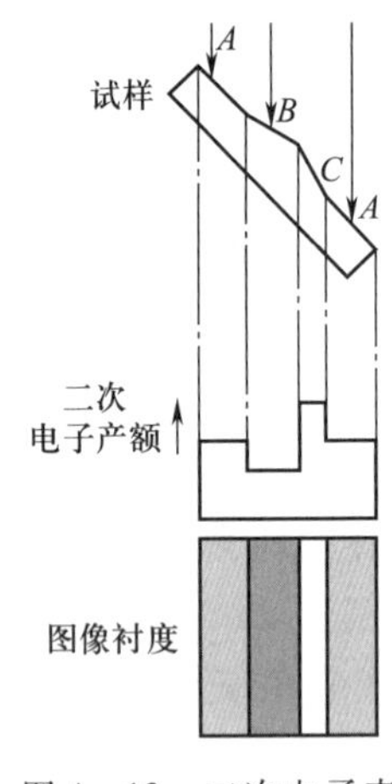

图 4－13　二次电子表面形貌衬度示意图

束作用体积较靠近、甚至暴露于表层，作用体积内产生的大量自由电子离开表层的机会增多。图 4－14 为实际试样中二次电子被激发的一些典型例子。可以看出，凸出的尖棱(a)、小粒子(b)以及比较陡的侧面处(c)二次电子产额较多，在荧光屏上这些部位亮度较高；平面上二次电子产额较少，亮度较低；在深的沟槽底部(d)虽然也能产生较多的二次电子，但这些二次电子不易被检测器收集到，因此槽底的衬度也会显得较暗。

实际的试样表面形貌要复杂得多，但不外乎也是由具有不同倾斜角的大小刻面、曲面、尖棱、粒子、沟槽等所组成。倘若掌握了上述形貌衬度的基本原理，就不难理解复杂形貌的扫描图像特征。

2. 原子序数衬度

背散射电子的信号既可以用来进行形貌分析，也可以用于成分分析。在进行晶体结构分析时，背散射电子信号的强弱是造成通道花样衬度的原因。

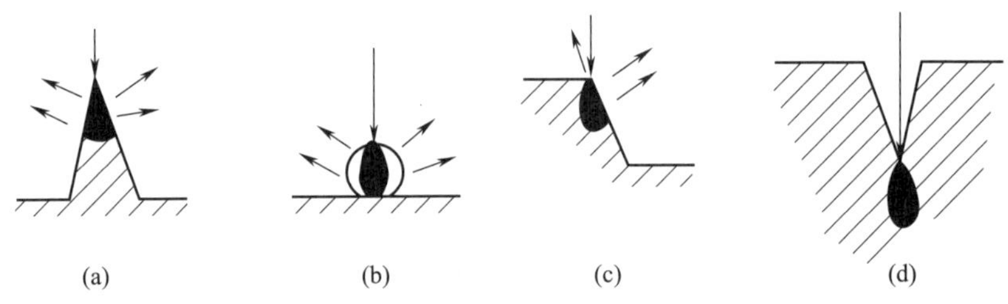

图 4－14　试样中二次电子的激发过程示意图。(a) 尖棱；(b) 小粒子；(c) 侧面；(d) 沟槽

图 4－15 示出了原子序数对背散射电子产额的影响。在原子序数 Z 小于 40 的范围内，背散射电子的产额对原子序数十分敏感。在进行分析时，试样上原子序数较高的区域中由于收集到的背散射电子数量较多，故荧光屏上的图像较亮。因此，利用原子序数造成的衬度变化可以对各种金属和合金进行定性的成分分析。试样中重元素区域相对于图像上的亮区，而轻元素区域则为暗区。当然，在进行精度稍高的分析时，必须事先对亮区进行标定，才能获得满意的结果。

用背散射电子进行成分分析时，为了避免形貌衬度对原子序数衬度的干扰，被分析的试样只进行抛光，而不必腐蚀。对有些既要进行形貌分析又要进行成分分析的试样，可以采用一对检测器收集同一部位的背散射电子，然后把

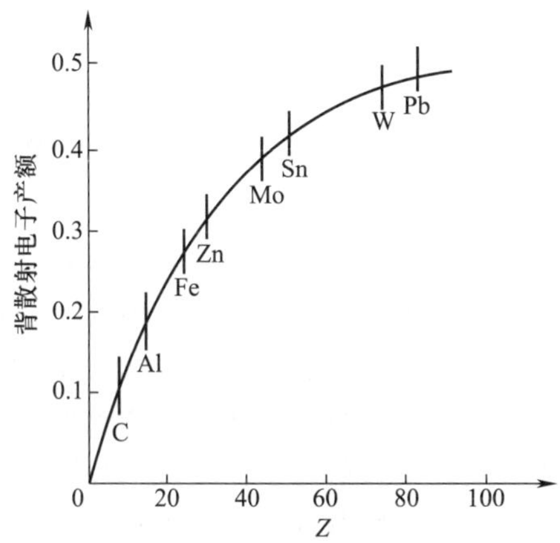

图 4-15 原子序数和背散射电子产额之间的关系曲线

两个检测器收集到的信号输入计算机处理，就可以分别得到放大的形貌信号和成分信号。图 4-16 示意地说明了这种背散射电子检测器的工作原理。图 4-16(a)中 A 和 B 表示一对半导体硅检测器。如果对一个成分不均匀但表面抛光平整的试样作成分分析，则 A、B 检测器收集到的信号大小是相同的。把 A 和 B 的信号相加得到的信号是放大一倍的成分像；把 A 和 B 的信号相减，则呈一条水平线，表示抛光表面的形貌像。图 4-16(b)是对成分均一但表面有起伏的试样进行形貌分析时的情况。例如分析图像中 P 点，P 点位于检测器 A 的正面，使 A 收集到的信号较强；但 P 点背向检测器 B，使 B 收集到的信号较弱。若把 A 和 B 的信号相加，则二者正好抵消，这就是成分像；若把 A 和 B 二者相减，则信号放大，就成了形貌像。如果待分析的试样成分既不均匀，表面也不光滑，仍

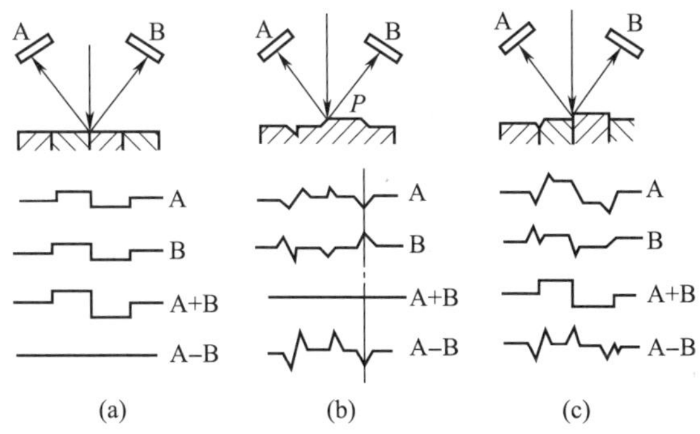

图 4-16 半导体硅对检测器的工作原理。(a) 成分有差别，形貌无差别；(b) 形貌有差别，成分无差别；(c) 成分、形貌都有差别

然是 A、B 信号相加是成分像，相减是形貌像，如图 4－16(c)所示。

利用原子序数衬度来分析晶界上或晶粒内部不同种类的析出相是十分有效的。因为析出相成分不同，激发出的背散射电子数量也不同，致使扫描电子显微镜图像出现亮度上的差别，从而就可根据试样的原始资料定性地判定析出相的类型。

虽然背散射电子信号也可以用来显示试样表面形貌，但它对试样表面形貌的变化不那么敏感，其分辨率远比二次电子低。因为背散射电子是在一个较大的体积内被入射电子激发出来的，成像单元变大是分辨率降低的原因。此外，背散射电子的能量很高，它们以直线轨迹逸出试样表面，对于背向检测器的试样表面，因检测器无法收集到背散射电子而变成一片阴影，因此在图像上显示出很强的衬度。衬度太大会失去细节的层次，不利于分析。用二次电子信号作形貌分析时，可以在检测器收集栅上加以一定大小的正电压(一般为 250 ~ 500 V)来吸引能量较低的二次电子，使它们以弧形路线进入闪烁体，这样在试样表面某些背向检测器或凹坑等部位上逸出的二次电子也能对成像有所贡献，图像层次(景深)增加，细节清楚。图 4－17 为背散射电子和二次电子的行进路线以及它们进入检测器时的情况。

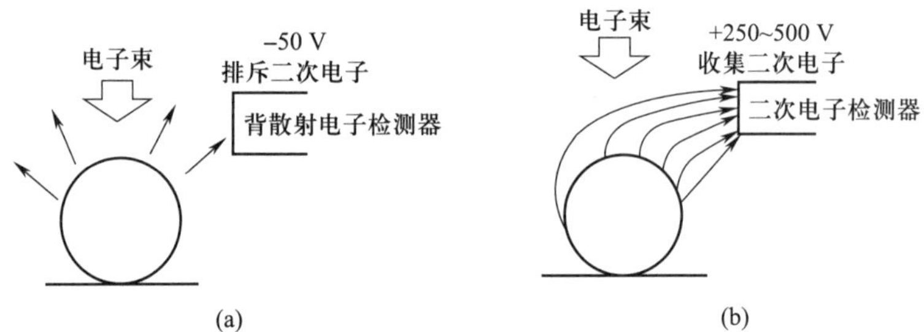

图 4－17　背散射电子(a)和二次电子(b)的行进路线以及它们进入检测器时的情况

虽然背散射电子也能进行形貌分析，但其分析效果远不及二次电子，因此在作无特殊要求的形貌分析时，都不用背散射电子信号成像。

3. 电压衬度

在扫描电子显微镜发展的早期就已知试样表面的电位不同，产生图像的亮度也不同，这种效应现称做电压衬度。对于一个接地的试样，Everhart-Thornley 探测器电场强度的数量级为 10 V/mm，足可以收集到 60% 以上的二次电子发射。如果试样表面的点电位相对于地在 －5 ~ ＋5 V 之间变化，则将有两种互补的效应产生衬度。开始，从探测器到试样负电荷区的收集场将增加，而到正电荷区相应的场将减小。接着负电荷区相应的场将减小。然后负电荷区排斥该区产生的二次电子，而正电荷区吸引和再收集它发射的二次电子。这些

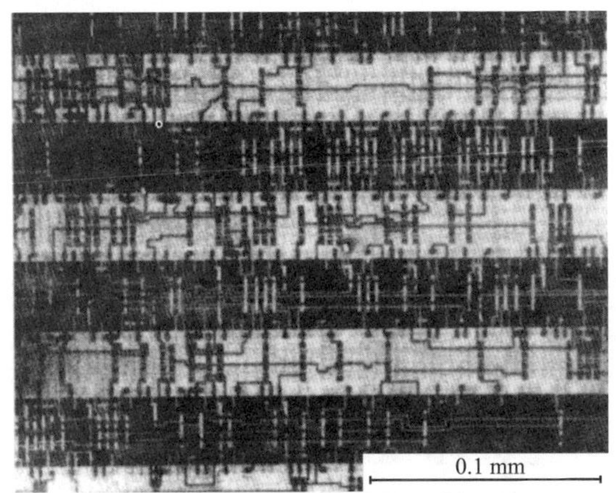

图 4－18　集成电路的电压衬度图像（亮的特征相对于地为负电位，暗的特征相对于地为正电位）

效应叠加的结果是正偏压的像暗，而负偏压的像亮。图 4－18 表示在扫描电子显微镜观察中，怎样应用电压衬度来显示出集成电路运行时不同的电位，因为在现代高密度的集成电路中，携带着信号和电位的单个连线的宽度只有几分之一微米，扫描电子显微镜不愧是监控集成电路运行的唯一有效手段。电压衬度的空间分辨率与通常的形貌观察是相同的。

但是，在解释电压衬度时必须非常小心，因为观察到的电压衬度，不但由样品室电场分布的变化产生，同时电位本身也间接地产生了电压衬度。此外，集成块上不同电位区域之间的电场也产生了电压衬度。

4. *磁衬度*

许多磁材料如磁带、软磁盘、磁头或自然界存在的一些物质如单晶 Co，它们的表面存在磁场。二次电子离开表面时将穿过此磁场并受到磁场洛伦兹（Lorentz）力的作用而偏转。因为偏转的方向将同时垂直于电子运行的方向和磁场的方向，因此进入试样和二次电子检测器构成的平面（或从中出来）的漏磁场也产生偏转，这意味着叠加或减少检测器的收集率。收集率的这种变化使二次电子产生磁衬度。图 4－19 是单晶 Co 的磁衬度，图像是试样表面的杂散磁场形成的。它反映了材料基底的磁畴结构。如果晶体在它自身的平面上旋转 180°，那么磁场以及由它产生的衬度正好相反。这种图像模式衬度的空间分辨率受产生它的畴结构大小所限，在块状材料中，约是 1 μm。而对于薄箔材料，相应的值可以减小到 0.1 μm，因为典型的畴尺寸将等于或小于试样厚度。对于其他二次电子图像模式而言，低入射束能量时性能是很好的。但是，若选择的能量太低，磁材料就会产生严重的像散。其他类型的磁材料（例如立方晶体的材料 Fe）表面上没有显示出漏磁场，那么它们的畴结构需要用其他技术来成像。

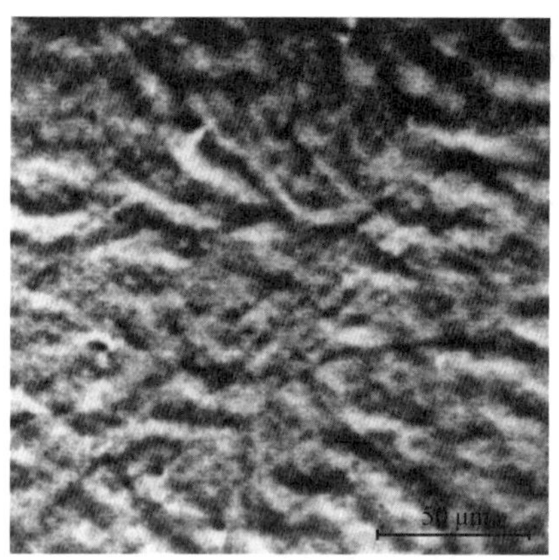

图 4－19　单晶 Co 的磁衬度(大尺寸的结构是晶体中的块状磁畴)

4.3　扫描电子显微技术的应用

4.3.1　断口分析

在试样或构件断口分析方面，扫描电子显微镜的优点已为人们所公认。它不需要像透射电子显微镜那样制备复型，既省事又不致在制备过程中引入假像；它允许在很宽的倍率范围内继续观察，可以对断口进行低倍(例如 10 倍左右)大视域观察，并在此基础上确定某些感兴趣的区域(例如裂纹源)进行高倍观察分析，显示断口形貌的细节特征，揭示断裂机理；如果仪器具有 X 射线能谱或波谱分析附件，还可以进一步对组成相或某些环境介质在裂纹产生和发展过程中的作用进行分析研究，那将更有助于揭示产生裂纹的原因。

1. 解理断口

解理断口是金属在拉应力作用下，由于原子间结合键的破坏而造成的穿晶断裂。通常是沿着一定的、严格的晶面(解理面)断开，有时也可以沿着滑移面或孪晶面发生解理断裂。解理断裂一般是脆性断裂，但有的也伴有一定程度的塑性变形。典型的解理断口具有以下特点。

1) 解理台阶。从理论上说在单个晶块内解理断口应是一个平面。但是实际晶体难免存在缺陷，如位错、夹杂物、沉淀相等，所以实际的解理面是一簇相互平行的(具有相同的晶面指数)、位于不同高度的晶面。不同高度解理面之间存在着“台阶”。扫描电子显微镜观察表明解理断口上存在着许多“台阶”，由于“解理台阶”边缘形状尖锐，电子束作用体积接近甚至暴露于表面，所以在扫描电子显微镜图像上显得异常亮，如图 4 - 20(a)所示。

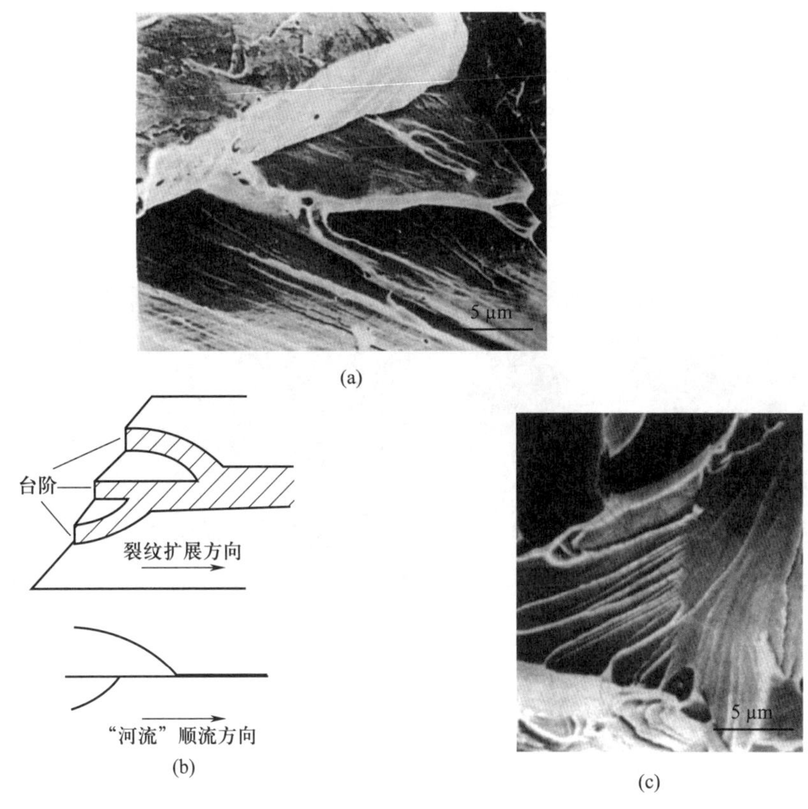

图 4 - 20 解理断口。(a) 解理台阶；(b) 河流状花样的形成；(c) 铸钢解理断口二次电子像

2) 河流状花样。这是解理断裂最重要的特征。在解理裂纹的扩展过程中，众多的台阶互相汇合便形成河流状花样[图 4 - 20(b)]。它由“上游”许多较小的台阶汇合成“下游”较大的台阶。“河流”的流向与裂纹扩展方向一致。所以，根据“河流”的流向，可以判定解理裂纹在微小区域内的扩展方向。对于实际金属材料来说，由于大多是多晶体，存在着晶界和亚晶界，当解理裂纹穿过晶界时将发生“河流”的激增或突然终止。这与相邻晶块的位相和界面的性质有关。

3) 舌状花样。这也是解理断裂的重要特征之一。它的形成与裂纹沿孪晶 - 基体界面的扩展有关。这种孪晶是由解理裂纹以很高速度向前扩展时塑性形变只能以机械孪晶的方式进行而在裂纹前端形成的，如图 4 - 21(a)所示，并常发生在低温。由于“舌”的形状关系，当一侧面向检测器时，另一侧背向；加上倾斜角度不一样，因此在扫描电子显微镜图像上，解理舌的一侧显得亮，而另一侧则暗，如图 4 - 21(b)和(c)所示。

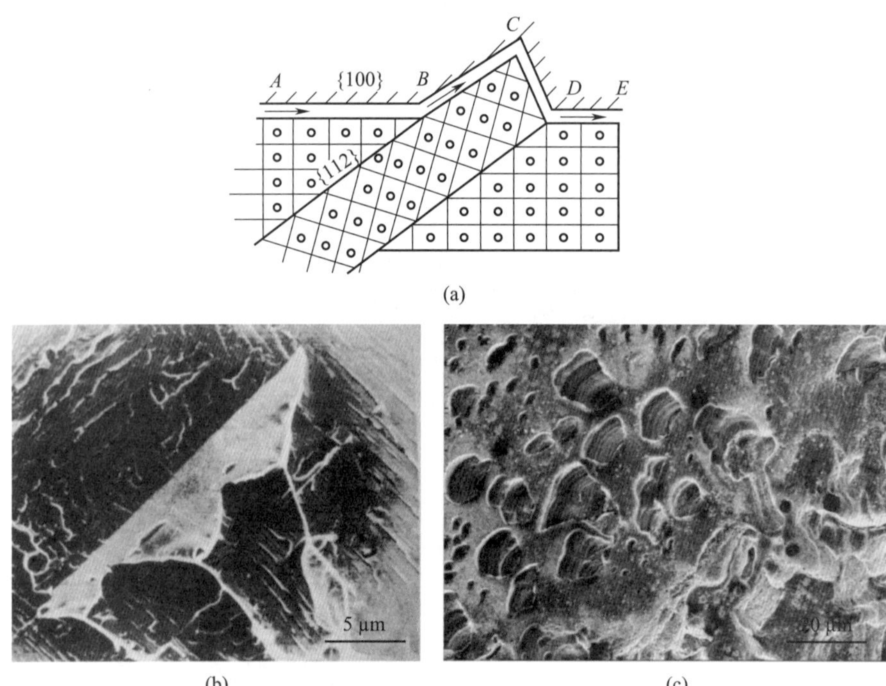

图 4－21　解理断口。(a) 解理舌的形成示意图；(b) A3 钢 1000 ℃退火在－196 ℃拉伸断裂时产生的舌状花样；(c) 镍基合金的舌状花样的二次电子像

此外，解理断口表面还有鱼骨状花样、二次裂纹等特征。

2. 准解理断口

准解理断裂虽说属于解理断裂，但两者又不完全相同，因此也有说法称它为解理断裂变种。近期工作表明，准解理断口实质上是由许多解理面组成的，其断口特征是：许多短而弯曲的撕裂棱线条，由点状裂纹源向四周放射的河流状花样，断面上有凹陷和二次裂纹等，如图 4－22 所示。这种断口首先在马氏体回火钢中发现。

3. 韧性断裂断口

当断裂是由微孔聚集方式进行时，其断面上将出现微坑。按作用在金属材料上的应力状态，微坑的形状有等轴、剪切长形和撕裂长形 3 种。图 4－23 所示为 3 种应力状态下断口微坑的形成及其形状。

大量观察表明，微坑一般均形核于夹杂物或第二相质点处，因为它们与基体之间的结合力较弱，在外力作用下便容易在界面发生破裂而形成微孔，然后逐渐长大成微坑。由于扫描电子显微镜景深大，二次电子在检测器正偏压吸引下可以走弯曲轨迹，因此能够清晰地显示微坑底部夹杂物或第二相粒子。从图

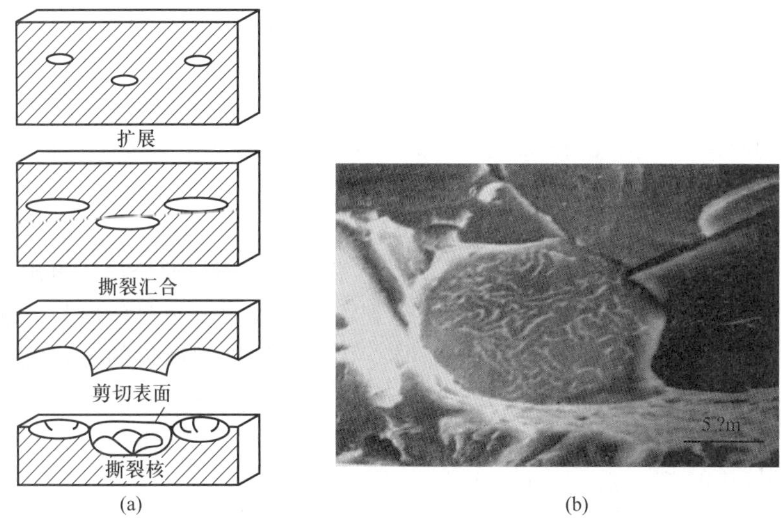

图 4－22 准解理断口。(a) 示意图；(b) 28NiCrMo74 钢准解理断口二次电子像

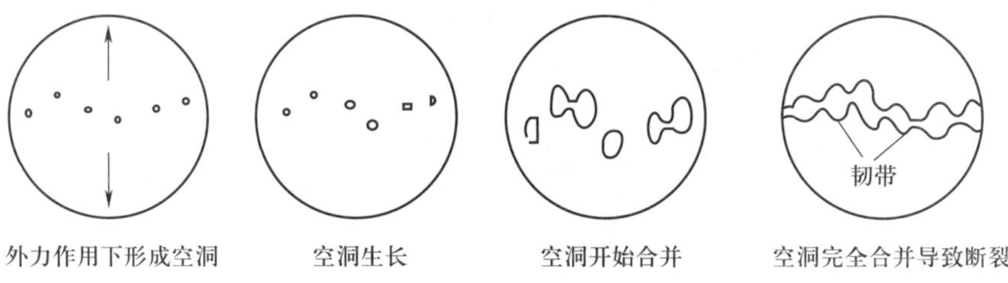

图 4－23 3 种应力状态下断口微坑的形成及其形状

4－24 中可以看出，这类质点与微坑几乎是一一对应的，说明一个夹杂物或第二相粒子就是一个微坑的形核位置。

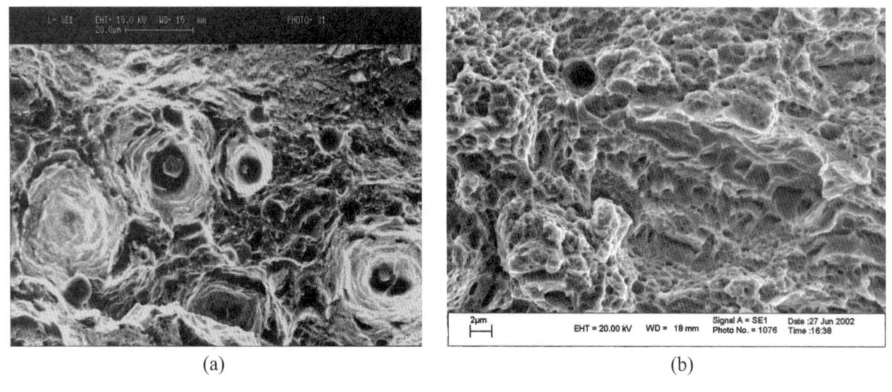

图 4－24 镍基合金断口中等轴微坑的二次电子像

显然，如果材料在普遍屈服的情况下发生断裂，即韧性断裂，其断口一定是微坑聚集型的。但是，如果材料在未曾发生普遍屈服情况下发生断裂，虽然断口两侧微区发生变形，存在大量微坑，但就整个构件来说仍属脆性断裂。所以这样的断口形貌只说明断裂过程是按微坑聚集型的方式形成的，并不是韧性断裂的同义词。

4. 晶间断裂断口

晶间断裂(或沿晶断裂)指的是多晶体沿晶粒界面彼此分离。氢脆、应力腐蚀、蠕变、高温回火脆性以及焊接热裂纹等过程常发生晶间断裂。通常晶间断裂总是脆性的。由于晶粒是多面体，因此晶间断裂断口的主要特征是有晶界刻面的冰糖状形貌，如图 4－25 所示。然而，某些材料的晶间断裂却显示很大的延性，其断口上除呈现晶间断裂特征外，还有微坑。后者叫晶间韧性断裂。

图 4－25　晶间断裂断口二次电子像

5. 疲劳断口

从宏观上看，疲劳断口分成 3 个区域，即疲劳核心区、疲劳裂纹扩展区和瞬时破断区。疲劳核心区是疲劳裂纹最初形成的地方，一般起源于零件表面应力集中或表面缺陷的位置，如表面槽、孔、过渡小圆角、刀痕，和材料内部缺陷，如夹杂、白点、气孔等。

疲劳裂纹扩展区是疲劳断口最重要的特征区域。它一般分为两个阶段。第一阶段，裂纹只有几个晶粒尺寸，且与主应力呈 45°角；第二阶段，裂纹垂直于主应力，是疲劳裂纹扩展的主要阶段。疲劳裂纹扩展区断口的主要特征是存在疲劳纹，即一系列基本上互相平行的、略带弯曲的、呈波浪形的条纹，一般每一条纹为一次载荷循环所产生，但一次载荷循环不一定都能产生一个条纹；疲劳纹间距的宽度随应力强度因子幅度的大小而变。通常断口由许多大小、高低不同的小断面所组成，每块小断面上的疲劳纹是连续的、平行的，但相邻断面的疲劳纹是不连续的、不平行的，如图 4-26 所示。

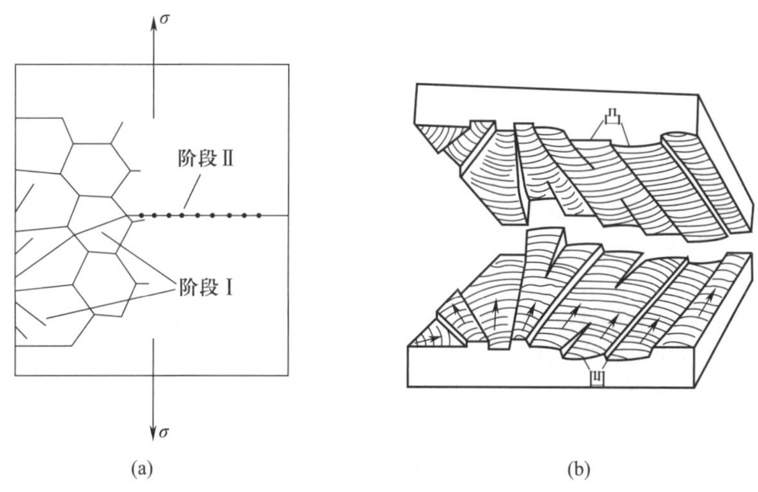

图 4-26　疲劳纹的形成和扩展示意图

一般来说，面心立方金属（如铝及其合金、不锈钢）的疲劳纹比较清晰、明显；体心立方金属及密排六方金属的疲劳纹不及前者明显。超高强度钢的疲劳纹短且不连续，轮廓不明显；而中、低强度钢则可见明显、规则的条纹。形成疲劳纹的条件之一是至少有 1000 次以上的循环寿命。

疲劳又可分为韧性疲劳和脆性疲劳两类，后者的特征是在断口上还能观察到放射状的河流花样，疲劳纹被放射状台阶分割成短而平坦的小段，如图 4-27 所示。

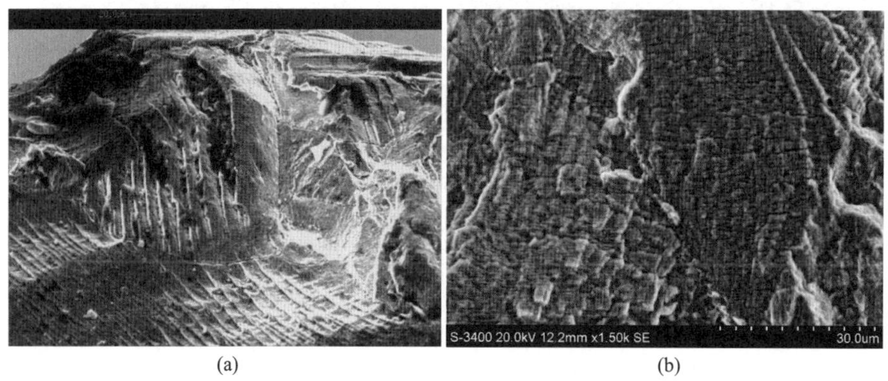

图 4-27　疲劳断口二次电子像。(a) 镍基合金亚表面的疲劳纹；(b) 放射状花样

4.3.2　相的析出和分布特征分析

扫描电子显微镜二次电子像对分析合金中相的析出和分布特征有非常重要的作用，图 4-28 为一种镍基高温合金在 680 ℃不同时间时效后合金中相的析出行为的演变情况。从图中可以看出，未时效时仅在晶界上有相的存在[图 4-28(a)]，随着时效时间的延长，除了晶界上有针状相析出外，晶内也有大量相析出[图 4-28(b)]，进一步可以观察到晶内有两种不同形态的析出相存在[图 4-28(c)]。时效时间到 1000 h 时，晶内析出相粗化长大[图 4-28(d)]。

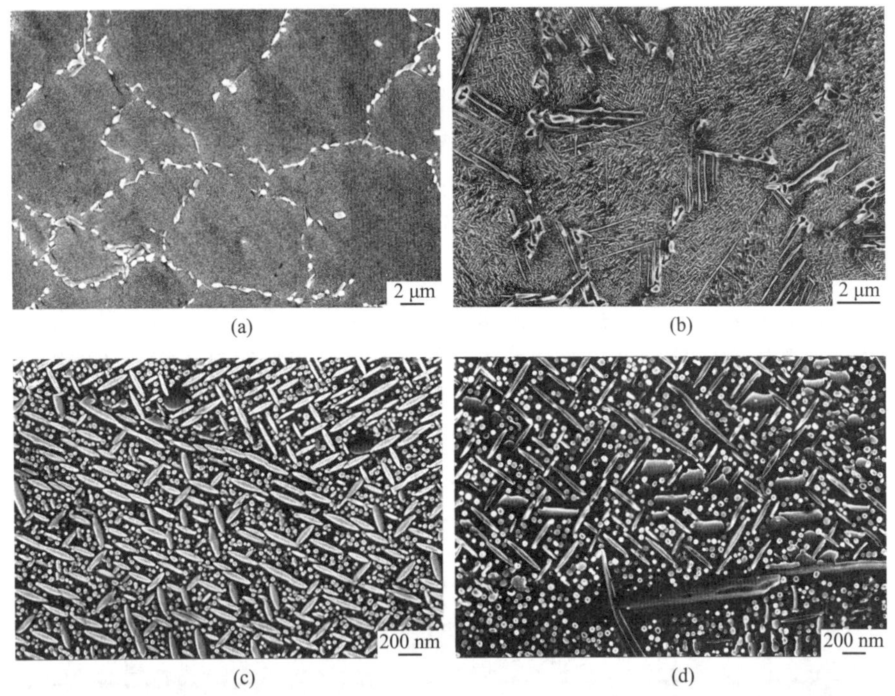

图 4-28　镍基高温合金 GH4169 经 680 ℃不同时间时效后的 SEM 组织特征。
(a) 未时效；(b)、(c) 500 h；(d) 1000 h

图 4-29 为另一种镍基高温合金 GH864 晶界和晶内析出相的二次电子像形貌，从图 4-29(a)中可以看出，晶界上析出了大量的碳化物相，而从图 4-29(b)中可以看出，该合金晶内存在大小不同的两类尺寸的析出相。通过扫描电子显微分析技术，可以系统研究相关的热工艺条件对该种合金各种析出相的析出特征和分布行为的影响。

因此可以看出，掌握好扫描电子显微镜二次电子像的分析技术，对合金的

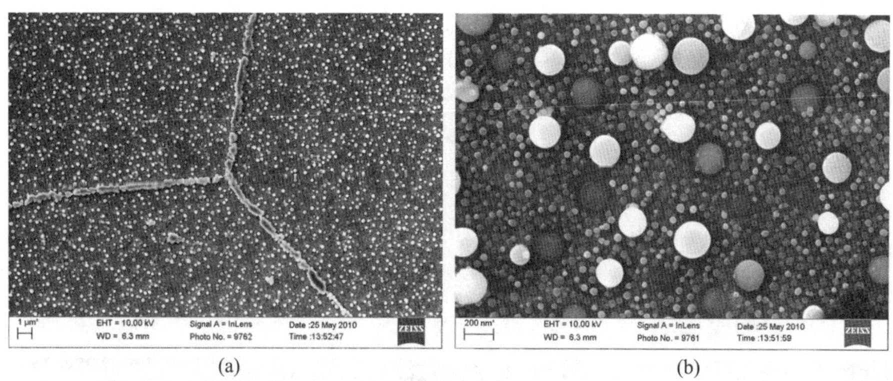

图 4－29　镍基高温合金 GH864 晶界析出相(a)和晶内析出相(b)的二次电子像形貌

研究将带来极大的便利。需要指出的是，该类研究方法对合金试样的制备技术有极高的要求，因此，要准确高效地完成研究任务，扫描电子显微镜试样的制备是成功的关键，须引起重视。

4.3.3　元素分布行为的分析

对一种高合金含量的镍基高温合金在接近于服役条件的煤灰/烟气环境中进行耐热腐蚀性能和腐蚀机理的研究，在 550 ℃经 2000 h 作用后，对该合金从表到里的截面组织形貌进行观察。试样表面腐蚀产物截面形貌的二次电子像如图 4－30 所示。

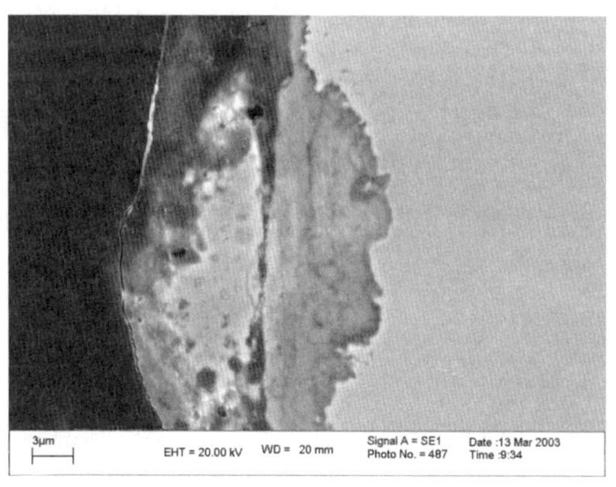

图 4－30　一种镍基高温合金经 550 ℃/2000 h
燃煤环境腐蚀后截面的二次电子像形貌

为了进一步观察分析腐蚀表层的元素分布情况，对该表面氧化膜进行背散射电子扫描电子显微分析，截面的元素面分布如图 4－31 所示。氧化膜主要由

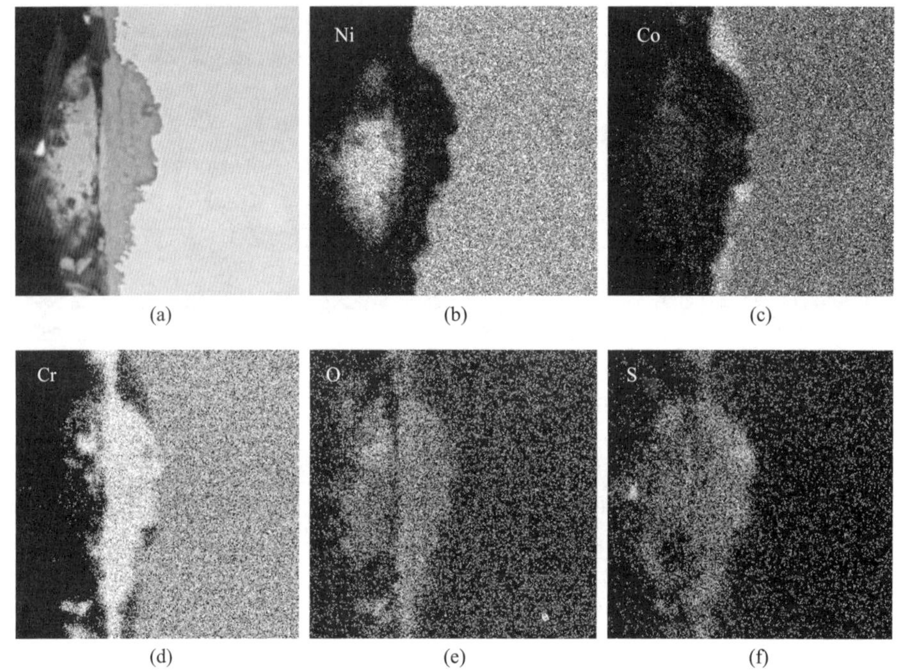

图 4－31　对应的背散射电子像元素面分布

Cr 和 O 元素组成，同时微区元素分析也发现还含有少量的 Ti 和 Nb 元素，在点蚀的原始表面下富含 Cr、O 和 S 元素，表面突起中富含 Ni、O 和 S 元素，仅有微量的 Co 元素。试样截面的元素面分布也显示在蚀点的下面基体中无 Cr 元素等的贫化现象。

由此可以看出，在对表面或析出相进行进一步合金元素分布特征的研究时，选用扫描电子显微镜的背散射分析技术将使问题更加清晰。结合扫描电子显微镜的二次电子像和背散射电子像往往使问题的研究更加明了。

4.3.4　结构分析

1. 电子背散射衍射

就材料分析而言，同时获得显微组织和结晶学的信息是很重要的。传统的研究方法是平行的而不是相联系的，光学显微术、扫描电子显微术(配备化学分析功能)的图像分析用以分析显微组织；X 射线衍射分析及透射电子显微镜的衍射功能用于结晶学分析。显然，这种传统方法的主要不足在于缺乏显微组织和结晶学两个分支间的直接联系。也就是说，总体上的取向分布可以测得，但却不能从这些数据中提取单个晶粒的取向。因此，无法获得有关晶体取向的空间分布的大量信息，包括晶(界)面的信息，而且无法区分显微组织中具有相同或者相似化学成分但不同结晶学关系的不同的共存相，也就是说，在试验技术上无法同时成像并衍射。

20 世纪 80 年代，一项重大的新技术——电子背散射衍射(electron backscattered diffraction，EBSD)，或称“散射菊池衍射”问世，此技术允许在块状试样显微组织的基础上生成结晶学数据并成为扫描电子显微镜的附件。EBSD 的主要特点是它能同时进行空间分辨率为 0.5 μm 的衍射(给出结晶学数据)及成像，并保留扫描电子显微镜的常规特点，如可使用大块试样，可进行化学分析及对粗糙表面成像。

目前 EBSD 应用于金属及合金、陶瓷、半导体、超导体、矿石等工业领域，以研究各种现象，如热处理对组织和性能的影响，与取向关系有关的性能(成形性、磁性等)，界面性能(腐蚀、裂纹等)及相鉴定等。

图 4-32 为 EBSD 系统构成示意图。它的系统安装很简单，也像安装 EDS 探头一样，把 EBSD 的前端安装在 SEM 样品室的侧面即可。试样专用的试样架固定在样品台上。试样被高角度倾斜，以便背散射信号能被荧光屏接收(在样品室内)，荧光屏与一个弱光 TV 相机相连。信号能直接或者经放大存储后在电视检测器上观察到。获得的背散射衍射信号用计算机标定，最后，将各晶粒上的数据存储起来以便进一步处理和输出，每一晶粒的标定只需几秒钟。在原理上，取向测量也能用透射电子显微镜完成，但事实上，因为透射电子显微镜制样困难，每个试样上可以观察的晶粒数很少，以及难以与原块状试样相对应，使得 EBSD 在快速而准确地生成定位取向数据方面成为更高级的方法。

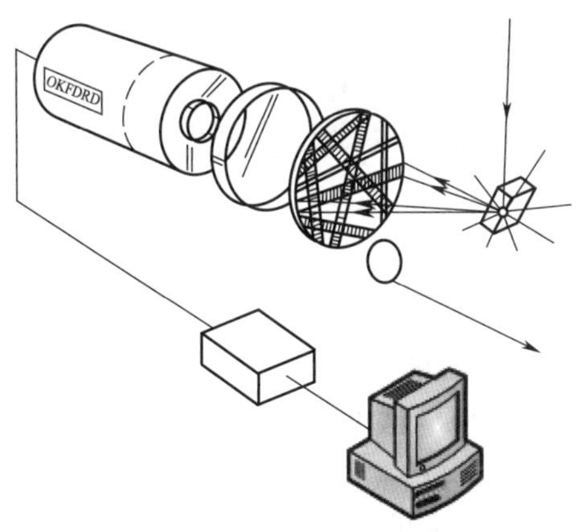

图 4-32 EBSD 系统的构成

EBSD 的最大优势在于研究取向关系对材料性能的影响。它不仅能测量各取向在试样中所占的比例，还能知道这些取向在显微组织中的分布，这是织构

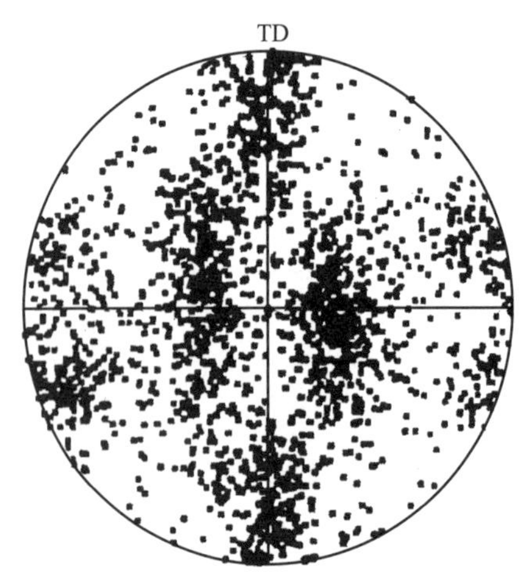

图 4－33　超塑性形变 Al－Li 合金的{111}极图

分析的全新方法。到目前为止，EBSD 最普遍的应用是对成品合金进行取向分析，因为它可以跟踪取向关系的变化所引起的性能变化与热处理的关系。钢板的成形性就是一个最好的例子，作为汽车板材和易拉罐用材，为获得其理想的深冲性能，存在高比例的{111}平行表面的织构，把这些择优取向绘制在极图上，就可以对该类织构进行分析。图 4－33 为超塑性形变 Al－Li 合金经 EBSD 测量后择优取向的花样在极图上的表示。

图 4－34 给出了通过 EBSD 来观察一种镍基合金的再结晶织构，分析变形量和退火温度对其影响。通过这种测试手段，还可以给出图 4－35 所示的不同变形量、不同退火温度条件下的轧制极图。

(a)

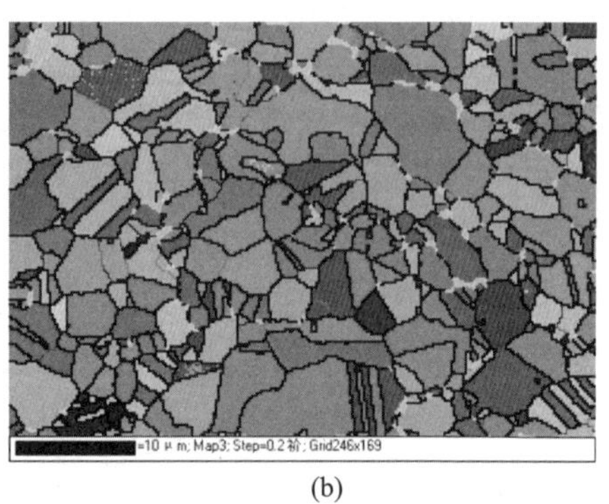

(b)

图 4－34　1040 ℃退火温度下晶界取向的 EBSD 分析。
（a）变形量 30%；（b）变形量 70%

此外，现代显微分析系统的自动化软件是相当先进的。软件中的晶体结构数据库可以模拟任何结构的原子空间和晶胞占位，各种几何参数的测量、图像特征的统计，晶体取向错配度的测量和标注等都可自动、准确地完成。随着计算机技术的发展和各种软件的开发，相信会有更多、更完善的显微分析系统问世。

应用 EBSD 进行取向关系测量的其他例子还有：推断第二相和基体间的取向关系；研究疲劳机理；穿晶裂纹的结晶学分析；超耐热合金的蠕变；单晶体

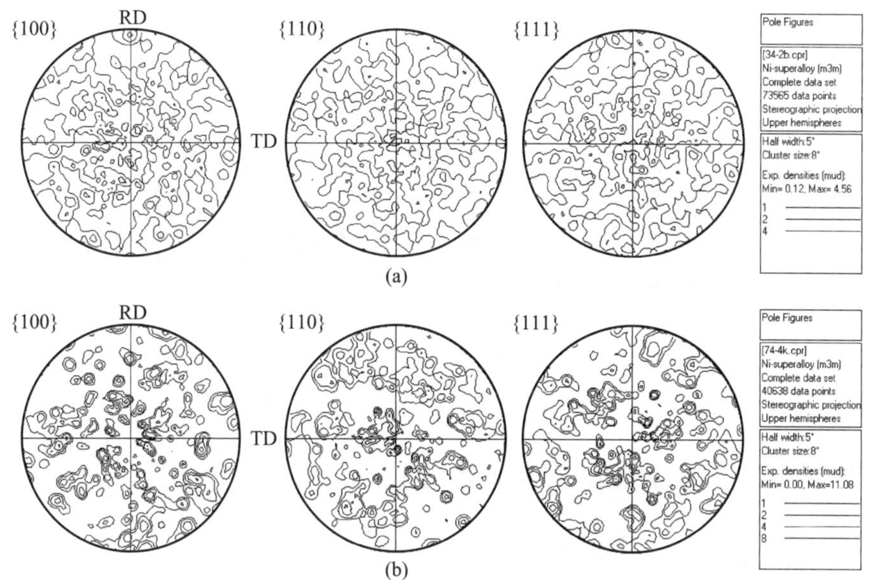

图 4－35　1040 ℃退火温度下的轧制极图。(a) 变形量 30%；(b) 变形量 70%

的完整性；断口晶体学；高温超导体沿结晶方向的氧扩散；形变研究等。

2. 电子通道图

在人们对材料科学的认识上，透射电子显微镜起了重要的作用，因为电子衍射技术用于研究材料的结晶学和晶体缺陷，如位错和堆垛层错等，它们决定了材料的基本性质。扫描电子显微镜应用电子通道技术也得到同类信息。非晶材料的背散射电子仅仅与试样的原子序数有关，而晶体材料的背散射电子产额还与入射束和晶格间的夹角有关[7]。如图 4－36(a)所示，如果电子以任意角进入晶体，电子将很快地到达原子核附近，被背散射出晶格的概率大。如果电子沿晶格的某一对称方向运行[图 4－36(b)]，那么电子沿通道进入晶体，并且在它到达原子核附近之前已进入了相当的深度，因而背散射的概率较低。若入射角 θ 满足布拉格定律，电压为 20 keV 时，电子波长 λ 的数量级为 0.01 nm，对于典型的晶面间距 0.3 nm，布拉格角是 1°或 2°。如果电子束和试样表面的入射角也这样变化时，背散射产额将随之改变。如果入射角是在二维尺度而不是一维尺度改变，那么背散射电子形成一个显示这些变化的分布图，它表示相对于入射束方向的晶体学对称性。只有在低放大倍数观察时，电子束从试样的一边扫描到另一边，入射角将改变几度，这时电子束方向的变化才能满足上述条件。由于通道衬度仅仅产生于晶体表面下的 20 nm 或 30 nm 处，制备试样时必须仔细，通常试样要经化学清洁以除去污染，再经化学或电化学腐蚀以消除抛光和嵌样时残留的一些机械损伤。

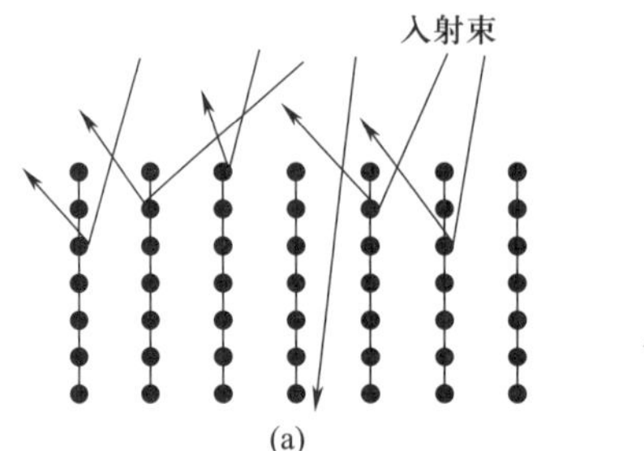

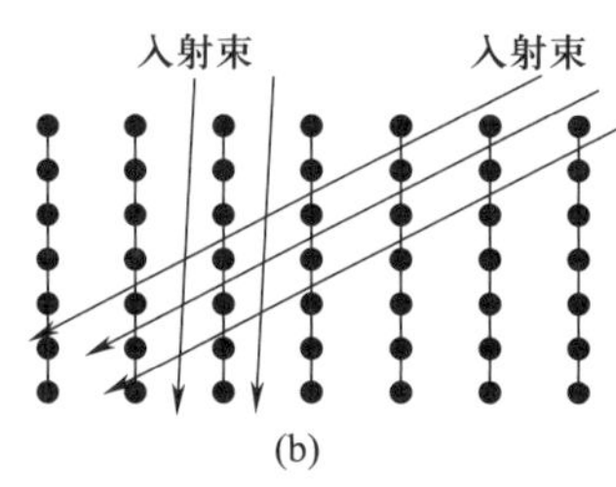

图 4－36　电子通道衬度原理。(a) 随机入射角产生的背散射；(b) 入射束沿着晶格对称方向进入试样

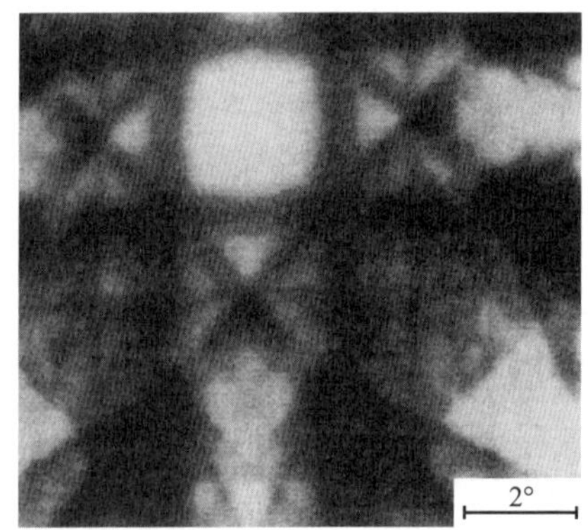

图 4－37　四元铟磷化镓砷单晶的电子通道图，晶体对称轴为{011}

图 4－37 是四元半导体化合物铟磷化镓砷 InPGaAs 单晶的电子通道图(ECP)，通道图由一些带组成，带的角宽度等于其布拉格角的二倍，它们相交于极。该例中，极具有一个彼此呈 45°镜面对称的四次轴，入射束沿着晶体的{011}轴通过，带的指数是{220}和{400}。在每种情况下，带都是平行于晶体表面上各自的点阵晶面的迹线。如果试样水平位移，通道图样不会改变。如果晶体旋转或倾斜，通道图样将移动，就像牢牢固定在晶格上一样。晶体倾斜一次，就产生一幅蒙太奇通道图，依次记录下来，就能反映出晶体内所有可能的唯一对衬条件。它也能显示出 ECP 中的极与晶体立体投影图中的晶带轴相对应。这样，将未知取向的晶体的 ECP 与蒙太奇图相比较，经过检验，就可以确定取向。

这一技术仅在大单晶体上适用，因为电子束扫描的整个区域必须具有相同的取向。为了克服这个局限性，发展了选区通道技术(SACP)，使 ECP 可从微米尺寸范围的试样中获取，电子束不再扫描试样的表面而是围绕着表面上的固定点摆动，因为 ECP 仅仅是由入射角的改变而产生的。现在从一个准确限定的区域中也同样产生了 ECP 图样，这时电子束稳定地保持在试样表面上。图 4－38 是应用这个技术的实例，试样由人工生长的金刚石小晶体组成。先观察标准的 SEM 图像，选择一个具有发育良好的小平面结构的晶体[图 4－38(a)]，然后将 SEM 调到 SACP 模式，得到通道图[图 4－38(b)]，这时看到清

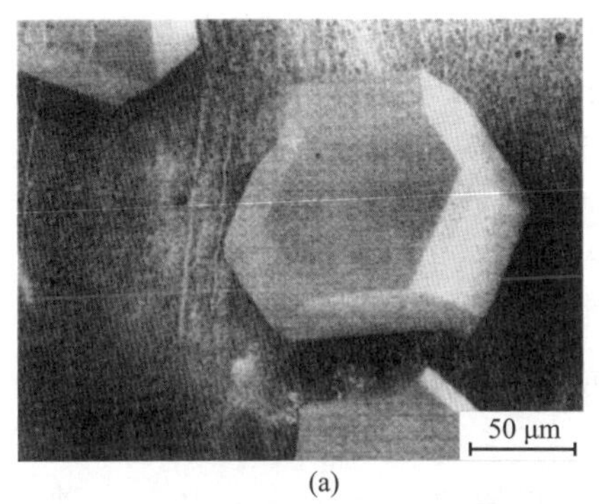

(a)

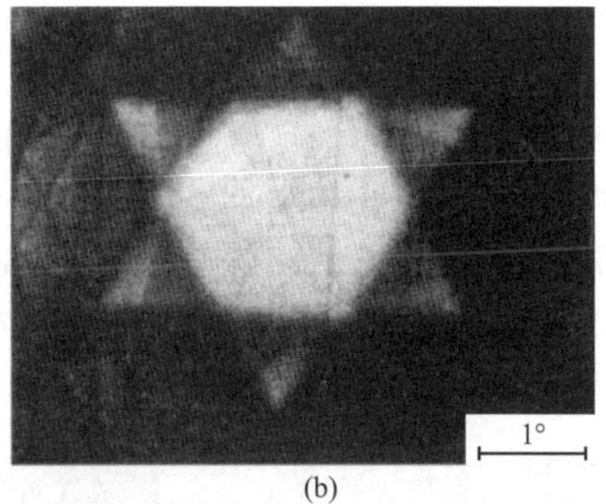

(b)

图 4－38 （a）人造金刚石小晶体的 SEM 图像；（b）相应的选区通道图。顶部小平面的取向为{111}

晰的三次对称轴具有{111}极。若应用通常的透射电子显微镜或 X 射线技术观察这类取向，则需要繁复的制备和处理试样的过程。SACP 在研究断裂时有着特殊的价值，因为它可以直接去测定各种与断裂有关的取向关系。

图 4－39(a)是硅衬底上依次制备的 2 μm 厚的氧化物层和热再生的 0.5 μm 厚的非晶硅层的背散射电子图像，图中显示的是指状晶粒结构，它是在热线穿过表面、移动再生过程中产生的。当溶区随加热器流动时，固－液界面以平行于热线的移动方向脱出，ECP 效应的存在使不同晶粒间的衬度变化加剧，因为它与每个晶粒的准确取向有关，将是被散射稍多或稍少的信号。图 4－39(a)同时说明材料不是单晶体，但不能定量地确定晶粒之间有多大的角错配取向。然而，该区域的 SACP 检验得到的图[图 4－39(b)]能够鉴别是{110}极。进一步的研究表明，该极实际上是几个独立的角偏差为 1°的{110}极的叠加，这是由于选区跨越了两个晶粒间的晶界造成的，每个名义上的{110}取向之间具有

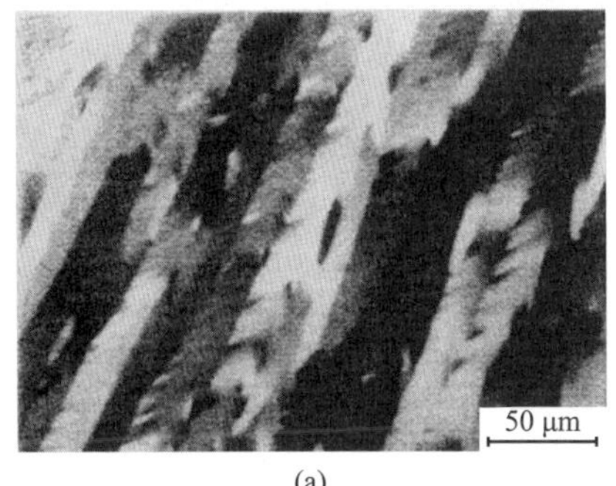

(a)

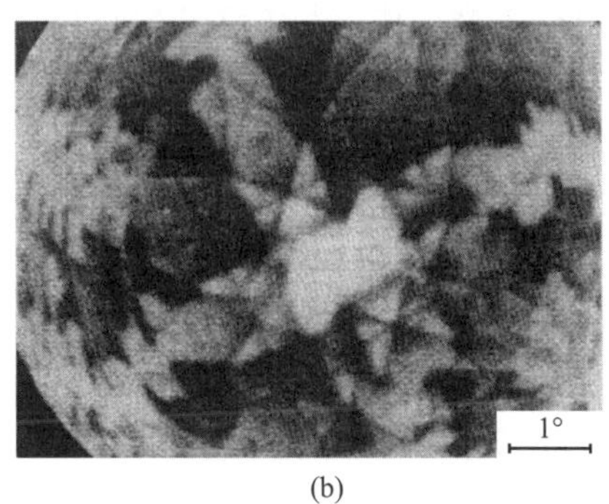

(b)

图 4－39 （a）氧化硅上再生长非晶硅的背散射电子图像，相邻晶粒间的亮度变化说明有角错配取向；（b）相同试样的选区通道图，显示平均取向是{110}，但相邻晶粒间约有 1°的偏差

一个随机偏差。这一研究证实，快速再生长产生了一个严重织构(择优取向极为明显)的晶体，具有十分明确的表面法线取向，但在膜的平面上存在随机错配取向。为了获得同样的信息，可应用传统的技术，如透射电子显微镜，但它需要冗长的减薄再生膜的制样过程，且试验结果的有效统计性较低，因为透射电子显微镜中观察的视场比扫描电子显微镜中小得多，试样只有几个晶粒。X射线的统计性也低，因为膜和衬底两者均产生反射。而ECP的衬度只来自表面下30 nm或更小的区域，完全没有衬底的复杂信息。

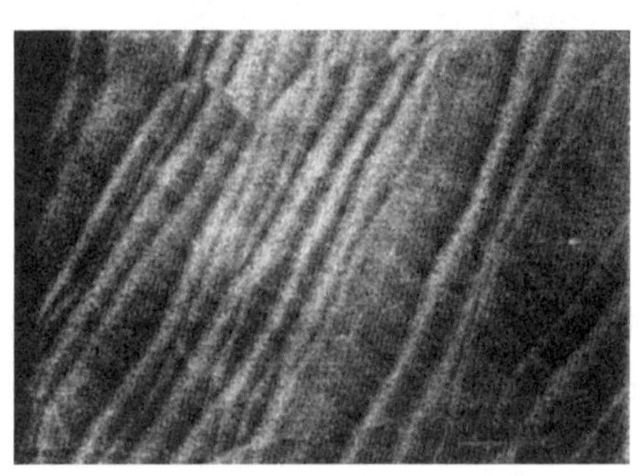

图4－40　辉钼矿 MoS_2 固体试样中单个晶体位错的通道衬度图40 keV的背散射像

结晶缺陷周围的晶格畸变也能以通道模式成像，由于这种畸变小，在晶体中分布的区域也小，因而其成像的电子光学条件是很苛刻的，近代的场发射SEM能够达到这种要求。辉钼矿 MoS_2 固体试样表面下0.25 μm深度处单个位错的衬度如图4－40所示，位错图像的宽度由位错应变场的范围以及电子探针本身的尺寸来决定。这种观察晶体缺陷的方法是重要的，不像标准的透射电子显微镜那样需要减薄试样，而且块状试样中观察到的缺陷组态更有代表性。

鉴于扫描电子显微镜的特点和现代技术的发展，显微形貌＋显微成分＋显微结构和显微织构综合研究分析已经成为扫描电子显微镜现代显微分析的趋势。例如，已有显微分析仪器公司推出可实现现代显微分析的系统。该系统的OPAL(显微结构及晶体学分析)可以进行显微结构和显微织构分析。此外，现代显微分析系统均能做到随机选点、线和面的自动测量，并把全部结果存储起来。很多在显微分析技术中目前无法做到的事，将来有望会快速、准确地呈现在我们面前。

本章知识点

1）了解扫描电子显微镜的构造和工作原理。

2）掌握扫描电子显微镜试样的制备技术，包括试样的取样、试样的尺寸、不同试样的处理方式、试样的化学浸蚀法和试样的电解浸蚀法。

3）理解衬度原理和典型的断口特征。

4）了解电子背散射衍射(EBSD)方法及应用。

思考题

1）扫描电子显微镜图像与光学金相图像的成像原理有何不同?

2）二次电子像的衬度和背散射电子像的衬度各有何特点?

3）二次电子成像使得试样凹坑底部都能清楚地显示出来，从而使图像的立体感很强，其原因何在?

4）为什么扫描电子显微镜的分辨率和信号的种类有关? 试将各种信号的分辨率高低作一比较。

5）电解抛光和电解浸蚀的工作原理是什么? 两者有何区别? 在对试样进行电解浸蚀过程中需要注意什么问题?

6）韧性断裂的断口特征是什么? 结合扫描电子显微镜有关衬度原理解释其形貌特征。

7）疲劳断裂的断口特征是什么? 如何解释?

8）通过何种模式可以利用扫描电子显微镜对材料的结构进行分析?

第五章 透射电子显微分析

20 世纪 50 年代末、60 年代初以来，由于高性能电子显微镜、薄晶体试样制备方法以及电子衍射理论的日臻完善，金属薄膜的透射电子显微技术取得了十分卓著的发展，现已成为研究金属微观组织结构不可缺少的一项基本手段。固然，复型技术曾为利用电子显微镜分析金相组织开辟了一条切实可行的途径，但由于它完全依赖于浸蚀浮雕的复制，充其量只能在较高的分辨率(受复型材料的限制，通常为 10 nm 左右)条件下显示试样表面的形貌特征，与传统的光学金相方法相比，没有多少实质性的差别。现在，由于以金属材料本身制成的薄膜作为观察分析的试样，使电子显微镜得以充分发挥它极高分辨率的特长，同时利用电子衍射效应来成像，不仅可以显示金属内部十分细小的组织形貌衬度，而且可以获得许多与试样晶体结构(包括点阵类型、位向关系、缺陷组态和其他亚结构等)有关的信息。如果配备加热、冷却、拉伸等特殊样品台，还能在高分辨率条件下进行金属薄膜的原位动态分析，用以直接研究材料的相变和形变机理，更加深刻地揭示其微观组织结构和性能之间的内在关系。因此，对于金属薄膜技术在研制新材料、开发新工艺乃至进一步深化材料科学基本理论等方面所发挥的作用，我们应当有足够的认识。

本章将对透射电子显微镜的结构及其在形貌分析方面的应用进

行介绍，对薄膜试样的要求和制备作重点的讲述。涉及电子衍射分析的内容将在后续结构分析部分来详细阐述。

5.1　透射电子显微镜的结构与成像原理

透射电子显微镜(TEM)是以波长极短的电子束作为照明源、用电磁透镜聚焦成像的一种高分辨率、高放大倍数的电子光学仪器，图 5－1 所示为不同型号透射电子显微镜的外观照片。

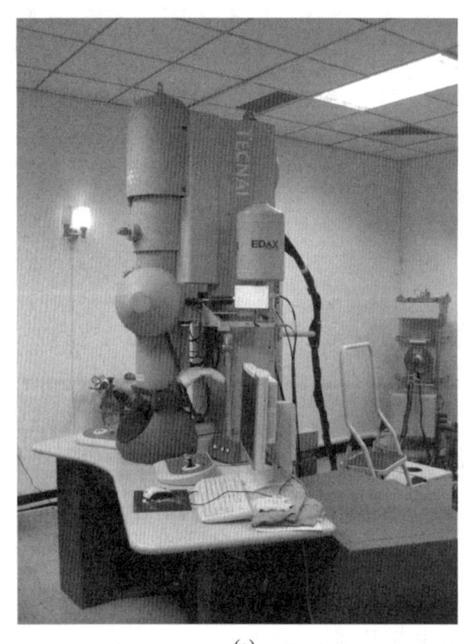

(a)

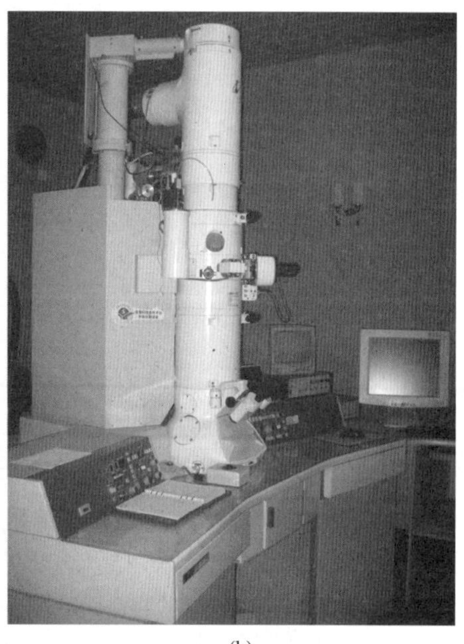

(b)

图 5－1　透射电子显微镜的外观照片

透射电子显微镜主要由电子光学系统、电源与控制系统及真空系统 3 部分组成。电子光学系统通常称为镜筒，是透射电子显微镜的核心，其光路原理与透射光学显微镜十分相似，如图 5－2 所示，又可分为 3 部分，即照明系统、成像系统和观察记录系统[8]。

5.1.1　照明系统

照明系统由电子枪、聚光镜和相应的平移对中、倾斜调节装置组成。其作用是提供一束亮度高、照明孔径角小、平行度好、束流稳定的照明源。为满足明场和暗场成像需要，照明束可在 2°～3°范围内倾斜。

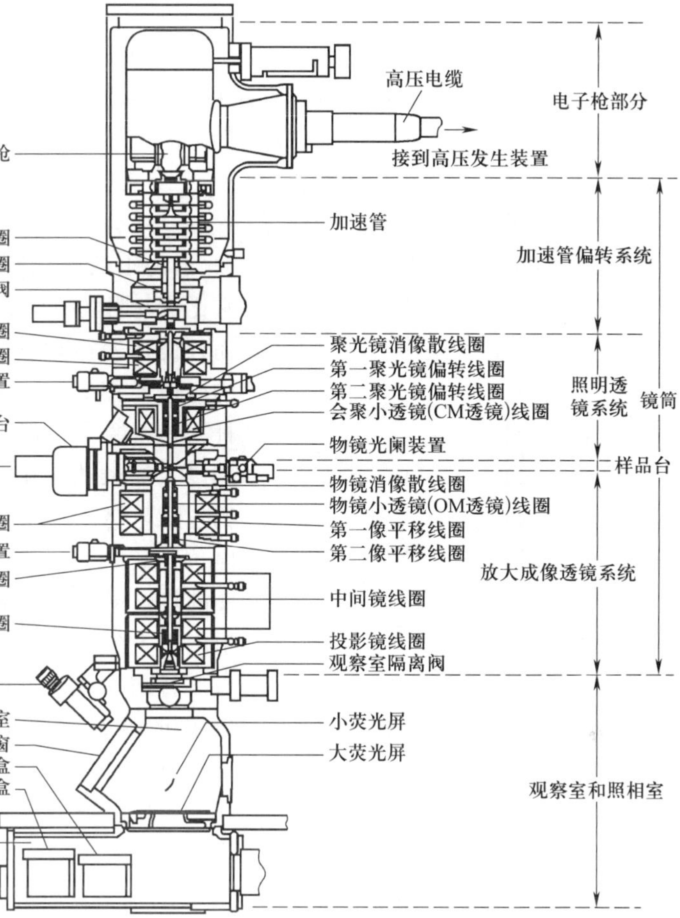

高压电缆
电子枪部分
电子枪
接到高压发生装置
加速管
电子枪第一偏转线圈
电子枪第二偏转线圈
加速管偏转系统
阳极室隔离阀
第一聚光镜线圈
第二聚光镜线圈
聚光镜光阑装置
聚光镜消像散线圈
第一聚光镜偏转线圈
第二聚光镜偏转线圈
会聚小透镜(CM透镜)线圈
照明透镜系统
镜筒
侧角台
样品架
物镜光阑装置
样品台
物镜消像散线圈
物镜小透镜(OM透镜)线圈
物镜线圈
第一像平移线圈
选区光阑装置
第二像平移线圈
中间镜消像散线圈
放大成像透镜系统
中间镜线圈
投影镜偏转线圈
投影镜线圈
观察室隔离阀
双目显微镜
观察室
小荧光屏
观察窗
大荧光屏
底片送片盒
底片接收盒
观察室和照相室
照相室

图 5－2　透射电子显微镜的剖面图

1. 电子枪

电子枪是透射电子显微镜的照明源。常用的是热阴极三极电子枪，它由发夹形钨丝阴极、栅极和阳极组成，如图 5－3 所示。

负的高压直接加在栅极上，因阴极和负高压之间加上了一个偏压电阻，使栅极和阴极之间有一个数百伏的电位差。因为栅极比阴极电位值更负，所以可以用栅极来控制阴极发射电子的有效区域。当阴极流向阳极的电子数量加大时，在偏压电阻两端的电位值增加，使栅极电位比阴极进一步变负，由此可以减小灯丝有效发射区域的面

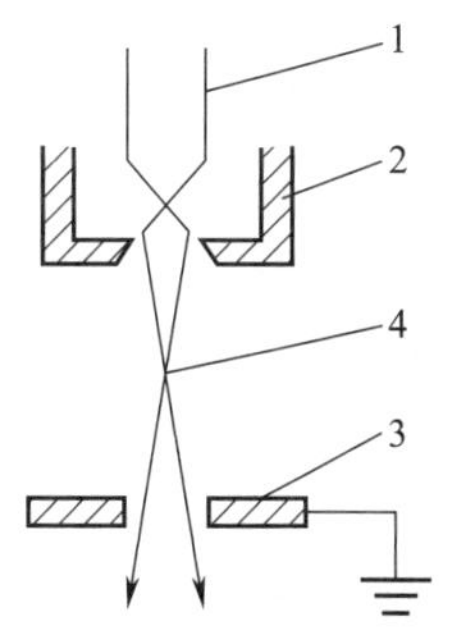

图 5－3　电子枪结构示意图
(1. 阴极；2. 栅极；3. 阳极；4. 电子束交叉点)

积，束流随之减小。若束流因某种原因而减小时，偏压电阻两端的电压随之下降，致使栅极和阴极之间的电位接近。此时，栅极排斥阴极发射电子的能力减小，束流又可望上升。因此，自偏压回路可以起到限制和稳定束流的作用。由于栅极的电位比阴极负，所以自阴极端点引出的等位面在空间呈弯曲状。在阴极和阳极之间的某一点，电子束会汇集成一个交叉点，这就是通常所说的电子源。交叉点处电子束直径约几十个微米。

为了提高照明亮度，随后发明了电子逸出功小的硼化镧(LaB_6)作为阴极。它比钨丝阴极的亮度高 1 ~ 2 个数量级，而且使用寿命增长。LaB_6 电子枪的结构原理如图 5 - 4 所示，阴极为 LaB_6 杆，其尖端半径仅为几个微米，另一端浸入油散热槽中，LaB_6 被其周围的钨丝圈环绕，钨丝圈相对阴极保持负电位，其中通以大电流。LaB_6 在钨丝圈的热辐射和电子轰击下被加热而发射电子，在阳极附近形成电子源。

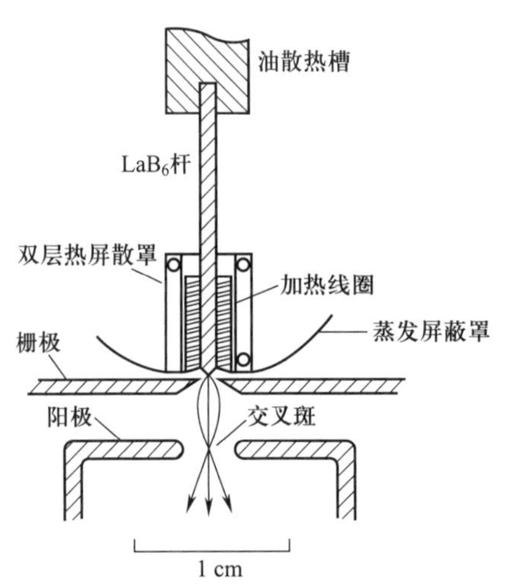

图 5 - 4　LaB_6 电子枪的结构原理图

目前亮度最高的电子枪是场发射电子枪(field emission gun，FEG)，其结构原理如图 5 - 5 所示。在金属表面加一个强电场，金属表面的势垒就变小，由于隧穿效应，金属内部的电子穿过势垒从金属表面发射出来，这种现象称为场发射。冷场发射不需要任何热能，阴极中的电子在大电场作用下可直接克服势垒而离开阴极。阴极为一个尖端(尖端半径小于 10 nm)的钨〈111〉位向的单晶杆，以便获得低功函数和高发射。这样低的功函数只能在清洁的表面上获得，即表面上无其他种类的外来原子。所以场发射需要极高的真空度，应为 10 μPa 或者更高。阴极对阳极为负电压，其尖端电场非常强(大于10^7 V/cm)，以至于电子能够借助“隧道”穿过势垒而离开阴极。场发射电子枪不需要偏压(栅极)，在阴极灯丝下面加一个第一阳极，此电压不能加得太高(只能加 5 kV)，以免引起放电而把灯丝打钝。在其下面加几千伏的第二阳极作为静电系统，聚焦电子束并加速。由于冷阴极 FEG 不依靠热能发射电子，所以发射的电子能量发散度很小，仅为 0.3 ~ 0.5 eV，故有非常好的能量分辨率。但发射是在室温下进行的，所以在发射极上就会产生残留气体分子的离子吸附而产生发射噪声，同时伴随着吸附分子层的形成而使发射电流逐渐降低，因此，必须定期进行除去吸附分子层的闪光处理，即在发射极尖端上瞬时通过大电流，除去尖端表面吸附分子层的处理。

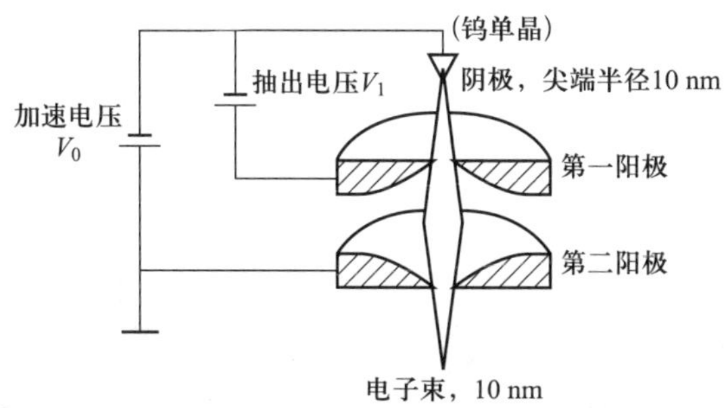

图 5-5 场发射电子枪结构原理图

热阴极 FEG 可克服冷阴极 FEG 的上述缺点。在施加强电场的状态下，如果将发射极加热到比热电子发射低的温度(1600 ~ 1800 K)，由于电场的作用，电子跃过变低的势垒发射出来，这称为肖特基(Schottky)效应。由于加热，电子的能量发散度为0.6 ~ 0.8 eV，较冷阴极 FEG 稍增大，可以得到稳定的发射电流。

高亮度的 LaB_6 和场发射电子枪特别适用于高分辨成像和微区分析，尽管它们的价格昂贵(尤其是场发射电子枪)，而且为了保持电子枪的寿命和发射率，它们需要很高的真空度，但是高性能的分析电子显微镜配备场发射电子枪是必需的。各种电子枪特性的比较如表 5-1 所示。

表 5-1 各种电子枪特性的比较

类型	钨丝	LaB_6	热阴极 FEG	冷阴极 FEG
亮度(200 kV)/($A \cdot cm^{-2} \cdot sr^{-1}$)	5×10^5	5×10^6	5×10^8	5×10^8
光源直径/μm	50	50	0.01 ~ 0.1	0.01 ~ 0.1
阴极温度/K	2800	1800	1600 ~ 1800	300
工作真空/Pa	10^{-3}	10^{-5}	10^{-7}	10^{-8}
寿命/h	60 ~ 200	1000	1000 ~ 2000	> 2000
稳定性/h^{-1}	1%	3%	6%	5%
能量发散度/eV	2.3	1.5	0.6 ~ 0.8	0.3 ~ 0.5

2. 聚光镜

聚光镜用来会聚电子枪射出的电子束，以最小的损失照明试样，调节照明强度、孔径角和束斑大小。图 5-6 是一个典型的电磁透镜的剖面图，它由一个软磁铁壳、一个短线圈和一对中间嵌有环形黄铜的极靴组成。图 5-7 显示出照明透镜系统的光路图，一般都采用双聚光镜系统，第一聚光镜是强激磁透镜，束斑缩小率为 10 ~ 50 倍左右，将电子枪第一交叉点束斑缩小为 1 ~ 5 μm；

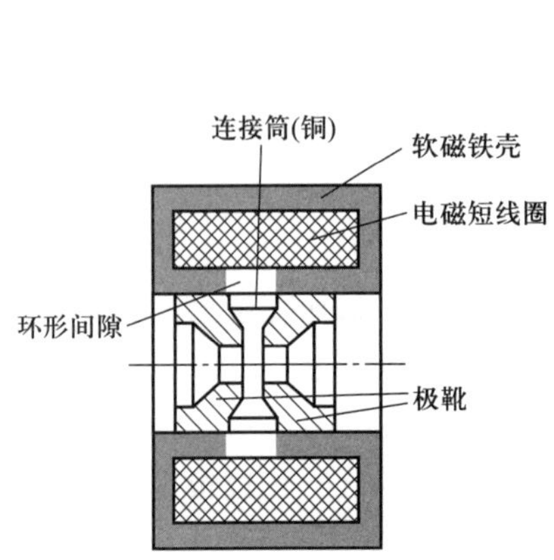

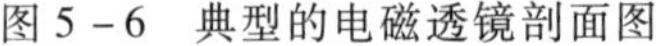

图 5-6 典型的电磁透镜剖面图

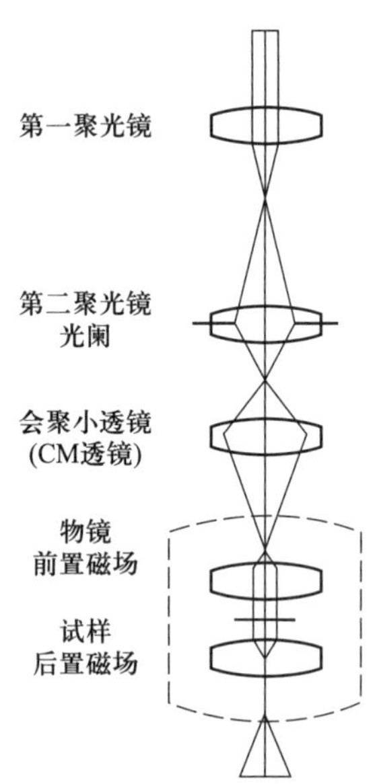

图 5-7 照明透镜系统的光路图

而第二聚光镜是弱激磁透镜，适焦时放大倍数为 2 倍左右。结果在试样平面上可获得 2 ~ 10 μm 的照明电子束斑。

5.1.2 成像系统

成像系统主要是由物镜、中间镜和投影镜组成。

1. 物镜

物镜是用来形成第一幅高分辨率电子显微图像或电子衍射花样的透镜。透射电子显微镜分辨率的高低主要取决于物镜，因为物镜的任何缺陷都将被成像系统中其他透镜进一步放大。欲获得物镜的高分辨率，必须尽可能降低像差。通常采用强激磁、短焦距来获得小的像差。

物镜是一个强激磁、短焦距的透镜($f = 1 \sim 3$ mm)，它的放大倍数较高，一般为 100 ~ 300 倍。目前，高质量物镜的分辨率可达 0.1 nm 左右。

物镜的分辨率主要决定于极靴的形状和加工精度。一般来说，极靴的内孔和上下极靴之间的距离越小，物镜的分辨率就越高。为了减小物镜的球差，往往在物镜的后焦面上安放一个物镜光阑。物镜光阑不仅具有减小球差、像散和色散的作用，而且还可以提高图像的衬度。此外，我们在以后的讨论中还可以看到，物镜光阑位于后焦面位置上时，可以方便地进行暗场及衍衬成像操作。在利用电子显微镜进行图像分析时，物镜和试样之间的距离总是固定不变的(即物距L_1 不变)。因此改变物镜放大倍数进行成像时，主要是改变物镜的焦距和像距（即 f 和 L_2）来满足成像条件。

2. 中间镜

中间镜是一个弱激磁的长焦距变倍透镜，可在 0～20 倍范围调节。当放大倍数大于 1 时，用来进一步放大物镜像；当放大倍数小于 1 时，用来缩小物镜像。

在电子显微镜操作过程中，主要是利用中间镜的可变倍数来控制电子显微镜的总放大倍数。如果物镜的放大倍数为 $M_0=100$，投影镜的放大倍数 $M_p=100$，则中间镜的放大倍数 $M_i=20$ 时，总放大倍数 $M=100\times20\times100=200000$ 倍。若 $M_i=1$，则总放大倍数为 10000 倍。如果 $M_i=\frac{1}{10}$，则总放大倍数仅为 1000 倍。

如果把中间镜的物平面和物镜的像平面重合，则在荧光屏上得到一幅放大像，这就是电子显微镜中的成像操作，如图 5－8（a）所示；如果把中间镜的物平面和物镜的背焦面重合，则在荧光屏上得到一幅电子衍射花样，如图 5－8（b）所示。

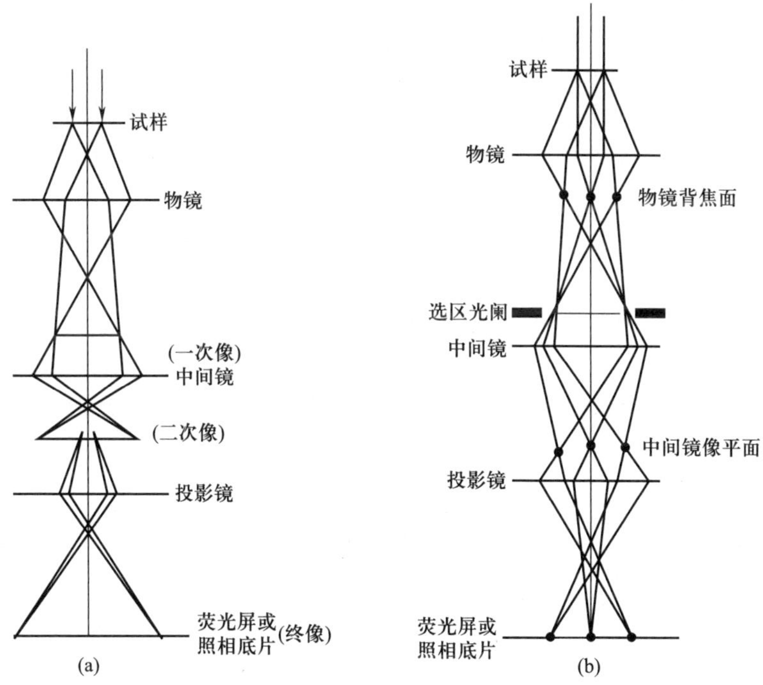

图 5－8　成像系统光路。(a) 高倍放大；(b) 电子衍射

3. 投影镜

投影镜的作用是把经中间镜放大（或缩小）的像（或电子衍射花样）进一步

放大，并投影到荧光屏上。它和物镜一样，是一个短焦距的强激磁透镜。投影镜的激磁电流是固定的，因为成像电子束进入投影镜时孔径角很小（约 10^{-5} rad），因此它的景深和焦长都非常大。即使改变中间镜的放大倍数，使显微镜的总放大倍数有很大的变化，也不会影响到图像的清晰度。有时中间镜的像平面还会出现一定的位移，由于这个位移距离仍处于投影镜的景深范围之内，因此，在荧光屏上的图像依旧是清晰的。

目前，高性能的透射电子显微镜大多采用五级透镜放大，即中间镜和投影镜有两级，分第一中间镜和第二中间镜、第一投影镜和第二投影镜。

5.1.3　观察记录系统

观察和记录装置包括荧光屏和照相机结构，在荧光屏下面放置一个可以自动换片的照相暗盒。照相时只要把荧光屏掀往一侧垂直竖起，电子束即可使照相底片曝光。由于透射电子显微镜的焦长很大，虽然荧光屏和底片之间有数厘米的间距，但仍能得到清晰的图像。

通常采用在暗室操作情况下人眼较敏感的、发绿光的物质来涂制荧光屏。这样有利于高放大倍数、低亮度图像的聚焦和观察。

电子感光片是一种对电子曝光敏感、颗粒度很小的溴化物乳胶底片，它是一种红色盲片。由于电子与乳胶的相互作用比光子强得多，故照相曝光时间很短，只需几秒钟。早期的电子显微镜用手动快门，构造简单，但曝光不均匀。新型电子显微镜均采用电磁快门，与荧光屏动作密切配合，动作迅速，曝光均匀；有的还装有自动曝光装置，根据荧光屏上图像的亮度，自动地确定曝光所需的时间。如果配上适当的电子线路，还可以实现拍片自动记数。

电子显微镜工作时，整个电子通道都必须置于真空系统之中。新式的电子显微镜中电子枪、镜筒和照相室之间都装有气阀，各部分都可单独抽真空和单独放气，因此在更换灯丝、清洗镜筒和更换底片时，可不破坏其他部分的真空状态。

5.1.4　主要部件的结构与工作原理

1. 试样平移与倾斜装置（样品台）

透射电子显微镜试样既小又薄，通常需用一种有许多网孔（如 200 目方孔或圆孔）、外径 3 mm 的样品铜网来支持，如图 5－9 所示。样品台的作用是承载试样，并使试样能在物镜极靴孔内平移、倾斜、旋转，以选择感兴趣的试样区域或位向进行观察分析。

样品台能使试样平移，以选择感兴趣的试样视域，再借助双倾样品台可使试样位于所需的晶体学位向进行观察，如图 5－10 所示。样品室内还可分别装

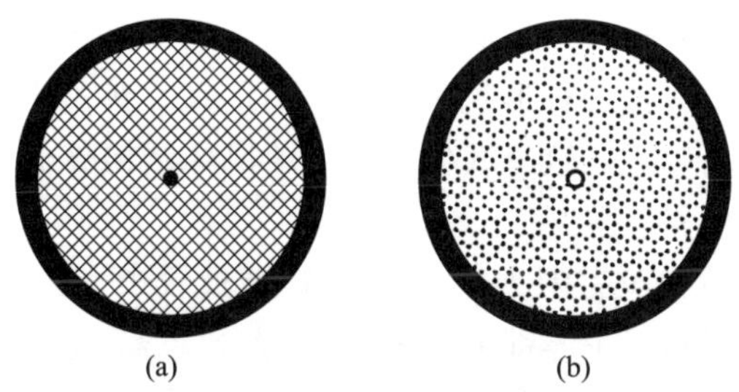

图 5－9　样品铜网放大像。(a) 方孔；(b) 圆孔

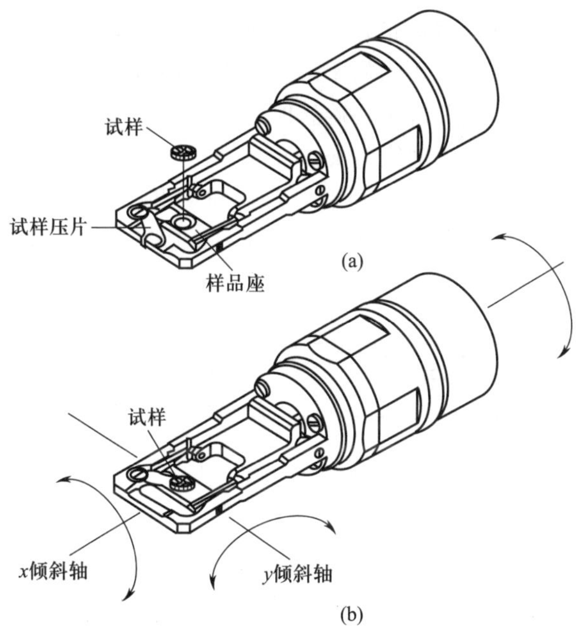

图 5－10　样品台及其双倾斜旋转方向

有加热、冷却或拉伸等各种功能的侧插式样品座，以满足相变、变形等过程的动态观察。

对样品台的要求是非常严格的。首先必须使样品铜网牢固地夹持在样品座中并保持良好的热、电接触，减小因电子束照射引起的热或电荷堆积而产生的试样损伤或图像漂移。平移是任何样品台最基本的动作，通常在两个相互垂直方向上试样平移最大值为 ±1 mm，以确保样品铜网上大部分区域都能观察到；试样移动机构要有足够的机械精度，无效行程应尽可能小。总而言之，在照相曝光期间，试样图像的漂移量应小于相应情况下显微镜像的分辨率。在电子显微镜下分析薄晶体试样的组织结构时，应对它进行三维的立体观察，即不仅要求试样能平移以选择视野，而且必须使试样相对电子束照射方向作有目的的倾斜，以便从不同方位获得各种形貌和晶体学的信息。新式的电子显微镜常配备精度很高的试样倾斜装置。这里我们重点讨论晶体结构分析中用得最普遍的倾斜装置——侧插式倾斜装置。

所谓“侧插”，就是样品杆从侧面进入物镜极靴中。倾斜装置由两个部分组成，如图 5 - 11 所示。主体部分是一个圆柱分度盘，它的水平轴线 $x-x$ 和镜筒的中心线 z 垂直相交，水平轴就是样品台的倾斜轴，试样倾斜时，倾斜的度数可直接在分度盘上读出。主体以外部分是样品杆，它的前端可装载铜网夹持试样或直接装载直径为 3 mm 的圆片薄膜晶体试样。样品杆沿圆柱分度盘的中间孔插入镜筒，使圆片试样正好位于电子束的照射位置上。分度盘由带刻度的两段圆柱体组成，其中一段圆柱 Ⅰ 的一个端面和镜筒固定，另一段圆柱 Ⅱ 可以绕倾斜轴线旋转。圆柱 Ⅱ 绕轴线旋转时，样品杆也跟着转动。如果试样上的观察点正好和图 5 - 11 中两轴线的交点 O 重合时，则试样倾斜使观察点不会移动到视域外面去。为了使试样上所有点都有机会和交点 O 重合，样品杆可以通过机械传动装置在圆柱分度盘 Ⅱ 的中间孔内作适当的水平或上下调整。

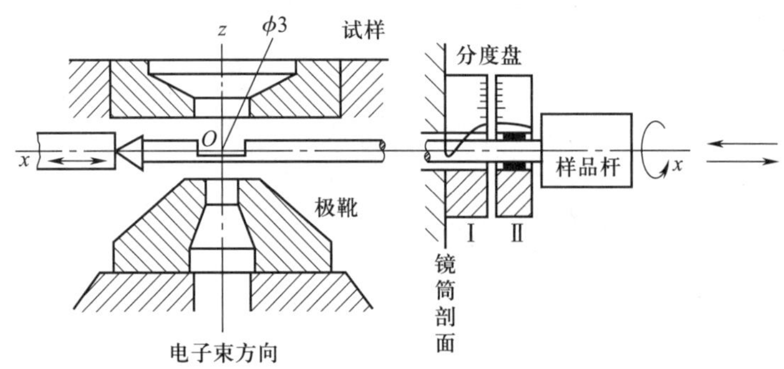

图 5 - 11　侧插式试样倾斜装置

有的样品杆本身还带有使试样倾斜或原位旋转的装置。这些样品杆和倾斜样品台组合在一起就是侧插式双倾样品台和单倾样品台。目前双倾样品台是最常用的，它可以使试样沿 x 轴或 y 轴倾转 ±60°。在晶体结构分析中，利用试样倾斜和旋转装置可以测定晶体位向、相变时的惯习面以及析出相的方位等。

2. 电子束平移与倾斜装置

新式的电子显微镜都带有电磁偏转器。利用电磁偏转器可以使入射电子束平移和倾斜。图 5 - 12 为电子束平移和倾斜的原理图，图中上、下两个偏转线圈是联动的，如果上、下偏转线圈偏转的角度相等但方向相反，电子束会进行平移运动，如图 5 - 12(a) 所示。如果上偏转线圈使电子束顺时针偏转 θ 角，下偏转线圈使电子束逆时针偏转 $\theta+\alpha$ 角，则电子束相对于原来的方向倾斜了 α 角，而入射点位置不变，如图 5－12(b)所示。利用电子束原位倾斜可以进行所谓中心暗场成像操作。

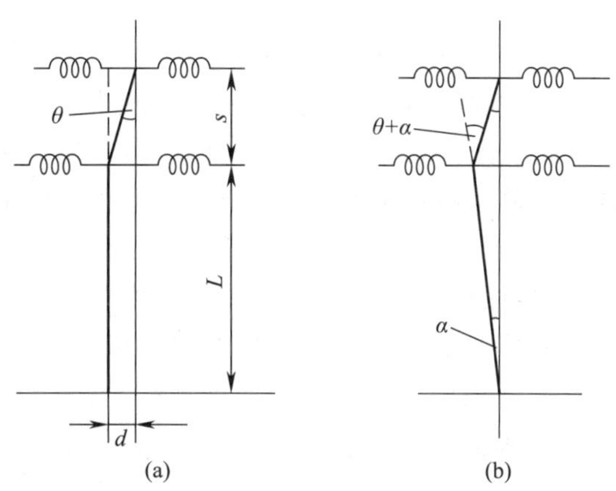

图 5－12　聚光镜电子束对中系统工作原理图。
（a）电子束平移；（b）电子束倾斜

3. 消像散器

消像散器可以是机械式的，也可以是电磁式的。机械式的是在电磁透镜的磁场周围放置几块位置可以调节的导磁体，用它们来吸引一部分磁场，把固有的椭圆形磁场校正成接近旋转对称磁场。电磁式的是通过电磁极间的吸引或排斥来校正椭圆形磁场，如图 5－13 所示。图中两组 4 对电磁体排列在透镜磁场的周围，每对电磁体均采取同极相对的安置方式。通过改变这两组电磁体的激磁强度和磁场方向，就可以把固有的椭圆形磁场校正成旋转对称磁场，起到了消除像散的作用。消像散器一般都安装在透镜的上、下极靴之间。

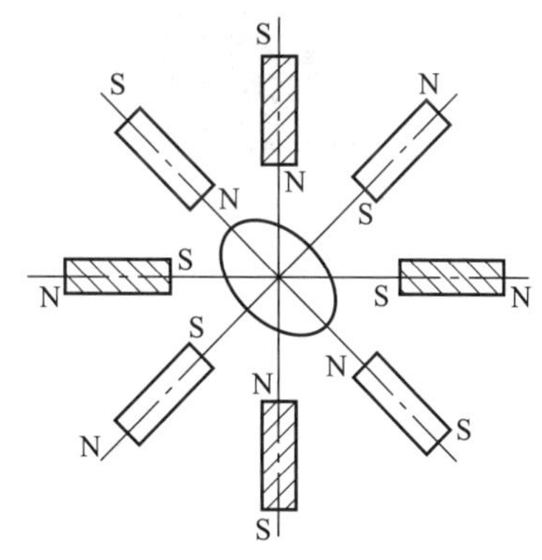

图 5－13　电磁式消像散器示意图

4. 光阑

在透射电子显微镜中有 3 种主要光阑，它们是聚光镜光阑、物镜光阑和选区光阑。

（1）聚光镜光阑

聚光镜光阑的作用是限制照明孔径角。在双聚光镜系统中，光阑常装在第二聚光镜的下方。光阑孔的直径为 20～400 μm。作一般分析观察时，聚光镜的光阑孔直径可用 200 ~ 300 μm；若作微束分析时，则应采用小孔径光阑。

（2）物镜光阑

物镜光阑又称为衬度光阑，通常它被安放在物镜的后焦面上。常用物镜光阑孔的直径是 20 ~ 120 μm。电子束通过薄膜试样后会产生散射和衍射。散射角（或衍射角）较大的电子被光阑挡住，不能继续进入镜筒成像，从而就会在像平面上形成具有一定衬度的图像。光阑孔越小，被挡去的电子越多，图像的衬度就越大，这就是物镜光阑又叫做衬度光阑的原因。加入物镜光阑使物镜孔径角减小，从而减小像差，得到质量较高的显微图像。物镜光阑的另一个主要作用是在后焦面上套取衍射束的斑点（即副焦点）成像，这就是所谓暗场像。利用明暗场显微照片的对照分析，可以方便地进行物相鉴定和缺陷分析。

物镜光阑都用无磁性的金属（铂、钼等）制造。由于小光阑孔很容易受到污染，高性能的电子显微镜中常用抗污染光阑或称自洁光阑，它的结构如图 5 - 14所示。这种光阑常做成 4 个一组，每个光阑孔的周围开有空隙，使光阑孔受电子束照射后热量不易散出。由于光阑孔常常处于高温状态，污染物就不易沉积上去。4 个一组的光阑孔被安装在一个光阑杆的支架上，使用时，通过光阑杆的分挡机构按需要依次插入，使光阑孔中心位于电子束的轴线上（光阑中心和主焦点重合）。

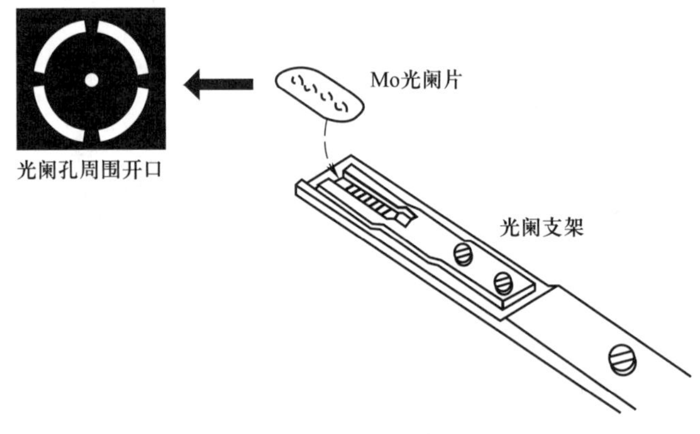

图 5 - 14　抗污染光阑

（3）选区光阑

选区光阑又称场限光阑或视场光阑。为了分析试样上的一个微小区域，应该在试样上放一个光阑，使电子束只能通过光阑孔限定的微区。对这个微区进行衍射分析就叫做选区衍射。由于试样上待分析的微区很小，一般是微米数量级，制作这样大小的光阑孔在技术上还有一定的困难，加之小光阑孔极易污染，因此，选区光阑一般都放在物镜的像平面位置。这样布置达到的效果与光阑放在试样平面处是完全一样的，但光阑孔的直径就可以做得比较大。如果物镜放大倍数是50倍，则一个直径等于50 μm的光阑就可以选择试样上直径为1 μm的区域。

选区光阑同样是用无磁性金属材料制成的，一般选区光阑孔的直径为20～400 μm，和物镜光阑一样，它同样可制成大小不同的四孔一组的光阑片，由光阑支架分挡推入镜筒。

5.1.5 透射电子显微镜分辨率和放大倍数的测定

点分辨率的测定：将铂、铂－铱或铂－钯等金属或合金，用真空蒸发的方法得到粒度为0.5～1 nm、间距为0.2～1 nm的粒子，将其均匀地分布在火棉胶（或碳）支持膜上，在高放大倍数下拍摄这些粒子的像。为了保证测定的可靠性，至少在同样的条件下拍摄两张底片，然后经光学放大（5倍左右），从照片上找出粒子间最小间距，除以总放大倍数，即为相应电子显微镜的点分辨率，如图5－15所示。

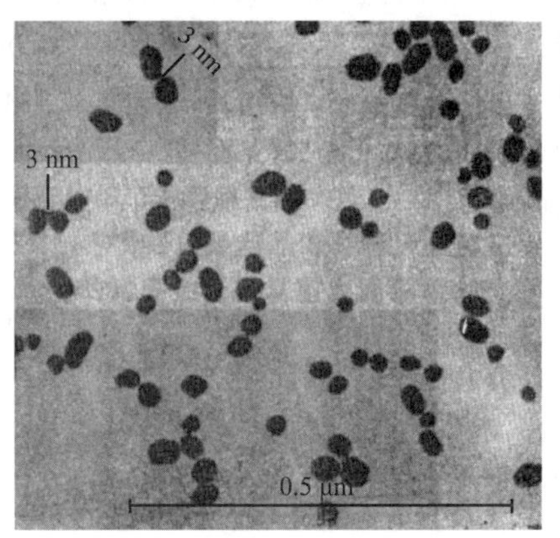

图5－15 点分辨率的测定
（真空蒸镀金颗粒）

晶格分辨率的测定：将利用外延生长方法制得的定向单晶薄膜制作为标样，拍摄其晶格像。这种方法的优点是不需要知道仪器的放大倍数，因为事先可精确地知道标样的晶面间距。根据仪器分辨率的高低，选择晶面间距不同的试样作标样（如图5－16所示）。测定透射电子显微镜晶格分辨率常用的晶体如表5－2所示。

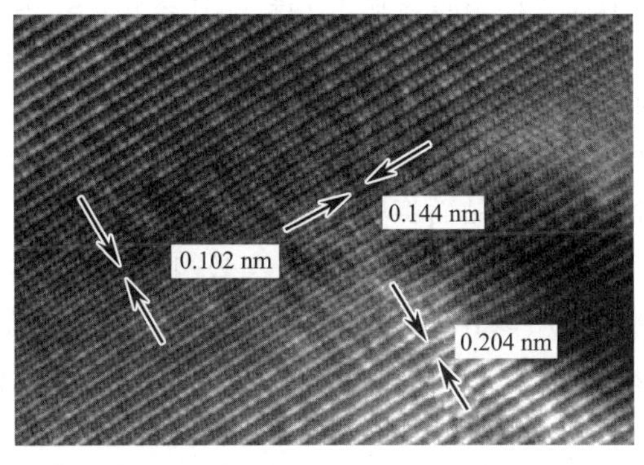

图5－16 由金的晶格条纹像所测定的线分辨率

表 5－2　测定晶格分辨率常用的晶体

晶体	衍射晶面	晶面间距/Å	晶体	衍射晶面	晶面间距/Å
铜酞菁	(001)	12.6	金	(200) (220)	2.04 1.44
铂酞菁	(001)	11.94			
亚氯铂酸钾	(001) (100)	4.13 6.99	钯	(111) (200) (400)	2.24 1.94 0.97

透射电子显微镜的放大倍数将随试样平面高度、加速电压、透镜电流而变化。为了保持仪器放大倍数的精度，必须定期进行标定。最常用的方法是用衍射光栅复型作为标样，在一定条件(加速电压、透镜电流等)下，拍摄标样的放大像。然后从底片上测量光栅条纹像的平均间距，与实际光栅条纹间距之比即为仪器相应条件下的放大倍数。这样进行标定的精度随底片上条纹数的减少而降低。

如果对试样放大倍数的精度要求较高，可以在试样表面上放少量尺寸均匀、并已知精确球径的塑料小球作为内标准测定放大倍数。

在高放大倍数如 10 万倍以上情况下，可以采用前面用来测定晶格分辨率的晶体试样制作标样，拍摄晶格条纹像，测量晶格像条纹间距，计算出条纹间距与实际晶面间距的比值，即为相应条件下仪器的放大倍数。

5.2　表面复型技术

由于电子束的穿透能力比较低，用透射电子显微镜分析的试样比较薄，根据试样的原子序数大小不同，一般为 5～500 nm。要制成这样薄的试样必须通过一些特殊的方法，复型法就是其中之一。所谓复型，就是试样表面形貌的复制，其原理与侦破案件时用石膏复制罪犯鞋底花纹相似。复型法实际上是一种间接(或部分间接)的分析方法，因为通过复型制备出来的试样是真实试样表面形貌、组织结构细节的薄膜复制品。

制备复型的材料应具备以下条件：① 复型材料本身必须是非晶态材料。晶体在电子束照射下，某些晶面将发生布拉格衍射，衍射产生的衬度会干扰复型表面形貌的分析。② 复型材料的粒子尺寸必须很小。复型材料的粒子越小，分辨率就越高。例如，用碳作复型材料时，碳粒子的直径很小，分辨率可达 2 nm左右；但用塑料作复型材料时，由于塑料分子的直径比碳粒子大得多，因此只能分辨直径大于 10～20 nm 的组织细节。③ 复型材料应具备耐电子轰击的性能，即在电子束照射下能保持稳定，不发生分解和破坏。

真空蒸发形成的碳膜和通过浇铸蒸发形成的塑料膜都是非晶体薄膜，它们的厚度都小于 100 nm，在电子束照射下也具备一定的稳定性，因此符合制造复型的条件。

目前主要采用的复型方法有一级复型法、二级复型法和萃取复型法 3 种。由于近年来扫描电子显微镜分析技术和金属薄膜技术发展很快，复型技术部分地为上述两种分析方法所替代。但是，用复型观察断口比扫描电子显微镜的断口清晰，且复型金相组织和光学金相组织相似，致使复型分析技术至今仍然为人们所采用。

5.2.1 质厚衬度原理

透射电子显微镜利用穿透试样的电子束成像，这就要求被观察的试样对入射电子束是“透明的”。电子束穿透固体试样的能力主要取决于加速电压和试样物质的原子序数。加速电压越高，试样原子序数越低，电子束可以穿透试样的厚度就越大，如图 5－17 所示。对于透射电子显微镜常用的加速电压100 kV，如果试样是金属，其平均原子序数在 Cr 的原子序数附近，因此适宜的试样厚度约 200 nm。

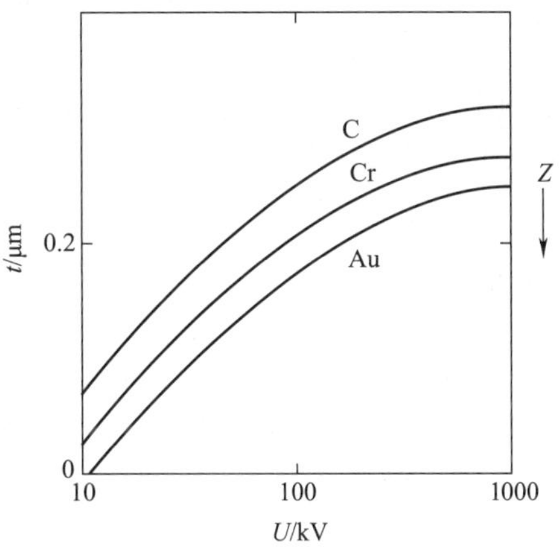

图 5－17　可穿透厚度 t 与加速电压 U 的关系

显然，要制备这样薄的金属试样不是一件轻而易举的事情。因此透射电子显微镜诞生后，首先被应用于观察医学生物试样，而金属试样遇到的困难就是试样制备问题。20 世纪 40 年代初期才出现了复型技术，即把金相试样表面经浸蚀后产生的显微组织浮雕复制到一种很薄的膜上，然后把复制薄膜（叫做复型）放到透射电子显微镜中去观察分析，这样才使透射电子显微镜应用于显示金属材料的显微组织有了实际的可能。

如前所述，用于制备复型的材料本身必须是“无结构”的（或“非晶体”的），也就是说，要求复型材料即使在高倍（如 10 万倍）成像时，也不显示其本身的任何结构细节。常用的复型材料是塑料和真空蒸发沉积碳膜，它们都是非晶体。

衬度是指在荧光屏或照相底片上，眼睛能观察到的光强或感光度的差别。电子显微镜图像的衬度取决于投射到荧光屏或照相底片上不同区域的电子强度差别。对于非晶体试样来说，入射电子透过试样时碰到的原子数目越多（或试样越厚)，试样原子核库仑(Coulomb)场越强(或试样原子序数越大或密度越大)，被散射到物镜光阑外的电子就越多，而通过物镜光阑参与成像的电子强度也就越低。下面讨论非晶体试样的厚度、密度与成像电子强度的关系。如果忽略原子之间的相互作用，则每立方厘米包含 N 个原子的试样的总散射截面为

$$Q = N\sigma_0 \tag{5-1}$$

式中：σ_0为原子散射截面；N 为单位体积试样包含的原子数，

$$N = N_0 \frac{\rho}{A}$$

其中，ρ 为密度，A 为原子量，N_0 为阿伏伽德罗(Avogadro)常量。

所以入射到 1 $\mathrm{cm^2}$试样表面积的电子数 n，当其穿透 $\mathrm{d}t$ 厚的试样后有 $\mathrm{d}n$ 个电子被散射到光阑外，即其减小率为 $\mathrm{d}n/n$，因此有

$$-\frac{\mathrm{d}n}{n} = Q\mathrm{d}t \tag{5-2}$$

若入射电子总数为$n_0(t=0)$，由于受到厚度为 t 的试样的散射作用，最后只有 n 个电子通过物镜光阑参与成像。将式(5-2)积分得到

$$n = n_0 \mathrm{e}^{-Qt} \tag{5-3}$$

由于电子束强度 $I=ne$(e 为电子电荷)，因此式(5-3)可写为

$$I = I_0 \mathrm{e}^{-Qt} \tag{5-4}$$

式(5-4)说明强度为I_0 的入射电子穿透总散射截面为 Q、厚度为 t 的试样后，通过物镜光阑参与成像的电子束强度 I 随 Qt 乘积的增大而呈指数衰减。

当 $Qt=1$ 时，

$$t = \frac{1}{Q} = t_c \tag{5-5}$$

t_c 叫做临界厚度，即电子在试样中受到单次散射的平均自由程。因此可以认为，$t \leqslant t_c$ 的试样对电子束是透明的，相应的成像电子强度为

$$I = \frac{I_0}{e} \approx \frac{I_0}{3} \tag{5-6}$$

由于

$$Qt = \left(\frac{N_0\ \sigma_0}{A}\right)(\rho t) \tag{5-7}$$

若定义 ρt 为质量厚度，那么参与成像的电子束强度 I 随试样质量厚度 ρt 的增大而衰减。

当 $Qt=1$ 时，

$$(\rho t)_c = \frac{A}{N_0\ \sigma_0} = \rho\ t_c \tag{5-8}$$

我们把$(\rho t)_c$叫做临界质量厚度。随着加速电压的增加，临界质量厚度$(\rho t)_c$增大。

下面来推导质厚衬度表达式。

如果以I_A表示强度为I_0的入射电子通过试样 A 区域(厚度为t_A，总散射截面为Q_A)后进入物镜光阑参与成像的电子强度，I_B表示强度为I_0的入射电子通过试样 B 区域(厚度为t_B，总散射截面Q_B)后进入物镜光阑参与成像的电子强度，那么投射到荧光屏或照相底片上相应的电子强度差$\Delta I_A = I_B - I_A$(假定I_B为像背景强度)。习惯上以$\Delta I_A/I_B$来定义图像中 A 区域的衬度(或反差)，因此

$$\frac{\Delta I_A}{I_B} = \frac{I_B - I_A}{I_B} = 1 - \frac{I_A}{I_B} \tag{5-9}$$

因为

$$I_A = I_0\ e^{-Q_A t_A}$$

$$I_B = I_0\ e^{-Q_B t_B}$$

所以

$$\frac{\Delta I_A}{I_B} = 1 - e^{-(Q_A t_A - Q_B t_B)} \tag{5-10}$$

这说明不同区域的Qt值差别越大，复型的图像衬度越高。倘若复型是同种材料制成的，如图 5-18(a)所示，则$Q_A = Q_B = Q$，那么式(5-10)可简化为

$$\frac{\Delta I_A}{I_B} = 1 - e^{-Q(t_A - t_B)}$$

$$= 1 - e^{-Q\Delta t} \approx Q\Delta t(\text{当 } Q\Delta t \ll 1 \text{ 时}) \tag{5-11}$$

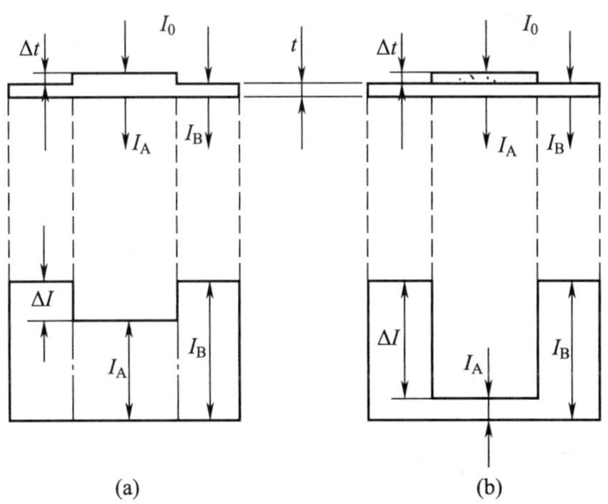

图 5-18 质厚衬度原理。(a) 未经投影的复型；(b) 经投影的复型或萃取复型

这说明用来制备复型的材料的总散射截面 Q 值越大，或复型相邻区域厚度差别越大(后者取决于金相试样相邻区域浮雕高度差)，复型图像衬度越高。

一般认为肉眼能辨认的最低衬度不应小于5%，则复型必须具有的最小厚度差为

$$\Delta t_{\min} = \frac{0.05}{Q} = 0.05\, t_c \tag{5-12}$$

如果复型是由两种材料组成的，如图5-18(b)所示，假定凸起部分总散射截面为Q_A，此时复型图像衬度为

$$\frac{\Delta I}{I_B} = 1 - e^{-Q_A \Delta t} \approx Q_A \Delta t (\text{当} Q_A \Delta t \ll 1 \text{时}) \tag{5-13}$$

5.2.2　复型制备技术

1. 一级复型和二级复型

根据复型所用的材料和制备方法的不同，常见的复型有以下4种：塑料一级复型、碳一级复型、塑料-碳二级复型和萃取复型(抽取复型)，如图5-19所示。

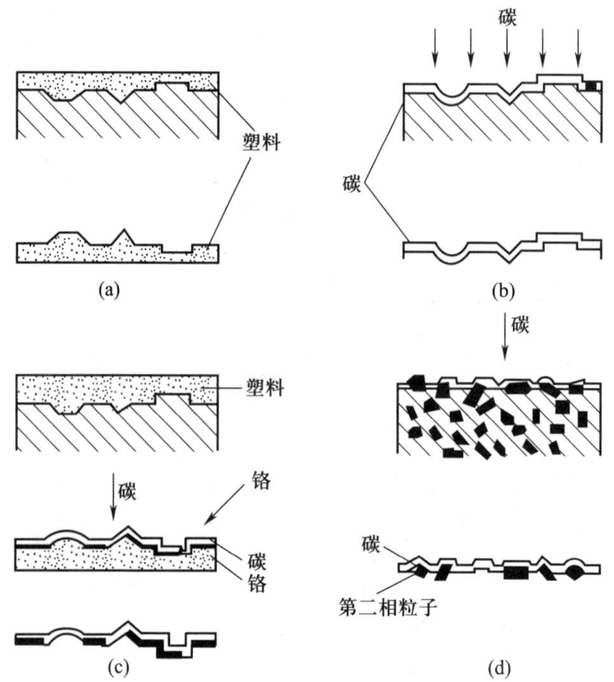

图5-19　4种常见的复型。(a) 塑料一级复型；(b) 碳一级复型；(c) 塑料-碳二级复型；(d) 萃取复型

图 5－19（a）为塑料一级复型的示意图。在已制备好的金相试样或断口试样上滴上几滴体积浓度为 1% 的火棉胶醋酸戊酯溶液或醋酸纤维素丙酮溶液，溶液在试样表面展平，多余的溶液用滤纸吸掉，待溶剂蒸发后试样表面即留下一层 100 nm 左右的塑料薄膜。把这层塑料薄膜小心地从试样表面揭下来，如图 5－20 所示，剪成对角线小于 3 mm 的小方块后，就可以放在直径为 3 mm 的专用铜网上进行透射电子显微分析。从图 5－19（a）中可以看出，这种复型是负复型，也就是说试样上凸出部分在复型上是凹下去的。在电子束垂直照射下，负复型的不同部分厚度是不一样的，根据质厚衬度的原理，厚的部分透过的电子束弱，而薄的部分透过的电子束强，从而在荧光屏上造成了一个具有衬度的图像。如分析金相组织时，这个图像和光学金相显微组织之间有着极好的对应性。

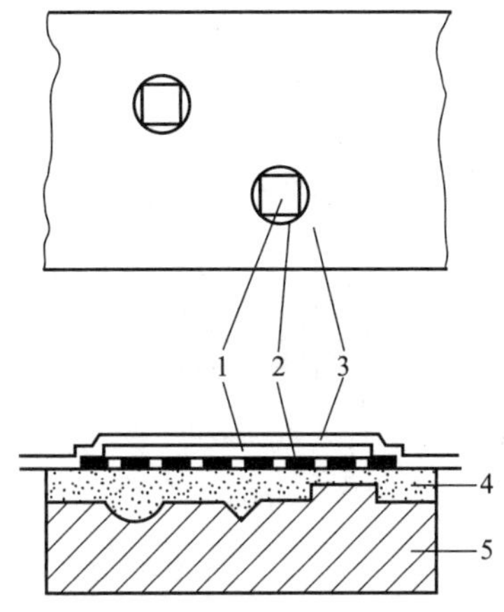

图 5－20　塑料一级复型干剥方法
（1. 纸片；2. 样品铜网；3. 透明胶纸；4. 塑料一级复型；5. 金相试样）

在进行复型操作之前，试样的表面必须充分清洗，否则一些污染物留在试样上会使负复型的图像失真。

塑料一级复型的制备方法十分简便，对分析直径为 20 nm 左右的细节还是清晰的。但是塑料一级复型大多只能做金相试样的分析，而不宜做表面起伏较大的断口分析，因为当断口上的高度差比较大时，无法做出较薄的可被电子束透过的复型膜。此外，塑料一级复型存在分辨率不高和在电子束照射下容易分解等缺点。

为了克服塑料一级复型的缺点，在电子显微镜分析时常采用碳一级复型。图 5－19(b)为碳一级复型的示意图。制备这种复型的过程是直接把表面清洁的金相试样放入真空镀膜装置中，如图 5－21 所示，在垂直方向上向试样表面蒸镀一层厚度为数十纳米的碳膜。蒸发沉积层的厚度可用放在金相试样旁边的乳白色瓷片的颜色变化来估计。在瓷片上事先滴一滴油，喷碳时油滴部分的瓷片不沉积碳而基本保持本色，其他部分随着碳膜变厚渐渐变成浅棕色和深棕色。一般情况下，瓷片呈浅棕色时，膜厚正好符合要求。把喷有碳膜的试样用小刀划成对角线小于 3 mm 的小方块，然后把此试样放入配好的分离液内进行电解分离或化学分离。电解分离时，试样通过正电做阳极，用不锈钢平板做阴极，不同材料的试样选用不同的电解液、抛光电压和电流密度。分离开的碳膜

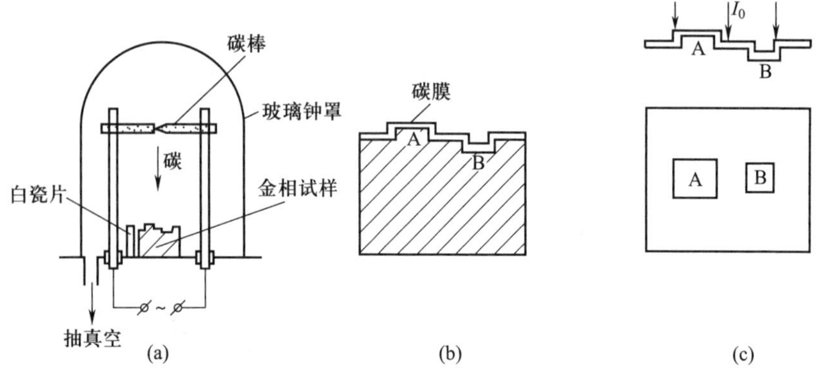

图 5-21 碳一级复型制备及其图像衬度

在丙酮或酒精中清洗后便可置于铜网上放入电子显微镜观察。化学分离时，最常用的溶液是氢氟酸双氧水溶液。碳膜剥离后也必须清洗，然后才能进行观察分析。

比较塑料一级复型和碳一级复型的特点，可发现二者存在如下不同之处：① 碳膜的厚度基本上是相同的，而塑料膜上有一个面是平面，膜的厚度随试样的位置而异；② 制备塑料一级复型不破坏试样，而制备碳复型时，试样将遭到破坏；③ 塑料一级复型因其塑料分子较大，分辨率较低，而碳粒子直径较小，故碳复型的分辨率可比塑料复型高一个数量级。

和碳一级复型相类似的还有一种氧化膜复型，这种方法是在试样表面人为地制造一层均匀的氧化膜，把这层氧化膜剥离下来，也能真实地反映试样表面的浮凸情况。氧化膜复型只能对某些金属和合金适用，对于产生疏松氧化膜的金属和合金就无法得到完整的复型，因此这种方法目前已不大采用。

二级复型是目前应用最广的一种复型方法。它是先制成中间复型（一级复型），然后在中间复型上进行碳复型，再把中间复型溶去，最后得到的是二级复型。醋酸纤维素（AC 纸）和火棉胶都可以做中间复型。图 5-22 示意地给出了塑料-碳二级复型的制备步骤。

在经过浸蚀的金相试样（或不需浸蚀的断口试样）表面上放一两滴丙酮（或醋酸甲酯），然后贴上一小块醋酸纤维素薄膜（AC 纸，厚度为 30～80 μm），如图 5-22(a)所示。注意不要留下气泡和皱褶。如果表面粗糙（如断口试样），可以在溶剂完全蒸发之前用软橡胶适当加压，静置片刻后，在热灯泡下烘一刻钟左右使之干燥。

揭下已经干燥的塑料复型（即第一级复型），剪去周围多余的部分，然后将复制面朝上平整地贴在衬有纸片的胶纸上，如图 5-22(b)所示。将固定好的塑料复型放在真空镀膜装置中，先以倾斜方向“投影”重金属，再以垂直方

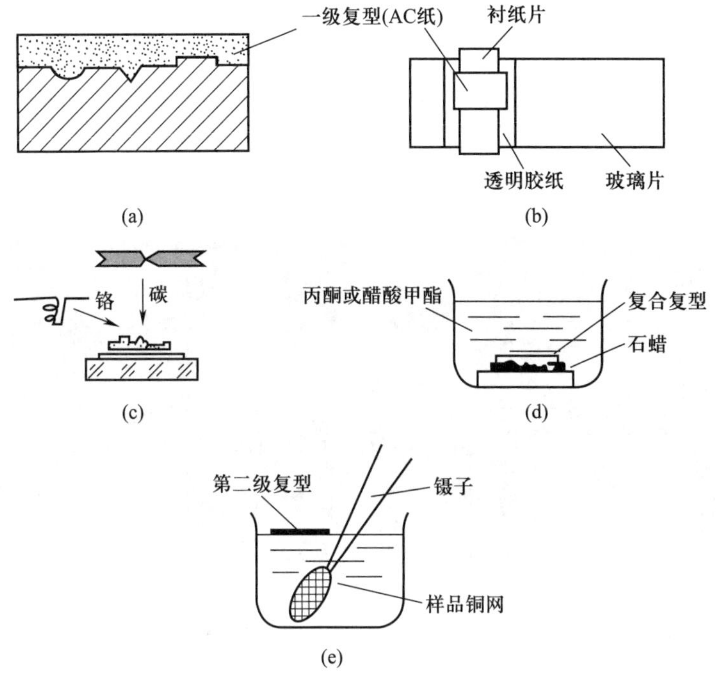

图 5－22　塑料－碳二级复型的制备步骤

向喷碳(即第二级复型)，如图 5－22(c)所示。膜厚也用乳白色瓷片表面颜色变化来估计，一般以变成浅棕色为宜。结果得到两级复型叠在一起的"复合复型"。由于第一级复型较厚，为 30～80 μm，对电子不透明，需要将其溶解掉。

把复合复型剪成略小于样品铜网的小方块，将生物切片石蜡(注意石蜡熔点为 42 ℃左右为宜)溶化后滴在小玻璃片上，然后将小方块喷碳一面贴在烘热的小玻璃片上的石蜡上。待玻璃片冷却和石蜡凝固后，放到盛有丙酮或醋酸甲酯的有盖容器中，如图 5－22(d)所示，将第一级复型慢慢溶解。为了加速第一级复型和石蜡的溶解，可放在烘箱或热水内加热至高于石蜡熔点、低于丙酮(或醋酸甲酯)沸点的温度，约 55 ℃，保温 15～20 min。第一级复型和石蜡溶解后，第二级复型将漂浮在丙酮溶液中。

用铜网布制成的小勺把第二级复型转移到清洁的丙酮中洗涤(也可适当加热，保温 15 min)；最后转移到蒸馏水中，依靠水的表面张力使第二级复型平展并漂浮在水面上，再用镊子夹住样品铜网把第二级复型捞起来[图 5－22(e)]，放到滤纸上，干燥后即可供观察。

塑料－碳二级复型的特点是：① 制备复型时不破坏试样的原始表面；② 最终复型是带有重金属投影的碳膜；③ 虽然最终复型主要是碳膜，但因中间复型是塑料，所以，塑料－碳二级复型的分辨率和塑料一级复型相当；

④ 最终的碳复型是通过溶解中间复型得到的，不必从试样上直接剥离，而碳复型是一层厚度约为 10 nm 的薄层，可以被电子束透过。由于二级复型制作简便，因此它是目前使用得最多的一种复型技术。图 5 – 23 为合金钢回火组织及低碳钢冷脆断口的二级复型图像。可以清楚地看到回火组织中析出的颗粒状碳化物和解理断口上的河流花样。

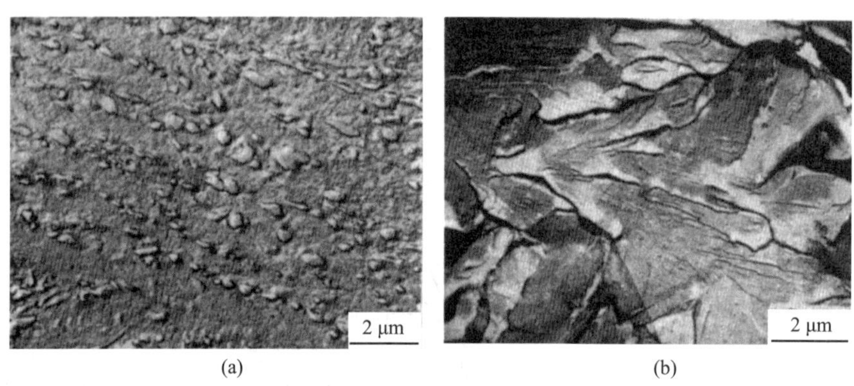

(a)　　(b)

图 5 – 23　30CrMnSi 钢回火组织(a)与低碳钢冷脆断口(b)的二级复型图像

2. 萃取复型

在需要对第二相粒子的形状、大小和分布进行分析的同时对第二相粒子进行物相及晶体结构分析时，常采用萃取复型的方法。图 5 – 19(d)是萃取复型的示意图。这种复型的制备方法和碳一级复型类似，只是金相试样在腐蚀时应进行深腐蚀，使第二相粒子容易从基体上剥离。此外，进行喷镀碳膜时，厚度应稍厚，约 20 nm，以便把第二相粒子包络起来。蒸镀过碳膜的试样用电解法或化学法溶化基体(电解液和化学试剂对第二相不起溶解作用)，因此带有第二相粒子的萃取膜和试样脱开后，膜上第二相粒子的形状、大小和分布仍保持原来的状态。萃取膜比较脆，通常在蒸镀的碳膜上先浇铸一层塑料背膜，待萃取膜从试样表面剥离后，再用溶剂把背膜溶去，由此可防止膜的破碎。

在萃取复型的试样上，可以在观察试样基体组织形态的同时，观察第二相粒子的大小、形状及分布，对第二相粒子进行电子衍射分析，还可以直接测定第二相的晶体结构。

5.2.3　粉末试样的制备

随着材料科学的发展，超细粉末及纳米材料(如纳米陶瓷)发展很快，而粉末的颗粒尺寸大小、尺寸分布及形状对最终制成材料的性能有显著影响，因此，如何用透射电子显微镜来观察超细粉末的尺寸和形态，便成了电子显微分析的一项重要内容。其关键的工作是粉末试样的制备，包括支持膜的制备和粉末均匀分布于支持膜上的方法。对于细小的粉末或颗粒，因不能直接用电子显微镜样品铜网来承载，须在铜网上预先黏附一层连续而且很薄(20 ~ 30 nm)的支持膜，细小的粉末试样放置于支持膜上而不致从铜网孔漏掉，才可放到电子显微镜中观察。较多使用的是火棉胶 - 碳复合支持膜。另一个试样制备关键是如何将超细粉末的颗粒分散开来，各自独立而不团聚。

(1) 胶粉混合法

在干净玻璃片上滴火棉胶溶液，然后在玻璃片胶液上放少许粉末并搅匀，再将另一玻璃片压上，两玻璃片对研并突然抽开，稍候，膜干。用刀片划成小方格，将玻璃片斜插入水杯中，在水面上下空插，膜片逐渐脱落，用铜网将方形膜捞出，待观察。

(2) 支持膜分散粉末法

需用透射电子显微镜分析的粉末颗粒一般都远小于铜网小孔，因此要先制备对电子束透明的支持膜。常用的支持膜有火棉胶膜、碳膜和火棉胶 - 碳复合支持膜，将支持膜放在铜网上，再把粉末放在膜上送入透射电子显微镜分析。

粉末或颗粒试样制备的成败关键取决于能否使其均匀地撒到支持膜上。通常用超声波搅拌器把要观察的粉末或颗粒试样加水或溶剂搅拌成悬浮液。然后，用滴管把悬浮液放一滴在黏附有支持膜的样品铜网上，静置干燥后即可供观察。为了防止粉末被电子束打落而污染镜筒，可在粉末上喷一层薄碳膜，使粉末夹在两层膜中间。

5.3 薄膜制备技术

用于透射电子显微分析的金属薄膜试样必须具备一些基本条件。

1) 薄膜应对电子束“透明”无疑是最基本的要求；但同样重要的是要求制得的薄膜应当保持与大块试样相同的组织结构，即制备过程中材料的显微组织与性能不应发生变化。除了少数情况(如在光学或电子学器件中)直接使用薄膜以外，绝大多数工程材料都是以大块的形式被制造、加工、处理和应用的，如果用来观察分析的金属薄膜不能代表大块材料的固有性质，则其结果就没有多少实际意义了。正是因为这一点，用真空蒸发沉积、熔体凝固、溶液沉淀、气相沉淀以及轧制后真空退火等直接制取薄膜的方法，只对有限的几种材料是可行的，而且往往只能被理论研究所采用。至于实际工程材料，一般都要从大块试样开始，经过一系列不致引起组织结构变化的方法逐步减薄到允许电子束穿透的厚度，特别是在减薄的最后阶段，大多只采用化学的或电化学的无应力抛光方法，以尽量减少机械损伤或热损伤。即使是这样制得的薄膜，仍然不可能完全保持大块试样的固有性质，这是因为薄膜存在着极大的比表面(指单位质量的自由表面积)，至少其中缺陷的密度和组态将发生相当大的变化，当用薄膜进行原位动态分析时，这些表面效应使薄膜的相变和形变规律不同于大块试样。有人认为，要使两者接近，膜厚至少应包含 2～3 颗晶粒，从这个观察点来看，采用高压(大于 150 kV)和超高压(1000～3000 kV)电子显微镜观察较厚的试样将有重要的意义，同时也使薄膜的制备变得容易一些。

2）薄膜得到的图像应当便于分析，所以即使在高压电子显微镜中也不宜采用太厚的试样，因为薄膜内不同深度处存在着太多的结构特征彼此重叠、干扰，常常不得不借助于立体分析技术才能区分。而且，较厚的试样还会引起较多的非弹性散射电子，增加了色差，减小了像衬度，致使图像的分辨率下降。

薄膜应有较大的透明面积，以便选择典型的视域进行分析，这就要求减薄过程做到尽可能均匀。薄膜还应具有适当的强度和刚性，因为在制备和观察过程中，它们必须承受种种机械操作而不致破损或变形。在这方面，近来发展的 PTFE(聚四氟乙烯)夹具圆片抛光法具有突出的优点。

3）薄膜制备方法必须便于控制，具备足够的可靠性和可重复性。在大块试样逐步减薄的过程中，原始的材料被消耗了，而在系统试验研究中，某一特定状态的原始试样有时是唯一的，如果薄膜制备失败，再要找一块同样的材料就困难了。所以，制备薄膜时必须选用可靠的技术规范，操作中应十分仔细和谨慎。

5.3.1　金属块体制成薄膜试样

为了满足上述各项基本要求，把大块试样逐步减薄至电子束透明的厚度，一般须经历以下 3 个步骤：① 利用砂轮片、金属丝锯(以酸液或磨料液体循环浸润)或电火花切割等方法从大块试样上切取厚度为 0.5 mm 左右的“薄块”；② 利用机械研磨、化学抛光或电解抛光(包括喷射扫描电解抛光)把薄块预先减薄到 0.1 mm 左右，叫做“薄片”；③ 最后，通过某些特殊的电解抛光或离子轰击等技术制成厚度小于 500 nm 的薄膜。采用如此复杂的制备方法，目的全在于尽量避免或减少减薄过程引起的组织结构变化，所以力求不用或少用机械方法。研究表明，即使是最细致的机械研磨，应变损伤层的深度也达数十微米。只有确保在最终减薄时能够完全去除这种损伤层的条件下才可采用。

目前较普遍采用的金属薄膜制备过程大体是：线切割—机械研磨(或化学抛光)—电解抛光，下面将分别择其要点予以介绍。

1. 电火花切割薄块

电火花线切割法是使薄板或细金丝制成的刀具(作阴极)和试样(作阳极)保持一定的间隙，利用其间发生断续放电引起试样局部融化并迸射出来进行的。为了延长刀具的寿命，可采用运动的金属丝作为阴极。电火花线切割法适用于一切导电的试样。在条件控制得当的情况下，可获得厚度小于0.5 mm的均匀薄块。为了稳定火化并防止连续打弧，刀具和试样可浸入介电液体(煤油或石蜡)中。对半导体等导电性差的材料可浸入加热的油介质中进行切割。最常用的电火花刀具材料是黄铜，较昂贵的钨、钼和钽可以减少刀具的损耗。

电火花切割的速率、切割表面的光洁度以及损伤层的深度，取决于每次放电的能量，后者可由RC电路的阻抗控制。例如，高能量(0.5 ~ 1.0 J)条件下排屑率为1 ~ 20 cm^2/h，通常采用的低能量(5×10^{-6} J)条件下切割速率至少小一个数量级。对于不同的试样，电火花引起的损伤层深度差别很大，在低能量条件下硅铁的损伤层小于2 μm，铜则深达80 ~ 300 μm。

进一步的平面减薄也可以用电火花方式进行。此时，采用磨盘形的刀具(其上开有排屑用的径向槽口)，与薄片表面平行并不断转动，两者保持一定的间隙。

2. 机械研磨预减薄

机械研磨或机械抛光薄块具有快速和易于控制厚度的优点，问题在于难免发生应变损伤和试样的温升。为了保持薄片表面的平行度，可以自制一些试样的支座，固定薄片用的黏结剂应是可以完全清洗掉的；支座可用黄铜制成，其自重构成对研磨面的不太大的均匀压力，以减少损伤。对于坚硬的金属，在金相湿砂纸上研磨时损伤深度约为数十微米。如果采用振动抛光盘，效果可能更好。一般来说，机械研磨后的薄片厚度不应小于100 μm，否则其损伤层将贯穿薄片的全部深度。

将薄块放在平行的铸铁磨盘之间借助于磨料进行双面减薄，也是一个很好的方法。研磨过程中薄片同时作行星式的自转有助于更加均匀的薄化。

3. 化学抛光预减薄

化学抛光是无应力的快速减薄过程。抛光液一般包括3个基本成分，即硝酸或双氧水等强氧化剂用以氧化试样表面，又以另一种酸溶解该氧化物层，而正磷酸、硫酸或甘油等在试样表面保持一层黏性液体作为溶解下来的原子进行扩散的介质。如果薄片表面不平整，则其突起处只需扩散较短的路程即可到达平衡溶液，反应速率就较快，从而导致了抛光减薄的效果。表5－3列出了若干种金属材料预减薄用的化学抛光液配方，供参考。

表 5－3　金属材料预减薄用的化学抛光液

材料	溶液配方	备注
铝和铝合金	(1) 40% HCl + 60% H_2O + 5 g/L $NiCl_2$ (2) 200 g/L NaOH 水溶液 (3) 60% H_3PO_4 + 20% HNO_3 + 20% H_2SO_4 (4) 50% HCl + 50% H_2O + 数滴 H_2O_2	70 ℃ 80～90 ℃
铜	(1) 80% HNO_3 + 20% H_2O (2) 50% HNO_3 + 25% CH_2COOH + 25% H_3PO_4	
铜合金	40% HNO_3 + 10% HCl + 50H_3PO_4	
铁和钢	(1) 30% HNO_3 + 15% HCl + 10% HF + 45% H_2O (2) 35% HNO_3 + 65% H_2O (3) 60% H_3PO_4 + 40% H_2O_2 (4) 33% HNO_3 + 33% CH_3COOH + 34% H_2O (5) 34% HNO_3 + 32% H_2O_2 + 17% CH_3COOH + 17% H_2O (6) 40% HNO_3 + 10% HF + 50% H_2O (7) 5% H_2SO_4(以草酸饱和) + 45% H_2O + 50% H_2O_2 (8) 95% H_2O_2 + 5% HF	热溶液 60 ℃ H_2O_2用时加入 H_2O_2用时加入
多种金属	20% HNO_3 + 80% 酒精	
镁和镁合金	(1) 稀 HCl (2) 稀 HNO_3	浓度为 2%～15%，溶剂为水或酒精

为了达到均匀的减薄，首先必须将薄块表面放在适当的溶剂(酒精、丙酮、乙醚)中洗涤以去除油污。同时，由于浸入抛光液后所有的表面均会发生溶解作用，而且薄块的边缘将溶解得更快，所以边缘应涂以耐酸漆，使得到的薄片面积不致减小(对于一般的最终减薄方法，要求薄片不小于 10 mm ×10 mm)。通常可采用多次抛光方法，每次从抛光液中取出后洗涤，并转动90°再次浸入，如图 5－24 所示。如果薄片能够自由地漂浮于溶液表面，表明其厚度大约为 100 μm 左右，即可取出并扔进水中冲洗。

化学抛光的主要缺点是当用浓酸混合液抛光较大的试样时常会由于反应剧烈而使溶液发热、冒烟，抛光应在通风橱中进行，旁边还应准备一个大的冷却水槽，一旦反应失控即可全部倾入。为了使减薄过程便于控制，可采用扫描喷射抛光法(图 5－25)。借助凸轮机构，使抛光液在试样表面作扫描喷射，达到均匀的减薄。薄块的两个表面应分别进行减薄，以除去切割过程中产生的损伤层。如果试样和喷管分别与直流电源的正、负极连接，此方法还能以电化学方

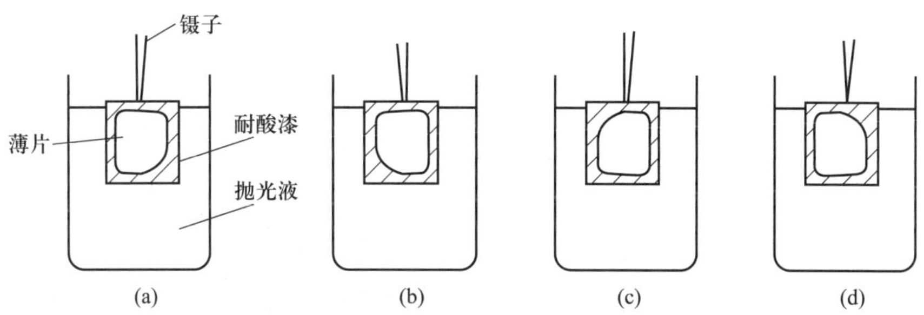

图 5－24 每次转动 90°的多次化学抛光减薄

式进行。对于钢试样，可用 3 份 HCl 加 1 份 $CuCl_2$ 的浓水溶液作电解液，以大约 50 V 的电压，对 600 mm^2 的薄片表面，电流在 2 A 左右，可得到稳定的 10 μm/min 的抛光速率。

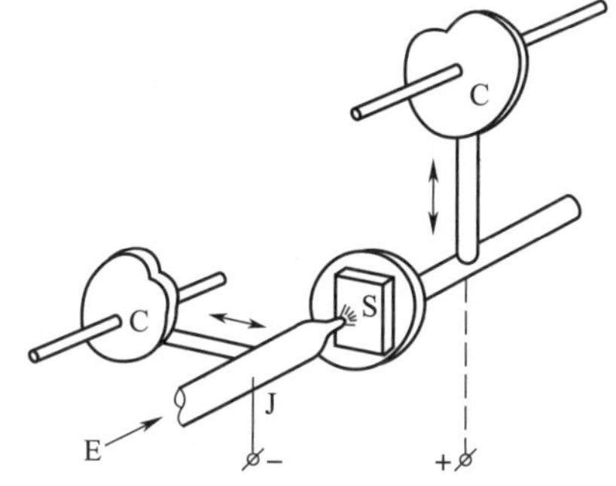

图 5－25 扫描喷射抛光预减薄方法
（C. 凸轮；E. 抛光液；J. 喷管；S. 试样）

4. 电解抛光最终减薄

从厚度为 100 μm 左右的“薄片”制成对电子束透明的金属薄膜，即所谓最终减薄过程，最简便和最易于控制的方法就是电解抛光。简单的电解抛光装置由直流电源、计测仪表（电压表和电流表）、电解液容器，试样（作阳极）和阴极所组成，如图 5－26 所示。影响抛光过程的因素很多，但对确定的试样、阴极材料和电解液成分，抛光电压的选择应根据图 5－26 所示的 $V-I$ 曲线来决定，理论与实际测定的曲线并不一致。一般可选用实际曲线上拐点 c 附近或比它稍高的电压。

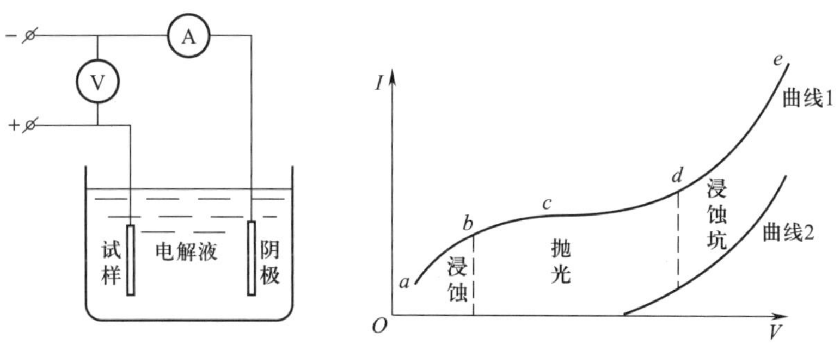

图 5－26 电解抛光装置及 $V-I$ 曲线

为了在最后能够获得有相当大透明面积的薄膜，有许多种不同的抛光手段，其中最常用的是窗口法、Bollmann 法和双喷电解抛光法。双喷电解抛光法是目前最为流行的方法。

窗口法的装置相当简单。一般以不锈钢片作为阴极，贴着电解槽的侧壁放置，阴极的面积应当大于试样。窗口法电解抛光操作首先是把边长约 10 mm 的方形薄片用金属镊子夹住，并以接通导线的弹簧镊子固定，正反两面的四周连同镊子的尖头均涂以耐酸漆，中间留出方形的“窗口”供抛光；直到在靠近液面的“窗口”上部边缘处出现穿孔，取出洗涤后，再把穿孔部分涂以耐酸漆，使“窗口”变小；再将薄片颠倒过来进行二次抛光穿孔，如此反复多次抛光，直到穿孔部分的边缘呈明显锯齿状，表明该部位附近金属已被减薄到对电子束透明的程度。

Bollmann 法采用直径约为 10 mm 的圆形薄片和一对尖头阴极。薄片四周和阴极都需涂漆，只留出电极的尖头部分。薄片位于两电极中间并只保持 1 mm 左右的间隙进行抛光，待第一次穿孔后，间隙增大至 10 mm 左右继续抛光，直到第二次穿孔并逐步扩大到几乎与第一个孔相遇时，立即停止抛光。薄片上两孔相遇处附近即为最薄的区域，切下来可供电子显微镜观察。

电解抛光时消耗的功率不可避免地会引起电解液变热，所以必须特别注意限制试样周围温度的升高。在室温下用 Bollmann 法减薄钢试样，薄片温度可能达到 50 ~ 60 ℃。对大多数金属来说，温升小于 100 ℃ 也许不致引起明显的结构变化，可是对厚度仅为数千埃的薄膜内的扩散过程而言，温升的影响却不可忽视。所以，对电解液不断进行搅拌和冷却常常是必要的。

上述两种电解抛光最终减薄技术，虽然可以得到较大透明面积的金属薄膜试样，可是从薄片上切下可供观察的小块时总免不了发生一些机械损伤。而且此种小块薄膜在观察时必须用电子显微镜铜网支撑，所以透明的区域被铜网的网格遮挡不少，使有效的薄区范围大受限制。为了克服这些缺点，近年来人们广泛采用的是双喷电解抛光法，用来制备可以直接放进电子显微镜样品座中的薄膜。

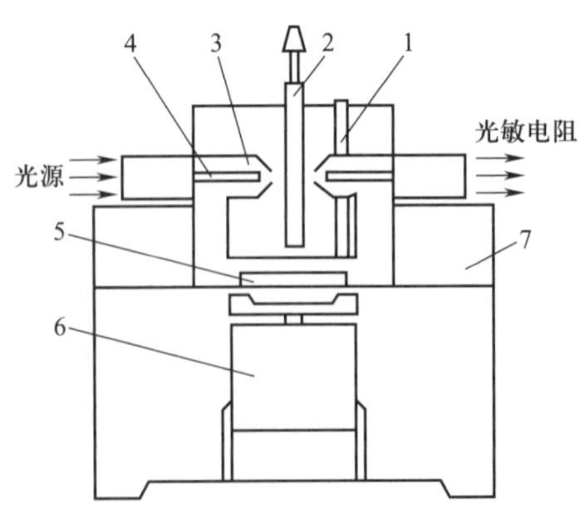

图 5 - 27　磁力驱动双喷电解减薄装置原理图[1. 阴极；2. 样品夹座(阳极)；3. 喷嘴；4. 导光管；5. 转子；6. 马达；7. 冷却管]

图 5 - 27 是磁力驱动双喷电解减薄装置原理图。事先用冲剪方法得到直径 3 mm 的圆片，然后把它装入样品夹座中，电解液通过两侧

对称的喷嘴向圆片中心喷射进行抛光，同时通过磁力驱动转子来搅拌电解液。当试样穿孔时，由试样一侧的光源发出的光线通过孔洞被光敏电阻接收而报警，此时迅速挂掉电源，停止抛光。抛光后的试样必须放在乙醇中清洗多次，以洗掉试样表面残留的抛光液。由此制得的薄膜试样在穿孔附近有较大的透明度，周边较厚便于夹持，可直接供观察。双喷电解抛光法与早期常用的窗口法和 Bollmann 法相比，不仅有减薄速度快的优点(双喷电解抛光法使一个试样穿孔只需 1 ~ 5 min，而窗口法和 Bollmann 法使一个试样抛光将耗时 10 min 至 1 h 以上)，而且减薄后的试样不需要用小刀切割成可供观察的尺寸，也不需要用铜网支撑，这样既避免了切割时难免发生的一些机械损失，又避免了使用铜网支撑时对观察面积的遮蔽。双喷电解抛光法对电化学条件不是很苛刻，采用高氯酸酒精电解液能适用于大部分的金属和合金，而且难制备的材料也容易抛光。表 5 - 4 列出几种金属和合金最终减薄用的电解抛光条件。

表 5 - 4　几种金属和合金最终减薄用的电解抛光条件

材料	方法	技术条件
铝和铝合金	B 或 W	62% H_3PO_4 + 24% H_2O + 14% H_2SO_4 + 160 g/L CrO_3，9 ~ 12 V，70 ℃
	J	10% $HClO_4$ + 90% CH_3OH，20 V，< 20 ℃
铜和铜合金	W	33% HNO_3 + 67% CH_3OH，4 ~ 8 V，< 30 ℃
	B	33% HNO_3 + 67% CH_3OH，4 ~ 7 V，30 ~ 40 ℃
	J	5% $HClO_4$ + 95% 酒精，50 ~ 75 V，< - 30 ℃
碳钢和低合金钢	W	135 mL CH_3COOH + 7 mL H_2O + 25 g CrO_3，25 ~ 30 V，< 30 ℃，不锈钢阴极，依次在醋酸和甲醇中漂洗
	J	5% $HClO_4$ + 95% 酒精，75 ~ 100 V，- (20 ~ 30) ℃
不锈钢	J	5% $HClO_4$ + 95% 酒精，75 ~ 100 V，- (20 ~ 30) ℃
镍合金钢	J	(1) 5% $HClO_4$ + 95% 酒精，75 ~ 100 V，- (15 ~ 30) ℃ (2) 5mL $HClO_4$ + 95mL CH_3COOH + 2 g CrO_3 + 1 g $NiCl_2$，50 ~ 80 V，10 ℃
镍 - 锆	J	20% $HClO_4$ + 80% 酒精，75 ~ 100 V，- 20 ℃
铜 - 锆	J	1% H_2SO_4 + 99% 甲醇，20 V，- 20 ℃
钯 - 硅	J	15% HF + 30% $HClO_4$ + 55% 酒精，20 V，室温
铌	W	15% HF + 85% HNO_3，8 V，50 ℃，白金或碳合金
	J	20% H_2SO_4 + 80% CH_3OH

注：W. 窗口法；B. Bollmann 法；J. 双喷电解抛光法。

把大块试样成功地制成可供观察的薄膜，最终的电解抛光是关键。影响电解抛光质量的因素很多：电解液成分、浓度，抛光电压、温度和试样成分。虽然对电解抛光的真实机制仍不清楚，但许多不同成分试样的抛光范围，从有关书籍和手册中可查到。如果制备的是一种新材料，必须通过试验来确定最佳电解抛光条件，这时了解电解抛光的一般理论是很有益的。

电解液实质是一种含有氧化剂和氧化产物的溶液。在抛光过程中，氧化剂对试样表面进行腐蚀，由于试样“毛面”上突出点的溶解速率大于低凹处的溶解速率，因此这种腐蚀使试样表面越变越平。几乎所有的氧化剂都能起到阳极(试样)平整的作用，但只有不多的氧化剂能够起到阳极抛光作用，而且即使这样，氧化剂也只有在一定的电位和电流密度条件下，才能使阳极(试样)表面光亮。这些氧化剂通常是强酸(盐酸、硝酸、硫酸、高氯酸和氢氟酸等)、中强酸(正磷酸)和弱酸(醋酸和铬酸)。根据试样中原子的活泼性来选择不同的酸类和配比浓度。例如，对碳钢和低合金钢既可用高浓度的弱酸，135 mL 醋酸 +7 mL 水 +25 g 铬酸，也可用低浓度的强酸，如 5% 的高氯酸酒精溶液。但对于 Pd – Si 合金，由于试样原子活泼性极差，因此必须使用高浓度强酸，如 30% 高氯酸 +15% 氢氟酸的酒精溶液。当然这样的思路没有考虑合金相与纯金属的差异，因此也有其不足之处。对于一种特定的材料，决定一种电解液的最适当的成分条件还不十分清楚，但根据上述的基本原理和书或手册中若干种基本电解液，往往能从这些电解液中找到一个满意的衍生物。电解液中除氧化剂外，有时还需添加剂，它们是：① 盐类，用以改进电导率，从而提高电解抛光速度。例如在醋酸为基的电解液中加镍的氯化物。② 黏滞流体，如甘油或纤维素等成分，它们增加电解液的黏滞性。当材料含有电化学性质不同的较大第二相粒子时，这种添加剂特别有用。

抛光电压一般根据预先测定的 $V-I$ 曲线来确定，如图 5 – 26 所示，一般选择在曲线 1 中 c 点附近或比它稍高的电压。但是对某些材料(如不活泼材料作阳极)，只能获得曲线 2，这就给正确选择电流密度增添了困难。但根据图中所示的原理，最佳的抛光电压、电流可借助光学显微镜检查抛光表面的情况来决定。如果表面浸蚀明显，应提高电压；如果仍然浸蚀，应考虑适当降低电解液浓度。这样不需要作 $V-I$ 曲线，就可较快地找到合适的抛光电压。

电解液的温度也是需要考虑的重要因素。它不仅受电解液成分控制，还和电解抛光方法有关。双喷电解抛光法减薄速率很快，其原因是用更高的电压和相当高的电流密度，也就是图 5 – 26 中曲线 1 上的 d 段，这是通过喷射过程中电解液快速流动以保持较薄的黏滞层来实现的。在这种方法中，电解液冷却到 0 ℃以下是有益的，通常为 –15 ℃。降温除可防止氧化外，还可增加黏滞性，电解抛光效果好得多。虽然黏滞性的增加会减慢抛光速度，但抛光速度不是双喷电解抛光法的主要问题。窗口法和 Bollmann 法采用较低的抛光电压和电流密度(即图 5－26 中曲线 1 中 c 点附近电压和电流)，抛光速率就是一个主要问题。为了提高抛光速率，窗口法和 Bollmann 法必须采用较高的温度，使电解液的电导率和化学活泼性增加，同时降低电解液的黏滞性，这两种方法通常使用的温度范围是 0～20 ℃，甚至更高的温度。

对于某种材料来说，当电解液成分选定后，抛光电压、抛光电流和温度 3 个因素中只有两个独立变量。如果把抛光电压和温度设置在某个值，则抛光电流就不能变化了。

5. *离子减薄法*

电解减薄法适用于金属材料，化学抛光减薄方法适用于在化学试剂中能均匀减薄的单质材料，如半导体 Si、Ge，氟化物等。对于多相的无机非金属材料，上述方法均不适用。20 世纪 60 年代出现的离子减薄法特别适用于无机非金属(主要是陶瓷)块体的薄膜制备。当然，离子减薄法还可以作为金属薄膜经双喷电解减薄后对薄区面积的进一步扩大，以获得更好质量的薄膜试样，也可以作为对双喷电解减薄后质量不佳的补救措施。但离子减薄法装置复杂，减薄速率低(常常需要几天的时间)。

陶瓷块体薄膜制备方法是用专用切片机将块体试样割成薄片，再经机械减薄抛光等过程预减薄至 30～40 μm 的薄片。用超声波打孔机或其他方法把薄片钻取为 2.5～3 mm 的小片。将小片装入离子减薄仪进行离子轰击减薄和离子抛光。离子减薄仪的结构如图 5－28 所示。

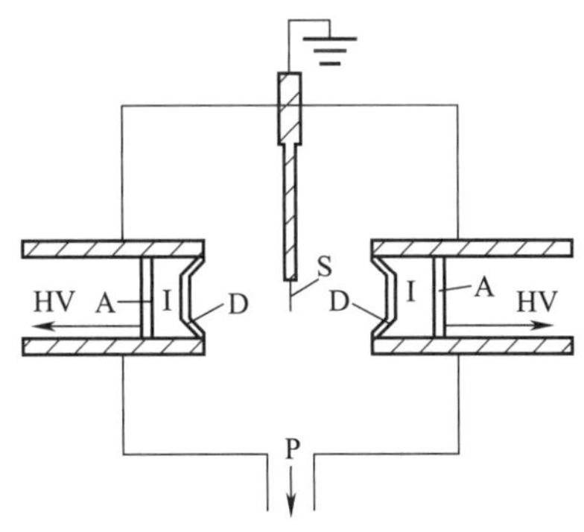

图 5－28 离子减薄仪的结构示意图(S. 试样；I. 电离室；A. 离子枪阳极；D. 离子枪阴极；P. 泵系统；HV. 高压)

离子减薄原理是在高真空中，两个相对的冷阴极离子枪，提供 1～10 keV 的高能量的氩离子流，以一定角度(一般为 10°～15°)对旋转试样的两面进行轰击。当轰击能量大于试样材料表层原子的结合能时，试样表层原子受到氩离子激发而溅出，经较长时间的连续轰击，最终试样中心部分穿孔。穿孔边缘很薄，对电子束是透明的，就成为薄膜试样。离子减薄的最大优点是制备的试样厚度较为均匀，薄区面积大，试样表面清洁，并几乎适用于所有固体材料的试样制备。其缺点是离子束对试样的减薄速度较慢，制备一个试样往往要几十个小时，制作成本较高。为了减少离子减薄的时间，通常需要用凹坑研磨仪预减薄无机非金属试样。

材料的机械凹坑研磨自 20 世纪 70 年代初已开始用于减薄材料至对电子束透明或接近透明。凹坑研磨基于研磨切割和研磨抛光同样的原理。在凹坑研磨过程中材料的磨去是通过一些参数特殊控制的，如研磨工具压力、研磨剂的类型、润滑剂的类型和工具速度。直径为 3 mm 的试样(厚度约 10 μm)安装在涂上低熔点石蜡的压盘上，研磨工具(典型的是黄铜)与试样垂直接触，工具的压力可设置，研磨工具与试样的界面之间涂上少量的研磨剂。研磨工具和压盘相对旋转，由此在试样上磨出一个凹坑，如图 5－29 所示。凹坑研磨的优点就是在试样中心产生一个力学稳定的最薄区，同时凹坑研磨避免了电解抛光中可能产生的化学变化和优先浸蚀。

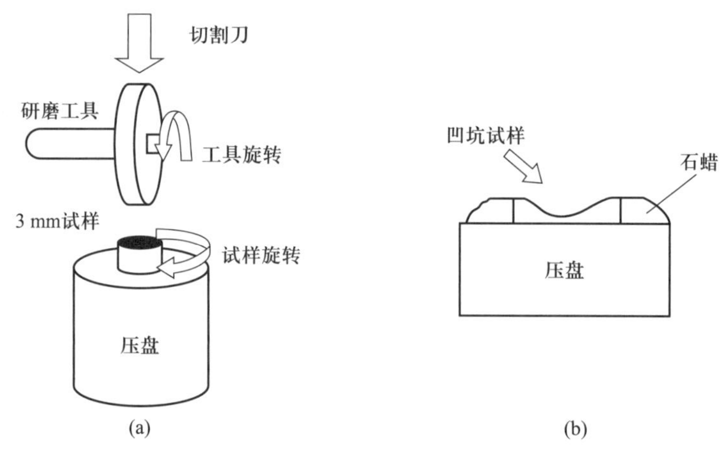

图 5－29　凹坑研磨过程的示意图

5.3.2　薄膜平面试样的制备

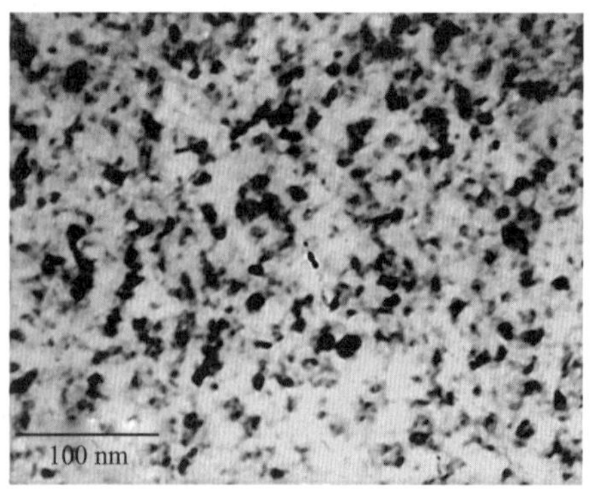

图 5－30　Al－4% Cu 多晶薄膜的 TEM 明场像

直接制成可用于透射电子显微镜观察的薄膜试样有多种方法，如真空蒸发、磁控溅射、溶液凝固等方法。图 5－30 是 Al－4% Cu(质量百分数)多晶薄膜的 TEM 明场像。它是通过磁控溅射仪把 Al－Cu 靶上原子溅射到 KCl 基片上，然后将溅射后的 KCl 基片放入含有一点丙酮(减小表面张力，不致使 Al－Cu 膜破碎)的去离子水(或蒸馏水)中，待 KCl 溶解后，Al－Cu 薄膜漂浮在水面上，然后用铜网捞起，待水分蒸发后，即可放入透射电子显微镜中观察。

5.3.3 薄膜截面试样的制备

用丁 TEM 观察的截面试样制备是个难点，薄膜的截面试样制备更困难。下面将介绍薄膜截面试样的制备方法，以此可推广到块体截面试样的制备。制样过程具体描述如下[8]。

1）采用电火花线切割技术从沉积有薄膜的不锈钢基片上切割两个直径 2 mm、长约 10 mm 的半圆柱，半圆柱的侧平面为膜面，如图 5－31(a)所示。

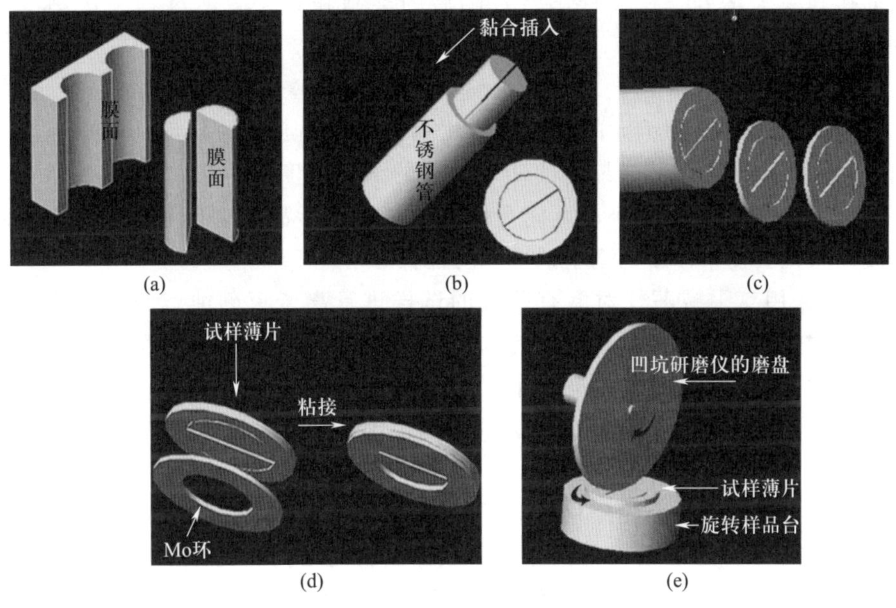

图 5－31 薄膜 TEM 截面试样制备过程

2）将外径 3 mm、内径 2 mm 的不锈钢管(或纯铜管)截成 10 mm 长的小段，同一侧带有薄膜的半圆柱试样一起依次用丙酮和无水乙醇超声波清洗，以除去表面沾污。干燥后将半圆柱试样的全部外表面和不锈钢管内表面涂上环氧树脂黏结胶，然后将两个半圆柱黏合成一个整圆柱插入不锈钢管中，并保证所有的黏合面都有黏结胶[图 5－31(b)]。镶嵌好的试样按照所用环氧树脂的固化要求进行室温固化或加热固化。

3）采用薄片砂轮切割机将固化后的试样切割成厚度约为 0.3 mm 的圆片[图 5－31(c)]。试样的切割也可以采用电火花切割机进行，考虑到线切割的电火花对切割面材料的损伤较深，可将所切割试样片的厚度略为提高，如

0.5 mm。

4）用粒度为 10 ~ 30 μm 的金相砂纸将试样从两面研磨至约 0.1 mm 厚。然后，同样采用环氧树脂，在试样的一面粘上一个外径相同而内径为 1.5 mm、厚约为 0.03 mm 的专用 Mo 环并放置固化［图 5 – 31(d)］。粘有 Mo 环的试样固化后，继续用金相砂纸将试样磨至 0.05 mm 厚(不含 Mo 环的厚度)。由于环氧树脂强度相对较低，试样减薄至 0.1 mm 以下时，容易从胶结面损坏。另外，在随后的离子减薄过程中，环氧树脂也比金属和陶瓷更容易被轰击去除而使试样损坏，所以对试样粘接 Mo 环是一个重要的环节。所粘接的 Mo 环有很高的强度和刚性，并且 Mo 环的内径为 1.5 mm，可以使试样中直径 2 mm 的环形胶结面得到大大增强，使试样不致在随后的磨制和离子减薄过程中从黏结面损坏。

5）采用 0.1 μm 的金刚石研磨膏，在凹坑研磨仪上对试样面进行研磨。在此工序中，直径 20 mm 的磨盘和与之垂直的样品台同时转动，在试样表面研磨出一个圆形的凹坑，最终使凹坑中央的试样厚度为约 0.02 mm［图 5 – 31(e)］。这一厚度如果太小，可能会使薄膜产生变形甚至穿孔等机械损伤，而厚度太大则会使下一步的离子减薄时间过长。

6）采用离子减薄仪对磨有凹坑的试样进行离子束刻蚀减薄。在此工序中，经聚焦的离子束对低速旋转的试样两面进行离子束刻蚀。首先采用与试样平面约为 10°倾角的离子束进行刻蚀，至观察到试样中央穿孔后，将离子束倾角减小为约 4°，以扩大穿孔临近区的薄区范围。至此，用于 TEM 观察的薄膜截面试样就制备完成了。

图 5 – 32 的光学金相照片显示了采用上述方法制备的薄膜截面 TEM 试样的形貌。图 5 – 32(a)的低倍像显示了试样制备的结构及试样中心离子刻蚀形成的穿孔。图 5 – 32(b)的高倍像可观察到位于试样穿孔处的薄区和薄膜。

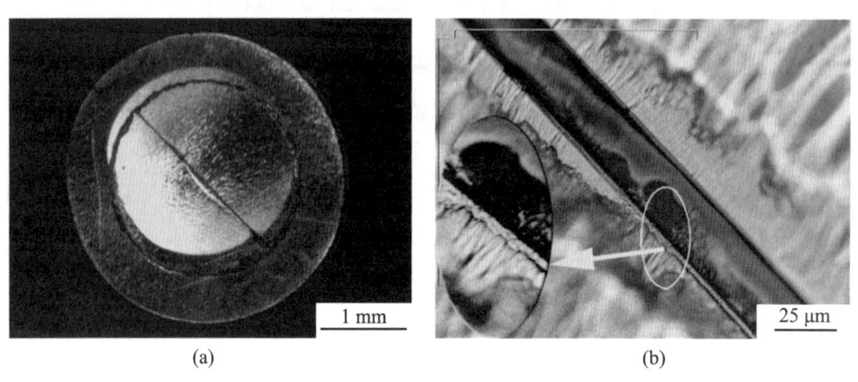

图 5 – 32　离子束减薄后的 TEM 截面试样的光学显微形貌

5.4　透射电子显微技术的应用

粉末高温合金中夹杂物特征是研究的一个重要部分，而对粉末高温合金FGH95中的夹杂物与基体的界面及位错特征，只能借助于透射电子显微分析技术。由于夹杂物与基体物理性能的巨大差异，使得制备薄膜试样极为困难，成为透射电子显微镜观察分析的难点。

含大颗粒夹杂物的试样减薄很困难。从光学显微镜和扫描电子显微镜观察中，已知合金试样中尺寸在10～100 μm的夹杂物占多数，并且呈离散分布。如果要保证透射电子显微镜试样中含有夹杂物，就要首先对块状试样中的夹杂物进行定位，再切取金属薄片。一般一个直径为3 mm的透射电子显微镜试样中只可能有一颗。其次要进行减薄，这是最困难的一步。因为夹杂物颗粒和合金基体的硬度不同，耐磨度不同，导致夹杂物在初期机械减薄时，常常突出于金属表面，容易剥落；在后期的减薄时，因为夹杂物颗粒往往不导电，又耐浸蚀，通常的双喷减薄对于夹杂物效果很小，往往是基体迅速变薄，支撑不住夹杂物，使得夹杂物在双喷过程中脱落。可能解决这一问题的方法是离子减薄，但是依然是夹杂物与基体不能同时减薄，不过出现了与双喷减薄相反的状况。这一次是由于夹杂物颗粒密度小，易被离子轰击减薄，而基体则减薄得很慢，结果常常是夹杂物颗粒被离子轰击得很薄，无法与基体相连，脱落成了孔洞，此时基体却还没有足够的薄区。

另外，利用双喷减薄方法制备的试样中含有夹杂物的概率很小。为了观察小颗粒夹杂物的情况，采用机械＋双喷减薄，由于FGH95合金中的夹杂物多为外来夹杂，数量相对较少，小尺寸(1 μm以下)的夹杂物数量就更少，随机性很大，常常出现一个薄膜试样的薄区中观察不到一颗夹杂物的情况。

上述试样制备的难点给透射电子显微镜观察的实现带来了困难，但通过实践得出，双喷减薄较适于含小尺寸夹杂物试样的制备，而改进的离子减薄法较适于含大尺寸夹杂物试样的观察。

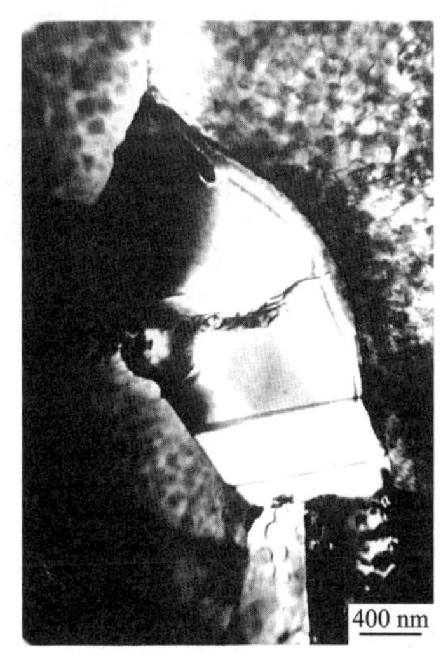

图5－33　透射电子显微镜下FGH95中的夹杂物及其周围位错

图5－33为经双喷减薄方法观察到的夹杂物TEM形貌，尺寸大约为3 μm，呈有尖角的块状，周围是γ基体上弥散分布的二次

(中等尺寸)γ′颗粒。从图中可以看到夹杂物与基体之间界面清晰，无过渡区。界面附近的基体上可观察到位错塞积，在夹杂物内部已经有微裂纹存在。位错塞积的结果将在夹杂物/基体界面周围造成局部应力应变集中。从这里可以看出，尽管是约 3 μm 的小夹杂，其内部自身的断裂也是显而易见的。

图 5－34 中的夹杂物尺寸大约为 4 μm，已经裂成两块，夹杂物内部已有裂痕。夹杂物/基体界面上仍然没有过渡区。除了基体上弥散分布的二次 γ′颗粒外，周围还紧邻着大 γ′相。

图 5－34　透射电子显微镜下 FGH95 中的夹杂物形貌

图 5－35 为一颗最大长度小于 2 μm 的三角形 Al_2O_3 夹杂物形貌，转动倾转台，改变电子束入射角度，可以观察到位错在基体中弥散分布的中等尺寸 γ′颗粒周围缠结，并塞积到夹杂物/基体界面，在其界面处堆积大量的位错。由于夹杂物与基体的界面为机械结合面，故一定量的位错堆积所造成的应力集中将会导致界面的开裂。

图 5－35　透射电子显微镜下 FGH95 中的 Al_2O_3 夹杂物周围的位错形貌

为了进一步观察夹杂物的形态，采用特殊的定位离子减薄法对夹杂物进行离子减薄并进行观察，图 5－36 为离子减薄的试样，夹杂物为一球形颗粒，观察到的形貌为夹杂物的横断面。

一种新型的 Ni－Cr 基高温合金中主要的析出相为体心立方的富铬的 α－Cr 相，而该相对合金性能的影响一直存在争议。如在不锈钢、GH4169 高

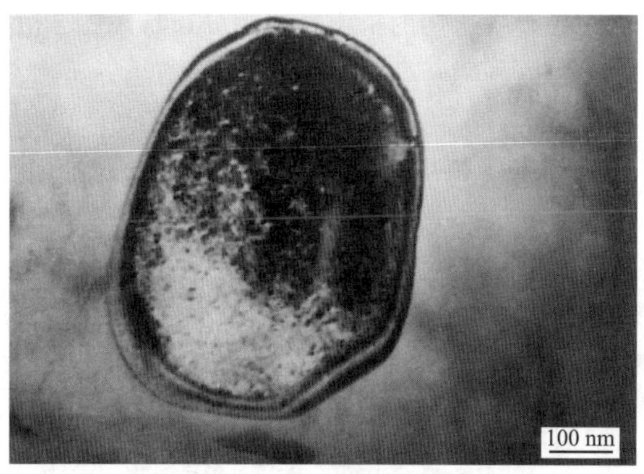

图 5 - 36 透射电子显微镜下 FGH95 中的夹杂物形貌(薄膜采用定位离子减薄法制备)

温合金等中的 α - Cr 相，人们通常都直接将其与塑性或冲击韧性下降联系起来。但对 GH648 合金中 α - Cr 相的透射电子显微镜组织观察可以看出(图 5 - 37)，高温变形后 α - Cr 相周围堆积大量位错，对位错的阻碍效果可以对合金起到强化作用。同时可以观察到 α - Cr 相在变形过程中其本身出现位错线，表现出一定的塑性变形能力，如图 5 - 37(c)所示。

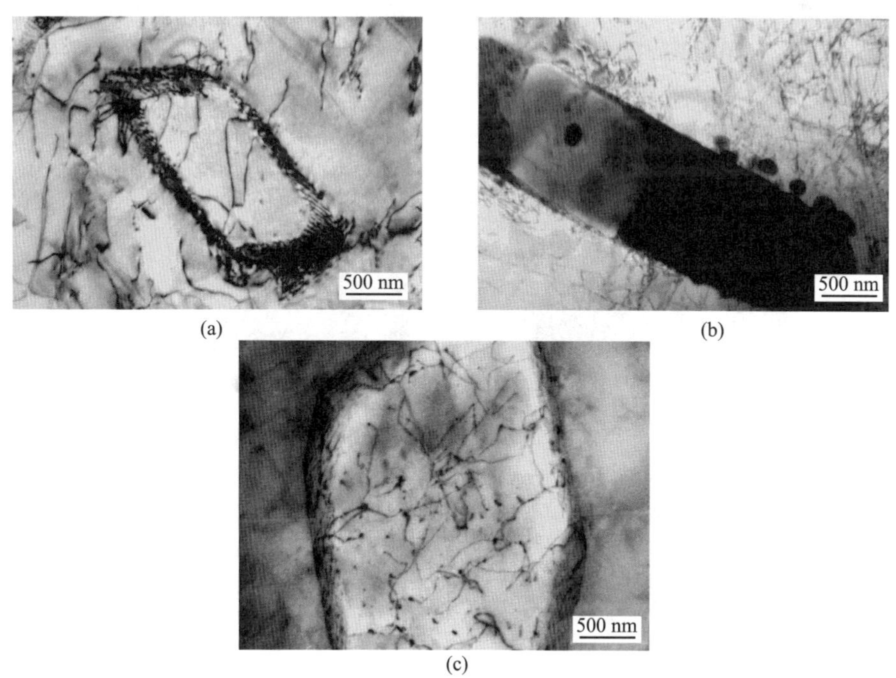

图 5 - 37 α - Cr 相与位错交互作用的 TEM 照片

镍基高温合金中晶界析出相的析出特征和分布状态将会对合金性能产生较大的影响，图 5 - 38 为一种镍基高温合金 GH625 的晶界析出相 TEM 形貌，从图中可以看出，晶界上有较多的析出相，并含有不同形态的析出相。我们将可以通过后续章节学习到电子衍射技术，对不同析出相的特征规律进行系统的分析。

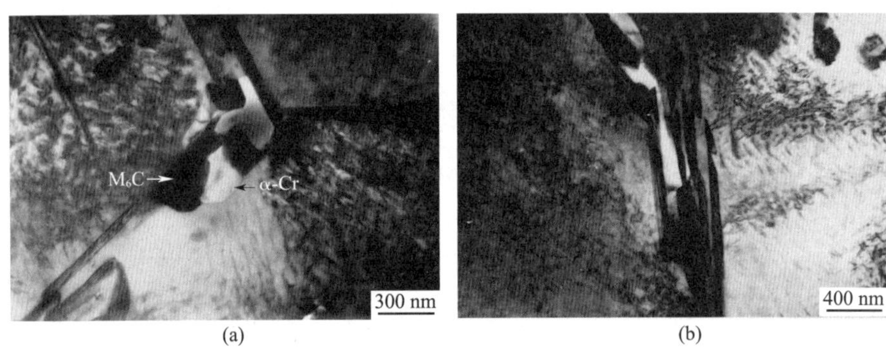

图 5 - 38　GH625 合金经 650 ℃/5000 h 时效后的 TEM 组织。(a) α - Cr 相与 M_6C 的析出方式；(b) δ 相附近析出的 α - Cr 相(白色颗粒)

除了对晶界相分布特征的观察分析之外，晶内析出相的特征行为也可借助 TEM 进行观察分析，并可以进一步研究析出相与位错的交互作用行为。图 5 - 39 给出了镍基高温合金 GH738 经不同应力持久作用条件下，合金中强化相的长大和分布规律，且可以观察到位错与强化相的交互作用情况。而图 5 - 40 则显示了 GH738 合金晶界析出相及晶界附近强化相的析出情况。

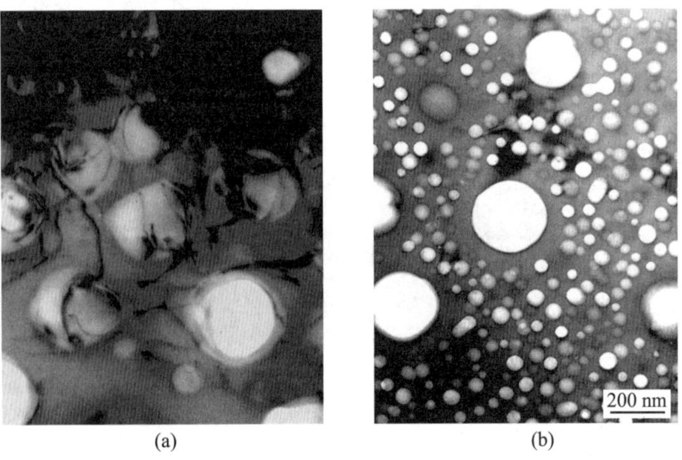

图 5 - 39　镍基高温合金 GH738 合金经。(a) 815 ℃/150 MPa 持久作用，(b) 815 ℃/340 MPa 持久作用后的 TEM 形貌

图 5－40　GH738 合金晶界析出相及强化相的 TEM 形貌

以上介绍了薄膜试样的制备及利用透射电子显微镜对金属薄膜形貌的观察分析，从透射电子显微镜所能提供的材料精细结构信息来看，比传统的金相方法有着许多优点。本节我们以几个典型实例说明由于引入了薄膜透射电子显微分析技术，使我们对材料组织结构本质的认识明显地深化了。仅仅这几个例子当然不能概括全貌，因为薄膜技术已经渗透到了材料科学和工程研究的各个方面，并且还在不断地开拓着许多新的应用领域。

本章知识点

1）从形貌像分析角度，理解扫描电子显微镜和透射电子显微镜对形貌分析的异同性。

2）了解透射电子显微镜的构造和工作原理。

3）掌握透射电子显微镜薄膜试样的制备技术，包括复型和薄膜试样的制备步骤和方法；尤其应掌握薄膜试样的双喷电解抛光法和离子减薄法。

思考题

1）光学金相显微镜、扫描电子显微镜和透射电子显微镜都可以对形貌进行观察分析，各种方法的特点有何不同?

2）透射电子显微镜和扫描电子显微镜成像的光路有何区别?

3）透射电子显微镜和扫描电子显微镜成像原理有何不同?

4）4 种常见复型的优缺点是什么?

5）透射电子显微分析对薄膜试样的要求是什么? 试述金属块体制备成薄膜试样的

一般步骤。

6）如何理解质厚衬度?

7）透射电子显微镜中有哪些主要光阑? 在什么位置? 其作用如何?

8）分别说明成像操作与衍射操作时各级透镜之间的相对位置关系，并画出光路图。

第六章 材料基本分析方法案例

上述几章已经给出了对材料组织形貌进行分析的基本方法，通过对材料的金相、扫描电子显微镜和透射电子显微镜的组合分析，已能对相关材料问题进行系统分析。为了使读者对基于形貌分析的相关知识有进一步的理解和应用，本章将通过对材料观察分析过程中的案例进行说明，巩固前几章所学知识，作为形貌分析方法的总结应用，并为后续结构分析提供研究基础。

6.1 船用液压缸断裂原因分析

船用液压缸进行开关体试验过程中，在第二次开关体试验时，开体动作正常，关体时驾控台指示的压力艏部为 23 MPa，艉部为 19 MPa，系统压力瞬时达到 28 MPa。压力上升时间约 2 s。在一瞬间听到巨大声响，同时感觉到船体剧烈震动，艉部液压缸末端封头整体脱落。液压缸断裂情况如图 6 - 1 所示，从图中可以观察到，断裂正好发生在焊接处。

针对该类材料分析问题，解剖前的检查包括液压缸断裂的情形、断裂的部位及当时的工作情况等。随后制订详细的解剖方案，制备组织分析试样。用钼丝线切割方法在不同部位分别切取金相试样，因试样较大，在取样时要注意取样部位应能代表被分析的材料

图 6－1　断裂的液压缸外形（缸体材料为 45#钢，焊材为 J507，采用手弧焊）

特征。并用金相和扫描电子显微镜观察液压缸不同部位的组织形貌和特征。

为了防止砂轮切割对分析材料组织行为的影响，用钻床在液压缸上钻取如图 6－2 所示的大块试样，并沿着轴向和径向分别用线切割方法取下两块用于金相分析的试样，结果如图 6－2 所示。可以看出，所取的试样上包括了母材和焊材。

图 6－2　微观观察分析试样的线切割方式

对解剖所得的试样进行仔细的观察。为了观察材料的夹杂物形貌，将切取的试样进行抛光后直接在光学显微镜下观察。图 6－3 为母材区的夹杂物分布情况，对比图 6－4 焊接区的夹杂物分布情况可以看出，焊接区夹杂物的含量比母材区多，局部区域还观察到有大块的夹杂物。

对试样进行化学浸蚀后在光学显微镜下观察其显微组织。图 6－5 为母材区、焊接热影响区的金相组织形貌，从图中可以看出，母材区由于碳含量高，珠光体含量较多。值得一提的是，在焊接区与母材区交界处裂纹周围已经存在大量的微观裂纹。

为了进一步观察焊接区与母材区交界处的组织特征，可采用扫描电子显微镜进行观察分析。图 6－6 为靠近表面焊接区的 SEM 组织形貌，可以看出焊接区组织主要为铁素体和珠光体。图 6－7 给出了在焊接区内部裂纹上方区域的 SEM 组织形貌，可以看出焊接区有不少的夹杂物存在。

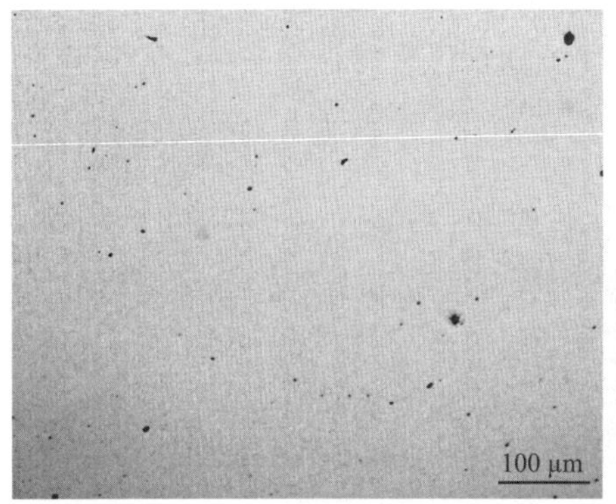

图 6-3　母材区的夹杂物分布情况

图 6-4　焊接区的夹杂物分布情况

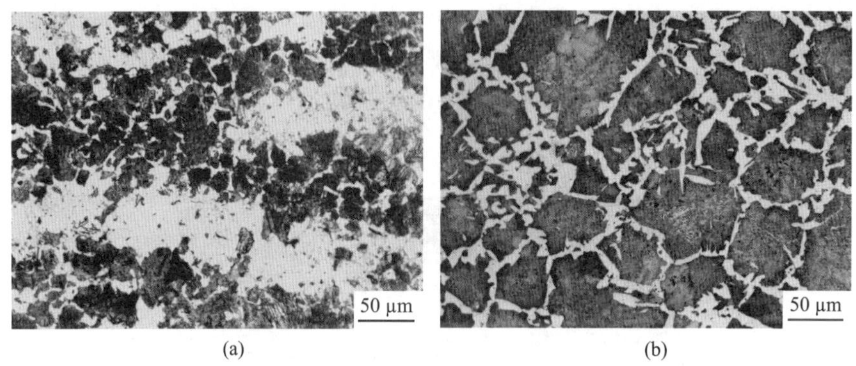

图 6-5　不同部位的金相组织形貌。(a) 母材区；(b) 焊接热影响区

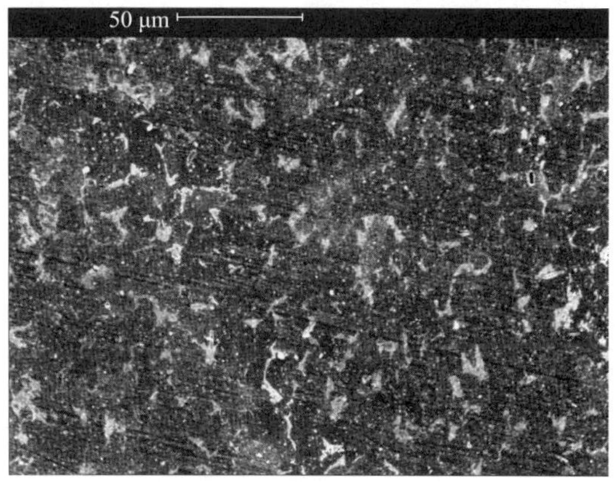

图 6-6　靠近表面焊接区的 SEM 组织形貌

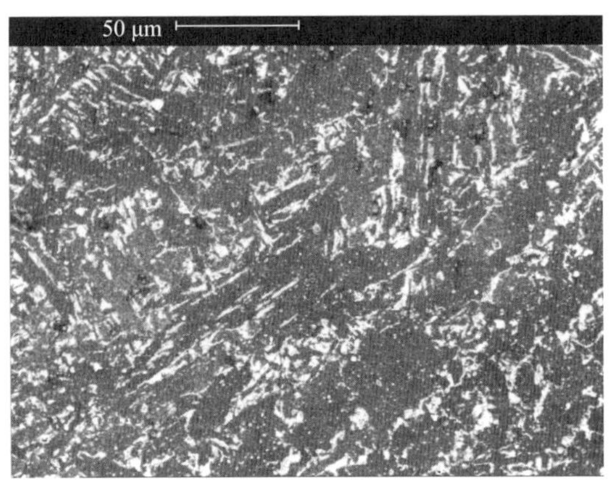

图 6－7　焊接区内部裂纹上方区域的 SEM 组织形貌

在焊接区还能观察到一些夹杂物的堆积，如图 6－8 所示。图 6－9 为交界面的断裂面侧的夹杂物的 SEM/EDS 能谱分析，可以看出，裂纹明显在夹杂物周围萌生并沿着夹杂物扩展连接，图中的夹杂物主要为含 Ca 和 Si 的硅酸盐类化合物。

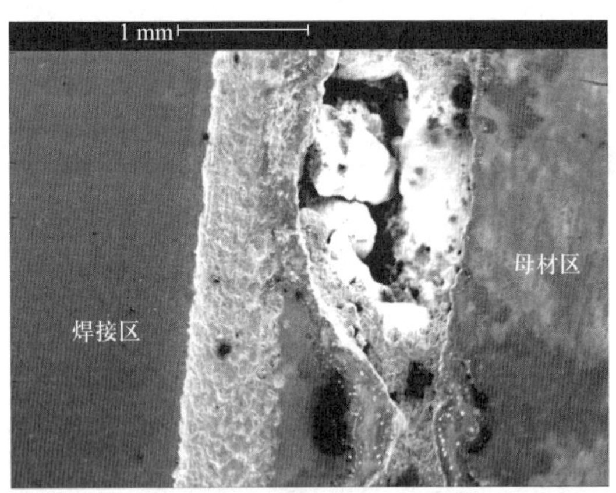

图 6－8　焊接缺陷“沟道”处的 SEM 形貌

通过对液压缸焊接区、焊接热影响区及母材区对应的夹杂物和金相组织的扫描电子显微镜分析和能谱分析，以及对断口进行系统的观察分析，结果认为，焊接区存在较多的焊接缺陷，诸如夹杂物、未焊透所留下的宏观“沟道”缺陷以及大块的硅酸盐类夹杂物，这些焊接缺陷对材料的性能将产生极为不利的影响。

总之从实验结果可以得知，在液压缸体焊接后，焊接裂纹极易在夹杂物等缺陷处形成，未焊透所留下的宏观“沟道”更会成为应力集中的部位，成为裂

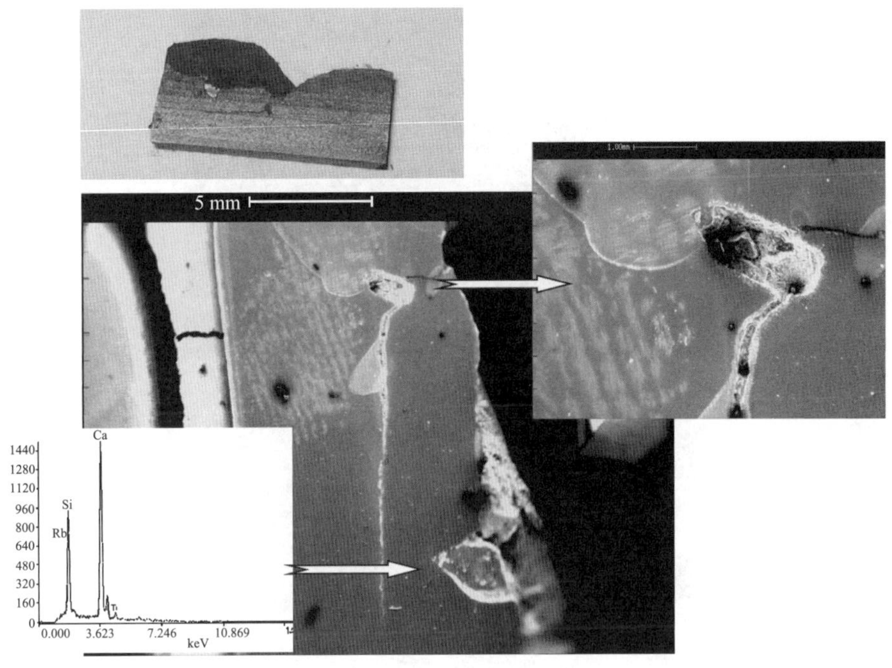

图 6－9　夹杂物的 SEM/EDS 能谱分析

纹形成和开裂的萌生位置。在外应力作用下，裂纹首先在宏观缺陷的应力集中部位形成，经过一定的裂纹孕育期，经裂纹扩展，最后导致构件的失效。

因此，该船用液压缸的断裂主要是由焊接过程中产生的焊接缺陷引起的，这是液压缸断裂的内部因素。外界应力则起到诱导裂纹萌生扩展的作用。二者相互作用的结果导致缸体在焊接交界处断裂。

6.2　增压器涡轮叶轮断裂原因分析

某发动机增压器涡轮叶轮在累计试车约 12 h 后，当转速达到约 60000 r/min 时发生爆炸性破碎，如图 6－10 所示。观察发现，此时涡轮叶轮已经"飞散"成一些碎片，主要是从轴中心裂成两块大的碎块，其余均为小的碎块，从破损特征上看，具有破坏性试验产生的"飞散"破损特征。断裂主要发生在涡轮叶轮沿纵轴方向。

为了对涡轮叶轮各部位的显微组织特征及断口特征进行系统的观察分析，沿图 6－11 所示进行取样。为了对沿横向和纵向的金相组织进行评价分析，我们对中间块的横纵断面进行夹杂物行为的光学金相观察，如图 6－12 所示。从图中可以看出，有大小不同的缺陷存在，并观察到该铸造合金的粗大枝晶。

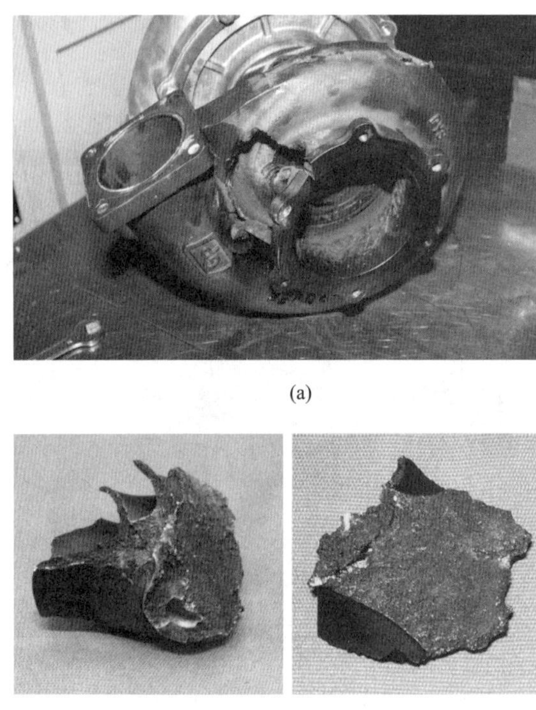

(a)

(b)　　(c)

图 6－10　增压器涡轮叶轮损伤情况

图 6－11　金相组织分析取样图

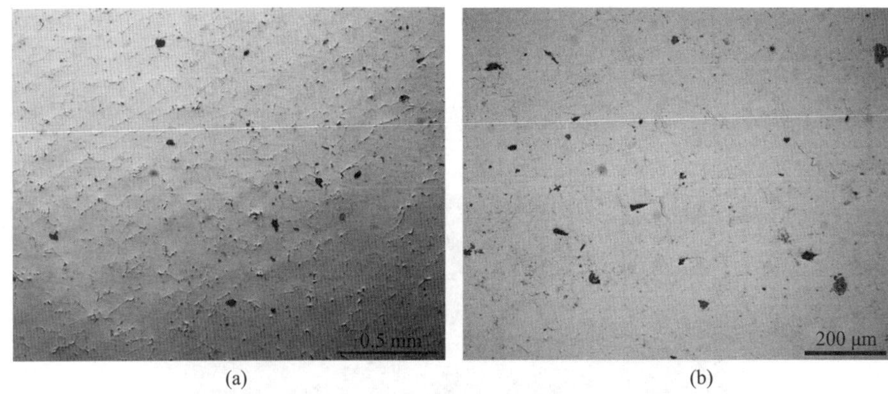

(a)　(b)

图 6 - 12　沿横断面(a)和纵断面(b)的光学金相观察

为了对该试样的夹杂物和析出相有进一步的了解，利用扫描电子显微镜进行观察分析。图 6 - 13 给出基体上存在的夹杂物及强化相 γ′的析出分布形态的 SEM 形貌。

(a)　(b)

图 6 - 13　夹杂物和析出相的 SEM 形貌

通过以上对试样金相组织和扫描电子显微镜组织的观察分析，可以认为合金中存在较多的夹杂物等缺陷，同时也可以观察到一些碳化物的聚集。

为了对涡轮叶轮的断裂特征进行评判，对断口的各部位进行了详细的 SEM 观察分析。图 6 - 14 为叶轮断裂边缘的断口形貌，从图中可以看出，断口似乎比较“松散”，断口上能观察到存在“孔洞带”，在其附近有明显的高周疲劳辉纹。从断口的特征看，高周疲劳辉纹从“孔洞带”边缘萌生，沿涡轮轴向方向扩展。

同时还可以观察到有明显的沿着枝晶断裂的特征，也就是说，该部位的断口已经具有沿着枝晶界发生明显脆性断裂的破坏特征，如图 6 - 15 所示。

图 6－14　叶轮断裂边缘的断口形貌，显示“孔洞带”组织附近的高周疲劳辉纹

(a)　　(b)

图 6－15　局部的沿着枝晶断裂的特征

通过对涡轮叶轮沿轴向方向各区域的断裂行为进行仔细的 SEM 观察分析，可以看出，除了有孔洞和较疏松的部位外，在该类缺陷附近还能观察到高周疲劳辉纹，以及沿枝晶的脆性断裂。

这样，利用材料的基本分析手段，从取样、金相、扫描电子显微镜组织观察及断口特征的观察分析，并结合该叶片的制备过程、服役过程进行综合分析，就可以给出该涡轮叶轮的损伤原因，为进一步完善涡轮叶轮的质量提供参考依据。

6.3　苯胺装置制氢转化炉管外接法兰开裂原因分析

某石化有机厂苯胺装置，制氢转化炉管的上法兰发生开裂泄漏，裂纹出现在焊缝表面以及热影响区上，裂纹方向多平行或垂直于焊缝，穿透法兰内外壁，造成物料的泄漏。送检的法兰如图 6－16 所示。该法兰材质为 0Cr18Ni9 锻件，与法兰连接的转化炉管材质为 HK40(Cr25Ni35N6－TiZr)，法兰与炉管之间为单面对接焊连接。从图 6－16 中可以看出，断裂发生在焊缝处材质为 HK40 的转化炉管一侧。

(a)

(b)

图 6－16　送检法兰宏观形貌及解剖方案

图 6－16 还同时给出了此次失效分析试样的解剖方案，沿图示标记位置焊缝横截面方向切取一块试样，沿着纵向位置切取另一块试样进行组织观察。

首先根据取得的试样对法兰基材部位的组织进行评价，分别观察了基材的夹杂物和晶粒度分布情况。图 6－17 给出了基材部位的夹杂物大小和分布形貌，从图中可以看出，基材含有一定量较大的夹杂物。图 6－18 给出了法兰基材部位的晶粒度形貌，从图中可以观察到较大的晶粒，且存在大小混晶现象，晶粒度的不均匀性也将影响到合金的综合性能。

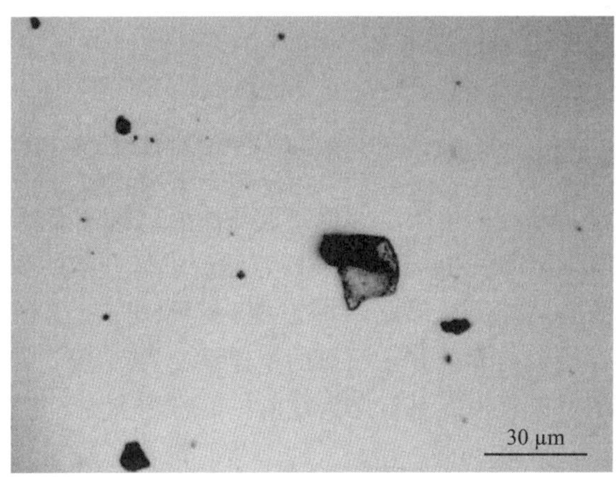

图 6－17　法兰基材部位的夹杂物分布

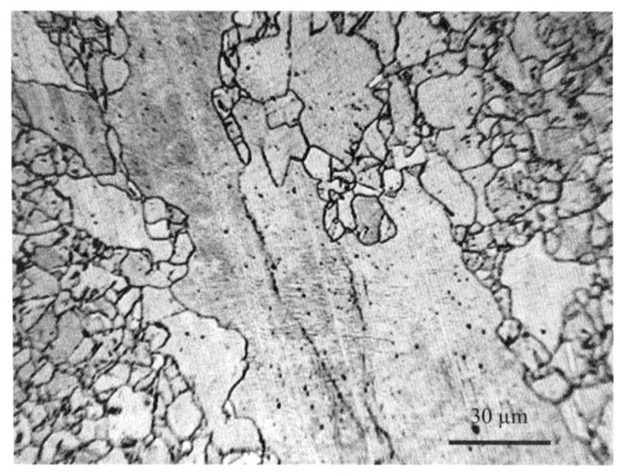

图 6－18　法兰基材部位的晶粒度形貌

为了观察裂纹存在方式和扩展方向，对试样抛光后(不做化学浸蚀)进行金相观察，如图 6－19 所示，基材区存在大量的裂纹，焊接区并没有观察到裂纹的存在，裂纹的扩展方向是从焊接交界处向基材扩展。

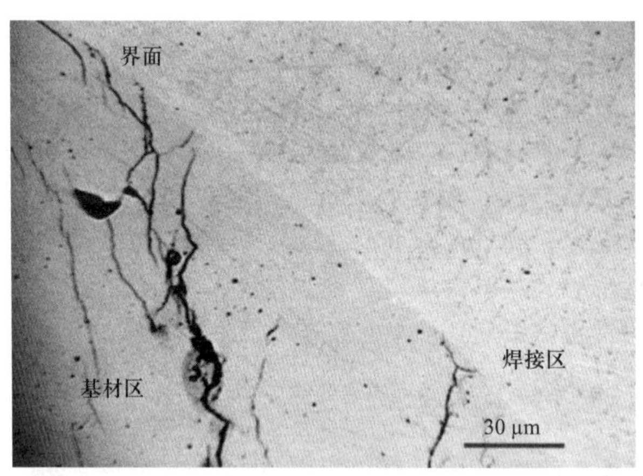

图 6－19　法兰基材区和焊接区抛光未浸蚀的裂纹存在方式

为了分析焊接对基材的影响以及焊接区与法兰基材区交界面的界面结合情况，对试样用 10% 的冰醋酸进行电解浸蚀，然后进行仔细的观察。如图 6－20 所示，大部分裂纹是从交界处形成并向基材区扩展，同时还可以观察到，在局部位置基材区与焊接区交界处存在明显的不连续交界区。

从图 6－21 还可以看出，基材区裂纹的扩展行为存在穿晶和沿晶的混合扩展方式。

如图 6－22 所示，从仅存的 HK40 炉管的组织中可以观察到，焊接区没有

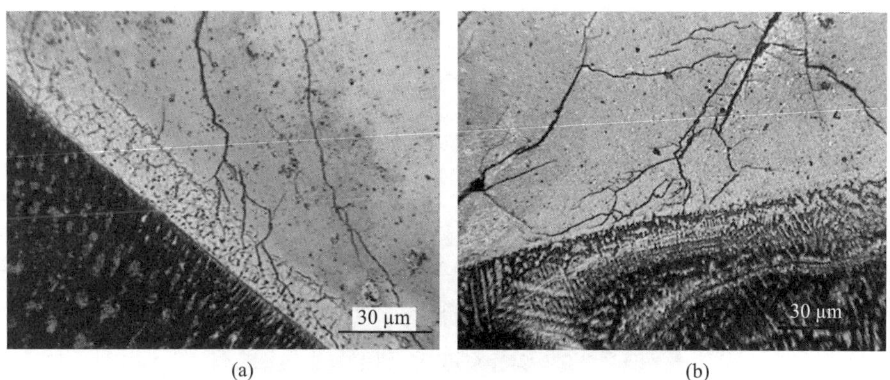

(a)　　　　(b)

图 6-20　焊接交界面及裂纹扩展行为观察

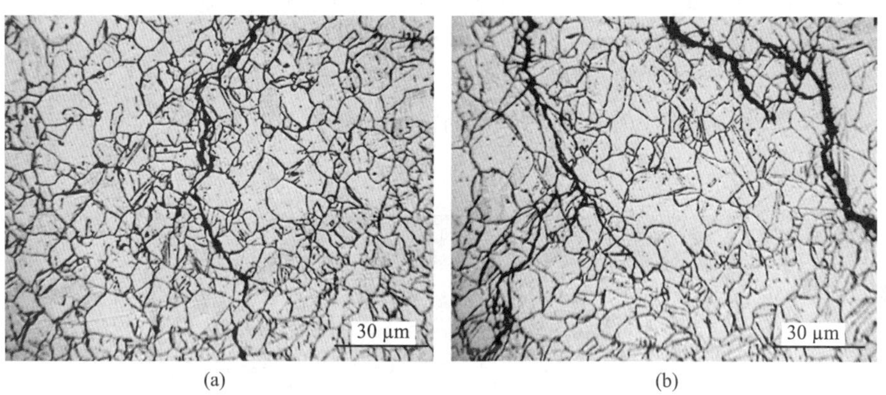

(a)　　　　(b)

图 6-21　基材区裂纹的扩展行为

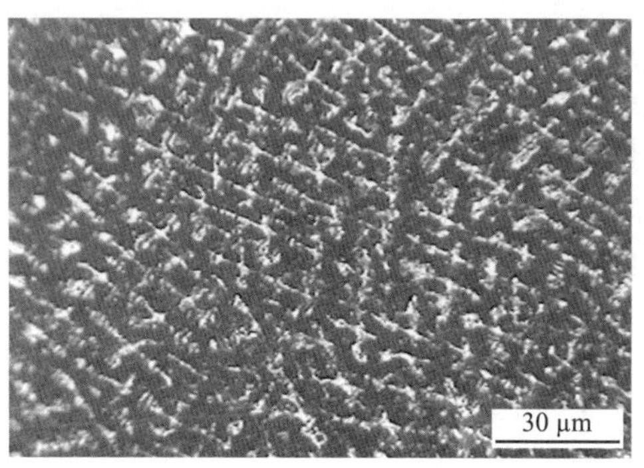

图 6-22　焊接区材料的组织行为

裂纹。图 6-23 给出法兰基材区裂纹扩展行为的 SEM 组织形貌，可以看出裂纹的形成方式和扩展行为。

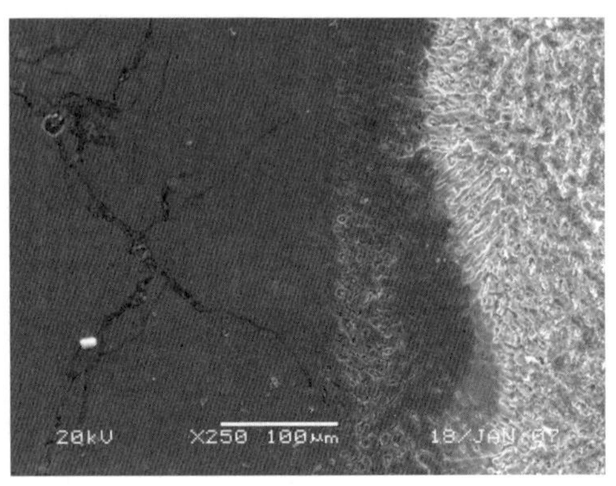

图 6－23　法兰基材区裂纹行为的 SEM 观察

为了进一步找出断裂发生的原因，对图 6－16 箭头所示仅存的断口进行仔细的观察，如图 6－24 所示。从对纵横截面的组织观察可以推断，该存留的断口面应该是在 HK40 炉管一侧。从断口上很清晰地观察到，断裂面是沿着枝晶界扩展开裂的，断口上能观察到明显的枝晶。联系上面的分析可以推断，主断裂面是沿着靠近焊接界面炉管侧枝晶界开裂并扩展导致断裂。

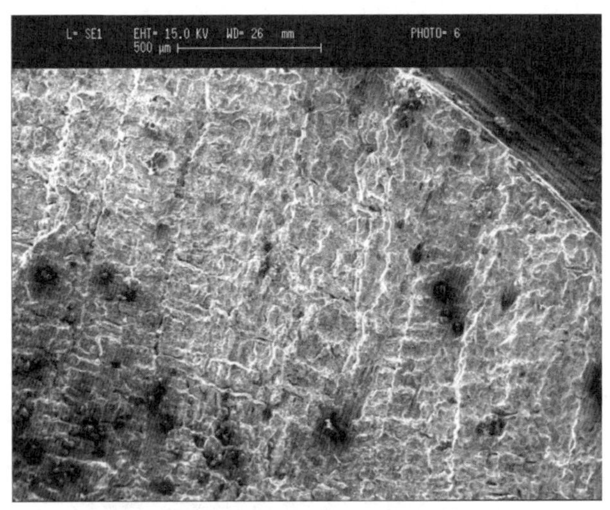

图 6－24　断口 SEM 形貌观察

总之，通过对送检法兰进行详细的解剖分析，分别对不同截面不同部位（包括法兰基材区、焊接区及存留的小部分炉管部位）进行微观组织及相关断口的系统观察分析，对不同位置的硬度分别进行了对比分析，为了确定材料的化学成分，还对法兰基材区及焊接区取样进行了化学成分分析，得出以下的结论：从对焊缝两侧的法兰基材处和炉管处的组织和断口的观察可以推断，在焊接界面两侧可能由于焊接热应力的原因，在焊接界面处产生裂纹并向基材扩展，或者是在界面附近沿着枝晶产生裂纹，即裂纹在靠近焊接区的基材侧形成，并在焊缝两侧产生焊接裂纹，在外力及腐蚀介质的作用下，裂纹扩展并连接成主裂纹，最终导致法兰的开裂。

6.4 烟气轮机动叶片断裂原因分析

炼油厂催化裂化装置所排出的烟气具有较大的能量，用于回收烟气中能量的装置为烟气轮机。动叶片为烟气轮机中关键的部件之一，在实际服役过程中，动叶片所经受的环境较为复杂，常发生断裂的现象。图 6 – 25 所示为一断裂叶片榫头部位和一未断裂的叶片。

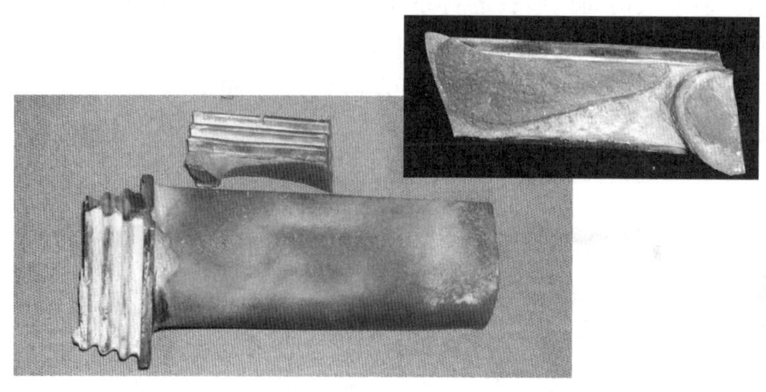

图 6 – 25　断裂叶片宏观照片

为了对该动叶片的断裂原因进行分析，从断裂叶片榫头部位取样，进行夹杂物和晶粒度的金相观察，并进行析出相的扫描电子显微镜和透射电子显微镜观察分析，进一步对图 6 – 25 的断口进行扫描电子显微镜观察分析，最终综合分析判断该动叶片的断裂原因。

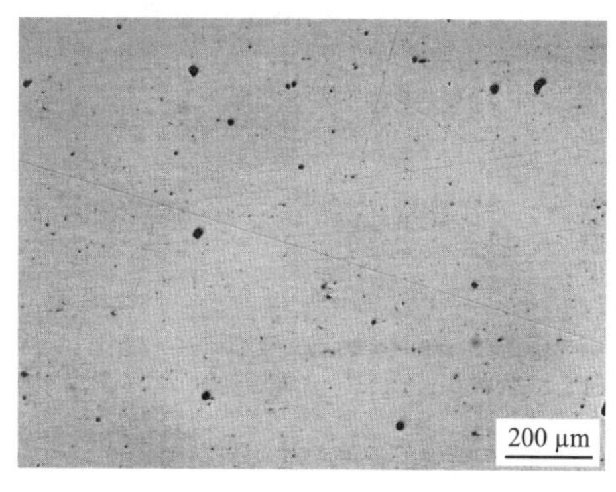

图 6 – 26　叶片夹杂物形貌

图 6 – 26 为叶片夹杂物大小形态和分布情况，图 6 – 27 为叶片的晶粒度形貌，可以看出，榫齿部位的晶粒组织不均匀，存在明显的大小混晶现象。

为了对叶片进行深入的开裂

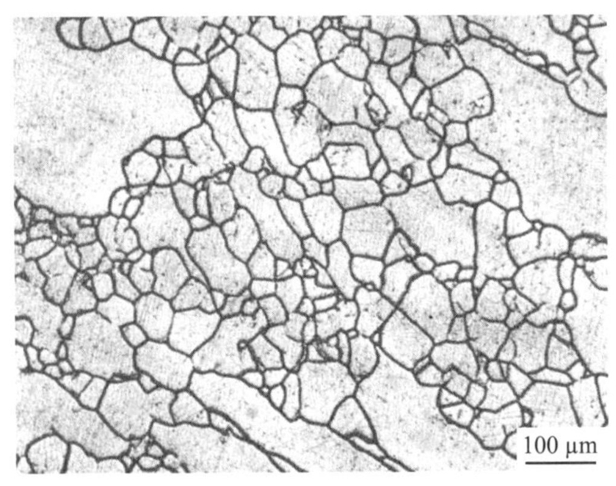

图 6－27　叶片的晶粒度形貌

原因分析，对开裂的断口形貌进行系统的扫描电子显微镜的观察分析。如图 6－28 所示，在离表面很近的部位有非常典型的疲劳辉纹，同时在离表面约 20～30 μm的亚表面处观察到由外向内方向长 30～40 μm、宽 10～20 μm 的夹杂物。该夹杂物正好在裂纹源所在的位置，也就是说，该叶片疲劳断裂的原因主要与该亚表面处的夹杂物有关。

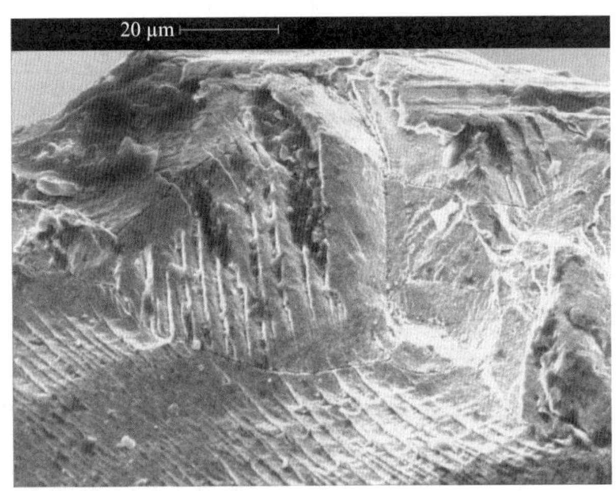

图 6－28　靠近疲劳源位置附近的断口形貌

为了对该叶片在服役过程中组织是否发生失稳进行判断，进一步进行系统的 SEM/EDS 和 TEM 观察分析。图 6－29 显示了叶片榫齿部位的 SEM 组织形貌，从图中可以观察到 γ′强化相弥散分布，合金的晶界并没有发生明显的变化。因此，从初步的强化相和晶界的观察分析可知，该合金在运行后组织没有明显的变化。

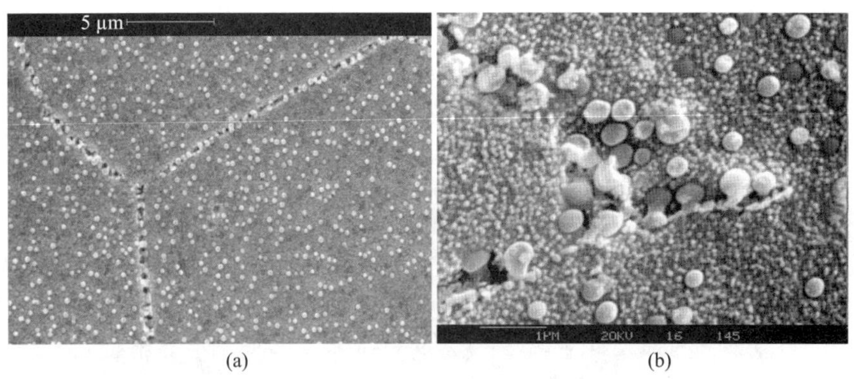

图 6－29 强化相及晶界的 SEM 组织形貌

为了进一步观察分析该叶片榫齿 γ′强化相的变化情况，以及已使用和未使用合金在 γ′强化相析出形态、尺寸等方面的差别，进行系统的金属薄膜 TEM 观察，以分析强化相的析出分布形态，尤其是 SEM 无法分辨的小 γ′相。

图 6－30 为合金经标准热处理后的强化相 γ′相析出的 TEM 组织形貌，从图中可以看出，γ′强化相以大小两种形态存在，大 γ′相周围有小 γ′相的贫化区。合金经标准热处理后大 γ′相尺寸一般在 200 nm 左右，而小 γ′相则只有 20 nm左右。

图 6－31 为叶片强化相 γ′相析出的 TEM 组织形貌，叶片顶部的大 γ′相尺寸此时约 200 nm，而小 γ′相则只有 20 nm 左右。图中的黑线条为位错衬度，可以看出，位错绕过 γ′相颗粒。

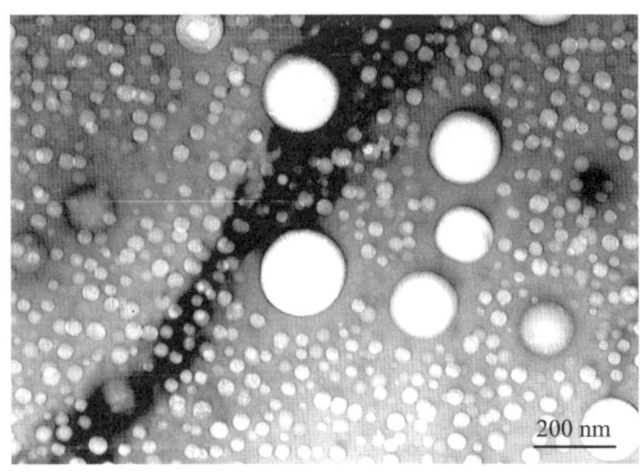

图 6－30 经标准热处理后的大小 γ′相的 TEM 组织

通过对叶片开裂部位取样，进行夹杂物、晶粒度、断口形貌及强化相和晶界的系统的扫描电子显微镜和透射电子显微镜组织分析，并与未使用的合金组织进行对比分析，可以给出该动叶片断裂的主要原因是由于疲劳引起的。合金

(a)　(b)　(c)

图 6－31　叶片合金 TEM 组织形貌

中的夹杂物、冶炼过程中造成的组织不均匀性都会成为疲劳裂纹形成的核心，叶片变形过程中造成的晶粒不均匀性等都将加剧疲劳裂纹的扩展速率。这些综合作用最终影响该叶片的使用性能。

本章知识点

1）第二章到第五章内容主要以材料的形貌分析为主，至此应掌握基于形貌分析的有关研究方法。

2）通过本章基于形貌分析的案例，应掌握对材料组织特征行为进行分析的基本方法，具备相应的分析能力。

3）为后几章的材料结构分析奠定基础。

第七章 X 射线分析基础

在对形貌分析有一个较为全面的了解后，深入的结构分析工作就显得尤为重要。从本章至第十一章将围绕结构分析的内容，即 X 射线衍射和电子衍射展开。1895 年德国物理学家伦琴在研究阴极射线时发现了一种新型的辐射，它们是肉眼看不见的，但可使照相底片感光，并有很强的穿透力。由于当时尚不了解这种辐射的性质，故称其为 X 射线。X 射线衍射分析是以 X 射线在晶体中的衍射现象作为基础的。衍射可归结为两方面的问题，即衍射方向和衍射强度。本章将在了解 X 射线的产生、性质及表征等有关物理学问题的基础上，重点对 X 射线衍射的几何原理及衍射强度进行系统的分析和阐述。现今，X 射线的性质、它与物质相互作用的基本原理已被深入研究，并在科学研究、医疗与技术工程上获得广泛应用，相应的设备和方法也在不断的发展中。

7.1 X 射线物理学基础

7.1.1 X 射线的产生及其性质

1. X 射线的发现和 X 射线学的发展过程

1895 年，德国物理学家伦琴（W. C. Röntgen，1845—1923 年）

在实验中偶然发现，放在阴极射线管附近密封好的照相底片被感光。伦琴当时就断言，这种现象必定是一种不可见的未知射线作用的结果。由于当时没有找到更适当的名称来称呼这种射线，伦琴就以数学上惯用的未知数 X 作为它的代名词，给这种射线取名为 X 射线。

伦琴对 X 射线的性质进行了多方面的观察和实验后，指出 X 射线穿过物质时会被吸收；原子量及密度不同的物质，对 X 射线的吸收情况不一样；轻元素物质对 X 射线几乎是透明的，而 X 射线通过重物质元素时，透明程度明显地被减弱。X 射线的突出特点就是它能穿过不透明的物质。同时还指出，X 射线能使亚铂氰酸钡等荧光物质发出荧光，能使照相底片被感光以及使气体发生电离等。X 射线的这些性质很快就首先在医学和工程探伤上得到应用，且至今不衰。

1908—1911 年，巴克拉（C. G. Barkla）发现物质被 X 射线照射时，会产生次级 X 射线。次级 X 射线由两部分组成，一部分与初级 X 射线相同，另一部分与被照射物质组成的元素有关，即每种元素都能发射出各自的 X 射线。巴克拉称这种与物质有关的 X 射线的谱线为标识谱，并对这些谱线分别以 K、L、M、N、O……命名，以便区分。巴克拉同时还发现不同元素的 X 射线吸收谱具有不同的吸收限。经巴克拉严格测定的 X 射线谱为后来的德国物理学家劳厄（M. von Laue）的实验研究提供了方便条件。

在 X 射线被发现后的 17 年里，人们对 X 射线的本质一直没有深入全面的了解。当时有人认为 X 射线是快速运动的微小粒子束，与电子束相似；也有人认为 X 射线是一种电磁波，同光波、无线电波一样，只不过波长很短而已。这个问题经过多年的研究都未得出肯定的结果。1912 年，劳厄等人在前人研究的基础上，提出了 X 射线是电磁波的假设，并认为它的波长很短，大约与晶体内呈周期排列的原子间距为同一数量级。当时晶体点阵理论已经成熟，劳厄对比了晶体点阵与平面光栅空间周期性的共同特点，推测波长与晶面间距（晶体中相邻两原子间的距离）相近的 X 射线通过晶体时，必定会发生衍射现象。这个假设由当时著名的物理学家索末菲（A. Sommerfeld）的助手弗里德利希（W. Friedrich）进行了实验，得到了肯定的结果（注：后面讲到的埃瓦尔德，当时是索末菲的博士生）。X 射线衍射实验的成功，证实了 X 射线的电磁波本质，同时也证明了晶体中原子排列的规则性，揭露了晶体结构的秘密，并导出了衍射方程，开创了 X 射线衍射分析这个新的领域。自此，在探索 X 射线的本质、衍射理论和结构分析技术等方面都有了飞跃的发展，使 X 射线成为一门重要的学科。

差不多在劳厄的假定得到验证的同时，英国物理学家布拉格（Bragg）父子从反射的观点出发，提出了 X 射线照射在晶体中一系列相互平行的原子面上将会发生反射的设想。他们认为，只有当相邻两晶面的反射线因叠加而加强时才有反射；如果叠加相消，便不能发生反射，即反射是有选择性的。布拉格父子根据这一想法进行了数学演算，导出了著名的布拉格定律。1913 年布拉格根据这一原理，制作出了 X 射线分光计，并使用该装置测定了巴克拉提出的某些标识谱的波长，首次利用 X 射线衍射方法测定了 NaCl 的晶体结构，从此开始了 X 射线晶体结构分析的历史。

伦琴、劳厄和布拉格的工作，为人们以后从事 X 射线衍射分析和 X 射线光谱研究奠定了理论和实验基础，他们的工作对 X 射线学发展的整个进程都具有重要的指导意义。

当今，用电子计算机控制的全自动 X 射线衍射仪及各类附件的出现，为提高 X 射线衍射分析的速度、精度，以及扩大其研究领域起了极大的作用。X 射线衍射分析是确定物质的晶体结构、进行物相的定性和定量分析、精确测定点阵常数、研究晶体取向等的最有效、最准确的方法。还可通过线形分析研究多晶体中的缺陷，应用动力学理论研究近完整晶体中的缺陷，由漫散射强度研究非晶态物质的结构，利用小角度散射强度分布测定大分子结构及微粒尺寸等。X 射线衍射分析的特点为：它反映出的信息是大量原子衍射行为的统计结果，此结果与材料的宏观性能有良好的对应关系。它的不足之处是它不可能给出材料内实际存在的微观成分和结构的不均匀性的资料，且不能分析微区的形貌、化学成分以及元素离子的存在状态。

2. X 射线与电磁波谱

劳厄的实验已经指出，X 射线是一种波长很短的电磁波，波长范围为 0.01 ~ 10 nm。在电磁波谱上它处于紫外线和 γ 射线之间（图 7 – 1）。用于衍射分析的 X 射线波长为 0.05 ~ 0.25 nm。作为电磁波的 X 射线，它与可见光和所有的其他基本粒子一样，同时具有波动和粒子双重特性，简称波粒二象性。它的波动性主要表现为以一定的频率和波长在空间传播；它的粒子性主要表现为以光子形式辐射和吸收时，具有一定的质量、能量和动量。X 射线衍射的频率 ν、波长 λ 及其光子的能量 E、动量 P 之间存在如下的关系：

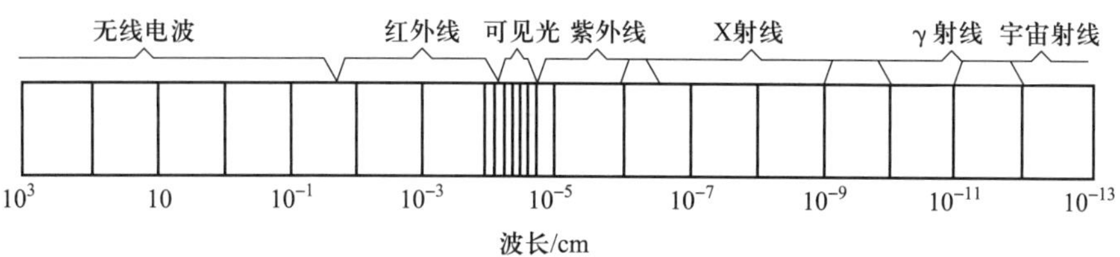

图 7 – 1　电磁波谱

$$E = h\nu = hc/\lambda \tag{7-1}$$

$$P = h/\lambda = h\nu/c \tag{7-2}$$

式中：h 为普朗克常量，等于 6.626×10^{-34} J · s；c 为光在真空中的传播速度，等于 2.998×10^{10} cm/s。

波粒二象性是 X 射线的客观属性。但是，在一定条件下，可能只有某一方面的属性表现得比较明显。例如，X 射线在传播过程中发生的干涉、衍射现象就突出地表现出它的波动特征，而在和物质相互作用交换能量时，就突出地表现出它的粒子特征。从原则上讲，对同一个辐射过程所具有的特征，既可以用时间和空间展开的数学形式来描述，也可以用在统计上确定的时间和位置出现的粒子来描述。因此，必须同时接受波动和粒子两种模型。强调其中的哪一种模型来描述所发生的现象要视具体的情况而定。但是，由于 X 射线的波长较短，它的粒子性往往表现得比较突出。

3. X 射线的产生及 X 射线谱

通常是利用一种类似热阴极二极管的装置（X 射线管）获得 X 射线。它的基本原理是：高速运动的电子与物体碰撞时，发生能量转换，电子的运动受阻而失去动能，其中一小部分（1% 左右）能量转变为 X 射线的能量产生 X 射线，而绝大部分（99% 左右）能量转变成热能使物体温度升高。由此看来，为了获得 X 射线必须具备下列基本条件：① 产生自由电子；② 使电子作定向的高速运动；③ 在其运动的路径上设置一个障碍物（金属靶）使电子突然减速或停止。X 射线管的基本结构就是按照这些条件设计的。

产生 X 射线的基本电气线路如图 7－2 所示。把用一定材料制作的板状阳极（A，称为靶）和阴极（C，灯丝）密封在一个玻璃－金属管壳内，给阴极通电加热至炽热，使它发射出热辐射电子。在阳极和阴极间加直流高压 U（数千伏

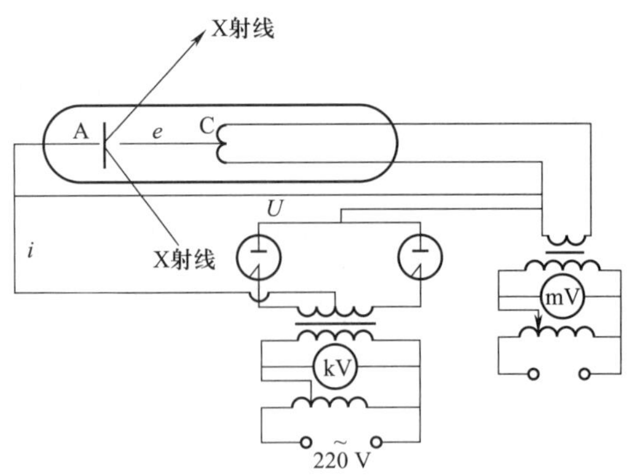

图 7－2　产生 X 射线的基本电气线路

到数十千伏)，则阴极产生的大量热电子 e 将在高压电场作用下奔向阳极，在它们与阳极碰撞的瞬间产生 X 射线。

用仪器检测此 X 射线的波长，发现其中包含两种类型的波谱。一种是具有连续波长的 X 射线，构成连续 X 射线谱，它和可见光的白光相似，又称白色 X 射线谱；另一种是在连续 X 射线谱上叠加若干条具有一定波长的谱线，该谱线与靶极的材料有关，是某种元素的标志，称做标识 X 射线谱(或特征谱)，也称做单色 X 射线。

(1) 连续 X 射线谱

在 X 射线管两极间加高压 U，并维持一定的管电流 i，所得到的 X 射线强度与波长的关系如图 7-3 所示。其特点是 X 射线波长从一最小值 λ_0 向长波方向伸展，强度在 λ_m 处有一最大值。这种强度随波长连续变化的谱线称为连续 X 射线谱。λ_0 称为该管电压下的短波限。连续 X 射线谱与管电流 i、管电压 U 和阳极靶材料的原子序数 Z 有关，其相互关系的实验规律如下：

1) 对同一阳极靶材料，保持 X 射线管电压 U 不变，提高 X 射线管电流 i，各波长射线的强度一致提高，但 λ_0 和 λ_m 不变[图 7-3(a)]。

2) 提高 X 射线管电压 U(i 和 Z 不变)，各种波长射线的强度都提高，短波限 λ_0 和强度最大值对应的 λ_m 减小[图 7-3(b)]。

3) 在相同的 X 射线管电压和管电流条件下，阳极靶的原子序数 Z 越高，

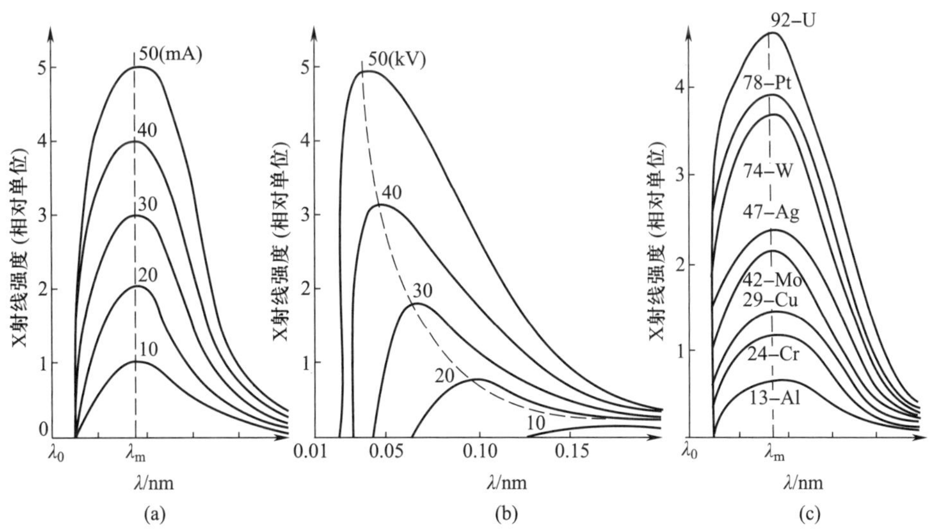

图 7-3　管电流 i、管电压 U 和阳极靶的原子序数 Z 对连续 X 射线谱的影响。
(a) 连续 X 射线谱与管电流的关系；(b) 连续 X 射线谱与管电压的关系；
(c) 连续 X 射线谱与阳极靶原子序数的关系

连续 X 射线谱的强度越大，但 λ_0 和 λ_m 不变[图 7－3(c)]。

用量子力学的观点可以解释连续 X 射线谱的形成以及为什么存在短波限 λ_0。在管电压 U 的作用下，当能量为 $eU(\approx 1.602\times10^{-19}\ \mathrm{J})$ 的电子与阳极靶的原子碰撞时，电子失去自己的能量，其中一部分以光子的形式辐射。每碰撞一次产生一个能量为 $h\nu$ 的光子，这样的光子流即为 X 射线。单位时间内到达阳极靶面的电子数目是极大量的，在这些电子中，有的可能只经过一次碰撞就耗尽全部能量，而绝大多数电子要经历多次碰撞，逐渐地损耗自己的能量。每个电子每经历一次碰撞便产生一个光子，多次碰撞产生多次辐射。由于多次辐射中各个光子的能量各不相同，因此出现一个连续 X 射线谱。但是，在这些光子中，光子能量的最大极限值不可能大于电子的能量，而只能小于或等于电子的能量。它的极限情况为：当动能为 eU 的电子在与阳极靶碰撞时，把全部能量给予一个光子，这就是一个 X 光量子可能获得的最大能量，即 $h\nu_m=eU$，此光量子的波长即为短波限 λ_0。由于 $\nu_m=1.602\times10^{-19}/h=c/\lambda_0$，所以

$$\begin{aligned}\lambda_0&=\frac{hc}{1.602\times10^{-19}}\\&=\frac{6.626\times10^{-34}\ \mathrm{J\cdot s}\times2.998\times10^{8}\ \mathrm{m/s}}{1.602\times10^{-19}\ \mathrm{J}}\\&=1240/U\end{aligned}\tag{7-3}$$

式中：λ_0 的单位是 nm，h、c、ν 同前所述。

X 射线的强度是一个物理量，它是指垂直于 X 射线传播方向的单位面积上在单位时间内所通过的光子数目的能量总和。这个定义表明，X 射线的强度 I 是由光子能量 $h\nu$ 和它的数目 n 两个因素决定的，即 $I=nh\nu$。因为当动能为 1.602×10^{-19} J 的电子在与阳极靶碰撞时，把全部能量给予一个光子的概率很小，所以连续 X 射线谱中的强度最大值并不在光子能量最大的 λ_0 处，而是大约在 $1.5\lambda_0$ 的地方。

连续 X 射线谱中每条曲线下的面积表示连续 X 射线的总强度($I_{连}$)，也就是阳极靶发射出的 X 射线的总能量。实验证明，它与管电流 i、管电压 U、阳极靶的原子序数 Z 存在如下关系：

$$I_{连}=\int I(\lambda)\,\mathrm{d}\lambda=K_1 iZU^2\tag{7-4}$$

积分范围为 $\lambda_0\sim\lambda_\infty$，$K_1$ 为常数。当 X 射线管仅产生连续谱时，其效率 η 为

$$\eta=\frac{I_{连}}{iU}=K_1 ZU\tag{7-5}$$

从式(7－5)可见，管电压越高，阳极靶的原子序数越大，X 射线管的效率越高。但是由于常数 K_1 是一个很小的数，为$(1.1\sim1.4)\times10^{-9}\ U(\mathrm{V})$，故

即使采用钨阳极($Z=74$)，管电压为 100 kV 时，其效率 η 也仅有 1% 左右，碰撞阳极靶的电子束的大部分能量都耗费在使阳极靶发热上。所以，阳极靶多用高熔点金属，如 W^{74}、Mo^{42}、Cu^{29}、Ni^{28}、Co^{27}、Fe^{26}、Cr^{24} 等(注：上标为原子序数)，且 X 射线管在工作时要一直通水使靶冷却。

(2) 特征谱

当加在 X 射线管两端的电压增高到与阳极靶材料相应的某一特定值 V_k 时，在连续 X 射线谱的某些特定的波长位置上，会出现一系列强度很高、波长范围很窄的线状光谱，它们的波长对一定材料的阳极靶有严格恒定的数值，此波长可作为阳极靶材料的标识或特征，故称为标识 X 射线谱或特征谱(图 7-4)。特征谱的波长不受管电压、管电流的影响，只取决于阳极靶材料元素的原子序数。莫塞莱(H. G. J. Moseley)对特征谱进行了系统研究，并于 1914 年得出特征谱的波长 λ 和阳极靶的原子序数 Z 之间的关系，即莫塞莱定律：

$$(1/\lambda)^{1/2}=K_2(Z-\sigma) \tag{7-6}$$

式中：K_2 和 σ 均为常数。

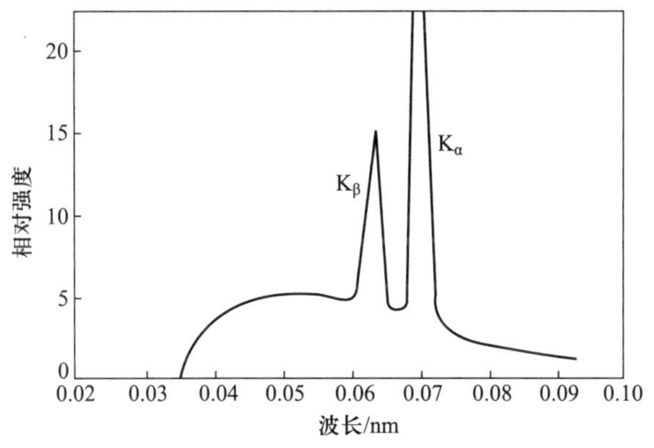

图 7-4　钼靶 K 系特征谱

该定律表明：阳极靶的原子序数越大，相应于同一系的特征谱波长越短。

按照经典的原子模型，原子内的电子分布在一系列量子化的壳层上，在稳定状态下，每个壳层都有一定数量的电子，它们具有一定的能量，最内层(K 层)的能量最低，然后按 L、M、N……递增。若令自由电子的能量为零，则各层上电子能量的表达式为

$$E_n=\frac{2\pi^2me^4(Z-\sigma)^2}{h^2n^2} \tag{7-7}$$

式中：E_n 为主量子数为 n 的壳层上电子的能量；n 为主量子数；m 为电子质量；其他符号同前所述。

当冲向阳极靶的电子具有足够的能量将阳极靶原子的芯电子击出成为自由电子(二次电子)时，原子就处于激发态，必然自发地向稳定态过渡。当 K 层电子被击出后，则在 K 层出现空位，原子处于 K 激发态，若较外层的 L 层电子跃迁到 K 层，则原子转变到 L 激发态，其能量差以 X 射线光量子的形式辐射出来，这就是特征 X 射线。L→K 的跃迁发射 K_α 谱线，由于 L 层内尚有能量差别很小的亚能级，同亚能级上电子的跃迁所辐射的能量稍有差别而形成波长稍短的 $K_{\alpha1}$ 谱线和波长稍长的 $K_{\alpha2}$ 谱线。若 M 层电子向 K 层空位补充，则辐射波长更短的 K_β 谱线。原子的能级及特征谱的发射过程如图 7－5 所示，所辐射的特征谱频率由下式计算：

$$h\nu = E_{n2} - E_{n1} \tag{7-8}$$

将式(7－7)代入式(7－8)则有

$$h\nu = \frac{2\pi^2 m e^4 (Z-\sigma)^2}{h^2} \times \left(\frac{1}{n_1^2} - \frac{1}{n_2^2}\right) \tag{7-9}$$

若 $n_1 = 1$(即 K 层)，$n_2 = 2$(即 L 层)，则发射的 K_α 谱的波长 λ_{K_α} 为

$$\frac{1}{\lambda_{K_\alpha}} = \frac{2\pi^2 m e^4 (Z-\sigma)^2}{h^3 c} \times \frac{3}{4}$$

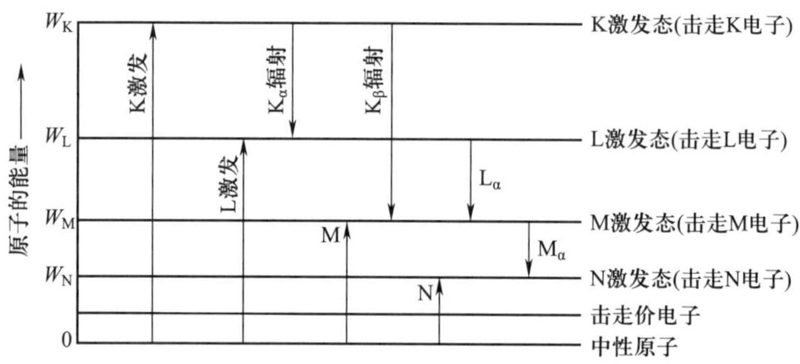

图 7－5　原子的能级及特征谱的发射过程示意图

根据式(7－9)可以得出：$h\nu_{K_\alpha} < h\nu_{K_\beta}$，亦即 $\lambda_{K_\alpha} > \lambda_{K_\beta}$，但由于在 K 激发态下，L 层电子向 K 层跃迁的概率远大于 M 层向 K 层跃迁的概率，因此尽管 K_β 光子本身的能量比 K_α 的高，但是产生的 K_β 光子的数量却很少。所以，K_α 谱线的强度大于 K_β 谱线的强度，约为 K_β 谱线强度的 5 倍。L 层内不同亚能级电子向 K 层跃迁所发射的 $K_{\alpha1}$ 和 $K_{\alpha2}$ 的关系是

$$\lambda_{K_{\alpha1}} < \lambda_{K_{\alpha2}}, \qquad I_{K_{\alpha1}} \approx I_{K_{\alpha2}} \quad (I\text{ 表示强度})$$

特征谱的强度($I_{特}$)随管电压(U)和管电流(i)的提高而增大，其关系的实验公式如下：

$$I_{特} = K_2 i(U_{工作} - U_n)^m \tag{7-10}$$

式中：K_2 为常数；U_n 为特征谱的激发电压，对 K 系，$U_n = U_K$；$U_{工作}$ 为工作电压；m 为常数(K 系 $m = 1.5$，L 系 $m = 2$)。

在多晶材料的衍射分析中，总是希望应用以特征谱为主的单色光源，即尽可能高的 $I_{特}/I_{连}$。为了使 K 系谱线突出，X 射线衍射管适宜的工作电压一般比 K 系激发电压高 3～5 倍，即 $U_{工作} \approx (3 \sim 5) U_K$。表 7－1 列出常用阳极靶材料的适宜工作电压及特征谱波长等特征谱参数。

表 7－1　常用阳极靶材料的特征谱参数

靶元素	原子序数	K 系谱线波长/nm				U_K/kV	$U_{工作}$/kV
		$K_{\alpha1}$	$K_{\alpha2}$	K_{α}	K_{β}		
Cr	24	2.28962	2.29351	2.2909	2.08480	5.98	20～25
Fe	26	1.93597	1.93991	1.9373	1.75653	7.10	25～30
Co	27	1.78892	1.79278	1.7902	1.62075	7.71	30
Ni	28	1.65784	1.66169	1.6591	1.50010	8.29	30～35
Cu	29	1.54051	1.54433	1.5418	1.39217	8.86	35～40
Mo	42	0.70926	0.71354	0.7107	0.63225	20.0	50～55
Ag	47	0.55941	0.56381	0.5609	0.49701	25.5	50～60

4. X 射线与物质的相互作用

当 X 射线与物质相遇时，会产生一系列效应，这是 X 射线应用的基础。但是就其能量转换而言，一束 X 射线通过物质时，它的能量可分为 3 部分：一部分被吸收；一部分透过物质继续沿原来的方向传播；还有一部分被散射。透过物质后的射线束由于吸收和散射的影响，强度被衰减。

(1) X 射线的衰减规律

如图 7－6 所示，强度为 I_0 的入射线照射到厚度为 t 的均匀物质上，实验证明，当 X 射线通过深度为 x 处的 dx 厚度的物质时，其强度的相对衰减 dI_x/I_x 与 dx 成正比，即

$$\frac{dI_x}{I_L} = -\mu_L dx \quad （负号表示 \ dI_x \ 与 \ dx \ 符号相反）$$

式中：μ_L 称为线吸收系数。上式经积分得

$$\frac{I}{I_0} = \exp(-\mu_L t) \quad 或 \quad I = I_0 \exp(-\mu_L t) \tag{7-11}$$

线吸收系数 μ_L 表示物质对 X 射线的吸收特性，由式(7－11)可得，$\mu_L = -\frac{dI_x}{I_x} \times \frac{1}{dx}$(1/cm)，即 X 射线通过单位厚度(即单位体积)物质的相对衰减量。单位体积内的物质量随其密度而异，因而 μ_L 对一确定的物质也不是一个常量。

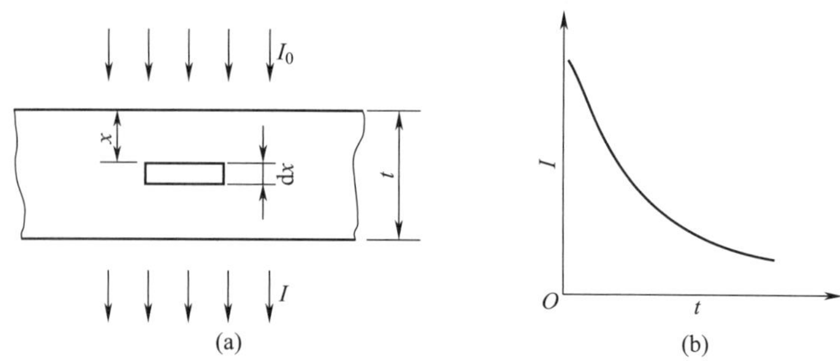

图 7－6　X 射线通过物质后的衰减。(a) X 射线经过物质后的吸收；(b) X 射线强度 I 随透入深度 t 的变化

为表达物质本质的吸收特性，提出了质量吸收系数 μ_m，即

$$\mu_m = \frac{\mu_L}{\rho} \tag{7-12}$$

式中：ρ 为吸收体的密度(g/cm^3)。

将式(7－12)代入式(7－11)得

$$I = I_0 \exp(-\mu_m \rho t) = I_0 \exp(-\mu_m m) \tag{7-13}$$

式中：m 为单位面积、厚度 t 的体积中的物质的质量，$m=\rho t$。

由此可知 μ_m 的物理意义是：X 射线通过单位面积、单位质量物质后强度的相对衰减量。这样就摆脱了密度的影响，成为反映物质本身对 X 射线吸收性质的物理量。若吸收体是多元素的化合物、固溶体或混合物时，其质量吸收系数 μ_m 仅取决于各组元的质量分数x_i，即

$$\mu_m = \sum (\mu_{mi} \cdot x_i) \tag{7-14}$$

质量吸收系数决定于吸收物质的原子序数 Z 和 X 射线的波长 λ，其关系的经验式为

$$\mu_m \approx K_4 \lambda^3 Z^3 \tag{7-15}$$

式中：K_4 是常数。式(7－15)表明，对一定的吸收体，X 射线的波长越短，穿透能力越强，表现为吸收系数的下降。但随着波长的降低，μ_m 并非呈连续的变化，而是在某些波长位置上突然升高，出现了吸收限。每种物质都有它本身确定的一系列吸收限，这种带有特征吸收限的吸收系数曲线称为该物质的吸收谱(图 7－7)，吸收限的存在显示了吸收的本质。

(2) X 射线的真吸收

质量吸收系数突变的现象可用 X 射线的光电效应来解释。当入射光量子的能量等于或略大于吸收体原子某壳层电子的结合能(即该层电子激发态能量)时，此光量子就很容易被电子吸收，获得能量的电子从内层逸出，成为自

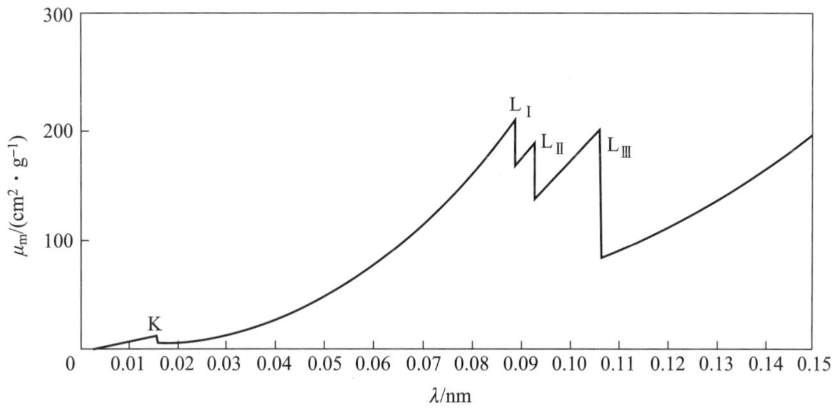

图 7－7 质量吸收系数随入射波长的变化（Z 一定）

由电子，称光电子，原子则处于相应的激发态。这种以光子激发原子所发生的激发和辐射过程称为光电效应。此效应消耗大量能量，吸收系数突增，对应吸收限。由光电效应所造成的入射能量消耗称为真吸收，真吸收中还包含 X 射线穿过物质时所引起的热效应。使 K 层电子变成自由电子的能量，亦即可引起 K 激发态的入射光量子的能量必须达到

$$h\nu_K = hc/\lambda_K \tag{7-16}$$

式中：ν_K 和 λ_K 分别为 K 吸收限的频率和波长。

L 层包括 3 个能量差很小的亚能级（$L_{\rm I}$、$L_{\rm II}$、$L_{\rm III}$），它们对应 3 个 L 吸收限 $\lambda_{\rm I}$、$\lambda_{\rm II}$、$\lambda_{\rm III}$（图 7－7）。X 射线通过光电效应使被照射物质处于激发态，这一激发态与由入射电子所引起的激发态完全相同，也要通过电子跃迁向较低能态转化，同时辐射被照射物质的特征 X 射线谱。由入射 X 射线所激发出来的特征 X 射线称为荧光辐射（荧光 X 射线，二次 X 射线），它是光谱分析的依据。但是在晶体衍射分析中，荧光辐射却起妨碍作用，它增加衍射图背底，选靶时要注意避免。

由于光电效应而处于激发态的原子还有一种释放能量的方式，即俄歇效应。原子中一个 K 层电子被入射光量子击出后，L 层一个电子跃入 K 层填补空位，此时多余的能量不以辐射 X 光量子的方式放出，而是另一个 L 层电子获得能量跃出吸收体，这样的一个 K 层空位被两个 L 层空位代替的过程称为俄歇效应，跃出的 L 层电子称为俄歇电子，其能量 E_{KLL} 是吸收体的特征。所以荧光 X 射线、光电子和俄歇电子都是被照射物质化学成分的讯号。荧光效应用于重元素成分分析，俄歇效应和光电效应用于表层元素的分析。

(3) 关于吸收的几点应用

1) 利用吸收限作原子内层能级图。如果入射 X 射线刚好能击出原子内的 K 层电子，则 X 射线光电子能量为 W_K，则

$$W_K = h\nu_K = hc/\lambda_K \qquad (7-17)$$

用仪器测出 X 射线的波长 λ_K，即可得到物质的吸收限，从而确定出 K 系的能级图。同样，L、M、N……的能级也可根据 L、M、N……的吸收限定出对应各壳层的能级图。

2) 激发电压的计算。利用加速电子束轰击某元素做成的靶极，若使其产生 K 特征谱线，电子束能量至少等于 W_K：

$$W_K = eV_K = h\nu_K = hc/\lambda_K$$

由此得出所需的 K 层激发电压为

$$V_K = \frac{hc}{e\lambda_K} = \frac{12.40}{\lambda_K}$$

式中：λ_K 的单位为 10^{-8} cm，V_K 的单位为 kV。

3) X 射线探伤(透视)。X 射线探伤(透视)是 X 射线穿透性的应用，是对吸收体(材料或生物体)进行无损检验的一种方法。这种方法主要是根据 X 射线经过衰减系数不同的吸收体时，所穿过的射线强度不同而实现的。若被检验的物质中存在着气泡、裂纹、夹杂物或生物体中的病变时，这些部位对 X 射线的吸收各不相同，因此在透射方向的感光底片上便出现深浅各异的阴影。根据阴影可以判断出物质内部缺陷的部位和性质。一般缺陷的厚度仅为吸收体厚度的 1% 时，即可被检验出来。

4) 滤波(光)片。可以利用吸收限两侧吸收系数的差别很大的现象制成滤波片，用以吸收不需要的辐射而得到基本单色的光源。如前所述，K 系辐射包含 K_α 和 K_β 谱线，在多晶衍射分析中，必须除去强度较低的 K_β 吸收谱线，为此可以选取一种材料制成滤波片，放置在光路上，这种材料的 K 吸收限 λ_K 处于光源的 λ_{K_α}和 λ_{K_β}辐射线之间，即：λ_{K_β}(光源) < λ_K(滤波片) < λ_{K_α}(光源)，它对光源的 K_β 吸收很强烈，而对 K_α 吸收很少，经过滤波片后的发射光谱变成如图 7-8(b)的形态。通常均调整滤波片的厚度(按吸收公式计算)使滤波后的 $I_{K_\beta}/I_{K_\alpha} \approx 1/600$(在未滤波时 $I_{K_\beta}/I_{K_\alpha} \approx 1/5$)。实验表明，滤波片元素的原子序数均比靶元素的原子序数小 1 ~ 2。

元素的吸收谱还可作为选择 X 射线靶材料的重要依据。在进行衍射分析时，总是希望试样对 X 射线的吸收尽可能地少，获得高的衍射强度和低的背底。最合理的选择方法是，阳极靶的 K_α 谱线波长稍大于试样元素的 K 吸收限，而且要尽可能靠近 λ_K；这样既不产生 K 系荧光辐射，试样对 X 射线的吸收也最小。一般的选靶原则是：$Z_{靶} = Z_{试样} + 1$($Z_{靶}$ 和 $Z_{试样}$分别为靶和试样的原

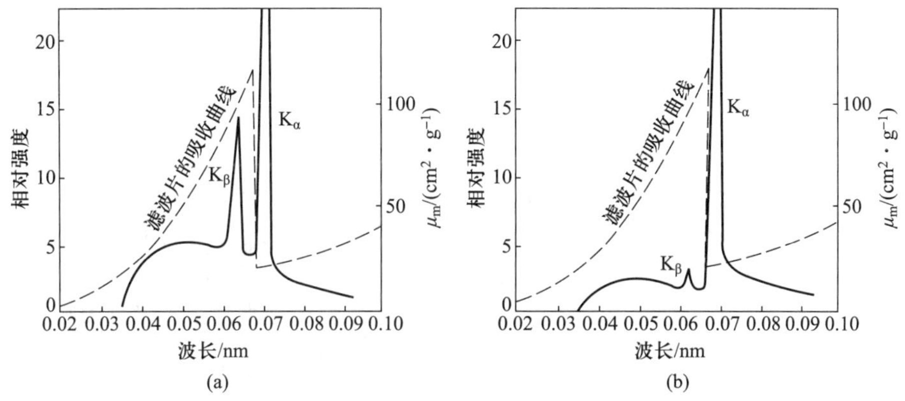

图 7－8　滤波片原理示意图。（a）滤波前；（b）滤波后

子序数）。

（4）X 射线的散射

X 射线在穿过物质后强度衰减，除主要部分是由于真吸收消耗于光电效应和热效应外，还有一部分是偏离了原来的方向，即发生了散射。在散射波中有与原波长相同的相干散射和与原波长不同的非相干散射。

相干散射亦称经典散射。经典电动力学理论指出，X 射线是一种电磁波，当它通过物质时，在入射电子束电场的作用下，物质原子中的电子将被迫围绕其平衡位置振动，同时向四周辐射出与入射 X 射线波长相同的散射 X 射线，称之为经典散射。由于散射波与入射波的频率或波长相同，位相差恒定，在同一方向上各散射波符合相干条件，故又称相干散射。经过相互干涉后，这些很弱的能量并不散射在各个方向，而是集中在某些方向上，于是可以得到一定的花样。从这些花样可以推测原子的位置，这就是晶体衍射效应的根源。

而非相干散射是当 X 射线光量子冲击束缚力较小的电子或自由电子时，产生一种反冲电子，而入射 X 射线光子自身则偏离入射方向。散射 X 射线光子的能量因部分转化为反冲电子的动能而降低，波长增加。这种散射由于各个光子能量减小的程度各不相等，即散射线的波长各不相同，因此相互之间不会发生干涉现象，故称非相干散射。这种非相干散射分布在各个方向，强度一般很低，但无法避免，在衍射图上成为连续的背底，给衍射工作带来不利影响。

图 7－9 归纳了上述 X 射线的产生及其与物质的相互作用。

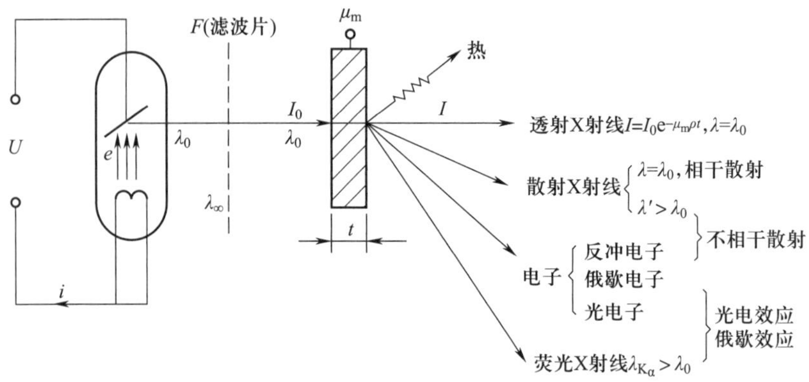

图 7－9　X 射线的产生及其与物质的相互作用

7.1.2　X 射线衍射学基础

利用 X 射线研究晶体结构中的各类问题，主要是通过 X 射线在晶体中所产生的衍射现象进行的。为了通过衍射现象来分析晶体内部结构的各种问题，必须掌握一定的晶体学知识，并在衍射现象与晶体结构之间建立起定性和定量的关系。

1. 晶体学基础

（1）布拉维(Bravais)点阵

晶体的基本特点是它具有规则排列的内部结构。构成晶体的质点通常指的是原子、离子、分子及其他原子集团，这些质点在晶体内部按一定的集合规律排列起来，即形成晶体结构。为了表达空间点阵的周期性，一般选取体积最小的平行六面体作为单位阵胞。这种阵胞只在顶点上有结点，称为简单阵胞，如图 7－10 所示。然而，晶体结构中质点分布除具有周期性外，还具有对称性。因此，与晶体结构相对应的空间点阵也同样具有周期性和对称性，简单阵胞是不能满足要求的，必须选取比简单阵胞体积更大的复杂阵胞。在复杂阵胞中，结点不仅可以分布在顶点，而且也可以分布在体心或面心。选取阵胞的条件是：① 能同时反映出空间点阵的周期性和对称性；② 在满足①的条件下，有尽可能多的直角；③ 在满足①和②的条件下，体积最小。法国晶体学家布拉维经过长期的研究表明，按上述 3 条原则选取的阵胞只能有 14 种，称为 14 种

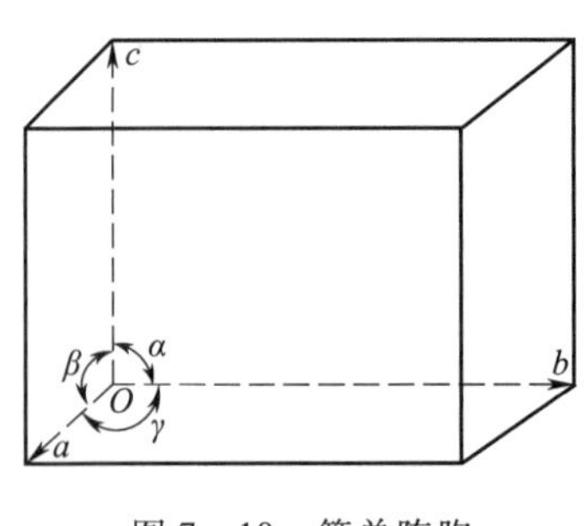

图 7－10　简单阵胞

布拉维点阵。根据结点在阵胞中位置的不同，可将14种布拉维点阵分为4种点阵类型(P、C、I、F)。阵胞的形状和大小用相交于某一顶点的3条棱边上的点阵周期a、b、c以及它们之间的夹角α、β、γ来描述。习惯上以b、c之间的夹角为α，a、c之间的夹角为β，a、b之间的夹角为γ。a、b、c和α、β、γ称为点阵常数或晶格常数。根据点阵常数的不同，将晶体点阵分为7个晶系，每个晶系中包括几种点阵类型，如表7－2所示。

表7－2　7个晶系及其所属的布拉维点阵

晶系	点阵常数	布拉维点阵	点阵符号	阵胞内结点数	结点坐标
立方晶系	$a=b=c$ $\alpha=\beta=\gamma=90°$	简单六方 体心立方 面心立方	P I F	1 2 4	000 000,1/2 1/2 1/2 000,1/2 1/2 0,1/2 0 1/2,0 1/2 1/2
正方晶系 （四方晶系）	$a=b\neq c$ $\alpha=\beta=\gamma=90°$	简单正方 体心正方	P I	1 2	000 000,1/2 1/2 1/2
斜方晶系 （正交晶系）	$a\neq b\neq c$ $\alpha=\beta=\gamma=90°$	简单斜方 体心斜方 底心斜方 面心斜方	P I C F	1 2 2 4	000 000,1/2 1/2 1/2 000,1/2 1/2 0 000,1/2 1/2 0,1/2 0 1/2,0 1/2 1/2
菱方晶系 （三方晶系）	$a=b=c$ $\alpha=\beta=\gamma\neq 90°$	简单菱方	P	1	000
六方晶系	$a=b\neq c$ $\alpha=\beta=90°$ $\gamma=120°$	简单六方	P	1	000
单斜晶系	$a\neq b\neq c$ $\alpha=\gamma=90°\neq\beta$	简单单斜 底心单斜	P C	1 2	000 000,1/2 1/2 0
三斜晶系	$a\neq b\neq c$ $\alpha\neq\beta\neq\gamma\neq 90°$	简单三斜	P	1	000

(2) 晶面指数

在晶体学中，确定晶面在空间的位置一般采用解析几何的方法，它是英国学者米勒(W. H. Miller)在1839年创立的，常称为米氏符号或米勒指数。具体确定晶面指数的方法如下：

1) 在以基矢$\boldsymbol{a}$、$\boldsymbol{b}$、$\boldsymbol{c}$构成的晶胞内，量出一个晶面在3个基矢上的截距，并用基矢长度a、b、c为单位来度量。

2) 写出3个分数截距的倒数。

3）将 3 个倒数化为 3 个互质整数，并用小括号括起，即为该组平行晶面的晶面指数(米氏符号或米勒指数)。

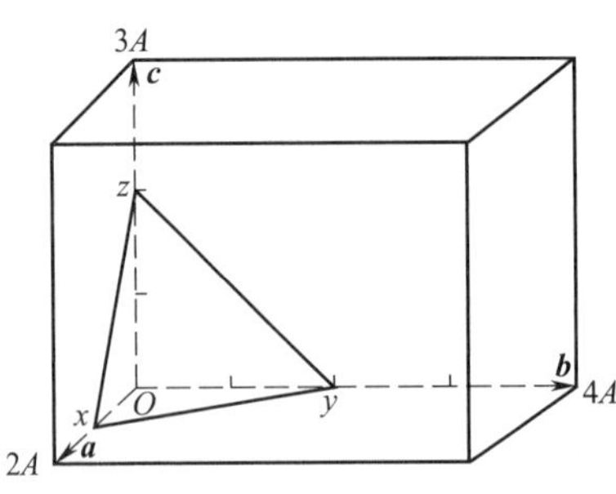

图 7－11　晶面指数标定示意图

下面以图 7－11 来说明如何确定晶面指数。基矢 **a**、**b**、**c** 的长度(轴长)分别是 2A、4A 和 3A，晶面 xyz 在 3 个基矢上的截距分别是 A、2A 和 2A，分数截距的倒数分别是 2、2 和 3/2，晶面指数就是(443)。该组平行晶面中最靠近原点的晶面的截距分别是 1/4、1/4、1/3。

当泛指某一晶面指数时，一般用 (hkl) 代表；如果晶面与坐标轴的负方向相交时，则应在相应的指数上加一负号来表示，例如$(h\bar{k}l)$表示晶面与 y 轴的负方向相交；当晶面与某坐标轴平行时，则认为晶面与该轴的截距为∞（无穷大)，其倒数为 0，即相应的指数为零。

在任何晶系中，都有若干组借对称联系起来的等效点阵面，这些面称共组面，用$\{hkl\}$表示。它们的晶面间距和晶面上的结点分布完全相同。例如在立方晶系中{100}晶面族包括(100)、(010)、(001)、$(\bar{1}00)$、$(0\bar{1}0)$、$(00\bar{1})$6 个晶面，{111}晶面族包括(111)、$(1\bar{1}\bar{1})$、$(\bar{1}\bar{1}\bar{1})$、$(\bar{1}11)$、$(1\bar{1}1)$、$(11\bar{1})$、$(\bar{1}\bar{1}1)$、$(\bar{1}1\bar{1})$8 个晶面。但是，在其他晶系中，晶面指数的数字绝对值相同的晶面就不一定都属于同一晶面族。例如对正方晶系，由于 $a=b\neq c$，因此{100}被分成两组，其中(100)、$(0\bar{1}0)$、$(\bar{1}00)$、(010)4 个晶面属于同族晶面，而(001)、$(00\bar{1})$属于另外同族晶面。

在晶体结构和空间点阵中，平行于某一轴向的所有晶面都属于同一个晶带，同一晶带中晶面的交线互相平行，其中通过坐标原点的那条平行直线称为晶带轴，晶带轴的晶向指数就是该晶带的指数。晶向指数的确定方法如下：① 在一组互相平行的结点直线中引出过原点的结点直线；② 在该直线上任选一个结点，量出它的坐标值，并用点阵周期 a、b、c 度量；③ 把坐标值化为互质数，用方括号括起，即为该结点直线的晶向指数。当泛指某晶向指数时，用$[uvw]$表示。

(3) 晶面间距

晶面间距是指两个相邻的平行晶面间的垂直距离，通常用d_{hkl}或简写为 d 来表示。下面以立方晶系为例来推导晶面间距的计算公式。如图 7－12 所示，晶面 ABC 为某平行晶面组中最靠近坐标原点的一个晶面(hkl)，坐标原点取在最邻近晶面 ABC 的一个晶面上。坐标原点与晶面 ABC 之间的垂直距离 ON 就是这个晶面组的晶面间距 d。用 θ_1、θ_2、θ_3分别表示 ON 与 3 个坐标轴的夹角。

从直角三角形 ONA、ONB、ONC 可以得到下列关系式：

$$\cos\theta_1 = ON/OA = d/OA,$$
$$\cos\theta_2 = ON/OB = d/OB, \quad (7-18)$$
$$\cos\theta_3 = ON/OC = d/OC$$

OA、OB、OC 为晶面在 3 个坐标轴上的截距，它们分别等于

$$OA = a/h, \qquad OB = a/k, \qquad OC = a/l \quad (7-19)$$

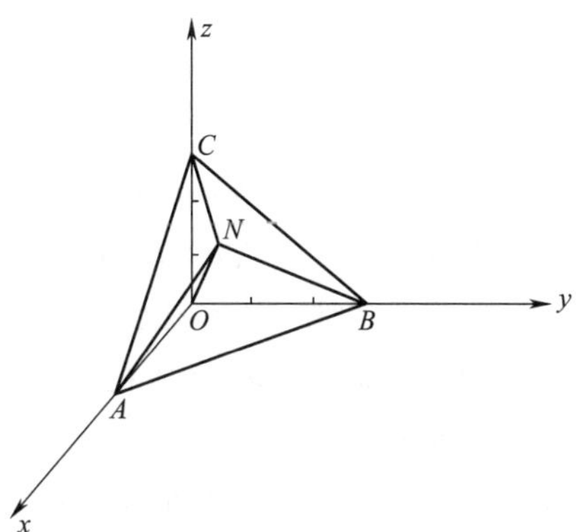

图 7-12　计算晶面间距的示意图

将式(7-19)代入式(7-18)，并将式(7-18)中的 3 个方程式各自平方后再相加即得

$$\cos^2\theta_1 + \cos^2\theta_2 + \cos^2\theta_3 = d^2/(a/h)^2 + d^2/(a/k)^2 + d^2/(a/l)^2 = 1$$

所以，立方晶系的晶面间距公式为

$$d_{hkl} = a/(h^2 + k^2 + l^2)^{1/2}$$

其他各晶系的晶面间距公式如表 7-3 所示。

表 7-3　各晶系的晶面间距公式

晶系	d_{hkl}
立方	$a/(h^2+k^2+l^2)^{1/2}$
正方	$(h^2/a^2+k^2/a^2+l^2/c^2)^{-1/2}$
斜方	$(h^2/a^2+k^2/b^2+l^2/c^2)^{-1/2}$
菱方	$a\{[(h^2+k^2+l^2)\sin^2\alpha+2(hk+hl+kl)(\cos^2\alpha-\cos\alpha)]/(1+2\cos^3\alpha-3\cos^2\alpha)\}^{-1/2}$
六方	$[4(h^2+k^2+hk)/(3a^2)+l^2/c^2]^{-1/2}$
单斜	$\{[h^2/a^2+l^2/c^2-2hl\cos\beta/(ac)+k^2\sin^2\beta/b^2]/\sin^2\beta\}^{-1/2}$
三斜	$\left[\dfrac{\dfrac{h}{a}\begin{vmatrix} h/a & \cos\gamma & \cos\beta \\ k/b & 1 & \cos\alpha \\ l/c & \cos\alpha & 1 \end{vmatrix}+\dfrac{k}{b}\begin{vmatrix} 1 & h/a & \cos\beta \\ \cos\gamma & k/b & \cos\alpha \\ \cos\beta & l/c & 1 \end{vmatrix}+\dfrac{l}{c}\begin{vmatrix} 1 & \cos\gamma & h/a \\ \cos\gamma & 1 & k/b \\ \cos\beta & \cos\alpha & l/c \end{vmatrix}}{\begin{vmatrix} 1 & \cos\gamma & \cos\beta \\ \cos\gamma & 1 & \cos\alpha \\ \cos\beta & \cos\alpha & 1 \end{vmatrix}}\right]^{-1/2}$

(4) 倒易点阵

倒易点阵又称倒格子，它由空间点阵导出，对于解释 X 射线及电子衍射图像的成因极为有用，并能简化晶体学中一些重要参数的计算公式。

用 $\boldsymbol{a}$、$\boldsymbol{b}$、$\boldsymbol{c}$ 表示正点阵的基矢，则与之对应的倒易点阵的基矢 $\boldsymbol{a}^*$、$\boldsymbol{b}^*$、$\boldsymbol{c}^*$ 可以用下面的方式来定义：

$$\boldsymbol{a}^* \cdot \boldsymbol{a} = \boldsymbol{b}^* \cdot \boldsymbol{b} = \boldsymbol{c}^* \cdot \boldsymbol{c} = 1$$

$$\boldsymbol{a}^* \cdot \boldsymbol{b} = \boldsymbol{a}^* \cdot \boldsymbol{c} = \boldsymbol{b}^* \cdot \boldsymbol{a} = \boldsymbol{b}^* \cdot \boldsymbol{c} = \boldsymbol{c}^* \cdot \boldsymbol{a} = \boldsymbol{c}^* \cdot \boldsymbol{b} = 0$$

由该定义可以从 $\boldsymbol{a}$、$\boldsymbol{b}$、$\boldsymbol{c}$ 唯一地求出 $\boldsymbol{a}^*$、$\boldsymbol{b}^*$、$\boldsymbol{c}^*$（包括长度和方向），即从正点阵得到唯一的倒易点阵。从矢量的“点积”关系可知，$\boldsymbol{a}^*$ 同时垂直于 $\boldsymbol{b}$、$\boldsymbol{c}$，因此 $\boldsymbol{a}^*$ 垂直于 $\boldsymbol{b}$、$\boldsymbol{c}$ 所在的平面，即(100)晶面。同理，$\boldsymbol{b}^*$ 垂直于(010)晶面，$\boldsymbol{c}^*$ 垂直于(001)晶面。从倒易点阵的定义还可看出，正点阵和倒易点阵是互为倒易的。另外，还可通过矢量运算证明，正点阵的阵胞体积 V 和倒易点阵的阵胞体积 V^* 具有互为倒数的关系，即 $V = 1/V^*$。从倒易点阵的定义经运算还可以得到倒易点阵的点阵常数 a^*、b^*、c^*、α^*、β^*、γ^* 和正点阵的点阵常数的关系如下：

$$a^* = bc\sin\alpha/V$$

$$b^* = ca\sin\beta/V$$

$$c^* = ab\sin\gamma/V$$

$$\cos a^* = (\cos\beta\cos\gamma - \cos\alpha)/(\sin\beta\sin\gamma)$$

$$\cos\beta^* = (\cos\alpha\cos\gamma - \cos\beta)/(\sin\alpha\sin\gamma)$$

$$\cos\gamma^* = (\cos\alpha\cos\beta - \cos\gamma)/(\sin\alpha\sin\beta)$$

图 7－13 画出了 $\boldsymbol{c}^*$ 与正点阵的关系，从图中可以看到，$\boldsymbol{c}$ 在 $\boldsymbol{c}^*$ 方向上的投影 OP 为(001)晶面的晶面间距，即 $OP = d_{001}$。同理可得 $\boldsymbol{a}$ 在 $\boldsymbol{a}^*$ 方向上的投影为(100)晶面的晶面间距 d_{100}，$\boldsymbol{b}$ 在 $\boldsymbol{b}^*$ 方向上的投影为(010)晶面的晶面间距 d_{010}。根据倒易点阵的基矢 $\boldsymbol{a}^*$、$\boldsymbol{b}^*$、$\boldsymbol{c}^*$ 作出倒易阵胞后，将倒易阵胞在空间平移便可绘制出空间点阵。倒易空间中的点阵称为倒易结点。从倒易点阵原点向任一倒易结点所连接的矢量称为倒易矢量，用符号 $\boldsymbol{r}^*$ 表示。$\boldsymbol{r}^* = h\boldsymbol{a}^* + k\boldsymbol{b}^* + l\boldsymbol{c}^*$，$h$、$k$、$l$ 为正整数。倒易矢量是倒易点阵中的重要参量，也是在 X 射线衍射中经常引用的参量，它有两个基本性质：① 倒易矢量 $\boldsymbol{r}^*$ 垂直于正点阵的(hkl)晶面；② 倒易矢量的长度 r 等于(hkl)晶面的晶面间距 d_{hkl} 的倒数。下面根据图 7－14 对这两个基本性质进行证明。

ABC 为(hkl)晶面组中最靠近原点的晶面，它在坐标轴上的截距分别为：$\boldsymbol{OA} = \boldsymbol{a}/h$；$\boldsymbol{OB} = \boldsymbol{b}/k$；$\boldsymbol{OC} = \boldsymbol{c}/l$。$\boldsymbol{AB} = \boldsymbol{OB} - \boldsymbol{OA} = \boldsymbol{b}/k - \boldsymbol{a}/h$，$\boldsymbol{BC} = \boldsymbol{OC} - \boldsymbol{OB} = \boldsymbol{c}/l - \boldsymbol{b}/k$。所以，$\boldsymbol{r}^* \cdot \boldsymbol{AB} = (h\boldsymbol{a}^* + k\boldsymbol{b}^* + l\boldsymbol{c}^*)(\boldsymbol{b}/k - \boldsymbol{a}/h) = 1 - 1 = 0$；$\boldsymbol{r}^* \cdot \boldsymbol{BC} = (h\boldsymbol{a}^* + k\boldsymbol{b}^* + l\boldsymbol{c}^*)(\boldsymbol{c}/l - \boldsymbol{b}/k) = 1 - 1 = 0$。两个矢量的“点积”等于零说明，$\boldsymbol{r}^*$ 同时垂直于 $\boldsymbol{AB}$ 和 $\boldsymbol{BC}$，即 $\boldsymbol{r}^*$ 垂直于(hkl)晶面。

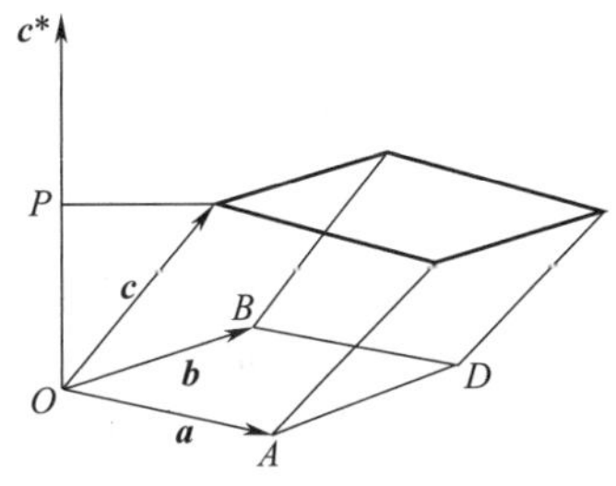

图 7-13 c^* 与正点阵的关系

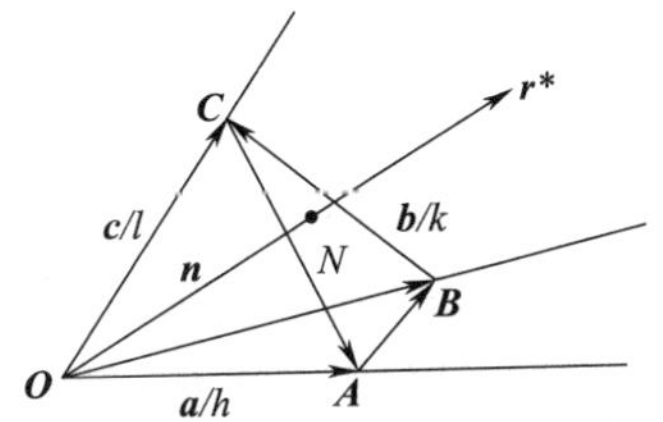

图 7-14 倒易矢量与晶面的关系

在图 7-14 中，用 $\boldsymbol{n}$ 代表 $\boldsymbol{r}^*$ 方向的单位矢量，$\boldsymbol{n}=\boldsymbol{r}^*/r$。$ON$ 为(hkl)晶面的晶面间距 d_{hkl}。由于 ON 为 OA(或 OB、OC)在 $\boldsymbol{r}^*$ 方向的投影，所以 $ON = d_{hkl} = \boldsymbol{OA}\cdot\boldsymbol{n} = (\boldsymbol{a}/h)\cdot(\boldsymbol{r}^*/r) = (\boldsymbol{a}/h)\cdot[(h\boldsymbol{a}^*+k\boldsymbol{b}^*+l\boldsymbol{c}^*)/r] = 1/r$，即 $r = 1/d_{hkl}$。

从以上证明的倒易矢量的基本性质可以看出，如果正点阵与倒易点阵具有共同的坐标原点，则正点阵中的晶面在倒易点阵中可用一个倒易结点来表示，倒易结点的指数用它所代表的晶面的晶面指数标定。利用这种对应关系又可以重新得到原来的晶体点阵。图 7-15 给出了(100)、(200)晶面与倒易结点的关系。因为(200)晶面间距 d_{200} 是 d_{100} 的一半，所以(200)晶面的倒易矢量的长度比(100)倒易矢量的长度大一倍。如果作出各种取向晶面族的倒易结点，便可得到相应的倒易结点平面和倒易结点空间。

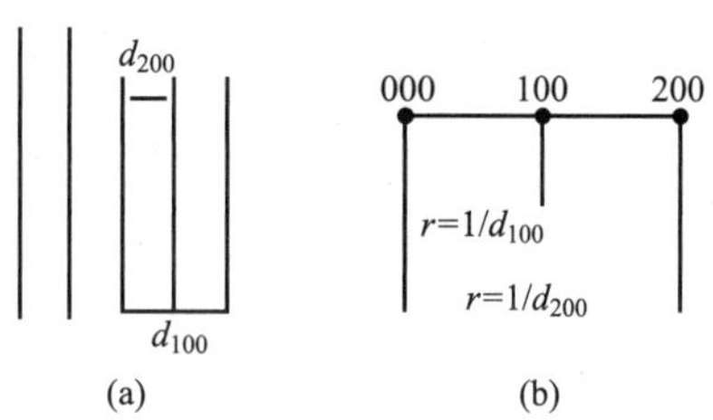

图 7-15 晶面与倒易点阵的对应关系

2. 晶体投影[9]

点阵中的方向和点阵平面的方位以及它们之间的关系是三维空间的立体关系，但用立体图形来表示是很不方便的，所以可用投影的方法把这些关系用平面图形表示出来。晶体投影的方法有多种，但广泛应用的是极射赤面投影(stereographic projection)。下面介绍这种投影及其应用。

(1) 球面投影

把晶体的晶面、晶向以及它们之间的关系在一个球面上表达，这个球称为参考球，这种表达方式就是球面投影。

球面投影的方法是把晶体放在参考球中心，要求晶体比参考球小得多，使得任何晶面和晶向都“通过”参考球中心。一个晶向和参考球相交的点称为迹点；一个晶面延展和参考球相交为一个大圆，这个大圆就是该晶面在参考球上的面痕或称迹径，用此面痕表示该晶面。另外，又可以用该晶面的法线（通过参考球球心）和球面的交点表示该晶面，这个交点称为极点。相对于法线方向的晶向来说，这一点就是迹点。可以用两个面痕的夹角或极点之间的夹角度量两个晶面的夹角。图 7－16 表示了两个晶面的面痕和极点以及两个晶面的夹角。图中夹角为 α 的两个晶面，它们的极点分别为 P_1 和 P_2。它们的面痕大圆的夹角以及 P_1 和 P_2 之间的夹角都是 α，度量面痕夹角和度量极点夹角的结果是相同的。为了度量 P_1 和 P_2 之间的夹角，作通过 P_1 点和 P_2 极点的有刻度的大圆（圆中虚线），由 P_1 和 P_2 之间的圆弧量出 P_1 点和 P_2 点之间的角度。

为了方便度量，可以在参考球上引入参考网格。参考网格类似于地球的经线和纬线，经线是通过球的两个极点的大圆，它们将赤道等分为 360 份（或等间距的不同份数）。图 7－17 是参考网格的示意图。若要测量球面上两个极点（或迹点）A 和 B 之间的夹角，只要转动罩在参考球上的整个参考网格，使 A 点和 B 点落在同一条经线上，读出两个极点之间的纬度，就是这两个极点之间的夹角。

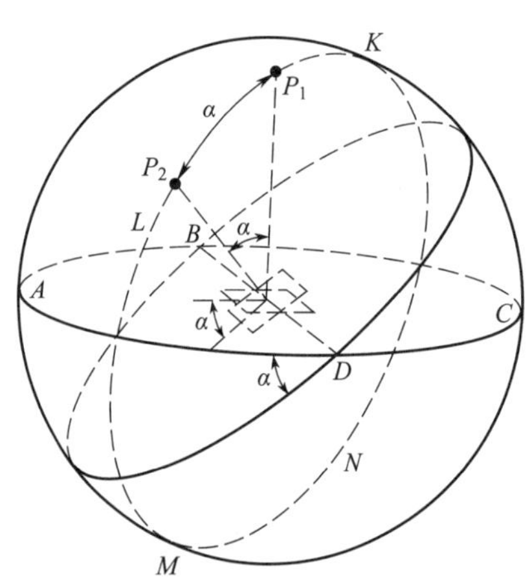

图 7－16　两个晶面的面痕和极点以及两个晶面的夹角

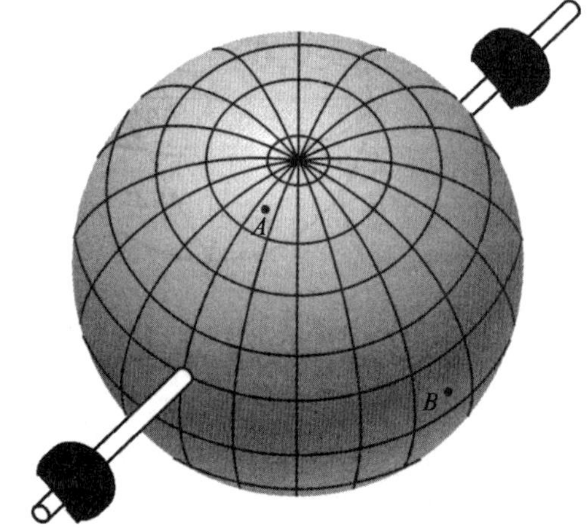

图 7－17　参考网格的示意图

（2）极射赤面投影

球面投影虽然已把晶体几何图形的角关系变换到球面上，但它仍然是一个三维图形，利用它来分析晶体各晶面在空间的配置关系是不方便的。所以，往往把球面转化为一种平面关系。最普遍使用的方法是极射赤面投影，这种投影方法如图 7－18 所示。先过参考球心作一平面，以它作为投影面，投影面和参考球相交的大圆称为基圆，又称为赤道平面。垂直于投影面并过球心的轴 NS 为投影轴。投影轴在参考球上的两个交点 S 和 N 是参考球的南极和北极。这

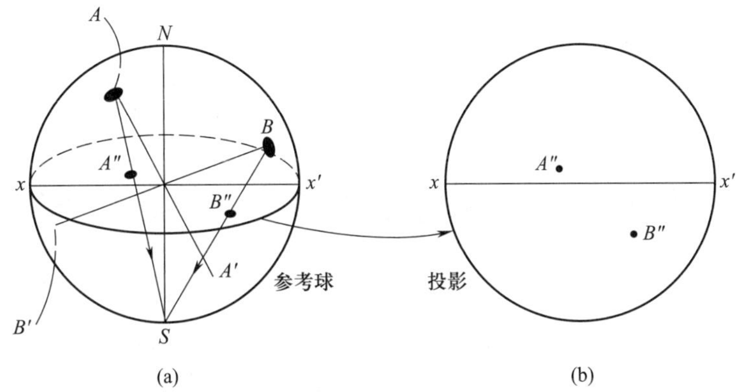

图 7－18　由球面投影转化为极射赤面投影。(a) 北半球 A、B 极点和下目测点 S 的连线在赤道面(投影面)相交；(b) A 极点和 B 极点的投影图

两个点又称下目测点和上目测点。处于上半球上的极点(迹点)和上目测点相连，处于下半球上的极点(迹点)和下目测点相连，它们的连线和投影面的交点就是极射赤面投影点。

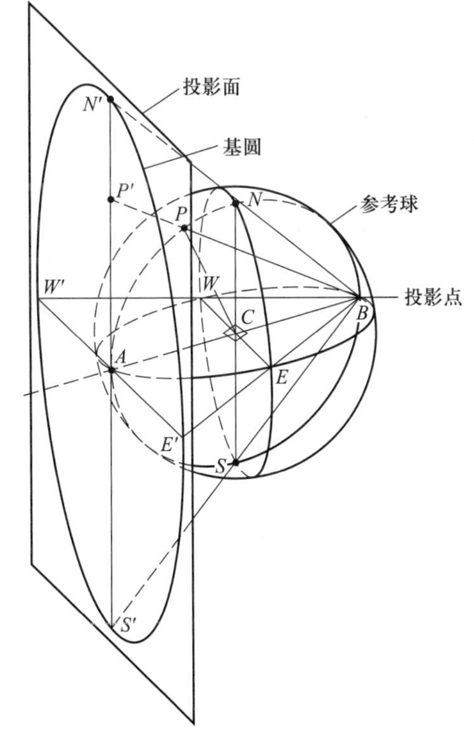

图 7－19　投影面放置在与投影球相切面上的情况

极射赤面投影有时选取和视点另一侧(另一视点)相切的面作为投影面(图 7－19)，投影时从视点和球面上极点连线延长至投影面，所得交点就是投影点。这样的极射赤面投影图和选择赤道面作投影面是完全一样的，只是尺寸大小有所改变。

平行于赤道面的晶面，它的极射赤面投影点必在基圆中心；垂直于赤道面的晶面，它的极射投影点必在基圆的圆周上。倾斜晶面的极射赤面投影点必在基圆内，晶面法线与投影轴的夹角越小，则投影点距离圆中心越近；反之就越趋向于基圆圆周。

投影球上的任意圆，不论是大圆还是小圆，它们的极射赤面投影一般是圆[图 7－20 的(b)、(d)、(f)]或

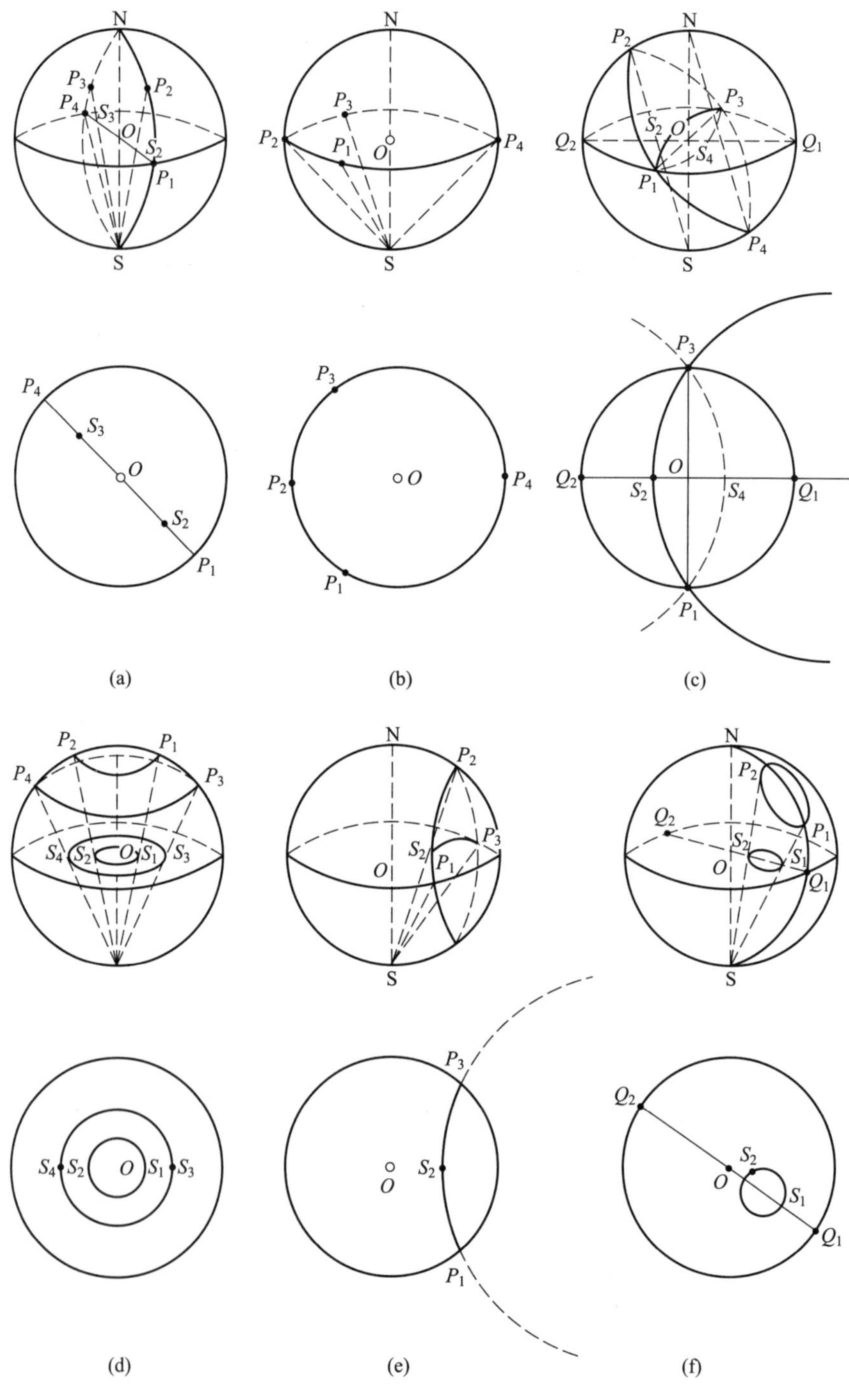

图 7-20　球面上大圆[(a)~(c)]、小圆[(d)~(f)]的极射赤面投影

圆弧[图 7－20 的(a)、(c)、(e)]。投影面在投影球上的面痕就是基圆，它的极射赤面投影也一样是基圆[图 7－20(b)]。在投影球上和投影面平行的小圆，它们的极射赤面投影是以基圆中心为圆心的小圆[图 7－20(d)]。在投影球上相对投影面倾斜的小圆的极射赤面投影仍是小圆，但是它的圆心并不是投影球上的圆心的投影[图 7－20(f)]。相对投影面倾斜的大圆的极射赤面投影是圆弧[图 7－20(c)]，其实它是圆弧的极限情况。和投影面垂直的大圆的极射赤面投影是过基圆圆心的直线[图 7－20(a)]。与投影面垂直的小圆的极射赤面投影也是一个圆弧[图 7－20(e)]。

3. 吴氏网和极网

前面说过，在投影球上极点(或迹点)间的夹角是用由经线和纬线组成的网格来度量的，对于极点(或迹点)极射投影间的夹角，也同样是用球面经线和纬线组成的网格的极射投影来度量的。如果把目测点放在赤道上，球面经线和纬线组成的网格的极射投影如图 7－21 所示，称为吴氏网。如果把目测点放在球面经线和纬线网格的 N 极或 S 极，则球面经线和纬线组成的网格的极射投影称为极网。吴氏网上的经线是南北走向的，纬线是东西走向的；极网上的经线是过基圆中心的辐射线，而纬线是以基圆中心为圆心的同心圆。

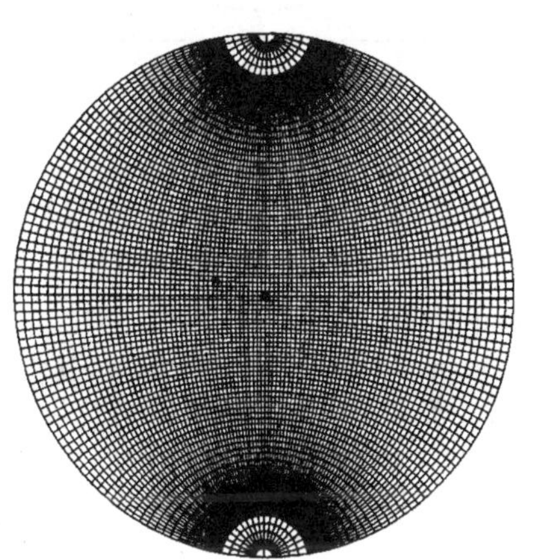

图 7－21　吴氏网

在吴氏网上除了标上 N 极和 S 极以外，通常还在赤道标上 W(西)和 E(东)。使用吴氏网时，在描图纸上画一个和吴氏网基圆大小相同的圆作为极射投影基圆，在基圆上描出要测量的极点(或迹点)的极射投影点，然后把它叠在吴氏网上，使投影基圆和吴氏网保持同心，将投影图相对吴氏网作同心转动到合适位置进行测量。下面讨论一些应用吴氏网的例子。

(1) 两极点(或迹点)之间角度测量

图 7－22(a)所示的极射投影图上有 P_1' 和 P_2' 两个极点，把投影基圆和吴氏网重叠，将投影图相对吴氏网同心转动，直至 P_1' 和 P_2' 落在吴氏网的同一条经线上为止[图 7－22(b)]。读出 P_1' 和 P_2' 两点间的纬度差，它就是 P_1' 和 P_2' 间的夹角大小。在图 7－22(b)所示的情况下，夹角为 30°。

(2) 极点所对应的面痕

一个晶体可以用其极点或面痕来表示。因为面痕是投影面上的一个大圆，

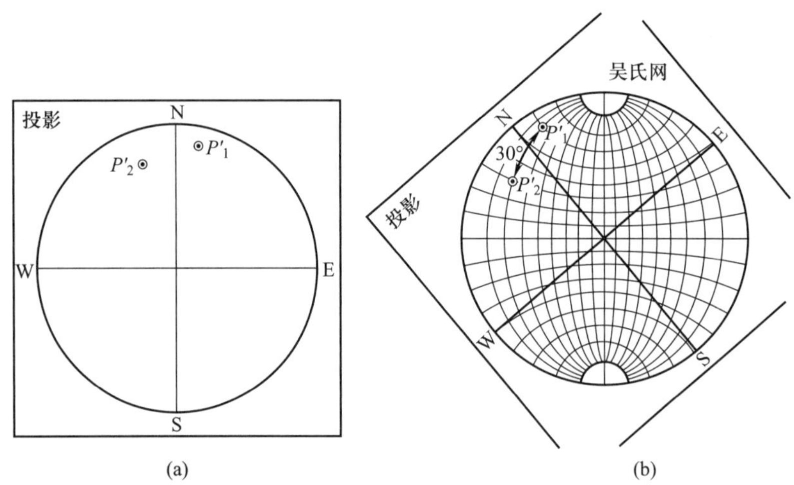

图 7－22　两极点之间角度的测量。(a) 投影图中的 P'_1 和 P'_2 极点；(b) P'_1 和 P'_2 极点夹角的测量

极点是晶面法线和投影球的交点，所以面痕大圆上各点和该极点相距 90°。如要求出图 7－22 投影图中极点 P'_2 对应的面痕，可以把投影图基圆和吴氏网重叠，将投影图相对吴氏网作同心转动，使 P'_2 落在吴氏网的赤道上，在赤道上从 P'_2 数 90°得另一点，过这点的经线就是所求面痕的极射投影，如图 7－23 所示。根据晶带轴与晶带之间的关系，如果 P'_2 是[*uvw*]迹点，则[*uvw*]晶带所含晶面的极点必落在 P'_2 所对应的面痕上。

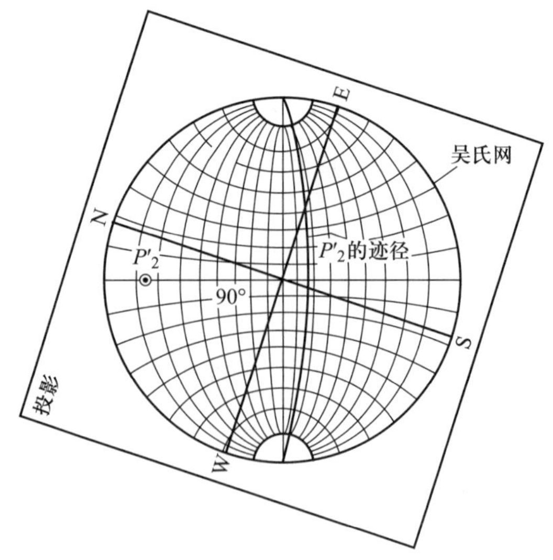

图 7－23　求极点对应的面痕(迹径)的方法

(3) 极点绕位于投影面上的轴转动

将投影图和吴氏网重叠，把转动轴绕吴氏网中心转动，使其与吴氏网的N－S 轴重合，然后将需要转动的极点沿相应的纬度圆移动所需要转动的角度，就可获得结果。例如图 7－24 中转动轴已和 N－S 轴重合，把 A_1点和 B_1点绕 N－S 轴由 W 向 E 转动 60°(即沿纬度圆走过 60°)。从图中可以看出，经过转动后，A_1极点到达 A_2点位置；而 B_1点转动了 40°后就到了投影图的基圆边缘，因此它还应从边缘再向里转动(回转)20°到达 B'_1点位置。因为 A_1、A_2和 B_1极点在参考球上都是在投影面上侧，投影点以⊕标记，而 B'_1极点在投影面下侧，以⊖标记。B'_1极点反向 B_2极点却是在投影面上侧，也以⊕标记。

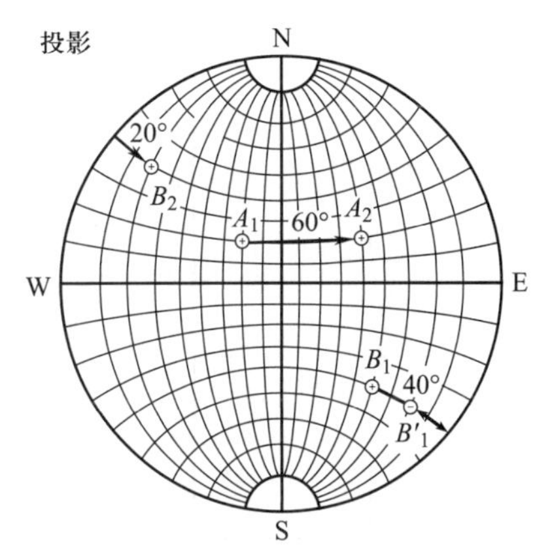

图 7－24 极点绕 N－S 轴转动

(4) 极点绕投影面法线转动

任何极点绕投影面法线转动，它在参考球的轨迹都是平行于投影面的小圆或圆弧。根据图 7－22(b)可知，这些小圆或圆弧的极射投影位置必在以基圆圆心为圆心并过该极点的小圆或圆弧上。直接在这小圆周上从该极点按转动方向度量转动角度，就获得转动后的位置。

(5) 极点绕倾斜轴转动

绕与投影面倾斜的轴的转动，可以分解为绕在投影面上的轴以及绕投影面法线两种转动。首先将给定轴转动，使其与上述两种轴之一重合，然后按上述的方法转动所要求的角度，在完成给定的转动后，再将轴转回原来位置。注意，作每一个转动时，必须使投影面上所有极点作相同的转动。例如我们要求图 7－25(a)中的 A_1极点绕 B_1轴以顺时针方向转动 40°，操作过程如图 7－25(b)所示。首先把 B_1转到吴氏网的赤道上，与此同时 A_1也作相同的转动。然后绕 N－S 轴转动使 B_1转到基圆中心处，这个转动的角度为 48°。同样，A_1点也应绕 N－S 轴转动(即沿纬度平行的线转动)相同的角度(48°)到 A_2的位置。这时 B_2垂直于投影面。把 A_2沿着以 B_2为中心的弧线转动所要求的角度(40°)到达 A_3位置。最后，必须把 B_2搬回到 B_1的位置。这时 A_3也同步地绕 N－S 轴逆转动(即沿纬度平行的线转动)48°到达 A_4的位置，这时 A_4就是 A_1绕 B_1以顺时针方向转动 40°后的位置。略去了图 7－25(b)的转动轨迹后，各极点的位置如图 7－25(c)所示。从参考球看，A_1是一个迹点，B_1是一个极点，A_1绕 B_1转动

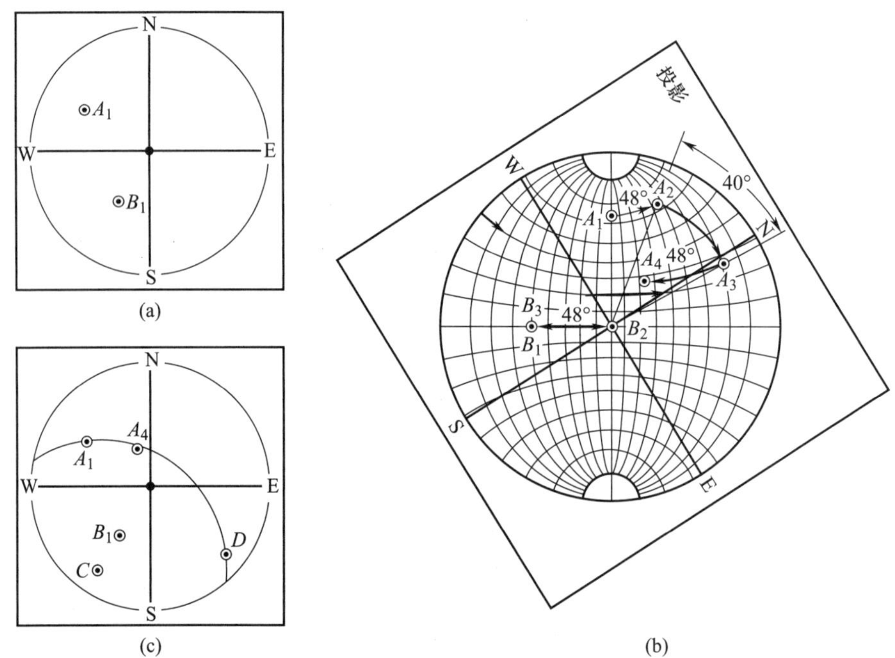

图 7－25　极点绕倾斜轴转动

的轨迹在参考球上是一个以 B_1 轴为中心的小圆弧，这个圆弧的极射投影仍是一个圆弧，但是在投影图上的圆弧的圆心并不是 B_1 极点。由转动关系可知，A_1 和转动后的 A_4 与 B_1 点有相同的角度，现在讨论的情况为 76°。任意找一个和 B_1 点交角亦为 76°的点，例如图 7－25(c)中的 D 点，在投影图上 A_1、A_4 和 D 点必在一个圆周上，用 A_1、A_4 和 D 点就可以确定小圆中心 C 的位置。

4. 标准投影图(标准极图)

为了一目了然地看出晶体中所有重要晶面的相对取向，通常制作标准投影图(或称标准极图)。制作这种投影图时，一般选择某个低指数晶面[例如(100)、(110)、(111)等]作为投影面，将其他重要的晶面(重要晶面的数目视具体需要而定)的极点投影到这个面上。如果所选的投影面是(*hkl*)，则此投影图就称做(*hkl*)标准投影图。图 7－26 是立方系(001)标准投影图的制作过程及其标准投影图。其实制作标准投影图并不一定需要先作球面投影，而可根据各晶面相互关系直接利用吴氏网绘制出来。下面以这个标准投影图为例说明其制作方法。

因为是(001)的标准投影图，所以，(001)极点在投影图基圆中心。(001)极点相对应的面痕是基圆圆周，因此以[001]为晶带轴的晶带的极点都在基圆圆周上。如果在圆周上任意确定一点为(100)，因(010)和(100)垂直，所以从

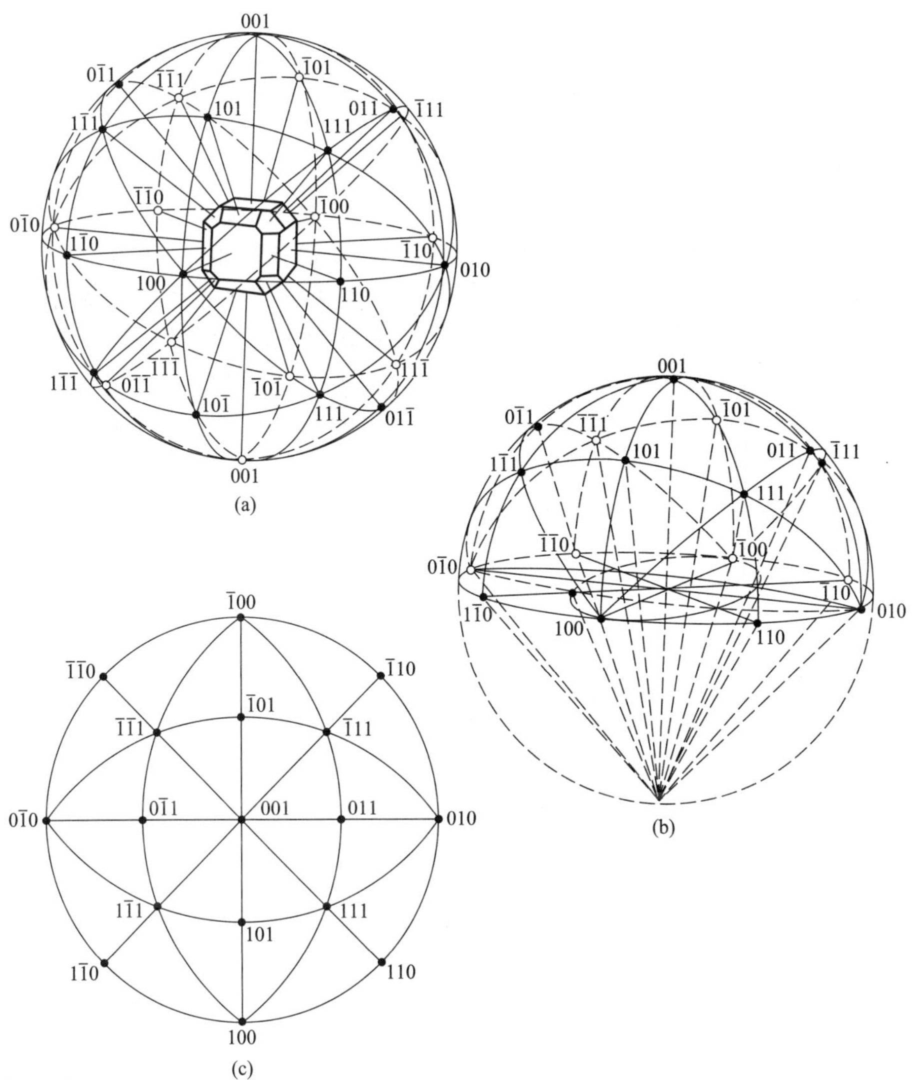

图 7 - 26　立方系(001)标准投影。(a) 球面投影；(b) 极射赤面投影；(c) 投影图

(100)极点在大圆周上逆时针数 90°就得到(010)极点。(110)和($\bar{1}10$)也属[001]晶带，计算它们与(100)和(010)的夹角，就可以定出极点位置。(110)与(100)和(010)的夹角均为 45°，所以它的极点在基圆圆周(100)和(010)的极点中间位置。($\bar{1}10$)与(100)和(010)的极点的夹角分别为 135°和 45°，它的极点在(010)极点沿大圆周逆时针转 45°的地方。以[100]为晶带轴的晶带在投影图过(010)及圆心的直径上，($0\bar{1}0$)及(011)晶面属于此晶带，同样，计算

它们与(001)及(010)的夹角，就可以定出它们的极点的位置。以[010]为晶带轴的晶带位于投影面过(100)极点及圆心的直径上，(101)及($\bar{1}$01)晶面属于此晶带，同样，计算它们和(010)及(001)的夹角就可定出它们的极点位置。过(010)及(101)的大圆弧是[0$\bar{1}$1]晶带，而过(100)及(011)极点的大圆弧是[$\bar{1}$01]晶带，而(111)同属[$\bar{1}$01]和[0$\bar{1}$1]晶带，所以这两个大圆弧的交点必是(111)极点。按照类似的方法可以一一定出各重要晶面的极点。

一个晶面在空间的取向可以由它的法线和 3 个晶轴[100]、[010]及[001]的夹角确定。所以，制作标准投影图时，首先确定 3 个晶轴的迹点，然后计算任意晶面法线和 3 个晶轴的夹角，在投影图上用吴氏网量出这些角度就可获得这个晶面的极点。这是制作标准极图的最一般的方法。反过来，在投影图上任意点对应的米勒指数可以由度量它们与投影图上(100)、(010)和(001)3 个极点的夹角来确定。例如图 7－27 的 A 极点，用吴氏网量出它与(100)、(010)及(001)的夹角分别为 ρ、σ 和 τ，根据 $h:k:l=(\boldsymbol{a}\cdot\boldsymbol{n}):(\boldsymbol{b}\cdot\boldsymbol{n}):(\boldsymbol{c}\cdot\boldsymbol{n})=a\cos\rho:b\cos\sigma:c\cos\tau$ 就可以求出(hkl)。

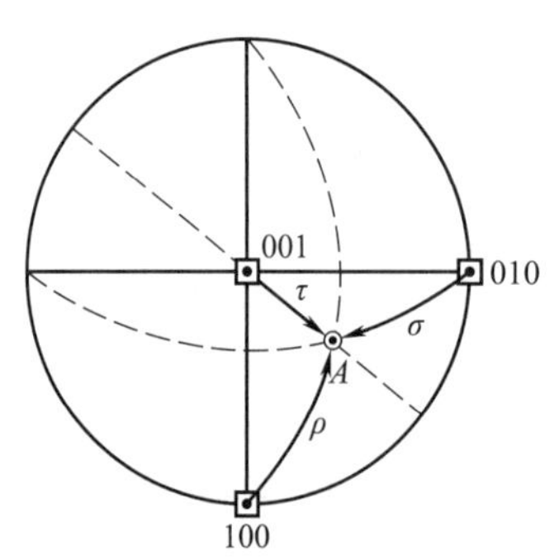

图 7－27　极点米勒指数的测定

一般的参考书常给出一些以常用的低指数晶面作为投影面的标准投影图。但是由于各个晶系的几何特点不同，人们根据需要选取的投影面各不相同，所以无法也不可能提供所有任意晶面作为投影面的标准投影图，用计算机却很容易解决这个问题。用计算机绘制标准极图的原理是很简单的。若选定($h_1k_1l_1$)为投影面，则极射投影图中心极点就是($h_1k_1l_1$)。再选另一个与($h_1k_1l_1$)垂直的面($h_2k_2l_2$)，它的极点必然在投影基圆圆周上，以圆心到这($h_2k_2l_2$)极点的连线作为 y 轴，相应以正交关系在投影基圆上作出 x 轴。这样，只要求出任一个晶面($h_3k_3l_3$)极点在投影图上的坐标(x，y)，就可绘制($h_1k_1l_1$)标准极图。任一极点在投影图上的坐标按如下方法求得。如图 7－28 所示，($h_1k_1l_1$)是投影面，($h_2k_2l_2$)极点在 y 轴与圆周的交点上，P_1 是($h_3k_3l_3$)的极点，分别求出($h_3k_3l_3$)∧($h_1k_1l_1$)及($h_3k_3l_3$)∧($h_2k_2l_2$)的夹角 α 和 β。设投影基圆半径为 1，则 P_1点的空间坐标(x'，y'，z')为($\sqrt{1-(\cos^2\alpha+\cos^2\beta)}$，

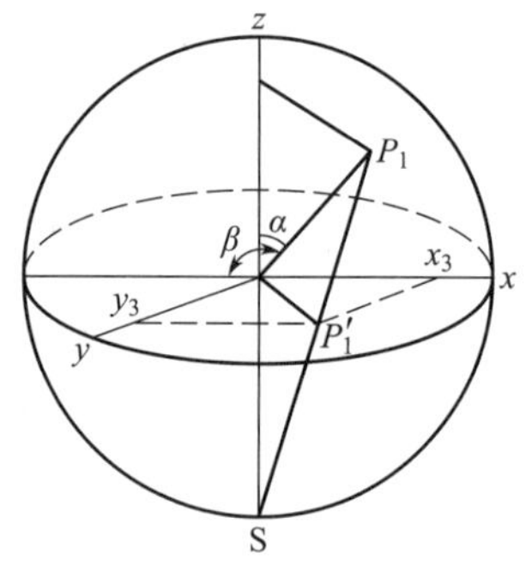

图 7－28　一个极点在投影图上的坐标(x_3，y_3)

$\cos\alpha$，$\cos\beta$)，因为是极射投影，所以投影的径向长度缩小为原来的 $1/(1+\cos\alpha)$，所以 P_1 点在投影图上的投影 P'_1 点的坐标(x, y)为

$$x=\frac{[1-\cos^2\alpha\cos^2\beta]^{1/2}}{1+\cos\alpha},\quad y=\frac{\cos\beta}{1+\cos\alpha} \tag{7-20}$$

可用 C 语言等编写出计算程序，计算并画出任意晶系任意晶面的标准投影图。

7.2 X 射线衍射的几何原理

利用 X 射线研究晶体结构中的各类问题，主要是通过 X 射线在晶体中产生的衍射现象。当一束 X 射线照射到晶体上时，首先被电子所散射，每个电子都是一个新的辐射波源，向空间辐射出与入射波同频率的电磁波。在一个原子系统中主要是考虑电子间的相互干涉作用，所有电子的散射波都可以近似地看做是由原子中心发出的。因此，可以把晶体中每个原子都看成是一个新的散射波源，它们各自向空间辐射与入射波同频率的电磁波。由于这些散射波之间的干涉作用，使得空间某些方向上的波始终是相互抵消的，于是就没有衍射线产生。所以，X 射线在晶体中的衍射现象，实质上是大量的原子散射波相互干涉的结果，其中晶体所产生的衍射花样都反映出晶体内部的原子分布规律。概括地讲，一个衍射花样的特征，可以认为是由两个方面的内容组成的：一方面是衍射线在空间的分布规律(称为衍射几何)，另一方面是衍射线束的强度。衍射线的分布规律是由晶胞的大小、形状和位向决定的，而衍射线的强度则取决于原子的品种和它们在晶胞中的位置。本节所要讨论的内容是衍射线在空间分布的几何规律。

7.2.1 晶体点阵对 X 射线衍射及劳厄方程

在讨论衍射几何规律时，暂时不考虑每个阵点的具体物质内容，只是把晶体点阵中每个阵点所代表的结构基元看做是一个抽象的散射质点，它是球面散射波的中心。为了使问题简化，只分析简单点阵的衍射，并假定折射率近似等于 1，散射波不发生二次散射，无论是入射线还是散射线都没有被吸收。

假定参加衍射的晶体形状为平行六面体，它的三个棱边为：$N_1\boldsymbol{a}$、$N_2\boldsymbol{b}$、$N_3\boldsymbol{c}$，N_1、N_2、N_3分别为点阵基矢量 $\boldsymbol{a}$、$\boldsymbol{b}$、$\boldsymbol{c}$ 方向的阵点数，参加衍射的阵点总数 $N=N_1N_2N_3$。

我们的任务是求出散射体外某一点的相干散射振幅和强度。为此，首先从

晶体点阵中任意取出两个阵点，求出它们散射波的光程差和相位差，然后将它们的振幅对所有参加衍射的阵点求和，从而得出参加衍射晶体的相干散射振幅和强度[10]。

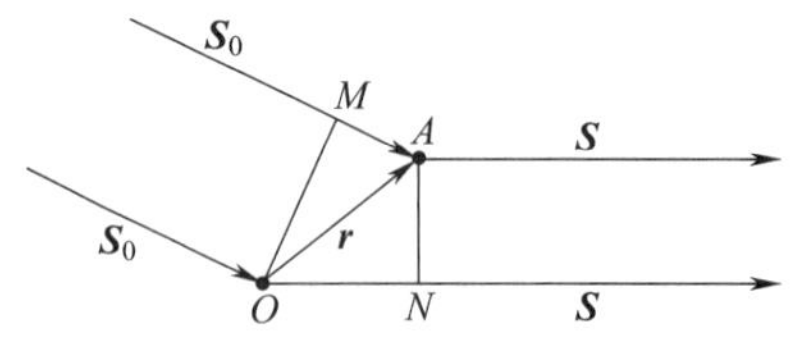

图 7－29　任意两个阵点相干散射的示意图

图 7－29 绘出了任意两个阵点相干散射的示意图。其中取阵点 O 为坐标原点，A 点的位矢量 $\boldsymbol{r}=m\boldsymbol{a}+n\boldsymbol{b}+p\boldsymbol{c}$，$\boldsymbol{S}_0$ 和 $\boldsymbol{S}$ 分别为入射线和衍射线的单位矢量。散射波之间的光程差为

$$\delta = ON - MA = \boldsymbol{r}\cdot\boldsymbol{S} - \boldsymbol{r}\cdot\boldsymbol{S}_0 = \boldsymbol{r}\cdot(\boldsymbol{S}-\boldsymbol{S}_0) \tag{7-21}$$

其相位差为

$$\phi = \frac{2\pi}{\lambda}\delta = 2\pi\frac{\boldsymbol{S}-\boldsymbol{S}_0}{\lambda}\cdot\boldsymbol{r} = \boldsymbol{k}\cdot\boldsymbol{r} = \boldsymbol{k}\cdot(m\boldsymbol{a}+n\boldsymbol{b}+p\boldsymbol{c}) \tag{7-22}$$

式中，$\boldsymbol{k}=2\pi\dfrac{\boldsymbol{S}-\boldsymbol{S}_0}{\lambda}$。

参加衍射晶体的合成振幅为

$$\begin{aligned} A_e &= A_p\sum_N \exp(\mathrm{i}\phi) = A_p\sum_{m=0}^{N_1-1}\exp(\mathrm{i}m\boldsymbol{a}\cdot\boldsymbol{k})\sum_{n=0}^{N_2-1}\exp(\mathrm{i}n\boldsymbol{b}\cdot\boldsymbol{k})\sum_{p=0}^{N_3-1}\exp(\mathrm{i}p\boldsymbol{c}\cdot\boldsymbol{k}) \\ &= A_p G \end{aligned} \tag{7-23}$$

散射强度与振幅的平方成比例，所以衍射强度为

$$I_c = CI_p\,|G|^2 \tag{7-24}$$

以上各式中：C 为比例系数；A_p 和 I_p 为单一阵点的散射振幅和强度；

$$G = \sum_{m=0}^{N_1-1}\exp(\mathrm{i}m\boldsymbol{a}\cdot\boldsymbol{k})\sum_{n=0}^{N_2-1}\exp(\mathrm{i}n\boldsymbol{b}\cdot\boldsymbol{k})\sum_{p=0}^{N_3-1}\exp(\mathrm{i}p\boldsymbol{c}\cdot\boldsymbol{k}) \tag{7-25}$$

式(7－25)中的每一项都是一个等比级数，为了求出它的一般表达式，我们以第一项为例，运用级数求和公式可得

$$\begin{aligned} G_1 &= \sum_{m=0}^{N_1-1}\exp(\mathrm{i}m\boldsymbol{a}\cdot\boldsymbol{k}) = \frac{1-[\exp(N_1-1)\boldsymbol{a}\cdot\boldsymbol{k}][\exp(\mathrm{i}\boldsymbol{a}\cdot\boldsymbol{k})]}{1-\exp(\mathrm{i}\boldsymbol{a}\cdot\boldsymbol{k})} \\ &= \frac{1-\exp(\mathrm{i}N_1\boldsymbol{a}\cdot\boldsymbol{k})}{1-\exp(\mathrm{i}\boldsymbol{a}\cdot\boldsymbol{k})} \end{aligned}$$

$$\begin{aligned} |G_1|^2 &= G_1\cdot G_1^* = \frac{[1-\exp(\mathrm{i}N_1\boldsymbol{a}\cdot\boldsymbol{k})][1-\exp(\mathrm{i}N_1\boldsymbol{a}\cdot\boldsymbol{k})]}{[1-\exp(\mathrm{i}\boldsymbol{a}\cdot\boldsymbol{k})][1-\exp(-\mathrm{i}\boldsymbol{a}\cdot\boldsymbol{k})]} \\ &= \frac{2-[\exp(\mathrm{i}N_1\boldsymbol{a}\cdot\boldsymbol{k})+\exp(\mathrm{i}N_2\boldsymbol{a}\cdot\boldsymbol{k})]}{2-[\exp(\mathrm{i}\boldsymbol{a}\cdot\boldsymbol{k})+\exp(-\mathrm{i}\boldsymbol{a}\cdot\boldsymbol{k})]} \end{aligned}$$

根据欧拉(Euler)公式可将上式写成三角函数形式：

$$|G_1|^2=\frac{2-2\cos N_1\boldsymbol{a}\cdot\boldsymbol{k}}{2-2\cos\boldsymbol{a}\cdot\boldsymbol{k}}=\frac{\sin^2\frac{1}{2}N_1\boldsymbol{a}\cdot\boldsymbol{k}}{\sin^2\frac{1}{2}\boldsymbol{a}\cdot\boldsymbol{k}}$$

所以

$$|G|^2=\frac{\sin^2\frac{1}{2}N_1\boldsymbol{a}\cdot\boldsymbol{k}}{\sin^2\frac{1}{2}\boldsymbol{a}\cdot\boldsymbol{k}}\times\frac{\sin^2\frac{1}{2}N_2\boldsymbol{b}\cdot\boldsymbol{k}}{\sin^2\frac{1}{2}\boldsymbol{b}\cdot\boldsymbol{k}}\times\frac{\sin^2\frac{1}{2}N_3\boldsymbol{c}\cdot\boldsymbol{k}}{\sin^2\frac{1}{2}\boldsymbol{c}\cdot\boldsymbol{k}}\tag{7-26}$$

式(7-26)称为干涉函数。

干涉函数$|G|^2$是衍射强度的一个因数。我们进一步讨论它的函数分布曲线。令

$$\psi_1=\frac{1}{2}\boldsymbol{a}\cdot\boldsymbol{k},\qquad\psi_2=\frac{1}{2}\boldsymbol{b}\cdot\boldsymbol{k},\qquad\psi_3=\frac{1}{2}\boldsymbol{c}\cdot\boldsymbol{k}\tag{7-27}$$

于是

$$|G|^2=\frac{\sin^2N_1\psi_1}{\sin^2\psi_1}\times\frac{\sin^2N_2\psi_2}{\sin^2\psi_2}\times\frac{\sin^2N_3\psi_3}{\sin^2\psi_3}\tag{7-28}$$

仍以$|G_1|^2$为例，图 7-30 绘出了$N_1=5$的函数曲线。整个函数曲线由主峰和副峰组成，两个主峰之间有N_1-2个副峰。副峰的强度比主峰弱得多，主峰两侧的第一个副峰的强度大约等于主峰的 5%，第二个副峰的强度就更弱。当$N_1>100$时，几乎全部强度都集中在主峰，副峰的强度可以忽略不计。所以我们主要分析主峰的特征。

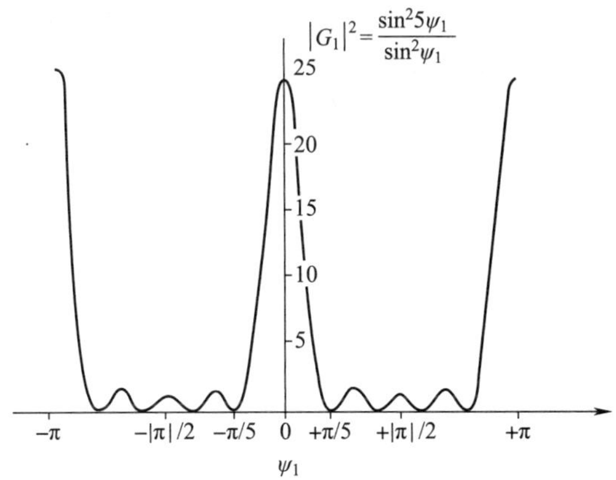

图 7-30　$N_1=5$ 的 $|G_1|^2$ 函数曲线

主峰的最大值可以用洛必达(L'Hospital)法则求得:

$$\frac{\frac{\mathrm{d}}{\mathrm{d}\,\psi_1}\sin^2 N_1\,\psi_1}{\frac{\mathrm{d}}{\mathrm{d}\,\psi_1}\sin^2\psi_1}=N_1\,\frac{\sin N_1\,\psi_1\cos N_1\,\psi_1}{\sin\psi_1\cos\psi_1}=N_1\,\frac{\sin 2N_1\,\psi_1}{\sin 2\,\psi_1}$$

$$N_1\left[\frac{\frac{\mathrm{d}}{\mathrm{d}\,\psi_1}\sin 2N_1\,\psi_1}{\frac{\mathrm{d}}{\mathrm{d}\,\psi_1}\sin 2\,\psi_1}\right]=N_1^2\left[\frac{\cos 2N_1\,\psi_1}{\cos 2\,\psi_1}\right]_{\psi_1=H\pi}=N_1^2$$

即

$$|G_1|^2_{\max}=N_1^2$$

当$|G_1|^2=0$时，$\psi_1=\pm\frac{\pi}{N_1}$。也就是说，主峰在$\psi_1=H\pi\pm\frac{\pi}{N_1}$范围内有强度值($H$为整数)。主峰的底宽为$\frac{2\pi}{N_1}$。主峰的积分面积近似等于$\pi N_1$。

对于干涉函数$|G|^2$而言，主峰的强度值范围为

$$\psi_1=H\pi\pm\frac{\pi}{N_1},\qquad \psi_2=K\pi\pm\frac{\pi}{N_2},\qquad \psi_3=L\pi\pm\frac{\pi}{N_3}\tag{7-29}$$

式中，H、K、L为整数(包括零在内)。

主峰最大值的对应位置为

$$\psi_1=H\pi,\qquad \psi_2=K\pi,\qquad \psi_3=L\pi\tag{7-30}$$

主峰的最大值$|G|^2_{\max}=N_1^2N_2^2N_3^2=N^2$，主峰的底宽与$N$成反比，主峰的面积与$N$成正比。

对于干涉函数的讨论表明，晶体对 X 射线的衍射只在一定方向上才能产生衍射线，而且每条衍射线本身还具有一定的强度分布范围。

具有主峰强度最大值的方向，即为衍射线方向。由式(7－27)和式(7－30)可以看出，决定衍射线方向的条件为

$$\begin{cases}\psi_1=\frac{1}{2}\boldsymbol{a}\cdot\boldsymbol{k}=\pi\boldsymbol{a}\cdot\frac{\boldsymbol{S}-\boldsymbol{S}_0}{\lambda}=H\pi\\ \psi_2=\frac{1}{2}\boldsymbol{b}\cdot\boldsymbol{k}=\pi\boldsymbol{b}\cdot\frac{\boldsymbol{S}-\boldsymbol{S}_0}{\lambda}=K\pi\\ \psi_3=\frac{1}{2}\boldsymbol{c}\cdot\boldsymbol{k}=\pi\boldsymbol{c}\cdot\frac{\boldsymbol{S}-\boldsymbol{S}_0}{\lambda}=L\pi\end{cases}\tag{7-31}$$

或写成

$$\begin{cases}\boldsymbol{a}\cdot(\boldsymbol{S}-\boldsymbol{S}_0)=H\lambda\\ \boldsymbol{b}\cdot(\boldsymbol{S}-\boldsymbol{S}_0)=K\lambda\\ \boldsymbol{c}\cdot(\boldsymbol{S}-\boldsymbol{S}_0)=L\lambda\end{cases}\tag{7-32}$$

式(7－32)是确定衍射方向的基本公式，它是由德国物理学家劳厄最先导出的，故称为劳厄方程。式中的 H、K、L 称为衍射指数或干涉指数。

劳厄方程的标量形式为

$$\begin{cases} a(\cos\alpha - \cos\alpha_0) = H\lambda \\ b(\cos\beta - \cos\beta_0) = K\lambda \\ c(\cos\gamma - \cos\gamma_0) = L\lambda \end{cases} \tag{7-33}$$

式中：α_0、β_0、γ_0 为入射线与点阵基矢量 $\boldsymbol{a}$、$\boldsymbol{b}$、$\boldsymbol{c}$ 的夹角；α、β、γ 为衍射线与点阵基矢量 $\boldsymbol{a}$、$\boldsymbol{b}$、$\boldsymbol{c}$ 的夹角。

7.2.2　布拉格方程

X 射线照射晶体，电子受迫振动产生相干散射；同一原子内各电子散射波相互干涉形成原子散射波。由于晶体内各原子呈周期排列，因而各原子散射波间也存在固定的位向关系而产生干涉作用，在某些方向上发生相长干涉，即形成了衍射波。由此可见，衍射的本质是晶体中各原子相干散射波叠加(合成)的结果。

1912 年劳厄用 X 射线照射五水硫酸铜($CuSO_4 \cdot 5H_2O$)获得世界上第一张 X 射线衍射照片，并由光的干涉条件出发导出描述衍射线空间方位与晶体结构关系的公式(称劳厄方程)。随后，布拉格父子类比可见光镜面反射安排实验，用 X 射线照射岩盐(NaCl)，并依据实验结果导出布拉格方程。

1. 布拉格实验

布拉格实验装置如图 7－31 所示，这是现代 X 射线衍射仪的原型。入射的 X 射线照射到安装在样品台的试样上，在满足反射定律的方向设置反射线接收(记录)装置(设入射线与反射面之夹角为 θ，称掠射角或布拉格角，则按反射定律，反射线与反射面之夹角也应为 θ)。X 射线照射过程中，记录装置与样品台以 2∶1 的角速度同步转动，以保证记录装置始终处于接受反射线的位置上。

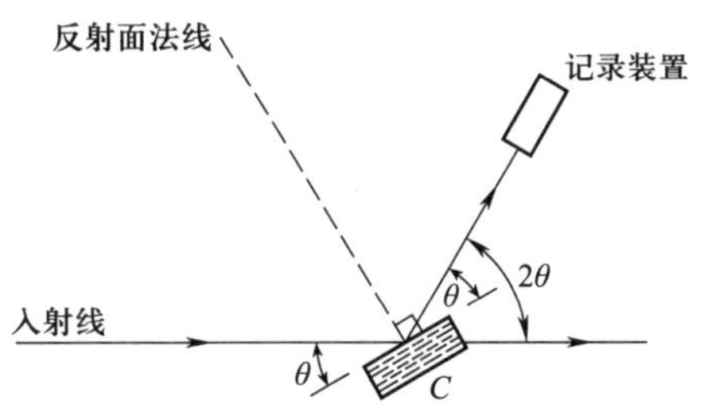

图 7－31　布拉格实验装置

布拉格实验得到了“选择反射”的结果。即当 X 射线以某些角度入射时，可记录到反射线(以 Cu K_α 射线照射 NaCl 表面，当 $\theta = 15°$ 和 $\theta = 32°$ 时记录到反射线)；以其他角度入射时，则无反射。

2. 布拉格方程的导出

布拉格定律是应用起来很方便的一种衍射几何规律的表达形式。用布拉格定律描述 X 射线在晶体中的衍射几何时，是把晶体看做是由许多平行的原子面堆积而成，把衍射线看做是原子面对入射线的反射。也就是说，在 X 射线照射到的原子面中，所有原子的散射波在原子面反射方向上的相位是相同的，是干涉加强的方向。下面分析单一原子面和多层原子面反射方向上原子散射波的相位情况。

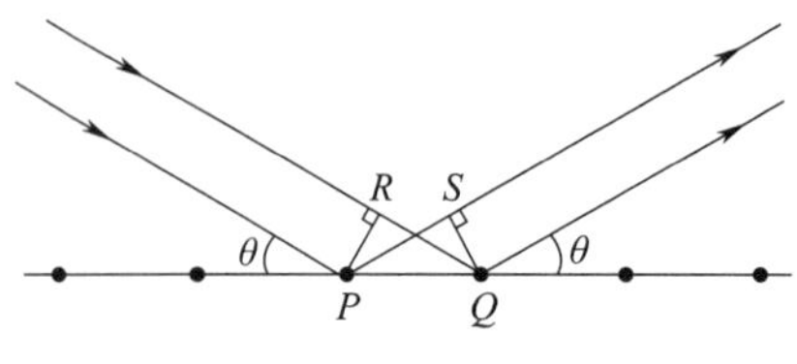

图 7－32　单一原子面的反射

如图 7－32 所示，当一束平行的 X 射线以 θ 角投射到一个原子面上时，其中任意两个原子 P、Q 的散射波在原子面反射方向上的光程差为

$$\delta = RQ - PS = PQ\cos\theta - PQ\cos\theta = 0$$

P、Q 两原子散射波在原子面反射方向上的光程差为零说明它们的相位相同，是干涉加强的方向。由于 P、Q 是任意的，所以此原子面上所有原子散射波在反射方向上的相位均相同。由此看来，一个原子面对 X 射线的衍射可以在形式上看成是原子面对入射线的反射。

由于 X 射线的波长短，穿透能力强，所以它不仅能使晶体表面的原子成为散射波源，而且还能使晶体内部的原子成为散射波源。在这种情况下，应该把衍射线看成是由许多平行原子面反射的反射波振幅叠加的结果。干涉加强的条件是晶体中任意相邻两个原子面上的原子散射波在原子面反射方向的相位差为 2π 的整数倍，或者光程差等于波长的整数倍。如图 7－33 所示，一束波长为 λ 的 X 射线以 θ 角投射到晶面间距为 d 的一组平行原子面上。从中任选两个相邻原子面 A_1、A_2，作原子面的法线与两个原子面相交于 K、L。过 K、L 绘出代表 A_1 和 A_2 原子面的入射线和反射线。由图 7－33 可以看出，经 A_1 和 A_2 两个原子面反射的反射波光程差为：$\delta = ML + LN = 2d\sin\theta$，干涉加强的条件为

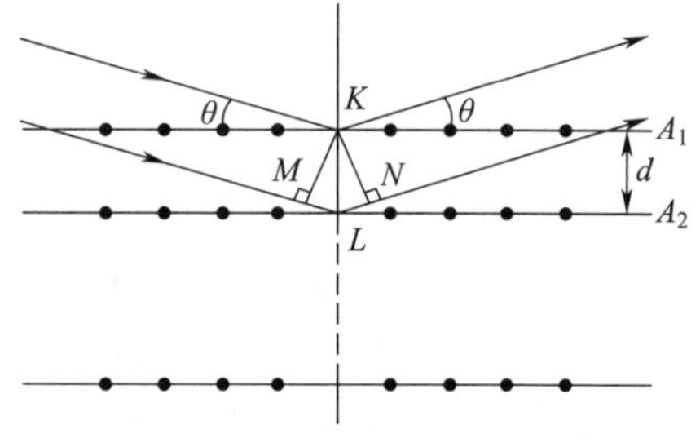

图 7－33　布拉格方程的导出

$$2d\sin\theta = n\lambda \tag{7－34}$$

式中：n 为整数，称为反射级数；θ 为入射线或反射线与反射面的夹角，称为掠射角，由于它等于入射线与衍射线夹角的一半，故又称为半衍射角，把 2θ 称为衍射角。

式(7－34)是 X 射线在晶体中产生衍射必须满足的基本条件，它反映了衍射线方向与晶体结构之间的关系。这个关系式首先由英国物理学家布拉格父子于 1912 年导出，故称为布拉格方程。

3. 布拉格方程的讨论

（1） 选择反射

X 射线在晶体中的衍射实质上是晶体中各原子散射波之间的干涉结果，只是由于衍射线的方向恰好相当于原子面对入射线的反射，所以才借用镜面反射规律来描述 X 射线的衍射几何。这样从形式上的理解并不歪曲衍射方向的确定，同时还给应用上带来很大的方便。但是 X 射线的原子面反射和可见光的镜面反射不同。一束可见光以任意角度投射到镜面上都可以产生反射，而原子面对 X 射线的反射并不是任意的，只有当 λ、θ 和 d 三者之间满足布拉格方程时才能发生反射。所以把 X 射线的这种反射称为选择反射。在以后的学习中，我们经常要用“反射”这个术语来描述一些衍射问题，有时也把“衍射”和“反射”作为同义语混合使用，但其实质都是说明衍射问题。

（2） 产生衍射的极限条件

在晶体中产生衍射的波长是有限度的。在电磁波的宽阔波长范围里，只有在 X 射线波长范围内的电磁波才适合探测晶体结构。这个结论可以从布拉格方程中得出。

由于 $\sin\theta$ 不能大于 1，因此，$\frac{n\pi}{2d}=\sin\theta<1$，即 $n\lambda<2d$。对衍射而言，n 的最小值为 1($n=0$ 相当于透射方向上的衍射线束，无法观测)，所以在任何可观测的衍射角下，产生衍射的条件为 $\lambda<2d$。也就是说，能够被晶体衍射的电磁波的波长必须小于参加反射的晶面中的最大晶面间距的二倍，否则不会产生衍射现象。但是波长过短导致衍射角过小，使衍射现象难以观测，也不宜使用。因此，常用于 X 射线衍射的波长范围为 25～5 nm。当 X 射线波长一定时，晶体中有可能参加反射的晶面族也是有限的，它们必须满足 $d>\frac{\lambda}{2}$，即只有那些晶面间距大于入射 X 射线波长一半的晶面才能发生衍射。我们可以利用这个关系来判断一定条件下所能出现的衍射线数目的多少。显然，所选用的波长越短，能出现的衍射线数目越多。

（3） 干涉面和干涉指数

为了应用上的方便，经常把布拉格方程中的 n 隐含在 d 中得到简化的布拉格方程。为此，需要引入干涉面和干涉指数的概念。布拉格方程可以改写为 $2\frac{d_{hkl}}{n}\sin\theta=\lambda$，令 $d_{HKL}=\frac{d_{hkl}}{n}$，则

$$2d_{HKL}\sin\theta=\lambda \tag{7-35}$$

这样，就把 n 隐含在 d_{HKL} 之中，布拉格方程变成永远是一级反射的形式。也就是说，我们把 (hkl) 晶面的 n 级反射看成是与 (hkl) 晶面平行、晶面间距为 $d_{HKL}=\dfrac{d_{hkl}}{n}$ 的晶面的一级反射。晶面间距为 d_{HKL} 的晶面并不一定是晶体中的原子面，而是为了简化布拉格方程所引入的反射面，我们把这样的反射面称为干涉面。把干涉面的晶面指数称为干涉指数，通常用 HKL 来表示。根据晶面指数的定义可以得出干涉指数与晶面指数之间的关系为：$H=nh$；$K=nk$；$L=nl$。干涉指数与晶面指数之间的明显差别是干涉指数中有公约数，而晶面指数只能是互质的整数。当干涉指数也互为质数时，它就代表一族真实的晶面。所以说，干涉指数是晶面指数的推广，是广义的晶面指数。

(4) 衍射花样和晶体结构的关系

从布拉格方程可以看出，在波长一定的情况下，衍射线的方向是晶面间距 d 的函数。如果将各晶系的 d 值代入布拉格方程(7－35)，则得

立方晶系：
$$\sin^2\theta=\frac{\lambda^2}{4a^2}(H^2+K^2+L^2)$$

正方晶系：
$$\sin^2\theta=\frac{\lambda^2}{4}\left(\frac{H^2+K^2}{a^2}+\frac{L^2}{c^2}\right)$$

斜方晶系：
$$\sin^2\theta=\frac{\lambda^2}{4}\left(\frac{H^2}{a^2}+\frac{K^2}{b^2}+\frac{L^2}{c^2}\right)$$

六方晶系：
$$\sin^2\theta=\frac{\lambda^2}{4}\left(\frac{4}{3}\,\frac{H^2+HK+K^2}{a^2}+\frac{L^2}{c^2}\right)$$

其余晶系从略。

从这些关系式可明显地看出，不同晶系的晶体，或者同一晶系而晶胞大小不同的晶体，其衍射花样是不相同的。由此可见，布拉格方程可以反映出晶体结构中晶胞大小及形状的变化。

但是，布拉格方程并未反映出晶胞中原子的种类和位置。譬如，用一定波长的 X 射线照射图 7－34 所示的具有相同点阵常数的 3 种晶胞。简单晶胞[图

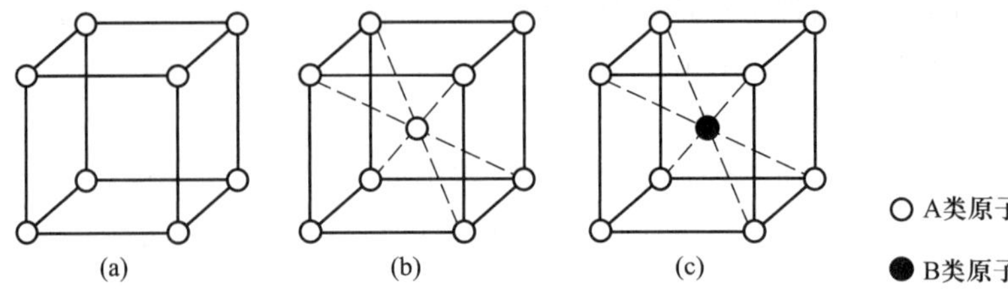

图 7－34　点阵常数相同的 3 个立方晶系的晶胞

7－34(a)]、体心晶胞[图7－34(b)]和由A、B两种原子构成的体心晶胞[图7－34(c)]衍射花样的区别，从布拉格方程中也得不到反映，因为在布拉格方程中不包含原子种类和坐标的参量。由此看来，在研究晶胞中原子的位置和种类的变化时，除布拉格方程外，还需要有其他的判断依据。这种判据就是7.3节要讲的结构因子和衍射线强度理论。

7.2.3　埃瓦尔德图解

X射线在晶体中的衍射，除布拉格方程和劳厄方程外，还可以用衍射矢量方程和埃瓦尔德图解来表达。在描述X射线的衍射几何时，主要是解决两个问题：一是产生衍射的条件，即满足布拉格方程；二是衍射方向，即根据布拉格方程确定衍射角2θ。现在把这两个方面的条件用一个统一的矢量形式来表达。为此，需要引入衍射矢量的概念。

如图7－35所示，设$\boldsymbol{S}_0$与$\boldsymbol{S}$分别为入射线与反射线方向的单位矢量，$\boldsymbol{S}-\boldsymbol{S}_0$称为衍射矢量，则反射定律可表达为：$\boldsymbol{S}_0$及$\boldsymbol{S}$分居反射面$(HKL)$法线$(\boldsymbol{N})$两侧且$\boldsymbol{S}_0$、$\boldsymbol{S}$与$\boldsymbol{N}$共面，$\boldsymbol{S}_0$及$\boldsymbol{S}$与$(HKL)$面夹角相等(均为$\theta$)。据此可推知$\boldsymbol{S}-\boldsymbol{S}_0 /\!/ \boldsymbol{N}$(称为反射定律的数学表达式)，由图7－35亦可知$|\boldsymbol{S}-\boldsymbol{S}_0| = 2\sin\theta$，故布拉格方程(7－35)可写成$|\boldsymbol{S}-\boldsymbol{S}_0| = \lambda/d$。综上所述，“反射定律＋布拉格方程”可用衍射向量$\boldsymbol{S}-\boldsymbol{S}_0$表示为

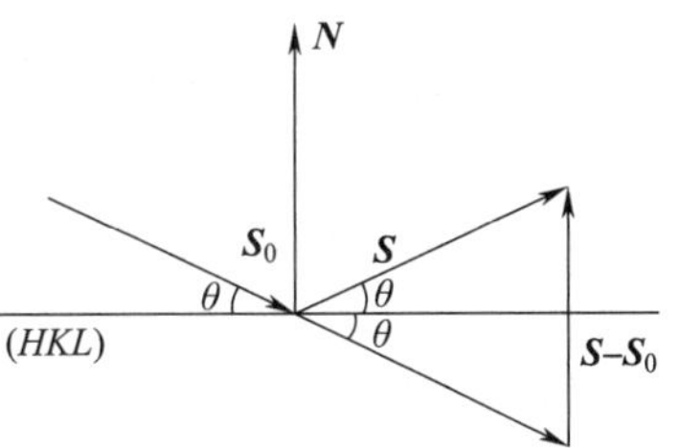

图7－35　反射定律的数学表达

$$\begin{cases} \boldsymbol{S}-\boldsymbol{S}_0 /\!/ \boldsymbol{N} \\ |\boldsymbol{S}-\boldsymbol{S}_0| = \dfrac{\lambda}{d_{HKL}} \end{cases} \tag{7－36}$$

由倒易矢量性质可知，(HKL)晶面对应的倒易矢量$\boldsymbol{r}^*_{HKL} /\!/ \boldsymbol{N}$且$|\boldsymbol{r}^*_{HKL}| = 1/d_{HKL}$。引入$\boldsymbol{r}^*_{HKL}$，则式(7－36)可写为

$$(\boldsymbol{S}-\boldsymbol{S}_0)/\lambda = \boldsymbol{r}^*_{HKL} \quad (|\boldsymbol{r}^*_{HKL}| = 1/d_{HKL}) \tag{7－37}$$

式(7－37)即称为衍射矢量方程。由导出过程可知，衍射矢量方程等效于“反射定律＋布拉格方程”，是衍射必要条件的矢量表达式。

下面讨论衍射矢量方程的几何图解形式。

衍射矢量方程的图解法表达形式是由$\dfrac{\boldsymbol{S}}{\lambda}$、$\dfrac{\boldsymbol{S}_0}{\lambda}$、$\boldsymbol{r}^*$三个矢量构成的等腰矢量三角形(图7－36)。它表明入射线方向、衍射线方向和倒易矢量之间的几何关系。当一束X射线以一定的方向投射到晶体上时，可能会有若干个晶面族满

足衍射条件，即在若干个方向上产生衍射线。这也就是说，在一个公共边$\frac{\boldsymbol{S}_0}{\lambda}$上构成若干个矢量三角形。其中，公有矢量$\frac{\boldsymbol{S}_0}{\lambda}$的起端为各等腰三角形顶角的公共顶点，末端为各三角形中一个底角的公共顶点，也是倒易点阵的原点。而各三角形的另一些底角的顶点为满足衍射条件的倒易阵点。由一般的几何概念可知，腰边相等的等腰三角形其两腰所夹的角顶为公共点时，则两个底角的角顶必定都位于以两腰所夹的角顶为中心、以腰长为半径的球面上。由此可见，满足布拉格条件的那些倒易阵点一定位于以等腰矢量所夹的公共角顶为中心、以$\frac{1}{\lambda}$为半径的球面上。根据这样的原理，埃瓦尔德提出了倒易点阵中衍射条件的图解法，称为埃瓦尔德图解。

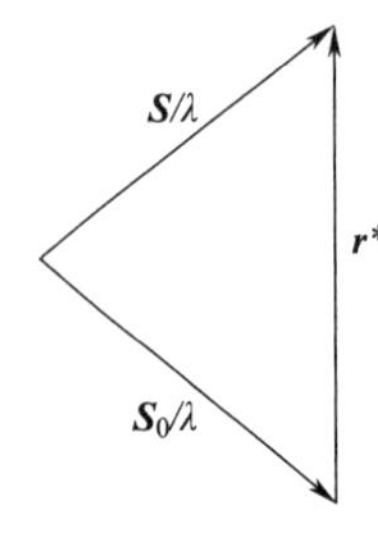

图 7－36　衍射矢量三角形

其作图方法如图 7－37 所示。沿入射线方向作长度为$\frac{1}{\lambda}$(倒易点阵周期与$\frac{1}{\lambda}$采用同一比例尺度)的矢量$\frac{\boldsymbol{S}_0}{\lambda}$，并使该矢量的末端落在倒易点阵的原点 O^*。以矢量$\frac{\boldsymbol{S}_0}{\lambda}$的起端 C 为中心、以$\frac{1}{\lambda}$为半径画一个球，称为反射球，凡是与反射球面相交的倒易阵点(P_1和 P_2)都能满足衍射条件而产生衍射。由反射球面上的倒

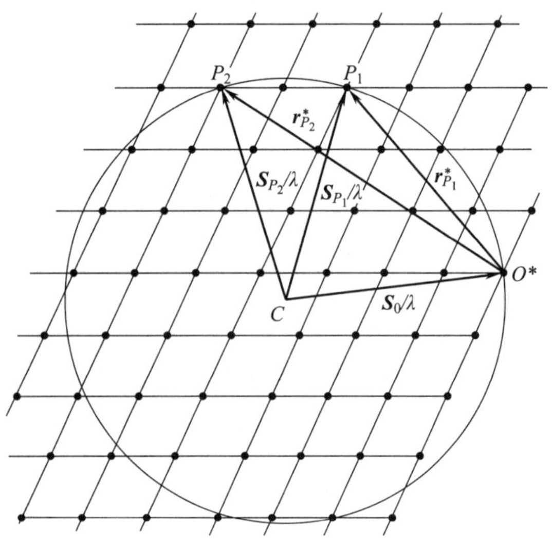

图 7－37　埃瓦尔德图解

易点阵与倒易点阵原点、反射球中心可连接衍射矢量三角形 P_1O^*C、P_2O^*C 等。其中 $\boldsymbol{CP}_1\left(=\frac{\boldsymbol{S}_{p1}}{\lambda}\right)$和 $\boldsymbol{CP}_2\left(=\frac{\boldsymbol{S}_{p2}}{\lambda}\right)$分别为倒易阵点 P_1 和 P_2 的衍射方向。倒易矢量 $\boldsymbol{r}^*_{p_1}$ 和 $\boldsymbol{r}^*_{p_2}$ 分别表示满足衍射条件的晶面族的取向和晶面间距。由此可见，埃瓦尔德图解可以同时表达产生衍射的条件和衍射线的方向。

7.2.4 衍射方向理论小结

本节研究衍射线在空间分布的方位，即衍射方向问题。所导出的布拉格方程、衍射矢量方程、埃瓦尔德图解和劳厄方程均表达了衍射方向与晶体结构和入射线波长及方位的关系。

衍射矢量方程是衍射必要条件的矢量表达式。衍射矢量方程由“布拉格方程 + 反射定律”导出；埃瓦尔德图解是衍射矢量方程的几何图解形式。因而，作为衍射必要条件，衍射矢量方程、布拉格方程 + 反射定律及埃瓦尔德图解三者之间是等效的。

衍射矢量方程以一个矢量表达式描述衍射必要条件，并具有坐标不变性，在理论分析上具有普遍意义。

布拉格方程是衍射矢量方程的绝对值方程，即对衍射矢量方程(等式两边)取绝对值就可得布拉格方程。由

$$|(\boldsymbol{S}-\boldsymbol{S}_0)/\lambda| = |\boldsymbol{r}^*| \quad (|\boldsymbol{r}^*| = 1/d)$$

得

$$2d\sin\theta = \lambda$$

布拉格方程为数值方程，特别适用于 λ、θ、d 的关系计算。

劳厄方程是衍射矢量方程的投影方程，即将衍射矢量方程向点阵基矢 $\boldsymbol{a}$、$\boldsymbol{b}$、$\boldsymbol{c}$ 方向投影可得劳厄方程。如

$$[(\boldsymbol{S}-\boldsymbol{S}_0)/\lambda]_a = (\boldsymbol{r}^*)_a$$

$$\boldsymbol{a}\cdot(\boldsymbol{S}-\boldsymbol{S}_0)/\lambda = \boldsymbol{a}\cdot(H\boldsymbol{a}^*+K\boldsymbol{b}^*+L\boldsymbol{c}^*)$$

得

$$\boldsymbol{a}\cdot(\boldsymbol{S}-\boldsymbol{S}_0) = H\lambda$$

同理，由$[(\boldsymbol{S}-\boldsymbol{S}_0)/\lambda]_b = (\boldsymbol{r}^*)_b$ 和$[(\boldsymbol{S}-\boldsymbol{S}_0)/\lambda]_c = (\boldsymbol{r}^*)_c$，可分别得 $\boldsymbol{b}\cdot(\boldsymbol{S}-\boldsymbol{S}_0) = K\lambda$，$\boldsymbol{c}\cdot(\boldsymbol{S}-\boldsymbol{S}_0) = L\lambda$。

由衍射矢量方程向 $\boldsymbol{a}$、$\boldsymbol{b}$、$\boldsymbol{c}$ 方向投影获得劳厄方程的过程可知，劳厄方程中之任意整数 H、K、L 相应于反射面(HKL)的干涉指数值。

一维、二维和三维劳厄方程可分别描述一维、二维和三维晶体的衍射方向。

埃瓦尔德图解直观、易理解，是讨论各种衍射方法成像原理与衍射花样(记录下来的衍射线)特征的工具。

最后指出，本节关于 X 射线衍射必要条件的各种表达式，也适用于电子衍射分析。

7.3　X 射线衍射线束的强度

描述 X 射线衍射几何的布拉格定律不能反映晶体中原子品种和它们的坐标位置的改变。此时必须应用衍射的强度理论。为此必须求出晶体结构中原子的品种和位置与衍射线束强度之间的定量关系。解决该问题是很复杂的，涉及的变量也较多，需要一步一步地进行处理。由于电子是散射 X 射线的最基本单元，因此，首先要研究一个电子的散射，然后再讨论一个原子的散射、一个单胞的散射，最后再讨论整个晶体所能给出的衍射线束强度。X 射线衍射强度包括运动学理论和动力学理论，前者只考虑入射 X 射线的一次散射，后者考虑入射 X 射线的多次散射。本节仅介绍有关 X 射线衍射强度运动学理论的内容。

7.3.1　一个电子的散射强度

一束偏振的 X 射线照射晶体，基元散射即晶体中原子内电子散射(相干散射)的强度(I_e)由下式给出：

$$I_e = I_0 \frac{e^4}{R^2 m^2 c^4} \sin^2 \phi \tag{7-38}$$

式中：R 为观测点 P 到电子 O 的距离。

材料衍射分析工作中，通常采用非偏振 X 射线为入射光(其光矢量 $\boldsymbol{E}_0$ 在垂直于传播方向的固定平面内指向任意方向)。对此，可将其分解为互相垂直的两束偏振光(光矢量分别为 $\boldsymbol{E}_{0z}$ 和 $\boldsymbol{E}_{0x}$)，如图 7-38 所示。为简化问题，设 $\boldsymbol{E}_{0z}$ 与入射光传播方向(Oy)及所考察的散射线(OP)在同一平面内。光矢量的分解遵从平行四边形法则，即有 $E_0^2 = E_{0x}^2 + E_{0z}^2$；又由于完全非偏振光 $\boldsymbol{E}_0$ 指向各个方向的概率相同，故 $\boldsymbol{E}_{0x} = \boldsymbol{E}_{0z}$；因而有 $E_{0x}^2 = E_{0z}^2 = \frac{1}{2}E_0^2$。光强度($I$)正比于光矢量振幅的平

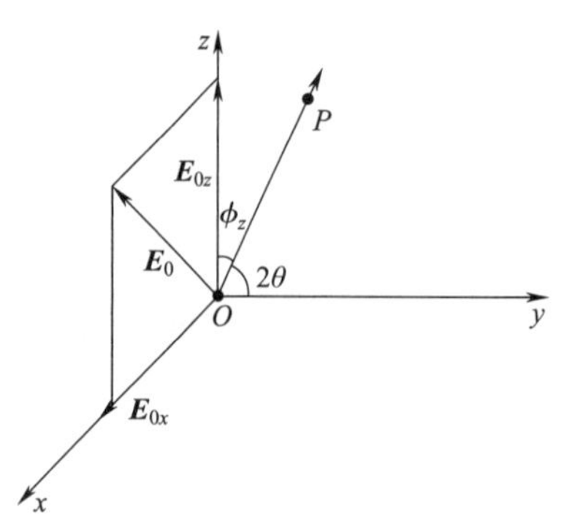

图 7-38　一个电子对 X 射线的散射

方；衍射分析中只考虑相对强度，设 $I=E^2$，故有 $I_0=E_0^2$，$I_{0x}=E_{0x}^2$，$I_{0z}=E_{0z}^2$，而 $I_0=I_{0x}+I_{0z}$，且

$$I_{0x}=I_{0z}=\frac{1}{2}I_0 \tag{7-39}$$

由图 7-38 可知，对于光矢量为 $\boldsymbol{E}_{0z}$ 的偏振 X 射线入射，按式(7-38)，电子散射强度(I_{ez})为

$$I_{ez}=I_{0z}\frac{e^4}{R^2m^2c^4}\sin^2\phi_z$$

$\phi_z=90°-2\theta$(2θ 为入射方向与散射方向的夹角)，故

$$I_{ez}=\frac{I_0}{2}\frac{e^4}{R^2m^2c^4}\cos^2 2\theta \tag{7-40}$$

对于光矢量为 $\boldsymbol{E}_{0x}$ 的偏振光入射，电子散射强度(I_{ex})则为

$$I_{ex}=I_{0x}\frac{e^4}{R^2m^2c^4}\sin^2\phi_x$$

ϕ_x 为 $\boldsymbol{E}_{0x}$ 与 OP 的夹角，$\boldsymbol{E}_{0x}\perp OP$，故

$$I_{ex}=\frac{I_0}{2}\frac{e^4}{R^2m^2c^4} \tag{7-41}$$

按光合成的平行四边形法则，$I_e=I_{ex}+I_{ez}$ 则为电子对光矢量为 $\boldsymbol{E}_0$ 的非偏振光入射时的散射强度，由式(7-40)、式(7-41)可得

$$I_e=I_0\frac{e^4}{R^2m^2c^4}\left(\frac{1+\cos^2 2\theta}{2}\right) \tag{7-42}$$

由式(7-42)可知，对于一束非偏振 X 射线入射，电子散射在各个方向的强度不同，其值取决于 $\frac{1+\cos^2 2\theta}{2}$[在衍射分析时，式(7-42)中其余参数均为常量]，即电子对非偏振入射线的散射线被偏振化了，故称 $\frac{1+\cos^2 2\theta}{2}$ 为偏振因子或极化因子。

X 射线照射晶体时，也可使原子中荷电的质子受迫振动从而产生质子散射；但质子质量远大于电子质量，故由式(7-42)可知，质子散射与电子散射相比，可忽略不计。

7.3.2 原子散射强度

一个原子对入射 X 射线的散射是原子中各电子散射波相互干涉的结果。

首先考虑一种“理想”的情况，即设原子中 Z 个电子(Z 为原子序数)集中在一点，则所有电子散射波间无位相差($\phi=0$)。此时，原子散射波振幅(A_a)

即为单个电子散射波振幅(A_e)的 Z 倍，即 $E_a = ZE_e$；而原子散射强度 $I_a = A_a^2$，故有

$$I_a = Z^2 I_e \tag{7-43}$$

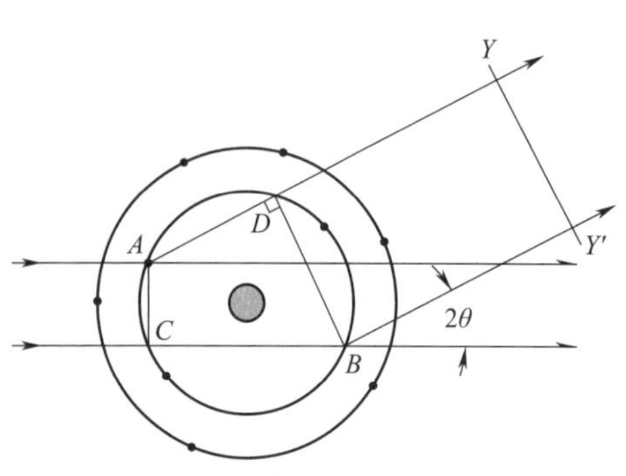

图 7-39　原子中各电子散射波的相互干涉

原子中的电子分布在核外各电子层上。如图 7-39 所示，任意两电子(如 A 与 B)同方向散射线间位相差为

$$\phi = \frac{2\pi}{\lambda}\delta = \frac{2\pi}{\lambda}(BC - AD)$$

且 ϕ 随 2θ 的增加而增加。对于与入射线同方向的各散射线间，因 $2\theta = 0$，故 $\phi = 0$；又当入射线波长远大于原子半径时，$\delta = BC - AD$ 远小于 λ，此时亦可认为 $\phi \approx 0$。以上两种特殊情况即相当于原子中 Z 个电子集中在一点的情形，即有 $I_a = Z^2 I_e$。一般情况下，任意方向($2\theta \neq 0$)上原子散射强度 I_a 因各电子散射线间($\phi \neq 0$)的干涉作用而小于 $Z^2 I_e$。据此，考虑一般情况并比照式(7-43)，引入因子 f，将原子散射强度表达为 $I_a = f^2 I_e$，f 称为原子散射因子，显然 $f \leqslant Z$。

$$f = \frac{\text{一个原子散射的相干散射波振幅}}{\text{一个电子散射的相干散射波振幅}} = \frac{A_a}{A_e}$$

由前述可知，f 的大小与 θ 及 λ 有关。θ 增加或 λ 减小，则因 ϕ 增加使 I_a 减小，从而使 f 减小。将 θ 及 λ 对 f 的影响表示为 $f - \frac{\sin\theta}{\lambda}$ 曲线，称 f 曲线，如图 7-40 所示。利用相关参考书的附录，可由 $\frac{\sin\theta}{\lambda}$ 值查到 f 值[11]。

需要注意，当入射线波长接近原子的某一吸收限(如 K 吸收限 λ_K)时，f 值将明显下降，此现象称为原子反常散射，此时，需对 f 值进行校正：即 $f' = f - \Delta f$，Δf 称为原子散射因子校正值，可通过查表得到，f' 为校正后的原子散射因子。

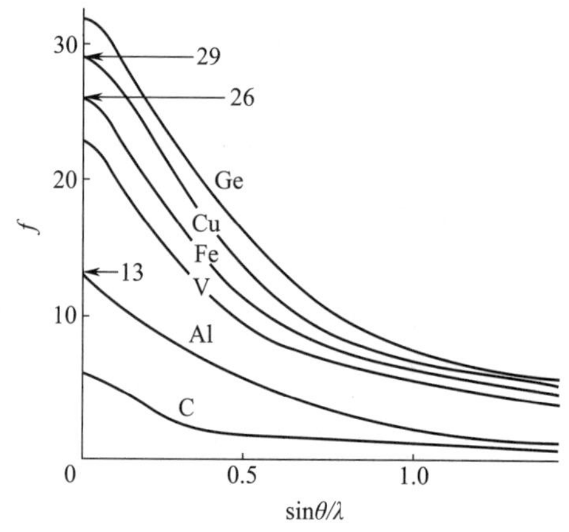

图 7-40　f 曲线(f 与 $\sin\theta/\lambda$ 的关系)

7.3.3 单胞对 X 射线的散射

1. 结构因子公式的推导

一般情况下，可以把晶体看成单位晶胞在空间的一种重复体。所以在讨论原子位置与衍射强度的关系时，只需考虑一个单胞内原子排列是以何种方式影响衍射线强度就可以了。

在简单晶胞中，每个晶胞只由一个原子组成，这时单胞的散射强度与一个原子的散射强度相同。而在复杂晶胞中，原子的位置影响衍射强度。

在含有 n 个原子的复杂晶胞中，各原子占据不同的坐标位置，它们的散射振幅和相位是各不相同的。单胞中所有原子散射的合成振幅不可能等于各原子散射振幅的简单相加。为此，需要引入一个称为结构因子 F_{HKL} 的参量来表征单胞的相干散射与单电子散射之间的对应关系，即

$$F_{HKL}=\frac{\text{一个单胞内所有原子散射的相干散射振幅}}{\text{一个电子散射的相干散射振幅}}=\frac{A_b}{A_e}$$

下面我们分析单胞内原子的相干散射，以便导出结构因子的一般表达式。在图 7-41 中，假定 O 为晶胞的一个顶点，同时取其为坐标原点，A 为晶胞中任一原子 j，它的坐标矢量为

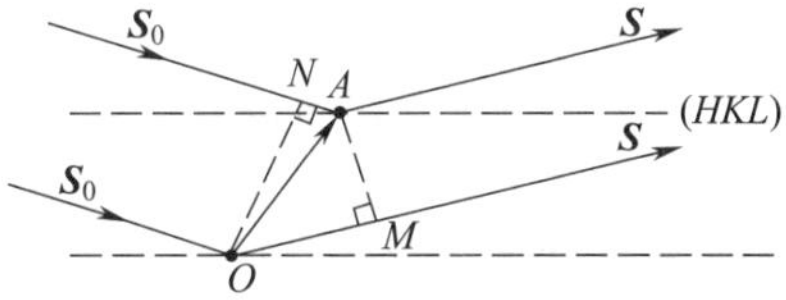

$$\boldsymbol{OA}=\boldsymbol{r}_j=x_j\boldsymbol{a}+y_j\boldsymbol{b}+z_j\boldsymbol{c}$$

式中：$\boldsymbol{a}$、$\boldsymbol{b}$、$\boldsymbol{c}$ 为基本平移矢量。

图 7-41 单胞内两个原子的相干散射

A 原子的散射波与坐标原点 O 处原子散射波之间的光程差为

$$\delta_j=\boldsymbol{r}_j\boldsymbol{S}-\boldsymbol{r}_j\boldsymbol{S}_0=\boldsymbol{r}_j(\boldsymbol{S}-\boldsymbol{S}_0)$$

其相位差为

$$\begin{aligned}\phi_j&=\frac{2\pi}{\lambda}\delta_j=2\pi\boldsymbol{r}_j\frac{\boldsymbol{S}-\boldsymbol{S}_0}{\lambda}=2\pi\boldsymbol{r}_j\boldsymbol{r}^*\\&=2\pi(x_j\boldsymbol{a}+y_j\boldsymbol{b}+z_j\boldsymbol{c})(H\boldsymbol{a}^*+K\boldsymbol{b}^*+L\boldsymbol{c}^*)\\&=2\pi(Hx_j+Ky_j+Lz_j)\end{aligned}\qquad(7-44)$$

若晶胞内各原子的原子散射因子分别为 f_1，f_2，…，f_j，…，f_n，各原子的散射波与入射波的相位差分别为 ϕ_1，ϕ_2，…，ϕ_j，…，ϕ_n，则晶胞内所有原子相干散射的复合波振幅为

$$A_b=A_e(f_1e^{i\phi_1}+f_2e^{i\phi_2}+\cdots+f_je^{i\phi_j}+\cdots+f_ne^{i\phi_n})=A_e\sum_{j=1}^{n}f_je^{i\phi_j}\qquad(7-45)$$

$$F_{HKL}=\frac{A_b}{A_e}=\sum_{j=1}^{n}f_je^{i\phi_j}=\sum_{j=1}^{n}f_je^{2\pi i(Hx_j+Ky_j+Lz_j)}\qquad(7-46)$$

根据欧拉公式

$$e^{i\phi} = \cos\phi + i\sin\phi$$

可将式(7-46)写成三角函数形式：

$$F_{HKL} = \sum_{j=1}^{n} f_j[\cos 2\pi(Hx_j + Ky_j + Lz_j) + i\sin 2\pi(Hx_j + Ky_j + Lz_j)] \tag{7-47}$$

在 X 射线衍射工作中，我们只能测量出衍射线的强度，即实验数据只能给出结构因子的平方值 F_{HKL}^2，而结构因子的绝对值 $|F_{HKL}|$ 须通过计算求得。为此，需要将式(7-47)乘以其共轭复数，然后再开方，即为 $|F_{HKL}|$ 的表达式：

$$\begin{aligned}|F_{HKL}| &= \left\{\sum_{j=1}^{n} f_j[\cos 2\pi(Hx_j + Ky_j + Lz_j) + i\sin 2\pi(Hx_j + Ky_j + Lz_j)] \times \right.\\ &\quad \left.\sum_{j=1}^{n} f_j[\cos 2\pi(Hx_j + Ky_j + Lz_j) - i\sin 2\pi(Hx_j + Ky_j + Lz_j)]\right\}^{1/2}\\ &= \left\{\left[\sum_{j=1}^{n} f_j\cos 2\pi(Hx_j + Ky_j + Lz_j)\right]^2 + \right.\\ &\quad \left.\left[\sum_{j=1}^{n} f_j\sin 2\pi(Hx_j + Ky_j + Lz_j)\right]^2\right\}^{1/2}\end{aligned} \tag{7-48}$$

2. 结构因子与系统消光

在复杂阵胞中，由于面心或体心上有附加点阵(阵胞中的阵点数大于 1)或者每个阵点代表两个以上等同点的复杂结构，会使某些(HKL)反射的 $F_{HKL}=0$。虽然这些方向仍然满足衍射条件，但由于衍射强度等于零而观测不到衍射线。可见，产生衍射的充分条件应该是同时满足布拉格方程和 $F_{HKL}\neq 0$。由于 $F_{HKL}=0$ 而使衍射线消失的现象称为系统消光。系统消光包括点阵消光和结构消光。

(1) 点阵消光

在复杂点阵中，由于面心或体心上附加点阵而引起的 $F_{HKL}=0$ 称为点阵消光。通过结构因子计算可以总结出 4 种布拉维点阵类型的点阵消光规律。

1) 简单点阵。每个晶胞中只有一个原子，其坐标为 000，原子散射因子为 f_a。根据式(7-48)得

$$F_{HKL}^2 = f_a^2[\cos^2 2\pi(0) + \sin^2 2\pi(0)] = f_a^2$$

$$F_{HKL} = f_a$$

在简单点阵的情况下，F_{HKL} 不受 HKL 的影响，即 HKL 为任意整数时，都能产生衍射。

2) 底心点阵。每个晶胞中有两个同类原子，其坐标分别为 000 和 $\frac{1}{2}\frac{1}{2}0$，

原子散射因子为 f_a。

$$F_{HKL}^2 = f_a^2\left[\cos 2\pi(0) + \cos 2\pi\left(\frac{1}{2}H + \frac{1}{2}K\right)\right]^2 + f_a^2\left[\sin 2\pi(0) + \sin 2\pi\left(\frac{1}{2}H + \frac{1}{2}K\right)\right]^2 = f_a^2[1 + \cos \pi(H + K)]^2$$

① 当 $H+K$ 为偶数时，即 H、K 全为奇数或偶数时，

$$F_{HKL}^2 = f_a^2(1+1)^2 = 4f_a^2$$

$$F_{HKL} = 2f_a$$

② 当 $H+K$ 为奇数时，即 H、K 中一个为奇数，一个为偶数时，

$$F_{HKL}^2 = f_a^2(1-1)^2 = 0$$

$$F_{HKL} = 0$$

即在底心点阵中，F_{HKL}不受 L 的影响，只有当 H、K 全为奇数或全为偶数时才能产生衍射。

3）体心点阵。每个晶胞中有两个同类原子，其坐标分别为 000 和$\frac{1}{2}\frac{1}{2}\frac{1}{2}$，其原子散射因子为 f_a。

$$F_{HKL}^2 = f_a^2\left[\cos 2\pi(0) + \cos 2\pi\left(\frac{1}{2}H + \frac{1}{2}K + \frac{1}{2}L\right)\right]^2 + f_a^2\left[\sin 2\pi(0) + \sin 2\pi\left(\frac{1}{2}H + \frac{1}{2}K + \frac{1}{2}L\right)\right]^2 = f_a^2[1 + \cos \pi(H + K + L)]^2$$

① 当 $H+K+L$ 为偶数时，

$$F_{HKL}^2 = f_a^2(1+1)^2 = 4f_a^2$$

$$F_{HKL} = 2f_a$$

② 当 $H+K+L$ 为奇数时，

$$F_{HKL}^2 = f_a^2(1-1)^2 = 0$$

$$F_{HKL} = 0$$

即在体心点阵中，只有当 $H+K+L$ 为偶数时才能产生衍射。

4）面心点阵。每个晶胞中有 4 个同类原子，其坐标为：000，$\frac{1}{2}\frac{1}{2}0$，$\frac{1}{2}0\frac{1}{2}$，$0\frac{1}{2}\frac{1}{2}$。其原子散射因子为 f_a。

$$F_{HKL}^2 = f_a^2\left[\cos 2\pi(0) + \cos 2\pi\left(\frac{1}{2}H + \frac{1}{2}K\right) + \cos 2\pi\left(\frac{1}{2}H + \frac{1}{2}L\right) + \cos 2\pi\left(\frac{1}{2}K + \frac{1}{2}L\right)\right]^2 + f_a^2\left[\sin 2\pi(0) + \sin 2\pi\left(\frac{1}{2}H + \frac{1}{2}K\right) + \right.$$

$$\sin 2\pi\left(\frac{1}{2}H+\frac{1}{2}L\right)+\sin 2\pi\left(\frac{1}{2}K+\frac{1}{2}L\right)\Big]^2$$

$$=f_a^2[1+\cos\pi(H+K)+\cos\pi(H+L)+\cos\pi(K+L)]^2$$

① 当 H、K、L 全为奇数或全为偶数时，则$(H+K)$、$(H+L)$、$(K+L)$均为偶数，故

$$F_{HKL}^2=f_a^2(1+1+1+1)^2=16f_a^2$$

$$F_{HKL}=4f_a$$

② 当 H、K、L 中有两个奇数一个偶数或两个偶数一个奇数时，则$(H+K)$、$(H+L)$、$(K+L)$中总是有两项为奇数一项为偶数，故

$$F_{HKL}^2=f_a^2(1-1+1-1)^2=0$$

$$F_{HKL}=0$$

即在面心点阵，只有当 H、K、L 全为奇数或全为偶数时才能产生衍射。

从结构因子的表达式(7-48)可以看出，点阵常数并没有参与结构因子的计算公式。这说明结构因子只与原子品种和在晶胞中的位置有关，而不受晶胞形状和大小的影响。例如，对体心晶胞，不论是立方晶系、正方晶系还是斜方晶系的体心晶胞，其系统消光规律都是相同的。由此可见，系统消光规律的适用性是较广泛的。它可以演示布拉维点阵与其衍射花样之间的具体关系。14种布拉维点阵中4种基本类型的系统消光规律如表7-4所示。

表7-4　4种基本类型点阵的系统消光规律

布拉维点阵	出现的反射	消失的反射
简单点阵	全部	无
底心点阵	H、K 全为奇数或全为偶数	H、K 奇偶混杂
体心点阵	$H+K+L$ 为偶数	$H+K+L$ 为奇数
面心点阵	H、K、L 全为奇数或全为偶数	H、K、L 奇偶混杂

（2）结构消光

对那些由两类以上等同点构成的复杂晶体结构，除遵循它们所属的布拉维点阵消光外，还有附加的消光条件，称为结构消光。

1）金刚石型结构。每个晶胞中有8个同类原子，其坐标为：000，$\frac{1}{2}\frac{1}{2}0$，$\frac{1}{2}0\frac{1}{2}$，$0\frac{1}{2}\frac{1}{2}$，$\frac{1}{4}\frac{1}{4}\frac{1}{4}$，$\frac{3}{4}\frac{3}{4}\frac{1}{4}$，$\frac{3}{4}\frac{1}{4}\frac{3}{4}$，$\frac{1}{4}\frac{3}{4}\frac{3}{4}$。原子散射因子为$f_a$。

$$F_{HKL}=f_a\left[1+e^{\pi i(H+K)}+e^{\pi i(H+L)}+e^{\pi i(K+L)}+e^{\frac{\pi i}{2}(H+K+L)}+e^{\frac{\pi i}{2}(3H+3K+L)}+e^{\frac{\pi i}{2}(3H+K+3L)}+e^{\frac{\pi i}{2}(H+3K+3L)}\right]$$

上式中前4项为面心点阵的结构因子，用 F_F 表示。从后4项中提出公因式

$e^{\frac{\pi i}{2}(H+K+L)}$，得到

$$F_{HKL}=F_F+f_a e^{\frac{\pi i}{2}(H+K+L)}\left[1+e^{\pi i(H+K)}+e^{\pi i(H+L)}+e^{\pi i(K+L)}\right]$$
$$=F_F+F_F e^{\frac{\pi i}{2}(H+K+L)}$$
$$=F_F\left[1+e^{\frac{\pi i}{2}(H+K+L)}\right]$$

$$F_{HKL}^2=F_F^2\left[1+e^{\frac{\pi i}{2}(H+K+L)}\right]\times\left[1+e^{-\frac{\pi i}{2}(H+K+L)}\right]$$
$$=F_F^2\left[2+e^{\frac{\pi i}{2}(H+K+L)}+e^{-\frac{\pi i}{2}(H+K+L)}\right]$$

根据欧拉公式，将上式写成三角函数形式

$$F_{HKL}^2=F_F^2\left[2+2\cos\frac{\pi}{2}(H+K+L)\right]=2F_F^2\left[1+\cos\frac{\pi}{2}(H+K+L)\right]$$

① 当 H、K、L 为异性数(奇偶混杂)时，由于 $F_F=0$，所以

$$F_{HKL}^2=0$$
$$F_{HKL}=0$$

② 当 H、K、L 全为奇数时，

$$F_{HKL}^2=2F_F^2=2\times16f_a^2=32f_a^2$$
$$F_{HKL}=\sqrt{32}f_a$$

③ 当 H、K、L 全为偶数，并且 $H+K+L=4n$ 时(其中 n 为任意整数)，

$$F_{HKL}^2=2F_F^2(1+1)=4\times16f_a^2=64f_a^2$$
$$F_{HKL}=8f_a$$

④ 当 H、K、L 全为偶数，而 $H+K+L\neq4n$，则 $H+K+L=2(2n+1)$时，

$$F_{HKL}^2=2F_F^2(1-1)=0$$
$$F_{HKL}=0$$

金刚石型结构属于面心立方布拉维点阵。从 F_{HKL} 的计算结果来看，凡是 H、K、L 不为同性数的反射面均不能产生衍射线，这一点与面心布拉维点阵的系统消光规律是一致的。但是，由于金刚石型结构的晶胞中有 8 个原子，分别属于两类等同点，比一般的面心立方结构多出 4 个原子，因此，需要引出附加的结构消光条件②、③、④。

2）密堆六方结构。每个平行六面体晶胞中有两个同类原子，其坐标为：000，$\frac{1}{3}\frac{2}{3}\frac{1}{2}$。原子散射因子为 f_a。

$$F_{HKL}=f_a\left[1+e^{2\pi i\left(\frac{1}{3}H+\frac{2}{3}K+\frac{2}{3}L\right)}\right]$$
$$F_{HKL}^2=f_a^2\left[1+e^{2\pi i\left(\frac{1}{3}H+\frac{2}{3}K+\frac{1}{2}L\right)}\right]\times\left[1+e^{-2\pi i\left(\frac{1}{3}H+\frac{2}{3}K+\frac{1}{2}L\right)}\right]$$

根据欧拉公式，将上式写成三角函数形式

$$F_{HKL}^2=f_a^2\left[2+2\cos 2\pi\left(\frac{1}{3}H+\frac{2}{3}K+\frac{1}{2}L\right)\right]=2f_a^2\left[1+\cos 2\pi\left(\frac{1}{3}H+\frac{2}{3}K+\frac{1}{2}L\right)\right]$$

根据公式 $\cos 2\alpha=2\cos^2\alpha-1$，将上式改写为

$$F_{HKL}^2=2f_a^2\left[1+2\cos^2\pi\left(\frac{1}{3}H+\frac{2}{3}K+\frac{1}{2}L\right)-1\right]=4f_a^2\cos^2\pi\left(\frac{H+2K}{3}+\frac{L}{2}\right)$$

① 当 $H+2K=3n$，$L=$ 奇数 $=2n+1$ 时（n 为任意整数），

$$F_{HKL}^2=4f_a^2\cos^2\pi\left(n+\frac{2n+1}{2}\right)=4f_a^2\cos^2\frac{\pi}{2}(4n+1)=0$$

② 当 $H+2K=3n$，$L=$ 偶数 $=2n$ 时，

$$F_{HKL}^2=4f_a^2\cos^2 2n\pi=4f_a^2$$

③ 当 $H+2K=3n\pm1$，$L=2n+1$ 时，

$$F_{HKL}^2=4f_a^2\cos^2\pi\left(n+\frac{1}{3}+n+\frac{1}{2}\right)=4f_a^2\cos^2\pi\left(2n+\frac{5}{6}\right)=4f_a^2\cos^2\left(\frac{5}{6}\pi\right)$$

$$=4f_a^2\cos^2 150^\circ=4f_a^2\cos^2 30^\circ=4f_a^2\left(\frac{\sqrt{3}}{2}\right)^2=3f_a^2$$

或

$$F_{HKL}^2=4f_a^2\cos^2\pi\left(n-\frac{1}{3}+n+\frac{1}{2}\right)=4f_a^2\cos^2\pi\left(2n+\frac{1}{6}\right)=4f_a^2\cos^2\left(\frac{\pi}{6}\right)$$

$$=4f_a^2\left(\frac{\sqrt{3}}{2}\right)^2=3f_a^2$$

④ 当 $H+2K=3n\pm1$，$L=2n$ 时，

$$F_{HKL}^2=4f_a^2\cos^2\pi\left(n\pm\frac{1}{3}+n\right)=4f_a^2\cos^2\pi\left(2n\pm\frac{1}{3}\right)$$

$$=4f_a^2\cos^2\left(\pm\frac{\pi}{3}\right)=4f_a^2\left(\frac{1}{2}\right)^2=f_a^2$$

密堆六方结构的单位平行六面体晶胞中的两个原子，分别属于两类等同点，所以它属于简单六方布拉维点阵，没有点阵消光。结构因子计算所得到的消光条件都是结构消光。

7.3.4 小晶体的衍射积分强度

小晶体即小的单晶体，在多晶体中即指晶粒或亚晶粒。如图 7－42 所示，设小晶体为平面六边形，N_1、N_2、N_3 分别为点阵基矢 $\boldsymbol{a}$、$\boldsymbol{b}$、$\boldsymbol{c}$ 方向上的晶胞数，晶胞总数为 $N=N_1N_2N_3$。以各晶胞中所处位置相当的原子（如各晶胞左下后方原子）位置表示晶胞位置。如图 7－43 所示，设任意两晶胞 O 与 A 的坐标分别为（0，0，0）和（m，n，p），则两晶胞连接矢量

$$\boldsymbol{r}=m\boldsymbol{a}+n\boldsymbol{b}+p\boldsymbol{c}$$

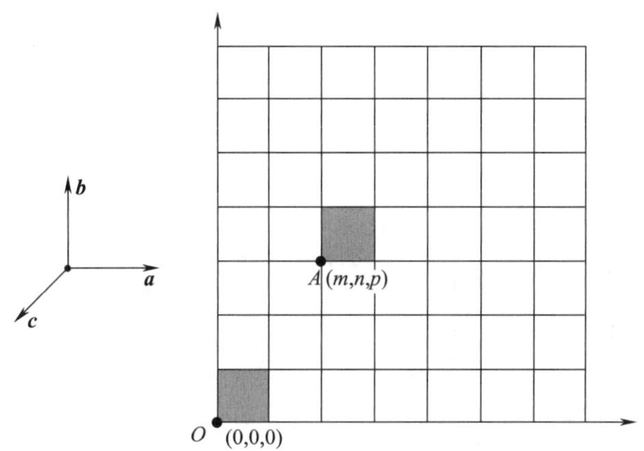

图 7－42 小晶体点阵示意图

按照 7.2 节关于晶体点阵对 X 射线衍射及劳厄方程的讨论，可以获得式(7－26)的干涉函数和式(7－32)的劳厄方程。由此可知，关于"衍射方向"的讨论实质上就是关于晶体散射强度主峰最大值位置的讨论，小晶体散射主峰强度就是小晶体的衍射强度，且主峰有强度范围与 N_1、N_2、N_3 有关，即与晶体大小有关。对于理想的无限大晶体(N_1、N_2、$N_3 \to \infty$)，主峰有强度范围趋于零，即只在主峰位置有强度。由此不难理解，对于理想的无限大晶体，衍射矢量方程(及其各种等效形式)是衍射产生的必要条件。

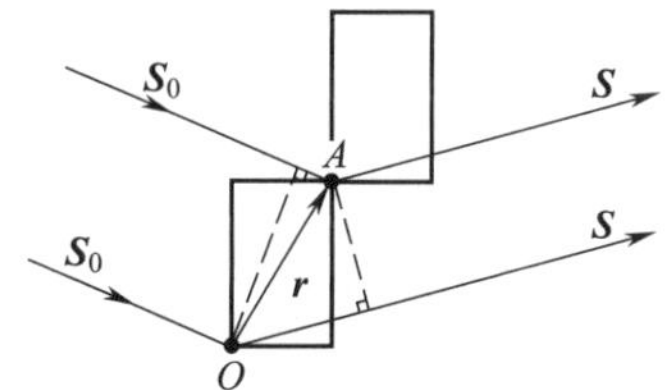

图 7－43 小晶体内任意两晶胞的相干散射

实际晶体都有一定大小，故干涉函数 $|G|^2$ 主峰有一个存在范围，且晶体越小，存在范围越大。由 $I_m = |G|^2 I_b$ 可知，对应 $|G|^2$ 主峰的存在范围，I_m 也应相应有一个存在范围。故小晶体衍射强度 I_m 应为主峰有强度范围内的积分强度(以下用 I_m 表示小晶体衍射积分强度)。

可以证明，对于波长为 λ 的入射线，小晶体衍射积分强度为

$$I_m = I_e \ |F|^2 \frac{\lambda^3}{V_0^2} \Delta V \frac{1}{\sin 2\theta} \tag{7-49}$$

式中：V_0 为晶胞体积；ΔV 为小晶体体积。

7.3.5 多晶体的衍射积分强度

1. 多晶体参与衍射的晶粒数目

多晶体试样由数目极多的细小晶粒(小晶体)组成。一般各晶粒的取向[可

以各晶粒中同名(HKL)面的空间方位表达]是任意分布的。因而，方位任意的极多晶粒中的同名(HKL)面相应的各个倒易点将集合而成为球面，此球面以(HKL)面倒易矢量长度$|\boldsymbol{r}^*_{HKL}|$($=1/d_{HKL}$)为半径，称为(HKL)面的倒易球。

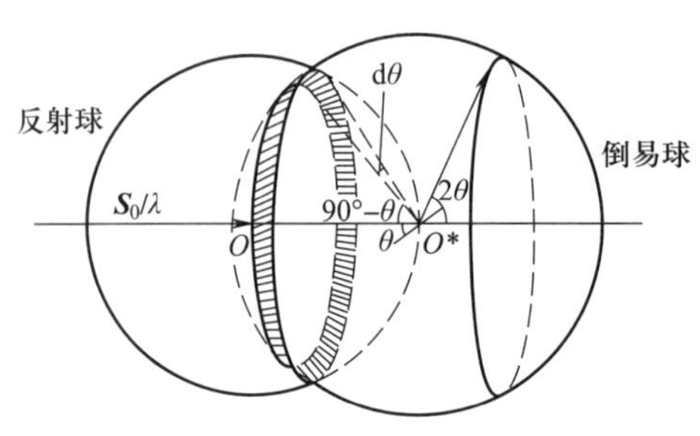

图 7－44　多晶体衍射的埃瓦尔德图解

图 7－44 所示为多晶体衍射的埃瓦尔德图解，倒易球与反射球交线为圆。

按埃瓦尔德图解的实质[(HKL)倒易点若在反射球上，则晶体中相应的(HKL)面满足衍射必要条件]不难理解，多晶体(HKL)倒易球与反射球的交线圆上各倒易点相应的各个方位晶粒中的(HKL)面满足衍射必要条件，相应的各 $\boldsymbol{S}/\lambda$(即反射球中心 O 到交线圆上各倒易点的连接矢量)集合而成为以$\boldsymbol{S}_0$ 为轴、以 2θ 为半锥角的圆锥体(称为衍射圆锥)。又由小晶体衍射积分强度分析可知，衍射线都存在一个有强度范围。换言之，当某(HKL)晶面反射时，衍射角有一定的波动范围，这也意味着(HKL)面法线方向(即倒易矢量 $\boldsymbol{r}^*_{HKL}$方向)有一定的波动范围。因此，对应于各个方位晶粒(HKL)反射的有强度范围，倒易球与反射球的交线圆成为一个有一定宽度的圆环带(环带宽度为$|\boldsymbol{r}^*_{HKL}|\cdot \mathrm{d}\theta$)。

由于倒易球上每一倒易点对应着一个晶粒，因而可认为上述圆环带上的每一倒易点对应着一个参与(HKL)反射的晶粒。据此，参加(HKL)衍射的晶粒数目(Δq)与多晶体试样总晶粒数(q)之比值可认为是上述圆环带面积与倒易球面积之比，即

$$\frac{\Delta q}{q}=\frac{2\pi|\boldsymbol{r}^*|\sin(90°-\theta)\cdot|\boldsymbol{r}^*|\mathrm{d}\theta}{4\pi|\boldsymbol{r}^*|^2}=\frac{\cos\theta}{2}\mathrm{d}\theta$$

故

$$\Delta q=q\cdot\frac{\cos\theta}{2}\mathrm{d}\theta \tag{7-50}$$

一个晶粒的衍射积分强度 I_{m} 已由式(7－49)给出，若乘以多晶体中实际参与(HKL)衍射的晶粒数 Δq，即可得到多晶体的(HKL)衍射积分强度。需要指出的是，式(7－50)中之 $\mathrm{d}\theta$ 对应着(HKL)衍射的有强度范围，而 I_{m} 也是对于衍射线的有强度范围积分而来，即由 $I_{\mathrm{m}}\Delta q$ 求得多晶体衍射积分强度(暂记为$I_{多}$)时，Δq 表达式之 $\mathrm{d}\theta$ 已在 I_{m} 推导时考虑过了，故

$$I_{多}=I_{\mathrm{m}}q\frac{\cos\theta}{2}$$

$$I_{多} = I_e \frac{\lambda^3}{V_0^2} |F_{HKL}|^2 \Delta V \cdot q \frac{\cos\theta}{2} \cdot \frac{1}{\sin 2\theta}$$

$$I_{多} = I_e \frac{\lambda^3}{V_0^2} V |F_{HKL}|^2 \cdot \frac{1}{4\sin\theta} \tag{7-51}$$

式中：V 为试样被照射体积，$V = \Delta V \cdot q$。

2. 单位弧长的衍射积分强度

粉末照相法采用（粉末）多晶体试样并以胶片记录衍射花样。若采用垂直于入射线的平板胶片，获得的（HKL）衍射花样即为（HKL）衍射圆锥与胶片的交线——衍射圆环；若以试样中心为轴，将长条胶片卷成圆柱形，则获得的衍射花样为衍射圆环的部分弧段，如图 7－45 所示。式（7－51）中之 $I_{多}$ 即为衍射圆环的积分强度。

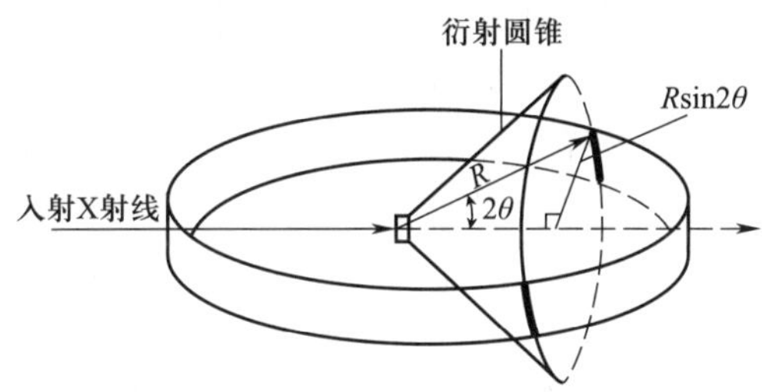

图 7－45　单位弧长的衍射积分强度

多晶体衍射分析工作中考虑或测量的是衍射圆环单位弧长的积分强度（暂记为 I'）。设衍射圆环至试样的距离为 R，则其周长为 $2\pi R\sin 2\theta$，故

$$I' = \frac{I_{多}}{2\pi R\sin 2\theta} = I_e \frac{\lambda^3}{2\pi R} \frac{V}{V_0^2} |F_{HKL}|^2 \cdot \frac{1}{4\sin\theta} \cdot \frac{1}{\sin 2\theta}$$

$$I' = I_0 \frac{e^4}{R^2 m^2 c^4} \cdot \frac{\lambda^3}{2\pi R} \cdot \frac{V}{V_0^2} |F_{HKL}|^2 \cdot \left(\frac{1+\cos^2 2\theta}{2}\right) \cdot \frac{1}{8\sin^2\theta\cos\theta}$$

$$I' = I_0 \frac{\lambda^3 e^4}{32\pi R^3 m^2 c^4} \cdot \frac{V}{V_0^2} |F_{HKL}|^2 \cdot \left(\frac{1+\cos^2 2\theta}{\sin^2\theta\cos\theta}\right) \tag{7-52}$$

7.3.6　影响衍射强度的其他因素

考虑等同晶面组数目、温度、物质吸收等因素对衍射强度的影响并引入相应的修正因子，各因子均以乘子的形式出现在衍射积分强度公式中，以校正衍射积分强度计算值。

1. 多重性因子

晶体中晶面间距相等的晶面（组）称为等同晶面（组）。晶体中各（HKL）面的等同晶面（组）的数目称为各自的多重性因子（P_{HKL}）。以立方系为例，（100）

面共有 6 组等同晶面[(100)、(010)、(001)、($\bar{1}00$)、($0\bar{1}0$)、($00\bar{1}$)]，故 $P_{100}=6$；(111)面有 8 组等同晶面，则 $P_{111}=8$。

由布拉格方程可知，等同晶面的衍射线空间方位相同(衍射线重叠)。即当考虑某(HKL)面的衍射强度时，包含其等同晶面的贡献。显然，由于不同(HKL)之 P_{HKL}值不同，因而等同晶面对衍射强度的贡献也不同。P_{HKL}值越大，即参与(HKL)衍射的等同晶面数越多，则对(HKL)衍射强度的贡献越大。为此，将多重性因子 P_{HKL}直接乘入强度公式以表达等同晶面(组)数目对衍射强度的不同影响。

2. 吸收因子

试样对 X 射线的吸收将造成衍射强度的衰减，故在衍射强度计算中引入吸收因子 $A(\theta)$，以校正试样吸收对衍射强度的影响。设无吸收时，$A(\theta)=1$；吸收越多，衍射强度衰减程度越大，则 $A(\theta)$越小。

照相法采用圆柱形(粉末)多晶体试样。圆柱形试样对 X 射线的吸收情况如图 7-46 所示。显然，试样半径(r)越大，核吸收系数(μ)越大，则对 X 射线吸收越多，故 $A(\theta)$越小。当 μ 与 r 都较大时，入射 X 射线进入试样一定深度后就被全部吸收，实际上只有试样表层物质[如图 7-46(b)中之阴影部分]参加衍射。同时，衍射线穿过试样也要被吸收，故透射衍射线($2\theta<90°$)强度急剧衰减，背射衍射线($2\theta>90°$)则受吸收影响较小。即当 μr 一定时，θ 越小，衍射线穿过试样之路径越长，吸收越多，故 $A(\theta)$越小。圆柱形试样吸收因子与 μr 及 θ 的关系如图 7-47 所示。吸收因子数据可在相关文献中查到。

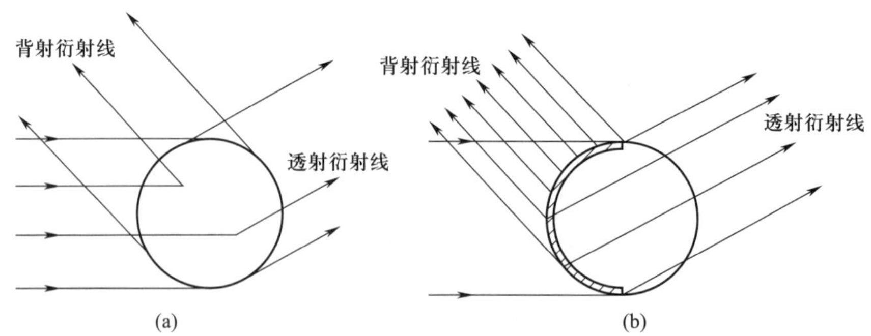

图 7-46　圆柱形试样对 X 射线的吸收情况。(a) 一般情况；(b) 高度吸收情况

衍射仪法使用平板试样(衍射仪法见第八章)，其吸收因子 $A=\frac{1}{2\mu}$，与 θ 无关。

3. 温度因子

在上述衍射强度公式的推导与讨论中，我们一直将晶体中的原子看做是固定不动的。实际上晶体中的原子始终围绕其平衡位置振动。

为了了解热振动对衍射强度的影响，设晶体中某原子面某瞬时偏离平衡位置的距离为 Z（如图 7 48 所示），这使反射线方向（原来严格遵从布拉格方程、干涉一致加强的方向）产生附加位相差（ϕ）：$\phi=\frac{2\pi}{\lambda}\cdot\delta=\frac{2\pi}{\lambda}\cdot 2Z\sin\theta=4\pi Z\left(\frac{\sin\theta}{\lambda}\right)$，从而使衍射强度减弱。

热振动随温度升高而加剧。在衍射强度公式中引入温度因子以校正温度（热振动）对衍射强度的影响。

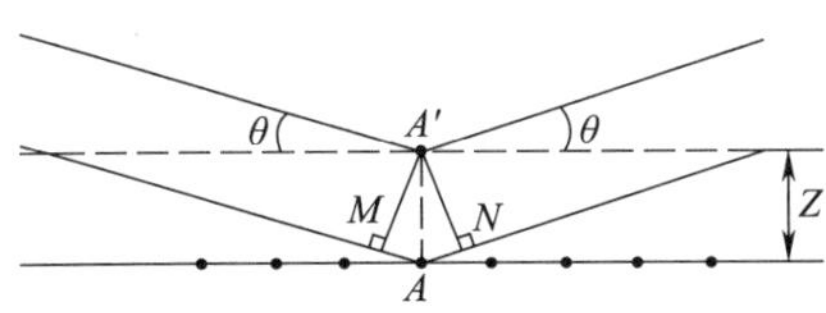

图 7－48 原子热振动产生附加位相差

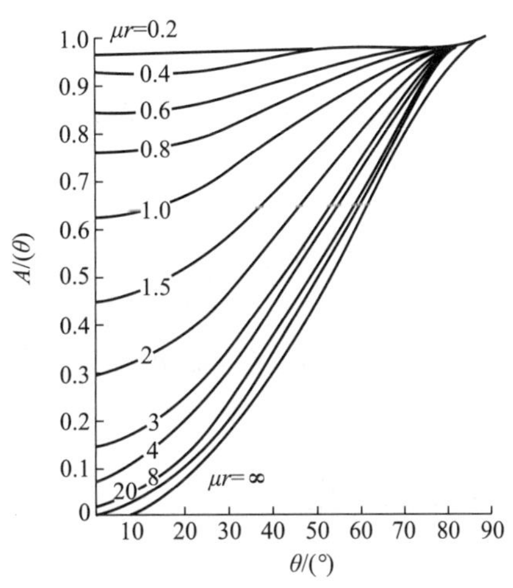

图 7－47 圆柱形试样吸收因子与 μr 及 θ 的关系

根据固体比热理论的计算，温度因子以指数形式 e^{-2M} 表达，其物理意义为考虑原子热振动时的衍射强度（I_T）与不考虑原子热振动时的衍射强度（I）之比，即 $e^{-2M}=I_T/I$ 或 $e^{-M}=f/f_0$［e^{-M} 称为德拜－沃勒（Debye-Waller）因子，f_0 为绝对零度时的原子散射因子］。e^{-2M} 的表达式为

$$e^{-2M}=\exp\left\{-\frac{12h^2}{m_a K\Theta}\left[\frac{\phi(x)}{x}+\frac{1}{4}\right]\left(\frac{\sin\theta}{\lambda}\right)^2\right\}$$

或

$$e^{-2M}=\exp\left\{-\frac{12h^2 T}{m_a K\Theta^2}\left[\phi(x)+\frac{1}{4}\right]\left(\frac{\sin\theta}{\lambda}\right)^2\right\} \tag{7-53}$$

式中：h 为普朗克常量；K 为玻尔兹曼常量；m_a 为原子质量；Θ 为特征温度平均值，$\Theta=h\nu_m/K$，ν_m 为固体弹性振动最大频率；$\phi(x)$ 为德拜函数，$\phi(x)=\frac{1}{x}\int_0^x\frac{\xi d\xi}{e^\xi-1}$，$\xi=\frac{h\nu}{KT}$，$\nu$ 为固体弹性振动频率，$x=\Theta/T$，T 为实验时温度（绝对温度）。$\frac{\phi(x)}{x}+\frac{1}{4}$ 之值可查相关文献手册获得。

由于原子热振动方向的无规性，故除减弱反射线方向衍射强度外，增加了非衍射各个方向的散射强度，此现象称为热漫散射，其结果是引起衍射花样背底的增高。

将 P_{HKL}、$A(\theta)$及 e^{-2M}乘入式(7－52)，即得到多晶体(HKL)衍射积分强度(I)公式，即

$$I = I_0 \frac{\lambda^3 e^4}{32\pi R^3 m^2 c^4} \cdot \frac{V}{V_0^2} |F_{HKL}|^2 \cdot P_{HKL} \cdot \phi(\theta) A(\theta) e^{-2M} \qquad (7-54)$$

式中：$\phi(\theta)$为角因子，$\phi(\theta) = \frac{1+\cos^2 2\theta}{\sin^2 \theta \cos \theta}$。

本章知识点

1）掌握 X 射线的本质、产生条件和 X 射线谱的表征。

2）了解劳厄方程的导出过程，据此理解晶体对 X 射线衍射的强度分布特征规律。

3）理解布拉格方程及其与晶体结构的关系。

4）理解结构因子与系统消光及其规律。

思考题

1）解释以下概念并指出其区别：K_α 射线与 K_β 射线，短波限与吸收限，线吸收系数与质量吸收系数。

2）X 射线产生的条件是什么？如何获得 X 射线？

3）连续 X 射线谱和特征 X 射线谱各自的特征是什么？其间的关系又如何？

4）解释吸收限存在的本质及滤波片的选择原理。

5）劳厄方程阐明了晶体对 X 射线衍射强度的分布特征，布拉格方程给出了衍射与晶体结构的关系。如何理解？

6）劳厄方程、布拉格方程和埃瓦尔德图解是描述 X 射线衍射几何的等效表达方法，由其中任何一种表达式都可以推导出另外两种表达式。理解并推导其间的关系。

7）说明原子散射因子 f、结构因子 F 及干涉函数 $|G|^2$ 各自的物理意义。

8）铜为面心立方结构，请推导它的点阵消光条件。

9）Cu K_α 射线($\lambda_{K_\alpha} = 0.154$ nm)照射 Cu 试样。已知 Cu 的点阵常数 $a = 0.361$ nm。试分别用布拉格方程与埃瓦尔德图解法求(200)反射的 θ 角。

10）请计算右图示出的 NaCl 的点阵消光条件与结构消光条件。

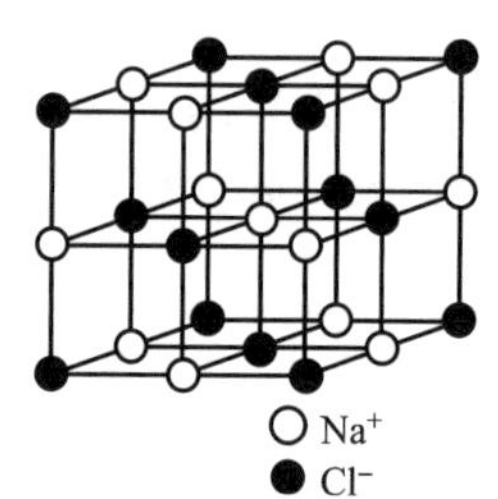

第八章 X 射线分析方法

利用 X 射线研究晶体结构中的各类问题，主要是通过 X 射线在晶体中所产生的衍射现象进行的。获取物质衍射花样的方法按照使用的设备可分为两大类，照相法和衍射仪法。衍射仪法由于与计算机结合，具有高稳定、高分辨率、多功能和全自动等性能，并且可以自动地给出大多数衍射实验结果，因此它的应用非常普遍。本章主要通过德拜照相法和劳厄法对多晶体和单晶体的衍射方法进行介绍，并对非晶态及 X 射线小角度散射方法进行简单的介绍，使读者对 X 射线分析方法有较全面的了解。

8.1 多晶体衍射方法

8.1.1 粉末法成像原理

多晶体衍射的照相方法采用单色(标识)X 射线作为辐射源，被分析的试样多数情况为很细(粒径 $10^{-3}\sim10^{-5}$ cm)的粉末，故亦称为粉末法。但根据需要也可以采用多晶体块、片、丝等作为试样。衍射花样用照相方法摄照。

粉末试样由数目极多的微小晶粒组成，这些晶粒的取向完全是无规则的，各晶粒中指数相同的晶面取向分布于空间的任意方向。

如果采用倒易空间的概念，则这些晶面的倒易矢量分布于整个倒易空间的各个方向，而它们的倒易阵点布满在以倒易矢量的长度$\left(r^{*}=\dfrac{1}{d_{HKL}}\right)$为半径的倒易球面上。由于等同晶面族$\{HKL\}$的晶面间距相等，所以，各等同晶面族的倒易阵点都分布在同一个倒易球面上，即以倒易点阵原点为中心的同心倒易球面上。在满足衍射条件时，根据埃瓦尔德图解原理，反射球与倒易球相交，其交线为一系列垂直于入射线的圆，如图 8－1 所示。从反射球中心向这些圆周连线，组成数个以入射线为公共轴的共顶圆锥，圆锥的母线就是衍射线的方向，锥顶角等于 4θ。这样的圆锥称为衍射圆锥。

在摄照衍射花样时，底片安放的位置不同，便会得到不同形式的衍射花样。如果在试样的两侧安放两张平面底片，使底片与入射线垂直，如图 8－2 所示，所得到的衍射花样为以入射线与底片交点为中心的同心圆，这些同心圆称为衍射圆环。其中，衍射角 2θ 小于 90°的衍射范围称为前反射区，衍射角 2θ 大于 90°的衍射范围称为背反射区。平面底片在前反射区一般只能摄照 $2\theta<60°$的衍射圆环，在背反射区只能摄照 $2\theta>120°$的衍射圆环，那些 $2\theta=60°\sim120°$的衍射圆环由于底片尺寸有限，衍射线不能与底片相交。

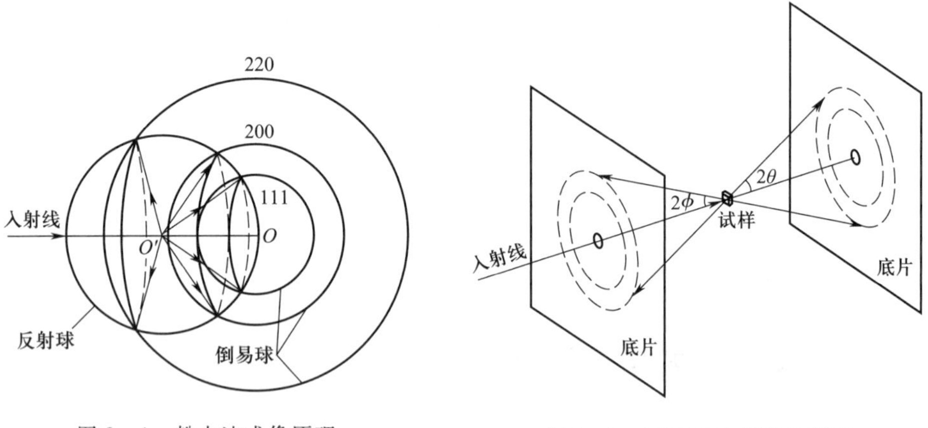

图 8－1　粉末法成像原理　　　图 8－2　平面底片摄照示意图

如果需要记录所有的衍射圆环，就必须采用圆筒形底片，即将一张长条底片卷成圆筒形状，把试样安放在圆筒形底片的轴心上，通过调整使入射线与圆筒形底片中心轴垂直并通过其中心，如图 8－3(a)所示。这样，所有的衍射圆锥都有可能与底片相交，它们的交线为衍射圆环的部分弧段。将底片展开放平即得到如图 8－3(b)所示的衍射花样。

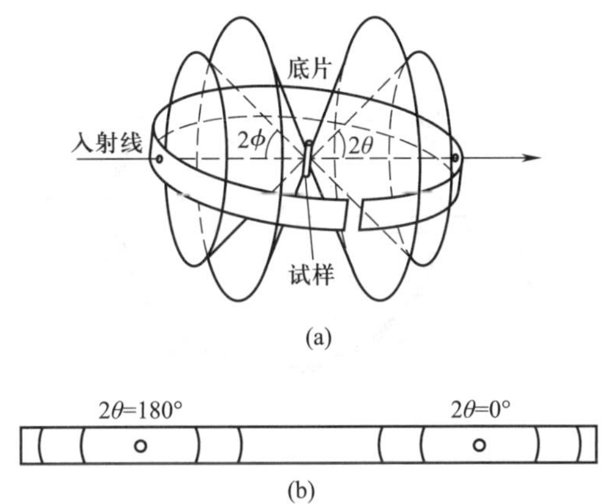

图 8－3 圆筒形底片摄照示意图

8.1.2 德拜相机与实验技术

1. 德拜相机

德拜相机是按照图 8－3 所示的衍射几何设计的。图 8－4 和图 8－5 分别为德拜相机的外观照片和剖面示意图。这种照相装置由圆筒形外壳、样品架、光阑和承光管等部分组成，照相底片紧贴相机外壳内壁安装(底片曲率半径等于相机外壳内径)。常用相机内径(D)为 57.3 mm，故底片上每毫米长度对应 2°圆心角。有时用 D 为 114.6 mm 的相机，则底片上每毫米长度对应 1°圆心角。

(a)

(b)

图 8－4 德拜相机外观照片

样品架在相机中心轴上，并有专门调节装置，以使安装在架上之圆柱形试样与相机中心同轴。光阑的主要作用是限制入射线的发散度(不平行度)，固定入射线位置和控制入射线截面(尺寸)的大小。

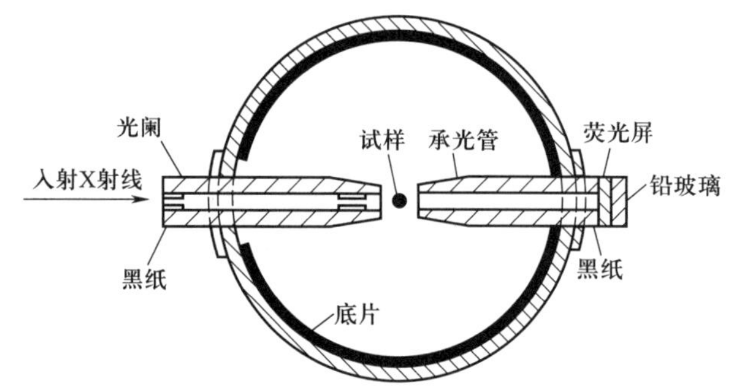

图 8 - 5　德拜相机剖面示意图

穿透试样后的入射线进入承光管，经过一层黑纸和荧光屏后被铅玻璃吸收(荧光屏可显示入射线与试样的相对位置)。

2. 试样制备

粉末试样制备一般经过粉碎(韧性试样用锉刀锉)、研磨、过筛(250 ~ 325 目)等过程，最后粘接为细圆柱状，直径为 0.2 ~ 0.8 mm，长度为 10 ~ 15 mm。经过研磨后的韧性材料粉末应在真空或保护气氛下退火，以消除加工应力。

3. 底片安装

将双面乳胶专用底片按相机尺寸裁成长方形并在适当位置打孔后紧贴相机内壁安装(光阑或承光管穿过底片圆孔)、压紧。根据底片圆孔位置和开口所在位置不同，安装方法分为 3 种。

1）正装法。安装时底片正中圆孔穿过承光管，开口在光阑两侧，记录的衍射弧对(有时称为衍射线条)按 2θ 增加的顺序由底片孔中心向两侧展开，如图 8 - 6(a)所示。此法常用于物相分析。

2）反装法。底片正中圆孔穿过光阑，开口在承光管两侧，衍射线条按 2θ 增加的顺序逐渐移向底片孔中心，如图 8 - 6(b)所示。此法常用于测定点阵常数。

3）偏装法(不对称装片法)。底片上两圆孔分别穿过光阑和承光管，开口在光阑和承光管之间，如图 8 - 6(c)所示。此法可校正由于底片收缩及相机半径不准确等因素产生的测量误差，常用于点阵常数的精确测定等工作。

4. 选靶与滤波

选靶与滤波的主要依据是 λ 与 μ_m 的关系。

(1) 选靶

选靶是指选择 X 射线管阳极(靶)所用材料。选靶的基本要求是：靶材产

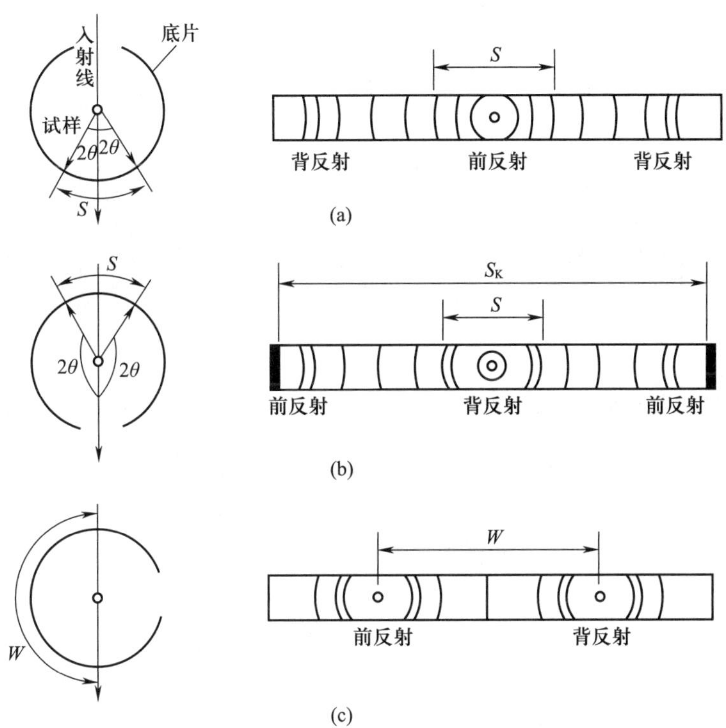

图 8-6　德拜相机底片安装方法。(a) 正装法；(b) 反装法；(c) 偏装法

生的特征 X 射线(常用 K_α 射线)尽可能少地激发试样的荧光辐射，以降低衍射花样背底，使图像清晰。

物质对 X 射线的吸收与入射 X 射线波长有关，如图 8-7 所示。由图可知，μ_m 随 λ 的变化是不连续的，当波长等于吸收限时，因 X 射线“激发”试样光电效应而产生荧光辐射，故 μ_m 值很大；而在吸收限两侧，$\mu_m-\lambda$ 曲线由两根相似的分枝组成，μ_m 随 λ 的减小而减小。

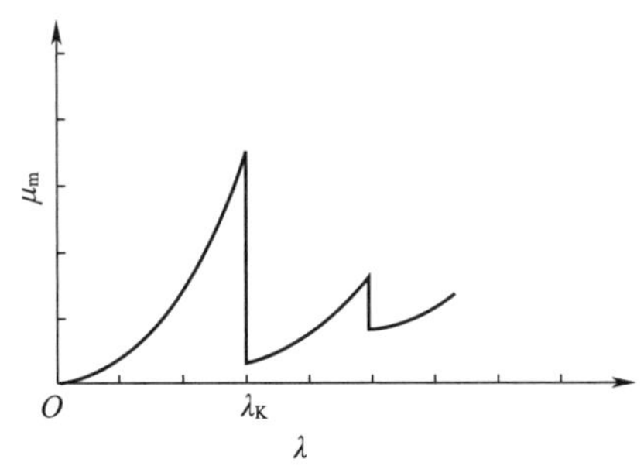

图 8-7　质量吸收系数(μ_m)与波长(λ)关系示意图

根据 μ_m 与 λ 的关系可知，当入射的 K_α 射线波长($\lambda_{K_\alpha靶}$)远长于试样的 K 吸收限($\lambda_{K样}$)或 $\lambda_{K_\alpha靶}$ 远短于 $\lambda_{K样}$ 时，可避免荧光辐射的产生，如图 8-8(a)与(c)所示。当 $\lambda_{K_\alpha靶}$ 稍长于 $\lambda_{K样}$ ($\lambda_{K_\beta靶}<\lambda_{K样}<\lambda_{K_\alpha靶}$)时，$K_\alpha$ 射线也不会激发试样的荧光辐射，如图 8-8(b)所示。由

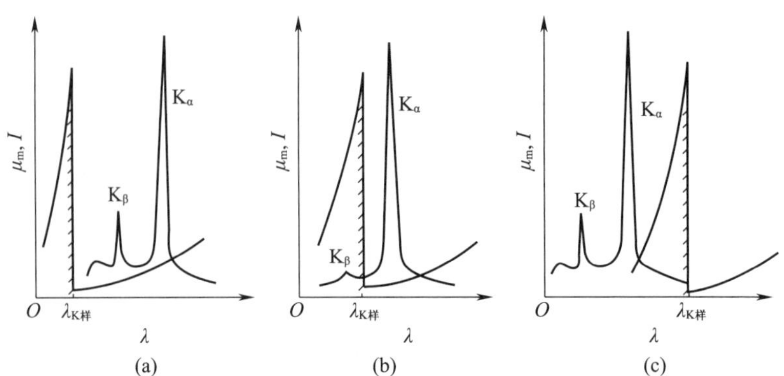

图 8－8　按试样的化学成分选靶。(a) $Z_{靶}<Z_{样}$；(b) $Z_{靶}=Z_{样}+1$；(c) $Z_{靶}\geqslant Z_{样}$

$\mu_m-\lambda$ 曲线可知，$\lambda_{K_\alpha靶}$ 稍长于 $\lambda_{K样}$ 时，$\lambda_{K_\alpha靶}$ 处于曲线低谷处(与 $\lambda_{K_\alpha靶}$ 远长于 $\lambda_{K样}$ 相比)，K_α 射线被试样吸收少，有利于衍射实验。

靶材原子序数($Z_{靶}$)与试样原子序数($Z_{样}$)满足一定关系时，上述 $\lambda_{K_\alpha靶}$ 与 $\lambda_{K样}$ 的关系成立，即 $Z_{靶}<Z_{样}$ 时，$\lambda_{K_\alpha靶}>\lambda_{K样}$；$Z_{靶}\geqslant Z_{样}$ 时，$\lambda_{K_\alpha靶}\leqslant\lambda_{K样}$；$Z_{靶}=Z_{样}+1$ 时，$\lambda_{K_\beta靶}<\lambda_{K样}<\lambda_{K_\alpha靶}$。按 $Z_{靶}$ 与 $Z_{样}$ 的关系选靶以避免激发试样荧光辐射，称为按试样化学成分选靶。当试样中含有多种元素时，一般按含量较多的几种元素中 Z 最小的元素选靶。

选靶时还要考虑其他因素，如入射线波长对衍射线条多少的影响。由于 $\sin\theta\leqslant1$，故由布拉格方程可知 $d\geqslant\lambda/2$，即只有满足此条件的晶面才有可能产生衍射，因此 λ 越长则可能产生的衍射线条越少。又如，通过波长的选择可调整衍射线条的出现位置等。

(2) 滤波

K 系特征辐射包括 K_α 与 K_β 射线，因二者波长不同，将使试样产生两套方位不同的衍射花样，使衍射分析工作复杂。为此，在 X 射线源与试样之间放置薄片(称为滤波片)以吸收 K_β 射线，从而保证 K_α 射线的纯度，这就称为滤波。

依据 μ_m 与 λ 的关系选择滤波片材料，使其 K 吸收限($\lambda_{K滤}$)处于入射的 K_α 射线与 K_β 射线波长之间($\lambda_{K_\beta靶}<\lambda_{K滤}<\lambda_{K_\alpha靶}$)，则 K_β 射线因激发滤波片的荧光辐射而被滤波片吸收。滤波片材料原子序数($Z_{滤}$)与 $Z_{靶}$ 满足下述条件时，$\lambda_{K_\beta靶}<\lambda_{K滤}<\lambda_{K_\alpha靶}$：当 $Z_{靶}<40$ 时，$Z_{滤}=Z_{靶}-1$；当 $Z_{靶}>40$ 时，$Z_{滤}=Z_{靶}-2$。

5. 摄照参数的选择

摄照参数包括 X 射线管电压、管电流，摄照(曝光)时间等。管电压通常为阳极(靶材)激发电压(V_K)的 3～5 倍，此时特征谱对连续谱强度比最大。管电流较大可缩短摄照时间，但以不超过管额定功率为限。摄照时间的影响因素很多，一般在具体实验条件下通过试照确定(德拜法常用摄照时间以 h 计)。

6. 衍射花样的测量和计算

主要是通过测量底片上衍射线条的对应位置计算 θ 角(并确定各衍射线条的相对强度)。(HKL)衍射弧对与其 θ 角的关系如图 8－9 所示。由图可知，对于前反射区($2\theta<90°$)衍射弧对，有

$$2L = R \cdot 4\theta \qquad (8-1)$$

式中：R 为相机半径；$2L$ 为衍射弧对间距。

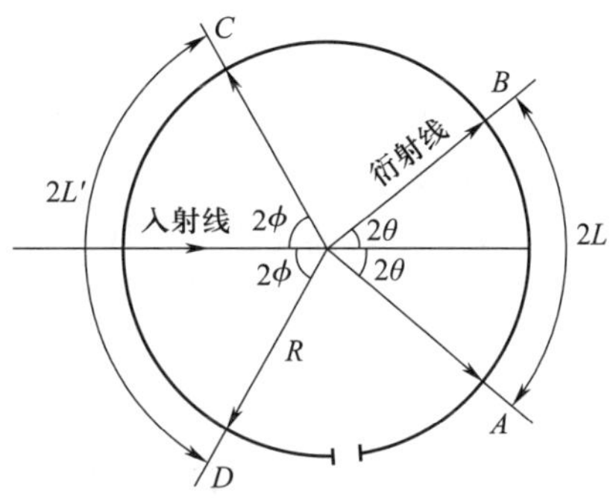

图 8－9　衍射弧对与 θ 角的关系

式(8－1)中 θ 为弧度，若 θ 用角度表示，则有

$$\theta = 2L \cdot \frac{57.3}{4R} \qquad (8-2)$$

对于背反射区($2\theta>90°$)，有 $2L' = R \cdot 4\phi$(ϕ 为弧度)，若 ϕ 用角度表示，则有

$$\phi = 2L' \cdot \frac{57.3}{4R} \qquad (8-3)$$

式中，$\phi = 90° - \theta$。

当相机直径 $2R = 57.3$ mm 时，由式(8－2)和式(8－3)，有

$$\begin{cases} \theta = 2L/2(°), & 2\theta < 90° \\ \phi = 2L'/2(°), & \theta = 90° - \phi, \quad 2\theta > 90° \end{cases} \qquad (8-4)$$

应用上述各式计算 θ 值时，θ 值受相机半径误差和底片收缩误差等的影响。底片经显影、定影、冲洗及干燥后其长度将发生变化(一般为收缩)，上述各式中之 $2L$(或 $2L'$)由干燥收缩后的底片测量而来，而各式中视为圆筒形底片曲率半径的相机半径 R 值却与底片无关，即不能反映因底片收缩导致其曲率半径变化的影响，由此导致的 θ 值误差称为底片收缩误差。

采用冲洗干燥后的底片(圆)周长(S)替换 θ 计算式[式(8－2)与式(8－3)]中之 R，并用不对称装片法测量 S 值，即可校正底片收缩误差和相机半径误差对 θ 值的影响。将 $S = 2\pi R$ 代入式(8－2)及式(8－3)，得

$$\begin{cases} \theta = \dfrac{2L}{4R} \cdot \dfrac{180}{\pi} = \dfrac{2L}{S} \cdot 90°, & 2\theta < 90° \\ \phi = \dfrac{2L'}{4R} \cdot \dfrac{180}{\pi} = \dfrac{2L'}{S} \cdot 90°, & \theta = 90° - \phi, \quad 2\theta > 90° \end{cases} \qquad (8-5)$$

由图 8－9 可知，采用不对称装片法实现对 S 的测量，因含有底片开口部而无法直接测量的弧段$\widehat{DA}=\widehat{BC}$，故 $S=\widehat{AB}+\widehat{BC}+\widehat{CD}+\widehat{DA}=\widehat{AB}+2\widehat{BC}+\widehat{CD}$，可在冲洗干燥后的底片上通过测量得到。

一般可将底片置于内有照明光源的底片测量箱的毛玻璃上，通过游标卡尺测量获得 $2L$ 及 S 值。若需要精确测量时，则使用精密比长仪。

7. 德拜相机的分辨率

分辨率用来描述相机分辨底片上相距最近衍射线条的本领。分辨率(ϕ)的表达式为

$$\phi=\frac{\Delta L}{\Delta d/d} \tag{8-6}$$

式中：ΔL 为晶面间距变化值为 $\Delta d/d$ 时，衍射线条的位置变化。

由式(8－6)可知，当两晶面间距差值 Δd 一定时，ϕ 值大则意味着底片上两晶面相应衍射线条距离(位置差)ΔL 大，即两线条容易分辨。

将布拉格方程式(7－35)写为 $\sin\theta=\lambda/(2d)$ 的形式，对其进行微分并整理，有

$$\Delta\theta=-\tan\theta(\Delta d/d) \tag{8-7}$$

对式(8－1)微分，有

$$\Delta L=2R\cdot\Delta\theta \tag{8-8}$$

由式(8－7)与式(8－8)，可得

$$\phi=-2R\tan\theta \tag{8-9}$$

由式(8－9)可知，θ 越大则 ϕ 越大，故背反射衍射线条(较前反射衍射线条)分辨率高。

8.1.3　衍射花样指数标定

衍射花样指数标定，即确定衍射花样中各线条(弧对)相应晶面(即产生该衍射线条的晶面)的干涉指数，并以之标识衍射线条，又称衍射花样指数化。

1. 立方晶系衍射花样指数标定

由立方晶系晶面间距公式(表 7－3)与布拉格方程，可得

$$\sin^2\theta=\frac{\lambda^2}{4a^2}\cdot m \tag{8-10}$$

式中：m 为衍射晶面干涉指数的平方和，即 $m=H^2+K^2+L^2$。

由式(8－10)可知，对于同一底片同一(物)相，各衍射线条 $\sin^2\theta$(从小到大)的顺序比[因 $\lambda^2/(4a^2)$ 为常数]等于各线条相应晶面干涉指数平方和(m)的顺序比，即

$$\sin^2\theta_1:\sin^2\theta_2:\sin^2\theta_3:\cdots=m_1:m_2:m_3:\cdots \tag{8-11}$$

立方晶系不同结构类型晶体因系统消光规律不同，其产生衍射各晶面的 m 顺序比也各不相同，如表 8-1 所示。表 8-1 中也同时列出与 m 值相应的晶面干涉指数。

表 8-1 立方晶系衍射晶面及其干涉指数平方和 m

衍射线条顺序号	简单立方			体心立方			面心立方			金刚石立方		
	HKL	m	m_i/m_1	*HKL*	m	m_i/m_1	*HKL*	m	m_i/m_1	*HKL*	m	m_i/m_1
1	100	1	1	110	2	1	111	3	1	111	3	1
2	110	2	2	200	4	2	200	4	1.33	220	8	2.66
3	111	3	3	211	6	3	220	8	2.66	311	11	3.67
4	200	4	4	220	8	4	311	11	3.67	400	16	5.33
5	210	5	5	310	10	5	222	12	4	331	19	6.33
6	211	6	6	222	12	6	400	16	5.33	422	24	8
7	220	8	8	321	14	7	331	19	6.33	333，511	27	9
8	300，221	9	9	400	16	8	420	20	6.67	440	32	10.67
9	310	10	10	411，330	18	9	422	24	8	531	35	11.67
10	311	11	11	420	20	10	333，511	27	9	620	40	13.33

由上述可知，通过衍射线条的测量计算同一物相各衍射线条的 $\sin^2\theta$ 的顺序比，然后与表 8-1 中的 m 顺序比相对照，即可确定该物相晶体结构类型及各衍射线条(相应晶面)的干涉指数。

这里需要强调说明的是简单立方与体心立方衍射花样的判别问题。初看起来，似乎它们的 $\frac{m_i}{m_1}$ 顺序比是相同的，但仔细分析可知是有差别的。可以从如下两个方面来区别这两种衍射花样。

1）两种衍射花样中，前六条衍射线的 $\frac{m_i}{m_1}$ 顺序比是相同的，而第七条的顺序比是不同的。因为在简单立方中，$\frac{m_i}{m_1}$ 顺序比等于 m 的顺序值。由于任何三个整数的平方和都不可能等于 7、15、23 等，故 m 顺序值不可能有 7、15、23 等数值。所以，简单立方的 $\frac{m_i}{m_1}$ 顺序比中不可能有 7、15、23 等数值。但是在体心立方中 m 本身的数值为 $\frac{m_i}{m_1}$ 顺序比的两倍，因此在 $\frac{m_i}{m_1}$ 顺序比中能出现 7、15、23 等数值。由此看来，如果 $\sin^2\theta$ 的顺序比中第七个数值为 8，即为简单立方；如果 $\sin^2\theta$ 的顺序比中第七个数值为 7，即为体心立方。当然对少于七条线的衍射花样，这种办法就无能为力了。因此，为了使立方晶系衍射花样指数化方便起见，最好要选择适当的入射线波长使衍射花样中超过七条衍射线。

2） 通过衍射线的相对强度来鉴别。从衍射强度公式(7－54)中可以看出，对衍射角相近的线条，其相对强度的差别主要取决于多重因子 P。简单立方衍射花样中头两条衍射线的干涉指数为 100 和 110，而体心立方衍射花样头两条衍射线的干涉指数为 110 和 200。其中 100 和 200 的多重因子为 6，而 110 的多重因子为 12。因此，在简单立方衍射花样中，第二条衍射线的强度比第一条强；而在体心立方衍射花样中，第一条衍射线的强度比第二条强。

立方晶系的衍射花样是比较简单的，当熟练地掌握它们的特征之后，常常可以一目了然地识别出它们的结构类型。

例如，简单立方和体心立方的衍射花样，虽然均具有相似的线条序列，但是前者的线条数目比后者几乎多一倍，并且在简单立方衍射线条的均匀序列中第六、七两条线的间距明显拉长。而面心立方衍射花样中，成对的线条和单根的线条交替地排列。

如果所用的 K 系标识 X 射线未经滤波，则在衍射花样中，每一族反射面将产生 K_α 和 K_β 两条衍射线，它们的干涉指数是相同的，这将给指数化造成困难。因此，需要在指数化之前首先识别出 K_α 和 K_β 线条，然后只对 K_α 线条进行指数化就可以了。

识别 K_α 和 K_β 衍射线的依据如下。

1） 根据布拉格方程，$\sin\theta$ 与波长成正比，由于 K_β 的波长比 K_α 短，所以 θ_β 小于 θ_α，并且 K_α 与 K_β 线之间存在如下的固定关系：

$$\frac{\sin\theta_\alpha}{\sin\theta_\beta}=\frac{\lambda_\alpha}{\lambda_\beta}=\text{常数}$$

2） 入射线中 K_α 的强度比 K_β 大 3～5 倍，因此，衍射花样中的 K_α 线的强度也要比 K_β 大得多，这一点是鉴别 K_α 和 K_β 的参考依据。

对一个未知结构的衍射花样指数化之后，便可确定其晶体结构类型，并且可以利用立方晶系的布拉格方程计算出点阵常数：

$$a=\frac{\lambda}{2\sin\theta}\sqrt{H^2+K^2+L^2}$$

从上式可知，对每条衍射线都可以计算出一个 a 值。原则上讲，这些数值应该相同，但是由于实验误差的存在，这些数值之间是稍有差别的。一般情况下，可取 $\theta>70°$ 衍射线计算结果的平均值。关于点阵常数的精确测定，将在第九章介绍。

2. 正方晶系与六方晶系衍射花样指数标定

正方晶系与六方晶系，其点阵常数不止一个，因而其衍射花样指数标定较立方晶系情况复杂，常用赫尔－戴维图表(Hull-Davey's chart)进行指数标定。

正方晶系晶面间距公式为

$$d_{HKL}=a/\sqrt{(H^2+K^2)+L^2/(c/a)^2} \tag{8-12}$$

将式(8-12)代入布拉格方程,可得

$$\sin^2\theta=\frac{\lambda^2}{4a^2}[(H^2+K^2)+L^2/(c/a)^2] \tag{8-13}$$

对于同一衍射花样同一相物质[$\lambda^2/(4a^2)$为常数]任意两衍射线条,按式(8-13)可得

$$\begin{aligned}&\lg\sin^2\theta_1-\lg\sin^2\theta_2\\&=\lg[(H_1^2+K_1^2)+L_1^2/(c/a)^2]-\lg[(H_2^2+K_2^2)+L_2^2/(c/a)^2]\end{aligned} \tag{8-14}$$

由式(8-14)可知,任意两衍射晶面($H_1K_1L_1$)与($H_2K_2L_2$)之$\sin^2\theta_1$与$\sin^2\theta_2$的对数差相应于[$(H_1^2+K_1^2)+L_1^2/(c/a)^2$]与[$(H_2^2+K_2^2)+L_2^2/(c/a)^2$]的对数差,且与轴比($c/a$)有关。这就是赫尔-戴维图表的制作和使用原理。

正方晶系赫尔-戴维图表如图8-10所示,其纵坐标为轴比(c/a),横坐标为$(H^2+K^2)+L^2/(c/a)^2$[对数坐标,但标出的数字是$(H^2+K^2)+L^2/(c/a)^2$的值]。对于每一(HKL),图中绘出一条相应的$\lg[(H^2+K^2)+L^2/(c/a)^2]$随$c/a$的变化曲线。为叙述方便,将各曲线分别以其相应晶面干涉指数命名,如(001)曲线等。赫尔-戴维图表横坐标上附有$M\sin^2\theta$值的对数分度尺(但标出的是$M\sin^2\theta$值),M为放大系数。因为$\sin^2\theta$值小于1,取对数为负数,为使分度方便,故将$\sin^2\theta$乘以M;由$\lg(M\sin^2\theta_1)-\lg(M\sin^2\theta_2)=\lg\sin^2\theta_1-\lg\sin^2\theta_2$可知,此种方式不影响式(8-14)的成立。

应用赫尔-戴维图表进行衍射花样指数标定的步骤如下。

1) 计算各衍射线条$\sin^2\theta$值并乘以对数分度尺所用的M值。

2) 应用$M\sin^2\theta$对数分度尺在纸条上标出各衍射线条的$M\sin^2\theta$值。

3) 将此纸条在赫尔-戴维图表上上下左右移动,移动时必须保持各$M\sin^2\theta$标记点的连线(纸条边缘)与横坐标平行(即保证各标记点相应于同一c/a值),直到每个标记点都各自与图表上某根(HKL)曲线重合(见图8-10的示例);此时,曲线对应的干涉指数(HKL)即为相重合标记点相应衍射线条的指数。

按式(8-12),任意两晶面间距(d_1与d_2)平方之比取对数,可得

$$2(\lg d_2-\lg d_1)=\lg[(H_1^2+K_1^2)+L_1^2/(c/a)^2]-\lg[(H_2^2+K_2^2)+L_2^2/(c/a)^2] \tag{8-15}$$

由此可知,以各衍射线条d值的对数为标记点,也可用赫尔-戴维图表进行衍射花样指数标定,其指数标定步骤与上述用$\sin^2\theta$为标记点的步骤相似,赫尔-戴维图表也附有d值的对数分度尺。

六方晶系晶面间距公式为

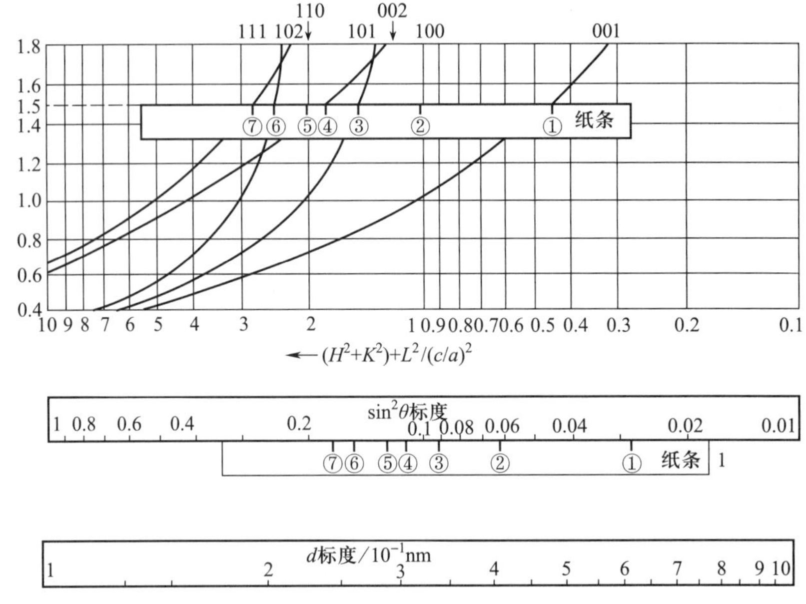

图 8－10　正方晶系赫尔－戴维图表

$$d_{HKL}=a/\sqrt{4(H^2+HK+K^2)/3+L^2/(c/a)^2} \tag{8-16}$$

六方晶系按此公式制作赫尔－戴维图表的原理及衍射花样指数标定过程均与正方晶系相同。

8.1.4　聚焦法简介

聚焦法照相，底片与试样处于同一圆周上；以具有较大发散度的单色 X 射线照射试样上较大区域，多晶试样中同名(HKL)及其等同晶面的衍射线在底片上聚焦成一点(或一条细线)。聚焦法照相装置称为聚焦相机。

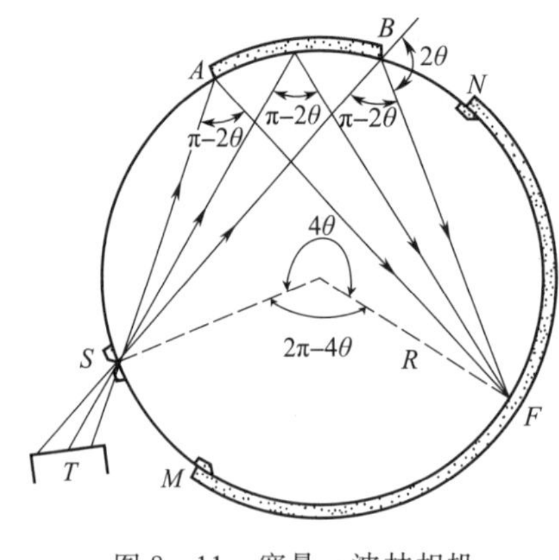

图 8－11　塞曼－波林相机

塞曼－波林(Seemann-Bohlin)相机是一种聚焦相机，其构造如图 8－11 所示，入射线狭缝光阑(S)、试样表面($\widehat{AB}$)和底片($\widehat{MN}$)处于相机外壁圆周(称为聚焦圆)上。相机外壁有槽，以使入射线能照射到试样上和使衍射线能被底片记录。M 和 N 为金属刀口，(照相时)以其在底片上生成的阴影作为测量计算的参考基准。

聚焦法所依据的基本原理(聚焦几

何)为：同一圆周上的同弧圆周角相等。如图 8 - 11 所示，由 S 发出的发散的 X 射线与(HKL)晶面衍射线夹角(圆周角)均为($\pi-2\theta$)，故试样各处之(HKL)衍射线聚焦于一点(F)。

设$\widehat{SABN}=C$，则 C 为常数；又设刀口 N 到某衍射线条 F 的弧长$\widehat{NF}=L$，则有

$$4\theta R=L+C \tag{8-17}$$

或

$$\theta=57.3(L+C)/4R(^\circ) \tag{8-18}$$

由底片测量衍射线条的 L 值，即可根据上式计算相应的 θ 角，对式(8 - 17)及布拉格方程微分，可得聚焦相机的分辨率为

$$\phi=-4R\tan\theta \tag{8-19}$$

当需用背散射(大角度)衍射线条进行分析工作时，可采用对称背散射塞曼 - 波林相机，如图 8 - 12 所示。相机狭缝光阑正对试样中心，衍射线对称分布在光阑两侧，即可在底片上获得一对对大角度衍射弧线。

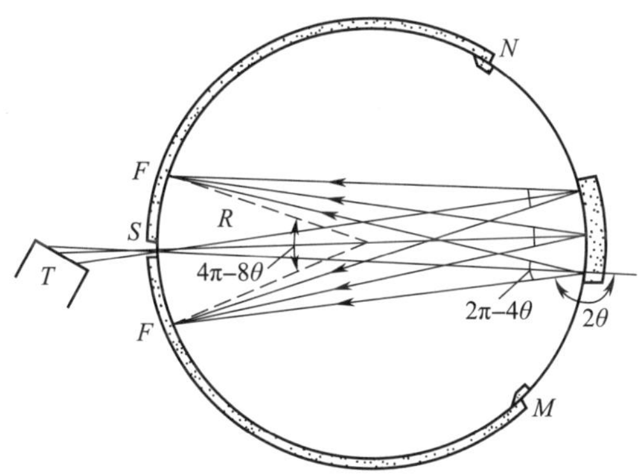

图 8 - 12 对称背散射塞曼 - 波林相机

一种将弯曲单色器与聚焦相机相结合的联合装置称为纪尼叶(Guinier)相机。纪尼叶相机具有以下特点：可同时安装 4 个试样，一次摄照，从而消除了底片处理条件对衍射花样的影响，便于不同试样衍射花样的比较。其工作效率及相机灵敏度均远高于德拜相机。有关纪尼叶相机的原理、构造与使用等可参见参考文献[10]。

聚焦法可使用弯曲的(涂在硬纸板上的)粉末试样或整体试样；若使用平板状整体试样，则衍射线聚焦程度差。与德拜法相比，聚焦法具有曝光时间短、分辨率高的特点，但记录的衍射线较少且衍射线条较宽。

8.2　单晶体衍射方法

8.2.1　劳厄法

劳厄法是将连续 X 射线投射到不动的单晶试样上产生衍射的一种实验方法。所用的连续 X 射线应当具有较高的强度，以便能在较短的时间内得到清晰的衍射花样。连续 X 射线的强度除随管电压的增加而增加外，还与阳极靶的原子序数成正比。因此，劳厄法一般选用原子序数较大的钨($Z=74$)靶 X 射线源。工作电压在 30 ~ 70 kV 之间。劳厄法所用的试样可以是独立的单晶体，也可以是多晶体中的粗大晶粒。

劳厄法是应用最早的衍射方法，其实验装置比较简单，通常包括光阑、样品架和平板底片匣。劳厄照相分透射和背射两种方法，它们的示意图如图 8 - 13 所示。

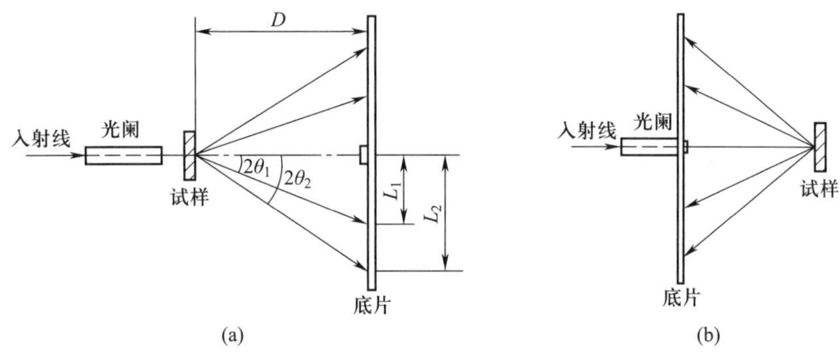

图 8 - 13　劳厄法实验装置。(a) 透射法；(b) 背射法

在一台劳厄相机上可以同时摄照透射和背射两张照片，也可以单独进行透射法或背射法摄照。底片与入射线垂直，试样到底片的距离一般为 30 ~ 50 mm。透射法适合于吸收系数较小的试样(如铝、镁、铍等)，如果试样吸收系数较大，则需将其磨制或腐蚀成薄片。最好的试样厚度为 $1/\mu$，μ 为试样的线吸收系数。背射法不受试样厚度和吸收的限制，故在实际工作中比较常用。

劳厄法照相所得到的衍射花样如图 8 - 14 所示。衍射花样由许多衍射斑点组成，称为劳厄斑点。劳厄斑点的分布是有规律性的。透射劳厄像中劳厄斑点都分别地分布在过底片中心的椭圆上，每个椭圆上的斑点都属于同一个晶带，如图 8 - 14(a)所示。背射劳厄像中劳厄斑点都分别地分布在一些双曲线上，每条双曲线上的斑点都属于同一个晶带，如图 8 - 14(b)所示。

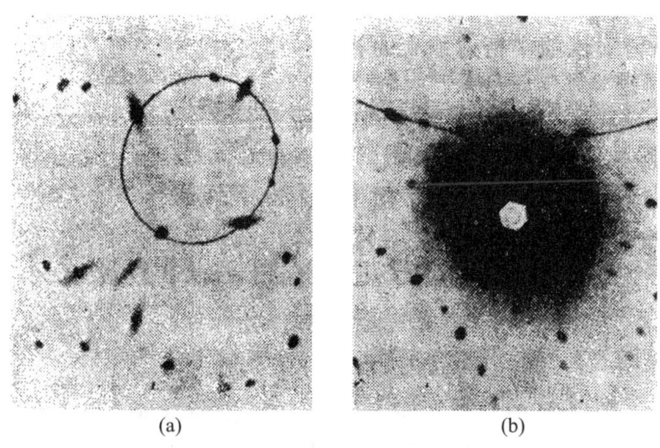

图 8 - 14　劳厄法衍射花样。(a) 透射劳厄像；(b) 背射劳厄像

8.2.2　劳厄法成像原理和对衍射斑点分布规律的解释

劳厄法的成像原理和劳厄斑点的分布规律可以用埃瓦尔德图解来解释。

劳厄法采用连续 X 射线作辐射源，在入射线中包含许多不同的波长，因此可以认为有一系列半径不同的反射球紧密地排列在一起。波长的极限值分别为短波限 λ_0 和由窗口吸收而决定的最大波长 λ_{max}。通过倒易点阵的原点 O，在入射线方向上取两个极限反射球的半径 OA 和 OB；$OA = \dfrac{1}{\lambda_0}$，$OB = \dfrac{1}{\lambda_{max}}$。以 A、B 为中心，画两个极限反射球，如图 8 - 15 所示。所有位于 A、B 两个反射球之间的倒易结点都能满足衍射条件，P 就是其中之一，它的衍射矢量三角形为

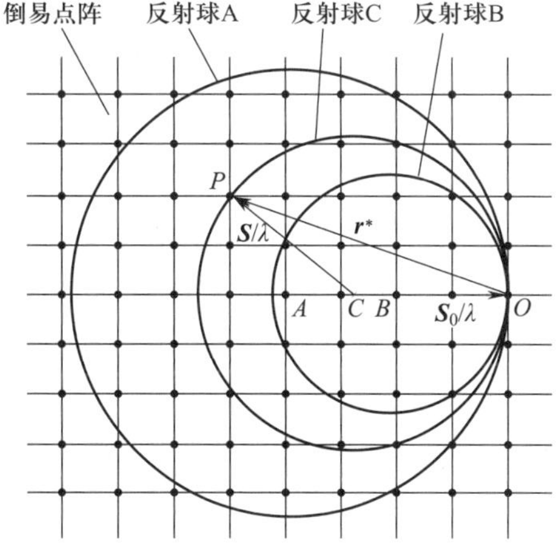

图 8 - 15　劳厄法的埃瓦尔德图解

$$\frac{\boldsymbol{S}-\boldsymbol{S}_0}{\lambda}=\boldsymbol{r}^*$$

劳厄法埃瓦尔德图解还有另一种作图方式，即将倒易空间的衍射条件改写为：$\boldsymbol{S}-\boldsymbol{S}_0=\lambda\boldsymbol{r}^*$，这种作图法是把波长 λ 乘到倒易矢量 $\boldsymbol{r}^*$ 上去，于是每个倒易结点就变成了线段，每个线段都是各自的倒易矢量上的一段。这时反射球只有一个，它的半径为 1(因为 $\boldsymbol{S}$ 和 $\boldsymbol{S}_0$ 为单位矢量)，因此，衍射线都从反射球心向各个方向发射，如图 8－16 所示。反射球与倒易阵点线段的任何一点相交时，都产生衍射。例如 120 线段和反射球相交于 P 点，反射线沿 AP 方向发射，这时，$\boldsymbol{OA}=\boldsymbol{S}_0$，$\boldsymbol{AP}=\boldsymbol{S}$，$\boldsymbol{OP}=\lambda\boldsymbol{r}^*$。这种作图方法的优点是所有衍射线都从反射球中心 A 一点发出，因此便于比较各衍射线条的 2θ 角，同时还便于解释劳厄衍射花样的规律性以及由于晶体不完整性而引起的劳厄斑点的变形。在第七章中曾经指出，同一晶带的倒易结点位于过原点的倒易结点平面上。对劳厄法而言，同一晶带的倒易结点线段构成一个过原点的倒易结点线段平面。这个平面与反射球相交，其交线为一个圆，如图 8－17(a)所示，从反射球心向这个交截圆连线(即衍射线方向)，形成一个晶带衍射圆锥。晶带衍射圆锥的轴即为晶带轴，入射线是晶带衍射圆锥的一条母线。由于底片垂直于入射线而不垂直于晶带轴，因此晶带衍射圆锥与底片相交的交线为过底片中心的椭圆，而不是正圆。凡是位于同一椭圆上的劳厄衍射斑点都属于同一晶带。

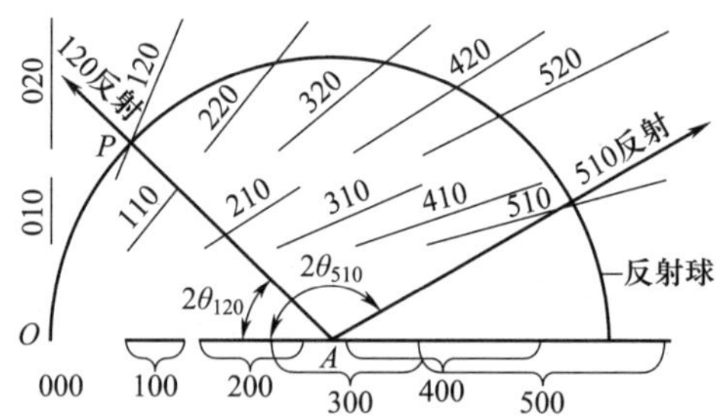

图 8－16　劳厄法埃瓦尔德图解的另一种作图方法

晶带椭圆的大小取决于晶带轴与入射线的夹角 α。随 α 角的增大，晶带椭圆增大。当 $\alpha<45°$时，所得到的都是过原点的椭圆；当 $\alpha=45°$时，得到的是抛物线；当 $90°>\alpha>45°$时，在背射劳厄像上得到如图 8－17(b)所示的双曲线；当 $\alpha=90°$时，得到的则是过底片中心的直线。

在劳厄衍射花样中，斑点的相对位置可用 2θ 角来表示。从图 8－13 的衍射几何关系可以得出

$$\tan 2\theta=\frac{L}{D}$$

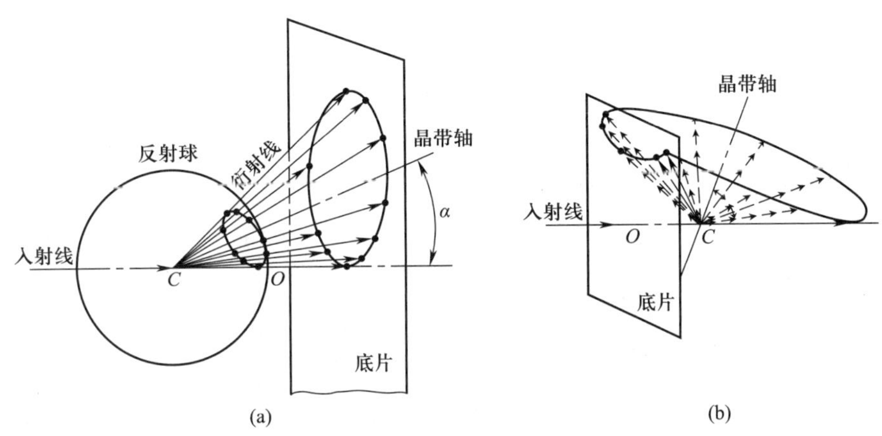

图 8－17 晶带衍射示意图。(a) 透射法；(b) 背射法

式中：L 为劳厄斑点到底片中心的距离；D 为试样到底片的距离。

在劳厄衍射花样中一个晶面的多级反射互相重合形成一个斑点。例如，100、200、300……在劳厄像上只能得到一个衍射斑点。这是因为一级反射由波长为 λ 的辐射形成，二级反射由波长为$\frac{\lambda}{2}$的辐射形成，三级反射由波长为$\frac{\lambda}{3}$的辐射形成，如此类推。晶面间距 d 和波长 λ 同时做相应的改变，其结果 θ 角并不改变。所以，任何一个劳厄斑点的位置，都不会因晶面间距的变化而有所变动。由此看来，两种取向与结构相同的晶体，尽管点阵常数不同，但仍能形成相同的劳厄衍射花样。

8.2.3 劳厄衍射花样指数化

劳厄衍射花样指数化就是确定各个衍射斑点是由什么指数的晶面反射而得到的，劳厄斑点的指数是以其反射晶面的指数来标定的。劳厄衍射花样指数化的方法通常是首先作衍射花样的极射赤面投影，然后在标准投影图的帮助下标出各衍射斑点和主要晶带轴的指数。下面介绍两种指数化方法：① 以透射法衍射花样为例介绍极射赤面投影法；② 以背射法衍射花样为例介绍格伦林格(Greninger)图表法。

1. *极射赤面投影法*

所谓作劳厄斑点的极射赤面投影，就是作劳厄斑点所对应的反射晶面的极射赤面投影。图 8－18 所示的是透射劳厄法衍射花样中某个劳厄斑点与其极射赤面投影的几何关系。P 为任意一个衍射斑点，CN 为其反射面的法线，按 7.1 节所讲过的极射赤面投影方法，Q 点为反射晶面的极射赤面投影。从图中的几何关系可以得出：

$$OP = D\tan 2\theta \tag{8-20}$$

$$CQ = R\tan\left(45° - \frac{\theta}{2}\right) \tag{8-21}$$

式中：OP 为劳厄斑点到底片中心的距离；D 为试样到底片的距离；CQ 为极射赤面投影点到投影面中心的距离；R 为投影面的基圆半径。

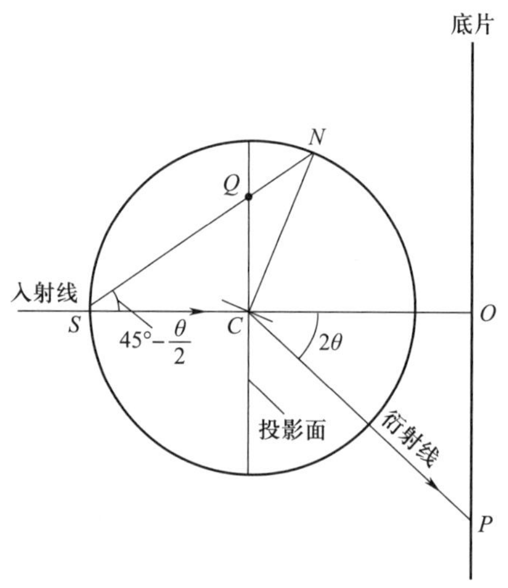

图 8 – 18　透射劳厄法衍射斑点的极射赤面投影

从衍射原理得知，入射线、反射线和反射面法线三者共面，因此 P 和 Q 两点也都在这个平面上。如果将投影面与底片重合，并令其中心重合，这时劳厄斑点 P 和它的极射赤面投影 Q 必定位于过投影面中心的一条直线上，且分别位于投影面中心的两侧。

根据上述几何关系，在吴氏网的帮助下，可以作出各个劳厄斑点的极射赤面投影，其方法如下。

首先测量各劳厄斑点到底片中心的距离，通过式(8 – 20)计算出 θ 角。然后将衍射花样描在一张透明纸上，将透明纸放在吴氏网上，并使底片中心与吴氏网中心重合。转动透明纸让劳厄斑点逐一地落在吴氏网的赤道直线上，在赤道直线的另一端从边缘向中心量出斑点所对应的 θ，该点即为劳厄斑点的极射赤面投影。图 8 – 19 所示的是一个劳厄斑点与极射赤面投影在吴氏网上的位置关系。其中斑点 P 到底片中心的距离 OP 是用长度表示的，而极射赤面投影 Q 的位置是以角度表示的。将所有劳厄斑点的极射赤面投影全部绘好后，便得到如图 8 – 20 所示的极射赤面投影图。我们知道，同一晶带的极射赤面投影位于一个大圆弧上，所以，劳厄衍射花样中的晶带椭圆(或双曲线)上的劳厄斑点的极射赤面投影应位于一个大圆弧上。在作出衍射花样的极射赤面投影之后，

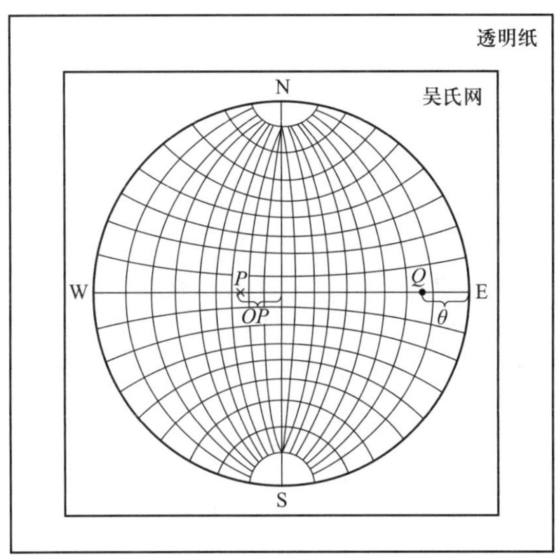

图 8-19 劳厄斑点与其极射赤面投影

转动绘有极射赤面投影图的透明纸，使晶带大圆弧与吴氏网的某个大圆弧重合，从大圆弧沿赤道直线向内量 90°，即得到该晶带的晶带轴的极射赤面投影，图 8-20 中的 *a*、*b*、*c*、*d* 即为 *A*、*B*、*C*、*D* 晶带的晶带轴的极射赤面投影。实际经验表明，在衍射花样中呈现比较明显的椭圆的通常是那些指数简单的晶带，如[100]、[111]、[112]等。为了便于把所绘制的极射赤面投影与标准投影图比较，需要利用转换投影面的办法，将整个极射赤面投影转换到晶带椭圆形象明显的晶带平面上去。假定，要将图 8-20 的极射赤面投影转换到以晶带平面 *A* 为投影面时，则要在吴氏网的帮助下，将晶带大圆弧 *A* 转到投影基圆的圆周上去(即将 *a* 转到投影基圆的中心)，其余晶带中斑点的极射赤面投影也沿其所在的纬线小圆弧转同样的角度。将转换投影面以后的极射赤面投影与标准投影图进行比较。利用尝试法依次地与[100]、[110]、[111]、[112]等标准投影图比较，直到所有的极射赤面投影点都与标准投影图上的极点重合为止。这时，每个极射赤面投影点下面所重合的那个极点的指数，便是该极射赤面投影所对应的劳厄斑点的指数。

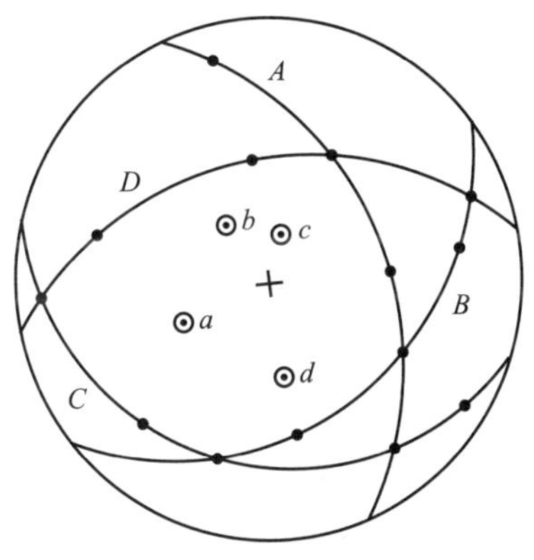

图 8-20 劳厄衍射花样的极射赤面投影

2. 格伦林格图表法

利用格伦林格图表对背射劳厄衍射花样指数化是既简便又精确的一种方法。虽然格伦林格图表制备比较复杂，但是并不需要每次实验都制备格伦林格图表，而是一次制备长期使用。因此，对使用者还是很方便的。

格伦林格图表是根据背射劳厄法衍射几何，将衍射花样中的斑点用其反射面法线的角坐标来描述的一种投影网。图 8－21 所示的是一个劳厄斑点的坐标与其角坐标的关系。图形是从晶体向底片方向看过去的。入射线沿 Oz 方向投射到试样 C 上，x 轴和 y 轴位于底片平面上，CN 为反射面的法线，CS 为衍射线，$S(x, y)$为劳厄斑点，W 为反射面所处的晶带的晶带轴，它在 yz 平面上。

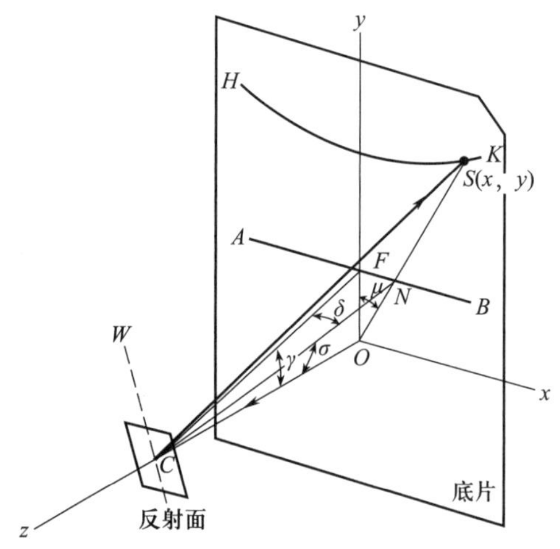

图 8－21　背射劳厄斑点的定位

当反射面绕晶带轴 W 转动时，反射面法线 CN 在底片上所描绘的轨迹为 AB 直线，而劳厄斑点所描绘的轨迹为双曲线 HK。这也就是说，以 W 为轴的晶带中所有晶面的法线与底片的交点都在直线 AB 上，而其衍射线与底片的交点(即劳厄斑点)都在双曲线 HK 上。为了用反射面法线的角坐标来表达衍射斑点的位置，必须找出衍射斑点的坐标(x, y)与其反射面法线角坐标(γ, δ)之间的关系。从图 8－21 可以得出：

$$x = OS\sin\mu$$

$$y = OS\cos\mu$$

$$OS = OC\tan 2\sigma$$

所以

$$\begin{cases} x = OC\tan 2\sigma \cdot \sin\mu \\ y = OC\tan 2\sigma \cdot \cos\mu \end{cases} \tag{8-22}$$

式中：$OC = D$ 为试样到底片的距离；角 μ 和 σ 可以由角 γ 和 δ 通过下式求得：

$$\tan\mu = \frac{FN}{FO} = \frac{CF\tan\delta}{CF\sin\gamma} = \frac{\tan\delta}{\sin\gamma} \tag{8-23}$$

$$\tan\sigma = \frac{ON}{OC} = \left(\frac{FN}{\sin\mu}\right)\left(\frac{1}{CF\cos\gamma}\right) = \left(\frac{CF\tan\delta}{\sin\mu}\right)\left(\frac{1}{CF\cos\gamma}\right) = \frac{\tan\delta}{\sin\mu\cos\gamma} \tag{8-24}$$

格伦林格利用关系式(8－22)～(8－24)对一定的 D 值，给一系列的 γ 值和 δ 值，计算出相应的衍射斑点的坐标位置，并将所得的计算结果绘制成图表，称为格伦林格图表或格氏网。图 8－22 所示的是 2°间隔的格伦林格图表。自左向右的双曲线为 γ 值恒定的曲线，自上而下的双曲线为 δ 值恒定的曲线。下半部是一个量角器。为了便于测量，格氏网要用墨线绘在透明的背景上，最好是在照相底片上摄正像制成。

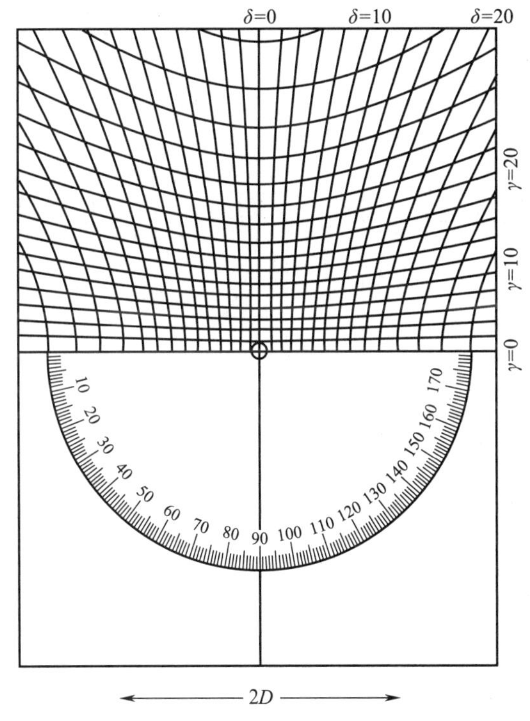

图 8－22 格伦林格图表(D＝3 cm)

利用格氏网可以直接从背射劳厄衍射花样上读出每个衍射斑点所对应的反射面法线的角坐标 γ 和 δ。然后在吴氏网的帮助下作出劳厄斑点的极射赤面投影。

具体方法是将格氏网放在衍射花样上面，使格氏网中心与衍射花样中心重合，让格氏网的 $\delta = 0°$的直线与衍射花样的 y 轴重合，格氏网的 $\gamma = 0°$的直线

与 x 轴重合，并且要注意底片的反正，即如果摄照时底片的定向切角放在右上角，则测量时要将切角放在左上角，如图 8－23(a)所示。这是因为制备格氏网时是逆入射线方向观测的，而通常对晶体取向的观测是顺入射线方向进行的，为此要将底片翻个面。另取一张透明纸放在吴氏网上，让投影基圆与吴氏网基圆相等，使吴氏网的赤道直线与底片的 y 轴重合，两极连线与底片的 x 轴重合，如图 8－23(b)所示。由格氏网上读出某劳厄斑点“1”的角坐标值 γ 和 δ，在吴氏网的帮助下将它绘在图 8－23(b)的透明纸上，其中 γ 角从吴氏网中心沿赤道直线度量，δ 角从吴氏网的赤道直线起沿大圆弧度量，所得到的“1′”即为劳厄斑点“1”的极射赤面投影。用同样的方法可以绘出其余劳厄斑点的极射赤面投影。当测量底片下半部的斑点时，只要将格氏网转 180°就可以了。

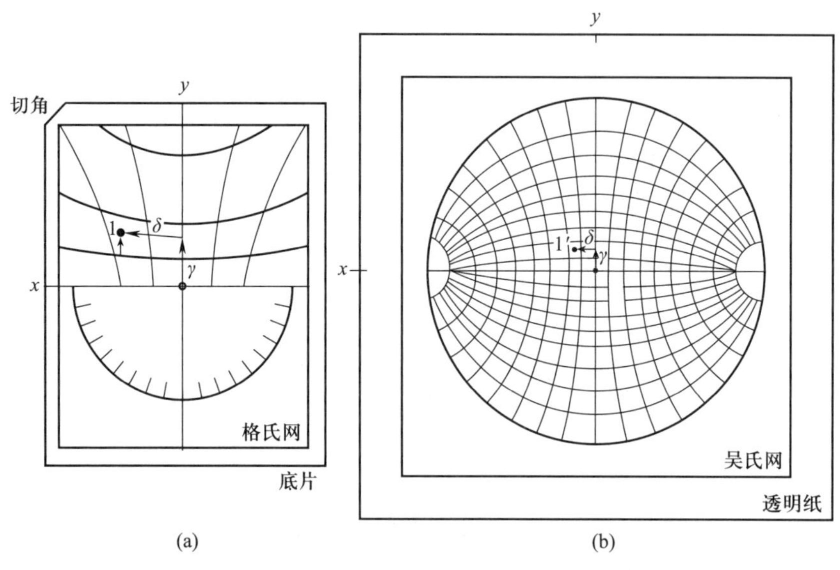

图 8－23　用格氏网作劳厄斑点的极射赤面投影的示意图

如果只要求定出各晶带轴的指数，则可以不必逐一地测量每个斑点，只要绘出晶带轴的极射赤面投影就可以了。在这种情况下，可采用另一种测量方法，如图 8－24 所示。首先将底片转动一定的角度 ε，旋转角 ε 用格氏网下半部的量角器度量，使某晶带 A 的极射赤面投影双曲线与格氏网的某条 γ 值恒定的曲线重合，如图 8－24(a)所示。将图 8－24(b)中吴氏网上的透明纸向同样的方向转相同的角度 ε。将由格氏网上量出的晶带 A 的 γ 角，在吴氏网的帮助下绘在图 8－24(b)的透明纸上，沿赤道直线自边缘向中心量 γ 角得 P_A 点，即为晶带 A 的晶带轴的极射赤面投影。其余的晶带轴的极射赤面投影可用同样的方法绘出。

绘制出极射赤面投影之后，可用上面讲过的方法进行指数标定，即用转换投

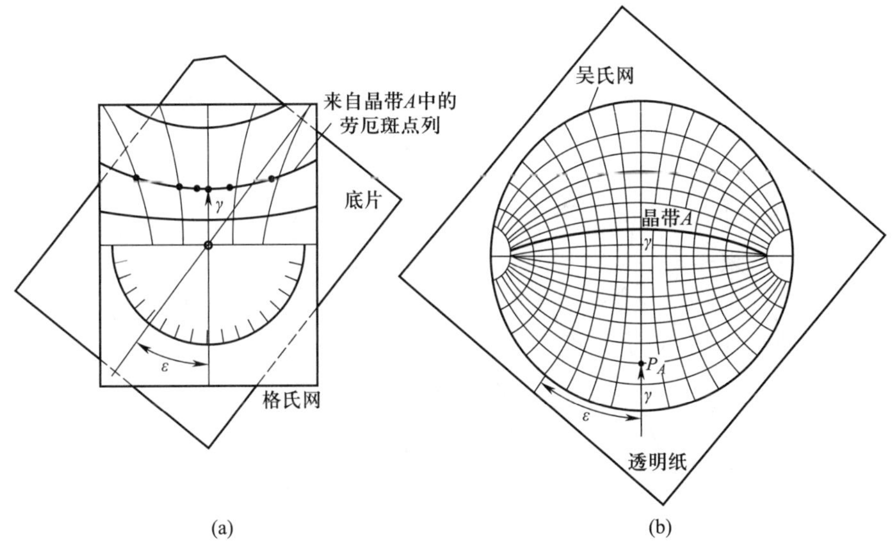

图 8-24 用格氏网作晶带轴极射赤面投影的示意图

影面后的投影图与标准投影图用尝试法反复对照，定出各极射赤面投影点的指数。

立方晶系晶带轴指数的标定还可以采用另一种方法，即将晶带轴极射赤面投影之间的夹角与晶带轴（或晶面）间夹角的数据表进行对照，从而定出晶带轴的指数。这种方法也是尝试法。首先要注意那些比较显著的极点，例如，图 8-25（铝单晶背射劳厄像中几个晶带轴的极射赤面投影）中的同属于两个以上晶带的极点（1、3），晶带大圆弧的交点（a、b、c）以及形象显著的晶带椭圆的晶带轴极点（P_A、P_B、P_C）等。因为这些点一般均为{100}、{110}、{111}等低指数的极点。利用吴氏网量出这些极点的角距离，与晶面间夹角数据表对照，给出可能的指数，例如，图 8-25 中极点 1 与 P_A、P_B、P_C之间以及 P_B与 P_C之间的角距离都是 90°；另外，1 与 a 之间、a 与 P_B之间均为 45°；a 与 b 之间，b 与 P_C之间均为 55°；1 与 b 之间为 35°。由数据表可查得，{100}与{100}之间、{100}与{110}之间、{110}与{110}之间都可以为 90°；而{100}与{110}之间也可为 45°；{100}与{111}之间为 54.7°；{110}与{111}之间为 35.3°。将测得的角距离与

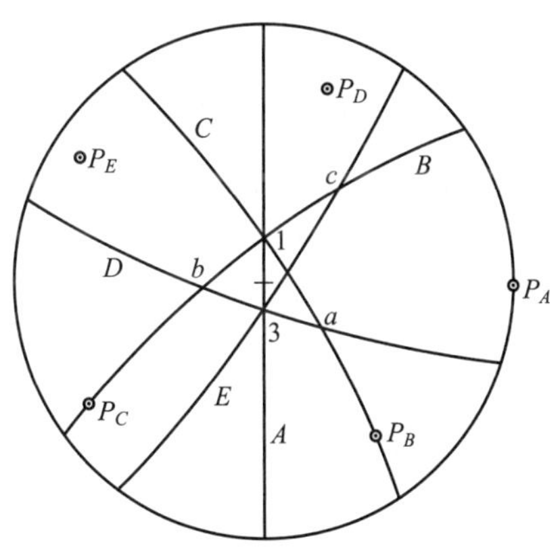

图 8-25 铝单晶背射劳厄像中晶带轴的极射赤面投影

查表得到的数据进行对照分析可以看出，上述几个极点的指数很可能是{100}、{110}、{111}。进一步分析便可以单一地确定各极点的指数，譬如1、a、P_B三个极点的指数都有可能是{100}或{110}，而a、b、P_C三个极点的指数都有可能是{100}或{111}。从这两种可能性中可以看出，极点a的指数只能是{100}。这样一来，1和P_B的指数就应该为{110}。由于极点b既与a、P_C呈55°，又与1呈35°，可以肯定极点b的指数为{111}，从而也就知道P_C的指数为{100}。

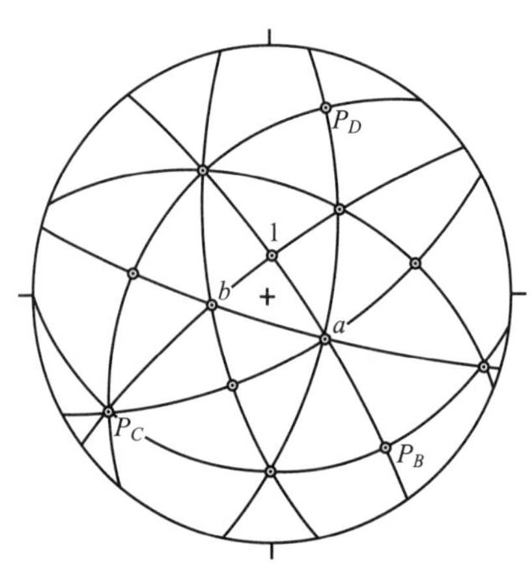

图 8－26　图 8－25 经指数化后的极射赤面投影

在初步确定了各极点的指数之后，将有关极点连成晶带大圆弧，如图8－26所示。检查所有各极点间的角距离是否与初定的指数有矛盾，如果没有矛盾，说明初定的指数是正确的。否则，还要继续尝试下去，直到取得满意的结果为止。

8.2.4　晶体取向的测定

所谓晶体取向的测定，就是确定晶体的晶体学取向与试样的外观坐标之间的位向关系。常用的方法有劳厄照相法和衍射仪法。

单晶体的劳厄衍射花样是由许多衍射斑点按一定的排列规律而组成的。衍射斑点的位置是由晶体取向所决定的。因此，可以通过分析劳厄衍射花样来测定晶体取向。在实际工作中，由于背射劳厄法不受试样尺寸和吸收的限制，所以它比透射法应用得更为广泛。

因为晶体取向是根据底片上劳厄斑点的位置而测得的，所以在实验时，必须首先将试样和底片的相对取向固定。如果所用的晶体有一定的几何外形，则可让晶体的某一个棱平行于底片的一个边，使包括该棱的某一平面与底片平行，这样就可以使晶体与底片间的位置关系固定。但一般的金属单晶或多晶试样中的大晶粒并没有一定的几何外形，它们往往被制成丝、棒、板或片状。如果试样是丝或棒时，一般可令试样的轴与方形或矩形底片的一个边平行，并在试样的某处(最好是距底片最近的一侧)作个直线记号，量出记号到底片的距离，这样便可将试样的一边与底片的某边平行，以固定试样与底片的相对位置。不论哪种情况都要将底片的一个角剪去或在底片上作一“r”字形标记，借此标明底片与试样的向背方位。

用劳厄法测定晶体取向时，晶体取向与外观坐标之间的关系是通过极射赤面投影来描述的，所以在摄照好衍射花样之后，必须作出衍射花样的极射赤面投影。在一般的晶体定向工作中，并不要求作出所有劳厄斑点的极射赤面投影，而只要作几个主要晶带轴的极射赤面投影并进行指数化就可以了。在极射赤面投影图上标出几个主要晶带轴，如〈100〉、〈110〉、〈111〉的极点指数之后，在吴氏网的帮助下，测量出它们与试样外观坐标的夹角，晶体取向测定工作就算完成了。

例如，图 8－27(b)所示的极射赤面投影，就是图 8－27(a)所示的铝单晶背射劳厄衍射花样晶体取向的完整描述。从其中可以很方便地测量出各主要晶体取向与试样外观坐标之间的角距离。

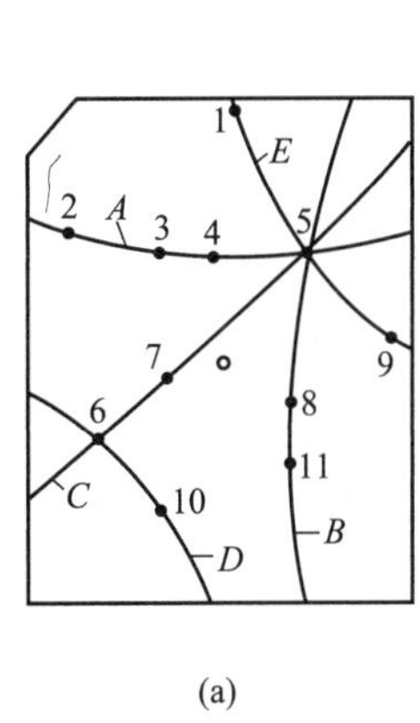

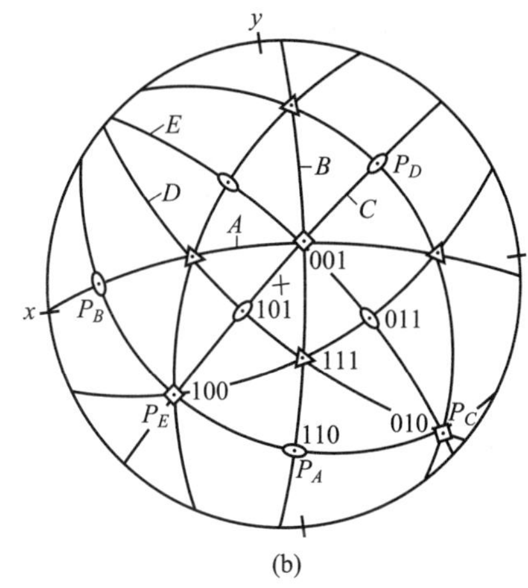

图 8－27　铝单晶背射劳厄衍射花样示意图(a)及其极射赤面投影(b)

如果晶体中只有一个具有物理意义的方向时(例如试样平面的法线方向)，也可以只用单位极射赤面投影三角形来描述晶体取向。

在一个立方晶系的标准投影图中，如果只标出{100}、{110}和{111}型晶面的极点时，整个投影图被划分为各以{100}、{110}和{111}为顶点的 24 个等效三角形，如图 8－28 所示。把这样的三角形称为单位极射赤面投影三角形。

假如我们对图 8－27 所示的铝单晶进行压力试验，令压力轴垂直于试样平面，这时我们所要知道的是晶体相对压力轴的取向，即试样平面的法线方向与某几个低指数晶向之间的取向关系。从图 8－27(b)中可以看出，投影面的中心为试样表面法线的极射赤面投影，即压力轴的取向，它位于极射赤面投影三角形(001)－(101)－(111)中。在这种情况下，压力轴的取向可以用单位极射赤面投影三角形(001)－(101)－(111)来表示。其方法如下。

首先，单独绘出单位极射赤面投影三角形(001)－(101)－(111)，如图 8－29 所示。从图 8－27(b)量出投影中心到单位极射赤面投影三角形(001)－

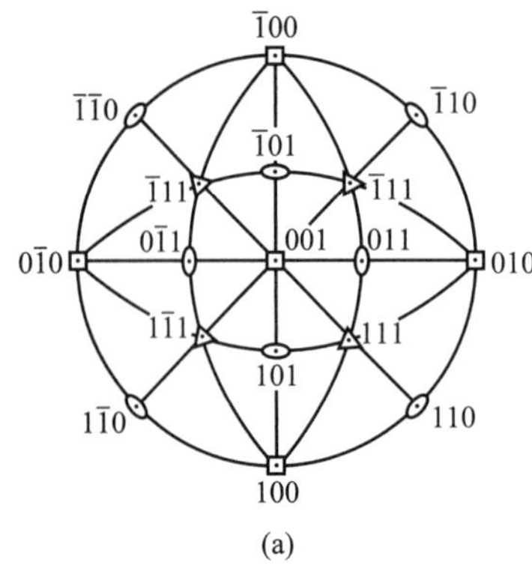
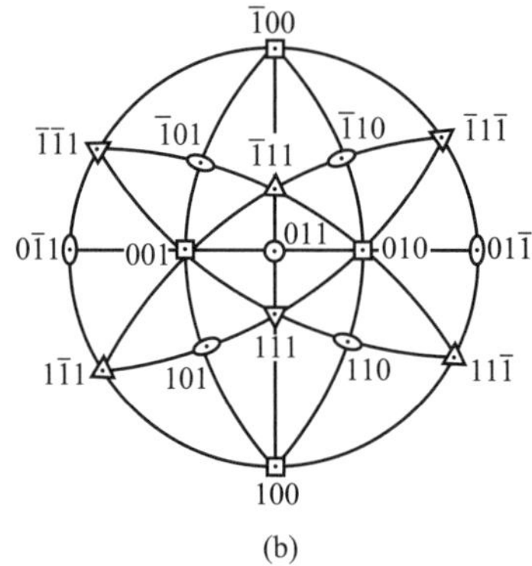

图 8－28　立方晶系标准投影图。(a)(001)标准投影图；(b)(011)标准投影图

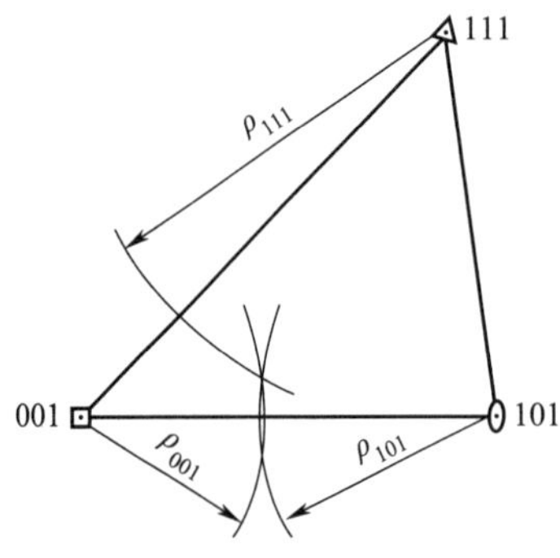

图 8－29　用单位极射赤面投影三角形描述晶体取向

(101)－(111)三个顶点的角距离 ρ_{001}、ρ_{101} 和 ρ_{111}。然后，在图 8－29 所绘制的单位极射赤面投影三角形中分别绘出距三个顶点角距离为 ρ_{001}、ρ_{101} 和 ρ_{111} 的三条弧线。这三条弧线的交点就是压力轴的极射赤面投影。

图 8－29 的另一种绘制方法是利用转换投影面的办法，将图 8－27(b)所示的极射赤面投影整体转移到(001)投影面上去。然后，将单位极射赤面投影三角形(001)－(101)－(111)连同压力轴的极射赤面投影一起单独绘制出来，即为图 8－29。

8.3　X 射线衍射仪法

衍射仪法是用计数管来接受衍射线的，它可省去照相法中暗室内装底片、长时间曝光、冲洗和测量底片等繁复费时的工作，具有快速、精确、灵敏、易于自动化操作及扩展功能的优点。当然，它也有不足之处，例如，尽管用衍射仪测定晶体取向既简便又迅速，并适合于进行大量的晶体取向测定工作，但是，衍射仪没有底片作永久性的记录，并且不能直观地看出晶体的缺陷。因此，照相法仍然有许多可取之处。

X 射线衍射仪包括 X 射线发生器、测角仪、自动测量与记录系统等一整套设备。最新式的还包括微型电子计算机控制，数据收集与处理，在屏幕上显示及打印结果等。早在 1913 年布拉格用来测定 NaCl 等晶体结构的简陋装置“X 射线分光计”就是 X 射线衍射仪的前身。1952 年国际结晶学协会设备委员会决定将它改名为 X 射线衍射仪。几十年来，人们一直不遗余力地改进设备，它已成为分析物质结构的主要手段之一。

目前，用于研究多晶粉末的衍射仪除通用的以外，还有微光束 X 射线衍射仪和高功率阳极旋转靶 X 射线衍射仪。它们分别以比功率大、可作微区分析及功率高、可提高检测灵敏度而著称。尽管各种类型的 X 射线衍射仪各有特点，但从应用角度出发，X 射线衍射仪的一般结构、原理、调试方法、仪器实验参数的选择以及实验和测量方法等大体上是相似的。当然，由于具体仪器不同、分析对象和目的不同，很难提出一套完整的关于调试、参数选择以及实验和测试方法的标准格式。但是，根据仪器的结构、原理等可以寻找出对所有衍射仪均适用的基本原则，掌握好它有利于充分发挥仪器的性能，提高分析可靠性。X 射线衍射实验分析方法很多，它们都建立在如何测得真实的衍射花样信息的基础上。尽管衍射花样可以千变万化，但是它的基本要素只有三个，即衍射线的峰位、线形和强度。例如，由峰位可以测定晶体常数；由线形可以测定晶粒大小；由强度可以测定物相含量等。问题是，人们很难选择好同时满足峰位准确、强度大而线形又不失真的实验参数。这时需要根据分析目的，采取突出一点、兼顾其他的折中方案来选择实验参数、安排实验。衍射仪法比照相法在应用上显示出较明显的优越性。它不仅测量衍射花样效率高、精度高，易于实现自动化，而且还可以做一些照相法难以实现的工作，例如，在高温衍射工作中研究点阵常数和相结构随温度的变化、金属的织构定量测定等。衍射仪上还可安装各种附件，如高温、低温、织构测定，应力测定，试样旋转及摇摆，小角度散射等。总之，有了衍射仪，衍射分析工作的质量提高了，应用范围也更广泛了。本节重点介绍衍射仪中的关键部分：测角仪和探测器。

8.3.1　测角仪

衍射仪中用测角仪代替照相法中的相机，安置上试样和探测器，并使它们能够以一定的角速度转动。衍射仪关键部件的调整和使用正确与否，将直接影响探测到的衍射花样的质量。如果使用不当，将使衍射线的峰位、线形和强度失真。

图 8－30 是测角仪的衍射几何关系，它是根据聚焦原理设计的。在测量过程中，试样与探测器分别以 ω_s 和 ω_c 的角速度转动，测角仪以 O 为轴转动，平板状试样置于轴心部位，表面与轴 O 重合，发散的 X 射线照射到试样表面；X 光管的焦点 F 与试样中心 O 的距离为 FO，试样中心到探测器处的接收狭缝 R.S 处 G 的距离为 OG，$FO=OG=R$（R 为测角仪半径）。$\omega_s:\omega_c=1:2$。在这样的条件下，F、O 和 G 三点始终处于半径（r）不断变化的聚焦圆上（见图 8－30 的虚线圆）。所谓聚焦圆，是一个通过焦点 F、测角仪轴 O 和接收狭缝 R.S（G）的假想圆，它的半径 r 的大小随衍射角变化，2θ 增大，聚焦圆半径 r 减小。同

时，在这样的扫描过程中，试样表面始终平分入射线和衍射线的夹角 2θ，当 2θ 符合某(hkl)晶面相应的布拉格条件时，探测器计数管接收的衍射信号就是由那些{hkl}晶面平行于试样表面的晶粒所贡献。探测器计数管在扫描过程中逐个接受不同角度(2θ)下的衍射线，从记录仪上就可得到如图 8－31 所示的衍射谱。

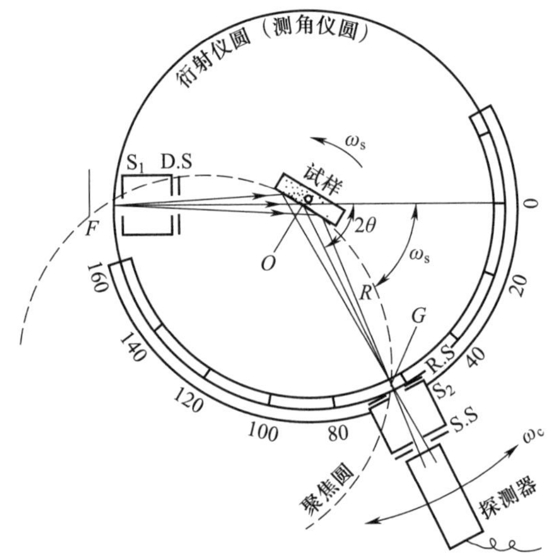

图 8－30　测角仪的衍射几何关系

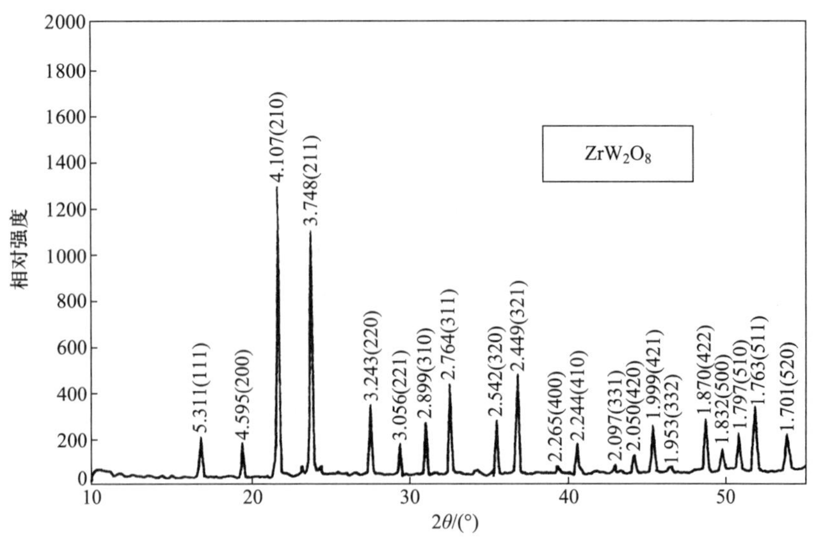

图 8－31　一种热缩材料粉末的 X 射线衍射谱

衍射仪的光源应是在与测角仪圆平行的方向上有一定的发散度而在垂直方向上是平行的 X 射线。为此须在光路上设置一系列的光阑及狭缝。S_1 和 S_2 为梭拉狭缝，由一组平行的有一定间距的金属片构成，用于限制射线在垂直方向上的发散度；发散狭缝(D. S)、接收狭缝(R. S)和散射狭缝(S. S)控制射线的水平发散度。它们分别置于 X 光管的窗口处和计数管臂上(见图 8－30)。

8.3.2　测角仪的光学布置

测角仪的光学布置如图 8－32 所示，要求 X 射线管的线状焦点的长边方向与测角仪的中心轴平行。X 射线管的线焦点 S 的尺寸一般为 1.5 mm×10 mm，但靶是倾斜放置的，靶面与接收方向的夹角为 3°，这样在接收方向上的有效尺寸变为 0.08 mm×10 mm。采用线焦点可使较多的入射线能量照射到试样。但是，在这种情况下，如果只采用通常的狭缝光阑，便无法控制沿窄缝长边方向的发散度，从而会造成衍射圆环宽度的不均匀性。为了排除这种现象，在测角仪中采用狭缝光阑与梭拉光阑组成的联合光阑系统。如图 8－32 所示，在线焦点 S 与试样之间采用由一个梭拉光阑(S_1)和两个狭缝光阑(a 和 b)组成的入射光阑系统。在试样与计数管之间采用由一个梭拉光阑(S_2)和一个狭缝光阑组成的接收光阑系统，有时还在试样与梭拉光阑 S_2 之间再安置一个狭缝光阑(防寄生光阑)，以遮挡住由试样产生的衍射线之外的寄生散射线。光路中心线所决定的平面称为测角仪平面，它与测角仪中心轴垂直。

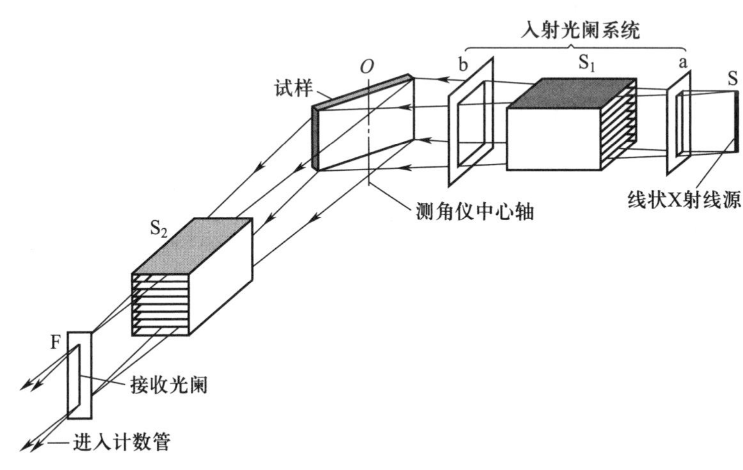

图 8－32　测角仪的光学布置

梭拉光阑由一组互相平行、间隔很密的重金属(Ta 或 Mo)薄片组成。它的代表性尺寸为：长 32 mm，薄片厚 0.05 mm，薄片间距 0.43 mm。安装时，要使薄片与测角仪平面平行。这样，梭拉光阑可将倾斜的 X 射线遮挡住，使垂直于测角仪平面方向的 X 射线束的发散度控制在 1.5°左右。狭缝光阑 a 的作用是控制与测角仪平面平行方向的 X 射线束的发散度。狭缝光阑 b 还可以控制入射线在试样上的照射面积。从图 8－32 中可以看出，当 θ 很小时，入射线与试样表面的倾斜角很小，所以只要求较小的入射线发散度，例如，采用 1°的狭缝光阑在 $2\theta = 18°$时可获得 20 mm 的照射宽度。θ 角增加时，试样表面被照射的宽度增加，需要 3°～4°的狭缝光阑。但是，在实际测量时，只能采用一种发散度的狭缝光阑，此时要保证在全部 2θ 范围内入射线的照射面积均不能超出试样的工作表面。狭缝光阑 F 用来控制衍射线进入计数管的辐射能量。选用较宽的狭缝时，计数管接收到的所有衍射线的确定度增加，但是清晰度减小。另外，衍射线的相对积分强度与光阑缝隙大小无关，因为影响衍射线强度的因素很多，如管电流等，但是，一个因素变化后，所有衍射线的积分强度都按相同的比例变化，这一点是需要注意的。

8.3.3　探测器

在衍射仪中以探测器代替照相法中的底片来接收衍射线。目前常用的探测器有正比计数管、闪烁计数管和固体半导体计数管。各种探测器基本上都是利用 X 射线使被照射物质电离的原理工作的。

1. 正比计数管

图 8－33 为正比计数管的结构及工作原理示意图。正比计数管由一个金属圆筒状阴极和处于其轴线上的丝状阳极构成，圆筒一端用铍(Be)封口，作为 X 射线入射窗口，筒内充以惰性气体，并混入约 10% 的甲烷或 1% 的氯气，在两极间加 600～1000 V 电压。X 射线由窗口进入，使管内气体发生电离，产生光电子及正离子，它们在高压电场作用下分别向阳极和阴极高速运动，并且在运动中继续引起气体原子电离。如此逐级电离下去，便形成一个真实的电子雪崩，而在电阻 R_1 两端产生一毫伏级的电压脉冲。此电压脉冲的高度与入射 X

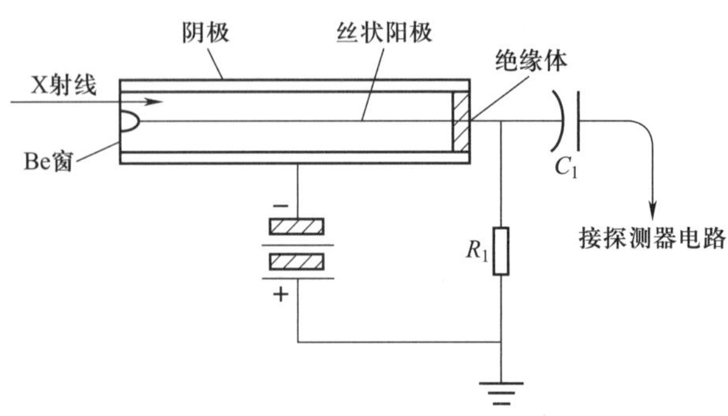

图 8－33　正比计数管

射线光量子能量成正比，从而得名正比计数管。正比计数管的另一个特点是反应速度快，弛豫时间短，其计数速率可达 10^6/s(10^6 cps)。

2. 闪烁计数管

某些固体物质(磷光体)在 X 射线照射下会产生可见荧光，此荧光经光电倍增管转变为一电压脉冲，利用此效应制成闪烁计数管。

图 8－34 为闪烁计数管构造示意图。磷光体是被少量铊(Tl)活化的碘化钠(NaI)晶体，其后的光电倍增管包括一个光敏阴极和一系列的联极，各联极的电压逐级升高，级差约 100 V。入射 X 射线使磷光体发出荧光，此荧光照射到光敏阴极上激发出光电子，光电子在联极的正电压作用下逐级倍增，从而由最后一级联极输出一电压脉冲。闪烁计数管输出脉冲较高，为伏特级，计数速率达 10^5 cps。其缺点是，光敏阴极在常温下，固有的电子发射会使其有较高的背底(噪声)。

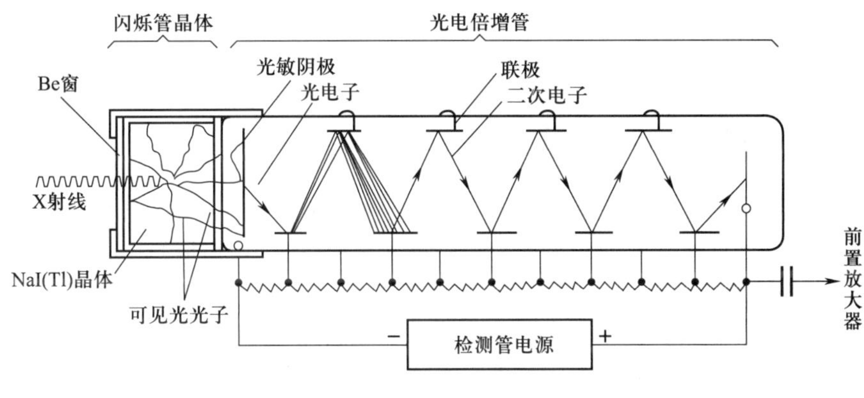

图 8－34　闪烁计数管

3. 计数速率记录系统

由计数管发出的电压脉冲信号要转化为反映辐射强度的计数速率(每秒脉冲数，cps)，还需要一整套电子设备。图 8－35 是记录系统的方框图。计数管产生的电压脉冲经前置放大和线性放大后进入计数速率计，其中的 RC 积分线路将输入脉冲转换成与脉冲高度及单位时间内平均脉冲数成正比的电压，由电压测量线路(电位差计)记录下来，此电压的大小就代表了 X 射线的强度。

经线性放大的脉冲可输入波高分析器(PHA)，它只允许高度在一定范围内的脉冲通过。利用计数管有正比性的特点，调整 PHA 的参数，使仅对应于光源特征谱的脉冲通过而起到单色化的作用。

定标器(scaler)逐个记录脉冲数。它与定时器(timer)联用，确定记数时间，就可计算脉冲速率。定标器的计算结果可用数码显示，也可由数字打印或 $X-Y$ 绘图仪记录下来。

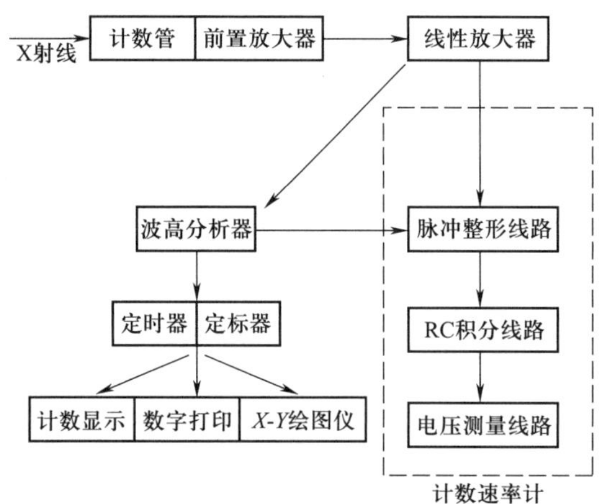

图 8－35　记录系统方框图

8.3.4　衍射仪的运行方式

衍射仪在工作时，可进行 $\theta/2\theta$ 扫描(即 $\omega_s : \omega_c = 1:2$)，也可 θ 或 2θ 分别扫描。其运行方式有两种：连续扫描和步进扫描(或阶梯扫描)。

1. 连续扫描

连续扫描即记数管在匀速转动的过程中记录衍射强度，其扫描速度可调，如：0.5°/min、1°/min、2°/min 等。连续扫描时使用计数速率计，其中的 RC 积分线路的参数中，时间常数的选择应与扫描速度及接收狭缝宽度做适当配合。扫描速度快、时间常数大，会使衍射峰变宽，并向扫描方向位移；接收狭缝窄，会使衍射线形明锐，提高分辨率，但降低记录的强度。经验表明，扫描速度(°/min)$\omega-2\theta$、计数速率时间常数 τ(s)和接收狭缝宽度 γ(mm)满足：① 物相分析时：$\omega\tau/\gamma<10$；② 点阵常数精确测定和线形分析时：$\omega\tau/\gamma\approx2$。

2. 步进扫描

计数管和测角仪轴(试样)的转动是不连续的，它以一定的角度间隔逐步前进，在每个角度上停留一定的时间(各种衍射仪的角度步宽和停留时间都有可供选择的范围)，用定标器和定时器计数和计算计数速率。步进扫描可用定时计数(在各角度停留相同的时间)和定数计时(在各角度停留达到相同计数的时间，其倒数即为计数速率)。步进扫描所得衍射峰没有角度的滞后，适合于衍射角的精确定位和衍射线形的记录，有利于弱峰的测定。定标器的数字输出可由微处理机或计算机进行数据处理，达到自动分析的目标。

从衍射仪的运行方式可知，用此法所得衍射谱中各衍射线不是同时测定的，因而对 X 射线发生器和记录仪表的长期稳定性有很高的要求。表 8－2 列出了常见的 X 射线衍射仪法所采用的标准测定条件。

表 8－2　常见的 X 射线衍射仪法所采用的标准测定条件

测定条件	未知试样的简单物相分析	铁化合物的物相分析	有机高分子物相测定	微量物相分析	定量物相分析	点阵常数测定
靶	Cu	Cr，Fe，Co	Cu	Cu	Cu	Cu，Co
K_β 滤波片	Ni	V，Mn，Fe	Ni	Ni	Ni	Ni，Fe
管电压/kV	35～45	30～40	35～45	35～45	35～45	35～45
管电流/mA	30～40	20～40	30～40	30～40	30～40	30～40
量程/cps	2000～20000	1000～10000	1000～10000	200～4000	200～20000	200～4000
时间常数/s	1，0.5	1，0.5	2，1	10～2	10～2	5～1
扫描速度/(°/min)	2，4	2，4	1，2	1/2，1	1/4,1/2	1/8～1/2
发散狭缝 D. S/(°)	1	1	1/2，1	1	1/2，1，2	1
接收狭缝 R. S/mm	0.3	0.3	0.15，0.3	0.3～0.6	0.15,0.3,0.6	0.15,0.3
扫描范围/(°)	90(70)～2(2θ)	120～10	60～2	90(70)～2	需要的衍射线	需要的衍射线（尽可能在高角区）

目前，还有一种位敏正比计数管，它是在正比计数管的基础上发展起来的，利用电子学的位置扫描方式代替图 8－30 所示的机械转动扫描方式；它既有照相法中各衍射方向的同时测量，以利于不同方向统计性的改善，又有衍射仪的高灵敏度特征。用它进行谱图测量所需时间往往只有机械转动扫描的 1/10～1/100。但是，由于位敏正比计数管的分辨率低和价格昂贵，目前还不普及。

8.3.5　实验参数的选择

影响实验精度和准确度的一个重要问题是合理地选择实验参数。这是每个实验工作者在实验之前必须进行的一项工作。其中对实验结果影响较大的是狭缝光阑、时间常数和扫描速度等。

1. 狭缝光阑的选择

在衍射仪光路（图 8－32）中，包含有发散光阑、接收光阑和防寄生光阑三个狭缝光阑，此外，在 X 射线源与发散光阑 H 之间以及接收光阑 G 与防寄生光阑 N 之间还有两个梭拉光阑。梭拉光阑对每台设备是固定不变的。衍射工作者要选择的是三个狭缝光阑。其中：

发散光阑有：1/30°，1/12°，1/6°，1/4°，1/2°，1°，4°；

防寄生光阑有：1/30°，1/12°，1/6°，1/4°，1/2°，1°，4°；

接收光阑有：0.05 mm，0.1 mm，0.2 mm，0.4 mm，2.0 mm。

发散光阑 H 用来限制入射线在平行于测角仪平面方向上的发散角，它决定入射线在试样上的照射面积和强度。对发散光阑 H 的选择应以入射线的照射面积不超过试样的工作表面为原则。因为在发散光阑尺寸不变的情况下，2θ 角越小，入射线在试样表面的照射面积越大，所以发散光阑的宽度应以测量范围内 2θ 角最低的衍射线为依据来选择。

接收光阑 G 对衍射线峰高度、峰 - 背比以及峰的积分强度都有明显的影响。当接收光阑加大时，虽然可以增加衍射线的积分强度，但也增加背底强度，降低了峰 - 背比，这对探测弱的衍射线是不利的。所以，接收光阑要根据衍射工作的具体目的来选择。如果主要是为了提高分辨率，则应选择较小的接收光阑；如果主要是为了测量衍射强度，则应适当地加大接收光阑。防寄生光阑 M 对衍射线本身没有影响，只影响峰 - 背比，一般选用与发散光阑相同的角宽度。

2. 时间常数的选择

当通过计数速率计进行连续扫描测量时，时间常数的选择对实验结果的影响是较大的。图 8 - 36 所示的是在 4 种不同条件下对石英(11・2)衍射峰形状

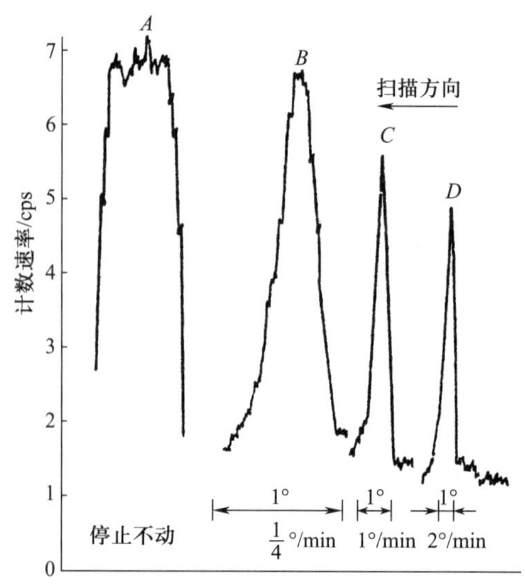

图 8 - 36　时间常数对石英(11・2)衍射峰形状的影响

的测量结果。其中 A 为中等时间常数在峰顶停留 3 min 的记录。B、C 和 D 为扫描速度一定(2°/min)的情况下，时间常数分别为小、中、大 3 种情况的记录。从该图可以明显地看出，时间常数的增大导致衍射线的峰高下降，线形不对称，峰顶向扫描方向移动。这种线形畸变和峰顶位移均给测量结果带来不利的影响。因此，为了提高测量的精确度，一般希望选用尽可能小的时间常数。虽然选用小的时间常数会造成线形的锯齿状轮廓，但只要选择适当，小的时间常数更能准确地代表真实的计数。

3. *扫描速度的选择*

扫描速度对实验结果的影响与时间常数相似。图 8－37 所示的是石英(10·0)衍射线形与扫描速度的关系。扫描速度的加快，同样导致峰高下降，线形畸变，峰顶向扫描方向移动。因此，为了提高测量精确度，希望选用尽可能小的扫描速度。

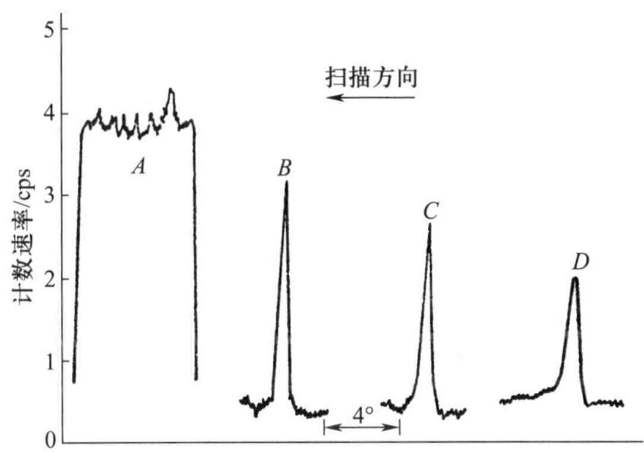

图 8－37　扫描速度对石英(10·0)衍射峰形状的影响

比较好的普遍规律是，时间常数等于接收光阑的时间宽度(W_t)的一半或更低时，能够记录出分辨能力最佳的强度曲线。

光阑的时间宽度为 $W_t=60r/\omega$(s)，式中 r 为狭缝的角宽度(°)，ω 为扫描速度(°/min)。

综合以上分析，可以得出这样的结论：① 为了提高分辨率，必须选用低速扫描和较小的接收狭缝光阑；② 要想使强度测量有最大的精确度，就应当选用低速扫描和中等接收狭缝光阑。另外，对不同扫描速度，还要注意采用适当的记录纸带运动速度与之相配合。

表 8－3 列出了对不同实验目的的推荐的实验条件，供参考。

表 8-3　推荐的实验条件

分析目的	发散狭缝/(°)	接收狭缝/mm	扫描速度/(°/min)	狭缝的时间宽度/s	最大时间常数/s
定性分析，需要在很大角度范围测量许多条衍射线	2 2	0.1 0.1	2 1	3 6	1.5~2.0 3
精确测量衍射峰的相对积分强度	4 4 2 2	0.05 0.10 0.05 0.01	1/8 1/4 1/8 1/4	24 24 24 24	12 12 12 12
精确测量衍射峰的相对积分强度，但峰被展宽	4 2	0.01 0.02	1/4 1/2	24 24	12 12
获得有高度分辨率的衍射细节	1 2 2	0.02 0.02 0.02	1/8 1/8 1/8	9.6 9.6 4.8	5 5 2~3
测定晶格常数	1	≤0.035	1/8	≤17	8
鉴定微量成分，在大的角度范围测量衍射花样	4	0.1	2	3	1

8.4　电子探针显微分析

电子探针的功能主要是进行微区成分分析。它是在电子光学和 X 射线光谱学原理的基础上发展起来的一种高效率分析仪器。其原理是用细聚焦电子束入射试样表面，激发出试样元素的特征 X 射线。分析特征 X 射线的波长(或特征能量)即可知道试样中所含元素的种类(定性分析)；分析特征 X 射线的强度，则可知道试样中对应元素含量的多少(定量分析)。电子探针镜筒部分的构造大体上和扫描电子显微镜相同，只是在检测器部分使用的是 X 射线谱仪，专门用来检测 X 射线的特征波长或特征能量，以此来对微区的化学成分进行分析。因此，除专门的电子探针外，有相当一部分电子探针是作为附件安装在扫描电子显微镜或透射电子显微镜上，以满足微区组织形貌、晶体结构及化学成分三位一体同位分析的需要。

8.4.1　电子探针的结构与工作原理

图 8-38 为电子探针的结构示意图。由图可知，电子探针的镜筒及样品室和扫描电子显微镜并无本质上的差别，因此要使一台仪器兼有形貌分析和成分

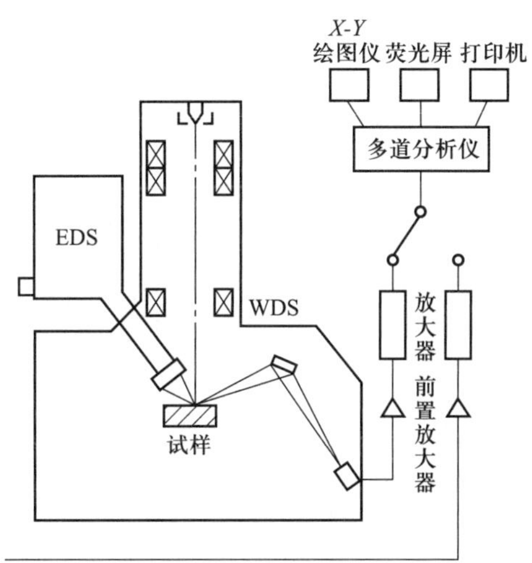

图 8－38 电子探针的结构示意图

分析两个方面的功能，往往把扫描电子显微镜和电子探针组合在一起。

电子探针的信号检测系统是 X 射线谱仪。用来测定 X 射线特征波长的谱仪叫做波长分散谱仪(WDS)或波谱仪；用来测定 X 射线特征能量的谱仪叫做能量分散谱仪(EDS)或能谱仪。

1. 波长分散谱仪(波谱仪，WDS)

(1) 工作原理

在电子探针中，X 射线是由试样表面以下一个微米乃至纳米数量级的作用体积内激发出来的。如果这个体积中含有多种元素，则可以激发出各个相应元素的特征波长 X 射线。若在试样上方水平放置一块具有适当晶面间距 d 的晶体，入射 X 射线的波长、入射角和晶面间距三者符合布拉格方程 $2d\sin\theta=\lambda$ 时，这个特征波长的 X 射线就会发生强烈衍射，如图 8－39 所示。因为在作用体积中发出的 X 射线具有多种特征波长，且它们都以点光源的形式向四周发射，因此对一个特征波长的 X 射线来说，只有从某些特定的入射方向进入晶体时，才能得到较强的衍射束。图 8－39 示出不同波长的 X 射线以不同的入射方向入射时产生各自衍射束的情况。若面向衍射束安置一个检测器，便可记录下不同波长的 X 射线。图中右方的平面单晶体称为分光晶体，它可以使试样作用体积内不同波长的 X 射线分散并展示出来。

虽然平面单晶体可以把各种不同波长的 X 射线分光展开，但就收集单波长 X 射线的效率来看是非常低的。因此这种检测 X 射线的方法必须改进。

如果我们把分光晶体作适当的弹性弯曲，并使射线源、弯曲晶体表面和检测器窗口位于同一个圆周上，就可以达到把衍射束聚焦的目的。此时，整个分

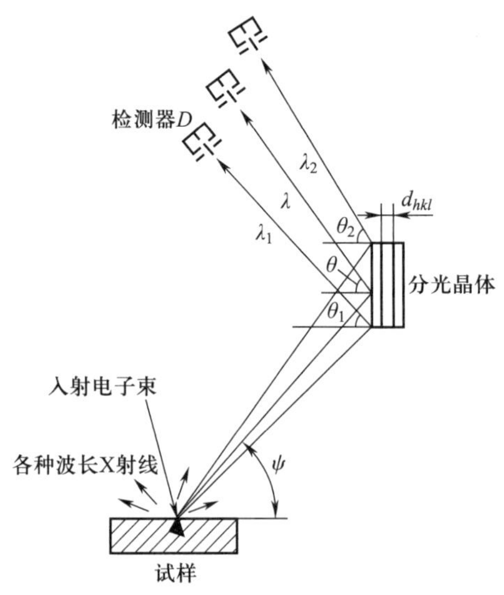

图 8-39　分光晶体

光晶体只收集一种波长的 X 射线，使这种单色 X 射线的衍射强度大大提高。图 8-40 是两种 X 射线聚焦方法。第一种方法称为约翰(Johann)型聚焦法[图 8-40(a)]，虚线圆称为罗兰(Rowland)圆或聚焦圆。把单晶体弯曲，使其衍射晶面的曲率半径等于聚焦圆半径的两倍，即 $2R$。当某一波长的 X 射线自点 S 处发出时，晶体内表面任意点 A、B、C 上接收到的 X 射线相对于点光源来说，入射角都相等，因此 A、B、C 各点的衍射线都能在 D 点附近聚焦。从图中可以看出，因为 A、B、C 三点的衍射线并不恰在一点，故这是一种近似的聚焦方法。另一种改进的聚焦方法叫做约翰逊(Johansson)型聚焦法。这种方法是把衍射晶面曲率半径弯成 R 的晶体表面磨制成和聚焦圆表面相合(即晶体表面的曲率半径和 R 相等)，这样的布置可以使 A、B、C 三点的衍射束正好聚焦在 D 点，所以这种方法也叫做全聚焦法[图 8-40(b)]。

在实际检测 X 射线时，点光源发射的 X 射线在垂直于聚焦圆平面的方向上仍有发散性。分光晶体表面不可能处处精确符合布拉格条件，加之有些分光晶体虽可以进行弯曲，但不能磨制，因此不大可能达到理想的聚焦条件。如果检测器上的接收狭缝有足够的宽度，即使采用不大精确的约翰型聚焦法，也是能够满足聚焦要求的。

电子束轰击试样后，被轰击的微区就是 X 射线源。要使射线分光、聚焦，并被检测器接收，两种常见的波谱仪布置形式分别如图 8-41 和图 8-42 所示。图 8-41 为直进式波谱仪的工作原理图。这种波谱仪的优点是 X 射线照射分光晶体的方向是固定的，即出射角 ψ 保持不变，这样可以使射线穿出试样表

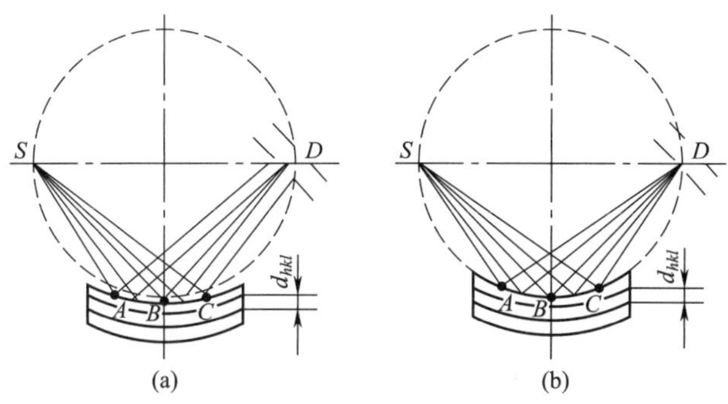

图 8-40 两种 X 射线聚焦方法。(a) 约翰型聚焦法；(b) 约翰逊型聚焦法

面过程中所走的路线相同，也就是吸收条件相等。由图中的几何关系分析可知，分光晶体位置沿直线运动时，晶体本身应产生相应的转动，使不同波长 λ_1、λ_2 和 λ_3 的 X 射线以 θ_1、θ_2 和 θ_3 的角度入射。在满足布拉格条件的情况下，位于聚焦圆周上协调滑动的检测器都接收到经过聚焦的波长为 λ_1、λ_2 和 λ_3 的衍射线。以图中 O_1 为圆心的圆为例，直线 SC_1 的长度用 L_1 表示，$L_1 = 2R\sin\theta_1$。L_1 是从点光源到分光晶体的距离，可以在仪器上直接读得。因为聚焦圆的半径 R 是已知的，所以从测出的 L_1 便可求出 θ_1。然后再根据布拉格方程 $2d\sin\theta=\lambda$，因分光晶体的晶面间距 d 是已知的，故可计算出和 θ_1 相对应的特征 X 射线波长 λ_1。把分光晶体从 L_1 变化至 L_2 或 L_3(可通过仪器上的手柄或驱动电机，使分光晶体沿出射方向直线移动)，用同样方法可求得 θ_2、θ_3 和 λ_2、λ_3。

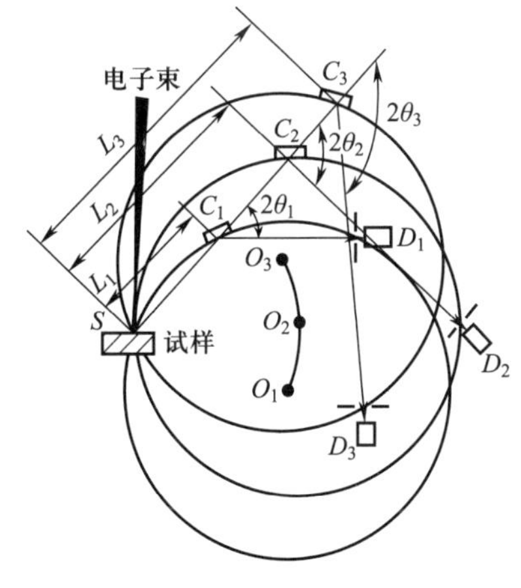

图 8-41 直进式波谱仪

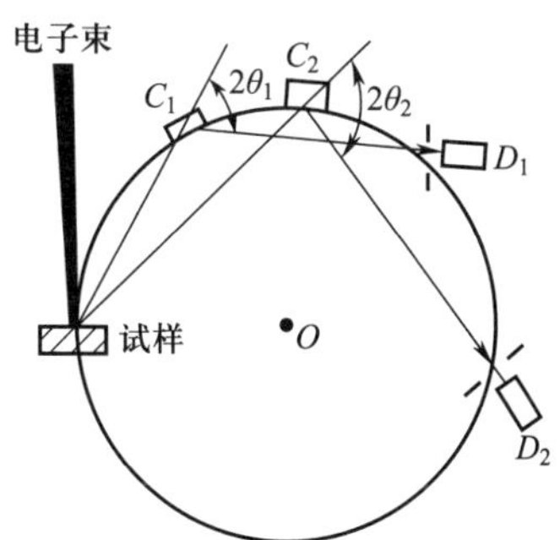

图 8-42 回转式波谱仪

分光晶体直线运动时，检测器能在几个位置上接收到衍射束，表明被激发的体积内存在着相应的几种元素。衍射束的强度大小和元素含量成正比。

图 8－42 为回转式波谱仪的工作原理图。聚焦圆的圆心 O 不能移动，分光晶体和检测器在聚焦圆的圆周上以 1∶2 的角速度运动，以保证满足布拉格方程。这种波谱仪的结构比直进式波谱仪简单，出射方向改变很大。在表面不平度较大的情况下，由于 X 射线在试样内行进路线不同，往往会因吸收条件变化而造成分析上的误差。

（2）分析方法

图 8－43 所示为一张用波谱仪分析合金钢(质量分数：Si 0.62，Mn 1.11，Cr 0.96，Ni 0.56，V 0.26，Cu 0.24)一个测量点的谱线图，横坐标代表波长，纵坐标代表强度。谱线上有许多强度峰，每个峰在坐标上的位置代表相应元素特征 X 射线的波长，峰的高度代表这种元素的含量。在进行定点分析时，只要把图 8－41 中的距离 L 从最小变到最大，就可以在某些特定位置检测到特征波长的信号，经处理后可在荧光屏或 $X-Y$ 绘图仪上把谱线描绘出来。

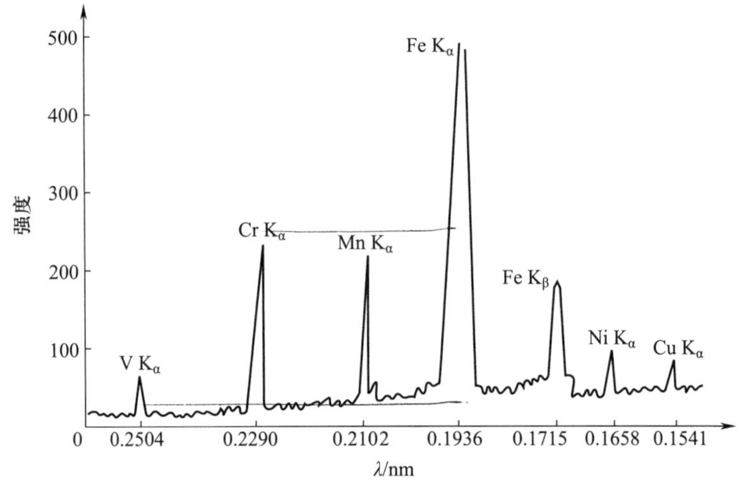

图 8－43　合金钢定点分析的谱线图

应用波谱仪进行元素分析时，应注意下面两个问题。

1）分析点位置的确定。在波谱仪上总带有一台放大 100～500 倍的光学显微镜。显微镜的物镜是特制的，即镜片中心开有圆孔，以使电子束通过。通过目镜可以观察到电子束照射到试样上的位置。在进行分析时，必须使目的物和电子束重合，其位置正好位于光学显微镜目镜标尺的中心交叉点上。

2）分光晶体固定后，衍射晶面的晶面间距不变。在直进式波谱仪中，L 和 θ 之间服从 $L=2R\sin\theta$ 的关系。因为结构上的限制，L 不能做得太长，一般只能在 10～30 cm 范围内变化。在聚焦圆半径 $R=20$ cm 的情况下，θ 的变化范围在 15°～65°之间。可见一个分光晶体能够覆盖的波长范围是有限的，因此它只能测定某一原子序数范围的元素。如果要分析 $Z=4\sim92$ 范围的元素，则必须使用几块晶面间距不同的晶体，因此一个波谱仪中经常装有两块晶体以便互换，而一台电子探针仪上往往装有 2～6 个波谱仪，有时几个波谱仪一起工作，可以同时测定几个元素。表 8－4 列出了常用的分光晶体。

表 8－4 常用的分光晶体

常用晶体	供衍射用的晶面	$2d$/nm	适用波长 λ/nm
LiF	(200)	0.40267	0.08～0.38
SiO_2	$(10\bar{1}1)$	0.66862	0.11～0.63
PET	(002)	0.874	0.14～0.83
RAP	(001)	2.6121	0.2～1.83
KAP	$(10\bar{1}0)$	2.6632	0.45～2.54
TAP	$(10\bar{1}1)$	2.59	0.61～1.83
硬脂酸铅	—	10.08	1.7～9.4

2. 能量分散谱仪(能谱仪，EDS)

(1) 工作原理

前面已经介绍了各种元素具有自己的 X 射线特征波长，特征波长的大小取决于能级跃迁过程中释放出的特征能量 ΔE。能谱仪就是利用不同元素 X 射线光子特征能量不同这一特点来进行成分分析的。图 8－44 为采用锂漂移硅 Si(Li)检测器能谱仪的框图。X 射线光子由锂漂移硅 Si(Li)检测器收集，当光子进入检测器后，在 Si(Li)晶体内激发出一定数目的电子－空穴对。产生一个电子－空穴对的最低平均能量 ε 是一定的，因此由一个 X 射线光子造成的电子－空穴对的数目为 $N=\dfrac{\Delta E}{\varepsilon}$。入射 X 射线光子的能量越高，$N$ 就越大。利用

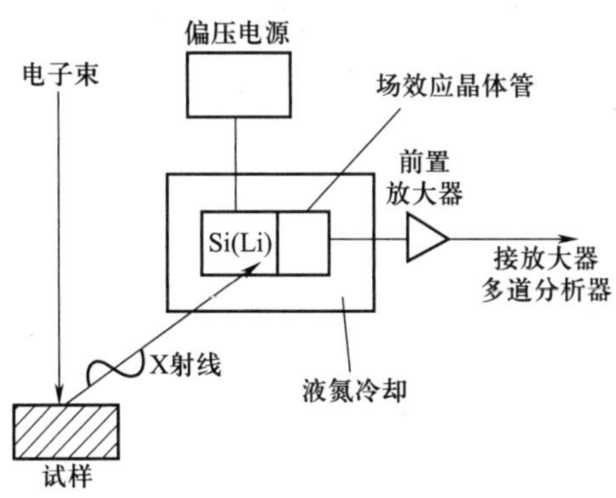

图 8－44 锂漂移硅检测器能谱仪框图

加在晶体两端的偏压收集电子 - 空穴对，经前置放大器转换成电流脉冲，电流脉冲的高度取决于 N 的大小，电流脉冲经主放大器转换成电压脉冲，进入多道脉冲高度分析器。脉冲高度分析器按高度把脉冲分类并进行计数，这样就可以描出一张特征 X 射线按能量大小分布的图谱。

图 8 - 45(a)为用能谱仪测出的一种夹杂物的谱线图，横坐标以能量表示，纵坐标是强度计数。图中各特征 X 射线峰和波谱仪给出的特征峰的位置相对应，如图 8 - 45(b)所示，只不过前者峰的形状比较平坦。

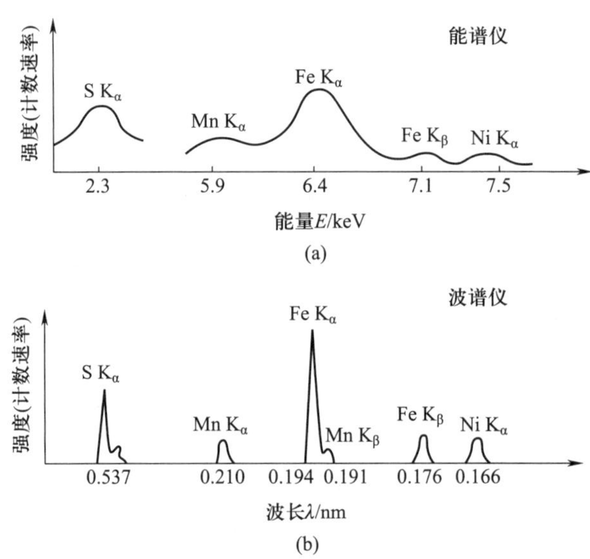

图 8 - 45　能谱仪和波谱仪的谱线比较。(a) 能谱曲线；(b) 波谱曲线

(2) 能谱仪成分分析的特点

优点：和波谱仪相比，能谱仪具有下列几方面的优点。

1) 能谱仪探测 X 射线的效率高，因为 Si(Li)探头可以安放在比较接近试样的位置，因此它对 X 射线源所张的立体角很大，X 射线信号直接由探头收集，不必通过分光晶体衍射。Si(Li)晶体对 X 射线的检测率极高，因此能谱仪的灵敏度比波谱仪高一个数量级。

2) 能谱仪可在同一时间内对分析点内所有元素 X 射线光子的能量进行测定和计数，在几分钟内可得到定性分析结果，而波谱仪只能逐个测量每种元素的特征波长。

3) 能谱仪的结构比波谱仪简单，没有机械传动部分，因此稳定性和重复性都很好。

4) 能谱仪不必聚焦，因此对试样表面没有特殊要求，适合于粗糙表面的分析工作。

缺点：能谱仪仍有它自己的不足之处，表现为以下几点。

1）能谱仪的分辨率比波谱仪低，由图 8－45(b)和(a)比较可以看出，能谱仪给出的波峰比较宽，容易重叠。在一般情况下，Si(Li)检测器的能量分辨率约为 130 eV，而波谱仪的能量分辨率可达 5～10 eV。

2）能谱仪中因 Si(Li)检测器的铍窗口限制了超轻元素 X 射线的测量，目前可以分析原子序数大于 5(B)的元素，但轻元素的分析信号检测困难，分析精度低。而波谱仪可测定原子序数为 4～92 的所有元素。

3）能谱仪的 Si(Li)探头必须保持在低温状态，因此必须时时用液氮冷却。

8.4.2 电子探针的分析方法及应用

1. 定性分析

（1）定点分析

将电子束固定在需要分析的微区上，用波谱仪分析时可改变分光晶体和检测器的位置，即可得到分析点的 X 射线谱线；若用能谱仪分析，几分钟内即可直接从荧光屏(或计算机)上得到微区内全部元素的谱线。图 8－46 所示为一种镍基高温合金晶界块状析出相(如箭头所示)的 EDS 能谱定点分析结果，可以看出，该块状颗粒相富含 Nb 元素和 Mo 元素。

（2）线分析

将谱仪(波谱仪或能谱仪)固定在所要测量的某一元素特征 X 射线信号(波长或能量)的位置上，使电子束沿着指定的路径作直线轨迹扫描，便可得到这一元素沿该直线的浓度分布曲线。改变谱仪的位置，便可得到另一元素的浓度分布曲线。图 8－47 所示为铸铁中硫化锰夹杂物的线扫描分析结果。可以清楚地看到，在夹杂物中 S 含量和 Mn 含量远高于基体。

（3）面分析

电子束在试样表面作光栅扫描时，把 X 射线谱仪(波谱仪或能谱仪)固定在接收某一元素特征 X 射线信号的位置上，此时在荧光屏上便可得到该元素的面分布图像。实际上，这也是扫描电子显微镜内用特征 X 射线调制图像的一种方法。图像中的亮区表示这种元素的含量较高。若把谱仪固定在另一位置，则可获得另一种元素的浓度分布图像。图 8－48 所示为镍基高温合金中晶界析出相的面分布成分分析结果，可以看出晶界析出相富含 Nb 元素。

2. 定量分析简介

定量分析时先测出试样中 y 元素的 X 射线强度 I'_y，再在同样条件下测定纯 y 元素的 X 射线强度 I'_{y0}，然后分别扣除背底和计数管死时间对所测值的影响，

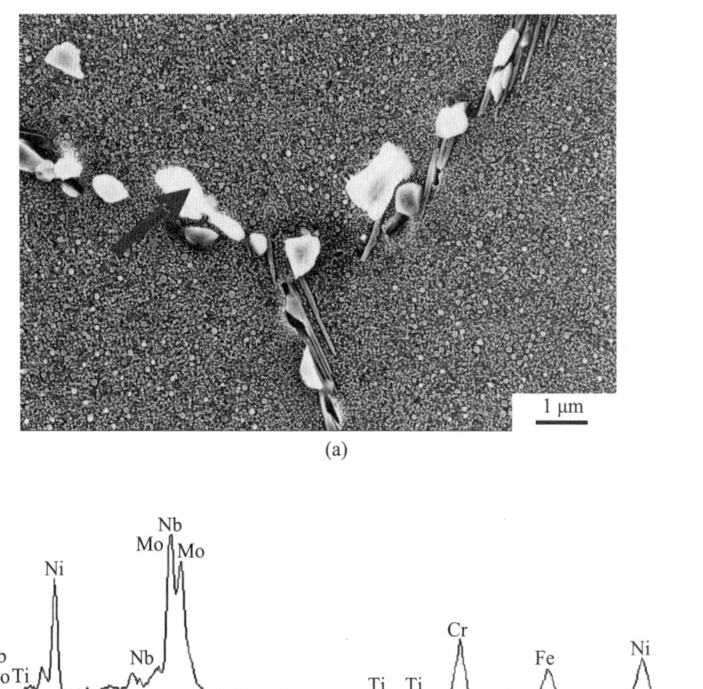

图 8-46　镍基高温合金晶界块状析出相的定点分析。(a) 二次电子相；(b) EDS 能谱分析

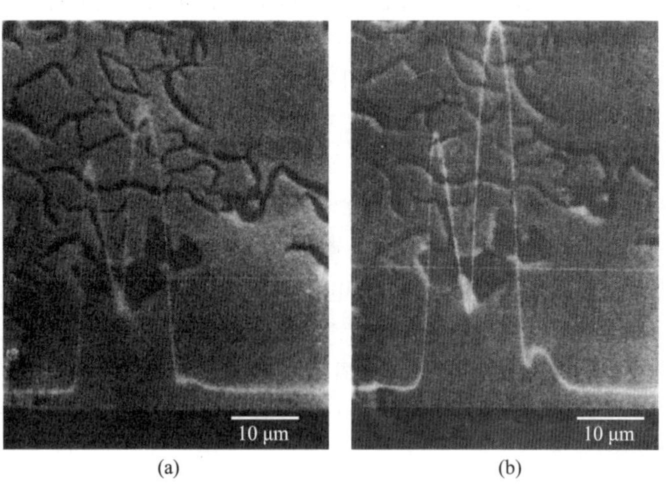

图 8-47　铸铁中硫化锰夹杂物的线扫描分析。(a) S 的线分析；(b) Mn 的线分析

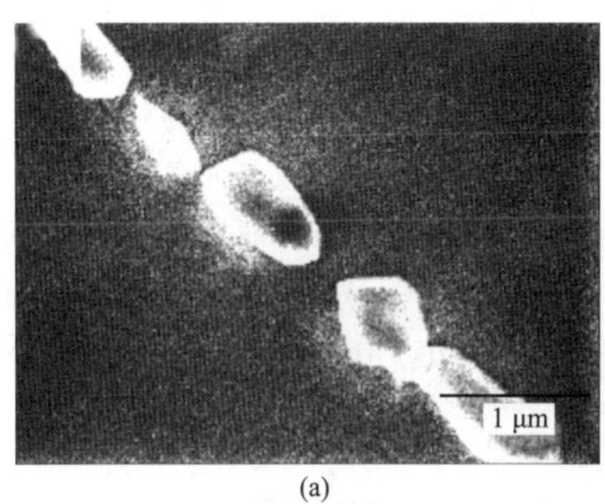

(a)

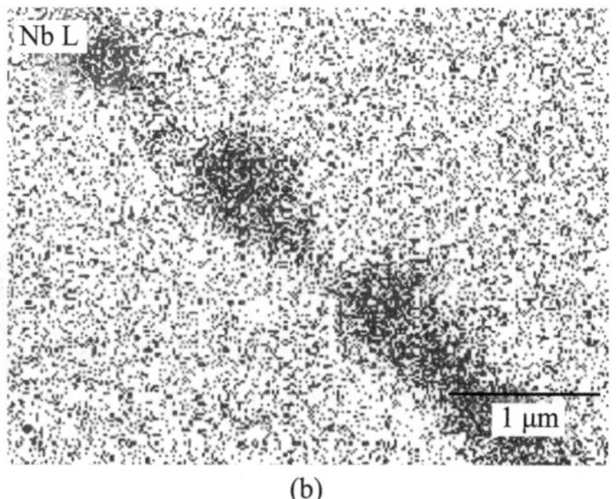

(b)

图 8－48　镍基高温合金晶界析出相的面分布成分分析。
（a）形貌像；（b）Nb 元素的 X 射线面分布像

得到相应的强度值 I_y 和 I_{y0}，把二者相比得到强度比 K_y：

$$K_y = \frac{I_y}{I_{y0}}$$

在理想情况下，K_y 就是试样中 y 元素的质量分数 W_y。但是，由于标准试样不可能做到绝对纯以及绝对平均，一般情况下，还要考虑原子序数、吸收和二次荧光的影响，因此，W_y 和 K_y 之间还存在一定的差别，故有

$$W_y = ZAFK_y$$

式中：Z 为原子序数修正项；A 为吸收修正项；F 为二次荧光修正项。

定量分析计算是非常烦琐的，好在新型的电子探针都带有计算机，计算的速度可以很快。一般情况下对于原子序数大于 10、含量 10%（质量分数）的元素来说，修正后的含量误差可限定在 ±5% 之内。

电子探针作微区分析时所激发的作用体积不过 10 μm^3 左右。如果分析物质的密度为 10 g/cm^3，则分析区的质量仅为 10^{-10} g。若探针的灵敏度为万分之一的话，则分析绝对质量可达 10^{-14} g，因此电子探针是一种微区分析仪器。

8.5　非晶态物质的衍射分析

8.5.1　非晶态

如果物质中的原子、原子团或分子的分布具有平移对称性，即具有可以用点阵描述的周期性规律时，则该物质为晶态物质。图 8－49(a)为由某种长分子构成的晶态。然而，在某些物质中，它们并不存在平移对称性，只是呈现出某种规律。图 8－49(b)、(c)和(d)为三种液晶分子分布的示意图。图 8－49

(b)为近晶相液晶，其中分子层的间距相等，层内分子排列的方向一致，但分子的位置并无周期性规律。图 8－49(c)为向列相液晶，它在结构上仅是分子的排列方向一致，并无周期性特征。图 8－49(d)是胆甾相液晶的示意图，它的分子位于等间距的层片之中，一层中的分子排列方向一致，而各层之间分子的排列方向呈螺旋形。因此，液晶并不真正是晶态物质，液晶中的“晶”字，只表示其内部结构存在着某种规律。而在图 8－49(e)所示的液态中，分子的分布没有任何规律。我们把其中原子、原子团或分子在大范围内的分布上不呈现规律性的物质，称为非晶态物质[12]。

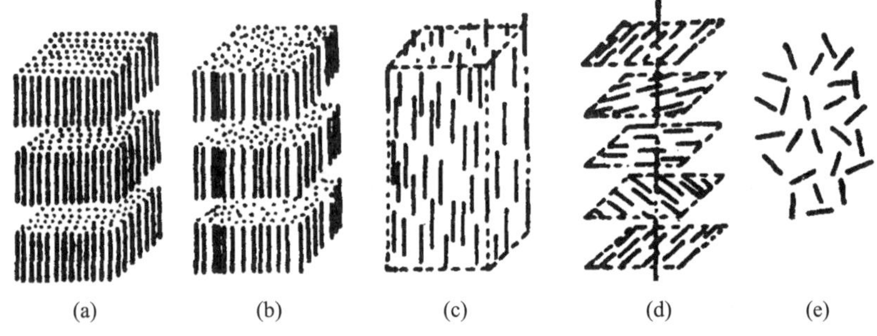

图 8－49　晶态、液晶和液态的分子分布示意图。(a) 晶态；(b) 近晶相液晶；(c) 向列相液晶；(d) 胆甾相液晶；(e) 液态

一种物质在固态时是晶态还是非晶态，将依其形成时的条件而变化。例如，原子反应堆中的常用材料铜、铝、锆、镁、铍、铀、钍等是晶态，是指用通常方法获得这些固态时，它们为晶态。可以通过液态急冷、特殊的合金化手段等使通常情况下呈晶态的系统呈现出非晶态。极力地摩擦和碾压也可能使晶态变为非晶态。图 8－50 为石英的一种晶态(a)与非晶态(b)的二维示意图。非晶态通常又称为玻璃态或无定形体。

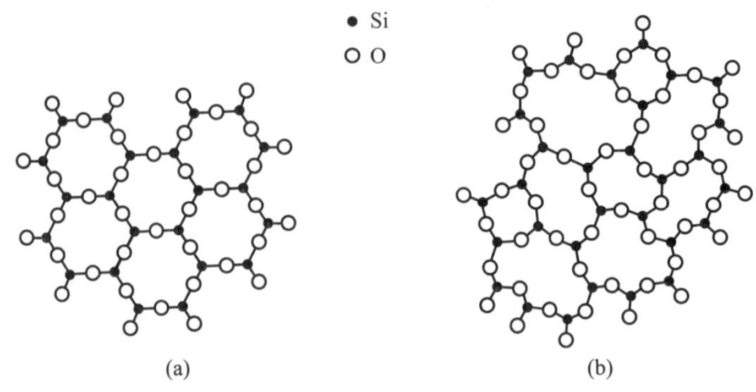

图 8－50　石英晶体(a)和石英玻璃(b)结构的二维示意图

在某些物质中，可能同时存在着晶态与非晶态。图 8－51 是部分结晶的高聚物结构模型。其中分子链呈平行排列的区域为晶态区。

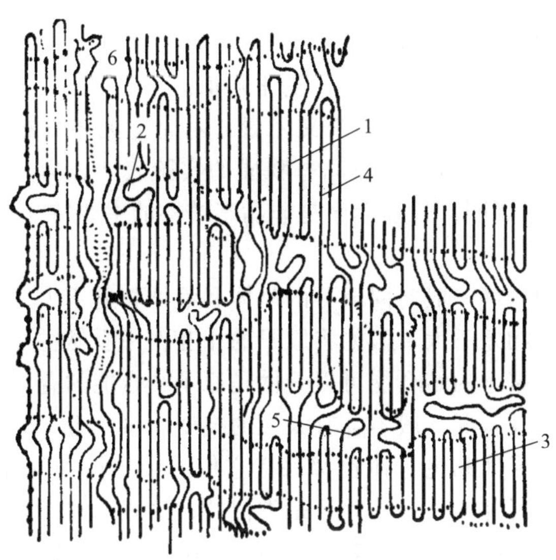

图 8－51　部分结晶的高聚物结构模型(1. 晶区；2. 非晶区；3. 折叠链；4. 伸直链；5. 链末端；6. 空洞)

目前，使用非晶态物质的场合已日益增多。可以利用非晶态物质的特殊性质作为功能器件，例如用非晶硅制成太阳能电池；用非晶硒的光导特性发展新的复印技术等。也可以利用某些材料在晶态与非晶态时光、磁、电等性能的差异，形成“0”“1”两种状态，从而制成开关元件、记录元件等。

8.5.2　非晶态物质结构的主要特征

1. 长程无序

晶体结构的基本特征是它的周期性，即通过点阵平移可以与自身重合。而在非晶态结构中，这种周期性就不存在了，点阵及点阵常数等概念就失去了意义。所以说，非晶态物质结构的主要特征是长程无序。长程无序的形成是在液态下形成原子分布的无序态，然后以急冷的方式固化，将无序态保留下来形成非晶态固体。

在非晶态结构中，原子分布可以用下列函数形式表达。

径向分布函数，简称 RDF：

$$J(r)=4\pi r^2\rho(r)$$

双体概率密度函数：

$$g(r)=\rho(r)/\rho_a$$

约化径向分布函数：

$$G(r)=4\pi r[\rho(r)-\rho_a]$$

式中：$\rho(r)$为距原点 r 处单位体积内原子数目的平均值，即原子分布的数密度；ρ_a 为 r 由零到无穷大范围内 $\rho(r)$的平均值。

从双体概率密度函数 $g(r)$的含义来看，对完全无序分布态，当原子间距大于原子直径时，$g(r)=1$。对非晶态物质的实验表明，当 r 大于几个原子间距时，$g(r)=1$，这说明，长程无序是非晶态结构的主要特征。

2. 短程有序

非晶态物质的密度一般与同成分的晶体和液体相差不大，这说明三种状态下的原子平均距离相差不大。假如将原子的相互作用看做主要是原子间距的函数，那么结合成凝聚态的结合能可以看做是原子结合能的叠加。由此可见，三种状态下的电子运动状况一般不会有太大的突变。事实上，非晶态金属保持金属特性，非晶态半导体和绝缘体也都保持它们的半导体和绝缘体特性。可见，非晶态与晶态的最近邻原子间的关系是类似的，这表明非晶态结构存在着短程有序。对非晶态物质的实验结果表明，当 r 值在几个原子间距之内时，$g(r)\neq 1$，出现明显的起伏。非晶态中的短程有序只在最近邻关系上与晶体类似，而在次近邻关系上就有明显的差别。

3. 各向同性

非晶态材料结构被看做是均匀的，各向同性的，这主要是指宏观意义而言。当缩小到原子尺寸时，也是不均匀的。

4. 亚稳态

一般而言，熔点以下的晶态总是自由能最低的状态。非晶态固体总有向晶态转化的趋势，所以说，它处于亚稳态。实验表明，非晶态的晶化过程往往是很复杂的，有时要经过若干个中间阶段。

8.5.3　非晶态结构的径向分布函数

非晶态材料的具体结构如何，这是人们努力研究的课题之一。已经提出多种理想结构模型。然而，到目前为止，多用衍射方法获得非晶态结构的实验信息。理想结构模型是否合乎实际，是以由理想模型计算出的结构函数是否与由衍射数据计算出的一致为判据的。目前使用的结构函数主要是径向分布函数。

下面研究一个均匀系统，以介绍径向分布函数的概念。系统的体积 V 足够大，它所包含的原子数目为 N。在该系统中任取一原子为原点时，在半径为 r 的极薄的球壳内所包含的原子数目(图 8－52)为 $4\pi r^2\rho(r)\mathrm{d}r$，其中 $\rho(r)$为 r 的原子密度。定义 $4\pi r^2\rho(r)$ 为径向分布函数，它是由系统中原子的分布状态决定的。但由于原点的选取是任意的，所以它只是系统中原子构型的统计平均结果。因此，径向分布函数并不能给出非晶态系统中原子分布的具体位置。

体系的平均原子密度为 $N/V=\rho_a$。为了表示体系中原子密度的起伏，引入径向密度分布函数 $P(r)$，定义

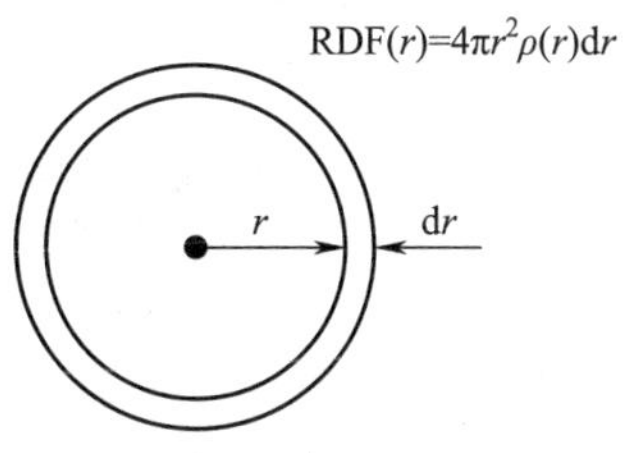

图 8 - 52　径向分布函数的意义

$$P(r)=\frac{\rho(r)}{\rho_a} \tag{8-25}$$

$P(r)$ 与 $\rho(r)$ 一样，取决于系统中的原子构型。例如，对于气体，在 $|r|\leqslant 2r_0$ 时，$P(r)$ 为 0，此处的 r_0 为原子半径；在 $|r|>2r_0$ 时，$P(r)$ 为 1。对于晶体，则除 r 为若干特定值以外，$P(r)$ 总为 0。对于液体及非晶态固体，则是介于气态与晶态之间，即在 $|r|>>r_0$ 时，$P(r)$ 为 1；在 r 较小时，$P(r)$ 围绕 1 上下摆动。这种摆动相应于系统中原子分布的短程有序。在气态、液态和非晶固态中，短程有序的程度不同，因此它们的分布函数在峰形与幅度上都有差别。图 8 - 53 给出几种系统的径向密度分布函数。

为了有助于理解影响分布函数形状的因素，我们介绍 20 世纪 20 年代由 F. Zernicke 按一维硬球模型计算出的分布函数图形（图 8 - 54），它随直线上硬球密度的改变而改变。图中 a 为硬球的直径。设 L 为所考虑的直线长度，N 为中心在直线上随机分布的硬球个数，则每个硬球平均占有的长度为 $l_1=L/N$。因此，在与原点的硬球相距 x 处（x 为所讨论直线的方向）找到另外硬球的概率为 $P(x)\mathrm{d}x/l_1$。$P(x)$ 为密度分布函数。从图 8 - 54 中看出，当直线上的硬球数目少时，即直径上硬球密度小时，在 $x>a$ 处，$P(x)$ 很快接近于 1，如图 8 - 54(a) 所示；随硬球数目的增多，即密度的增大，$P(x)$ 在达到单位值前要经过较大的距离，波动数目增多，波峰幅度增高，如图 8 - 54(b) 所示；在 N 达到最大 L/a 时，直线上的硬球必然呈完全有序的排列，因此，只有在 $x=na$ 处 $P(x)$ 才不为零，此处 n 为整数。图 8 - 54(c) 为近于 $N_{最大}$ 的情况。如果完全从硬球模型出发，则压缩的气体与液体、非晶态固体之间，在分布函数上不会有明显的差别。

1. 单一品种原子的径向分布函数

假定非晶态物质中只含一种原子。假设 $\boldsymbol{r}_m$ 为其中任一原子 m 的位矢量，以单电子散射为基本单位。则 m 原子的相干散射位相差为

$$\phi_m=2\pi\frac{\boldsymbol{S}-\boldsymbol{S}_0}{\lambda}\boldsymbol{r}_m=\boldsymbol{S}\cdot\boldsymbol{r}_m$$

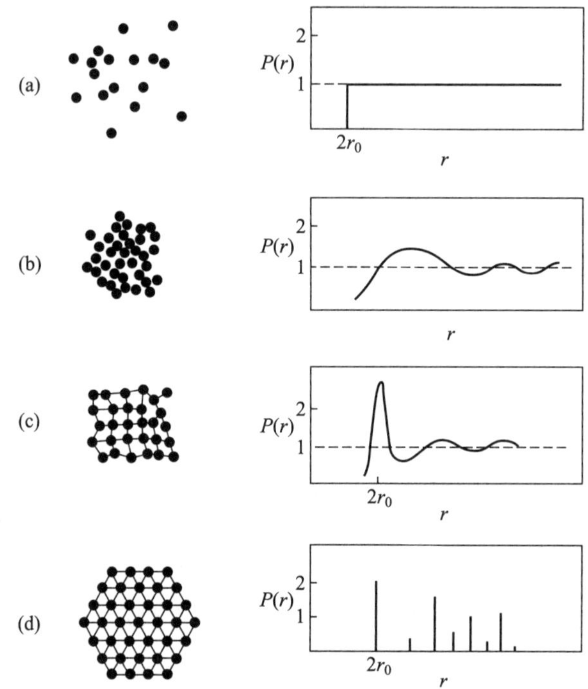

图 8－53　基本单元的有序度与其相应的径向密度分布函数。(a) 完全无序系统；(b) 无定形体；(c) 单原子液体；(d) 密排晶体

式中：

$$S=2\pi\frac{\boldsymbol{S}-\boldsymbol{S}_0}{\lambda}=4\pi\sin\theta/\lambda$$

假定试样中有 N 个原子参加散射，其相干散射强度为

$$I_N=\sum_m f_m\exp(\mathrm{i}\boldsymbol{S}\cdot\boldsymbol{r}_m)\sum_n f_n\exp(-\mathrm{i}\boldsymbol{S}\cdot\boldsymbol{r}_n)=\sum_m\sum_n f_mf_n\exp(\mathrm{i}\boldsymbol{S}\cdot\boldsymbol{r}_{mn})\tag{8-26}$$

式中：$\boldsymbol{r}_{mn}=\boldsymbol{r}_m-\boldsymbol{r}_n$。对指数项取平均值，

$$\langle\exp(\mathrm{i}\boldsymbol{S}\cdot\boldsymbol{r}_{mn})\rangle=\frac{\sin Sr_{mn}}{Sr_{mn}}$$

于是

$$I_N=\sum_m\sum_n f_mf_n\frac{\sin Sr_{mn}}{Sr_{mn}}\tag{8-27}$$

由于只含有一种原子，$f_m=f_n=f$，故可将式(8－27)写成

$$I_N=Nf^2\sum_m\frac{\sin Sr_{mn}}{Sr_{mn}}\tag{8-28}$$

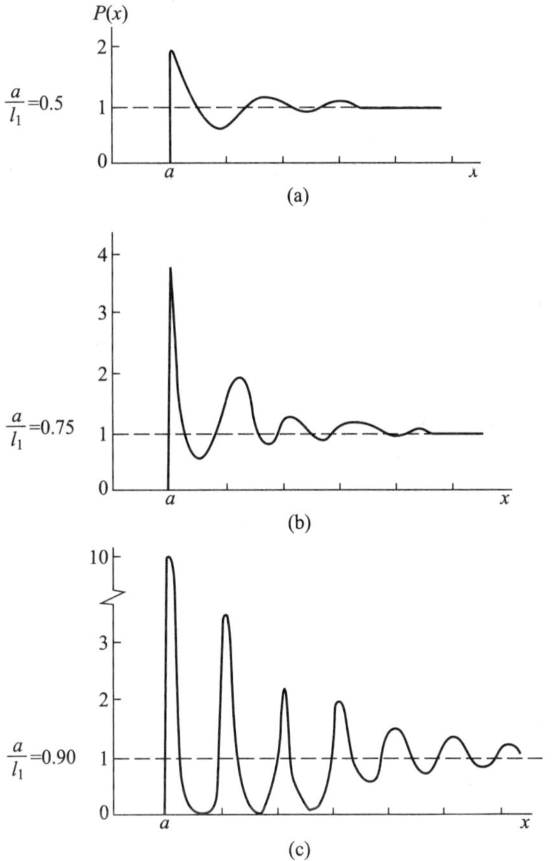

图 8 - 54　直线上随机分布的硬球的球密度与分布函数之间的关系

在处理式(8 - 28)中的求和时，每个原子轮流作参考原子，每个原子与自身作用共有 N 项，每项的值都为 1，即当 $m=n$ 时，$r_{mn}\to 0$，故$\dfrac{\sin Sr_{mn}}{Sr_{mn}}\to 1$，于是可将式(8 - 28)写成

$$I_N = Nf^2\left(1+\sum_{m'}\frac{\sin Sr_{mn}}{Sr_{mn}}\right) \tag{8-29}$$

对 m'求和表示对 $m\neq n$ 的情况求和。在非晶态结构中，以参考原子为中心的原子分布是球对称的。假设距参考原子 r 处单位体积内的原子数为 $\rho(r)$，则半径为 r、厚度为 $\mathrm{d}r$ 的球壳内原子数应为 $4\pi r^2\rho(r)\mathrm{d}r$。这时可以把参考原子周围的原子分布看成是连续分布的。因此，可将求和用积分取代，于是有

$$I_N = Nf^2\left[1+\int_0^{\infty}4\pi r^2\rho(r)\frac{\sin Sr}{Sr}\mathrm{d}r\right] \tag{8-30}$$

令 ρ_a 为试样中的平均原子密度，则式(8－30)可以改写成如下形式：

$$I_N = Nf^2\left\{1 + \int_0^\infty 4\pi r^2[\rho(r) - \rho_a]\frac{\sin Sr}{Sr}dr + \int_0^\infty 4\pi r^2\rho_a\frac{\sin Sr}{Sr}dr\right\} \tag{8-31}$$

式(8－31)右边最后一项代表具有严格均匀电子密度物体的散射强度，这种散射只发生在很小角度上，当 $\theta > 3°$ 时就可以忽略不计。而在 $\theta < 3°$ 时往往被入射束掩盖，一般是测不到的。如果我们只考虑能探测到的强度时，便可删去这一项，于是可简化为

$$I_N = Nf^2\left\{1 + \int_0^\infty 4\pi r^2[\rho(r) - \rho_a]\frac{\sin Sr}{Sr}dr\right\} \tag{8-32}$$

令 $I(S) = I_N/(Nf^2)$，称为干涉函数，它是原子间的相干散射强度与一个孤立原子散射强度之比。或令 $i(S) = I(S) - 1$，将 $Si(S)$ 称为约化干涉函数。

$$I(S) = 1 + \int_0^\infty 4\pi r^2[\rho(r) - \rho_a]\frac{\sin Sr}{Sr}dr \tag{8-33}$$

或写成

$$S[I(S) - 1] = 4\pi\int_0^\infty r[\rho(r) - \rho_a]\sin Sr dr \tag{8-34}$$

利用傅里叶(Fourier)变换原理可得

$$r[\rho(r) - \rho_a] = \frac{1}{2\pi^2}\int_0^\infty S[I(S) - 1]\sin Sr dr \tag{8-35}$$

经整理后便可得到径向分布函数 $J(r) = 4\pi r^2\rho(r)$ 的表达式：

$$4\pi r^2\rho(r) = 4\pi r^2\rho_a + \frac{2r}{\pi}\int_0^\infty S[I(S) - 1]\sin Sr dr \tag{8-36}$$

式中的 $I(S)$ 可以从实验中测得，ρ_a 可以通过下式计算：

$$\rho_a = \frac{N_A \cdot \rho}{A \times 10^{24}} \tag{8-37}$$

其中：ρ_a 为密度；N_A 为阿伏伽德罗常量；A 为原子量。

利用处理过的实验数据，通过式(8－36)便可计算出径向分布函数 $J(r) = 4\pi r^2\rho(r)$。绘制 $J(r)$ 对 r 的分布曲线，如图8－55所示。由径向分布函数 $J(r)$ 给出的结构信息为：① $J(r) - r$ 曲线上的峰位(r 值)给出各配位球壳的半径；② 峰面积代表各配位球壳中的原子数目；③ 峰宽度表示各配位球壳中原子位置的不确定性。

各配位球壳层的平均距离，一般不直接用 $J(r)$ 的峰位，而是用双体概率密度函数 $g(r) = \rho(r)/\rho_a$ 来表达。由式(8－35)可得，$r[\rho(r) - \rho_a] = r\rho_a[g(r) - 1]$，于是

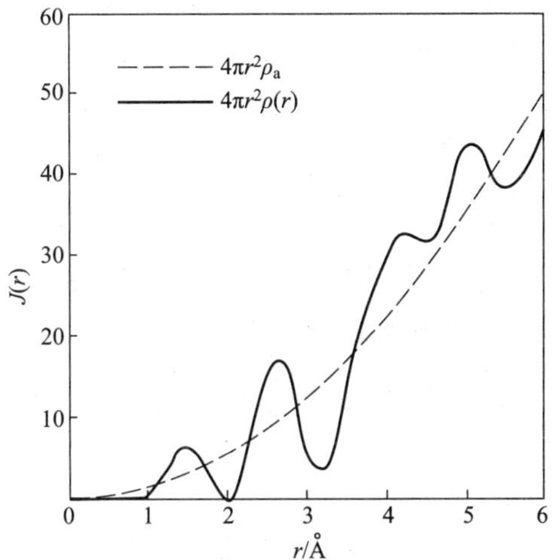

图 8－55　炭黑的径向分布函数

$$g(r)=1+\frac{1}{2\pi^2 r\rho_a}\int_0^\infty S[I(S)-1]\sin Sr\mathrm{d}r \tag{8-38}$$

在非晶态结构分析中也常用约化径向分布函数 $G(r)=4\pi r[\rho(r)-\rho_a]$。将式(8－35)乘以 4π 可得

$$G(r)=\frac{2}{\pi}\int_0^\infty S[I(S)-1]\sin Sr\mathrm{d}r \tag{8-39}$$

2. 多元非晶态结构的径向分布函数

非晶态物质由多种原子组成，整个系统可看成是由许多结构单元构成。例如 SiO_2 玻璃，就是以 SiO_2 作为结构单元。假定试样中有 N 个结构单元，每个结构单元有 P 个不同品种(m、n)的原子。根据式(8－29)的处理方法，多元非晶态物质的相干散射强度为

$$I_N=N\sum_P f_P{}^2+\sum_m^{m\neq n}\sum_n f_m f_n\frac{\sin Sr_{mn}}{Sr_{mn}} \tag{8-40}$$

该式右边第一项是在一个结构单元中对所有原子求和，不管原子品种；第二项是对每对原子求和，不管它们属于哪个结构单元。

根据式(8－30)的处理方法，引入原子的球对称分布函数，各类原子轮流作参考原子，并用 $\rho_m(r)$ 表示半径为 r 处单位体积内各类原子的平均数。于是可将式(8－40)改写成积分形式：

$$I_N=N\sum_m f_m^2+N\sum_m f_m\int_0^\infty 4\pi r^2\rho_m(r)\frac{\sin Sr}{Sr}\mathrm{d}r \tag{8-41}$$

由于 f_m 和 $\rho_m(r)$ 都是 S 的函数，不能直接对式(8－41)进行傅里叶变换，所以

必须作近似处理。为此，用电子散射因数 f_e 来表达原子散射因数，$f_m = K_m f_e$，其中 K_m 为 m 原子中的有效散射电子数，它随 $\sin\theta/\lambda$ 略有变化，如果取其平均值，则可将 K_m 作为常数处理。于是原子的密度函数 $\rho_m(r)$ 可以用电子的密度函数 $e_m(r)$ 表达，$\rho_m(r) = f_e e_m(r)$，代入式(8－41)得

$$I_N = N\sum_m f_m^2 + 4\pi N f_e^2 \int_0^\infty \Big[\sum_m K_m e_m(r)\Big] r^2 \frac{\sin Sr}{Sr}\mathrm{d}r \tag{8-42}$$

利用式(8－30)～(8－32)的处理方法，对式(8－42)引入平均电子密度 e_a，并删掉可以忽略不计的中心散射项，便可得到

$$I_N = N\sum_m f_m^2 + 4\pi N f_e^2 \int_0^\infty \sum_m K_m[e_m(r) - e_a] r^2 \frac{\sin Sr}{Sr}\mathrm{d}r \tag{8-43}$$

令

$$i(S) = \left(\frac{I_N}{N} - \sum_m f_m^2\right)\Big/ f_e^2$$

可将式(8－43)改写成

$$Si(S) = 4\pi \int_0^\infty \sum_m K_m[e_m(r) - e_a] r \sin Sr\mathrm{d}r \tag{8-44}$$

根据傅里叶变换的公式可得

$$\sum_m K_m[e_m(r) - e_a] r = \frac{1}{2\pi^2}\int_0^\infty Si(S)\sin Sr\mathrm{d}S \tag{8-45}$$

或写成

$$4\pi r^2 \sum_m K_m e_m(r) = 4\pi r 2 e_a \sum k_m + \frac{2r}{\pi}\int_0^\infty Si(S)\sin Sr\mathrm{d}S \tag{8-46}$$

式(8－46)是多种原子系统的径向分布函数 $J_m(r) = 4\pi r^2 \sum\limits_m K_m e_m(r)$ 的表达式。$J_m(r)$ 表示结构单元内每种原子径向分布函数的叠加，$J_m(r)-r$ 关系曲线的峰位给出试样中各种原子的间距，峰面积表示近邻原子的数目。

测定径向分布函数分为两个主要步骤：① 由实验数据计算 $i(S)$ 函数的数值；② 进行 $\int_0^\infty Si(S)\sin Srds$ 积分的数值计算。然后绘制径向分布函数 $J_m(r)$、双体概率密度函数 $g_m(r)$ 和约化径向分布函数 $G_m(r)$ 的函数曲线图，如图 8－56 所示，以进行原子分布的短程有序分析。

3. 实验要求和数据处理

(1) 衍射强度分布 $I_M(2\theta)$ 的测量

径向分布函数的测定要求采用精细的实验技术。衍射强度 $I_M(2\theta)$ 的测量要在高稳定、高分辨和强光源的现代衍射仪上进行。要用晶体单色器，选用步进扫描测量方法。

由于径向分布函数公式(8－36)和(8－46)中的积分要求将强度测量扩展

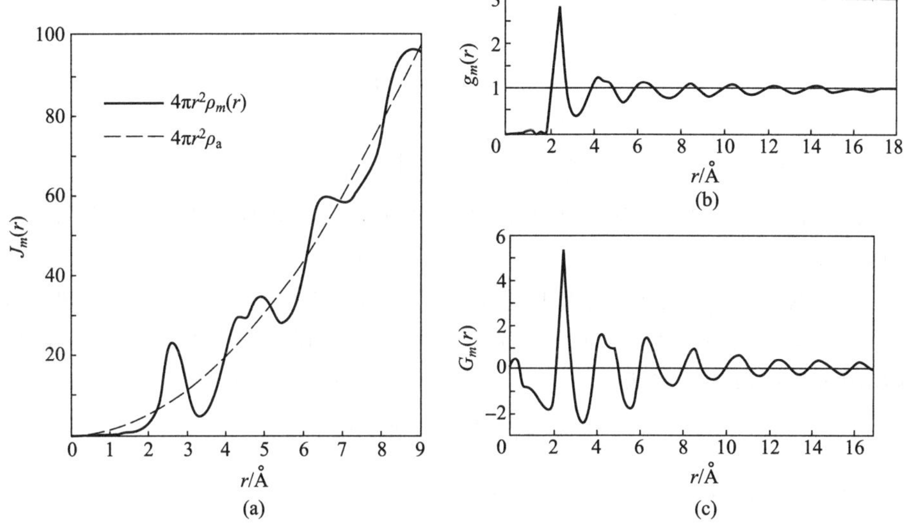

图 8－56 非晶态合金的 $J_m(r)$、$g_m(r)$、$G_m(r)$ 函数曲线图

到很大的 S 值，因此有时要选用较短的辐射波长，例如 Mo K_α 或 Ag K_α。用这种辐射，S 的上限(~$2\pi/\lambda$)值分别为 170 nm^{-1} 和 220 nm^{-1}。当然这种要求是相对的，因为式(8－30)和式(8－42)中的积分，当 S 值相当大时趋近于零。所以在时间测量时，只要把散射强度测到一个足够大的角度，以保证 $I(S)$ 达到稳定的零值就可以了。对多数情况，S 值取到 8 ~ 10 就可满足要求。

非晶态物质的衍射与晶态物质不同，在所有角度上都产生相干散射。因此要在各个角度上连续地记录散射强度。在非晶态物质的 $I_M(2\theta)$ 曲线上，非相干散射、连续谱和空气散射等都叠加在试样的相干散射强度上，不存在明确的背底现象。

(2) 数据处理

实验测量的衍射强度 $I_M(2\theta)$ 包含着偏振因数和吸收因数的影响以及非相干散射、多次散射和空气散射的贡献，必须扣除或修正这些影响，然后再对校正过的数据进行标准化处理。

1) 扣除空气散射。可以采用测量空白背底计数的方法扣除空气散射的影响，即在样品架上不装试样进行空白计数，测量其散射强度 $I_{空白}(2\theta)$。然后利用下式推算出空气散射的散射强度 $I_{空散}(2\theta)$。

对称背射测量方法：

$$I_{空散}(2\theta) = a_r I_{空白}(2\theta) \tag{8-47}$$

对称透射测量方法：

$$I_{空散}(2\theta)=a_t I_{空白}(2\theta) \tag{8-48}$$

式中：

$$a_r=\frac{1}{2}+\left(\frac{1}{2}-\frac{t\cos\theta}{R\cdot S}\right)\exp\left(-\frac{2\mu t}{\sin\theta}\right)$$

$$a_t=\left(1-\frac{t\sin\theta}{R\cdot S}\right)\exp\left(-\frac{2\mu t}{\cos\theta}\right)$$

其中：t 为试样厚度；μ 为试样的线吸收系数；R 为测角仪圆半径；S 为接收狭缝角宽度。

2）偏振校正。试样和晶体单色器都使衍射线发生偏振。偏振校正就是用偏振因数 $P(\theta)$ 去除测量强度 $I_M(2\theta)$，使其归一化到非偏振的参考基准上去。偏振因数的一般表达式为

$$P(\theta)=\frac{1+B\cos^2 2\theta}{1+C} \tag{8-49}$$

对各种不同情况，$P(\theta)$ 的表达式各异：

不使用单色器时，$B=C=1$；

使用理想完整结构的单色器（如水晶）时，$B=|\cos2\alpha|$；

使用理想镶嵌结构的单色器（如石墨）时，$B=\cos^2 2\alpha$；

单色器置于衍射束时，$C=1$；

单色器置于入射束时，$C=B$；

例如，对常用的衍射石墨单色器，

$$P(\theta)=\frac{1+\cos^2 2\alpha\cos^2 2\theta}{2} \tag{8-50}$$

式中：2α 为单色器的衍射角。

3）吸收校正。用常规衍射仪测量无穷厚（$\mu t>3.45\sin\theta$）试样时，吸收因数 $A=\frac{1}{2\mu}$ 与衍射角无关。但由急冷或气相沉积制成的非晶态材料，其厚度不足数十个微米，因此必须进行吸收校正。所谓吸收校正，就是用吸收因数 $A(\theta)$ 去除测量强度 $I_M(2\theta)$。随测量方法的不同，吸收因数的表达也各异。

对称背射测量方法：

$$A(\theta)=\frac{1-\exp(-2\mu t/\sin\theta)}{2\mu} \tag{8-51}$$

对称透射测量方法：

$$A(\theta)=\frac{\sec\theta}{\exp[-\mu t(1-\sec\theta)]} \tag{8-52}$$

式中：μ 和 t 分别为试样的线吸收系数和厚度。

4）强度数据的标准化。经过校正的衍射强度为

$$I_{校}(2\theta)=\frac{I_{M}(2\theta)-I_{空散}(2\theta)}{P(\theta)\cdot A(\theta)} \tag{8-53}$$

通过 $S=4\pi\sin\theta/\lambda$，将 $I_{校}(2\theta)$ 转换成 $I_{校}(S)$。这时的强度仍然是任意单位的相对强度，它随实验条件而变。为了使不同实验条件下的实验结果可以互相对比，必须对衍射强度进行标准化处理。所谓强度数据标准化，就是以电子散射强度 I_e 为单位，用单一原子散射强度的平均 $I_a(S)=I_{校}(S)/N$ 来表达试样的散射强度（N 为试样中参加衍射的原子数）。实验证明：

$$I_a(S)=\beta I_{校}(S) \tag{8-54}$$

式中：β 为与 S 无关的比例系数，称为标准化因子。

常用的求标准化因子 β 的方法有高角法和径向分布函数法。

① 高角法。从式(8-30)可以看出，当 S 取值很大时，$\sin Sr/(Sr)$ 趋于零，所以 $I_{校}(S)/N=\langle f^2\rangle$。于是由式(8-54)可得

$$\beta=\left[\frac{\langle f^2\rangle+I_{非}(S)+I_{多}(S)}{I_{校}(S)}\right]_{高角} \tag{8-55}$$

式中：$I_{非}(S)$ 为非相干散射强度；$I_{多}(S)$ 为多次散射强度。

为了得到精确的结果，通常取一系列 S 值求平均：

$$\beta=\frac{\int_{S_{min}}^{S_{max}}[\langle f^2\rangle+I_{非}(S)+I_{多}(S)]\mathrm{d}S}{\int_{S_{min}}^{S_{max}}I_{校}(S)\mathrm{d}S} \tag{8-56}$$

式中：S_{min} 为 $I_{校}(S)$ 曲线只有微小波动时对应的 S 值；S_{max} 为实验所能得到的最大 S 值。

② 径向分布函数法。从式(8-36)可以看出，当 $r\to 0$ 时，$\rho(r)\to 0$，$\sin Sr/(Sr)\to 1$，故有 $-2\pi^2\rho_a=\int_0^\infty S^2[I(S)-1]\mathrm{d}S$。在此基础上可以导出

$$\beta=\frac{\left[\int_0^{S_{max}}\frac{\langle f^2\rangle+I_{非}(S)+I_{多}(S)}{\langle f\rangle^2}S^2\mathrm{d}S\right]-2\pi^2\rho_a}{\int_0^{S_{max}}\frac{I_{校}(S)}{\langle f\rangle^2}S^2\mathrm{d}S} \tag{8-57}$$

5）扣除非相干散射和多次散射。非相干散射的数值可以在《国际 X 射线晶体学表》第三卷中查到。扣除非相干散射的影响就是在式(8-54)中从 $I_a(S)$ 中减去非相干散射强度 $I_{非}(S)$。多次散射主要是对原子序数低的元素有影响，对一般非晶态物质可忽略不计。

6）径向分布函数的计算。将经过校正和标准化的散射强度 $I_a(S)$ 代入式(8-36)或式(8-46)便可计算径向分布函数。但在计算积分 $\int_0^\infty S[I(S)-1]$

sin $SrdS$ 时，必须将积分变成分立的级数形式 $\sum_{S_{min}}^{S_{max}} S[I(S)-1]\sin Sr\Delta S$ 才能利用计算机进行运算。由于积分极限为 0 ~ ∞，但在加和计算时只能在实测到的 S_{min} 和 S_{max} 之间进行，这样就产生所谓截断效应。实际上低角截断效应不会有很大的影响。但高角截断效应会使径向分布函数曲线上叠加一定周期的伪峰。消除这些伪峰的方法是在积分式中乘上一个衰减因子 $e^{-\alpha^2 s^2}$ 以便使函数随 S 的增大迅速收敛。

8.6　X 射线小角度散射方法[13]

8.6.1　X 射线小角度散射原理

研究 X 射线小角度散射（或低角度散射）现象，也就是研究它在倒易点阵原点（000 结点）附近的相干散射现象。当 X 射线束穿过试样后，如果围绕底片上的入射点附近有一个散射斑点，散射角为十分之几度至几度（10^{-2} ~ 10^{-1} rad 数量级），则相当于在倒易点阵原点附近有一个散射区。其距原点的长度为 $H=|H|=\frac{1}{d}$。

X 射线小角度散射的方法可以用来分析晶胞特大物质的结构，但更重要的应用在于测定粒度在几十个纳米以下超细粉末粒子及相当情况，如固体物质中的超细空穴，弥散分布于一种均匀物质中的第二相的大小、形状及分布情况等。

当 X 射线受一原子散射时，其总的散射强度为 $I_a=f^2 I_e$（f 为原子散射因数），当 X 射线受到两个原子 O 及 A 散射时，由图 8－57 可以看出，其相干散射线的光程差

$$\delta=\boldsymbol{OA}\cdot(\boldsymbol{\sigma}-\boldsymbol{\sigma}_0)=\boldsymbol{r}\cdot(\boldsymbol{\sigma}-\boldsymbol{\sigma}_0)$$

其相位差

$$\phi=\frac{2\pi\delta}{\lambda}=\frac{2\pi}{\lambda}[\boldsymbol{r}\cdot(\boldsymbol{\sigma}-\boldsymbol{\sigma}_0)]$$

而

$$|\boldsymbol{\sigma}-\boldsymbol{\sigma}_0|=2\sin\theta=H\lambda=\frac{\lambda}{d} \tag{8-58}$$

当散射角 2θ 非常小时，$2\theta=\varepsilon$，则 $\sin\theta=\sin\frac{\varepsilon}{2}\approx\frac{\varepsilon}{2}$，代入式（8－58）中得到

$$\varepsilon=\frac{\lambda}{d} \tag{8-59}$$

式（8－59）给出了 X 射线在小角度散射时其散射角 ε、λ 及 d 的相互关系。

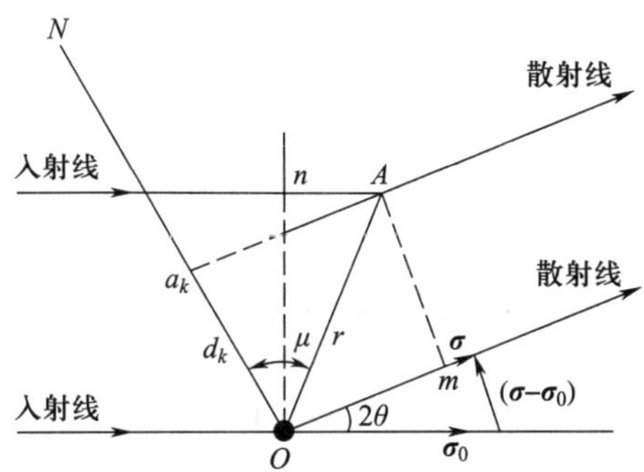

图 8-57　两个原子 O 及 A 处散射线的光程差和相位差

X 射线小角度散射和以前讲过的 X 射线大角度衍射现象不同，却和可见光的衍射现象相似。由光学理论可知，当一束光线穿过一个含有不透明粒子的介质时，在入射线束周围会产生一圈衍射光线的圆环。衍射光线的强度在入射方向最强，并随衍射角的增加而逐渐降低，直到衍射角为 ε 时，衍射强度为零。如果 λ 是入射光线的波长，d 是介质中不透明粒子的直径，则 ε 和 λ 及 d 有下列近似关系：

$$\varepsilon = \frac{\lambda}{d} \tag{8-60}$$

这里式(8-59)与式(8-60)完全相当，所以在 X 射线小角度散射时，式(8-59)中的 d 也相当于试样中所含粒子的大小。由于 X 射线的波长在 0.1 nm 的数量级，而可以测量的 ε 角为 $10^{-2} \sim 10^{-1}$ rad，所以要想产生小角度散射斑点，并且有适当可以测量的强度，试样中粒子的大小应在几个到几十个纳米的数量级。当 d 太大时，ε 太小，无法测量。当 d 太小时，ε 角虽然增大，但其强度也相应降低，同样不便于测量。

图 8-57 中 ON 是入射线和散射线间夹角的分角线，平行于($\boldsymbol{\sigma}-\boldsymbol{\sigma}_0$)矢量方向。$\mu$ 为 OA 与 ON 间的夹角，Oa_k 是 OA 在 ON 上的投影，$Oa_k = d_k = r\cos\mu$，故

$$\delta = \boldsymbol{OA}\cdot(\boldsymbol{\sigma}-\boldsymbol{\sigma}_0) = r(2\sin\theta\cos\mu) = 2r\sin\theta\cos\mu \tag{8-61}$$

$$\phi = \frac{2\pi\delta}{\lambda} = \frac{4\pi}{\lambda} r\sin\theta\cos\mu \tag{8-62}$$

如果在一个粒子中有 n 个原子，则可以根据

$$\begin{aligned} |F| &= \left[\sum_{l}^{n} f_j e^{2\pi i(r_j\cdot H)} \sum_{l}^{n} f_k e^{-2\pi i(r_k\cdot H)}\right]^{1/2} \\ &= \left[\sum_{l}^{n} f_j e^{2\pi i(hx_j+ky_j+lz_j)} \sum_{l}^{n} f_k e^{-2\pi i(hx_j+ky_j+lz_j)}\right]^{1/2} \\ &= \left\{\sum_{l}^{n}\sum f_j f_k e^{2\pi i(r_j-r_k)\cdot H}\right\}^{1/2} \end{aligned}$$

的关系得出其总的相干散射强度。若以电子散射强度 I_e（电子单位）计算，一个粒子的总相干散射强度 I_p 为

$$I_p=\sum_j\sum_k f_jf_k\cos\frac{2\pi}{\lambda}(\boldsymbol{r}_j-\boldsymbol{r}_k)\cdot(\boldsymbol{\sigma}-\boldsymbol{\sigma}_0)=\sum_j\sum_k f_jf_k\cos\frac{2\pi}{\lambda}(\boldsymbol{\delta}_j-\boldsymbol{\delta}_k) \tag{8-63}$$

当 2θ 很小时（$2\theta=\varepsilon$），$\delta=\varepsilon d_k$，代入式（8－63）得

$$I_p=\sum_j\sum_k f_jf_k\cos\frac{2\pi\varepsilon}{\lambda}(\boldsymbol{d}_j-\boldsymbol{d}_k) \tag{8-64}$$

令

$$\frac{2\pi\varepsilon}{\lambda}=k,\qquad \boldsymbol{a}_j\boldsymbol{a}_k=\boldsymbol{d}_j-\boldsymbol{d}_k=l_{jk}$$

则式（8－64）可以化为

$$I_p=\sum_j\sum_k f_jf_k\cos kl_{jk} \tag{8-65}$$

将 $\cos kl_{jk}$ 用级数表示：

$$\cos kl_{jk}=1-\frac{k^2}{2}(l_{jk})^2+\frac{k^4}{24}(l_{jk})^4+\cdots+(-1)^n\frac{k^{2n}}{2n!}(l_{jk})^{2n}$$

代入式（8－65）中得到

$$I_p=\sum f_j\sum f_k-\frac{k^2}{2}\sum_j\sum_k f_jf_k(l_{jk})^2+\frac{k^4}{24}\sum_j\sum_k f_jf_k(l_{jk})^4+\cdots \tag{8-66}$$

参阅图 8－57，如果取 O 为此 N 个原子系统的原点，由 O 点起至各个原子 $A_1,A_2,A_3,\cdots$，在 ON 上的投影坐标分别为 $x_1,x_2,x_3,\cdots$，则

$$l_{jk}=x_j-x_k,\qquad (l_{jk})^2=x_j^2+x_k^2-2x_jx_k$$

现在计算式（8－66）中双重累加式 $\sum\limits_j\sum\limits_k f_jf_k(l_{jk})^2$ 之和。先对指数 k 求和：

$$\sum_k f_jf_k(l_{jk})^2=f_jx_j^2\sum_k f_k+f_j\sum_k f_kx_k^2-2f_jx_j\sum_k f_kx_k \tag{8-67}$$

选取粒子的重心在 ON 上的投影点为原点，于是 $\sum\limits_k f_kx_k=0$，再进行第二个累加得到

$$\sum_j\sum_k f_jf_k(l_{jk})^2=2\sum_j f_j\sum_k f_kx_k^2 \tag{8-68}$$

由于在小角度时 f_k＝原子序数＝原子中的电子数，所以，$\sum\limits_k f_k$ 代表粒子中的总电子数 n。取一个长度 R_2，使

$$\sum_k f_kx_k^2=nR_2^2=\sum_k f_kR_2^2 \tag{8-69}$$

如果粒子中都是同样的原子，则可以用这种原子的质量 m_k 来表示 f_k，用 $\sum\limits_k m_k x_k{}^2$ 表示 $\sum\limits_k f_k x_k{}^2$，而且这时 $f_j = f_k$，

$$\sum_k m_k x_k^2 = \sum_k m_k R_2^2 = M_{\mathrm{p}} R_2^2 \tag{8-70}$$

式中：M_{p} 为粒子的总质量；$M_{\mathrm{p}}R_2^2$ 表示这个粒子对于通过其重心并和 ON 垂直的平面的转动惯量。如果粒子中含有不同种类的原子，这个解释也近似正确。因为 m_k 和 f_k 将成正比关系存在。式(8-68)可以写成

$$\sum_j \sum_k f_j f_k (l_{jk})^2 = 2n^2 R_2^2 \tag{8-71}$$

同理，取长度 R_4，使

$$\sum_k f_k x_k^4 = nR_4^4 = \sum_k f_k R_4^4$$

则

$$\sum_j \sum_k f_j f_k (l_{jk})^4 = 2n^2 R_4^4 + 6n^2 R_2^4 \tag{8-72}$$

继续依上法进行，得到

$$I_{\mathrm{p}} = n^2 \left[1 - k^2 R_2^2 + \frac{k^4}{12}(R_4^4 + 3R_2^4) - \frac{k^6}{180}(R_6^6 + 15R_4^4 R_2^2 - 20R_3^6) + \cdots \right] \tag{8-73}$$

当 ε 很小时，可以取 $1 - k^2R_2^2 + \cdots = e^{-k^2R_2^2}$ 作为近似函数，得到

$$I_{\mathrm{p}} = n^2 e^{-k^2R_2^2} = n^2 e^{-\frac{4\pi^2}{\lambda^2}R_2^2\varepsilon^2} \tag{8-74}$$

当试样中有 M 个相等的粒子，距离相当远，并作完全无规则排列时，则

$$I = n^2 M \left[1 - k^2 \frac{\sum\limits_L^M R_2^2}{M} + \frac{k^4}{12}\left(\frac{\sum\limits_L^M R_4^4}{M} + \frac{3\sum\limits_L^M R_2^4}{M} \right) + \cdots \right] \tag{8-75}$$

式中

$$\frac{\sum\limits_L^M R_2^2}{M} = \overline{R_2^2}, \qquad \frac{\sum\limits_L^M R_4^4}{M} = \overline{R_4^4}, \qquad \cdots$$

由此得出

$$I = Mn^2 e^{-k^2\overline{R_2^2}} = Mn^2 e^{-\frac{4\pi^2}{\lambda^2}\overline{R_2^2}\varepsilon^2} \tag{8-76}$$

根据经典力学可以求出

$$M_{\mathrm{p}} \overline{R_2^2} = \frac{1}{3} M_{\mathrm{p}} \overline{R^2}$$

式中：$M_{\mathrm{p}}\overline{R^2}$ 代表试样中粒子对于其重心的转动惯量。$\bar{R}$ 为其回转半径。因此式

(8－76)可以改写成

$$I = Mn^2 e^{-\frac{4}{3}\frac{\pi^2}{\lambda^2}\bar{R}^2\varepsilon^2} \tag{8-77}$$

将上式双方取对数得出

$$\log I = \log(Mn^2) - \frac{4}{3}\frac{\pi^2}{\lambda^2}\log e^{\bar{R}^2\varepsilon^2}$$

如果由测量底片上(或用计数管直接接收记录)X 射线入射点附近小角度散射斑点的强度,画出 $\log I$ 与 ε^2 的关系曲线,如图 8－58 所示,则其斜率为

$$a = -\frac{4}{3}\frac{\pi^2}{\lambda^2}\log e^{\bar{R}^2}$$

$$\bar{R} = \sqrt{\frac{3}{4\pi^2\log e}}\lambda\sqrt{-a} = 0.416\lambda\sqrt{-a}$$

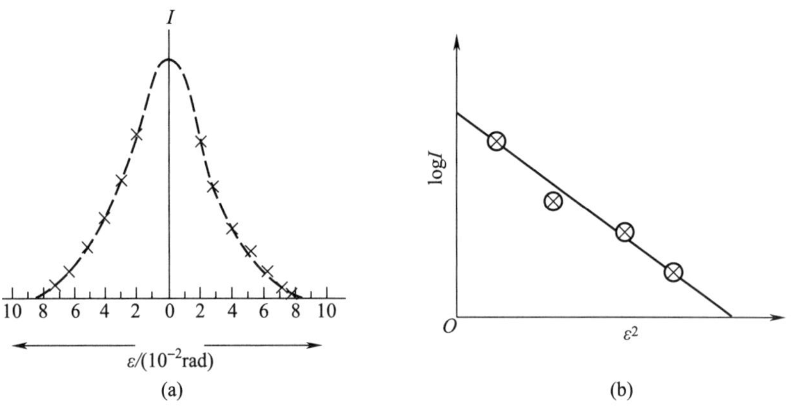

图 8－58　X 射线小角度散射 $I-\varepsilon$ 及 $\log I-\varepsilon^2$ 关系曲线示意图

当粒子的形状为已知时,则可以求出粒子的大小。例如,当粒子为球形,半径为 R 时,则

$$\bar{R} = \sqrt{\frac{3}{5}}R = 0.77R \tag{8-78}$$

当粒子为椭圆形球体,有两个轴的半径为 a,另一个轴的半径为 νa 时,则

$$\bar{R} = \sqrt{\frac{2+\nu^2}{5}}a$$

凡是针状或圆片状的粒子,都可以近似地用椭圆形球体表示,求出其 $\bar{R}$,进而求得其半径及厚度或长度。

当试样中存有如同上述 M 个均匀的圆球形粒子时,式(8－77)也可以用下述方法推导。

依据纪尼叶的结论,只由一个粒子散射的散射波振幅为

$$A_p = n\phi(kR) = \frac{4}{3}\pi R^3 \rho\phi(kR) \tag{8-79}$$

式中：n 为粒子的总电子束；R 为圆球半径；ρ 为粒子的电子密度；$\phi(kR)$ 为圆球的形象函数，据派特逊的论证，$\phi(kR) = \frac{3}{(kR)^3}(\sin kR - kR\cos kR)$，$k = \frac{2\pi\varepsilon}{\lambda}$。

M 个这样的粒子在某种介质中的散射强度为

$$I = Mn^2\phi^2(kR) = M\left[\frac{4}{3}\pi R^3(\rho - \rho_0)\right]^2 \phi^2(kR) \tag{8-80}$$

式中：ρ_0 为介质的电子密度。

在很多应用中可以近似地用 $e^{-\frac{x^2}{5}}$ 来代替 $\phi^2(x)$ 的曲线，它们具有同样的高度以及几乎相等的面积，因此，式(8－80)可以写成

$$I = Mn^2 e^{-\frac{(kR)^2}{5}} \tag{8-81}$$

由式(8－78)可知，在圆球形粒子中，

$$\bar{R} = \sqrt{\frac{3}{5}}R, \qquad R = \sqrt{\frac{5}{3}}\bar{R}$$

将 k 和 R 的关系代入式(8－81)中，得出和式(8－77)相同的等式：

$$I = Mn^2 e^{-\frac{4}{3}\frac{\pi^2}{\lambda^2}\bar{R}^2\varepsilon^2} \tag{8-82}$$

式(8－80)假定试样中的多重散射、多重折射及粒子间的相互干涉都可以忽略不计。很多实验工作证明前两项的效应很少出现，但尤多维奇曾经指出，粒子间的相互干涉并不能完全避免，因此更好的近似式应当写成

$$I = Mn^2\phi^2(kR)\left\{1 + P\left[5\frac{\sin 2kR}{2kR} - 6\phi(2kR)\right]\right\} \tag{8-83}$$

式中：P 为粒子在试样中堆积紧密程度的参数，$0 < P < 1$。当 $P = 0$ 时（粒子间距离很大），式(8－83)就简化为式(8－80)了。

如果画出 $P = 0$ 时的 $I/(Mn^2)$ 与 kR 的关系曲线，可以发现当 $kR = 0$ 时，$I/(Mn^2) = 1$。当 $kR = 4, 5, 7.7, 10.9, \cdots$ 时，曲线上 $I/(Mn^2)$ 出现最低值，$I/(Mn^2) = 0$。当 $kR = 5.8, 9.0, 12.2, \cdots$ 时，$I/(Mn^2)$ 具有较大值，分别等于 7.4×10^{-3}，1.28×10^{-3}，0.4×10^{-3}，…，如图 8－59(a)和(b)所示。

其第一个高峰在相当于 $\varepsilon = 0.92\frac{\lambda}{R}$rad 处。当 $P = 1/3 \sim 1/2$ 时，在 $kR = 5.8$ 处仍然有一个强度最大值，同时在 $kR = 2.5$ 时，另外出现了一个强度高峰，如图 8－59(c)所示。因此除了应用前述的斜率分析方法外，还可以根据小角度衍射花样上强度最大值峰高的所在位置去测定粒子的大小（顶峰分析）。

应用式(8－77)画出 $\log I - \varepsilon^2$ 曲线进行分析，除去试样中粒子必须相当疏松，粒子与粒子间有一定的空隙外，粒子还必须具有同样的形状、大小。这样

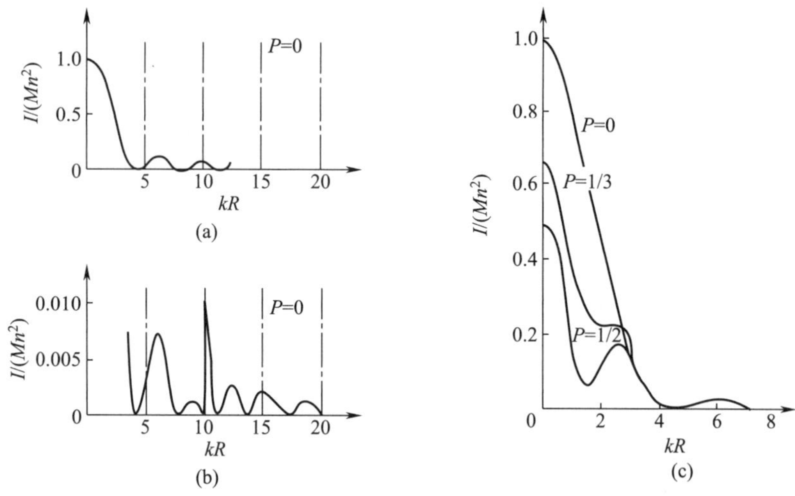

图 8－59　$I/(Mn^2)$与 kR 的关系曲线

$\log I-\varepsilon^2$ 关系才是一条直线，否则将成为一条曲线，系由许多斜率不同的直线组合而成，其凹面向上。根据这种曲线所求出的粒子大小只能是半定量的平均值。X 射线工作者们曾经企图根据小角度散射数据去测定试样中粒度的分布，但程序较为繁复。

8.6.2　X 射线小角度散射实验

图 8－60 是最简单的实验布置示意图。由式(8－60)可以看出，d 一定时，λ 越大，则 ε 越大，小角度散射现象越显著。但是当 λ 太大时，X 射线束穿过试样后被吸收太多，强度很低，引起测量工作的不便。在一般工作中，采用 Cu K_α、Cr K_α 甚至 Al K_α 辐射。当必须采用这种长的波长辐射（如 Al K_α 辐射）时，必须尽量降低试样对 X 射线的吸收，并使射线经过的路程处于真空状态，以避免空气对射线的吸收作用。

为了在 X 射线入射点附近很小的角度内得到明确的散射斑点，除了须用吸收屏将入射线吸收外，还必须设法消除在这个区域内的所有寄生散射强度（所谓寄生散射强度，即在撤除试样后于观测地点所接收到的射线的强度）。一般可以采用下列两种方法之一来达到所要求的目的。

1）当利用滤光片获得单色的标识辐射时，可以在入射 X 射线束中加入两个狭缝光阑 O_1 及 O_2，如图 8－60 所示，以限制入射线束的宽度及高度。经过这样的准直后得到一束极细的入射 X 射线。试样紧靠在 O_2 后面。两个光阑间的距离为 l，O_2 和底片间的距离为 L，O_1 的开孔高度及宽度分别为 b_1 及 a_1，

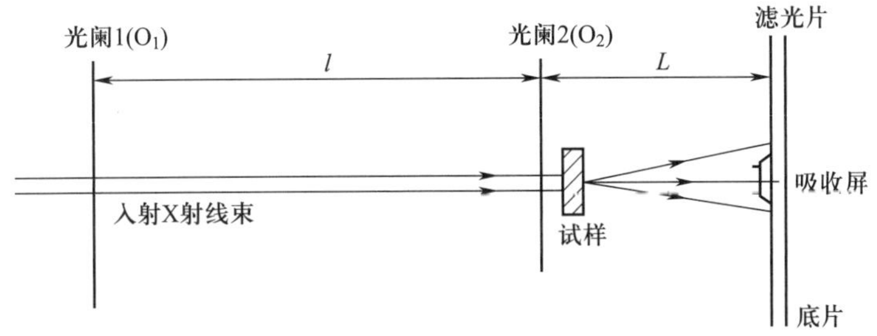

图 8-60 X 射线小角度散射实验布置示意图

O_2 的开孔高度及宽度分别为 b_2 和 a_2。根据尤多维奇的论证，在准直误差最小时，这个照相系统应当具备下列参数：

① 当两个光阑开孔相等时：$a_1=a_2$，$b_1=b_2$，$l=2L$；

② 当两个光阑开孔不相等时：$a_1=2a_2$，$b_1=2b_2$，$l=L$。

为了防止光阑 2 对 X 射线的散射效应，可以依照图 8-61 的布置，在接近试样的前方放上第三个光阑 O_3，O_3 刚巧不接触入射线束，因此不起限制作用。在图 8-61 中，a_1 是前光阑 O_1 的宽度，a_2 是后光阑 O_2 的宽度，而 a_3 是散射光阑 O_3 的宽度。第一、二光阑间距离为 l，第二、三光阑间距离为 q。试样(图中未示出)在 O_3 后面 t 处。试样与底片间距离为 $s(q+s+t=L)$。y 为由底片中心 X 区域内所看到的前光阑宽度。$C_1C'=c$，为入射线束在底片上的成像。在这个区域内散射强度无法测量。因此，要想得到好的结果，须尽量使 c 减小，这样就需要减小光阑的宽度，使入射线束变细。由于这样做减弱了入射线束的能量，所以曝光时间要加长。最大的照相速度相当于 $x=0$ 的情况，这时照相设备中的几何关系如下：

$$\begin{cases} a_2=ca_1/(c+2a_1) \\ a_3=(c+d)ca_1/[(d-c)c+2da_1] \\ l=2(s+t)[(d-c)c+2da_1]a_1/[(d-c)c(c+2a_1)] \\ q=2(s+t)ca_1/[(d-c)(c+2a_1)] \end{cases} \tag{8-84}$$

当 $a_1=2a_2$，$l=q+s+t=L$ 时，也符合上述$(x=0)$的要求。为了缩短曝光时间，可以采用计数管代替照相底片。

2）利用平面或弯曲的晶体单色器反射单色辐射，并用光阑限制入射及反射的射线束，如图 8-62 所示。吸收屏为厚度约 0.2 mm 的铜片，其宽度约为 0.8 mm。试样可以悬浮在真空中，或在一种和试样电子浓度相差较远的液体或固体介质中。在每次进行一系列的实验前，须拍摄一张空白照片(不放试样)，以确定无任何辐射到达底片。

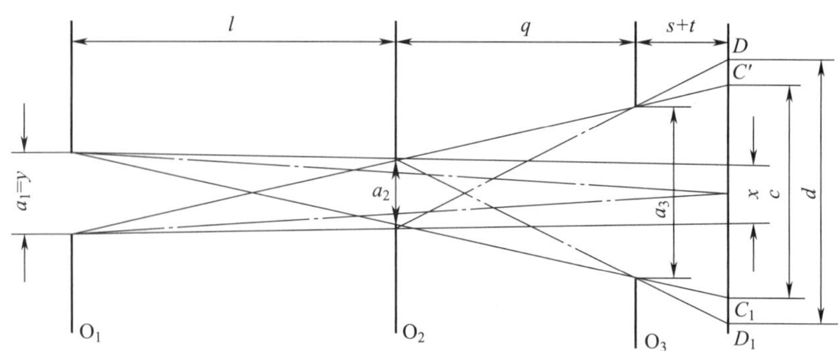

图8－61　小角度散射照相设备几何关系示意图

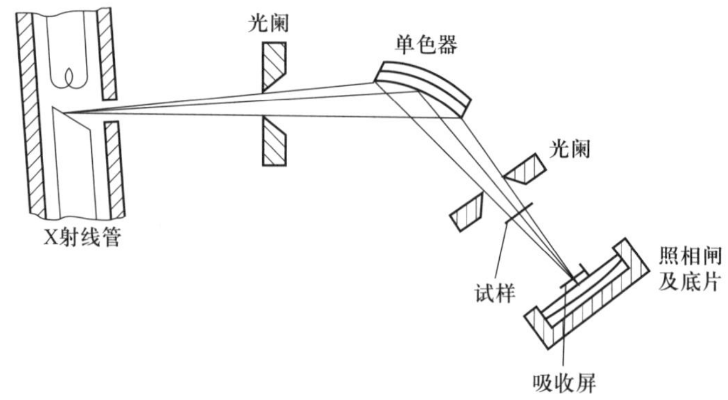

图8－62　利用晶体单色器的X射线的小角度散射照相设备示意图

8.6.3　X射线小角度散射方法的应用

X射线小角度散射方法除了用以测定微细粉末(直径2～50 nm)和纤维物质、微生物等的大小、形状，高分子化合物晶体的点阵常数(几个到几十个纳米)，液体的压缩度等之外，在金属研究工作中主要还有如下几种应用。

1. 纯金属中的不均匀性问题

纯金属中虽然所含杂质极少，但是如果有较大的点阵缺陷如空穴、微裂缝等存在，由于空穴的电子浓度和试样本身的电子浓度有区别(小角度散射只对电子浓度差灵敏)，也可以产生小角度散射。其作用和在空气中分布同样大小的金属质点相同。如图8－63所示两种情况的小角度散射完全一样。因此，由小角度散射花样可以测定缺陷的类型及尺寸。

2. 平衡固溶体的结构

小角度散射可用以测定固溶体中原子类聚的情况，算出溶质原子间距离的

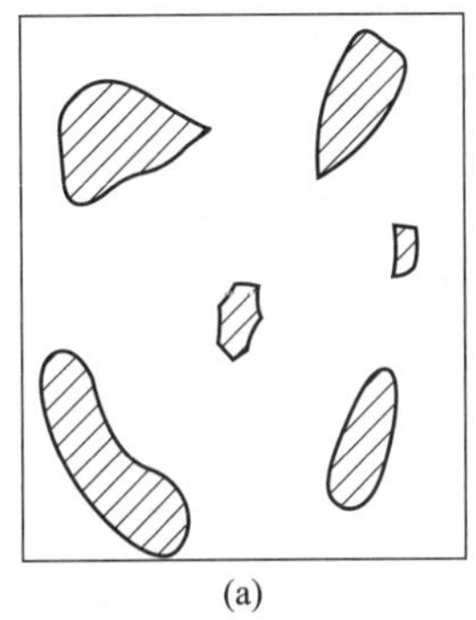
(a)

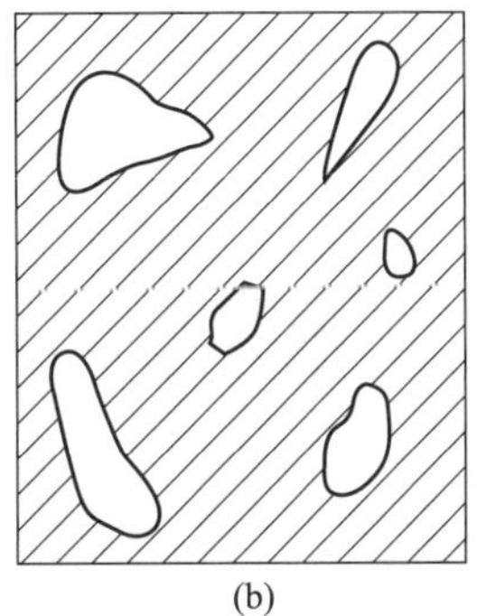
(b)

图 8－63　两种互补物体结构示意图

概率。

3. 过饱和固溶体中沉淀相的研究

对于过饱和固溶体中沉淀相的研究，小角度散射的具体应用为可以测定沉淀相析出前期的结构，富溶质原子区（如 Al－Cu、Al－Ag 合金中的富 Cu、富 Ag 区）的形状、大小与母相取向的关系等。

4. 塑性形变过程的研究

经过对塑性形变过程的研究，可以测定金属经受冷加工变形后的结构变化，以及合金中富溶质原子区产生塑性形变后的情况。

图 8－64 为几种典型的 X 射线的小角度散射图像。其中（a）为石英玻璃中的非晶质 SiO_2；（b）为硅胶中的非晶质 SiO_2；（c）为炭黑；（d）为红细胞中的血红素；（e）为石棉纤维，散射带相当于 $H=\frac{2\sin\theta}{\lambda}\approx\frac{1}{d}=\frac{1}{130}\mathring{A}^{-1}$；（f）为时效硬化后的 Al－Cu 合金单晶体，其[100]轴平行于入射 X 射线。采用 Mo 靶 K_α 射线进行测定。

图 8－65 为直径 278 nm 圆柱形试样的衍射环。测定时采用 Cu 靶 K_α 射线辐射、球面晶体单色器。试样至底片的距离为 66 cm。

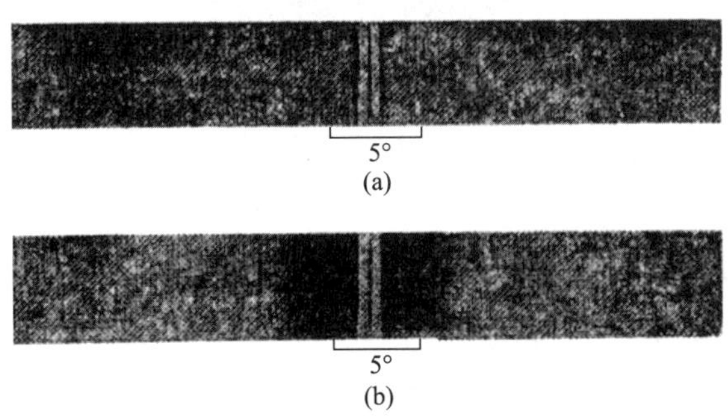

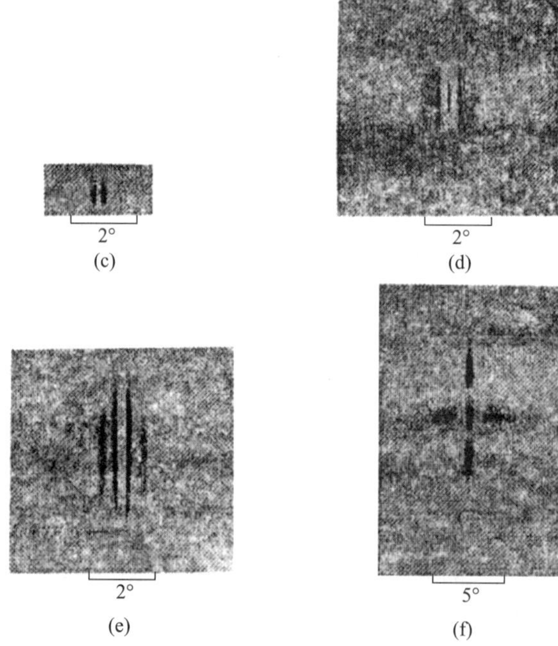

图 8-64　几种典型的 X 射线的小角度散射图像
（图下角度表示散射角 $\varepsilon = 2\theta$）

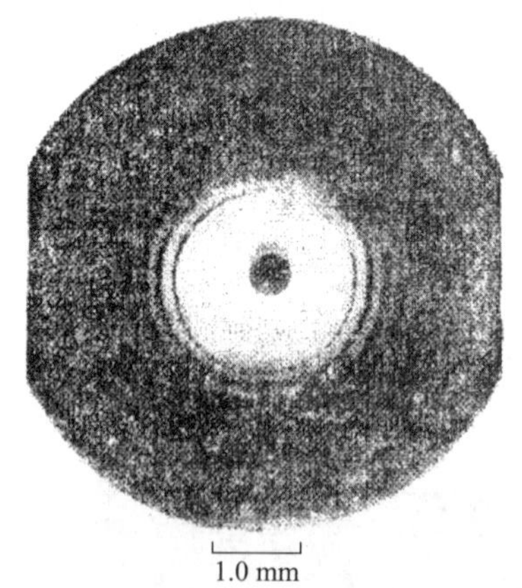

图 8-65　直径 278 nm 圆柱形试样的衍射环

本章知识点

1）理解多晶体粉末法衍射几何原理，掌握衍射谱标定方法。

2）理解劳厄法的衍射几何原理及衍射花样的几何解释并掌握其标定方法。

3）了解 X 射线衍射仪的构造及测角仪的衍射几何。

4）掌握电子探针的工作原理及能谱仪和波谱仪的特点。

5）了解非晶态物质的衍射特征。

6）了解 X 射线小角度散射原理及方法。

思考题

1）现有两瓶粉末物质，其一为简单立方点阵，点阵常数为 a_1，其二为体心立方点阵，点阵常数为 a_2。由于标签脱落无法分辨，写出用 X 射线衍射分析区分两种物质的基本原理和方法。

2）粉末试样颗粒过大或过小对德拜花样影响如何？如何解释？

3）用埃瓦尔德图解说明，为什么 X 射线管电压提高后劳厄斑的强度会增加，劳厄斑的数目会增多。

4）请解释劳厄花样中晶带曲线形成的原理。

5）请详细说明德拜法与劳厄法的异同。

第九章 X 射线应用分析

X 射线衍射分析方法在材料分析与研究工作中具有广泛的用途。本章重点介绍其在物相分析、点阵常数精确测定、宏观应力测定、织构测定等方面的应用，并简单介绍晶块尺寸和点阵畸变测定方面的应用。

9.1 X 射线物相分析

X 射线物相分析的任务是利用 X 射线衍射方法，对试样中由各种元素形成的具有固定结构的化合物(其中也包括单质元素和固溶体)，即所谓物相，进行定性和定量分析。X 射线物相分析给出的结果，不是试样的化学成分，而是由各种元素组成的具有固定结构的化合物(即物相)的组成和含量。

材料的成分和组织结构是决定其性能的基本因素。化学分析能给出材料的成分，而 X 射线衍射分析可得出材料中物相的结构和含量。X 射线衍射得到的结果是宏观体积内(约 1 $cm^2 \times 10\ \mu m$)大量原子行为的统计结果，它与材料宏观的物理、化学及力学性能有直接密切的关系。

本节介绍利用 JCPDS 卡片进行物相定性分析及建立在衍射线累积强度测量基础上的物相定量分析的原理和方法。物相的定性和定量分析是 X 射线衍射分析方法最广泛的应用之一。

9.1.1　物相的定性分析

1. 原理

X 射线物相定性分析是根据晶体对 X 射线的衍射特征——衍射线的方向及强度来鉴定结晶物质的。这是因为每一种结晶物质都有自己独特的化学组成和晶体结构。没有任何两种结晶物质的晶胞大小、质点种类和质点在晶胞中的排列方式是完全一致的。因此，当 X 射线通过晶体时，每一种结晶物质都有自己独特的衍射花样，它们的特征可以用各个反射面的晶面间距 d 和反射线的相对强度 I/I_1 来表征，这里 I 是同一结晶物质中某一晶面的反射线(衍射线)强度，I_1 是该结晶物质最强线的强度，一般把 I_1 定为 100。其中晶面间距 d 与晶胞的形状和大小有关，相对强度 I/I_1 则与质点的种类及其在晶胞中的位置有关。任何一种结晶物质的衍射数据 d 和 I/I_1 是其晶体结构的必然反映，即使该物质存在于混合物中，它的衍射数据 d 和 I/I_1 也不会改变，因而可以根据它们来鉴定结晶物质的物相。

由于粉晶法在不同实验条件下总能得到一系列基本不变的衍射数据，因此，借以进行物相分析的衍射数据都取自粉晶法。其方法就是将从未知试样中所得到的衍射数据(或图谱)与标准多晶体 X 射线衍射花样(或图谱)进行对比，就像根据指纹来鉴别人一样，如果两者能够吻合，就表明该试样与该标准物质是同一种物质，从而便可做出鉴定。

2. JCPDS 粉末衍射卡片(PDF)

物相定性分析的基本方法就是将未知物质的衍射花样与已知物质的衍射花样的 d、I/I_1 对照。为了使这一方法切实可行，就必须掌握大量已知结晶物质的衍射花样。Hanawalt 等人首先进行了这一工作。后来美国材料和试验协会等在 1942 年出版了第一组衍射数据卡片(ASTM 卡片)，以后逐年增编。1969 年建立了粉末衍射标准联合会(Joint Committee on Powder Diffraction Standards, JCPDS)这一国际组织，在各国相应组织的合作下，编辑出版粉末衍射卡片。现已出版了近 50 组，包括有机物质及无机物质卡片 5 万余张。JCPDS 粉末衍射卡片的格式如图 9 - 1 所示，卡片的内容为(按图 9 - 1 的格式)：

1 栏：1a、1b、1c 三格分别列出粉末衍射谱上最强、次强、再次强三强线的晶面间距；1d 格中是试样的最大晶面间距(均以 nm 为单位)。

2 栏：列出上述各谱线的相对强度(I/I_1)，以最强线的强度(I_1)为 100。

3 栏：本卡片数据的实验条件。Rad. 为所用的 X 射线特征谱；λ 为波长；Filter 为滤波片或单色器(Mono.)；Cut off 为所用设备能测到的最大晶面间距；I/I_1 为测量相对强度的方法；Dia. 为照相机直径；Coll. 为光阑狭缝宽

10

<table>
<tr><td>d</td><td>1a</td><td>1b</td><td>1c</td><td>1d</td><td colspan="6" rowspan="2">7　　　　8</td></tr>
<tr><td>I/I_1</td><td>2a</td><td>2b</td><td>2c</td><td>2d</td></tr>
<tr><td colspan="5">Rad.　λ　Filter　Dia.
Coll.</td><td>$d\times10^{-1}$/nm</td><td>I/I_1</td><td>hkl</td><td>d/Å</td><td>I/I_1</td><td>hkl</td></tr>
<tr><td colspan="5">Cut off　I/I_1
Ref.　3</td><td rowspan="3">9</td><td rowspan="3"></td><td rowspan="3"></td><td rowspan="3"></td><td rowspan="3"></td><td rowspan="3"></td></tr>
<tr><td colspan="5">Sys.　S.G.
a_0　b_0　c_0　A　C
α　β　γ　Z　D_X
V
Ref.　4</td></tr>
<tr><td colspan="5">$\varepsilon\alpha$　$n\omega\beta$　$\varepsilon\gamma$　Sign
2V　D　mp　Color
Ref.　5</td></tr>
<tr><td colspan="5">6</td><td></td><td></td><td></td><td></td><td></td><td></td></tr>
</table>

图 9－1　JCPDS 粉末衍射卡片的格式

度；Ref. 为本栏和 9 栏中数据所用的参考文献。

4 栏：物质的晶体结构参数。Sys. 为晶系；S. G. 为空间群；a_0、b_0、c_0 为点阵常数，$A=a_0/b_0$，$C=c_0/b_0$；α、β、γ 为晶轴间夹角；Z 为单位晶胞中化学式单位的数目，对单元素物质是指单位晶胞中的原子数，对化合物是指单位晶胞中的分子数；D_x 为用 X 射线法测定的密度；V 为单位晶胞的体积。

5 栏：物质的物理性质。$\varepsilon\alpha$、$n\omega\beta$、$\varepsilon\gamma$ 为折射率；Sign 为光学性质的(＋)或(－)；2V 为光轴间夹角；D 为密度；mp 为熔点；Color 为颜色。

6 栏：其他有关说明。如试样来源、化学成分、测试温度、材料的热处理情况、卡片的代替情况等。

7 栏：试样的化学式及英文名称。化学式后面的数字表示单位晶胞中的原子数，数字后的英文字母表示布拉维点阵。各字母所代表的点阵分别是：C—简单立方；B—体心立方；F—面心立方；T—简单正方；U—体心正方；R—简单菱方；H—简单六方；O—简单斜方；Q—体心斜方；P—底心斜方；S—面心斜方；M—简单单斜；N—底心单斜；Z—简单三斜。

8 栏：试样物质的通用名称或矿物学名称，有机物则为结构式。右上角的“★”号表示本卡片的数据有高度可靠性；“O”表示可靠性低；“C”表示衍射数据来自计算；“i”表示数据比无记号的卡片的数据质量要高，但不及有“★”号者。

9 栏：晶面间距(d)、相对强度(I/I_1，以最强线的强度 I_1 为 100)和衍射指数 hkl 值。

10 栏：卡片编号。短线前为组号，短线后为组内编号，卡片均按此编号分组排列。

图 9－2 是 Si 的标准 JCPDS 卡片的格式，对照该卡片可以加深对上述图 9－1 中内容的理解。

27–1402

d	3.14	1.92	1.64	3.14	(Si)8F ★		
I/I_1	100	55	30	100	Silicon		
Rad. $CuK_{\alpha1}$ λ=1.5405981 Filter Mono. Dia. Cut off I/I_1=Diffractometer Ref. NBS Monograph 25,sec.13,35(1976)					$d\times10^{-1}$/nm	I/I_1	hkl
Sys. Cubic a_0 5.43088(4) b_0 S.G. $Fd3m$(227) α β γ c_0 A C Ref. Ibid. Z8 D_x2.329					3.13552	100	111
					1.92011	55	220
					1.63747	30	311
					1.35772	6	400
					1.24593	11	331
					1.10857	12	422
					1.04517	6	511
Pattern at (25±0.1)℃, Internal standard: w, This sample is NBS standard reference material #640, to replace 26-1481 a_0 uncorrected from reference.					0.96005	3	440
					0.91799	7	531
					0.85870	8	620
					0.82820	3	533

图 9－2　Si 的标准 JCPDS 卡片的格式

3. 粉末衍射卡片索引

JCPDS 卡片的数量是极大的，要想顺利地利用卡片进行定性分析，必须查找索引，经检索后方能取到需要的卡片。目前常用的索引有如下几种。

(1) 哈纳瓦尔特(Hanawalt)索引

它是一种按 d 值编排的数字索引。当被测物质的化学成分完全不知道时，可用这种索引。此索引用 Hanawalt 组合法编排衍射数据。它以 3 条强线作为排列依据，按照排在第一位的最强线的 d 值分成若干大组，例如 9.99～8.00，7.99～6.00，5.99～5.00，4.99～4.60 等(单位为 0.1 nm)。各大组内按第二

位的 d 值自大至小排列，每个物质的 3 条强线后面列出其他 5 根较强线的 d 值（按强度顺序），d 值下的角标是以最强线的强度为 10 时的相对强度，最强线的角标为“x”。在 d 值数列后面给出物质的化学式及 JCPDS 卡片的编号。有时由于试样制备及实验条件的差异，可能被测结晶物质相的最强线并不一定是 JCPDS 卡片中的最强线。在这种情况下，如果每个被测结晶物质相在索引中只出现一次，就会给检索带来困难。为了减少由于强度测量值的差别所造成的困难，一种物质可以多次在索引的不同部位出现，即当 3 条强线中的任何两条线间的强度差小于 25% 时，均将它们的位置对调后再次列入索引。下面是 Hanawalt 索引中几个无机物相的条目。

★ 2.09_x 2.55_9 1.60_8 3.48_8 1.37_5 1.74_5 2.38_4 1.40_3　Al_2O_3　10－173

　3.60_x 6.01_8 4.36_8 3.00_6 4.15_4 2.74_4 2.00_2 1.81_2　Fe_2O_3　21－920

i 2.08_x 2.21_8 1.56_6 1.39_5 1.37_2 4.63_2 1.87_2 6.93_1　$(Ti_2Cu_3)10T$　18－459

★ 3.34_x 4.26_4 1.82_2 1.54_2 2.46_1 2.28_1 2.13_1 1.38_1　$\alpha-SiO_2$　5－490

（2）字母索引

当已知被测试样的主要化学成分时，可应用字母索引查找卡片。字母索引是按物质化学元素的英文名称第一个字母的顺序排列的，在同一元素栏中又以另一元素或化合物名称的第一个字母为序编排，名称后列出化学式、三强线的 d 值和相对强度，最后给出卡片编号。对多元素物质，各主元素都作为检索元素编入。其样式如下：

i Copper Molybdenum Oxide　$CuMoO_4$　3.72_x　3.36_8　2.71_7　22－242

　Copper Molybdenum Oxide　Cu_2MoO_5　3.54_x　3.45_x　3.32_x　22－607

4. 物相定性分析方法

物相分析的基本方法就是将待定试样的衍射谱线与 JCPDS 卡片中的标准谱线（数据）对照。这里着重介绍在试样的化学成分未知的情况下，利用数字索引进行定性分析的步骤。

（1）用照相法或衍射仪法摄得试样的衍射谱

若试样初步估计为 Fe 基（如磁铁试样），则用 Co 靶，其他可用 Cu 靶。使用滤波片或单色器，可以消除 K_β 的干扰，降低背底。试样表面须平整、清洁，若表面曾被机械加工过，要用电解抛光或化学腐蚀的方法除去表面应变层（若做表面分析，不可进行任何处理）。图 9－3 是用衍射仪作出的待测粉末试样的衍射谱（Cu 靶，单色器）。

（2）确定衍射线峰位

定出各衍射线的峰位（一般的定性分析，用峰顶部位定峰就够了），求出相应的晶面间距 d 值，并估算各衍射线的相对强度 I/I_1（最强线 I_1 为 100），按 d 值自大至小排列成表（见图 9－3 中的 d 值和相对强度 I/I_1）。需要说明的是，

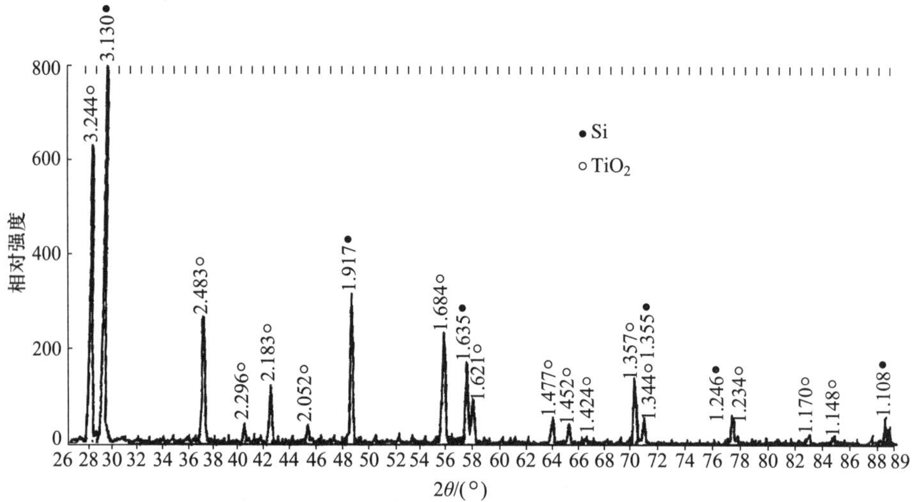

图 9－3　待测粉末试样的衍射谱（Cu 靶，单色器）

目前的先进 X 射线衍射仪，在绘出谱图的同时，自动地在峰位处标上 d 值，免去了人工计算的麻烦。

（3）以三强线作为检索依据查找 Hanawalt 索引

在包含第一强线 0.3130 nm 的大组中，按 d 值顺序找到第二强线 0.3244 nm，在对照该条目的第三强线是否接近测量谱中的第三强线 0.1917 nm 后发现，结果是不能对上。这时可以看索引上的第三强线是否与测量谱中的其他线条的 d 值符合，若均不能相符，则说明测量谱中的 0.3244 nm 与第一强线 0.3130 nm 不属于同一结晶物质相，可将第三强线 0.1917 nm 换到第二位查找。按上述方法可找出 Si(8F)条目的 d 值与测量谱符合，按索引给出的编号 27－1402 取出卡片，对照全谱，其符合情况如表 9－1 所示，得知 2、7、9、15、18、24 各线属 Si 相。再将剩余线条中的最强线 0.3244 nm 的强度作为 100，估算剩余线条的相对强度 I/I_1（如表 9－1 最后一栏括号中所记），取其中三强线按前述方法查对 Hanawalt 索引，得出其对应 TiO_2(6T)相。测量谱线与卡片完全符合，无多余线条，至此定性完成，该未知粉末由 Si 和 TiO_2(金红石)组成。

在实际的物相分析中，可能是三相或更多相物质的混合物，其分析方法均如上所述。在进行物相分析时应注意：d 值是鉴定物相的主要依据，但由于试样及测试条件与标准状态的差异，所得 d 值一般有一定的偏差；因此，将测量数据与卡片对照时，要允许 d 值有差别，此偏差虽一般应小于 0.002 nm，但当被测物相中含有固溶元素时，即当有掺杂离子进入被测物相的晶格时，差值

表 9-1 定性分析数据表

线号	待测试样衍射数据		Si(8F) 27-1402		TiO_2(金刚石) 21-1276	
	$d/(\times 10^{-1}$ nm)	I/I_1	$d/(\times 10^{-1}$ nm)	I/I_1	$d/(\times 10^{-1}$ nm)	I/I_1
1	3.244	66			3.250	100(100)
2	3.130	100	3.315	100		
3	2.483	27			2.487	50(41)
4	2.296	4			2.297	8(6)
5	2.183	13			2.188	25(20)
6	2.052	4			2.054	10(6)
7	1.917	35	1.920	55		
8	1.684	28			1.687	60(42)
9	1.635	19	1.637	30		
10	1.621	12			1.624	20(18)
11	1.477	5			1.479	10(8)
12	1.452	4			1.453	10(6)
13	1.424	2			1.424	2(3)
14	1.357	14			1.359	20(21)
15	1.355	11	1.357	6		
16	1.344	5			1.346	12(8)
17					1.304	2(0)
18	1.246	6	1.246	11		
19	1.234	5			1.244	4(8)
20					1.201	2(0)
21	1.170	3			1.170	6(5)
22	1.148	3			1.148	4(5)
23					1.114	2(0)
24	1.108	7	1.109	12		

可能较显著，这就有赖于测试者根据试样本身的情况加以判断。从实际工作的角度考虑，应尽可能提高 d 值的测量精度，在必要时，可用点阵常数精确测定的方法。

衍射强度是对试样物理状态和实验条件很敏感的因素，即使采用衍射仪获得较为准确的强度测量值，也往往与卡片上的数据存在差异。当测试所用辐射波长与卡片上的不同时，相对强度的差别更为明显。所以，在定性分析时，强度是较次要的指标。织构的存在以及不同物相的衍射线条可能出现的重叠对强度都有很明显的影响，分析时应注意这些问题。

用 X 射线衍射分析方法来鉴定物相有它的局限性，单从 d 值和 I/I_1 数据进行鉴别，有时会发生误判或漏判。有些物质的晶体结构相同，点阵常数相近，其衍射花样在允许的误差范围内可能与几张卡片相符，这时就需要分析其化学成分，并结合试样来源、试样的工艺过程及热处理和冷热加工条件，根据材料科学方面的有关知识(如相图等)，在满足结果的合理性和可能性条件下，判定物相的组成。复杂物相(如多相混合物)的定性分析是十分冗长烦琐的工作。随着材料科学的发展，新材料日新月异，对定性分析提出了更高的要求。自 20 世纪 60 年代中期以来，计算机在物相鉴别方面的应用获得很大发展。在国外有 Johnson - Vand 系统和 Frevel 系统，国内近年来也有许多单位引进此项技术，或对它进行改进和发展。计算机内可存储全部或部分 JCPDS 卡片的内容，检索时，将测量的数据输入并与之对照，即可在数分钟之内输出可能包含的物相，大大提高了复杂物相的分析速度。但是，计算机检索所起的作用主要是缩小了判别的范围，最后的鉴定仍需要具有材料科学知识的人来完成。

9.1.2　物相的定量分析

1948 年，L. E. Alexander 提出了内标理论，为 X 射线定量分析奠定了基础。之后外标理论、增量理论相继问世，使 X 射线定量分析工作进一步发展。1974 年，F. H. Chung 提出了基体冲洗法，使 X 射线定量分析工作向前大大推进了一步。在这期间无标定量等理论也得到了迅猛发展。近年来已有人把各种定量方法编写成计算机程序，使 X 射线物相定量分析工作进入了一个新阶段。

目前，X 射线物相定量分析在地质、无机材料、冶金、石油、化工等各个领域都得到了比较广泛的应用。这是因为有些矿物、材料及成品中的各物相含量用化学、金相等方法进行定量分析往往是无能为力的。因此，用 X 射线方法对这些物质进行定量分析势在必行。近十几年来，这项工作得到了比较深入的发展并取得了可喜成果，发表了大量文章，总结了一些有益的测试经验，特别是在应用方面更是内容广泛而丰富。

1. *原理*

X 射线物相定量分析，就是用 X 射线衍射方法测定混合物中各物相的质量分数。其原理是：在多相物质中各相的衍射线强度 I_i 随其含量 x_i 的增加而提高，这就使我们有可能根据衍射线的强度对物相含量做定量分析。起初这项工作用照相法来做，它需要用测微光度计测量底片上衍射条纹的黑度变化曲线，并以此来计算衍射线的累积强度。该方法效率低、精度差。20 世纪 50 年代以来，随着衍射仪自动化程度的提高，衍射强度的测量变得既方便又准确，在配有单色器的情况下，其灵敏度有时可优于 1%，由此使物相定量分析的方法也得到很大发展。但是，由于各物相对X射线的吸收系数不同，所以，衍射线强度I_i并不严格地正比于各物相的含量x_i。因而不论哪种X射线衍射物相定量分析方法，均须加以修正。

在同一衍射谱中，均匀的无限厚多晶体物质，各衍射线的累积强度如下式所示：

$$I=\frac{1}{32\pi R}I_0\frac{e^4}{m^2c^4}\frac{\lambda^3}{V_0^2}VF_{hkl}^2P\phi(\theta)\cdot e^{-2M}\frac{1}{2\mu_1}$$

式中各项物理意义同7.3节的表述。该式在导出时假定试样为均匀无织构、晶粒足够小、可忽略消光和微吸收，它本来只适用于单相物质，但稍做修改，也可用于多相物质。如果试样是由n种物相组成的混合物，试样的线吸收系数为μ_1，但各相的线吸收系数均不相同，所以当其中某相i的含量改变时，混合物试样的线吸收系数μ_1也随着改变。令某相i的体积分数为f_i，试样被照射的体积V若为单位体积，则i相被照射的体积就为$V_i=f_iV=f_i$。当混合物中i相的含量改变时，在所选定的衍射线的强度公式中，除f_i及μ_1外，其余均为常数，用C_i表示。这样，第i相的某衍射线强度I_i可表示为

$$I_i=\frac{C_if_i}{\mu_1} \tag{9-1}$$

若用质量分数x_i表示含量，只要将体积分数f_i换算成质量分数x_i即可：

$$f_i=\frac{x_i\rho}{\rho_i} \tag{9-2}$$

式中：ρ和ρ_i分别是试样和第i相的密度。

若用质量吸收系数μ_m来代替线吸收系数μ_1，则它们之间的关系是

$$\mu_1=\rho\cdot\mu_m$$

而试样总的质量吸收系数与各相的质量吸收系数之间的关系是

$$\mu_m=x_1\mu_{m1}+x_2\mu_{m2}+\cdots+x_n\mu_{mn}=\sum_{i=1}^{n}x_i\mu_{mi}$$

将上述关系带入式(9-1)，得

$$I_i=\frac{C_ix_i}{\rho_i\mu_{mi}} \tag{9-3}$$

式(9-3)就是X射线定量分析的基本公式，它把i相的衍射强度与该相的质量分数x_i及混合物的质量吸收系数联系起来了。各种物相定量分析方法都是从这个公式推演出来的。但应特别指出，式(9-3)中的衍射强度I_i是相对累积强度，不是绝对强度，故即使强度因子、吸收系数和密度可以计算或测得，也不可能仅用一根衍射线求出物相的绝对含量。

2. 物相定量分析方法

所有的物相定量分析方法都是利用同一衍射谱上不同衍射线的强度比或相

同条件下测定的不同谱上的强度比进行的，目的是得到相对强度。且在不同的情况下可以消去包含有未知相含量因素的吸收系数或计算困难的强度因子。常用的物相定量分析方法有：内标法、外标法和无标样相分析法。

（1）内标法

1948 年 L. E. Alexander 提出了内标理论，即在某一试样中，加入一定比例的该试样中原来所没有的纯标准物质 S(即内标物质)，并以此作出标准曲线，从而可对含量未知的试样进行定量分析。这种方法称为内标法。

待测定的 i 相与基体 M(M 可以是单相，也可以是多相)以及内标物质 S 相组成一个多相混合物。若加入内标物质 S 的质量分数为 x_s，则 S 相的衍射线强度为

$$I_S = \frac{C_S x_S}{\rho_S \mu_m}$$

而待测相 i 的衍射线强度为

$$I_i = \frac{C_i x_i'}{\rho_i \mu_m}$$

两者之比为

$$\frac{I_i}{I_S} = \frac{C x_i' \rho_S}{\rho_i x_S} \tag{9-4}$$

式中：x_i'为加入内标物质后，i 相的质量分数，$x_i' = x_i(1-x_S)$；$C = C_i/C_S$。若每个待测试样中加入内标物质的 x_S 保持为常数，那么$(1-x_S)$也是常数，则

$$\frac{I_i}{I_S} = \frac{C \cdot [x_i(1-x_S)] \cdot \rho_S}{\rho_i x_S} = C' x_i \tag{9-5}$$

式(9-5)即为内标法的表达式。

要想测 i 相在任何混合物中的质量分数时，须先配制一系列含有已知的、不同质量分数(x_i)的 i 相的标准混合试样，在这些标准的混合试样中，要加入相同质量比的内标物质 S，然后测定各个试样中 i 相及 S 相的某一对特征衍射线的强度 I_i 和 I_S。以 I_i/I_S 分别对应的 x_i 作图，即标准曲线，可用最小二乘法求出斜率 C'，如图 9-4 所示。该图是在石英加碳酸钠的原始试样中，以萤石作内标物质($x_S=0.2$)测得的标准曲线；石英的衍射强度采用 $d=0.334$ nm 的衍射线，萤石采用 $d=0.316$ nm 的衍射线，每一个实验点为 10 个测量数据的平均值。该标准曲线可用于测定多相体系中石英的含量。

内标物质的选择对实验结果有重要的影响。要求其化学性质稳定，成分和晶体结构简单；衍射线少而强，尽量不与其他衍射线重叠，而又尽量靠近待测相参加定量的衍射线。常用的内标物质有 NaCl、MgO、SiO_2、KCl、$\alpha-Al_2O_3$、KBr、CaF_2等。

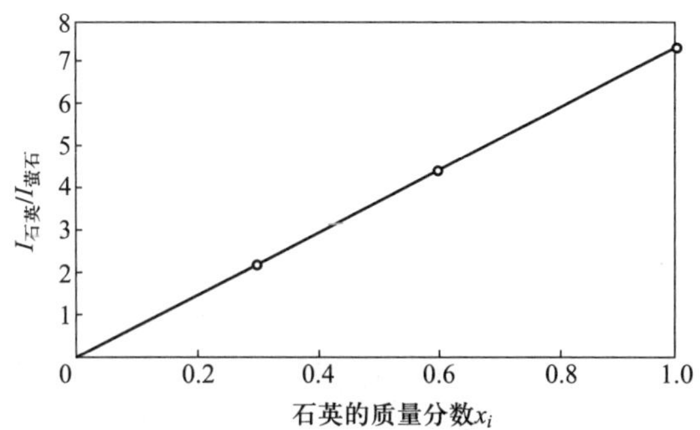

图 9-4 用萤石作为内标物质的石英标准曲线

内标法适用于多相体系，不受试样中其他相的种类或性质的影响，也就是说标准曲线对成分不同的试样组成是通用的，但是，测试条件应与作标准曲线的实验条件相同。在待测试样的数量很多，试样的成分变化又很大，或者事先无法知道它们的物相组成的情况下，使用内标法最为有利。

内标法的主要缺点是：除须绘制标准曲线外，还要在试样中加入内标物质，并且该内标物质必须是纯试样物质。而要想选择合适的内标物质并不是任何情况下都容易办到的。有些物质的纯样获得十分困难，从而使内标法的应用受到限制。

（2）外标法

所谓外标法，就是在实验过程中，除混合物中各组分的纯样外，不引入其他标准物质，即将混合物中某相参加定量的衍射线强度与该相纯物质同一衍射线的强度相比较。根据衍射线强度的基本公式(9-3)，混合物中 i 相的某衍射线强度为

$$I_i = \frac{C_i x_i}{\rho_i \mu_m}$$

对纯 i 相某衍射线的强度为

$$(I_i)_0 = \frac{C_i}{\rho_i \mu_{mi}}$$

将以上两式相除得

$$\frac{I_i}{(I_i)_0} = \frac{\mu_{mi} x_i}{\mu_m} \tag{9-6}$$

式(9-6)说明混合试样中的 i 相与纯 i 相某衍射线的强度之比等于吸收系数分量 μ_{mi}/μ_m 乘上该相的含量的 x_i。由于 μ_m 和各相含量有关，当相数较多时较难求解，现以两相混合物为例说明其方法。

若混合物由质量吸收系数分别为 μ_{m1} 和 μ_{m2} 的两相组成，并且 $\mu_{m1} \neq \mu_{m2}$。设

两相的含量为 x_1 和 x_2，且 $x_2=1-x_1$。则混合物的质量吸收系数 μ_m 为

$$\mu_m=x_1\mu_{m1}+x_2\mu_{m2}=x_1\mu_{m1}+(1-x_1)\mu_{m2}=x_1(\mu_{m1}-\mu_{m2})+\mu_{m2} \tag{9-7}$$

将式(9-7)代入式(9-6)得

$$\frac{I_1}{(I_1)_0}=\frac{\mu_{m1}x_1}{x_1(\mu_{m1}-\mu_{m2})+\mu_{m2}} \tag{9-8}$$

若 μ_{m1} 和 μ_{m2} 为已知，可由式(9-8)求得 x_1，从而也求得 x_2。

若 μ_{m1} 和 μ_{m2} 为未知值，欲测混合物中各相的含量时，需要用纯物相配制一系列不同质量分数 x_{11}、x_{12}、x_{13}……的试样，以及一个纯 1 相试样 x_{10}。在完全相同的条件下，分别测定各个试样中 1 相所产生的同一 hkl 晶面的衍射强度 I_{11}、I_{12}、I_{13}……以及 I_{10}，然后以 I_{11}/I_{10}、I_{12}/I_{10}、I_{13}/I_{10}……相对应的 x_{11}、x_{12}、x_{13}……作图，从而绘出标准曲线。图 9-5 为石英的外标法标准曲线。

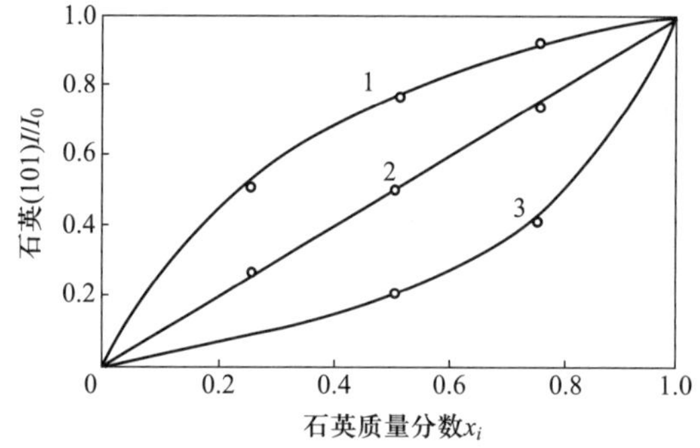

图 9-5　石英的外标法标准曲线[1. 石英-氧化铍($\mu_{m石}>\mu_{m铍}$)；2. 石英-方石英($\mu_{m石}=\mu_{m方}$)；3. 石英-氯化钾($\mu_{m石}<\mu_{m氯}$)]

此法对于测定由同素异构物(组成相同，但结构不同的物质。如 $\alpha-SiO_2$ 和 $\beta-SiO_2$，二者都由 Si、O 组成，但是其结构完全不同)组成的混合物试样最为有用而且方便。若 $\mu_{m1}=\mu_{m2}$，则式(9-8)可写成：$I_1/(I_1)_0=x_1$，此时工作曲线为一条直线，如图 9-5 中 2，而 1 和 3 不是直线。

对于外标法标准曲线，原则上讲，一条标准曲线只能适用于两相混合物，也就是说待测试样的物相组成应与标准试样一样。

(3) K 值法

在内标法及外标法中，制备标准曲线是一件细致费时的工作。为此 1974 年 F. H. Chung 结合内标法和外标法的优点，提出了一种标准化了的内标法，称为基体冲洗法(matrix-flushing method)，国内称之为 K 值法。该方法利用预先测定好的参比强度 K 值，在定量分析时不需要做标准曲线，利用待测相含量和衍射强度的线性方程，通过数学计算就可得出结果。具体方法如下：

参照式(9－4)：

$$\frac{I_i}{I_S}=\frac{(C_i\cdot x_i)/\rho_i}{(C_S\cdot x_S)/\rho_S}$$

令

$$K_i=\frac{C_i\rho_S}{C_S\cdot\rho_i}$$

则有

$$\frac{I_i}{I_S}=K_i\cdot\frac{x_i}{x_S}\tag{9-9}$$

式中 K_i 仅与两相的密度和衍射角有关，与相的含量无关。为求得常数 K_i，须配制参考混合物。取待测物质中不包含的物质S为参比物(常取 $\alpha-Al_2O_3$)，将参比物S与纯待测物质 i 以1∶1的比例混合制样，测定该混合物中二相的衍射线强度(一般均取各相的最强线作为特征线) I_i 和 I_S，两个强度的比值为 i 相的参比强度 $K_i=(I_i/I_S)\cdot(50/50)$。

在待测试样中加入一定质量分数 x_S 的参比物S，对于试样中任意两相 i 和参比物S而言，根据式(9－9)应有

$$x_i=x_S\cdot\frac{I_i}{I_S}\cdot\frac{1}{K_i}\tag{9-10}$$

式(9－10)就是 K 值法的基本公式。若各种物质的参比强度 K_i 均已预先测得，则用内标法时就不需要制备标准曲线，只需要测出混合物中 i 相及参比物S的特征X射线衍射强度，即可利用式(9－10)计算出在混合物中 i 相的质量分数 x_i，i 相在原始试样中的质量分数 X_i 则为 $X_i=x_i/(1-x_i)$。

目前许多物质的参比强度已经测出，并以 I/I_C 的标题列入JCPDS卡片的索引中，该数据均以 $\alpha-Al_2O_3$ 为参比物，并取各自最强线计算强度比。K 值法可用于任何多相混合物的定量分析，且与试样中是否含有其他物相(包含非晶质相)无关。因此，应用 K 值法可以判断试样中是否有非晶质相存在，并能定出它们的含量。把式(9－10)改变一下形式得

$$\frac{I_i}{K_i}=\frac{x_iI_S}{x_S}\tag{9-11}$$

从而可有

$$\sum_{i=1}^{n}(I_i/K_i)=\frac{I_S}{x_S}\cdot\sum x_i=\frac{I_Sx_0}{x_S}\tag{9-12}$$

式中：x_0 为原始试样物质在混合试样中的质量分数，即 $x_0+x_1=1$。

根据式(9－12)，可以检查强度测定的可靠性及判断原始试样中是否有非晶质相存在。如果式(9－12)两端相等，表明试样中所有物相均为结晶相，强

度数据可靠；若左端小于右端，则表明有非晶质相存在；若左端大于右端，则表明强度数据或 K 值有误。

对于一个二元系统来说，存在一个所谓自冲洗现象，即不要加入参比物（或冲洗剂），一个组分自动作为另一组分的参比物（或冲洗剂）。

设一个二元系统的两相物质的质量分数为 x_1 和 x_2，则有 $x_1+x_2=1$，从而得出 $I_1/I_2=(K_1/K_2)\cdot(x_1/x_2)$，解这两个方程式得 $x_1=1/[1+(K_1/K_2)\cdot(I_2/I_1)]$。因此，根据两相最强衍射线的强度比，很容易计算出二元系统的相组分含量。

K 值法简化了分析程序，不须作复杂的标准曲线，也无烦琐的计算，从而节省了分析时间。它不仅可以求出混合物中一相的含量，也可以求出所有相的含量。因此，该法是目前国内外用得最多的一种方法，且大多取得了比较好的结果。但该法和内标法一样，必须提供纯标准物质，这就使它的应用受到一定限制。

（4）自冲洗法

自冲洗法是在 K 值法的基础上提出的。K 值法须掺入参比物，因此会增加衍射线的叠加和误差。自冲洗法试图不掺参比物，直接从混合物衍射强度分布曲线上求出各组分的含量。因为 X 射线不能区别混合试样中谁是参比物，谁是待测物，因此可以选择混合试样中的任一物相作为参比物，这样就比 K 值法更为简便。但仍使用参比强度 K 值，而且试样中必须没有非晶质相。

设待测试样中含有 n 个相，根据 K 值法的基本公式(9－10)，可写出 $n-1$ 个方程：

$$I_1/I_2=(K_1/K_2)\cdot(x_1/x_2)$$
$$I_1/I_3=(K_1/K_3)\cdot(x_1/x_3)$$
$$\cdots\cdots$$
$$I_1/I_i=(K_1/K_i)\cdot(x_1/x_i)$$
$$\cdots\cdots$$
$$I_1/I_n=(K_1/K_n)\cdot(x_1/x_n)$$

另外，确认试样中没有非晶质相，即

$$\sum_{i=1}^{n} x_i=1$$

解这 n 个联立方程组，由 $x_i=(K_1/K_i)\cdot(I_i/I_1)\cdot x_1$，得

$$\sum_{i=1}^{n} x_i=\sum_{i=1}^{n}[(K_1/K_i)\cdot(I_i/I_1)\cdot x_1]=1$$

所以

$$x_1=\frac{1}{\sum[(K_1/K_i)\cdot(I_i/I_1)]}=\frac{1}{(K_1/I_1)\cdot\sum(I_i/K_i)}$$

对任意一相，将上式的 x_1 用 x_i 代替，并整理得

$$x_i = (I_i/K_i) \cdot \left[\sum_{i=1}^{n} (I_i/K_i) \right]^{-1} \tag{9-13}$$

式(9－13)就是自冲洗法进行定量分析的方程式。在得到各组分对参比物的参比强度 K_i 后，直接利用混合物各相的 X 射线衍射线强度数据 I_i 就可计算各组分的质量分数 x_i。

自冲洗法在实用上有很多优点：① 它省去了加参比物的操作过程；② 避免了谱线的重叠机会；③ 由于没有参比物的稀释作用，微量相的衍射强度不受影响，防止了检测灵敏度的下降。但是，自冲洗法不能代替 K 值法，原因有二：① K 值法能预言并测定试样中是否存在非晶质相，而自冲洗法则不能；② K 值法能用于测定包含未知组分的试样，也可以只对感兴趣的组分进行分析，而自冲洗法必须对试样中全部组分进行事先鉴定并同时对全部组分进行分析。

X 射线物相定量分析方法中，K 值法简单、可靠、易掌握且应用普遍。我国已对此法制定了国家标准(GB5225－85)，选用 ZnO 为参比物，并从试样制备、测试条件等提出了一系列要求，分析影响定量分析精度的因素。

(5) 物相定量分析应注意的问题

为使测试达到“定量”的水平，对实验的条件、方法及试样本身都有比定性分析更严格的要求。

1) 对实验设备、测试条件及方法的要求。使用衍射仪能方便、准确、迅速地获得衍射线的强度。用于物相定量分析的是衍射线的相对累积强度。常用的测定衍射线净峰强度的方法有以下 3 种。

① 面积法。测定净峰面积，可用积分仪、称重(在精密天平上称重)、(将峰形剪下)数格子等方法求得面积数。

② 积分强度测定法。全自动衍射仪可计算扣除背底后的累积强度(用累计数表示)。

③ 近似法。用衍射线的半高宽度和净峰高度的乘积(十字相乘法)作为累积强度的近似值。

因各衍射线不是同时测量，所以要求衍射仪有高的稳定度(标准中要求综合稳定度优于 1%)；为获得良好的峰形和足够高的强度，定量分析时最好用步进扫描法，步长 0.02°，每步计数时间 2 s 或 4 s。

2) 对试样的要求。试样的颗粒度、显微吸收和择优取向是影响物相定量分析的主要因素。首先试样应有足够的大小和厚度，使入射线的光斑在扫描过程中始终照在试样表面以内，且不能穿透试样。粉末试样的颗粒度应满足

$$|\mu_1 - \bar{\mu}| \cdot R \leqslant 100$$

式中：μ_1 为待测相的线吸收系数；$\bar{\mu}$ 为试样的平均线吸收系数；R 为颗粒半径（μm）。

一般情况下，颗粒的许可半径范围是 0.1 ~ 0.5 μm。控制颗粒度大小的目的，一方面是为了减小由于各相吸收系数不同而引起的误差（即颗粒显微吸收效应）；另一方面是为了获得良好、准确的衍射峰形。颗粒过细，衍射峰散漫；颗粒过粗，衍射环不连续，测得的强度误差偏大。

择优取向是影响定量分析的另一重要因素。择优取向是指多晶体中各晶粒的取向向某些方位偏聚的现象，即发生了“织构”。这种现象会使衍射强度反常，与计算强度不符。粉末试样也会存在择优取向，特别是当颗粒粗大且有特殊形状（如针状、片状等）时更为突出。在此情况下，除应进一步磨细粉粒外，还要对测试结果进行数学修正。

9.2　点阵常数精确测定

在 X 射线衍射的应用中，经常涉及点阵常数的精确测定。例如对固溶体的研究，固溶体的晶格常数随溶质的浓度而变化，可以根据晶格常数确定某溶质的含量。晶体的热膨胀系数也可以用高温相机通过测定晶格常数来确定；物质的内应力可以造成晶格的伸长或者压缩，因此，也可以用测定点阵常数的方法来确定。另外，在金属材料的研究中，还常常需要通过点阵常数的测定来研究相变过程、晶体缺陷等。可是，金属和合金在这些过程中所引起的点阵常数变化往往是很小的（约 10^{-5} nm 数量级），这就需要对点阵常数进行较为精确的测定。

9.2.1　点阵常数精确测定的原理

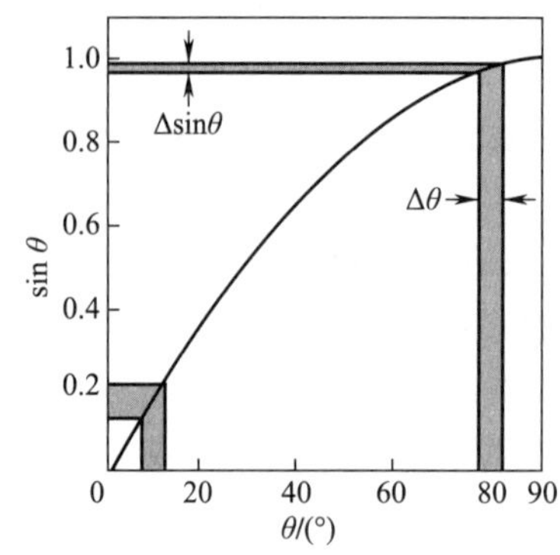

图 9－6　θ－sin θ 关系曲线

在 8.1 节中曾经指出，利用多晶体衍射图像上每条衍射线都可以计算出点阵常数的数值。问题是哪一条衍射线确定的点阵常数值才是最接近真实值呢？由布拉格方程可知，点阵常数值的精确度取决于 $\sin\theta$ 这个量的精确度，而不是角测量值的精确度。图 9－6 的曲线显示出，当 θ 越接近 90°时，对应于测量误差 $\Delta\theta$ 的 $\Delta\sin\theta$ 值误差越小，由此计算出的点阵常数也就越精确。

对布拉格方程的微分式分析也可以得到相同的结论。因为 $\Delta\lambda = 2\sin\theta\Delta d + 2d\cos\theta\Delta\theta$，即$\frac{\Delta d}{d} = \frac{\Delta\lambda}{\lambda} - \cot\theta\Delta\theta$，如果不考虑波长 λ 的误差，则$\frac{\Delta d}{d} = -\cot\theta\Delta\theta$。对于立方晶系物质来说，由于 $\Delta d/d = \Delta a/a$，因此，

$$\frac{\Delta a}{a} = -\cot\theta\Delta\theta \tag{9-14}$$

当 $\Delta\theta$ 一定时，采用高 θ 角的衍射线，晶面间距误差 $\Delta d/d$ 将减小；当 θ 接近于 90°时误差将会趋近于零。因此，在实际工作中应当选择合理的辐射，使得衍射图像中 $\theta > 60°$ 的区域内尽可能出现较多的强度较高的线条，尤其是最后一条衍射线的 θ 值应尽可能接近 90°，只有这样所求得的 a 值才较精确。为了增加背射区域的线条，可采用不滤波的辐射源，同时利用 K_α 和 K_β 衍射线计算点阵常数。

尽管 θ 值趋近于 90°时的点阵常数的测试精度较高，但是在实验过程中误差是必然存在的，须设法消除。误差可以分为系统误差和偶然误差两类。系统误差是由实验条件所决定的，随某一函数有规则地变化。偶然误差是由于测量者的主观判断错误以及测量仪表的偶然波动或干扰引起的，它既可以是正，也可以是负，没有任何固定的变化规律。偶然误差永远不能完全排除，但是可以通过多次重复测量使它降至最小。

从以上讨论可以归纳出点阵常数精确测定中的两个基本问题。首先必须研究实验过程中各个系统误差的来源及其性质，并以某种方式加以修正；其次是把注意力放在高角度衍射线的测量上面。

9.2.2　德拜－谢勒法中系统误差的来源

德拜－谢勒(Debye Scherrer)法常用于点阵常数精确测定，其系统误差的来源主要有：① 相机半径误差；② 底片收缩(或伸长)误差；③ 试样偏心误差；④ 试样对 X 射线的吸收误差；⑤ X 射线折射误差。现分别加以讨论。

1. 相机半径误差

因为只有背射区域才适用于点阵常数的精确测定，因此用图 9－7 所示的 S' 和 ϕ 来考察这些误差。如果相机半径的准确值为 R，由于误差的存在，所得的半径值为 $R+\Delta R$。对于在底片上间距为 S' 的一对衍射线，其表现的 ϕ 值 $\phi_{表}$ 为 $S'/[4(R+\Delta R)]$，而真实的 ϕ 值 $\phi_{真}$ 为 $S'/(4R)$。因此，ϕ 的测量误差是

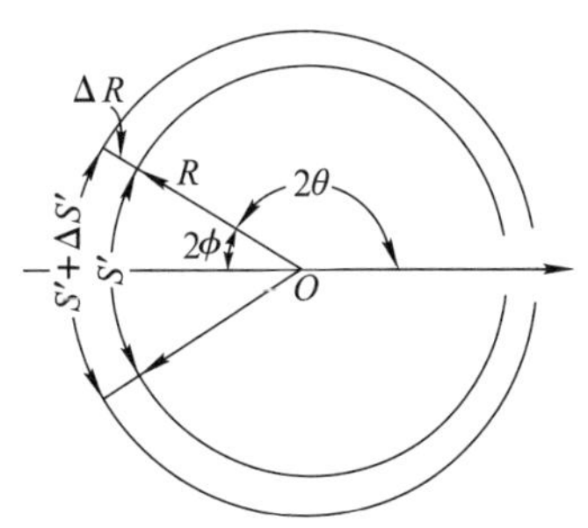

图 9－7　相机半径和底片收缩误差

$$\Delta\phi_R = \phi_{表} - \phi_{真} = \frac{S'}{4(R+\Delta R)} - \frac{S'}{4R} = -\phi\left(\frac{\Delta R}{R+\Delta R}\right)$$

实际上，ΔR 总是很小的，因此上式可以写成

$$\Delta\phi_R = -\phi\left(\frac{\Delta R}{R}\right) \tag{9-15}$$

2. 底片收缩误差

一般来说，照相底片经冲洗、干燥后，会发生收缩或伸长，结果使衍射线对之间的距离 S'增大或缩小成为 $S'+\Delta S'$。因此，由于底片收缩或伸长造成的测量误差为

$$\Delta\phi_S = \phi_{表} - \phi_{真} = \frac{S'+\Delta S'}{4R} - \frac{S'}{4R} = \frac{\Delta S'}{4R} = \phi\,\frac{\Delta S'}{S'} \tag{9-16}$$

由于相机半径误差和底片收缩误差具有相同的性质，均可表示在图 9－7 中，故可以合并为

$$\Delta\phi_{R,S} = \Delta\phi_R + \Delta\phi_S = \phi\left(\frac{\Delta S'}{S'} - \frac{\Delta R}{R}\right) \tag{9-17}$$

将式(9－17)代入式(9－14)得到六方晶系 a 的相对误差为

$$\frac{\Delta a}{a} = \left(\frac{\Delta S'}{S'} - \frac{\Delta R}{R}\right)\left(\frac{\pi}{2} - \theta\right)\cot\theta \tag{9-18}$$

式(9－18)表明，当 θ 接近 90°时，相机半径和底片收缩所造成的点阵常数测算误差趋于零。

在实验工作中，采用不对称装片法或反装片法可以把底片收缩误差降至下限，因为对应的背射线条在底片上仅相隔一个很短的距离，因而底片收缩对其距离 S'的影响极小。此外，用不对称装片法还可求出相机有效半径，以消除相机半径误差。

3. 试样偏心误差

试样偏心也会使 θ 角产生误差。但应当指出，这里所指的偏心误差并不是指试样在旋转时不发生晃动就能消除的(这种调节是必须做的)，试样偏心误差的产生是由于相机在制作上的偏心，以及安装的底片圆筒轴线与样品架的旋转轴不完全重合之故。

试样的任何偏心都可分解为沿入射线束的水平位移 Δx 和垂直位移 Δy 两个分量。由图 9－8(a)可见，垂直位移 Δy 使衍射线条位置的相对变化为 $A\rightarrow C$，$B\rightarrow D$。当 Δy 很小时，AC 和 BD 近乎相等，因此可以认为垂直位移不会在 S'中产生误差。

由图 9－8(b)可以看出，水平位移 Δx 的存在，使衍射线条位置的相对变化为 $A\rightarrow C$，$B\rightarrow D$。于是 S'的误差为 $AC+DB=2DB\approx 2PN$，或 $\Delta S'=2PN=2\Delta x\sin 2\phi$，因此，试样偏心导致的误差为

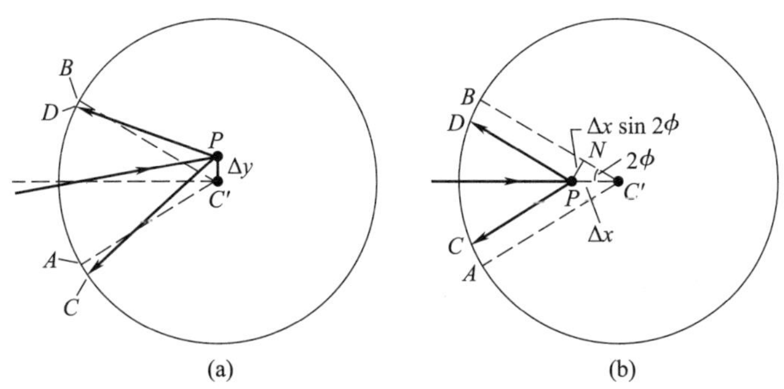

图 9－8　试样偏离相机中心时对线条位置的影响

$$\Delta\phi_C = \phi\left(\frac{\Delta S'}{S'}\right) = \frac{\phi(2\Delta x\sin 2\phi)}{4R\phi} = \frac{\Delta x}{R}\sin\phi\cos\phi \tag{9-19}$$

将式(9－19)代入式(9－14)，并注意到 $\phi = \frac{\pi}{2} - \theta$ 的关系，可知正方晶系点阵常数 a 的相对误差为

$$\frac{\Delta a}{a} = -\cot\theta\Delta\theta = \frac{\Delta x}{R}\cos^2\theta \tag{9-20}$$

4. 吸收误差

试样对 X 射线的吸收也会引起 ϕ 值误差，这种效应通常为点阵常数测定中单方面误差的最大来源，但它很难精确地计算。图 9－9 所示是试样吸收使衍射线发生位移的示意图。当一束平行的 X 射线投射到试样时，由于 X 射线被试样吸收的缘故(吸收系数较大)，只有被照射的表层(阴影线部分)产生衍射，衍射线束本身强度分布最大值的位置就是衍射线的表观位置 P'，它相当于由试样中心 C'点发出的衍射线。在没有试样吸收时，整个试样都产生衍射，衍射线束的中心线由试样中心 C 发出，衍射线的位置为 P。可见，由于试样吸收产生的衍射线位移 PP'与试样在水平方向位移 $CC' = \Delta x$ 产生的衍射线位移是相同的。据此，对于一个调整好中心位置的高吸收试样来说，吸收误差相当于试样水平偏离所造成的误差。所以，因吸收而引起的误差可包括到式(9－19)所给出的偏心误差中。

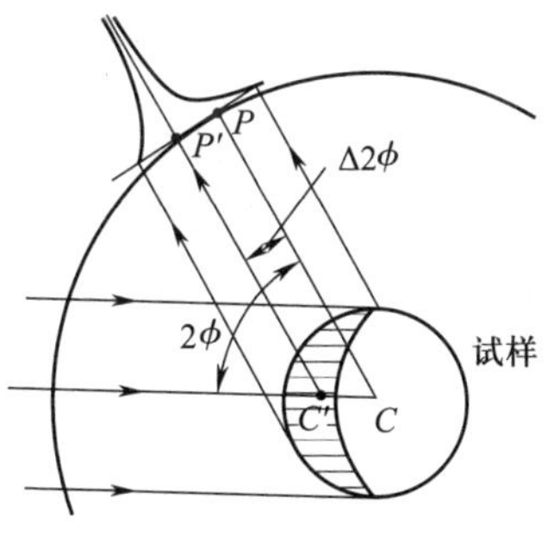

图 9－9　试样吸收对衍射线位移的影响

5. X 射线折射误差

同可见光一样，X 射线从一种介质进入另一种介质时产生折射现象，不过

由于折射率非常接近于 1，所以一般不考虑它的影响。但是在高精度测量时，必须对布拉格方程作折射校正，否则就会引入折射误差。

用经典光学理论推导出的 X 射线从真空进入另一介质中的折射率 $M=1-\delta$。经折射校正后的布拉格方程为

$$n\lambda = 2d\left(1-\frac{\delta}{\sin^2\theta}\right)\sin\theta$$

由上式可以清楚地看出，当用未校正折射的布拉格方程 $n\lambda=2d\sin\theta$ 计算 $d_{观察}$ 时，$d_{观察}<d_{校正}$，即

$$d_{观察}=d_{校正}\left(1-\frac{\delta}{\sin^2\theta}\right)$$

对立方晶系，其点阵常数的折射校正公式可以近似地表达为

$$a_{校正}=a_{观察}(1+\delta)$$

通常，$\delta=10^{-5}\sim10^{-7}$。

9.2.3　衍射仪法的主要误差来源

利用衍射仪精确测定点阵常数的系统误差在处理方法上可分为两类：一类是不能利用外推函数消除的误差；另一类是可以利用外推函数消除（或部分消除）的误差。

1. 不能利用外推函数消除的误差

1）测角仪机械零点（0°2θ 角位置，即 2θ 角位置为 0°）的调整误差。实践证明，测角仪机械零点调整得不精确，往往是点阵常数精确测定的主要误差来源。因此，在精确测定点阵常数之前必须精细地调整 0°2θ 角位置。调整的方法是，将计数管转到 0°2θ 角位置，在样品架上安装特制的狭缝，调整 X 射线管、入射光阑和计数管的相对位置，使 X 射线管线焦斑的中线、发散狭缝的中线、测角仪轴（或试样表面）和计数管接收狭缝的中线严格地位于与测角仪平面垂直的平面上，并且这些中点连线（即入射束的中心线）应位于测角仪平面上。

2）2θ/θ 角的 2∶1 驱动匹配误差。这种驱动匹配已由生产厂家在出厂前调好，不需要实验者重新调整。对于 θ 角和 2θ 角可以单独驱动的测角仪，都装备有 2θ/θ 角 2∶1 驱动的自动匹配角装置。这种误差对于每台设备是固定的，误差随 2θ 而变。可以用标准试样校正 2θ 的误差。

3）计数测量系统滞后的误差。选用步进扫描测量方法，或者对同一试样进行顺时针和逆时针双向扫描取平均值的方法，都可以减少或消除这种误差。

4）折射校正。

2. 可以利用外推函数消除的误差

1）平板试样的误差。按测角仪聚焦原理的要求，试样表面应为与聚焦圆曲率相同的曲面。采用平板试样时，除了与聚焦圆相切的中心点外，都不满足聚焦条件。当一束水平发散角为 α 的 X 射线投射到平板试样时，衍射线发生一定程度的散焦和位移，因此将引起峰位角的误差。

2）试样表面离轴误差。由于试样表面不平整或安装不到位，使试样表面离开测角仪中心轴(或聚焦圆)一定距离 S，导致衍射峰发生位移。

3）试样透明度误差。由于 X 射线具有较强的渗透能力，随吸收系数 μ 的减小，穿透深度增加，因此试样表层物质都可能参加衍射。在这种情况下，试样表层内物质的衍射线与离轴误差类似，不满足聚焦条件，使衍射线位移。

4）轴向发散误差。在测角仪光路中采用双梭拉光阑，限制了沿测角仪轴向的发散度。但由于梭拉光阑的片间距和长度有限，仍然存在一定的轴向发散度。这种轴向发散度也会导致峰位移。

9.2.4 德拜-谢勒法的误差校正方法

为了校正德拜-谢勒法中的各种误差，可以采取两种主要的方法，即采用精密实验技术和应用数学处理方法。

1. 采用精密实验技术

采用构造特别精密的照相机和特别精确的实验技术，也可以得到精确的点阵常数值。精密实验技术的要点是：

1）采用不对称装片法以消除由于底片收缩和相机半径不精确所产生的误差。

2）将试样轴高精度地对准相机中心，以消除试样偏心所造成的误差。

3）为了消除因试样吸收所产生的衍射线位移，可采取利用背射衍射线和减小试样直径等措施，必要时可将试样加以稀释。例如对直径 0.2 mm 或更细的试样，可以将粒度为 $10^{-3}\sim10^{-5}$ cm 的粉末粘在直径为 0.05～0.08 mm 的铍-锂-硼玻璃丝上，形成一薄层试样。

4）对于直径为 114.6 mm 或更大的照相机，衍射线位置的测量精度必须为 0.01～0.02 mm，这就需要用精密的比长仪加以测定。

5）为保证衍射线的清晰度不因曝光时间内晶格热胀冷缩而带来影响，在曝光时间内必须将整个相机的温度变化保持在 ±0.01 ℃以内。

采用精密实验技术时，点阵常数测量的最佳精度可达二十万分之一。

2. 应用数学处理方法

这个方法可分为图解外推法和最小二乘法，现分别讨论如下。

（1）图解外推法

根据德拜－谢勒法中相机半径误差、底片收缩误差、试样偏心误差和吸收误差的讨论可知，其综合误差为

$$\Delta\phi_{S,R,C,A}=\left(\frac{\Delta S'}{S'}-\frac{\Delta R}{R}\right)\phi+\frac{\Delta X}{R}\sin\phi\cos\phi$$

由于 $\phi=90°-\theta$，$\Delta\phi=-\Delta\theta$，$\sin\phi=\cos\theta$ 和 $\cos\phi=\sin\theta$，于是，式(9－14)变成

$$\frac{\Delta d}{d}=-\frac{\cos\theta}{\sin\theta}\Delta\theta=\frac{\sin\phi}{\cos\phi}\Delta\phi$$

$$=-\frac{\sin\phi}{\cos\phi}\left[\left(\frac{\Delta S'}{S'}-\frac{\Delta R}{R}\right)\phi+\frac{\Delta X}{R}\sin\phi\cos\phi\right]$$

在背射区域中，当 θ 接近 90°时，ϕ 很小，可以运用近似关系式 $\sin\phi\approx\phi$，$\cos\phi=1$，于是得 $\frac{\Delta d}{d}=\left(\frac{\Delta S'}{S'}-\frac{\Delta R}{R}+\frac{\Delta X}{R}\right)\sin^2\phi$。在同一张底片中，由于每条衍射线的各种误差来源相同，因而上式中括号内的数值均属定值，可以用常数 K 表示，因此

$$\frac{\Delta d}{d}=K\sin^2\phi=K\cos^2\theta \tag{9-21}$$

由式(9－21)可以看出，晶面间距 d 的相对误差和 $\cos^2\theta$ 成正比。当 $\cos^2\theta$ 趋近于零或 θ 趋近于 90°时，上述综合误差即趋近于零。对立方晶系，$\Delta d/d=\Delta a/a$，因此立方晶系点阵常数的相对误差与 $\cos^2\theta$ 成正比。

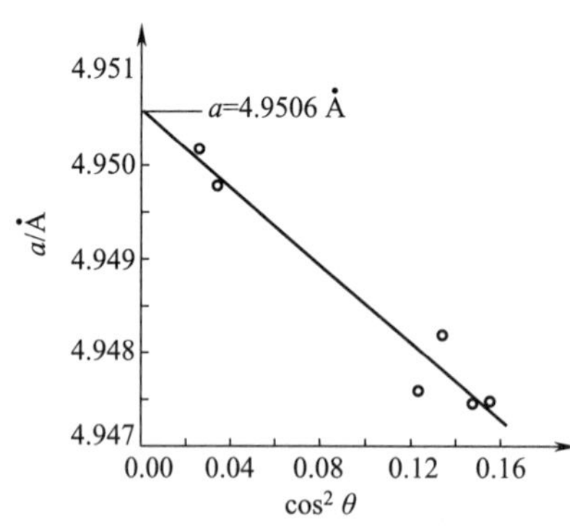

图 9－10　用外推法测纯铅的点阵常数(25.0 ℃，Cu K_α)

根据式(9－21)，可以用图解外推法求得立方晶系的精确点阵常数。其方法是根据各条衍射位置测算而得的 a 值和 $\cos^2\theta$ 值作出关系直线，并外推到 $\cos^2\theta=0$ 处，在纵坐标 a 上即可得到精确点阵常数 a。图 9－10 表示用上述图解外推法测得的高纯铅的精确点阵常数值为 49.506 nm。由于 $\sin^2\theta=1-\cos^2\theta$，所以也可用 a 和 $\sin^2\theta$ 的关系画出直线，外推到 $\sin^2\theta=1$ 处(相应于 $\cos^2\theta=0$)同样也能得到精确值。另外，如果将 $\cos^2\theta$ 改为 $\phi\tan\phi$，也可以得到同样的结果。

关于 $\cos^2\theta$(或 $\sin^2\theta$、$\phi\tan\phi$)外推法尚须说明几点：这种外推法是在粗浅

地分析误差时得出的，在满足以下条件时才能得出较好的结果。① 在 $\theta=60^\circ\sim90^\circ$之间有数目多、分布均匀的衍射线；② 至少有一条很可靠的衍射线在 80°以上。在满足这些条件下，θ 角测量精度又为 0.01°时，外推线的位置是确定的，测量的最佳精度可达二万分之一。如果衍射线的数目不多，或者分布不均匀，可以采用 K_β线，甚至用合金靶，以提高精确度。

A. Taylor 和 H. Sinclair 对各种误差原因进行了分析，尤其对德拜－谢勒法中的吸收误差进行了精细研究，提出如下外推函数：

$$\frac{\Delta d}{d}=K\left(\frac{\cos^2\theta}{\sin\theta}+\frac{\cos^2\theta}{\theta}\right)$$

这个外推函数不仅在高角度而且在很低角度上都能保持满意的直线关系。若 $\theta=60^\circ\sim90^\circ$的衍射线条不够多，用 $\cos^2\theta$ 外推得不到精确结果时，也可以利用一些低角度线条，采用上述外推关系精确地测定点阵常数。在最佳情况下，其精度可达五万分之一。

对于衍射仪法，因误差的主体函数较复杂，有不同的表达方式，所以不可能用一个统一的外推函数消除全部系统误差。每种系统误差都有自己的函数关系，故可以采用逐项处理或总体处理两种办法消除误差。从衍射仪法中每种系统误差的函数关系来看，如果试样透明度是主要的系统误差来源，应用 $\cos^2\theta$ 作为外推函数。如果平板试样与水平发散度是系统误差的主要来源，应选用 $\cot^2\theta$ 作为外推函数。如果试样表面离轴是主要的系统误差来源，则要选用 $\cos\theta\cot\theta$ 作为外推函数。

（2） 最小二乘法[柯亨(Cohen)法]

在图解外推法测算点阵常数过程中解决了两个问题，即通过选择适当的外推函数消除了系统误差；降低了偶然误差的比例，降低的程度取决于画最佳直线的技巧。

为了能客观地画出与实验值最贴合的直线，人们总是使直线 L(图 9－11)穿行在各实验点之间，并使各实验点大体均匀地分布在直线两侧。这种作法的出发点是考虑到各测量值均具有无规则的偶然误差，使正误差和负误差大体相等，即

$$\Delta y_1+\Delta y_2+\cdots+\Delta y_n=0$$

这一想法无疑是对的，但不充分。因为利用同样数据还可以作出另一条直线 L'，也能满足

$$\Delta' y_1+\Delta' y_2+\cdots+\Delta' y_n=0$$

的要求。所以充分的条件应该是：各测量值的误差平方和最小，即

$$(\Delta y_1)^2+(\Delta y_2)^2+\cdots+(\Delta y_n)^2=\text{最小} \tag{9-22}$$

式(9－22)是最小二乘法的基本公式，利用它可以精确地确定直线的位置或待

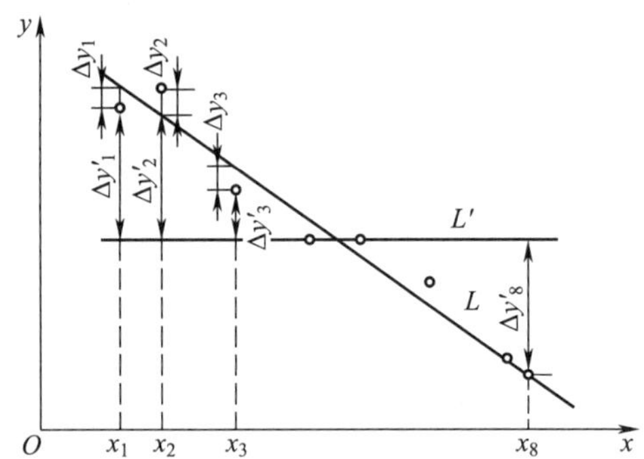

图 9－11　在实验中可以画出两条正负误差大体相等的直线

测量的真值。

若已知两个物理量 x 和 y 呈直线关系，即 $y=a+bx$，假定由实验测出的各个物理量对应数据值为 x_1y_1，x_2y_2，…，x_ny_n，运用最小二乘法可以从繁多的测量数据中求得最佳直线的截距 a 和斜率 b。

由方程式 $y=a+bx$ 可知，与 x_1 值相对应的 y 值为 $a+bx_1$，可是实验测量值是 y_1，因此第一个实验点的误差为 $\Delta y_1=(a+bx_1)-y_1$。其他各点的误差也可以用类似的方程式表示，然后再写出这些误差的平方和表达式：

$$\sum \Delta y^2=(a+bx_1-y_1)^2+(a+bx_2-y_2)^2+\cdots \tag{9-23}$$

按照最小二乘法原理，最佳直线是使误差的平方和为最小的直线。使 $\sum \Delta y^2$ 为最小值的条件是

$$\frac{\partial \sum \Delta y^2}{\partial a}=0 \text{ 和 } \frac{\partial \sum \Delta y^2}{\partial b}=0$$

于是整理后得到

$$\sum a+b\sum x-\sum y=0 \tag{9-24}$$

以及

$$a\sum x+b\sum x^2-\sum xy=0 \tag{9-25}$$

把式(9－24)和式(9－25)重新排列如下：

$$\begin{cases}\sum y=\sum a+b\sum x\\ \sum xy=a\sum x+b\sum x^2\end{cases} \tag{9-26}$$

方程组(9－26)称为正则方程。将此方程组联立求解，即得误差平方和为最小值的 a 和 b 的最佳值，从而可作出最佳直线。

应该强调指出，最小二乘法所能做到的是确定所选定方程式中常数的最佳

值，或者说确定曲线的最佳形状。但当不知道曲线的函数形式（是线性的还是抛物线等非线性的）时，是无法运用最小二乘法的。使用最小二乘法不仅可以确定直线的最佳位置，还可以确定曲线、曲面或更复杂函数曲线的最佳形状。

运用柯亨的最小二乘法来计算点阵常数时，首先要知道误差函数，其次是确立正则方程。德拜－谢勒法中的综合系统误差函数为式(9－21)，对于立方晶系，点阵常数真实值 a_0 和计算出的 a 值之间有如下关系：

$$a = a_0 - K\cos^2\theta$$

或

$$a = a_0 - \frac{K}{2}\left(\frac{\cos^2\theta}{\sin\theta} + \frac{\cos^2\theta}{\theta}\right)$$

将上述方程式与 $y = a + bx$ 对比，如果令 a 代 y，$\cos^2\theta$ 或 $\frac{1}{2}\left(\frac{\cos^2\theta}{\sin\theta} + \frac{\cos^2\theta}{\theta}\right)$ 代 x，a_0 代 a，$-K$ 代 b，则可利用正则方程式(9－26)直接解出点阵常数真实值 a_0。但是，在 $a - \cos^2\theta$ 或 $\frac{1}{2}\left(\frac{\cos^2\theta}{\sin\theta} + \frac{\cos^2\theta}{\theta}\right)$ 关系上应用最小二乘法，需要事先计算出各衍射线对应的 a 值，太烦琐。通常是在 $\sin^2\theta$ 关系上应用最小二乘法。为此，将布拉格方程式平方并取对数，得

$$2\lg d = -\lg \sin^2\theta + 2\lg\frac{\lambda}{2}$$

微分后得

$$\frac{2\Delta d}{d} = -\frac{\Delta\sin^2\theta}{\sin^2\theta} + \frac{2\Delta\lambda}{\lambda}$$

因为可假定 $\frac{\Delta\lambda}{\lambda}$ 为零，所以

$$\frac{2\Delta d}{d} = -\frac{\Delta\sin^2\theta}{\sin^2\theta} \tag{9-27}$$

将式(9－27)代入式(9－21)得

$$\Delta\sin^2\theta = -2K\sin^2\theta\cos^2\theta = D\sin^2 2\theta \tag{9-28}$$

式中：D 为常数。需要注意，式(9－28)仅适用于式(9－21)所表示的综合系统误差函数。当采用其他综合误差形式时，式(9－28)应作相应改变。

正则方程的确立是在布拉格方程上进行的。各条衍射线的观察值 $\sin^2\theta$ 有一定误差，且误差数值等于 $D\sin^2 2\theta$，现将这个误差加到平方形式的布拉格方程中去，对立方晶系，

$$\sin^2\theta = \frac{\lambda^2}{4a_0^2}(h^2 + k^2 + l^2) + D\sin^2 2\theta = A\alpha + C\delta \tag{9-29}$$

式中：$A=\dfrac{\lambda^2}{4a_0^2}$，$\alpha=h^2+k^2+l^2$，$C=D/10$，$\delta=10\sin^2 2\theta$。$C$ 和 δ 中的常数 10，完全是为了使方程式中各项系数的数量级能够相同而引入的。

对于衍射像上每一条衍射线，都可以按式(9－29)列出一个方程式。在每个方程式中，$\sin^2 2\theta$、α 和 δ 都可由实验求得，而 A 和 C 是未知数。但是，A 取决于入射线的波长和物质的点阵常数，因此对同一张底片上的各条衍射线来说，它是恒定的；C 与实验中系统误差的大小有关，在同一张底片上它也是恒定的，因此称为漂移常数。将式(9－29)与直线方程式 $y=a+bx$ 相对比，如果令 $\sin^2 2\theta$ 代 y，δ 代 x，A 代 a(α 相当于直线方程式中 a 的系数)，C 代 b，再参照正则方程建立规则，可以列出最小二乘法的正则方程

$$\begin{cases}\sum \alpha\sin\theta = A\sum\alpha^2 + C\sum\alpha\delta \\ \sum\delta\sin\theta = A\sum\alpha\delta + C\sum\delta^2\end{cases} \tag{9-30}$$

对两个正则方程联合求解，得出 A 和 C，然后由 A 计算出真实点阵常数 a_0。

9.2.5　点阵常数测定举例

现以纯铅在 25 ℃时的点阵常数测定为例，说明上述计算方法在立方晶体的应用。假定 $\sin^2\theta$ 的系统误差正比于 $\sin^2 2\theta$，即 $\Delta a/a\propto\cos^2\theta$，则各项计算值列于表 9－2。

表 9－2　用最小二乘法计算纯铅在 25 ℃时的点阵常数

hkl	$\theta/(°)$	$\sin^2\theta$	$\sin^2\theta\rightarrow(\sin^2\theta)_{\alpha1}$	$\delta=10\sin^2 2\theta$
(531)α1	67.080	0.84833	0.84833	5.1
(531)α2	67.421	0.85258	0.84835	5.0
(600)α1	69.061	0.87230	0.87230	4.5
(600)α2	69.467	0.87698	0.87263	4.3
(620)α1	79.794	0.96861	0.96961	1.2
(620)α2	80.601	0.97332	0.96849	1.0

注：$\lambda_{\mathrm{Cu\,K_{\alpha1}}}=1.54050$ Å，$\lambda_{\mathrm{Cu\,K_{\alpha2}}}=1.54434$ Å。

表 9－2 中前三项所列的实验数据中存在着两种不同波长的资料，可是正则方程中波长是作为同一个常数来处理的，因此必须把所有实验数据都归一化到任一波长。表 9－2 中第四项是把 $\mathrm{K_{\alpha2}}$ 的 $\sin^2\theta$ 归一化到 $\mathrm{K_{\alpha1}}$ 的 $\sin^2\theta$，第五项 δ 也是经归一化后的值。由布拉格方程式可知

$$\frac{\sin^2\theta_{\alpha1}}{\sin^2\theta_{\alpha2}}=\frac{\lambda_{\alpha1}^2}{\lambda_{\alpha2}^2}$$

因此将 $\sin^2\theta_{\alpha2}$ 乘以 $\frac{\lambda_{\alpha1}^2}{\lambda_{\alpha2}^2}$，即可归一成 $\sin^2\theta_{\alpha1}$。对于 Cu 辐射来说，$\frac{\lambda_{\alpha1}^2}{\lambda_{\alpha2}^2}=0.99503$。此外，由于正则方程中 $C\delta$ 项比 $A\alpha$ 项小得多，所以 δ 值仅需计算到两位有效数字，而 $\sin^2\theta$ 要精确到五六位有效数字。

由表 9－2 所列数据得出

$$\sum a^2 = 8242.000, \quad \sum a\sin^2\theta = 199.6853, \quad \sum a\delta = 758.3,$$

$$\sum \delta\sin^2\theta = 18.3767, \quad \sum \delta^2 = 92.2$$

将上述具体数字代入正则方程式(9－30)，得

$$8242.000A + 758.3C = 199.6853$$

$$758.3A + 92.2C = 18.3767$$

解联立方程得

$$A = 0.0242082, \qquad C = 0.000213$$

$$a_0 = \frac{\lambda_{\alpha1}}{2\sqrt{A}} = 4.9505_2\ \text{Å}, \qquad a(\text{经折射校正}) = 4.9506_6\ \text{Å}$$

以上讨论是在立方晶系情况下，采用误差函数 $\Delta d/d \propto \cos^2\theta$ 条件下进行的。在此基础上得出 $\Delta\sin^2\theta = D\sin^2 2\theta$。之所以采用 $\cos^2\theta d$ 误差形式，是因为所列举的纯铅在 $\theta > 60°$ 区域有三对明锐的 α1、α2 双线。当有些物质在 $\theta > 60°$ 区域衍射线条不多时，常采用在 30°～90°区域直线性优良的 $\Delta d/d \propto \left(\frac{\cos^2\theta}{\sin\theta} + \frac{\cos^2\theta}{\theta}\right)$ 的系统误差表达形式。在此情况下，倘若物质仍为立方晶系，则正则方程的形式不变，但 δ 数值发生变化：

$$\Delta\sin^2\theta = D\sin^2 2\theta\left(\frac{1}{\sin\theta} + \frac{1}{\theta}\right) = C\delta$$

$$\delta = 10\sin^2 2\theta\left(\frac{1}{\sin\theta} + \frac{1}{\theta}\right)$$

从以上讨论可以看出，最小二乘法的计算结果完全依赖于所测数据，不像外推法那样有一定的随意性。但是最小二乘法也有不足，它忽视了高角度线条观测误差较小这一事实，把高角度线条与低角度线条等同看待了。因此，其计算结果的精度未必超过图解外推法。于是有人提出以最小二乘法为基础，对高角度线条乘以加权因子的计算方法。无疑，这给运算工作增加了麻烦，但运用计算机进行数据处理是完全行之有效的。

9.3 宏观应力测定

各类应力使 X 射线衍射图像有不同的变化。应力可分为三类，第一类应

力是在物体较大范围或许许多多晶粒范围内存在并保持平衡的应力，称为宏观应力(工程上称之为残余应力)，它能引起衍射线的位移。第二类应力是在一个或少数晶粒范围内存在并保持平衡的应力，一般能使衍射线条变宽，但有时也会引起衍射线位移，如对两相材料中每个单相的衍射线作观察时所表明的那样。第三类应力是在若干个原子范围内存在并保持平衡的内应力，它能使衍射线强度减弱。通常又把第二类应力和第三类应力合称为微观应力。

宏观应力是指当产生应力的因素去除后，在物体内部相当大的范围内均匀分布的残余内应力。它对机械构件的疲劳强度、抗应力腐蚀、尺寸稳定性和使用寿命等都有直接的影响。其中，有些影响是有利的，例如表面淬火、喷丸、渗碳、渗氮等表面强化处理后，产生的宏观应力可起强化作用；也有些影响是不利的，例如由于工艺条件选择不当，部件淬火时产生过大的宏观应力，使部件开裂，性能不稳定，尺寸改变等。通过宏观应力测定，可以检查应力消除工艺的效果，检查表面强化处理工艺的效果，还可以预测零件疲劳强度的储备。从发展看来 X 射线宏观应力测定在评价材料强度、控制加工工艺、检查产品质量、分析破坏事故等方面都将是有力的手段。

9.3.1　X 射线应力测定的基本原理

最简单的受力状态是单轴拉伸。假如有一根横截面积为 A 的试棒，在轴向 z 施加应力 F，它的长度将由受力前的 L_0 变为拉伸后的 L_f，所产生的应变 ε_z 为

$$\varepsilon_z = \frac{L_f - L_0}{L_0}$$

根据胡克(Hook)定律，其弹性应力 $\sigma_z = E\varepsilon_z$($E$ 为弹性模量)。在拉伸过程中，试样的直径将由拉伸前的 D_0 变为拉伸后的 D_f，径向应变 ε_x 和为 ε_y 为

$$\varepsilon_x = \varepsilon_y = \frac{D_f - D_0}{D_0}$$

与此同时，试样各晶粒中与轴向平行晶面的晶面间距 d 也会相应地变化，如图 9－12 所示。因此，可用晶面间距的相对变化来表示径向应变：

$$\varepsilon_x = \varepsilon_y = \frac{d - d_0}{d_0} = \frac{\Delta d}{d}$$

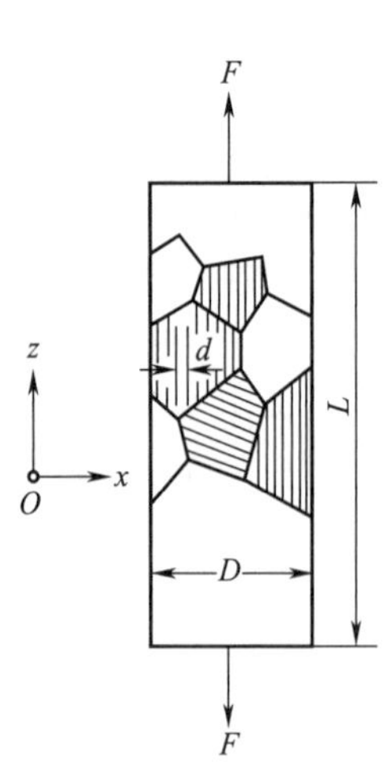

图 9－12　单轴拉伸

如果试样是各向同性的，则 ε_x、ε_y、ε_z 的关系为 $\varepsilon_x = -\varepsilon_y = \nu\varepsilon_z$[$\nu$ 为泊松(Poisson)比，负号表示收缩]。于是有

$$\sigma_z = -\frac{E}{\nu}\frac{\Delta d}{d}$$

由布拉格方程微分得 $\Delta d/d = -\cot\theta\cdot\Delta\theta$，所以

$$\sigma_z = \frac{E}{\nu}\cot\theta\cdot\Delta\theta \tag{9-31}$$

式(9-31)是测定单轴应力的基本公式。该式表明，当试样中存在宏观应力时，会使衍射线产生位移。这就给我们提供了用X射线方法测定宏观应力的实验依据，即可以通过测量衍射线位移作为原始数据来测定宏观应力。这里还应注意到，X射线衍射方法测定的实际上是残余应变。而宏观应力是通过弹性模量由残余应变计算出来的。

根据实际应用的需要，X射线衍射法的目的是测定沿试样表面某一方向上的宏观应力 σ_ϕ。为此，要利用弹性力学理论求出 σ_ϕ 的表达式，并将其与晶面间距或衍射角的相对变化联系起来，得到测定宏观应力的基本公式。

由弹性力学原理可知，在一个受应力作用的物体内，不论其应力系统如何变化，在变形区内某一点或取一无限小的单元六面体，总可以找到一个单元六面体各面上切应力 τ 为零的正交坐标系统。在这种情况下沿 X、Y、Z 轴向的正应力 σ_x、σ_y、σ_z分别用 σ_1、σ_2、σ_3表示，称为主应力。与其相对应的 ε_1、ε_2、ε_3称为主应变。利用力的独立作用原理(叠加原理)可以得到用广义胡克定律描述的主应力和主应变的关系：

$$\begin{cases}\varepsilon_1 = \dfrac{1}{E}[\sigma_1 - \nu(\sigma_2+\sigma_3)] \\ \varepsilon_2 = \dfrac{1}{E}[\sigma_2 - \nu(\sigma_1+\sigma_3)] \\ \varepsilon_3 = \dfrac{1}{E}[\sigma_3 - \nu(\sigma_1+\sigma_2)]\end{cases} \tag{9-32}$$

根据弹性力学原理可以导出，在主应力(或主应变)坐标系统中，任一方向上正应力(或正应变)与主应力(或主应变)之间的关系为

$$\begin{cases}\sigma_\varphi = \alpha_1^2\sigma_1 + \alpha_2^2\sigma_2 + \alpha_3^2\sigma_3 \\ \varepsilon_\varphi = \alpha_1^2\sigma_1 + \alpha_2^2\sigma_2 + \alpha_3^2\sigma_3\end{cases} \tag{9-33}$$

式中：α_1、α_2、α_3 分别为 σ_φ 与主应力(或主应变)的方向余弦；φ 为 σ_φ 与试样表面(xy 面)法向的夹角，如图 9-13 所示。

$$\begin{cases}\alpha_1 = \sin\varphi\cos\phi \\ \alpha_2 = \sin\varphi\sin\phi \\ \alpha_3 = \cos\varphi\end{cases} \tag{9-34}$$

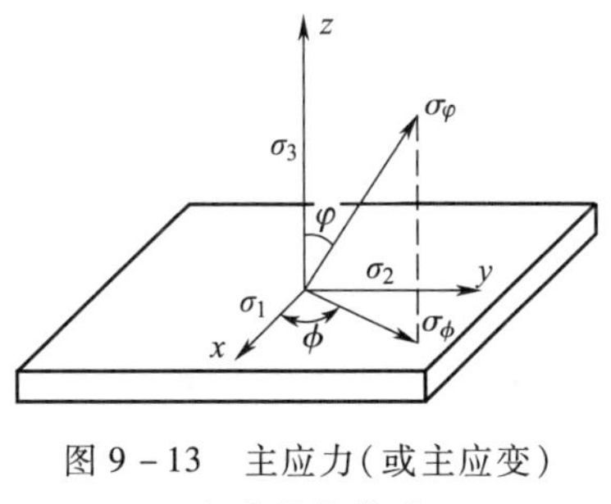

图 9-13　主应力(或主应变)与分量的关系

由图9－13可以看出，σ_φ 在 xy 平面(试样表面)上的投影即为 σ_ϕ。当 $\varphi=90°$ 时，由式(9－33)和式(9－34)可得

$$\sigma_\phi=\cos^2\phi\cdot\sigma_1+\sin^2\phi\cdot\sigma_2 \tag{9-35}$$

由于X射线对试样的穿入能力有限，所以只能测量试样的表层应力。在这种情况下，可近似地把试样表层的应力分布看成二维应力状态，即 $\sigma_3=0$ ($\varepsilon_3\neq0$)。因此式(9－32)可简化为

$$\begin{cases}\varepsilon_1=\dfrac{1}{E}(\sigma_1-\nu\sigma_2)\\ \varepsilon_2=\dfrac{1}{E}(\sigma_2-\nu\sigma_1)\\ \varepsilon_3=-\dfrac{\nu}{E}(\sigma_1+\sigma_2)\end{cases} \tag{9-36}$$

将式(9－34)～(9－36)代入式(9－33)，可得

$$\varepsilon_\varphi=\frac{1+\nu}{E}\sigma_\phi\sin^2\varphi-\frac{\nu}{E}(\sigma_1+\sigma_2) \tag{9-37}$$

将式(9－37)对 $\sin^2\varphi$ 求导，可得

$$\sigma_\phi=\frac{E}{1+\nu}\cdot\frac{\partial\varepsilon_\varphi}{\partial\sin^2\varphi} \tag{9-38}$$

用晶面间距的相对变化 $(\Delta d/d)_\varphi$ 或 $2\theta_\varphi$ 表达应变 ε_φ，于是有

$$\varepsilon_\varphi=(\Delta d/d)_\varphi=-\cot\theta_0\cdot\Delta\theta_\varphi=-\cot\theta_0(\theta_\varphi-\theta_0) \tag{9-39}$$

式中：θ_0 为无应力时的布拉格角；θ_φ 为各 φ 角下的布拉格角。

将式(9－39)代入式(9－38)得

$$\sigma_\phi=-\frac{E}{2(1+\nu)}\cdot\cot\theta_0\frac{\partial(2\theta_\varphi)}{\partial\sin^2\varphi} \tag{9-40}$$

在实际应用计算时，要将式(9－40)中的 $2\theta_\varphi$ 由弧度换算成角度，因此要乘上因数($\pi/180°$)，于是将式(9－40)写成

$$\sigma_\phi=-\frac{E}{2(1+\nu)}\cot\theta_0\frac{\pi}{180°}\frac{\partial(2\theta_\varphi)}{\partial\sin^2\varphi} \tag{9-41}$$

或写成

$$\frac{\partial(2\theta_\varphi)}{\partial\sin^2\varphi}=\sigma_\phi/K=M \tag{9-42}$$

式中，$K=-\dfrac{E}{2(1+\nu)}\cot\theta_0\dfrac{\pi}{180°}$。对同一部件，当选定了 hkl 反射面和波长时，K 为常数，称为应力常数。

式(9－42)表明，$2\theta_\varphi$ 与 $\sin^2\varphi$ 呈线性关系，其斜率 $M=\sigma_\phi/K$。如果在不同的 φ 角下测量 $2\theta_\varphi$，然后将 $2\theta_\varphi$ 对 $\sin^2\varphi$ 作图，称为 $2\theta_\varphi-\sin^2\varphi$ 关系图。从直

线斜率 M 中，便可求得 σ_ϕ。当 $M<0$ 时，为拉应力；当 $M>0$ 时，为压应力；当 $M=0$ 时，无应力存在。

实际应用中，通常采用 $\sin^2\varphi$ 法和 0°~45°法。

(1) $\sin^2\varphi$ 法

取 $\varphi=0°$、15°、30°和 45°，测量各 φ 角所对应的 $2\theta_\varphi$ 角，绘制 $2\theta_\varphi-\sin^2\varphi$ 关系图。然后，运用最小二乘法原理，将各数据点回归成直线方程，并计算关系直线的斜率 M，再由 $\sigma_\phi=MK$，求得 σ_ϕ。

$$M=\frac{\sum 2\theta_\varphi\sum\sin^2\varphi-n\sum 2\theta_\varphi\cdot\sum\sin^2\varphi}{\left(\sum\sin^2\varphi\right)^2-n\sum\sin^4\varphi} \tag{9-43}$$

(2) 0°~45°法

如果 $2\theta_\varphi$ 与 $\sin^2\varphi$ 的线性关系较好，可以只取 $2\theta_\varphi-\sin^2\varphi$ 关系直线的首尾两点，即 $\varphi=0°$和 $\varphi=45°$。这时式(9-41)可简化为

$$\sigma_\phi=\frac{E}{2(1+\nu)}\cot\theta_0\frac{\pi}{180°}\frac{(2\theta_0-2\theta_{45})}{\sin^2 45°} \tag{9-44}$$

可见，0°~45°法是 $\sin^2\varphi$ 法的简化方法。但一定要注意，如果 $2\theta_\varphi$ 与 $\sin^2\varphi$ 偏离线性关系，会产生很大的误差，这时就不能使用这种方法。

9.3.2 实验方法

根据 9.3.1 节所述原理，原则上可采用照相法和衍射仪法对试样表面特定方向上的宏观应力进行实际测定。但照相法效率低、误差大，尤其在衍射线条出现漫射时更为突出。自 20 世纪 50 年代开始，衍射仪和衍射技术的发展使衍射仪法逐渐替代了照相法。

1. 衍射仪法

下面以低碳钢为例，说明采用衍射仪法测量残余应力的方法和步骤。

(1) $\varphi=0°$的应变测定

一般钢铁材料用 Cr K_α 测(211)线。由布拉格方程可算出：$2\theta=156.4°$，$\theta=78.2°$。当 $\varphi=0°$时，即(211)晶面平行于试样表面时，只要令入射线与试样表面呈 $\theta_0=78.2°$即可。这正是衍射仪所具备的衍射几何，如图 9-14(a)所示。这时所测的(211)处于与表面平行的部分，计数管在 78.2°的附近作 ±5°扫描，得到确切的 $2\theta_0$(154.92°)。

(2) φ 为任意角的测定

一般为画 $2\theta_\varphi-\sin^2\varphi$ 曲线，取 φ 分别为 0°、15°、30°、45°四点测量。如测 45°时，让试样顺时针转 45°，而计数管不动，始终保持在 $2\theta=156.4°$附近。几何光学位置如图 9-14(b)所示。此时记录在这个空间位置上试样内部的

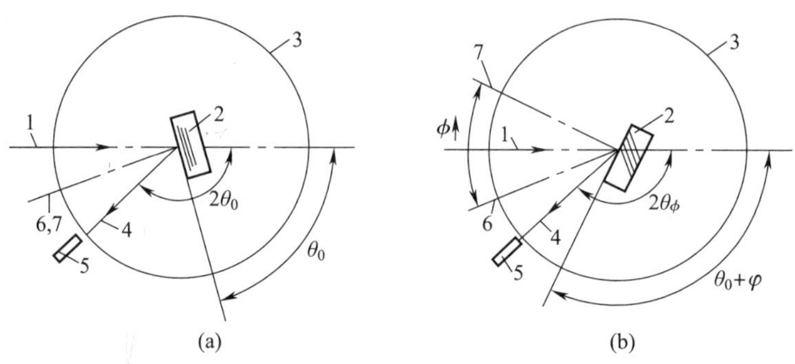

图 9－14　衍射仪法残余应力测定时的测量几何关系。(a) $\varphi=0°$；(b) φ 为任意角
(1. 入射 X 射线；2. 反射晶面；3. 测角仪圆；4. 反射 X 射线；5. 计数管；
6. 反射晶面法线；7. 试样表面法线)

(211)晶面反射，得到 $2\theta_{45}=155.96°$，而 $\sin^2 45°=0.72$。再测得 $\varphi=15°$、$\varphi=30°$的数据，得到表 9－3 的实验数据。

作 $2\theta_\varphi-\sin^2\varphi$ 直线，用最小二乘法求得斜率 $M=1.965$，查表并计算得 $K_1=-318.1$ MPa，所以，$\sigma_0=K_1M=-625.1$ MPa。

表 9－3　衍射实验数据

φ	0°	15°	30°	45°
$2\theta_\varphi$	154.92°	155.35°	155.91°	155.96°
$\sin^2\varphi$	0	0.067	0.25	0.707

一般测 4 点或 4 点以上的方法，叫 $\sin^2\varphi$ 法。$\sin^2\varphi$ 法的结果较为精确，缺点是测量次数较多。但是，随着测试设备和计算手段的进步，测量和计算时间已不是主要矛盾。所以在科学研究中推荐使用 $\sin^2\varphi$ 法。当晶粒较细、织构少、微观应力不严重时，$2\theta_\varphi-\sin^2\varphi$ 直线的斜率也可以由首尾两点决定，就是说可以只测定 0°、45°两个方向上的应变。

当用通用型衍射仪测定应力时，一般须作两点改动：① 必须另装一个刚度较高的样品架，以便支撑较重的试样。同时由于要改变 φ 角，所以它能围绕测角仪轴独立地旋转到所需角度。② 须使计数管能够沿测角仪圆的半径方向移动，以达到聚焦目的。

图 9－15 为衍射仪测定宏观应力的聚焦几何。图 9－15(a)为 $\varphi=0°$时的情形。此时，反射晶面法线 N_p与试样表面法线 N_s相重合，聚焦几何与一般衍射仪光学布置相同，即入射线和衍射线在试样表面法线两侧对称分布。入射线被反射面聚焦到测角仪圆上，接收狭缝和计数管位于正常位置。此时测量的是与试样表面相平行的那些晶面的应变。图 9－15(b)为倾斜入射，即 φ 不为零的

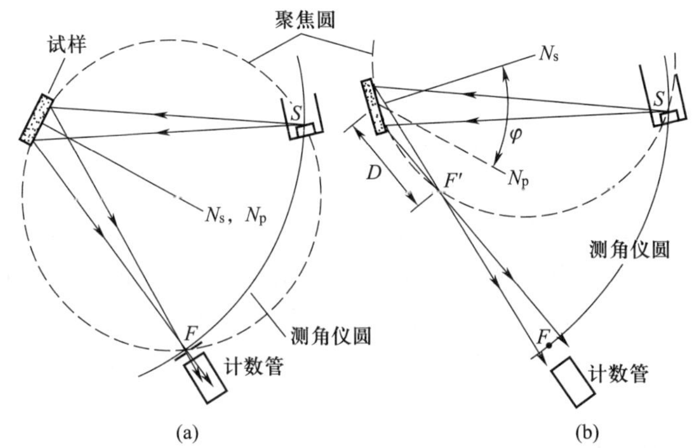

图 9－15　宏观应力测定时的衍射仪聚焦几何。(a) $\varphi=0°$；(b) φ 为任意角

情形。此时须把试样表面转动所需角度 φ 而计数管不动，这样入射线和衍射线不再以试样表面法线对称分布。由于聚焦圆必须与试样表面相切，所以聚焦圆的位置和半径都会发生变化，衍射线束将在 F' 处聚焦，F' 到测角仪轴的距离为 D，如果测角仪圆半径为 R，则可证明

$$\frac{D}{R}=\frac{\sin(\theta-\varphi)}{\sin(\theta+\varphi)} \tag{9-45}$$

因此，当倾斜入射时，对所确定的各个 φ 角，计数管的接收狭缝必须按式(9－45)沿径向运动到 F' 的位置，才能获得聚焦后的衍射线形。如接收狭缝和计数管仍处在固定半径的测角仪圆周上，则计数管接收的只能是发散的衍射束中的一部分，其强度很弱；如果换用宽的接收狭缝来提高所能接收的强度的话，又必然会降低分辨率。也可以采用折中的办法，使计数管的位置测角不变，而将接收狭缝移动到计算位置。实践表明，在衍射线宽化不明显的情形下，限制入射束发散度在 1°左右，同时尽量减小接收狭缝宽度，则一般不会导致衍射线的过度畸变和位移。

2. 应力仪法

用宏观应力测定仪(应力仪)可以在现场对工件进行实地残余应力检测。应力仪的测角仪为立式，计数管在竖直平面内扫描，试样是固定的。测角台能使入射线在 0°～45°范围内倾斜入射，计数管的 2θ 扫描范围可达到 145°～165°。测量的衍射几何如图 9－16 所示。定义入射线 S_0 与试样表面法线之间的夹角

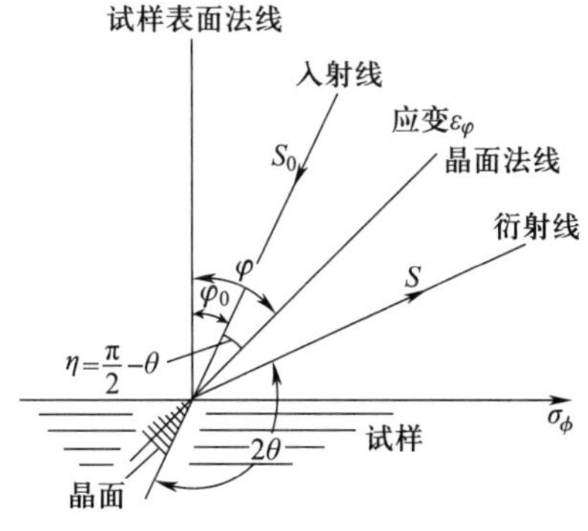

图 9－16　宏观应力测定仪的衍射几何

为 φ_0，叫做入射角，测量时改变 φ_0 角，并读出某一条谱线的 2θ 角。注意：每次所测应变方向与入射线夹角 $\eta=(\pi/2-\theta)$。很容易看出 φ、φ_0 和 θ 之间的关系式为

$$\varphi=\varphi_0+\eta=\varphi_0+\left(\frac{\pi}{2}-\theta\right)$$

在实验中，φ 常选取 0°、15°、30°、45°，测量衍射角 2θ，绘制 $2\theta_\varphi-\sin^2\varphi$ 的关系图，由直线斜率得出 σ_ϕ，这就是通称的 $\sin^2\varphi$ 法。如果材料十分均匀，实测值的直线性好，φ 也可选 0°、45°两个值，这就是通称的 0° ~ 45°法。一般来说，$\sin^2\varphi$ 法精度较高，尤其在材料不十分均匀的情况下，推荐使用 $\sin^2\varphi$ 法。

用应力仪进行 0° ~ 45°测量时，两次所测的应变分量分别为 η 和$(45°+\eta)$方向，所以计算公式为

$$\sigma_\phi=\frac{E}{2(1+\nu)}\cot\theta_0\frac{\pi}{180}\frac{(2\theta_\eta-2\theta_{45+\pi})}{[\sin^2(45°+\eta)-\sin^2\eta]}=K_2'(2\theta_\eta-2\theta_{45+\eta})$$

因为当材料、测试晶面以及入射线波长确定之后，η 是不变的，所以 K_2' 为常数。当然 K_2' 也只适用于上面所讨论的应力仪的测量几何。

使用应力仪时，X 射线照射方式有两种。如果入射 X 射线与试样的相对位置不变，即 φ_0 保持不变，而通过计数管扫描来接收整个衍射峰，这种方法称为固定 φ_0 法；如果入射 X 射线方向固定，但试样与计数管以 1 ∶ 2 的角速度同方向转动，则在测试过程中 φ 角保持恒定，这种方法称为固定 φ 法。显然，固定 φ 法测得的是 φ 方向上的应变，而固定 φ_0 法所测得的只是某一方向范围内的应变，可见固定 φ 法更为严格。

9.3.3　实验精度的保证及测试原理的适用条件

X 射线法测定残余应力的原理并不复杂，但由于影响测定精度的因素很多，要想准确地获得高精度的测定结果并非易事。以下几点要特别说明。

1. 试样表面的清理

在测量之前，试样表面的处理是极其重要的。首先应去掉表面的污染物和锈斑，如有必要还要用酸深度腐蚀以去除遗留的机械加工表面层。当然如果测量的是切削、磨削、喷丸以及其他表面处理后引起的表面残余应力，则绝不应破坏原有表面，因为上述处理会引起应力分布的变化，达不到测量的目的。

2. 辐射的选择

辐射的选择对测量精度有直接影响。首先应该使待测衍射面的 θ 角尽量接近 90°(一般应在 75°以上)，其次应兼顾背底强度。例如，在测定淬火钢的残余应力时，如采用 Co 辐射能得到将近 81°的(310)衍射线条，但除非淬火钢的

衍射线条较明锐，一般轧制或淬火钢材的衍射背底强度较高，衍射峰分布较宽，所以衍射峰的位置不易测准，为此多采用 Cr K_α 辐射。此时(211)的 θ 角较小(78.2°)，但可以得到较好的峰值与背底的强度比，综合效果是好的。

3. 吸收因子和角因子的校正

衍射线位置的准确测定是提高实验精度的关键之一。当衍射线条明锐时，衍射峰位置测定较容易；但当衍射线条宽化或峰形不对称时，会给衍射线位置的确定带来不少困难。

影响衍射线峰形不对称的主要因素有吸收因子和角因子。在衍射线非常宽的情况下，须用吸收因子和角因子对衍射峰形进行修正，使其基本上恢复对称形式。

在衍射仪中，当入射线与反射线和平板试样的表面法线呈对称分布时($\varphi=0°$)，平板试样的吸收因子与 θ 角无关。然而，当 X 射线倾斜入射($\varphi\neq0$)时，入射线与反射线在试样中所经历的路程不同，吸收因子不仅与 θ 有关，还与 φ 角有关，它将造成峰形不对称。吸收修正因子为 $R(\theta)=1-\tan\varphi\cot\theta$，在一定的倾斜角 φ 下，它是一个单值增加函数，其增加值较角因子为小。一般认为只有在衍射线半高宽在 6°以上且应力比较大时，才有必要考虑这个修正。

角因子 $\varphi(\theta)=\left(\dfrac{1+\cos^2\theta}{\sin^2\theta\cos\theta}\right)$在布拉格角接近 90°时显著增大，因此，对衍射峰不对称性的影响也加剧。一般认为当衍射线半高宽在 3.5°～4.0°以上时，就有必要进行角因子修正。校正强度等于实测强度(该点的脉冲数)除以该点处的 $\varphi(\theta)\cdot R(\theta)$。

4. 衍射线峰位的确定

准确测定衍射线峰位是极其重要的。除非衍射峰很尖锐，绝大多数情况下是很难用常规的峰顶法定峰的。定峰方法很多，有重心法、切线法、半高法(或 2/3、3/4、7/8 高法)和中点连线法等。常用的是半高法和三点抛物线法。

(1) 半高法

半高法是以峰高 1/2 处的峰宽的中点作为衍射峰的位置。其定峰过程如图 9－17 所示。连接衍射峰两端的平均背底直线 ab，过衍射峰最高点 P 作 x 轴的垂直，交直线 ab 于 P'点，并过 PP'线的中点 O'作 ab 的平行线，与衍射峰轮廓相交于 M、N 两点，将 MN 的中点 O 作为衍射峰的位置。

半高法依靠衍射峰的腰部来确定峰位，简便易行，当衍射峰轮廓光滑时，具有较高的可靠性。但当计数波动显著、衍射峰的轮廓不光滑时，P 点、ab 直线、M 点及 N 点的确定都会带来一些随意性。另外，2θ 角度读取精度受横轴分辨率的影响而难以提高。有时因实验条件所限，衍射峰的背底强度难以确定，此时只能运用其他方法定峰。

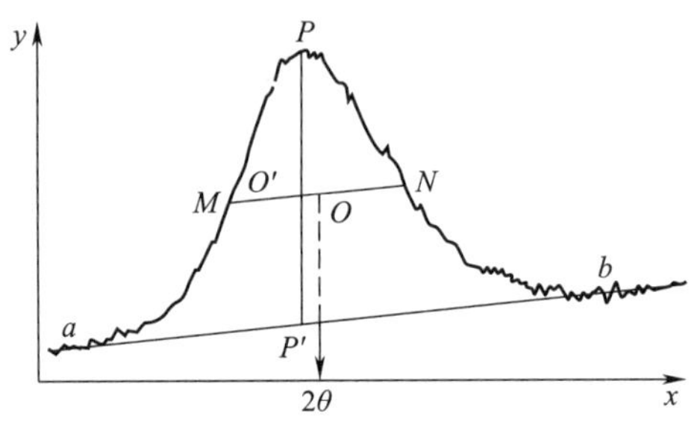

图 9－17　半高法定峰

（2）抛物线法

抛物线法的原理是将抛物线拟合到峰顶部，以抛物线的对称轴作为峰的位置。当经吸收因子和角因子校正后，衍射峰形状往往近似于抛物线形状。可以采用三点、五点或七点抛物线法来定峰位，其中三点抛物线法因简便迅速而被广泛地应用。对于长轴与纵轴平行的抛物线，其一级方程式为

$$(x-h)^2=P(y-k)$$

式中：P 为常数；h 和 k 为顶点的横坐标和纵坐标。

将 $I=y$，$2\theta=x$，$2\theta_m=h$，$I_m=k$ 代入上式，则有

$$(2\theta-2\theta_m)^2=P(I-I_m)$$

如在横轴上以等间距测得三个实验点，$(2\theta_1, I_1)$、$(2\theta_2, I_2)$、$(2\theta_3, I_3)$，将这三个实验点代入上式，解方程组可以得到

$$2\theta_m=2\theta_1+\frac{\Delta 2\theta}{2}\left(\frac{3a+b}{a+b}\right) \tag{9-46}$$

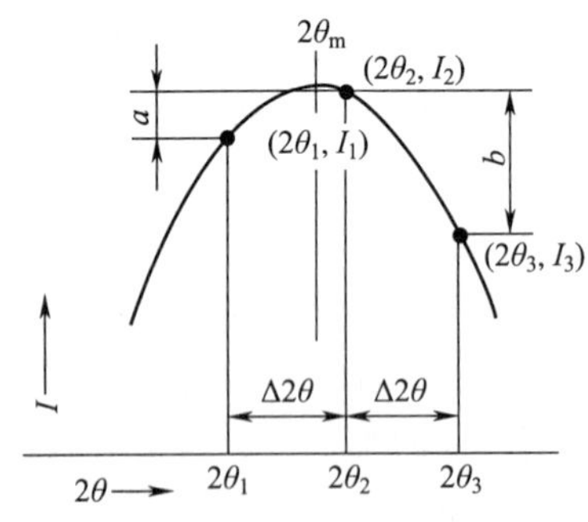

图 9－18　三点抛物线法定峰

式中：$\Delta 2\theta=2\theta_2-2\theta_1=2\theta_3-2\theta_2$；$a=I_2-I_1$；$b=I_2-I_3$（参看图 9－18）。

实验时，先在近似顶点处用计数管作定时计数（或定数计数）得到 $(2\theta_2, I_2)$，再在近似顶点的两侧等角间距处各取一点（其间距可选为 0.2°、0.5°、1.0°、1.5°等），测出 $(2\theta_1, I_1)$、$(2\theta_3, I_3)$，分别进行角因子校正后代入式（9－46），即可算出抛物线顶点位置 $2\theta_m$。

5. 测试原理的适用条件

1）对于关系式 $\varepsilon=\Delta d/d$，这里默认了某个晶面间距的变化等于弹性力学意义上的宏观应变。而实际上，用 X 射线测定的晶面间距的相对应变只是在试样表面上的一部分晶粒上得到的，而这部分晶粒的多少因晶粒大小、择优

取向的严重程度而大不相同。因此实测数据可能偏离 $2\theta-\sin^2\varphi$ 的理想直线关系。

2）式(9－41)是在表面邻近区域内二维应力分布情况下导出的。然而，X射线测定宏观应力是对于有一定厚度的材料表层而言，其厚度与X射线波长和材料的吸收系数等因素有关，只有在X射线波长较长、试样表层没有明显应力梯度的情况下才适用。

3）多晶体试样在无织构情况下可以认为是各向同性的，但对于晶体本身却是各向异性的，有时不同晶体学方向上的力学性能差别很大。X射线应力分析是在垂直于(hkl)反射晶面的特殊晶体学方向上进行的，因此，在作精确测量时不宜用工程上的泊松比v和弹性系数E。例如Al单晶体沿[111]和[100]的弹性系数分别为：$E_{[111]}=77$ GPa和$E_{[100]}=64$ GPa，只有在精度要求不高时方可使用工程的E值(72 GPa)。对于α－Fe单晶体，[100]和[111]方向的弹性系数分为$E_{[100]}=135$ GPa和$E_{[111]}=290$ GPa，而工程的E值为210 GPa，它们相差悬殊，因此不能采用力学宏观上的数值。通常对常用的金属材料可以查表得到K值，对于不常用的材料的应力常数可以通过实验来确定。方法是准备与待测试样同种材料的等强度梁，通过加载产生已知数值的应力，与此同时用X射线法测量应力，进行标定。也可采用螺杆夹具产生应力，通过电阻应变片测量此时的应变。根据不同加载应力σ_1、σ_2、σ_3……相应用X射线法测得$2\theta_\varphi-\sin^2\varphi$直线的斜率$M_1$、$M_2$、$M_3$……再求出"$\sigma-M$"直线的斜率，这个斜率即是应力常数$K$。

6. 测算实例

（1）在常规测角仪上测定Q235钢焊缝的宏观应力

1）试样处理。用汽油洗去表面油污，用水磨砂纸磨平表面和去掉表面氧化皮。然后用10%硝酸酒精溶液浸蚀5 min。

2）测试方法。用$\sin^2\varphi$法，在常规测角仪上，通过试样绕测角仪轴倾动实现$\varphi=0°$、15°、30°和45°的位置，分别测量$2\theta_\varphi$值。

3）测量条件。选测220衍射峰，用Cu K_α辐射加石墨单色器，40 kV，35 mA，发散狭缝1°，计数管接收狭缝0.05°；测量范围：$2\theta=97°\sim101°$；步进扫描：步长0.02°，步进时间10 s。

4）数据处理。用ADR数据处理程序对$2\theta_\varphi$的原始数据进行扣除背底、数值平滑、去除$K_{\alpha2}$的影响、确定峰位等处理后，给出精确的$2\theta_\varphi$值。然后用电解铁粉作标样对试样绕测角仪轴倾动造成的附加误差$\Delta2\theta_\varphi$进行校正。

5）计算结果。利用式(9－42)，由表9－4中$2\theta_\varphi$和$\sin^2\varphi$的数据计算得到斜率$M=0.2538$。利用α－Fe的宏观力学弹性常数，$E=205939.65$ MPa，

$\nu = 0.28$，计算得到应力常数：$K = -1202.6583$ MPa。宏观应力 $\sigma_{\phi} = KM = -305.235$ MPa。

表 9－4　$2\theta_{\varphi}$ 和 $\sin^2\varphi$ 数值表

φ/(°)	$2\theta_{\varphi}$/(°)	$\sin^2\varphi$	φ/(°)	$2\theta_{\varphi}$/(°)	$\sin^2\varphi$
0	98.8943	0	30	98.9746	0.250
15	98.8755	0.067	45	99.0020	0.500

（2）在 X 射线应力仪上测量叶片榫齿端面的宏观应力

测量小块试样的宏观应力可使用 X 射线衍射仪，但对大块试样则须应用 X 射线应力仪。在应力仪的支架上，X 射线管和探测器（计数管）均可绕轴转动。实验时，将 X 射线管转到某一角度 φ_0 处固定。在记录衍射图谱时，X 射线管及试样都不动，探测器在 2θ 角附近扫描（这种方法叫固定 φ_0 法）。现代 X 射线应力仪的传动装置允许在记录衍射图谱时，X 射线管和计数管按同样的角速度以相反的方向转动，此时所记录到的衍射曲线严格满足布拉格定律的几何关系（这种方法叫固定 φ 法），有利于测定织构材料和粗晶材料的应力。

图 9－19　测试试样实物照片

为了测量图 9－19 所示烟气轮机动叶片榫齿端面标记部位的宏观残余应力，利用固定 φ 法，辐射 Cr K_{α}，2θ 扫描起始角 132°，扫描终止角 126°，扫描步距 0.1°，计数时间 1.00 s，衍射晶面（220）。

X 射线应力仪对数据进行自动处理，给出了应力测量结果，如图 9－20 所示，并给出了 $2\theta_{\varphi}-\sin^2\varphi$ 关系图（图 9－21）。

对数据进行处理后，测量结果列于表 9－5。经测算，图 9－19 叶片榫齿端面 A 处的宏观残余应力为 $\sigma = 72.4$ MPa。

表 9－5　测 量 结 果

φ	5.0°	30.0°	45.0°
$2\theta_{\varphi}$	129.124°	129.058°	129.064°
峰值计数	799	912	843
半高宽度	2.41°	2.48°	2.57°
积分强度	1953	2346	2231
积分宽度	2.44°	2.57°	2.65°

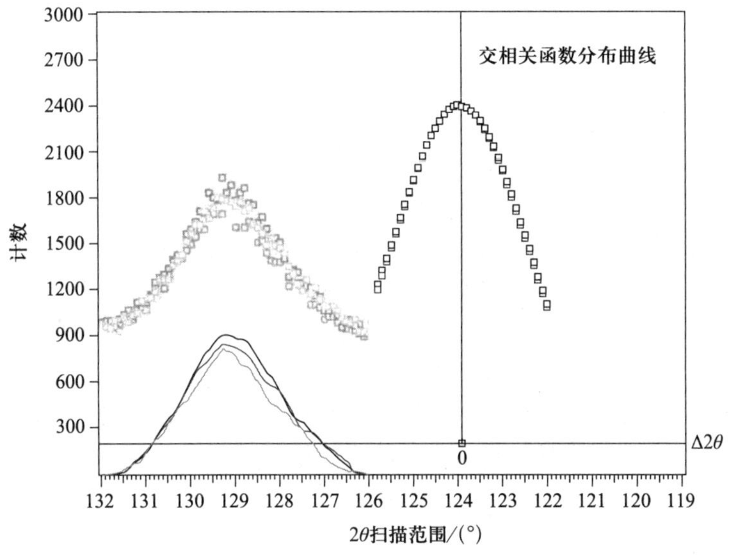

图 9-20 测试记录的数据曲线

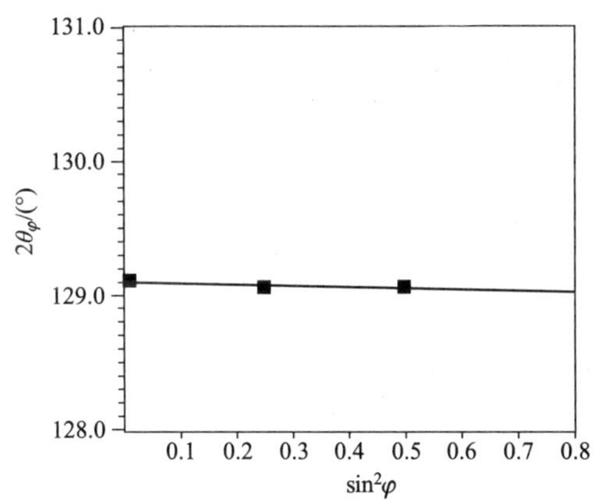

图 9-21 自动绘制的 $2\theta_{\varphi}-\sin^2\varphi$ 关系图

若需要对叶片榫齿根部不同部位进行宏观残余应力的测试，因要考虑到探头摆动角度对测量结果的影响，试样要进行特殊加工切取。在切取测试试样时需要特别注意取样的部位及取样时不应该破坏测试部位(榫齿根部)的应力状态。

9.4 织构测定

多晶体金属材料是由许多细小晶粒组成的。如果这些晶粒的晶体取向是完全任意分布的，则这个材料的物理和机械性能都接近于各向同性。金属材料经过冷加工变形（如冷拉、冷锻、冷轧等）之后，各晶粒的晶体取向将出现一定的择优分布，例如纯铝经冷拔成线材之后，绝大部分晶粒〈111〉晶向都与拉丝方向平行。当纯铝被冷轧成板材时，其中绝大部分晶粒的{110}晶面族与轧面平行，〈112〉晶向与轧向平行。材料中这种晶粒取向趋于一定方向的聚集现象称为择优取向或称为织构。织构不仅在金属材料的冷加工变形过程中出现，而且还可以在液态凝固、气相沉积、电解沉积、再结晶等过程中产生。织构的形成导致材料的各自异性。织构的存在有时是有益的，有时却是有害的。例如当板材深冲时，由于织构的存在会形成制耳，这是不希望出现的现象，在这种情况下应尽可能地消除织构。但在加工变压器用的硅钢片和坡莫合金时，却希望沿晶体的易磁化方向形成很强的织构，以便获得优良的磁性能。因此，能动地控制织构的形成与消除是材料工作者的重要任务之一。

9.4.1　织构的分类及表示方法

1. 织构的分类

织构的分类方法很多，然而直接与 X 射线衍射相关的是织构材料的晶体学特征。由此出发，可以把织构分成两类，即丝织构与板织构。

丝织构材料的晶体学特征是各晶粒的某一个或几个晶体学方向倾向于平行试样的某一特定方向，一般为丝轴方向或生长方向，其他晶体学方向则以此试样的特定方向呈轴对称分布。图 9－22 示意地表示了具有丝织构的棒中各〈100〉方向的分布状况，即各晶粒的某一〈100〉方向平行于轴向[图 9－22(a)]，其他〈100〉方向则绕轴向呈对称分布[图 9－22(b)]。(b)图为(a)图的横断面放大图。图 9－22 表示的情况为理想织构状态，这时棒中的晶粒全部以〈100〉方向平行于丝轴方向，称这种织构为〈100〉理想丝织构。一般在丝、棒、镀层、沉积层中存在丝织构。例如 Fe 丝具有〈110〉丝织构，Al 丝具有〈100〉+〈111〉丝织构等。实际材料中的织构状态与图 9－22 表示的理想织构状态不同。一般地说 Fe 丝具有〈110〉丝织构，是指 Fe 丝中各晶粒的〈110〉方向有往丝轴方向集中的倾向。如果〈110〉方向和丝轴之间的夹角为 ϕ，则〈110〉极点密度 $\rho_{\langle 110\rangle}$ 有如图 9－23 所示的分布，在 $\phi=0°$ 处有〈110〉极点密度的最大值。因此，我们说 Fe 丝具有〈110〉丝织构是说它具有〈110〉理想丝织构成分。同样，Al 丝具有〈100〉+〈111〉丝织构，就是说 Al 丝中包括〈100〉和〈111〉两种理想丝织构成分。

板织构材料的晶体学特征是各晶粒的某一个或几个晶体学面平行于试样的某一特定面（如轧面），一个或几个晶体学方向平行于试样的某一特定方向（如轧向）。图 9－24 示意描绘的是{100}〈001〉理想板织构状态。所谓{100}〈001〉

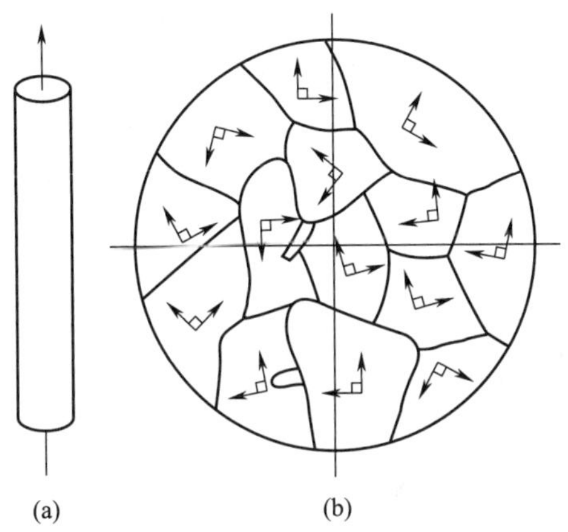

图 9－22 理想丝织构的示意图。(a) 为具有理想丝织构的棒；(b) 为该棒的横断面的放大图，图中箭头为〈100〉方向

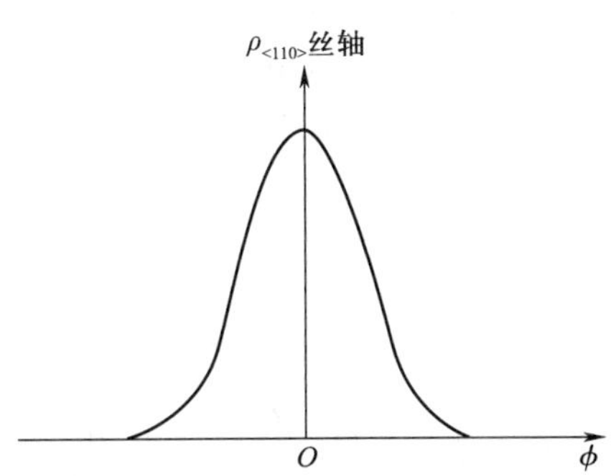

图 9－23 丝织构材料中的极分布图

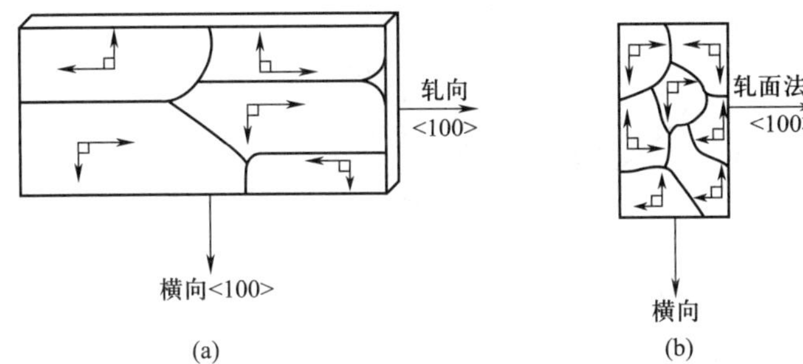

图 9－24 理想板织构示意图，图中的箭头方向为各个晶粒的〈100〉方向。(a) 轧面；(b) 横断面

理想板织构，是指试样中全部{100}面平行于轧面，全部〈001〉方向平行于轧向。因此，从晶体学的角度来看，具有一种理想板织构的多晶材料与单晶体相似。板织构一般存在于各种轧板中，例如冷轧锆板具有{0001}〈$10\bar{1}0$〉板织构。同样，这里是指锆板中存在{0001}〈$10\bar{1}0$〉理想板织构成分。

2. 织构的表示方法

描述材料的织构状态就是描述材料中各个晶粒取向相对材料外形坐标之间的关系。到目前为止，材料的织构状态除了用理想织构成分、极分布图表示以外，还可以用极图(即正极图)、反极图和三维取向分布函数图描述。

(1) 正极图

我们知道，某指数倒易球面上的结点分布就是试样中该指数晶面法线在试样坐标中的分布，因此可以用这种分布来描述材料的织构。所谓正极图就是这种分布的极射投影图，同时以极点的名称命名极图的名称。图 9－25 为冷轧 95% 铝板的{111}极图，它是表明 Al 板中{111}晶面极点在轧面、轧向、横向坐标中分布的极射投影图。图中曲线为{111}极点的等浓度（衍射线强度）线，曲线上标的数字为相对浓度（强度）值。由于图中表示的是{111}极点的分布，所以称为{111}极图。

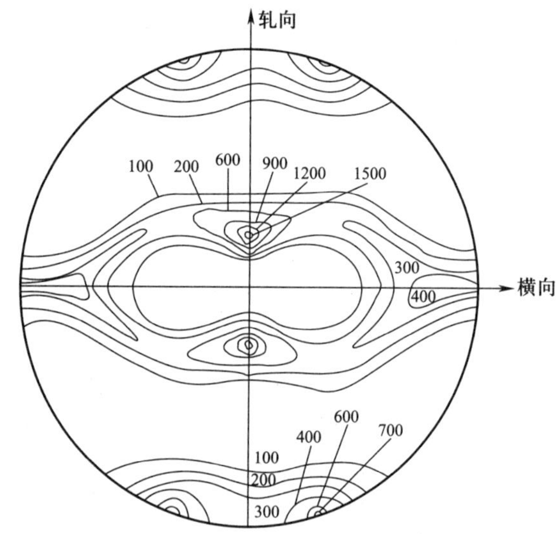

图 9－25　冷轧 Al 板（95% 轧下量）的{111}极图，图中的曲线为等强度线，曲线上的数字为相对强度值

一种织构可以用多种极图来表示。图 9－26 是{001}〈100〉理想板织构的{100}、{110}和{111}极图。从上述图中看出，对于板织构，极图一般是上下对称，左右对称的；对于丝织构，则是以丝轴为对称轴。图 9－27 是〈100〉理想丝织构的{111}和{110}极图。

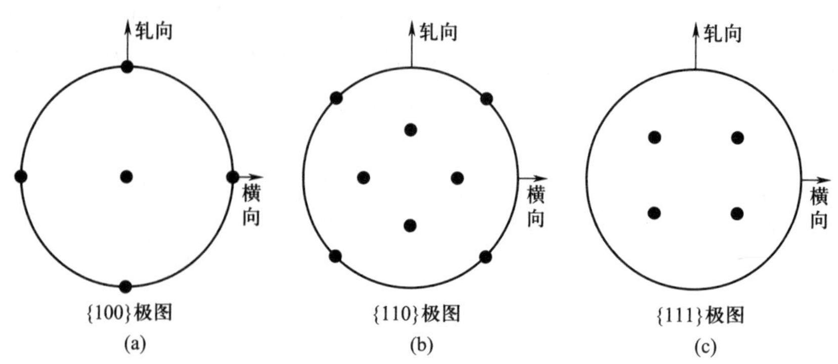

图 9－26　{001}〈100〉理想板织构的极图

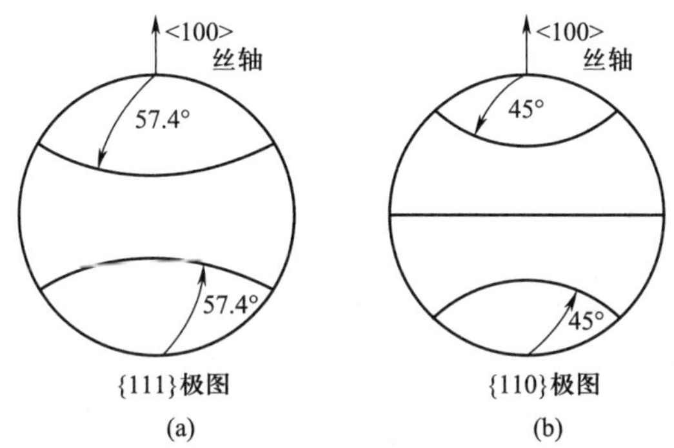

图 9－27 〈100〉理想丝织构的极图

（2）反极图

反极图是 1955 年以后发展起来的一种表示织构的方法。所谓反极图，就是试样的某一外形方向在晶粒的晶体学坐标中分布的极射投影图，并以此外形方向命名反极图。图 9－28 是挤压 Al 棒的轴向反极图。图中的晶体学坐标是(001)、(011)和(111)法向，表示的是 Al 棒的轴向分布。从图中等强度线的分布看出，Al 棒中大多数晶粒的{001}和{111}法向平行于棒轴，所以此棒具有〈001〉＋〈111〉丝织构。

反极图中晶体学坐标的取法依晶系而异。一般是取(001)标准投影中的一

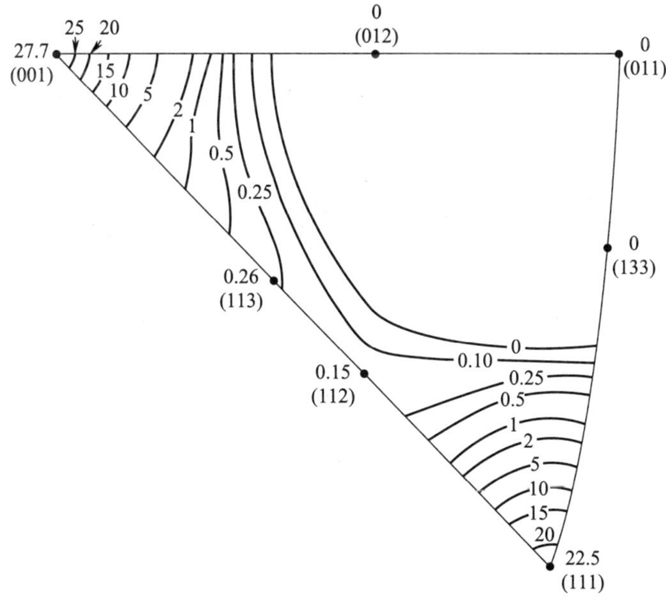

图 9－28 挤压 Al 棒的轴向反极图。图中的曲线为等强度线，线上的数字为相对强度值

个由主要晶体学极点构成的投影三角形。图 9－29 中的阴影区表示在立方系、六方系和正交系中所取的投影三角形。

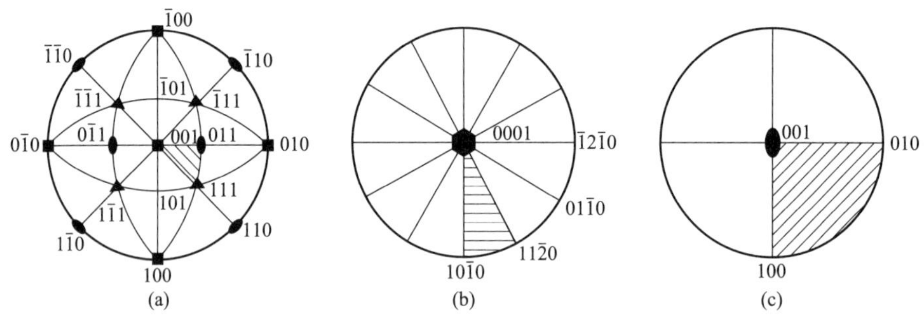

图 9－29 立方系(a)、六方系(b)和正交系(c)中作为反极图坐标的极点和它们构成的投影三角形(图中的阴影三角形)

(3) 三维取向分布函数(ODF)

用一张正极图或反极图都难以完全确定材料的织构状态。因此，于 1965 年出现了一种新的办法来描述材料的织构状态，这就是三维取向分布函数法，简称 ODF 法。

所谓 ODF 法，是在试样上取一外形直角坐标，同时在各个晶粒上都取一晶体学直角坐标，考察两类坐标之间的角分布。例如在试样上固定一直角坐标 $O-ABC$，某一晶粒上固定一直角坐标 $O-XYZ$，它们在试样中的取向关系如图 9－30 所示。这种取向关系可以用三个角(欧拉角)来表示，各角的意义由图 9－31 说明。首先将两类坐标重合在一起，如图中的 $O-ABC$ 和 $O-X'Y'Z'$，

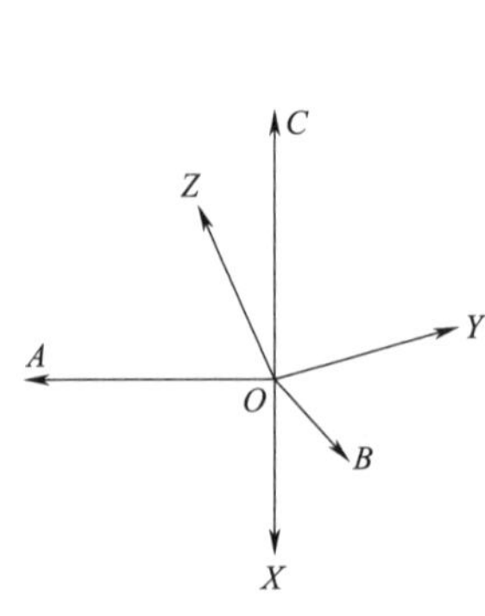

图 9－30 某晶粒上的晶体学坐标 $O-XYZ$ 与试样外形坐标 $O-ABC$ 之间的取向关系

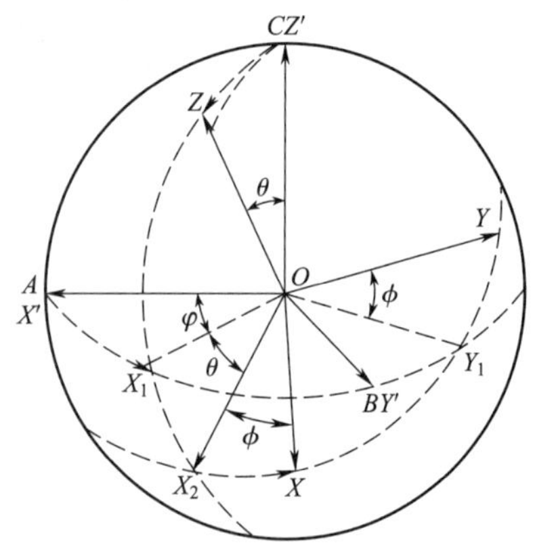

图 9－31 试样外形坐标 $O-ABC$ 和某晶粒晶体学坐标 $O-XYZ$ 之间的取向关系用角 φ、θ、ϕ 来描述

然后经过如下的转动使 $O-X'Y'Z'$ 达到图 9－30 中 $O-XYZ$ 的位置，而 $O-ABC$ 不动。先以 OZ' 为轴反时针转 φ 角，使 OX' 和 OY' 分别到达 OX_1 和 OY_1 的位置；再以 OY_1 为轴反时针转 θ 角，使 OZ' 和 OX_1 分别到达 OZ 和 OX_2 的位置；最后以 OZ 为轴反时针转 ϕ 角到达 $O-XYZ$ 坐标的最终位置。外形坐标 $O-ABC$ 和该晶粒坐标 $O-XYZ$ 之间的取向关系就用 φ、θ、ϕ 角来描述。对试样中各个晶粒的晶体学坐标 $O-X_iY_iZ_i$ 都按上述办法操作找到一系列的 φ_i、θ_i 和 ϕ_i。如果以 $O-\varphi\theta\phi$ 为直角坐标，则其中任一点的位置就代表某一晶粒相对外形坐标的取向。$O-\varphi\theta\phi$ 坐标中的点密度分布 $\omega(\varphi_i\theta_i\phi_i)$（图 9－32）就是描述材料织构状态的三维取向分布函数。通常用等 ϕ 截面来表示此分布函数。图 9－33 是梁志德等测得的冷轧 08Al 钢薄板的取向分布函数截面图。

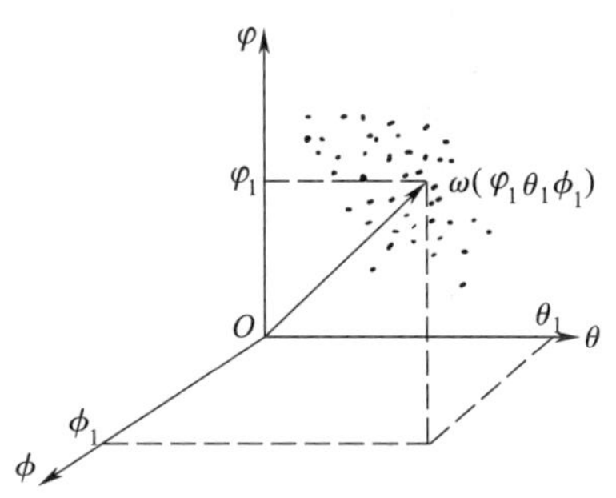

图 9－32　三维取向分布函数 $\omega(\varphi_1\theta_1\phi_1)$ 就是 $O-\varphi\theta\phi$ 坐标中点的密度分布

由等 ϕ 截面图可以方便地找到它对应的理想织构成分。例如在图 9－33(d) 的 $\phi=45°$ 的截面图中，密度最高的点为 $\varphi=90°$，$\theta=37°$，$\phi=45°$ 处，即 $\omega(90°, 37°, 45°)=8$。为了找到它所对应的理想织构成分，可借助 001 标准投影，此时晶体学坐标为 001，010 和 100，如图 9－34 所示，轧面、轧向分别为外形坐标的 C、A。为了找到最大密度点对应的 C、A 位置，需要作一与图 9－31 对应的逆动作。先让外形坐标与晶体坐标重合，记为 $O-A'B'C'$；以 C 为轴顺时针转 $\phi(45°)$，得外形坐标的新位置 A_1B_1；再以 B_1 为轴顺时针转 $\theta(37°)$，这时的外形坐标为 A_2B_1C；最后以 C 为轴顺时针转 $\varphi(90°)$，得到和图 9－33(d) 最大密度 $\omega(90°, 37°, 45°)$ 处相对应的外形坐标 $O-ABC$ 与晶体学坐标 $O-XYZ$ 之间的关系。标准投影表明 C 为 {112}，A 为 {110}。所以图 9－33(d) 中的最大密度表明轧板具有 $\{112\}\langle 1\bar{1}0\rangle$ 织构。

材料的 ODF 图并不是直接由实验测出的，而是利用衍射仪测得的两个不同名的正极图数据推算出来的。目前已有为此目的编制的专用计算机程序。

9.4.2　冷拉金属丝织构的测定

1. 衍射图像分析和丝织构轴指数的测定

金属材料经冷拉成丝之后，出现晶体取向的择优分布，使各晶粒的某一个或几个晶体学方向与拉丝方向平行，例如铝经拉丝后各晶粒的〈111〉方向与拉丝方向平行；而铜、金、银等经拉丝后，其中一部分晶粒的〈111〉方向与拉丝

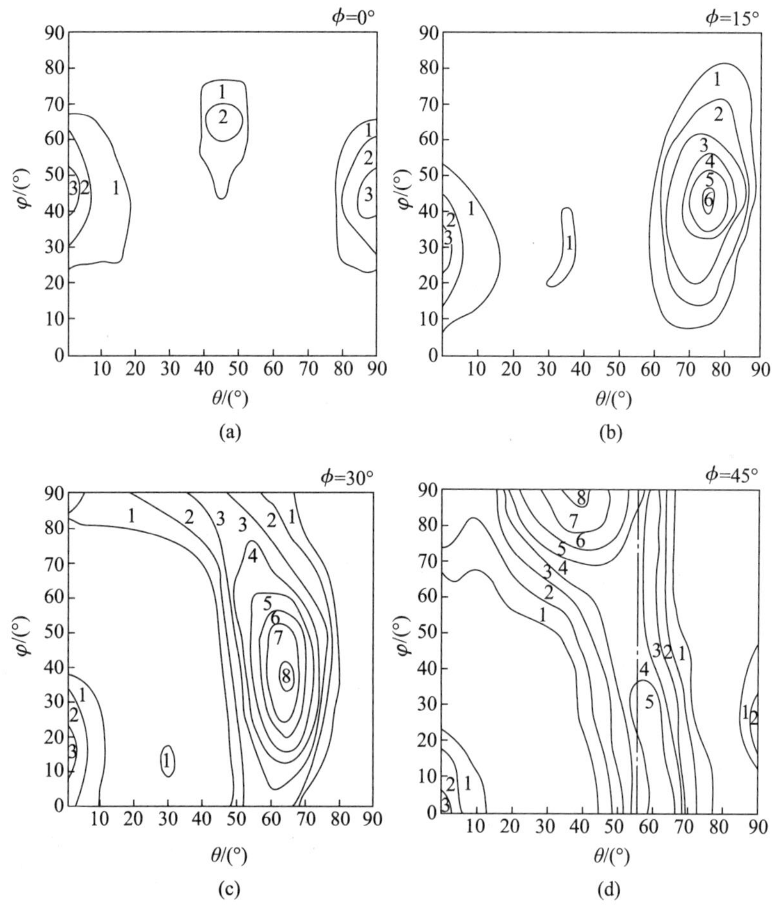

图 9－33　冷轧 08Al 钢薄板的取向分布函数截面图

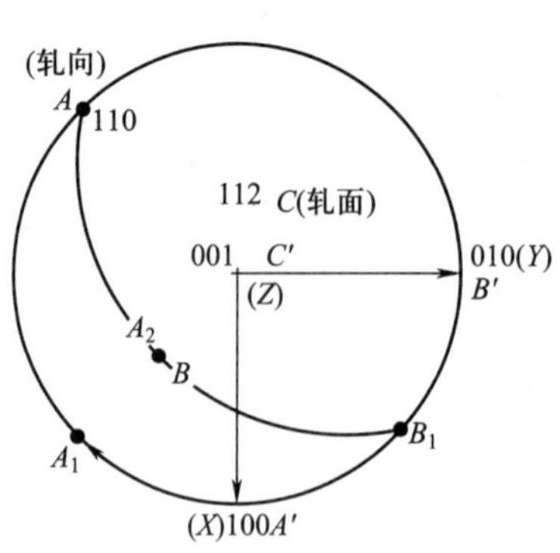

图 9－34　由 ODF 图获得材料理想织构成分的方法

方向平行，而另一部分晶粒的〈100〉方向与拉丝方向平行。如果试样中有两种或两种以上的晶体取向与织构轴平行，则称之为双重织构或多重织构，它的指数表示方法为：$\langle u_1v_1w_1\rangle+\langle u_2v_2w_2\rangle$或$\langle u_1v_1w_1\rangle+\langle u_2v_2w_2\rangle+\langle u_3v_3w_3\rangle+\cdots$。用 X 射线衍射方法测定丝织构轴指数就是要测定各晶粒与拉丝方向平行的晶向指数。

当用照相法测定丝织构轴指数时，通常采用平板底片照相法，即针孔法，但所获得的衍射图像与粉末多晶体的衍射图像不同。在粉末多晶体中，由于晶体取向是任意分布的，所以它的衍射图像为强度均匀分布的同心衍射圆环。而丝织构的衍射图像由于试样中存在择优取向，每个衍射环上的衍射强度都分别地集聚在某几个弧段处，在理想情况下这些弧段成为衍射斑点。通常把这些强度集聚的衍射弧段或衍射斑点称为织构弧斑或织构斑。图 9 – 35 所绘的是冷拉铝丝的理想织构衍射图像的示意图。

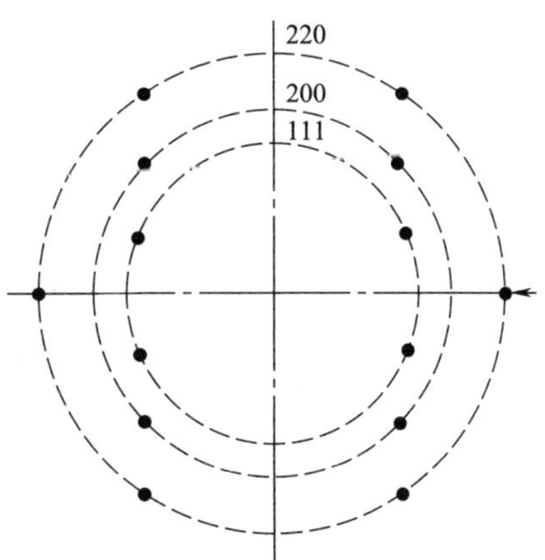

图 9 – 35 冷拉铝丝理想织构衍射图像的示意图

丝织构衍射图像中织构斑的数目和分布是有一定规律的，织构斑在衍射环上的分布都是上下左右相互对称的，不同指数衍射环上织构斑的数目虽然各不相同，但它们必定成双。这些特点可以通过织构图像的衍射几何(图 9 – 36)来说明。

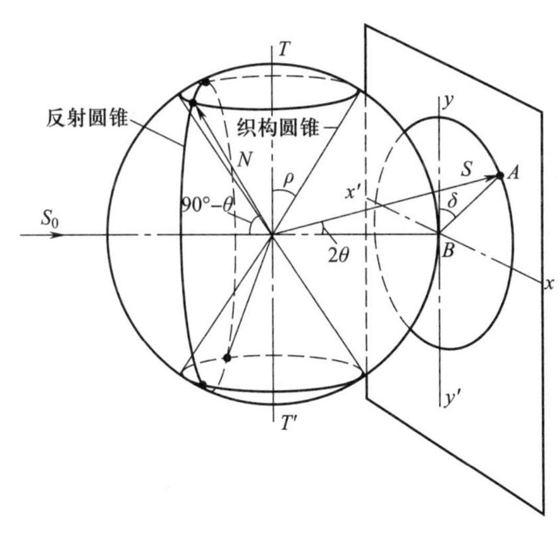

图 9 – 36 丝织构的衍射几何

金属在冷加工变形过程发生晶体取向的择优分布，但各取向间的对应关系并不改变。因此，当某一取向集聚在织构轴方向时，其余与织构轴呈固定关系的取向也都相应地集聚于某些方向。因为丝织构具有轴旋转对称的特点，对某一定的晶面族{*HKL*}而言，它只与织构轴保持固定的角度关系而在其他方向并不受任何限制。所以，与织构轴呈一定角度的某晶面族{*HKL*}的法线必然分布在以织构轴为中心轴、以该晶面族法线与织构轴的夹角为半顶角的对顶圆锥的锥面上(图9－36)，把这样的圆锥称为织构圆锥。

以冷拉铝丝为例，它的织构轴指数为〈111〉，各晶面族织构圆锥的半顶角可从表9－6(立方晶系中主要晶面夹角)查知[14]。{200}晶面族形成一个以54°44′为半顶角的织构圆锥；{111}晶面族形成一个以70°32′为半顶角的织构圆锥；而{220}晶面族则形成两个织构圆锥，它们的半顶角分别为35°16′和90°，其中半顶角90°的圆锥已退化成一个与织构垂直且过锥顶的平面。

表9－6　立方晶系中主要晶面的夹角

晶面	织构轴			
	〈100〉	〈110〉	〈111〉	〈112〉
{100}	90°	45°，90°	54°44′	35°16′，65°54′
{110}	45°，90°	60°，90°	35°16′，90°	30°，54°44′，73°13′，90°
{111}	54°44′	35°16′，90°	70°32′	19°28′，61°52′，90°
{112}	35°16′，65°54′	30°，54°44′，73°13′，90°	19°28′，61°52′，90°	33°33′，48°11′，60°，70°32′，80°24′

从衍射条件来看，布拉格定律指出，只有那些晶面法线与入射线呈$90°-\theta$的晶面族才能满足衍射条件。也就是说，凡是能参加反射的晶面族，其法线必定位于以入射线为轴、以$90°-\theta$为半顶角的圆锥锥面上，把这样的圆锥称为反射面法线圆锥或简称反射圆锥。

丝织构的衍射条件与粉末多晶体不同，对一定的晶面族而言，由于织构的存在，并不是所有满足布拉格条件的方向都能出现衍射，因为其中的某些取向在试样中实际上并不存在。由此可见，在丝织构的衍射几何(图9－36)中反射面法线必须同时位于织构圆锥和反射圆锥的锥面上。也就是说，只有织构圆锥与反射圆锥的交线才是实际产生衍射的反射面法线方向。所以，衍射图像中织构斑的数目和分布可由织构圆锥和反射圆锥的相交情况来确定。

当$\rho<\theta$时，织构圆锥和反射圆锥不相交，没有衍射产生；当$\rho>\theta$时，织构圆锥和反射圆锥有4条交线，在衍射环上得到上下左右相互对称的4个织构斑；当$\rho=\theta$时，织构圆锥和反射圆锥相切，在衍射环的纵向轴上得到两个织构斑；当$\rho=90°$时，织构圆锥退化成平面与反射圆锥在水平方向相交，在衍射环的水平轴上得到两个织构斑。

上面讨论的是一个织构圆锥和反射圆锥相交时的情况，如果所分析的晶面族{HKL}的法线与织构轴的夹角为多个数值，或者在试样中存在多重织构时，便会出现多个织构圆锥与反射圆锥相交的情况，这时衍射环上的织构斑数目会相应地增加。

从以上的分析可以看出，织构斑的角位置 δ(织构斑与织构轴的夹角)、θ 角和 ρ 角三者之间存在着一定关系。用 X 射线衍射方法测定丝织构轴指数 $\langle uvw\rangle$ 的基本思路是：首先从衍射图像中测算出 θ 和 δ，通过 θ、δ 和 ρ 三者的关系求出 ρ 角，然后在已知衍射指数 HKL 和 ρ 角的情况下，确定织构轴指数 $\langle uvw\rangle$。

θ、δ 和 ρ 三者的关系式可从图 9-37 中的衍射几何中得出。为了讨论方便，以 O 为中心作一参考球，入射线沿 QO 入射，与平板底片 $yAxy'$ 相交于 B 点，A 为某衍射环上的织构斑，ON 为反射面的法线，它与织构轴 TT' 呈 ρ 角。根据布拉格定律，OA、ON 和 OQ 同处一个平面，此平面与参考球相交成 QNA 大圆，QNA 大圆与 QTy 大圆的夹角即为度量织构斑位置的 δ 角。在球面三角形 QTN 中，TQ、TN 和 NQ 分别对应于 $90°$、ρ 和 $90°-\theta$ 的圆弧。根据球面三角[参考图 9-37(b)]定律 $\cos a=\cos b\cos c+\sin b\sin c\cos A$，并把相应的数值 $a=\rho$、$b=90°$、$c=90°-\theta$、$A=\delta$ 代入，即得到

$$\cos\rho=\cos\theta\cos\delta \tag{9-47}$$

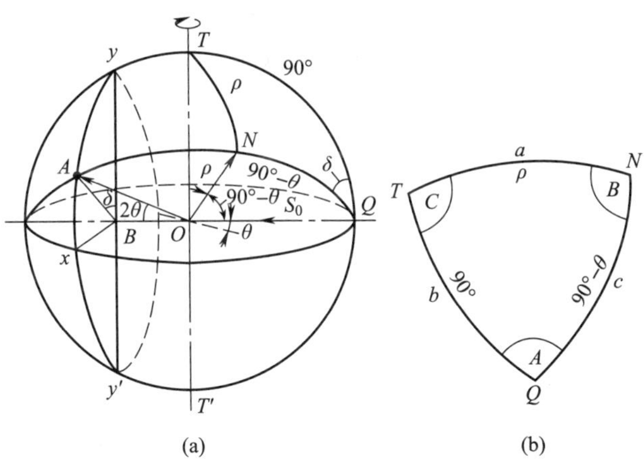

图 9-37 表示 θ、δ 和 ρ 之间关系的衍射几何

式(9-47)是当入射线与织构轴垂直时得出的。如果织构轴与入射线的夹角为 β，则 θ、δ 和 ρ 三者的关系为

$$\cos\delta=\frac{\cos\rho-\cos\beta\sin\theta}{\sin\beta\cos\theta} \tag{9-48}$$

对于立方晶系的金属，晶面族$\{HKL\}$的法线与织构轴$\langle uvw\rangle$的夹角 ρ 的关系为

$$\cos\rho=\frac{Hu+Kv+Lw}{\sqrt{H^2+K^2+L^2}\sqrt{u^2+v^2+w^2}} \tag{9-49}$$

在已知 ρ 和衍射指数 HKL 的情况下，可以利用 3 条衍射线，列出 3 个方程，联立求解得出〈uvw〉。也可以根据衍射环指数和 ρ 角，查晶面夹角表得出〈uvw〉。

对于一些密排六方金属，其反射面($H_1K_1\cdot L_1$)的法线与垂直于织构轴的晶面($H_2K_2\cdot L_2$)法线方向之间的夹角 ρ 有着如下关系：

$$\cos\rho=\frac{H_1H_2+K_1K_2+\frac{1}{2}(H_1K_2+H_2K_1)+\frac{3}{4}\frac{a^2}{c^2}L_1L_2}{\sqrt{\left(H_1^2+K_1^2+H_1K_1+\frac{3}{4}\frac{a^2}{c^2}L_1^2\right)\left(H_2^2+K_2^2+H_2K_2+\frac{3}{4}\frac{a^2}{c^2}L_2^2\right)}} \tag{9-50}$$

表 9-7 示出密排六方金属 Mg($c/a=1.624$)的一些主要晶面的 ρ 角。对于其他密排六方金属的 ρ 值，则需要根据式(9-50)与不同的 c/a 轴比进行计算。

表 9-7　密排六方金属 Mg($c/a=1.624$)的一些主要晶面的 ρ 角

晶面	织构轴		
	〈0001〉	〈$10\bar{1}0$〉	〈$11\bar{2}0$〉
{0001}	0°	90°	90°
{$10\bar{1}0$}	90°	60°	30°，90°
{$10\bar{1}1$}	62.0°	28.8°，63.8°	41.7°，64.5°
{$10\bar{1}2$}	43.2°	47.2°，70.2°	53.2°，69.0°

实际金属的织构都具有一定的散布，或在某些金属中还可能同时出现两种以上的织构(多重织构)。此外，在试样的表面与内部，织构的散布与偏离也会有所不同。

金属在承受高度变形后，晶粒取向并不是理想一致的，而是围绕着织构轴呈圆锥形的散布，相当于织构圆锥有一厚度，因此，在衍射环上显示的并不是像图 9-38(a)所示的一些清晰的斑点，而是一些连续的弧斑，如图 9-38(b)所示。其散布角约等于衍射环上织构弧斑长度的 1/2。

金属在一般的变形情况下，由于织构的散布角较大，往往使某些在理想情况下与入射方向平行的晶面($\rho=0$)发生倾斜，当其散布角达到 θ 时，就会在衍射环的纵向轴两端处出现织构弧斑。例如面心立方金属 Al 的丝织构图像在理想情况下，111 衍射环上将出现 4 个对称的织构斑，如图 9-38(a)所示。但在较大的散布角情况下，该衍射环上将出现 6 个对称的织构弧斑，如图 9-38(c)所示。

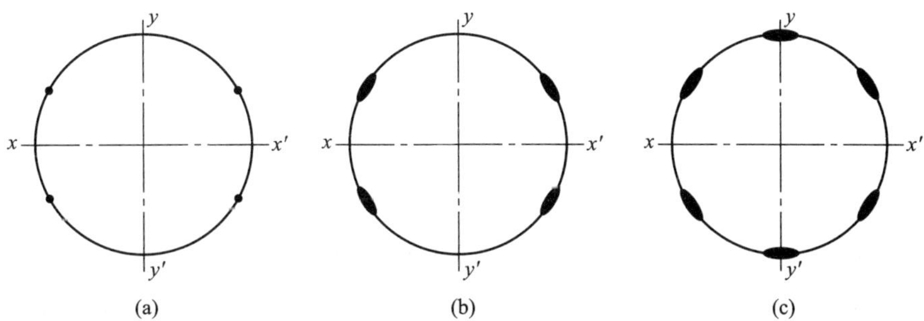

图 9-38　具有〈111〉织构的面心立方金属 111 衍射环上织构弧斑的散布情况

金属在较大塑性变形后产生多重织构是常见的现象，曾经有人对一些面心立方金属 Al、Cu、Au 和 Ag 的〈111〉与〈100〉的织构分配百分数与散布情况进行了测定，实验结果如表 9-8 所示。看来多重织构的多寡将取决于工艺过程及原始状态。

表 9-8　几种面心立方金属的丝织构

金属	织构分配/%		200 衍射环上织构弧斑的 1/2 弧长	
	〈111〉	〈100〉	〈111〉	〈100〉
Al	100	—	3°30′	—
Cu	60	40	3°	7°
Au	50	50	4°30′	8°30′
Ag	25	75	3°	7°30′

2. 丝织构的极图

本节开始时，曾经提出了织构的指数表示法，即采用与丝织构轴平行的晶向指数〈*uvw*〉来表示织构状态。指数表示法的优点在于简单明了。但是，在实际的织构材料中，往往存在着不同程度的散布和偏离。这种散布和偏离程度不仅与工艺过程密切相关，而且对材料性能有重大影响。为此必须寻找能表达金属材料中所有晶粒取向分布的方法。

晶粒在空间的取向分布状态可以用这些晶粒的某一晶面(常用低指数的主要晶面)在空间的取向分布状态来描绘。因此，如果采用极射赤面投影法，将金属材料中所有晶粒的某一主要晶面均标绘在同一投影图内，并标明此投影面与拉拔方向的关系，则此图不仅充分反映出材料中所有晶粒在空间的取向分布，而且也体现了各晶粒的取向与拉丝方向的关系。多晶体的极图就是借助极射赤面投影方法，以材料的特定面(例如线材中垂直于丝轴或平行于丝轴的截面，板材中的轧面即板面)作为投影面，将材料中各个晶粒的某一指定方向或晶面{hkl}表示在一个极射赤面投影图上。这种极射赤面投影图称为{hkl}极图。

在无规则取向的多晶试样中，给定的某{hkl}晶面族的法线同样也是无规则取向的。如果作{hkl}晶面族的极射赤面投影，便得到无规则取向的多晶体极图，如图 9－39(a)所示。图 9－39(b)是投影面平行织构轴的钨丝{100}极图。ZZ'为织构轴的极射赤面投影点，钨丝的织构轴为〈110〉，从表 9－6 可知{100}晶面族的法线与织构轴〈110〉呈 45°或 90°夹角，即{100}晶面族形成两个织构圆锥，其半顶角分别为 45°和 90°。当在平行于织构轴的投影面上作{100}晶面族织构圆锥的极射赤面投影时，它们的极点应分别分布在赤道直径(CC')和 45°纬线小圆(AA'和 BB')上，如图 9－39(b)所示。由于织构具有一定的散布，所以晶面的极点不只是投影到 AA'、BB'和 CC'线上，而是分布在 $a_1a_1'a_2'a_2$、$b_1b_1'b_2'b_2$和 $c_1c_1'c_2'c_2$的投影带内，投影带的角宽度即为丝织构的散布角。

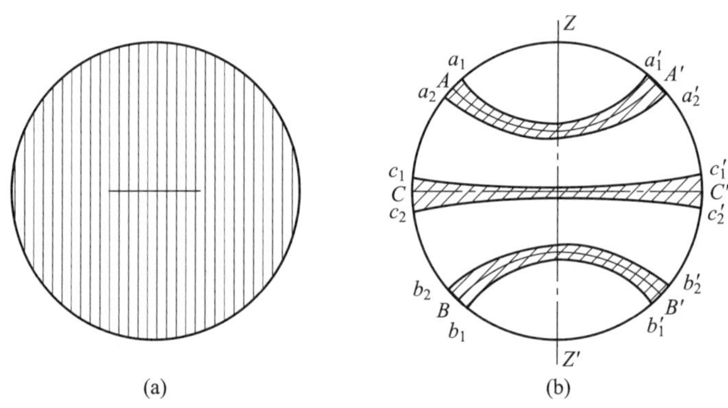

图 9－39　无规则取向的多晶体极图(a)和钨丝{100}晶面族极图(b)

极图确实能如实地反映出织构的主要内容，但是在织构比较复杂或织构散布度较大的情况下，却很难定出理想织构的指数。为了克服极图的这一缺点，人们又提出反极图的表示方法。反极图也是一种极射赤面投影表示法。所不同的是，极图是以特殊外观方向和平面为坐标，用各晶粒的某一{hkl}晶面族的极射赤面投影的分布来表示织构，而反极图则是以晶体学方向为坐标，用各晶粒的特殊外观方向和平面的极射赤面投影的分布来表示织构。丝织构的反极图是表示织构轴极点在投影面(低指数晶面)上的分布，故又称为轴向分布图。

在立方晶系中，由于存在高对称性，故晶体的标准极射赤面投影图被{100}、{110}和{111}这 3 个晶面族的极点分成 24 个等效的极射赤面投影三角形，所以立方晶系的反极图可用单位极射赤面投影三角形[001]-[011]-[111]来表示。

图9-40为单向压缩变形98%纯铝的反极图，图中S区极点最密，M区中等，W区较稀。由图可见大部分晶粒倾向于以其[110]方向平行的压下方向。

常采用衍射仪定量地测绘各种合金的丝织构。图9-41为含铀13%的铝-铀合金在455 ℃挤压后的挤压织构反极图。很明显，这种反极图的优点是能够直接表示出织构轴各组成部分的分配数量与对称性程度等。

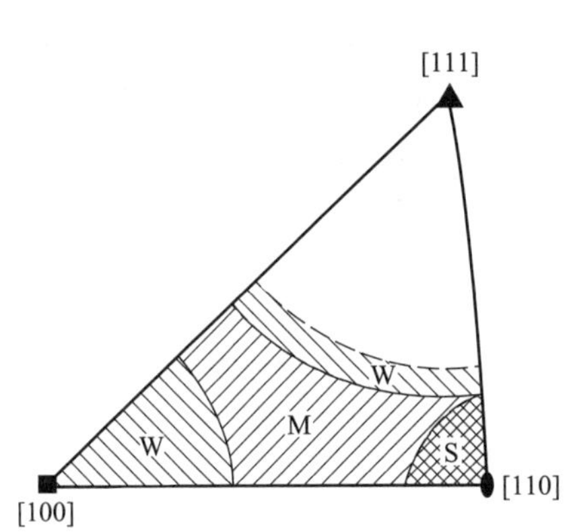

图9-40 纯铝经98%单向压缩变形的反极图

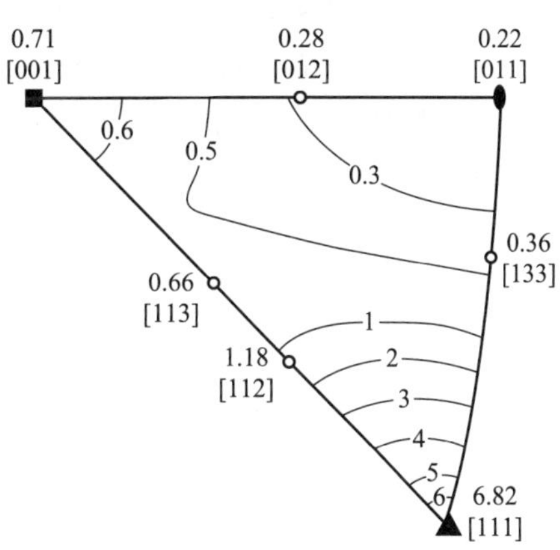

图9-41 铝-铀合金(含铀13%)在455 ℃挤压后的挤压织构反极图

9.4.3 板织构的测定

由于金属材料的织构程度对材料性能有很大影响，因此人们对织构给予了很多的注意和研究。在细晶粒的金属材料中，若各个晶粒的方位是充分混乱排列的，那么统计平均地看，该金属材料的性能是各向同性的(这里没有考虑夹杂、偏析或界面等的影响)。但是当晶粒具有择优取向时，材料性能就会表现出方向性，即产生各向异性。在某些情况下，这种各向异性材料对生产很不利，例如板材深冲时，如果板材原料中具有织构，会使深冲后的成品产生厚薄不均等缺陷。然而有的材料当含有织构时，却能大大改善某些性能。例如冷轧硅钢片，在含有适当织构时会使磁性性能大大提高。所以，研究织构对生产工艺及产品质量有着十分重要的现实意义。

1. 板织构的极图

在图9-42中，令轧面为投影面，按照极射赤面投影法，对材料中某个晶粒的特定{*hkl*}晶面，可在投影面上得到它的极射赤面投影点 *M*，我们以它代表该晶粒在板材中的方位。

如果将板内所有晶粒的{*hkl*}晶面都表示在同一个投影面上，就会得到一张以{*hkl*}晶面表示各晶粒方位分布的极射赤面投影图。这就是在织构问题中常用极图的含义和规定。通常在极图上还应注明轧向(以 *R. D* 表示)和横向(以 *T. D* 表示)，以说明织构与板材轧向及横向之间的关系。上述表示方法也可以理解为：它是指定的 $\boldsymbol{r}_{hkl}^{*}$倒易球上倒易点的分布在以板面为投影面上的极射赤面投影图。

根据上述极图表示法，当板材中没有织构时，极图上{*hkl*}晶面的极点呈均匀分布。即愈靠近极图中心极点分布的密度愈大，愈靠近基圆极点分布的密度愈小(类似于吴氏网格分布)。反之，当材料中含有织构时，极图就形成某种特殊花样，如图 9－43 所示。图中的数字表示极点密度(实际上为强度)相同的等密度线，这样就可能根据某极点的分布情况判断织构的类型和织构度。

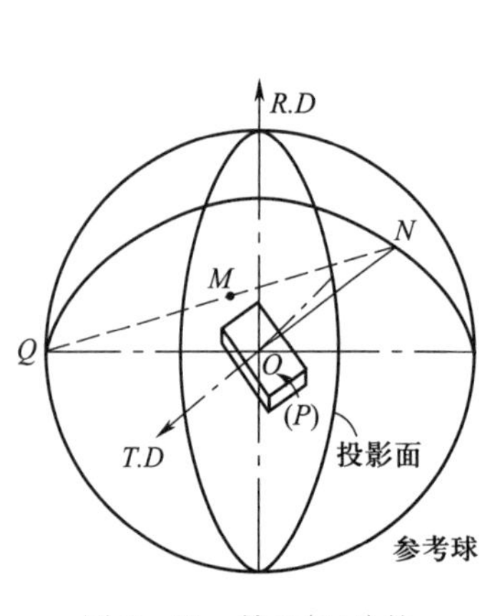

图 9－42　晶面{*hkl*}的极射赤面投影

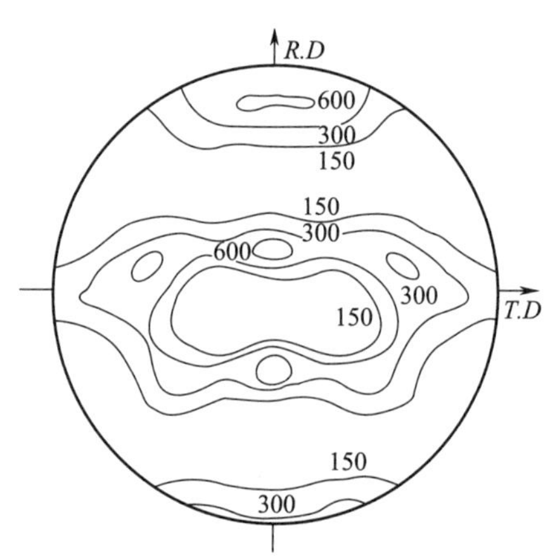

图 9－43　冷轧 95% 的纯铝表面织构的{111}极图

2. 板织构的测定方法

欲获得试样中有关择优取向的信息，就必须设法利用某种仪器去查明试样中各个单独晶粒(或者至少绝大多数晶粒)的方位。从倒易点阵的概念看，就是要测定某一{*hkl*}倒易球上倒易点的分布。这是任何一种测定织构方法所遵循的原则。

用 X 射线研究织构，是将一束标识 X 射线照射到试样上，若试样和 X 射线的入射方向都不变化，此时某一 $|\boldsymbol{r}_{hkl}^{*}|$ 倒易球与反射球相交的环带区域对衍射有贡献，其余部分不发生反射。另外，能被探测器接收的也只是

这个环带的很小一段。换句话说，在这样的实验条件下，了解不到全部晶粒的取向情况。要想了解倒易球面上的全部情况，就必须沿两个途径去考虑：其一是令入射 X 射线方向和探测器接收方向之间的关系始终满足产生 hkl 衍射的布拉格条件，在整个测定过程中保持探测的方向不变。使试样作各种角度的转动，从而使 hkl 倒易球上各部分倒易点依次转动到可以探测的方向上。另一个途径是令试样不动，使入射线和探测器在满足产生 hkl 衍射的条件下与试样作相对位置变动。显然，后者是难于实现的，只有第一种办法切实可行。

但是，考虑到试样形状对入射线和衍射线吸收的影响，只有球状试样才能使转动不影响强度测定。而实际上经常碰到的试样形状多为板状，因此，在用 X 射线衍射仪测定平均晶粒尺寸小于 2 mm 的板材织构时，需要分别采用透射法和反射法，方能获得绘制一张全极图所需要的全部数据。下面分别介绍这两种方法。

(1) 透射法

透射法的原理如图 9－44 所示(图中为 $\alpha=0°$时的位置)。本方法用标识 X 射线，探测器放置在接收指定 hkl 衍射线的角位置上。板状试样的轧向($R.D$)与测角仪转轴相一致。开始时令板面方位平分入射线和衍射线之间的夹角，也就是使入射线与板面法线呈 θ_{hkl}角。

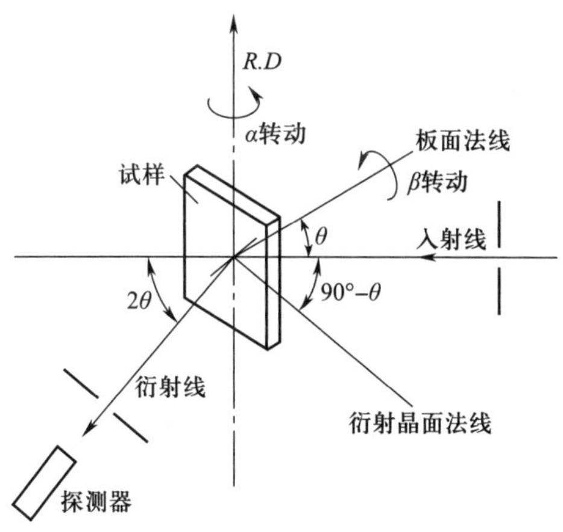

图 9－44 透射法测定板织构的原理

试样能够围绕衍射仪测角仪轴(即 $R.D$ 方向)和试样表面法线分别作两个方向的转动。前者称为 α 转动，后者称为 β 转动。α 转动是以图 9－44 所示的位置为 0°，然后每次转动一定角度，通常取为 5°或 10°。而 β 转动是每当 α 变动一次后，试样以表面法线为轴旋转 360°。

按上述方式转动晶体时，由图 9－45 可以看到：当 $\alpha=0°$、试样按 β 转动 360°时，倒易球被探测器扫过的部分为 MM' 大圆。α、β 变化的方向如图 9－45(a)所示。当试样转到 $\alpha=90°-\theta_{hkl}$ 时，试样转动 $\beta=360°$，在倒易球上过 M 点的轨迹为图 9－45(b)所示的小圆 MM''。注意当 $\alpha=90°-\theta$ 时，试样板面已与入射线 S_0 方向平行。由于试样几何形状的限制，这时的衍射强度实际上为 0(关于这一点我们在后面还要进一步讨论)。所以，α 角实际上只能在 0°～(90°－θ)的范围内变化。

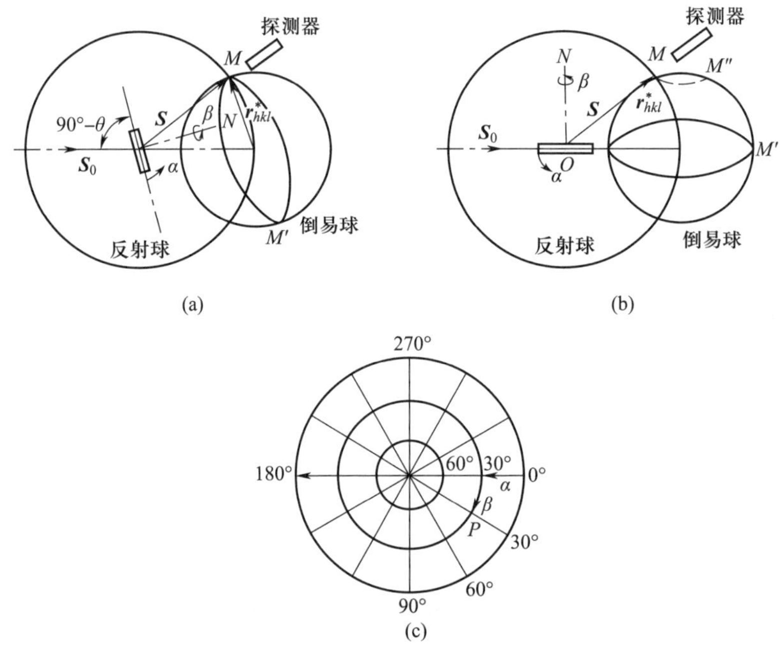

图 9－45　作 α、β 转动时倒易球上的变化(a，b)；以及用极网表示的 α 与 β 转动图中 P 点为 $\alpha=30°$、$\beta=30°$时衍射晶面法线的投影点(c)

从上面的讨论可以明显地看到：对透射法来说，试样按上述方式转动，能被探测器接收到的衍射只能是 M' 与 M'' 两个圆之间的倒易球面上产生的衍射。在 M'' 圆以上的区域不能被 M 点扫描到。

按上述方法，当选定 α 角时，在记录器上就可以记录到 $\{hkl\}$ 衍射强度随 β 角的变化。我们以极射赤面投影的极网来表示转动过程中 α 与 β 角的变化。在基圆上 $\alpha=0°$，α 角从基圆开始沿着经线向极图中心移动。而在每一个指定的 α 纬度下，β 角沿纬线移动一周，如图 9－45(c)所示。

在每一组(α，β)角处，从探测器上测得的衍射强度，在扣除背底并校正吸收之后，正比于参加衍射的晶体总体积。这样就可以得到各个(α，β)角处晶粒方位分布的极点密度。

为了增加试样受辐照的面积，扫描时应使试样沿其自身表面作往返移动，以增加参与衍射的晶粒数目。试样的这种移动称为积分移动。

透射法的衍射强度不仅受 α、β 角位置处倒易点密度的影响，而且还受试样吸收的影响。由于在不同的 α 角位置，X 射线束在试样中通过的距离不同，因而试样对光束的总吸收也不同，使得衍射束的强度随着 α 角的增大而降低。因此，用透射法测定板织构时，必须对衍射光束的强度进行吸收校正，否则不能正确表征材料的织构度。

校正吸收的办法如下：设截面为 ρ 的入射 X 射线束，投射到厚度为 t 的板状试样上(图 9－46)。这时在深度 x 处居于衍射位置的晶面将发生衍射。其晶面法线 N 平行于($\boldsymbol{S}-\boldsymbol{S}_0$)矢量，同时还与试样表面呈 α 角。总的衍射强度取决于参加衍射晶粒的数目和大小以及吸收的影响。

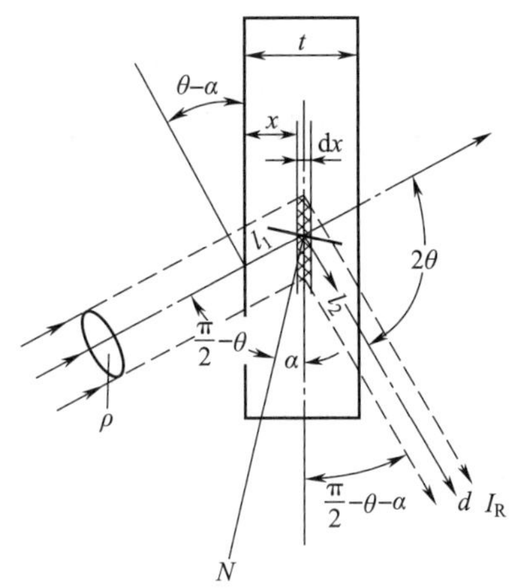

图 9－46　透射法吸收对衍射束强度的影响

现仅考虑由于吸收造成的强度衰减。对在深度为 x 处、厚度为 dx 的薄层晶体，穿透试样射出的衍射强度为

$$\mathrm{d}I_{\mathrm{R}}=\frac{\rho}{\cos(\theta-\alpha)}\cdot I_0\exp[-\mu(l_1+l_2)]\,\mathrm{d}x \tag{9-51}$$

式中：I_0 为单位体积不计衰减的衍射强度；μ 为试样的线吸收系数；l_1为入射线在试样中通过的距离；l_2为衍射线在试样中通过的距离。

将 l_1、l_2与 x、θ 及 α 的关系代入式(9－51)，就会得到

$$\mathrm{d}I_{\mathrm{R}}=I_0\frac{\rho}{\cos(\theta-\alpha)}\exp\left(-\frac{t\mu}{\cos\theta}\right)\cdot\exp\left[-\frac{\mu x}{\cos(\theta+\alpha)}-\frac{\mu x}{\cos(\theta-\alpha)}\right]\mathrm{d}x \tag{9-52}$$

当 $\alpha=0$，即试样处在对称透射位置时，将式(9－52)积分得到

$$I_{\mathrm{R}(\alpha=0)}=I_0\frac{\rho t}{\cos\theta}\exp\left[-\frac{\mu t}{\cos\theta}\right] \tag{9-53}$$

同样，对于 $\alpha\neq0$，可得

$$I_{\mathrm{R}(\alpha\neq0)}=I_0\frac{\rho}{\mu}\cdot\frac{\exp\left[-\frac{\mu t}{\cos(\theta-\alpha)}\right]-\exp\left[-\frac{\mu t}{\cos(\theta+\alpha)}\right]}{\frac{\cos(\theta-\alpha)}{\cos(\theta+\alpha)}-1} \tag{9-54}$$

对于定量测定极图，感兴趣的是上面两个积分强度的比值 $R(\alpha)$，因为它能够显示出在 α 角变化时强度下降的情况。即

$$R(\alpha)=\frac{I_{\mathrm{R}(\alpha\neq 0)}}{I_{\mathrm{R}(\alpha=0)}}=\frac{\cos\theta\cdot\left\{\exp\left[-\frac{\mu t}{\cos(\theta-\alpha)}\right]-\exp\left[-\frac{\mu t}{\cos(\theta+\alpha)}\right]\right\}}{\mu t\exp\left(-\frac{\mu t}{\cos\theta}\right)\left[\frac{\cos(\theta-\alpha)}{\cos(\theta+\alpha)}-1\right]} \tag{9-55}$$

当 α 的数值较小时，可以近似地认为

$$R(\alpha)\approx\frac{\sinh\left(\alpha\cdot\tan\theta\cdot\frac{\mu t}{\cos\theta}\right)}{\alpha\cdot\tan\theta\cdot\frac{\mu t}{\cos\theta}} \tag{9-56}$$

在 α 角很小时，$R(\alpha)$ 的值趋近于 1。所以在透射法中对赤道附近的强度可以不校正，也能得到比较准确的结果。但 α 角较小时就需要按式(9－56)进行校正。

从式(9－54)可以看出，对于 $\alpha>(90^\circ+\theta)$ 或 $\alpha>(90^\circ-\theta)$ 的区域不能应用透射法，这时由于试样的吸收使衍射光束强度为零。因此透射法能够测量的 α 角范围为 $0^\circ\sim(90^\circ-\theta)$，极图的中心区域不能采用透射法测量。

从式(9－53)还可以求出试样的最佳厚度。将式(9－53)对 t 求导数，求出 $I_{\mathrm{R}(\alpha=0)}$ 的极大值，则得

$$\mu t=\cos\theta \tag{9-57}$$

这时厚度为 t 的试样具有最大的衍射强度，由式(9－57)所确定的 t 值就是试样的最佳厚度。当试样太厚或太薄时对测量都是不利的。

对吸收进行校正，还可以采用实验的方法。办法是选取一种与试样成分相同但各晶粒取向完全混乱的物质作为标样。在相同的实验条件下对标样和待测织构试样测量各种 α、β 角位置的衍射强度。由于这两个样品受吸收的影响相同，所以把织构试样和标样分别测得的衍射强度进行比较，同样能够达到校正吸收的目的。制备标样可以采用与织构试样同质的粉末，在还原性气氛下烧结成片状，然后磨制成适当厚度的薄片。

从以上的讨论可看到，仅利用透射法还不能绘制出全极图，还必须借助下面介绍的反射法。

（2）反射法

反射法的实验原理如图 9－47 所示。该方法用标识 X 射线。试样以互相垂直的 AA' 和 BB' 为轴转动。BB' 轴在扫描过程中始终与板试样的表面法线方向一致。所以 ϕ 转动是以板面法线为轴的转动，而 α 转动是以 AA' 为轴。设发生衍

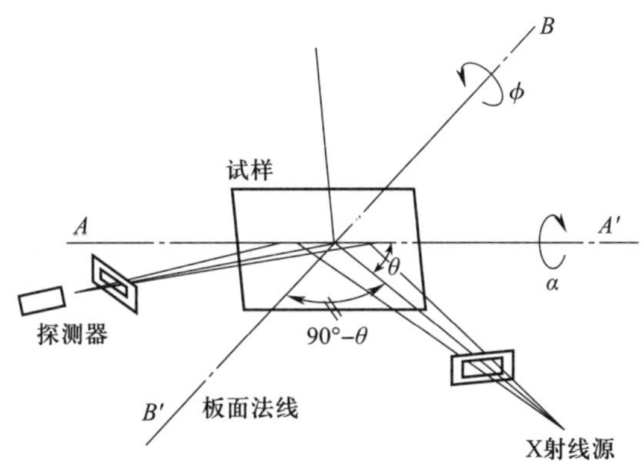

图 9－47 反射法实验原理示意图(图中为 $\alpha=90°$、$\phi=0°$时的起始位置)

射的晶面是{hkl}晶面，则 AA'轴平行于试样表面并与入射线呈 θ_{hkl}角。

α 每次转动一定的角度(通常取为 5°或 10°)，然后在每一个所取的 α 角下，ϕ 转动 360°时对试样进行强度测量。为使各次测量数据能够互相对比，在每次扫描开始时，应使试样的轧向平行于 AA'轴。探测器窗口应对准{hkl}衍射线的方向，接收狭缝要开得足够大，使衍射光束能够全部透射到探测器的窗口内。

按上述方式转动试样时，从 $\alpha=90°$开始，这时 ϕ 角的转轴与 $\boldsymbol{r}^*_{hkl}$方向一致，所以试样转动 ϕ 角 360°时，倒易球上的 M 点不变，如图 9－48(a)所示。当试样 α 角转到某一 α'时，这时因为 ϕ 角的转轴，即试样表面法线 N 已沿 MQ 大圆转动 α'角，因此试样再作 360°的 ϕ 转动时，倒易球上被 M 点扫过的轨迹为图 9－48(b)所示的小圆 MR。α 与 ϕ 的转动方向如图中箭头所示。

若 α 和 ϕ 的角度都连续变化时，在反射法中可能被 M 点扫描到的面积应是由最终的 α 角小圆轨迹以上所包括的全部倒易球面。

用极射赤面投影的极网表示反射法中 α 与 ϕ 角的变化过程，则图 9－47 所示的位置应处在极网的中心，如图 9－48(c)所示。若试样处于 $\alpha=60°$、$\phi=30°$的位置，这时根据 α 角度值，找到极网上 60°的纬线小圆，然后沿纬线圆找到 30°的位置。图中“×”即是试样的一个位置。这也是当试样处在 $\alpha=60°$、$\phi=30°$时，{hkl}衍射线能被探测器接收到的那部分晶粒的方位。

总之，α 角的变化是沿极网的经线移动，而 ϕ 角的变化是沿着极网中的同心纬线圆移动。这里还应当指出：在极网上 α 与 ϕ 的转动方向恰恰与样品架上 α 与 ϕ 的转动方向相反。

与透射法同样，反射法也希望在扫描时试样能沿平行板面的方向作积分移

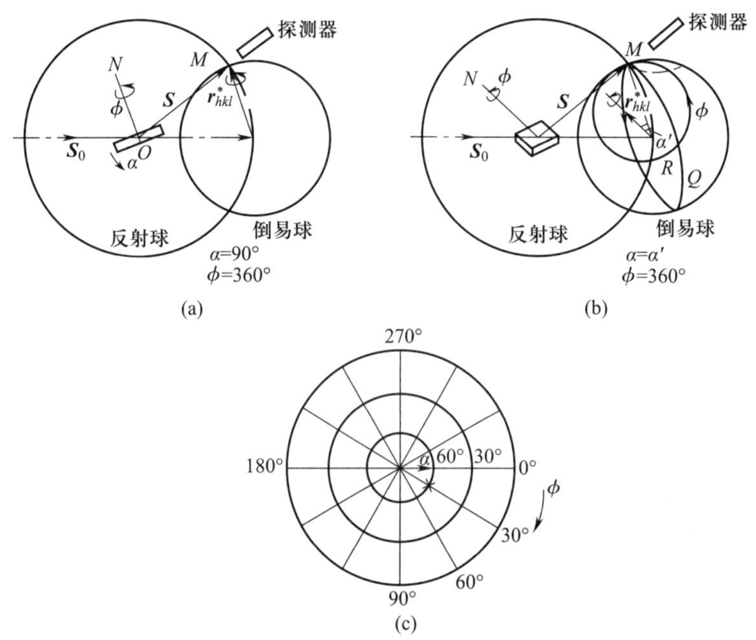

图 9 - 48　反射法中不同的 α 与 ϕ 角相应的倒易球（a，b）；
以及用极网表示的反射法中 α 与 ϕ 的转动（c）
（图中 O 代表 $\alpha=90°$、$\phi=0°$的位置；×代表 $\alpha=60°$、$\phi=30°$的位置）

动，使更多的晶粒参加衍射。作积分移动后，试样的平均晶粒尺寸在大到 2 mm 时，仍能在记录器上获得较满意的强度曲线，所以，试样能否作积分移动是很重要的。

在反射法中，对吸收的影响不需要进行校正。因为可以设想将试样分为许多层，每层衍射出一定强度的 X 射线。当试样绕 AA'轴倾转时，可以看做试样是分层沿 AA'轴位移，如图 9 - 49 所示。每一层都保持其有效散射体积不变，因此，倾转后衍射强度不变。但是由于倾转后在 AA'轴的上下部分将会偏离测角计的垂直转轴，从而偏离聚焦圆，发生散焦现象。为了防

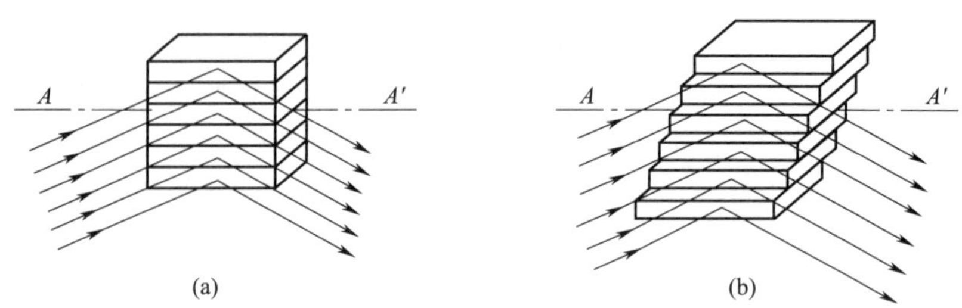

图 9 - 49　反射法中不需要校正吸收的说明。（a）倾转前；（b）倾转后

止散焦的影响，在反射法中要将探测器前的接收狭缝开大到能够使各次扫描的衍射线束全部进入探测器窗口为止。方法提出者认为采用这种措施后，反射法可以应用到 α 倾转到 75°，但也有人认为只能应用到 60°。看来，对于粗略的半定量工作可以应用到 75°，但是对精确的定量工作最好以 50°～60° 为限。

因此，采用反射法测定织构只能得到有关极图中心部分的数据，这恰恰和透射法相反。一般认为在反射法中用厚的试样为佳，但是试样厚度 t 至少应满足下面的关系：

$$t \geqslant \frac{3.46}{\mu} \sin \theta \tag{9-58}$$

式中：μ 为试样的线吸收系数。当试样厚度满足式(9－58)时，能使 99.9% 的辐射衍射出来。

后来，有人将反射法作了改进，其主要的特点是使 α 与 ϕ 同时各按一定速度连续转动，并且连续记录衍射强度。这样加快了测量的速度，提高了准确程度。但是在绘制极图时，需要一种特殊的螺旋式极网，它也是按极射赤面投影原理制作的，如图 9－50 所示。当 α 与 ϕ 同时作连续变化时，试样的扫描过程是依照螺旋线方式变化的，而在原理上基本与原来的反射法一致，这里不再赘述。

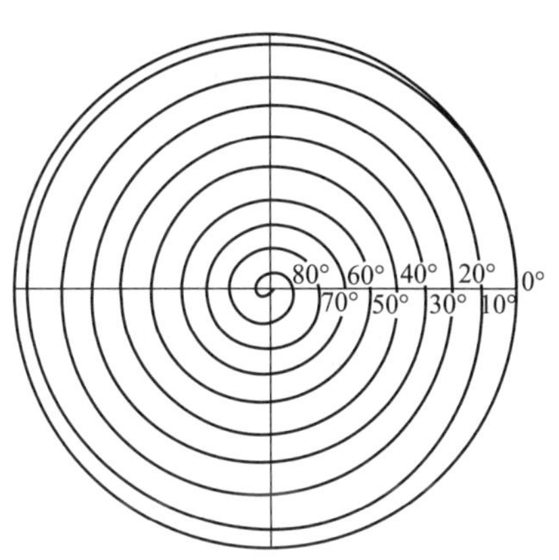

图 9－50　连续扫描反射法用的螺旋式极网示意图

9.5　晶块尺寸和点阵畸变测定

通过热处理及冷热变形，使多晶晶粒中的晶块(亚晶块，或称微晶)尺寸细化和增加点阵畸变度，是金属材料强韧化的重要途径之一；在多晶材料的冷加工及热处理等各种物理化学的变化过程中，往往引起晶体点阵中亚晶块细化和“显微畸变”，此类显微亚结构与材料的各项物化性能密切相关。因此测定这个物理量具有重要的实际意义。晶块尺寸细化和点阵畸变(也反映微观应力大小)的增加将影响 X 射线衍射线形并使其增宽。图 9－51 为碳素钢 T10 淬火后在不同温度下回火的试样，用粉末照相法测得的 α－Fe(包括回火马氏体)的(211)衍射线的黑度曲线。可以看出，淬火使晶块细化和增加了点阵畸变度，从而使谱线宽化。随回火温度的升高、马氏体的分解和 α－Fe 的回复再结晶，使晶块尺寸变大并消除了显微应力，谱线又重新明锐。通过精确测量衍射线形及其宽度的变化，可以计算出晶块尺寸和点阵畸变度。

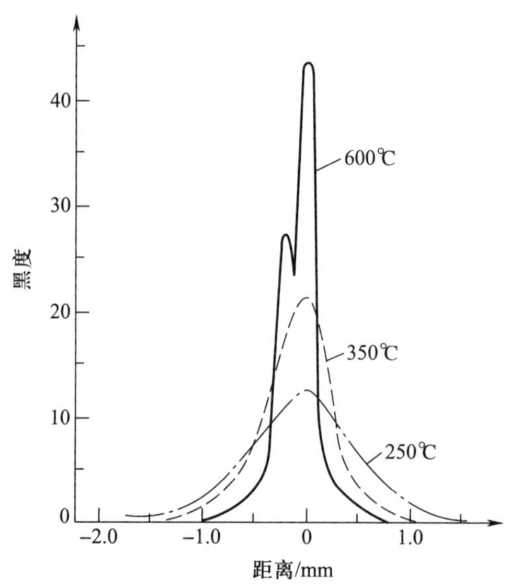

图 9-51　用粉末照相法测得的 T10 钢淬火后不同温度回火的(211)衍射线的黑度曲线

因为亚晶块细化和点阵畸变均引起衍射谱线的宽化，所以可以由衍射线的线形分析来测定亚晶块大小和点阵畸变。一般的衍射分析方法主要为近似函数图解法、傅里叶分析法和方差分析法。但近似函数图解法由于简单易行而被广泛采用，已成为一种比较成熟的分析方法。

9.5.1　衍射线的宽化

多晶材料衍射线的宽度由仪器宽度和物理宽度两部分组成。前者与光源、光阑、仪器等实验条件有关；而后者只与试样的物理状态有关，主要是亚晶块尺寸和显微畸变。

1. 亚晶块细化引起的宽化

多晶材料亚晶块尺寸较大时，与每一亚晶块中某一晶面$\{hkl\}$相应的倒易点阵约为一几何点。无数亚晶块的同族晶面$\{hkl\}$相应的点组成一倒易球，该球无厚度。由埃瓦尔德图解可知，此时衍射锥壁很薄，衍射线十分明锐，如图 9-52(a)所示。而当亚晶块细化时，由劳厄干涉函数特征分析可知，相应于小晶体中某一平行晶面组$\{hkl\}$的各倒易点扩散为具有一定大小的倒易体。则由无数亚晶块中同族晶面$\{hkl\}$相应的倒易体，组成了一个具有一定厚度的倒易球。显然，由此造成了衍射线的宽化，如图 9－52(b)所示。所以，波长 λ 的 X 射线与一晶面间满足布拉格方程时，将有较强的反射；而当夹角稍有偏离时，还可具有一定强度。亚晶块的衍射强度在布拉格角附近的分布由下式表达：

$$I_{(\varepsilon)}=(ma)^2\left[\frac{\sin\frac{1}{2}m\delta}{\frac{1}{2}m\delta}\right]^2=(ma)^2\frac{\sin^2\left(\frac{\pi d\cos\theta_0}{\lambda}\varepsilon\right)}{\left(\frac{\pi dm\cos\theta_0}{\lambda}\varepsilon\right)^2} \tag{9-59}$$

式中：m 为衍射晶面法线方向的晶面数；ε 为布拉格角的角偏差；δ 为相邻晶面的有效周相差，$\delta=\frac{2\pi d\cos\theta_0}{\lambda}\varepsilon_0$。

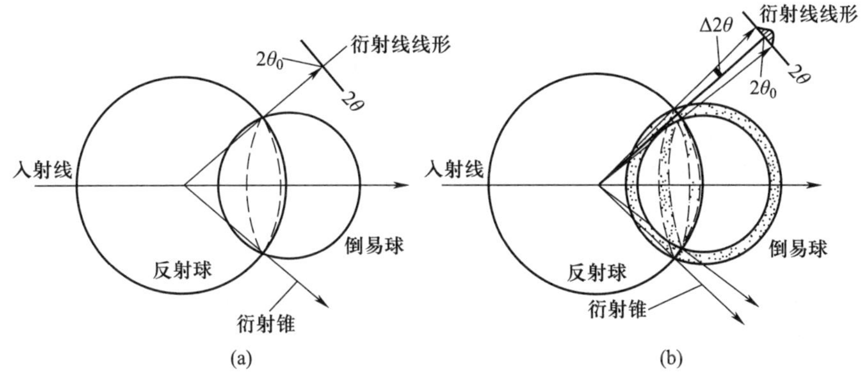

图 9－52　亚晶块细化引起的宽化

衍射线的积分强度与最大强度之比为积分宽度：

$$\beta=\frac{I_{\mathrm{in}}}{I_{\mathrm{m}}} \tag{9-60}$$

因 $I_{\mathrm{in}}=(ma)^2\frac{\lambda}{dm\cos\theta_0}$，又因 $I_{\mathrm{m}}=(ma)^2$，故

$$\beta=\frac{\lambda}{dm\cos\theta_0}=\frac{\lambda}{D_{hkl}\cos\theta_0} \tag{9-61}$$

式中：$D_{hkl}=md$，为 $\{hkl\}$ 晶面法线方向上的晶粒尺寸，单位与波长一致。β 的单位为 rad。上式通常表示为

$$\beta_D=\frac{k\lambda}{D_{hkl}\cos\theta_0} \tag{9-62}$$

式中：β_D 表示亚晶块细化引起的积分宽度。

式(9－62)也称为谢勒公式，它适用于各种晶系。在实际应用中常数 k 近似地取 1。

2. 点阵畸变引起的宽化

多晶材料在冷加工或热处理过程中，因为晶粒取向的不同，使得晶体点阵的各微观区域内产生不均匀的塑性变形；或在相变过程中因各项体积效应的不同，产生不同相之间的不均匀形变，使点阵中原子排列的规律性被破坏，晶面产生弯曲和扭转，在不同晶粒中的同族晶面$\{hkl\}$的间距发生不规则的变化。由于此类点阵畸变的大小和方向是随机分布的，所以晶面间距对称地分布在以d_0为中心的一个范围 $d_0 \pm \Delta d$ 内。显然，由不同晶粒中同族晶面$\{hkl\}$所产生的反射线一定对称地落在以 $2\theta_0$为中心的一个范围$(2\theta_0 \pm 2\theta)$内，衍射峰变得宽化而漫散，但峰位基本不变。

对于同族晶面$\{hkl\}$而言，由晶面间距的变化 Δd 而引起的衍射角变化为

$$\Delta\theta = -\tan\,\theta_0\,\frac{\Delta d}{d} \tag{9-63}$$

若采用 2θ 坐标，且令 $\varepsilon = \dfrac{\Delta d}{d}$，当只考虑其绝对值时，则式(9-63)变为 $\Delta(2\theta) = 2\varepsilon\tan\,\theta_0$。由于衍射线的宽化发生在 $2\theta_0 \pm 2\theta$ 范围内，因此由点阵畸变效应引起的谱线宽度 β_0 是 $\Delta 2\theta$ 的两倍，所以上式应改写为

$$\beta_\varepsilon = 4\varepsilon\tan\,\theta_0 \tag{9-64}$$

式中：ε 为均方应变值，它标志着多晶材料中点阵畸变的程度；θ_0为(hkl)晶面的布拉格角。对于各向异性材料而言，畸变分布也具有各向异性。因此，用某一谱线测得的均方应变值仅反映所测晶面法线方向的点阵畸变程度。

3. 仪器宽化

上述由于亚晶块细化及点阵畸变而使谱线增宽，称为物理宽化。除此之外，任何多晶材料，无论在何种精度的衍射仪下测定，总有一定的衍射线宽度。关键在于 X 射线管焦斑并不是理想的几何线，且它所产生的入射线具有一定的发散度。还存在着由于 X 射线源有一定的几何尺寸、入射线发散及平板试样聚焦不良，以及采用接收狭缝大小的衍射仪调整精度等原因而产生的衍射线的宽化。此外，平板试样引起的欠聚焦、试样的吸收、衍射仪轴心偏离以及接收狭缝等因素均可造成谱线宽化。即使是十分完整的晶体也会存在这种宽化。这些宽化统称为仪器宽化(也称几何宽化)。此种宽化的大小可用标样来确定。

显然，待测试样的衍射线形宽化，是由仪器宽化和物理宽化因素共同作用的结果。欲求出物理宽度，必须扣除仪器宽度。实际工作中，总是通过没有任何物理宽化因素的标样，在与待测试样完全相同的实验条件下，测得标样的衍射线形，并以它的峰宽定为仪器宽度。标样应选用与待测试样成分相同或相近的材料，经充分退火以消除点阵畸变，并使晶块长大到不引起线形增宽的尺寸

(约为 10^{-4} cm)。达到这个状态的标志是它的衍射峰 $K_{\alpha 1}$ 双线充分分开，峰形窄而明锐。如找不到合适的退火试样，也可以用无物理宽化因素的参考物质，例如石英 SiO_2，来测得仪器宽度，但所选的衍射峰的角位置应与待测衍射峰角位置相近。

9.5.2 实测衍射峰与物理宽化的关系

1. 谱线线形的卷积合成

没有任何物理宽化因素的晶体的衍射线，其自然线形可用仪器宽化函数 $G(x)$ 来描述。如不考虑仪器因素，假定晶体的衍射线形纯由物理宽化因素决定而按物理宽化函数 $F(x)$ 分布的话，这两种宽化因素同时起作用而得到的待测试样的综合实测线形 $H(x)$，应是 $F(x)$ 和 $G(x)$ 函数的卷积合成：

$$H(y) = \int_{-\infty}^{+\infty} G(x) F(y - x) \mathrm{d}x \tag{9-65}$$

假设仪器宽化函数 $G(x)$ 在物理宽化因素影响下仅进一步增宽，而不改变曲线的积分强度。为此，可将 $G(x)$ 曲线下的面积分成若干无穷窄的长条面积元，各面积元均按物理宽化函数 $F(x)$ 展宽而面积保持不变，再将这些按 $F(x)$ 展宽的小峰形叠加，即得到综合实测线形 $H(x)$。

衍射线的宽度可用积分宽度来表示。积分宽度等于峰形面积除以曲线最大值。若以 B 表示待测试样的积分宽度(综合宽度)，b 表示标样衍射积分宽度(仪器宽度)，β 表示物理宽化积分宽度，由式(9-65)的卷积关系可以导出 B、b、β 三者间的数学关系式：

$$B = \frac{b\beta}{\int_{-\infty}^{+\infty} G(x) F(x) \mathrm{d}x} \tag{9-66}$$

点阵畸变和亚晶块细化两种效应的叠加，遵循卷积关系。如设 $M(x)$、$N(x)$ 分别为亚晶块细化和点阵畸变的宽化函数，其相应的积分宽度分别为 β_D 和 β_ε，则 β_D、β_ε 与总的物理宽化积分宽度 β 三者之间的关系为

$$\beta = \frac{\beta_D \beta_\varepsilon}{\int_{-\infty}^{+\infty} M(x) N(x) \mathrm{d}x} \tag{9-67}$$

式(9-67)为线形分析的基本关系。所谓近似函数法，就是选用适当的已知函数对实测线形 $H(x)$ 和各种宽化函数如 $G(x)$、$F(x)$、$M(x)$、$N(x)$ 进行模拟，再由这些函数的具体形式，利用式(9-66)和式(9-67)可得 B、b 和 β 或 β、β_D 和 β_ε 之间的具体关系表达式。由实测的综合宽度 B 和仪器宽度 b 便可求得 β、β_D 和 β_ε。具体步骤为：

1) $K_{\alpha 1}$ 与 $K_{\alpha 2}$ 双重线的分离，得纯 $K_{\alpha 1}$ 线形。

2）选择仪器宽化函数 $G(x)$ 和物理宽化函数 $F(x)$ 的近似函数类型。

3）进行仪器宽化效应和物理宽化效应的分离，得到总的物理宽化积分宽度 β。

4）进行点阵畸变和亚晶块细化两种效应的分离，分别求得亚晶块细化宽度 β_D 和点阵畸变宽度 β_ε。

5）计算点阵畸变和亚晶块尺寸。

2. K_α 双线增宽及其分离

由于实验中所用的 K_α 辐射包括 $K_{\alpha1}$、$K_{\alpha2}$ 双线，它们各自产生的衍射线形将重叠在一起，即使无物理宽化因素的标样的高角度线条，它们也不能完全分得开。因此实测曲线的宽度包含了 K_α 双线的增宽。为了得到单一 $K_{\alpha1}$ 衍射线形，需要对实测的衍射线先进行 $K_{\alpha1}$、$K_{\alpha2}$ 双线分离，而后再进行其他分离步骤。

因为 $K_{\alpha1}$ 与 $K_{\alpha2}$ 所对应的波长非常相近，所以它们的衍射线经常重叠在一起。一般采用 Ranchinger 图解法进行 $K_{\alpha1}$ 和 $K_{\alpha2}$ 双重线的分离。该法的假设如下。

1）$K_{\alpha1}$ 和 $K_{\alpha2}$ 衍射线的线形相似，且底宽相等。

2）$K_{\alpha1}$ 和 $K_{\alpha2}$ 线形皆为对称的，角分离度为 $\Delta 2\theta$:

$$\Delta 2\theta = 2\frac{\Delta\lambda}{\lambda}\tan\theta \tag{9-68}$$

式中：$\Delta\lambda$ 为常数，$\Delta\lambda = \lambda_{\alpha1} - \lambda_{\alpha2}$；$\lambda$ 为 K_α 线波长；θ 为对应 K_α 波长的布拉格角。

3）$K_{\alpha1}$ 和 $K_{\alpha2}$ 所对应的强度比为 2∶1。

Ranchinger 图解法的具体步骤如下。

1）由实测 K_α 线形的峰位(2θ)，用式(9-68)算出 $K_{\alpha1}$ 和 $K_{\alpha2}$ 的角分离度 $\Delta 2\theta$(单位为度)。

2）选择谱线低角区，如图 9-53 所示。图中 a 点为横坐标原点，并按 $\Delta 2\theta$ 值将横坐标分别割成若干个区间。在第一区间(即 0~1 区间)内，只存在 $K_{\alpha1}$ 分量，所以该区间内 $K_{\alpha1}$ 的衍射强度等于 K_α 的衍射强度，即 $I_1(2\theta) = I(2\theta)$。

3）在第二区间(即 1~2 区间)内，任一 2θ 处的总衍射强度 $I(2\theta)$ 为

$$I(2\theta) = I_1(2\theta) + \frac{1}{2}I_1(2\theta - \Delta 2\theta) \tag{9-69}$$

即

$$I_1(2\theta) = I(2\theta) - \frac{1}{2}I_1(2\theta - \Delta 2\theta)$$

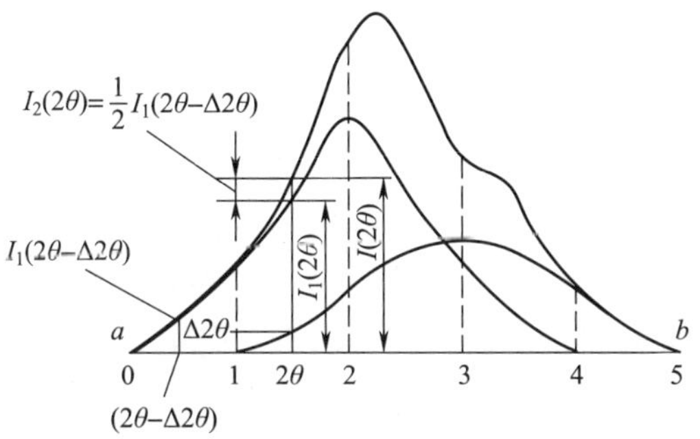

图 9－53　K_α 双线分离作图法

由式(9－69)可用作图法将 K_α 双线分离。图 9－53 为 K_α 双线分离作图法示意图，从中可以得到在第二区间内任一 2θ 处的 $I_1(2\theta)$ 值。

4）按同样步骤，逐次得到以下各区间内的 $I_1(2\theta)$ 线形，直至完成双线分离。在最后一个区间 $I_1(2\theta)=0$，只存在 $K_{\alpha 2}$ 分量。

Ranchinger 图解法的优点是简便易行，可有效地完成 K_α 双线分离。缺点是背底取法对结果的影响十分敏感，在具体应用中要特别注意。

3. *物理宽化分离及方法*

欲从线形增宽中获得晶块尺寸及点阵畸变的信息，必须完成两项工作：

1）从待测试样的综合实测曲线 $H(x)$ 的积分宽度 B 中扣除标样的仪器宽化曲线 $G(x)$ 的积分宽度 b，以求得物理宽化积分宽度 β。

2）如待测试样中亚晶块细化和点阵畸变两种物理因素同时存在，尚须从物理宽化积分宽度 β 中再分离出两种物理因素各自的宽度 β_D 和 β_ε。

第一项工作可以用式(9－66)完成，但须事先得知物理宽化函数 $F(x)$。困难正在于此，晶体中的物理宽化因素将以一个什么样的 $F(x)$ 函数影响峰形宽，难以知晓。当然也不是完全没有可能，因为从 $H(x)$、$G(x)$、$F(x)$ 之间满足卷积关系 $H(y)=\int_{-\infty}^{+\infty}G(x)F(y-x)\mathrm{d}x$ 来看，用实验得到的 $H(x)$、$G(x)$ 线形数据，通过傅里叶反变换及去卷积过程，求出 $F(x)$ 线形数据是有可能的，但计算工作量相当大。因此，按这个办法分离物理宽度的“傅里叶变换法”、“反复卷积法”虽早已问世，但很长时间未能得以广泛应用，直到计算机普及的今天，才又重新受到人们的重视。为避开必须求解 $F(x)$ 才能分离出物理宽度的困难，另一个途径便是直接假设各宽化线形为某种已知函数，这样就可以无须得知 $F(x)$ 整个线形数据，通过测量实测线形的宽度便可利用式(9－66)定出物理宽化积分宽度 β。这便是所谓的获得物理宽化积分宽度的“简化法”。

至于第二项工作，更难指望从 $F(x)$ 线形中分离出亚晶块细化的宽化函数 $M(x)$、点阵畸变的宽化函数 $N(x)$ 之后，再去求得相应的两个物理宽度值。至少目前尚未能找到切实可行的方法。只有采用如下方法。

1）利用能表征衍射线形和宽度变化的另一些特征量，寻找出亚晶块细化、点阵畸变等物理因素与这些特征量之间关系的数学表达式，通过实测线形的这些特征量数据来求解。根据所借助的、反映线形变化的特征量的不同，便形成了不同的物理宽化量的分离方法。比如，物理因素可以影响衍射线形的重心和方差值，方差法就是利用方差值与亚晶块尺寸及点阵畸变度间关系的方程式和利用方差值相加性来完成分离和测定工作的。

又如，可将实测线形数据按傅里叶级数处理，通过傅里叶变换求得其傅里叶系数。随线形及其宽度的变化，傅里叶系数相应变化。Warree - Averbach 成功地导出了衍射强度公式的傅里叶级数表达式，并在公式中的傅里叶系数里包含了亚晶块尺寸和点阵畸变这两个物理量，这样，根据实测数据求得傅里叶系数，并与强度公式傅里叶表达式中的傅里叶系数对应起来，便可同时解出亚晶块尺寸和点阵畸变两个物理量，这便是傅里叶分析法。

2）走“简化法”的路，继续设定亚晶块细化线形宽化函数 $M(x)$ 和点阵畸变线形宽化函数 $N(x)$ 为某个已知函数。

线形宽化分离的简化法，直接设定线形函数为某已知函数，从数学角度似乎不很严谨，但它确实因此绕开了求解物理宽化函数的困难而使得工作大为简化。同时也正由于它限定了可供选择的几种已知函数类型，才可能提前将几种宽度间的数学关系找出来并制定图表，使用起来显得方便、迅速。在很多常规分析和应用中，仅需求得亚晶块尺寸、点阵畸变这类物理量的相对值，因此简化法与其他方法相比较仍具有一定的优越性，是常被采用的方法之一。

9.5.3　应用近似函数法的测量技术

这种方法直接假设 $G(x)$、$F(x)$ 线形分别近似满足某种钟罩形函数，如高斯(Gauss)函数 e^{-kx^2}、柯西(Cauchy)函数 $\frac{1}{1+kx^2}$、柯西平方函数 $\frac{1}{(1+kx^2)^2}$，然后将选定的钟罩形函数代入式(9 - 66)，利用卷积关系求出 B、b、β 三宽度间的简单关系式。关系式中 B、b 通过实测曲线可测得，这样就可以分离物理宽化积分宽度 β。如果试样中仅存在一种物理因素(亚晶块细化或点阵畸变)，即可直接将求得的 β 代入式(9 - 62)中计算出亚晶块尺寸 D_{hkl} 值，或者代入式(9 - 62)，求出点阵畸变 ε 值；当两种物理因素同时起作用时，须分别求各自的积分宽度 β_D 和 β_ε 才能求解。为此，近似函数法就在求得综合物理宽化积分

宽度 β 后，进而再假定 $M(x)$、$N(x)$ 也分别满足某种已知的钟罩形函数，将选定的函数代入式(9－67)，求出 β、β_D、β_ε 三宽度间简单的数学关系，再利用两组实验数据建立两个方程，解出 β_D 和 β_ε 值。

由于这种方法是在假设近似函数类型的基础上，求得几种宽化因素的积分宽度间的简单数学关系式以后进行宽化分离的，所以也称积分宽度分开法。

为解方程(9－67)，在实现 K_α 双线分离后，须确定仪器宽化函数 $G(x)$ 和物理宽化函数 $F(x)$ 的近似函数类型。较常用的选择方法如下。

1. 尝试法

它先对 3 种基本函数类型 $\left(e^{-k_1x^2},\ \dfrac{1}{1+k_2x^2},\ \dfrac{1}{(1+k_3x^2)^2}\right)$ 分别进行尝试计算，再与实测的仪器测量曲线或工具曲线相比较，看哪种符合较好。举仪器测量曲线线形函数为例，其步骤如下。

1）确定经 K_α 双线分离后的 $K_{\alpha1}$ 衍射谱线的极大值 I_0 和积分宽度 B_0。

2）由 B_0 值分别计算上述 3 种钟罩形函数所对应的系数。其中，$k_1=\dfrac{\pi}{B_0^2}$，$k_2=\dfrac{\pi^2}{B_0^2}$，$k_3=\dfrac{\pi^2}{4B_0^2}$。

3）将 k_1、k_2 和 k_3 分别代入对应的函数，则有

$$I_0e^{-\pi x^2/B_0^2},\qquad \frac{I_0}{1+\dfrac{\pi^2}{B_0^2}x^2},\qquad \frac{I_0}{\left(1+\dfrac{\pi^2}{4B_0^2}x^2\right)^2}$$

4）将上述 3 种函数值分别与实测的仪器测量曲线 $I_1(x)$ 进行比较，选择其中比较接近者为近似函数。

2. 直线法

该法与尝试法大体相似，所不同的是选用不同的参数来表示被选函数与实测函数之间的符合程度。若被选函数与实测函数完全一致，那么对应所有 x 值，两函数值之比都应为 1。若以两函数值之比为纵坐标，x 为横坐标，则所有点都应落在一条直线上，所以其具体步骤如下。

1）确定经 K_α 双线分离后的 $K_{\alpha1}$ 衍射谱线的极大值 I_0 和积分宽度 B_0。

2）根据积分宽度 B_0，分别计算 3 种拟选函数的系数(方法同前)。

3）对下面 3 种函数分别进行直线回归处理，计算各自的线性回归系数：

$$x-\frac{I_1(x)}{I_0}e^{\pi x^2/B_0^2},\qquad x-\frac{I_1(x)}{I_0}\left(1+\frac{\pi^2}{B_0^2}x^2\right),\qquad x-\frac{I_1(x)}{I_0}\left(1+\frac{\pi^2}{4B_0^2}x^2\right)^2$$

4）比较上面 3 种拟选函数对应的线性回归系数 γ，最大者所对应的函数，就被选为近似函数类型。

3. 拟合离散度 s_j^2 判别法

该法采用拟合离散度 s_j^2 来比较实测函数与拟选函数的符合程度。以 s_j^2 最小者为佳。步骤如下。

1）确定经 K_α 双线分离后的 $K_{\alpha1}$ 衍射谱线的极大值 I_0 和积分宽度 B_0。

2）分别按下式计算 3 种函数对应的拟合离散度 s_j^2：

$$s_j^2 = \frac{1}{n} \sum_{i=1}^{n} [I_j(x_i) - I_0 f_j(x_i)]^2 \tag{9-70}$$

式中：n 为用于比较的数据点数目；j 为 1，2，3，分别对应 3 种分布函数；$f_j(x_i)$ 分别为

$$f_1(x) = e^{-\pi x^2/B_0^2}, \qquad f_2(x) = \frac{1}{1 + \frac{\pi^2}{B_0^2}x^2}, \qquad f_3(x) = \frac{1}{\left(1 - \frac{\pi^2}{4B_0^2}x^2\right)^2}$$

比较 s_j^2 的大小，最小的 s_j^2 所对应的函数即为所选定的近似函数类型。

4. 物理宽化函数 $F(x)$ 的函数类型的判定

依照实测的仪器测量曲线和工具曲线，利用上述方法选取仪器测量曲线的线形函数 $H(x)$ 和仪器宽化函数 $G(x)$ 的近似函数类型。然而，物理宽化函数 $F(x)$ 的近似函数类型却无法利用实验数据进行判定。因此，往往采取人为的假定或直接用仪器测量曲线线形函数 $H(x)$ 的近似函数类型来代替。这样处理不免带有任意性，$F(x)$ 函数类型比较严格的判定可采用如下方法进行。

由卷积合成公式 $H_i(y) = \int_{-\infty}^{+\infty} G(x) F_j(y-x)\,dx$ 可知，若将式中的 $G(x)$ 用实测的仪器宽化函数（$K_{\alpha1}$ 分量）代入，而物理宽化函数 $F_j(y-x)$ 用 3 种典型的钟罩形函数依次代替，先用计算机在有限区间内分别计算出卷积合成函数 $H_i(y)$；再将得到的 3 种卷积合成函数 $H_i(y)$ 分别与实测的仪器测量曲线线形函数（$K_{\alpha1}$ 分量）拟合，计算拟合离散度：

$$s_j^2 = \frac{1}{n} \sum_{i=1}^{n} [H(x_i) - H_j(x_i)]^2 \tag{9-71}$$

式中：$H(x_i)$ 为实测的仪器测量曲线线形函数；$H_j(x_i)$ 为计算出的卷积合成函数。

比较 s_j^2 的大小，以 s_j^2 最小者为佳。

9.5.4　仪器宽化效应的分离

由实测的仪器测量曲线和工具曲线，分别确定其积分宽度 B_0 和 b_0，选取合适的仪器宽化函数 $G(x)$ 和物理宽化函数 $F(x)$ 的类型之后，将它们代入

式(9－66)，可求得 β、B_0 和 b_0 之解析表达式，从而求出物理宽化积分宽度 β。

由于 $G(x)$ 和 $F(x)$ 近似函数类型的选择都有3种可能，则它们之间的组合将出现9种可能。表9－9列出前5种组合关系[13]。其余4种组合参见相关文献。

表9－9 $G(x)$和$F(x)$函数的组合及对应的β、B_0和b_0的关系式

序列	$F(x)$	$G(x)$	β、B_0 和 b_0 的关系式
1	$e^{-k_1x^2}$	$e^{-k_2x^2}$	$\frac{\beta}{B_0}=\sqrt{1-\left(\frac{b_0}{B_0}\right)^2}$
2	$\frac{1}{1+k_1x^2}$	$\frac{1}{1+k_2x^2}$	$\frac{\beta}{B_0}=1-\frac{b_0}{B_0}$
3	$\frac{1}{(1+k_1x^2)^2}$	$\frac{1}{1+k_2x^2}$	$\frac{\beta}{B_0}=\frac{1}{2}\left(1-\frac{b_0}{B_0}+\sqrt{1-\frac{b_0}{B_0}}\right)$
4	$\frac{1}{1+k_1x^2}$	$\frac{1}{(1+k_2x^2)^2}$	$\frac{\beta}{B_0}=\frac{1}{2}\left(1-4\frac{b_0}{B_0}+\sqrt{\delta-\frac{b_0}{B_0}+1}\right)$
5	$\frac{1}{(1+k_1x^2)^2}$	$\frac{1}{(1+k_2x^2)^2}$	$B_0=\frac{(b_0+\beta)^3}{(b_0+\beta)^2+b_0\beta}$

由于在尺寸分析时，需测量试样和谱线较多，实际计算量很大，所以可先将表9－9内5种关系制成$\frac{\beta}{B_0}-\frac{b_0}{B_0}$标准分离曲线。以$\frac{b_0}{B_0}$为自变量，取值范围为0～1，步长为0.1，分别算出其对应的$\frac{\beta}{B_0}$值，范围也在0～1之间。图9－54给出了5种函数组合的$\frac{\beta}{B_0}-\frac{b_0}{B_0}$关系曲线。实际应用时，根据已得到的 B_0 和 b_0 值，以及选定的 $F(x)$ 和 $G(x)$ 的近似函数类型的组合，即可在图9－54中找到相应的标准分离曲线，便可求得 β 值，完成仪器宽化效应的分离。

9.5.5 点阵畸变和亚晶块细化两种效应的分离

物理宽化是点阵畸变和亚晶块细化两种效应共同作用的结果。一般须对两者进行定量分离。常用的分离方法有柯西分布法和高斯分布法。

1. 基本关系式

由于物理宽化因素中两种效应的叠加卷积关系，所以在式 $\beta=$

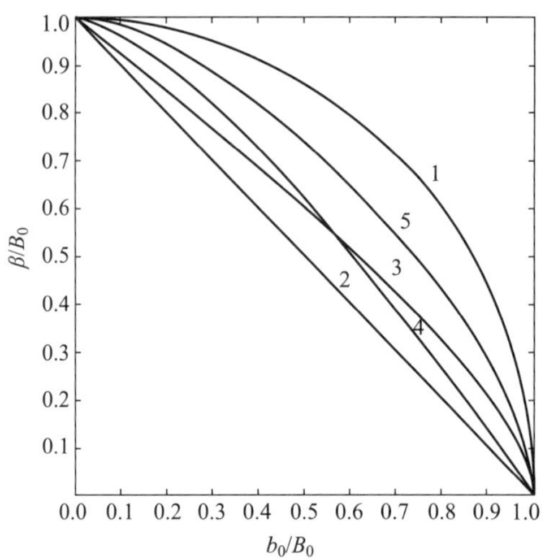

图 9－54　5 种函数类型的仪器宽化效应标准分离曲线

$\dfrac{\beta_D\beta_\varepsilon}{\int_{-\infty}^{+\infty}M(x)N(x)\mathrm{d}x}$ 中 $M(x)$ 和 $N(x)$ 分别为亚晶块细化和点阵畸变的宽化函数，其相应的积分宽度分别为 β_D 和 β_ε。对于 $M(x)$ 和 $N(x)$ 的近似函数也以上述 3 种钟罩形函数来拟合。相应地也有 9 种组合形式。表 9－10 给出前 5 种组合所对应的 β、β_D 和 β_ε 的关系式。另外 4 种组合形式可参见相关文献。

表 9－10　β、β_D 和 β_ε 的关系式

序列	$M(x)$	$N(x)$	β、β_D 和 β_ε 的关系式
1	$\dfrac{1}{1+k_1x^2}$	$\dfrac{1}{1+k_2x^2}$	$\beta=\beta_D+\beta_\varepsilon$
2	$\mathrm{e}^{-k_1x^2}$	$\mathrm{e}^{-k_2x^2}$	$\beta=\sqrt{\beta_D^2+\beta_\varepsilon^2}$
3	$\dfrac{1}{1+k_1x^2}$	$\dfrac{1}{(1+k_2x^2)^2}$	$\beta=\dfrac{(\beta_D+2\beta_\varepsilon)^2}{\beta_D+4\beta_\varepsilon}$
4	$\dfrac{1}{(1+k_1x^2)^2}$	$\dfrac{1}{1+k_2x^2}$	$\beta=\dfrac{(2\beta_D+\beta_\varepsilon)^2}{4\beta_D+\beta_\varepsilon}$
5	$\dfrac{1}{(1+k_1x^2)^2}$	$\dfrac{1}{(1+k_2x^2)^2}$	$\beta=\dfrac{(\beta_D+\beta_\varepsilon)^3}{(\beta_D+\beta_\varepsilon)^2+\beta_D\beta_\varepsilon}$

$M(x)$ 和 $N(x)$ 的近似函数类型的严格确定是比较困难的，目前仍须凭经验来选定。这也是近似函数图解法的不足之处。对于钢铁材料，表 9－10 中前 3

种近似函数组合，尤其是第三种组合较为常用。以下对 3 种组合的 β_D 和 β_ε 分离进行讨论。

2. 柯西分布法

W. H. Hall 曾假定，亚晶块细化和点阵畸变两种效应所造成的强度分布都接近柯西分布，即

$$M(x)=\frac{1}{1+k_1x^2},\qquad N(x)=\frac{1}{1+k_2x^2}$$

此时 $\beta=\beta_D+\beta_\varepsilon$。因为 $\beta_D=\frac{\lambda}{D\cos\theta}$（$k$ 值取 1），$\beta_\varepsilon=4\varepsilon\tan\theta$，则得

$$\beta=\frac{\lambda}{D\cos\theta}+4\varepsilon\frac{\sin\theta}{\cos\theta}$$

两边乘以$\frac{\cos\theta}{\lambda}$，则得

$$\beta\frac{\cos\theta}{\lambda}=\frac{1}{D}+4\varepsilon\frac{\sin\theta}{\lambda}\tag{9-72}$$

显然 $\beta\frac{\cos\theta}{\lambda}$与$\frac{\sin\theta}{\lambda}$呈直线关系。根据实际测定谱线的物理宽化积分宽度 β 和对应的峰值 θ，可以作出 $\beta\frac{\cos\theta}{\lambda}-\frac{\sin\theta}{\lambda}$直线，其斜率即为 4ε，截距即为$\frac{1}{D}$。应用时，为使 $\beta\frac{\cos\theta}{\lambda}-\frac{\sin\theta}{\lambda}$直线作得准确，最好每个试样测 3 条以上谱线，算出 3 个以上的 β、θ 值。

3. 高斯分布法

库日格诺夫和雷斯科提出，亚晶块细化和点阵畸变两种效应所造成的强度分布都接近高斯分布，即

$$M(x)=e^{-k_1x^2},\qquad N(x)=e^{-k_2x^2}$$

则

$$\beta^2=\beta_D^2+\beta_\varepsilon^2$$

将 $\beta_D=\frac{\lambda}{D\cos\theta}$，$\beta_\varepsilon=4\varepsilon\tan\theta$ 关系式代入上式，便得到高斯分布法分离公式

$$\left(\beta\frac{\cos\theta}{\lambda}\right)^2=\frac{1}{D^2}+16\varepsilon^2\left(\frac{\sin\theta}{\lambda}\right)^2\tag{9-73}$$

对同一试样测两三条谱线，得每条谱线的物理宽化积分宽度 β 和相应峰位 θ。利用式(9-73)作出$\left(\beta\frac{\cos\theta}{\lambda}\right)^2-\left(\frac{\sin\theta}{\lambda}\right)^2$直线，由直线的斜率得到$\sqrt{\varepsilon^2}$，由直线在纵轴上的截距求得 D 值。

本章知识点

1）掌握 X 射线物相分析的原理及步骤。

2）对比理解内标法和 K 值法进行定量分析的原理。

3）掌握点阵常数精确测定的原理和方法。

4）掌握宏观应力测定的原理及方法。

5）了解丝织构的衍射几何及织构测定原理和方法。

6）了解晶块尺寸和点阵畸变测定的原理。

思考题

1）待测试样为由粉末做成的衍射仪用板状试样，分析其化学成分为钨和碳。由衍射仪记录的各线条的衍射角 θ 值及 $I-d$ 数据组见下表。要求：① 写出此种情况下物相分析的基本步骤；② 标定每条衍射线对应的物相。

线条编号	$2\theta/(°)$	d/Å	I/I_α	物相
1	31. 5	2. 84	49	
2	35. 9	2. 50	100	
3	40. 5	2. 23	100	
4	48. 5	1. 88	100	
5	58. 5	1. 58	25	
6	64. 0	1. 46	24	
7	65. 8	1. 42	7	
8	73. 0	1. 296	71	
9	75. 5	1. 26	12	
10	77. 0	1. 24	22	
11	84. 0	1. 15	19	
12	87. 0	1. 12	15	

2）试比较物相定量分析之内标法、外标法和 K 值法的应用特点。

3）倘若以 $2\theta=50°$ 的一条衍射线求点阵常数，设试样表面离轴偏差为 0. 05 mm，求点阵常数的误差。

4）某立方晶系晶体德拜花样中部分高角度线条数据如下表所列。试用“$a-\cos^2\theta$”的图解外推法求其点阵常数（准确到 4 位有效数字）。

$H^2+K^2+L^2$	$\sin^2\theta$	$H^2+K^2+L^2$	$\sin^2\theta$
38	0.9114	41	0.9761
40	0.9563	42	0.9880

5）简述 X 射线应力测定的特点并说明能够用 X 射线法测定构件宏观残余应力的原理。

6）用 X 射线测试铜带的应力，用 311 衍射线，Cu K_α，$2\theta=136.74°$。对应 $\varphi(°)=5$，15，25，35，45 的 $2\theta(°)=137.70$，137.62，137.51，137.44，137.37。请绘制 $2\theta-\sin^2\varphi$ 图，并用图解法计算试样的应力值。

7）用埃瓦尔德图解法作图说明理想丝织构的衍射花样特征。

8）丝织构与板织构的晶体学特征有何异同？以 Al 丝织构说明 Al 丝具有〈111〉+〈100〉丝织构，并示意画出理想织构的{100}极图，以及对应理想织构的{111}极图。

第十章 电子衍射分析

电子衍射的原理和 X 射线衍射相似，是以满足(或基本满足)布拉格方程作为产生衍射的必要条件。但电子波与 X 射线相比，其本身的特性又有不同之处。本章论述在电子显微镜中电子衍射谱的产生及其特点，并介绍常见电子衍射谱的种类，以及各种简单及复杂电子衍射谱的分析方法，说明电子衍射谱的应用，最后还简单介绍了低能电子衍射的基本知识。

10.1 电子衍射基本原理

10.1.1 电子衍射技术发展概况

1926—1927 年人们在争论电子的粒子性和波动性时，发现了电子衍射现象，并通过晶体对电子的衍射实验确定了电子的波动性，同时发展了电子衍射这门新兴的学科。电子衍射工作最初主要是在专门的电子衍射仪上进行，20 世纪 50 年代以后，电子显微镜的电子光学系统日臻完善，特别是高压电源的改善提高了电子穿透能力，电子衍射开始在电子显微镜上进行。在电子显微镜上进行电子衍射的突出优点，是能把对物相的形貌观察和结构分析结合起来。在这以前由于只能进行复型观察，仅仅是把电子显微镜作为高倍光学显微镜来使用。自从在电子显微镜上做电子衍射以来，使电子显微镜成为由表及里的分析仪器，这是其他仪器所没有的特点。

用电子显微镜对一个薄试样进行照相时，无论试样是晶体还是非晶体，也无论是合成材料还是天然材料，如果它在荧光屏上成像，那么在物镜后焦面上就形成衍射谱。非结晶物质的电子衍射与 X 射线衍射一样，只能得到很少数的漫散射环。而结晶试样就能得到许多锋锐的衍射环或斑点，对多晶体是由一系列半径不同的同心衍射环所组成，对单晶体是一系列规则排列的衍射斑点，如图 10－1 所示。其中图 10－1(b)是从 M_6C 碳化物析出相得到的电子衍射谱，由衍射斑点的位置、排列、大小、强度等可以得到单位晶格大小、形状、结晶外形和晶格中原子的排列等有用信息。

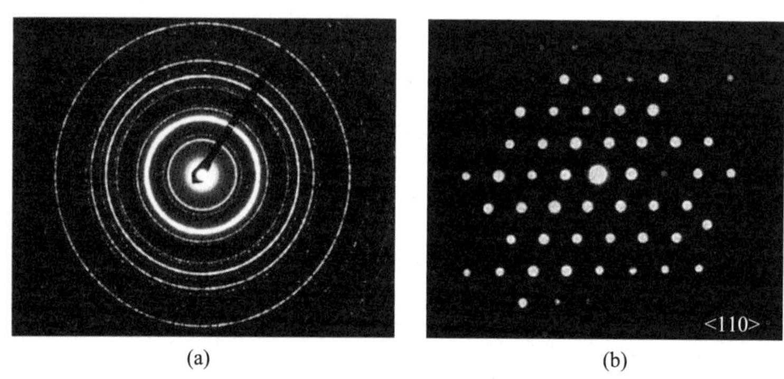

图 10－1　(a) Au 蒸发膜的多晶花样；(b) M_6C 碳化物的电子衍射谱

10.1.2　电子衍射和 X 射线衍射的比较

电子衍射的几何学和 X 射线衍射完全一样，都遵循劳厄方程或布拉格方程所规定的衍射条件和几何关系。但是它们与物质相互作用的物理本质并不相同。X 射线是一种电磁波，在它的电磁场影响下，物质原子的外层电子开始振动，成为新的电磁波源，当 X 射线通过时，受到它的散射，而原子核及其正电荷则几乎不发生影响。因此对 X 射线进行傅里叶分析，反映出晶体电子密度分布。而电子是一种带电粒子，物质原子的核和电子都和一定库仑静电场相联系，当电子通过物质时，便受到这种库仑场的散射，可见对电子衍射结果进行傅里叶分析，反映的是晶体内部静电场的分布状况。

X 射线衍射强度和原子序数的平方(Z^2)成正比，重原子的散射本领比轻原子大得多。用 X 射线进行研究时，如果物质中存在重原子，就会掩盖轻原子的存在。而电子散射的强度约与 $Z^{4/3}$ 成正比，重原子与轻原子的散射本领相差不十分明显，这使得电子衍射有可能发现轻原子。此外，电子衍射因子随散射角的增大而减小的趋势要比 X 射线迅速得多。如图 10－2 所示。

电子的波长比 X 射线的波长短得多，根据布拉格方程 $2d\sin\theta = n\lambda$，电子衍射的衍射角 2θ 也小得多。

物质对电子的散射比对 X 射线的散射几乎强 1 万倍，所以电子的衍射强度要高得多。这使得二者要求的试样尺寸大小不同，X 射线试样线性尺寸为 10^{-1} cm，电子衍射试样则为 $10^{-6} \sim 10^{-5}$ cm；二者曝光时间也不同，X 射线以小时计，电子衍射以秒或分计。

此外，它们的穿透能力大不相同，电子射线的穿透能力(图 10－3)比 X 射线弱得多，比较适于用来研究微晶、表面、薄膜的晶体结构。由于物质对电子散射强，所以电子衍射束的强度有时几乎与透射束相当。故电子衍射要考虑二次衍射和其他动力学效应，而 X 射线衍射中次级过程和动力学效应较弱，往往可以忽略。

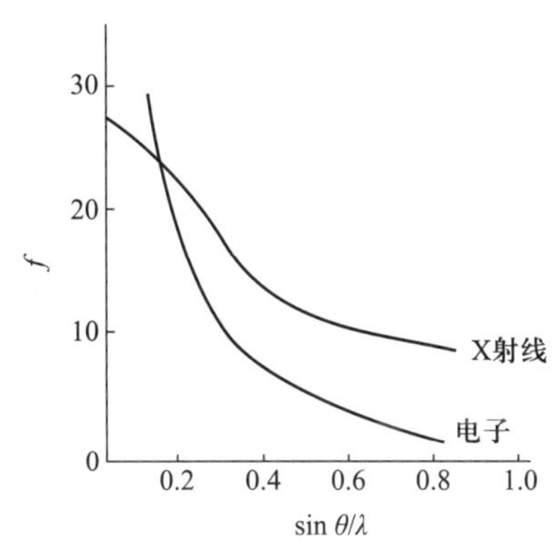

图 10－2　铜原子对 X 射线和电子射线的散射振幅

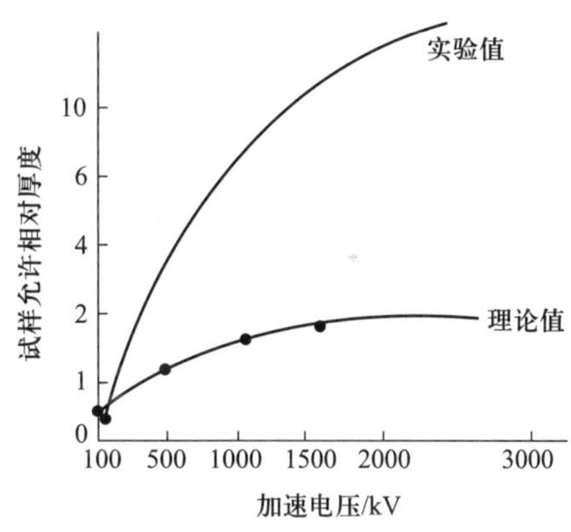

图 10－3　加速电压与试样厚度的关系

由于电子波与 X 射线相比有其本身的特性，因此电子衍射和 X 射线衍射相比具有下列不同之处。

1）电子波的波长比 X 射线短得多，在同样满足布拉格定律时，它的衍射角 θ 非常小，约为 10^{-2} rad；而 X 射线衍射时，最大角可接近 $\pi/2$。因为根据布拉格定律：$\sin\theta = \lambda/(2d) \leqslant 1$，常见晶体的晶面间距为 1～0.1 nm，所以用于衍射的 X 射线波长在 0.05～0.25 nm 范围，θ 接近 $\pi/2$。通常透射电子显微镜的加速电压为 100～200 kV，即电子波的波长在 $10^{-2} \sim 10^{-3}$ nm 数量级，θ 约为 10^{-2} rad。

2）电子衍射操作时采用薄膜试样，薄膜试样的倒易阵点会沿试样的厚度方向延伸成杆状，于是增加了倒易阵点和埃瓦尔德球相交的机会，结果使略微偏离布拉格条件的电子束也能发生衍射。

3）由于电子波的波长短，采用埃瓦尔德图解时，反射球的半径很大，在衍射角 θ 较小的范围内，反射球面可以近似看成一个平面。可以认为，电子衍射产生的衍射斑点大致分布在一个二维倒易截面内。这个结果使晶体产生的衍射花样能比较直观地反映各晶面的位向，便于实际结构分析。

4）原子对电子的散射能力远高于它对 X 射线的散射能力（约高出 4 个数量级），故电子衍射束的强度较大，摄取衍射花样时曝光时间仅需数秒钟。

在电子显微镜中进行电子衍射是一种有效的分析方法，灵敏度高，能方便地把几十纳米大小的微小晶体的显微像和衍射分析结合起来，这是个突出的优点。尽管电子衍射远不如 X 射线衍射精确，目前还不能像 X 射线那样根据测量衍射强度来广泛地测定“结构”，试样制备也比较麻烦，但是由于电子显微镜进行电子衍射有上述突出优点，使电子衍射技术愈来愈广泛地应用于材料研究和检验。

10.1.3　晶体对电子的散射

1. 晶体的衍射条件（布拉格定律）

晶体内部排列成规则的点阵，原子间距数量级为 0.1 nm，而电子显微镜中电子波长小于晶体中原子间距，因此电子射到晶体试样时将出现衍射现象。图 10－4 中画出了晶体点阵的示意图，1、2、3 为垂直于纸面的晶面，在此晶面上原子排列成二维点阵。整个晶体可以看做是晶面按一定方式堆积而成。电子波以倾角 θ 射到晶面上，它们受到晶面上原子的散射。我们来找波干涉增强的条件（指弹性散射电子波，因为它们具有相同的频率和振幅，仅相位不同）。

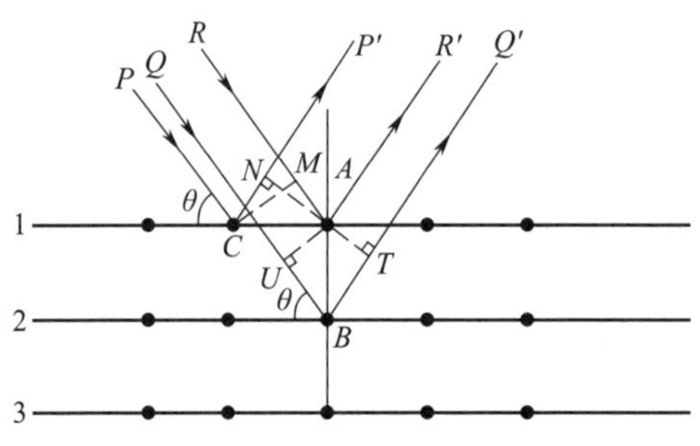

图 10－4　衍射条件（布拉格公式）的推导

与 X 射线衍射推导相似，先看 PC、RA 两束波，它们在 C 和 A 处受到原子的散射，很容易看出，仅散射方向 CP'、AR' 的散射波具有相同的相位，因为此时 CP' 和 AR' 与晶面夹角亦为 θ，且反射束与入射束和晶面的法线处于同一平面上。故 $\triangle CMA$ 和 $\triangle CNA$ 全等，因此 $CN = MA$。RA 的光程比 CP 的光程大 AM，但 AR' 的光程比 CP' 的光程小 CN，因为 $CN = AM$，所以正好抵消。故 CP' 与 AR' 有相同的相位，干涉后得到增强。

其次来考察 QB、RA 的情况，此时 QBQ' 与 RAR' 的光程差 δ 为

$$\delta = UB + BT = 2\sin\theta$$

当光程差为波长的整数倍数时，可得到相互干涉增强的衍射束，依此得到电子衍射的布拉格公式：

$$2d\sin\theta = n\lambda$$

式中：n 为 0，±1，±2，…。当 $n=0$ 时，为透射束或 0 级衍射；$n=\pm1$ 时，为一级衍射束；$n=\pm2$ 时，为二级衍射束；其余类推。如果满足衍射条件的一族晶面的指数为(hkl)，则上式可改写成

$$\frac{2d_{hkl}}{n}\sin\theta = \lambda$$

根据晶面指数的定义，晶面间距缩小 n 倍就等于晶面指数扩大 n 倍，于是有

$$2d_{nhnknl}\sin\theta = \lambda$$

这说明一级衍射是由晶面间距 d_{hkl} 的晶面衍射造成的，二级衍射是由晶面间距 d_{2h2k2l} 的晶面衍射造成的，其余类推。

在电子衍射工作中，一般不考虑晶面(hkl)的几级衍射，而都看成是$(nhnknl)$面的一级衍射，所以我们使用的都是不写出 n 的布拉格公式。

2. 反射球(埃瓦尔德球)和倒易点阵

将布拉格公式改写成

$$\sin\theta = \frac{\frac{1}{d}}{\frac{2}{\lambda}}$$

这样，电子束、晶体及其取向关系，即 λ、d 和 θ 就可以用一个直角三角形表示，如图 10－5 中$\triangle AOG$ 所示。$OG=\frac{1}{d}$，$AO=\frac{2}{\lambda}$，$AG\perp OG$，$\angle A=\theta$，显然，A、O、G 三点必然在以$\frac{1}{\lambda}$为半径、以 O_1 为球心的球面上。此球称为反射球(埃瓦尔德球)。衍射角为 θ，$\boldsymbol{N}$ 为晶面的法线方向。由图 10－5 可以看出 $\boldsymbol{g}/\!/\boldsymbol{N}$，所以 $\boldsymbol{g}$ 为晶面的倒易矢量，它的端点称为倒易结点，因此倒易矢量或倒易结点代表了一族二维晶面。一个三维晶体点阵，其中包括无穷多族的晶面，每一族晶面对应一倒易矢量或倒易结点，因此可得到无穷多个倒易结点组成的新点阵，此点阵称为倒易点阵。

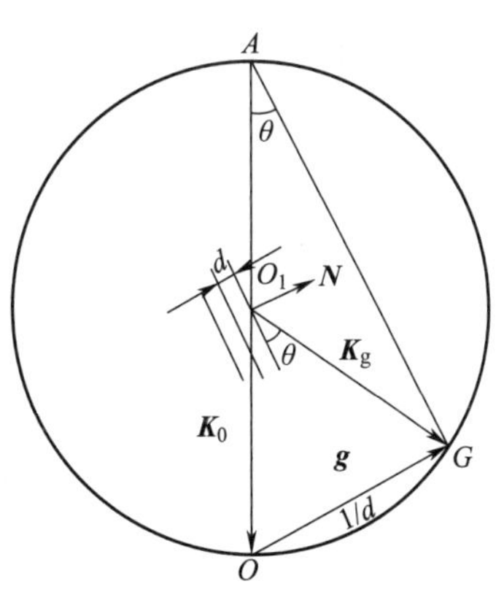

图 10－5　反射球(半径为电子波长的倒数)

下面把布拉格公式写成矢量表达式，

$\boldsymbol{K}_0$为入射波矢，$\boldsymbol{K}_g$为衍射波矢，单位长度都是$1/\lambda$，定义衍射矢量

$$\boldsymbol{K}=\boldsymbol{K}_g-\boldsymbol{K}_0$$

晶面(hkl)的倒易矢量用$\boldsymbol{g}$表示，如果$\boldsymbol{K}=\boldsymbol{g}$，则有

$$\boldsymbol{K}_g-\boldsymbol{K}_0=\boldsymbol{g} \tag{10-1}$$

则G点与反射球相截满足布拉格衍射条件。式(10－1)是布拉格公式的矢量表达式，用它分析衍射问题很方便。图10－5中O点为倒易空间的原点，G为某倒易结点(为清楚起见，其他结点未画出)。由图可知，当倒易结点处于反射球面上时，满足布拉格方程而发生衍射，不在球面上的倒易结点所代表的晶面族不满足布拉格方程，故不发生衍射。

3. 结构因子——倒易点阵的权重

所有满足布拉格定律或者倒易阵点正好落在埃瓦尔德球球面上的(hkl)晶面族是否都会产生衍射束？我们从X射线衍射已经知道，衍射束的强度

$$I_{hkl}\propto|F_{hkl}|^2$$

式中：F_{hkl}叫做(hkl)晶面族的结构因子或结构振幅，表示晶体的正点阵晶胞内所有原子的散射波在衍射方向上的合成振幅，即

$$F_{hkl}=\sum_{j=1}^{n}f_j\exp[2\pi i(hx_j+ky_j+lz_j)] \tag{10-2}$$

式中：f_j为晶胞中位于$(x_j,\ y_j,\ z_j)$的第j个原子的原子散射因数(或原子散射振幅)；n为晶胞内原子数。

根据倒易点阵的概念，式(10－2)又可写成

$$F_g=F_{hkl}=\sum_{j=1}^{n}f_j\exp(2\pi i g\cdot r_j) \tag{10-3}$$

式中：r_j为第j个原子的坐标矢量，

$$r_j=x_ja+y_jb+z_jc$$

当$F_{hkl}=0$时，即使满足布拉格定律，也没有衍射束产生，因为每个晶胞内原子散射波的合成振幅为零，这叫做结构消光。

在X射线衍射中已经计算过典型晶体结构的结构因子。常见的几种晶体结构的消光(即$F_{hkl}=0$)规律如下。

1）简单立方。F_{hkl}恒不等于零，即无消光现象。

2）面心立方。

$$\begin{cases}h、k、l\text{为异性数时，} & F_{hkl}=0\\ h、k、l\text{为同性数时，} & F_{hkl}\neq0(0\text{作偶数})\end{cases}$$

例如，{100}、{210}、{112}等晶面族不会产生衍射，而{111}、{200}、{220}等晶面族可产生衍射。

3）体心立方。

$$\begin{cases} h+k+l=\text{奇数时}, & F_{hkl}=0 \\ h+k+l=\text{偶数时}, & F_{hkl}\neq 0 \end{cases}$$

例如，{100}、{111}、{012}等晶面族不会产生衍射，而{200}、{110}、{112}等晶面族可产生衍射。

4）密排六方。

$$h+2k=3n, \quad l=\text{奇数时}, \quad F_{hkl}=0$$

例如，{0001}、{03$\bar{3}$1}、{$\bar{2}$115}等晶面不会产生衍射。

由此可见，满足布拉格定律只是产生衍射的必要条件，但并不充分，只有同时又满足 $F\neq 0$ 的(hkl)晶面族才能得到衍射束。考虑到这一点，我们可以把结构因子绝对值的平方 $|F|^2$ 作为“权重”加到相应的倒易阵点上去，此时倒易点阵中各个阵点将不再是彼此等同的，“权重”的大小表明各阵点所对应的晶面族发生衍射时的衍射束强度。所以，凡“权重”为零，即 $F=0$ 的那些阵点，都应当从倒易点阵中抹去，仅留下可能得到衍射束的阵点；只要这种 $F\neq 0$ 的倒易阵点落在反射球面上，必有衍射束产生。这样，在图 10-6(b)的面心立方晶体倒易点阵中把 h、k、l 有奇有偶的那些阵点(即图中画成空心圆圈的阵点，如 100、110 等)抹去以后，它就成了一个体心立方的点阵(注意：这个体心立方点阵的基矢长度为 $2\boldsymbol{a}^*$，并不等于实际倒易点阵的基矢 $\boldsymbol{a}^*$)。反过来，也不难证明，体心立方晶体的倒易点阵将具有面心立方的结构。

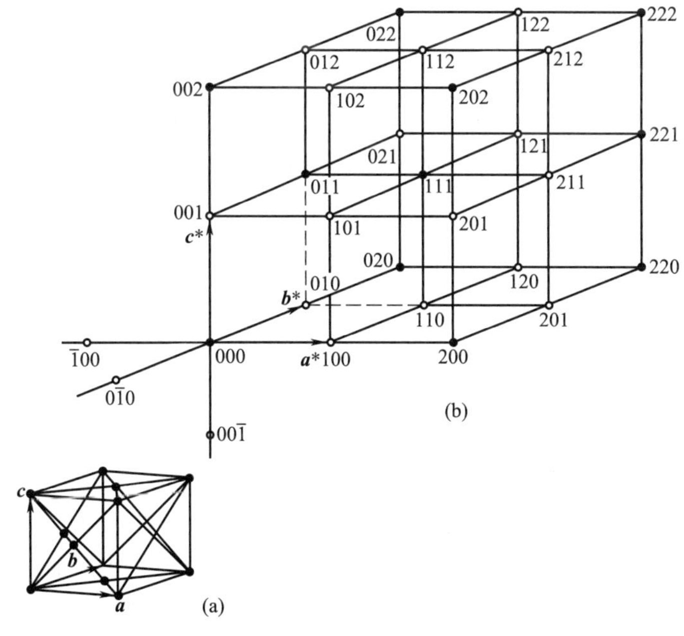

图 10-6 面心立方晶体点阵晶胞(a)及其倒易点阵(b)

4. 电子衍射基本公式

电子衍射操作是把倒易点阵的图像进行空间转换并在正空间中记录下来。用底片记录下来的图像称为衍射花样。图 10－7 为电子衍射的基本几何关系。待测试样安放在埃瓦尔德球的球心 O_1 处。入射电子束和试样内某一族晶面(hkl)相遇并满足布拉格条件时，则在 $\boldsymbol{k}'$ 方向上产生衍射束。$\boldsymbol{g}_{hkl}$是衍射晶面的倒易矢量，它的端点位于埃瓦尔德球面上。在试样下方距离 L 处放一张底片，就可以把透射束和衍射束同时记录下来。透射束形成的斑点 O_2 称为投射斑点或中心斑点。衍射斑点 G_1 实际上是 $\boldsymbol{g}_{hkl}$矢量端点 G 在底片上的投影。端点 G 位于倒易空间，而投影 G_1 已经通过转换进入了正空间。G_1 和中心斑点 O_2 之间的距离为 R(可把矢量 $\boldsymbol{O_2G_1}$ 写成 $\boldsymbol{R}$)。因 θ 角非常小，$\boldsymbol{g}_{hkl}$ 矢量接近和透射电子束垂直，因此，可以认为 $\triangle O_1OG \backsim \triangle O_1O_2G_2$，因为从试样到底片的距离是已知的，故有

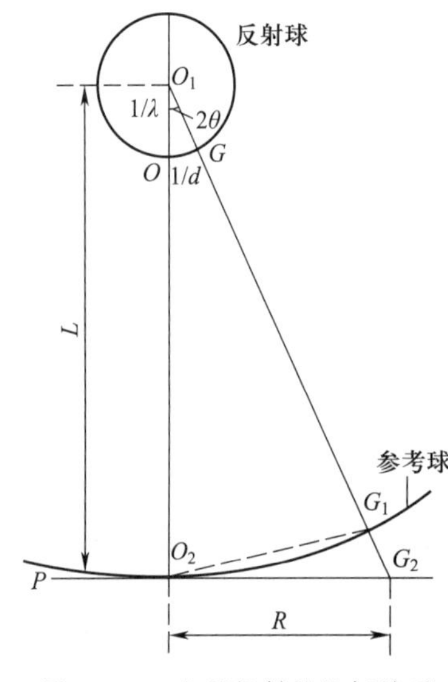

图 10－7　电子衍射的几何关系

$$\frac{R}{L}=\frac{g_{hkl}}{K}$$

因为 $g_{hkl}=1/d$，$K=1/\lambda$，故

$$R=\lambda L\frac{1}{d}=\lambda Lg \tag{10-4}$$

因为

$$\boldsymbol{R}/\!/\boldsymbol{g}_{hkl}$$

所以式(10－4)还可以写成

$$\boldsymbol{R}=\lambda L\boldsymbol{g}=K\boldsymbol{g} \tag{10-5}$$

或

$$Rd=\lambda L$$

这就是电子衍射基本公式。式中 $K=\lambda L$ 称为电子衍射的相机常数，而 L 称为相机长度。在式(10－5)中，左边的 $\boldsymbol{R}$ 是正空间中的矢量，而右边的 $\boldsymbol{g}$ 是倒易空间中的矢量，因此相机常数 K 是一个协调正、倒空间的比例常数。

这就是说，衍射斑点的 $\boldsymbol{R}$ 矢量是产生这一斑点的晶面族倒易矢量 $\boldsymbol{g}$ 按比例的放大，相机常数 K 就是比例常数(或放大倍数)。于是，对单晶试样而言，

衍射花样简单地说就是落在埃瓦尔德球面上所有倒易阵点所构成的图形的投影放大像，K 就是放大倍数。所以，相机常数 K 有时也被称为电子衍射的“放大率”。以后我们将会看到，电子衍射的这个特点，对于衍射花样的分析具有重要的意义。事实上，我们在正空间里表示量纲为 $[L]^{-1}$ 的倒易矢量长度 g，比例尺本来就只能是任意的，所以仅就花样的几何性质而言，它与满足衍射条件的倒易阵点图形是完全一致的。单晶花样中的斑点可以直接被看成是相应衍射晶面的倒易阵点。各个斑点的 $\boldsymbol{R}$ 矢量也就是相应的倒易矢量 $\boldsymbol{g}$。

在通过电子衍射确定晶体结构的工作中，只凭一个晶带的一张衍射斑点不能充分确定其晶体结构，而往往需要同时摄取同一晶体不同晶带的多张衍射斑点(即系列倾转衍射)方能准确地确定其晶体结构。

5. 振幅周相图(偏移矢量与倒易阵点扩展)

上述讨论指出，只有当入射电子束与晶面呈 θ 角、正好满足布拉格方程时，才产生衍射束，偏离这一方向，衍射束强度为零。在相应的倒易点阵反射球构图中，与反射球面相截的倒易阵点是个数学意义上的点。这些结论只是在晶体内部非常完整，而且产生衍射作用的晶体部分是十分大的理想状况才适用。而实际晶体的大小都是有限的，而且内部还会有各种缺陷，所以衍射束的强度分布有一定的角宽度，相应的倒易阵点也有一定的大小和几何形状。这样即使倒易阵点的中心不正好落在反射球面上，布拉格定律不严格成立，也能产生衍射，如图 10－8 中薄晶的倒易阵点沿薄晶法线方向拉长而与反射球面相截，产生衍射束 $\boldsymbol{K}_g$，这时衍射矢量 $\boldsymbol{K}\neq\boldsymbol{g}$，有

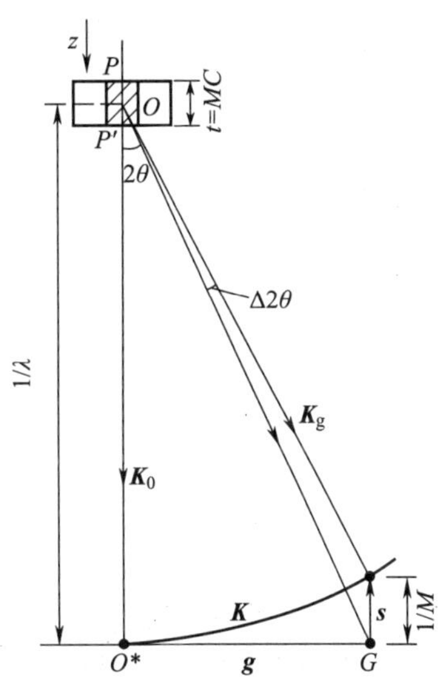

图 10－8 薄晶的倒易阵点拉长产生衍射的发射球构图

$$\boldsymbol{K}=\boldsymbol{K}_g-\boldsymbol{K}_0=\boldsymbol{g}+\boldsymbol{s}$$

式中：$\boldsymbol{s}$ 一般称为偏离矢量或偏离参量，它表示倒易阵点偏离反射球面的程度，也反映衍射束偏离布拉格衍射角 2θ 的程度。

前面从晶体中晶面反射波的光程差导出布拉格公式 $2d\sin\theta=\lambda$，这种方法的优点是突出晶面的反射作用，缺点是没有把晶体对电子的散射和单胞对电子的散射联系起来。下面用晶体内部单胞散射波的周相差讨论晶体对电子的散射。已知两个单胞的散射波周相差是

$$\Phi=2\pi(\boldsymbol{K}_g-\boldsymbol{K}_0)\cdot\boldsymbol{r}$$

式中：$\boldsymbol{r}$ 是联系两个单胞的位矢，也就是点阵的点阵矢量：

$$\boldsymbol{r} = u\boldsymbol{a} + v\boldsymbol{b} + w\boldsymbol{c}$$

式中：u、v、w 为整数；$\boldsymbol{a}$、$\boldsymbol{b}$、$\boldsymbol{c}$ 是点阵或单胞的基矢。在严格满足布拉格定律条件下，$\boldsymbol{s}=0$，$\boldsymbol{K} = \boldsymbol{K}_g - \boldsymbol{K}_0 = \boldsymbol{g}$。这时衍射矢量就是倒易矢量，$\boldsymbol{g} = h\boldsymbol{a}^* + k\boldsymbol{b}^* + l\boldsymbol{c}^*$，$h$、$k$、$l$ 为整数。由倒易矢量定义可得

$$\Phi = 2\pi \boldsymbol{g} \cdot \boldsymbol{r} = 2\pi(hu + kv + lw) = 2n\pi$$

式中：n 是整数，亦即这两个单胞的散射波的相角是 2π 的整数倍，因此两波由于周相相同而加强。

现在讨论图 10－8 中晶柱 PP'的情况，取电子束入射方向为坐标轴 z 轴方向。假设晶柱在 x、y 方向仅为一个单胞的截面大小，沿 z 轴方向则由 M 个单胞堆砌而成。PP'晶柱厚度等于 $MC(t=MC)$，C 是单胞在 z 轴方向的边长。晶柱 PP'内所有单胞的合成振幅是

$$A = \sum F\exp(\mathrm{i}\Phi)$$

式中：F 是一个单胞对电子的散射合成振幅。当严格满足布拉格条件时，$s=0$，$\Phi = 2n\pi$，所有单胞都有相同周相，$A = MF$，它的振幅相图是由 M 个矢量构成的一条直线，这些矢量的长度是以一个单胞散射为单位的，如图 10－9 所示。

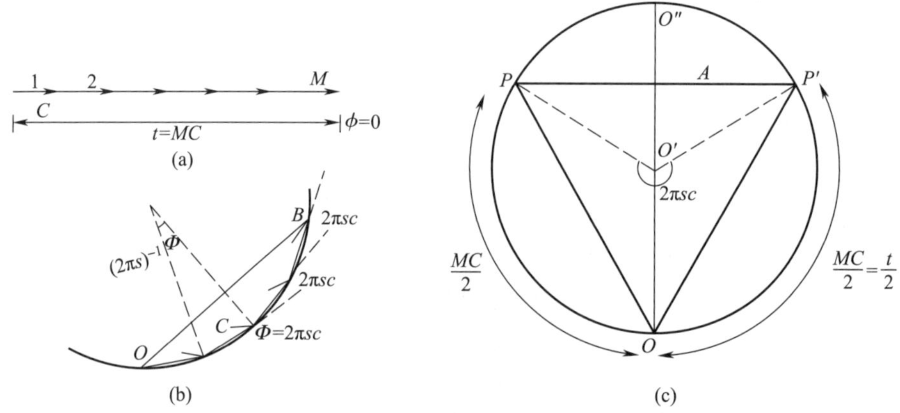

图 10－9　从图 10－8 的晶柱上相邻单胞的散射波振幅的叠加。(a) $s=0$ 时，各散射振幅同周相，叠加成一条直线；(b) $s \neq 0$ 时，前 4 个散射振幅的振幅周相图；(c) M 个单胞的振幅周相图

当衍射方向偏离布拉格条件时，

$$\boldsymbol{K} = \boldsymbol{K}_g - \boldsymbol{K}_0 = \boldsymbol{g} + \boldsymbol{s}$$

两个散射波的周相差是 $\Phi = 2\pi(\boldsymbol{g}+\boldsymbol{s}) \cdot \boldsymbol{r} = 2\pi \boldsymbol{s} \cdot \boldsymbol{r}$。晶柱单胞一维排列时，

$\boldsymbol{s}$ 和 $\boldsymbol{r}$ 都在 z 轴方向上，所以周相差为 $2\pi sc$，振幅周相图由一套矢量组成，这些矢量的长代表一个单胞的散射振幅，每个矢量都相当于前一个矢量作 $2\pi sc$ 的周相转动。图 10－9(b)中给出 4 个单胞合成振幅 OB，虚线画出的三角形圆心角 $\Phi=2\pi sc$，三角形底边为 C，显然三角形的腰即圆的半径为

$$\frac{C}{2\sin 2\pi sc}\approx(2\pi s)^{-1}\quad（因为 s 很小）$$

以弧 PP'的中心 O 为原点，晶柱的合成振幅 $A=PP'$，如图 10－9(c)所示，OP 和 OP'分别代表在图 10－8 中晶柱上下两半部分的结构因子。由于 s 很小，圆半径$(2\pi s)^{-1}$比起代表一个单胞结构因子的矢量长度要大得多，所以 M 个矢量连接在一起的圆弧线可以近似地用弧端点的割线 A 表示，也就是说由 M 个单胞构成的晶柱 PP'的合成振幅，等于圆心处半张角的正弦与半径乘积的两倍。于是圆柱的合成振幅是

$$A=\frac{2}{2\pi s}\cdot\sin\frac{2\pi sMC}{2}=\frac{\sin\pi sMC}{\pi s}$$

这里的合成振幅是以单胞的结构因子 F 为单位的，所以实际合成振幅为

$$A=F\frac{\sin\pi sMC}{\pi s}\tag{10-6}$$

衍射强度

$$I=A^2=F^2\frac{\sin^2\pi sMC}{(\pi s)^2}$$

式中：$\frac{\sin^2\pi sMC}{(\pi s)^2}$称为干涉函数，它与晶体尺寸($M$ 的数目)及偏离参量 s 有关。

首先讨论衍射条件固定，亦即 s 不变的情况。这时，图 10－9(c)中振幅周相图的半径有固定值$(2\pi s)^{-1}$，当 M 连续增加时，弧 OP、OP'在 OO'沿圆周不断增长，割线 PP'在 OO''线段上来回移动。合成振幅 A 的大小随之显示周期性的变化，在 O 及 O''处有极小值(等于零)，在 O'处有极大值(等于圆的直径)。换言之，当晶柱 MC 等于圆周 $1/s$ 的整数时，干涉函数及衍射强度为零，如图 10－10 所示。这种正弦变化也可以从式(10－6)直接导出。但用振幅周相图解释更能突出单胞散射波间的合成作用。振幅周相图在解释晶体缺陷的电子显微镜衍射衬像时有用。$MC=n\left(\frac{1}{s}\right)$时，衍射强度等于零，一般称为厚度消光或等厚消光。

其次讨论在晶柱高度 MC 不变时，干涉函数和衍射强度随偏离参量 s 的变化。当 $s=0$ 时，振幅周相图的圆半径无穷大，MC 在圆周上占有的一部分是一条直线，所有单胞有相同的周相，干涉函数和衍射强度有极大值。随 s 增大，振幅周相图的圆半径减小，在圆周上所占有的弧长相应增长，而 s 增大到

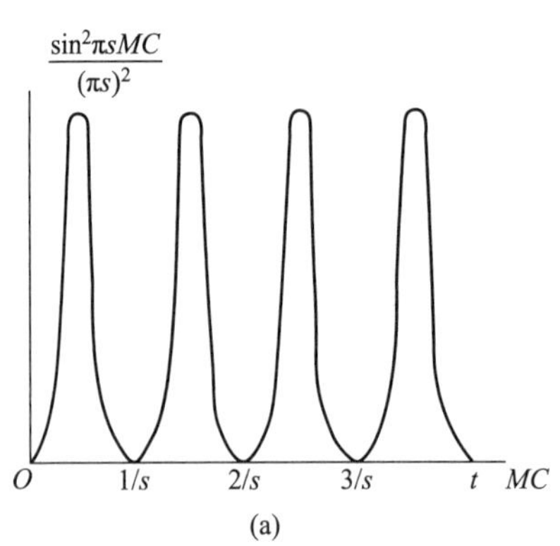

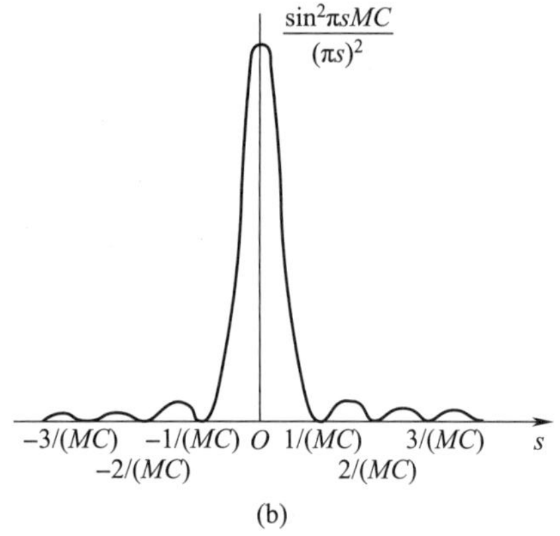

图 10－10　干涉函数及衍射强度随衍射条件及参加衍射的单胞数的变化。
（a）s = 常数，M 变化；（b）M = 常数，s 变化

$1/(MC)$时，弧长等于圆周，合成振幅 $A = PP'$有第一个极小值，在 $2/(MC)$处有第二个极小值，等等，如图 10－10(b)所示。这个结果也可从式(10－6)导出。$s = n\left(\frac{1}{MC}\right)$时，衍射强度等于零，一般称为斜倾消光，或等倾消光。

从图 10－10(b)中干涉函数随 s 的变化可以看出主极大值两边的零点规定薄晶对电子相干散射的范围，倒易阵点不再是 $s = 0$ 处的一个数学上的点，而是拉长到 $2/(MC)$的一个倒易杆。MC 是晶柱的厚度 t。如图 10－11 所示。显然，晶体越薄，参加干涉的单胞越少，倒易阵点延伸越长，相干散射的范围越宽。这与光栅对可见光衍射一样，光栅条数越少，衍射谱线越宽。

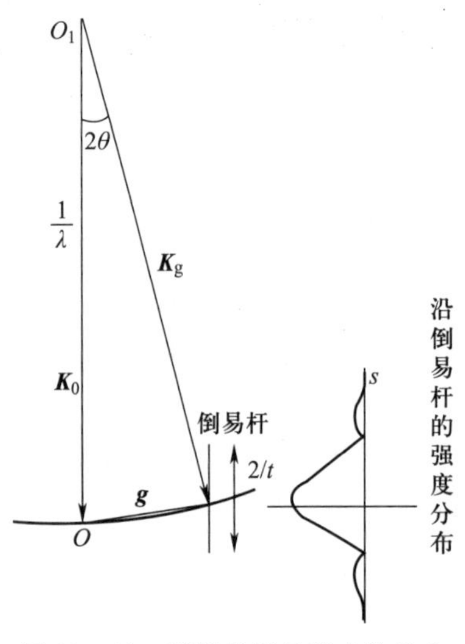

图 10－11　薄晶的倒易阵点拉长为倒易杆的强度分布服从干涉函数

以上讨论的是单胞一维排列对干涉函数及衍射强度分布的影响，讨论中为了突出一个方向(z 轴方向)单胞数目的影响，假设了晶柱 PP'在 x、y 方向是一个单胞截面大小。这个假设是为了简化讨论。实际上在 x、y 方向有很多同样的 PP'晶柱一起参与相干散射，因此在真实晶体中，如果考虑单胞在 x、y、z 三个轴的有序排列的影响，干涉函数的表达式是

$$\frac{\sin^2\pi s_1 M_1 a}{(\pi s_1)^2}\cdot\frac{\sin^2\pi s_2 M_2 b}{(\pi s_2)^2}\cdot\frac{\sin^2\pi s_3 M_3 c}{(\pi s_3)^2}$$

式中：M_1、M_2、M_3为 x、y、z 三个轴向的单胞数目；s_1、s_2、s_3为相应的倒易空间三个轴上的偏离参量。

倒易阵点在三个轴向展宽的程度分别是 $2/(M_1a)$、$2/(M_2b)$、$2/(M_3c)$。正空间内晶体的体积正比于 $M_1M_2M_3$，倒易空间倒易阵点的体积正比于 $(M_1M_2M_3)^{-1}$，两者互成反比。只有当晶体无穷厚时，倒易阵点才是数学上的一个点。对于有限大小的晶体，倒易阵点宽化的情况如图 10－12 所示。

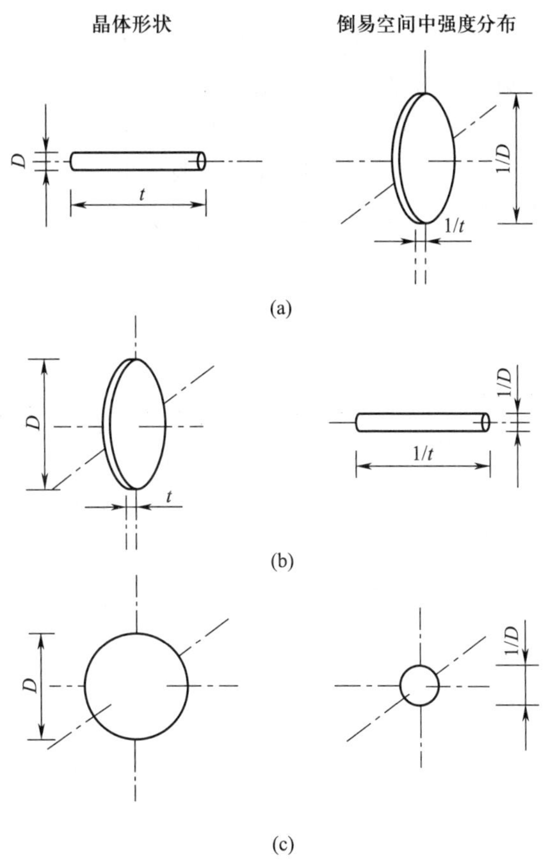

图 10－12　晶体形状对倒易阵点强度分布的影响。
（a）针状晶体；（b）薄片状晶体；（c）球状晶体

如果晶体是一个一维拉长的晶须，其倒易阵点在与此晶须正交平面内延展成一个二维的倒易片。如果是二维的晶片，倒易阵点在此晶片的法线方向拉长成一个一维的倒易杆。如果晶片厚度是 t，倒易杆的长度本应为 $2/t$，如

图 10-10(b)所示，但由于衍射强度急剧下降，因此可以认为有效的倒易杆长度仅为 $1/t$(图 10-12)。对于一个有限大小的三维晶体，其倒易阵点也有一定大小。不仅晶体的形状，而且晶体畸变和缺陷的存在，都会使原来是数学点的倒易阵点部分或者全部变成一个个的平面、直线或各种形状体积，有时会在强度高的倒易阵点附近出现强度较低的异常散射区，它们都可以在电子衍射谱上反映出来。

10.2　透射电子显微镜中的衍射

20 世纪 50 年代以来，电子显微镜发展很快，电子衍射仪已逐渐被电子显微镜所代替。在透射电子显微镜中除了有双聚光镜的照明系统外，还有由 3 个以上透镜组成的成像系统。如果待观察的试样是晶体，我们不但可以获得结构信息的衍射花样，还可以获得形貌和亚结构信息的电子显微像，借助选区电子衍射可使电子显微形貌像和其结构在微米数量级内一一对应。这种选区电子衍射方法在物相分析和金属薄膜的衍衬分析中用途很广。

10.2.1　有效相机常数

图 10-13 为衍射束通过物镜折射在背焦面上会集成衍射花样以及用底片直接记录衍射花样的示意图。根据三角形相似原理，$\triangle OAB \sim \triangle O'A'B'$，因此，10.1 节讲的一般衍射操作时的相机长度 L 和 R 在电子显微镜中与物镜的焦距 f_0 和 r(副焦点 A'到主焦点 B'的距离)相当。电子显微镜中进行电子衍射操作时，焦距 f_0 起到了相机长度的作用。由于 f_0 将进一步被中间镜和投影镜放大，故最终的相机长度应是 $f_0M_IM_P$(M_I和 M_P 分别为中间镜和投影镜的放大倍数)，于是有

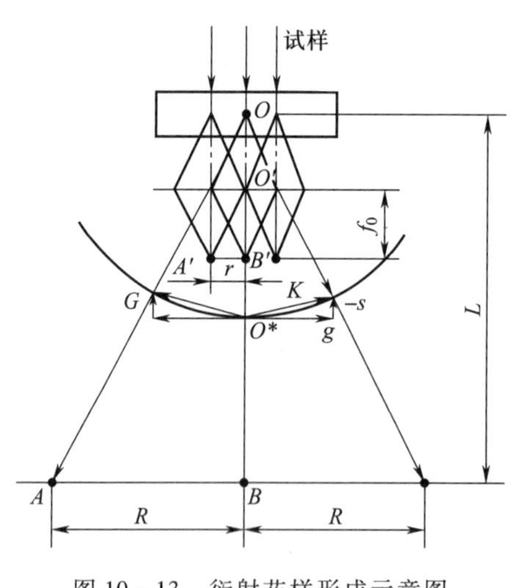

图 10-13　衍射花样形成示意图

$$L' = f_0M_IM_P, \qquad R' = rM_IM_P$$

根据式(10-4)，有

$$\frac{R}{M_IM_P} = \lambda f_0 g$$

我们定义 L'为有效相机长度，则有

$$R' = \lambda L'g = K'g \tag{10-7}$$

式中：$K' = \lambda L'$，叫做有效相机常数。由此可见，透射电子显微镜中得到的电子衍射花样仍然满足与式(10－5)相似的基本公式，但是式中 L'并不直接对应于试样至照相底片的实际距离。只要记住这一点，我们在习惯上可以不加区别地使用 L 和 L'这两个符号，并用 K 代替 K'。

因为 f_0、M_I和 M_P分别取决于物镜、中间镜和投影镜的激磁电流，因而有效相机常数 $K' = \lambda L'$也将随之而变化。为此，我们必须在 3 个透镜的电流都固定的条件下，标定它的相机常数，使 R 和 g 之间保持确定的比例关系。目前的电子显微镜，由于计算机引入了控制系统，因此相机常数及放大倍数都随透镜激磁电流的变化而自动显示出来，并直接曝光在底片边缘。

10.2.2 选区电子衍射

图 10－14 为选区电子衍射的原理图。入射电子束通过试样后，透射束和衍射束将会集到物镜的背焦面上形成衍射花样，然后各斑点经干涉后重新在像平面上成像。图中上方水平方向的箭头表示试样，物镜平面处的箭头是试样的一次像。如果在物镜的像平面处加入一个选区光阑，那么只有 $A'B'$范围的成像电子能够通过选区光阑，并最终在荧光屏上形成衍射花样，这种方法称为选区电子衍射。这一部分的衍射花样实际上是由试样的 AB 范围提供的。选区光阑的直径在 20～300 μm 之间，显然，如果物镜的放大倍数为 M_0，则试样上分析得到微区尺寸为$AB = A'B'/M_0$。通常 M_0为 50～200，利用孔径为 50～100 μm 的选区光阑，即可对试样上 0.5～1 μm 的微区进行电子衍射分析。

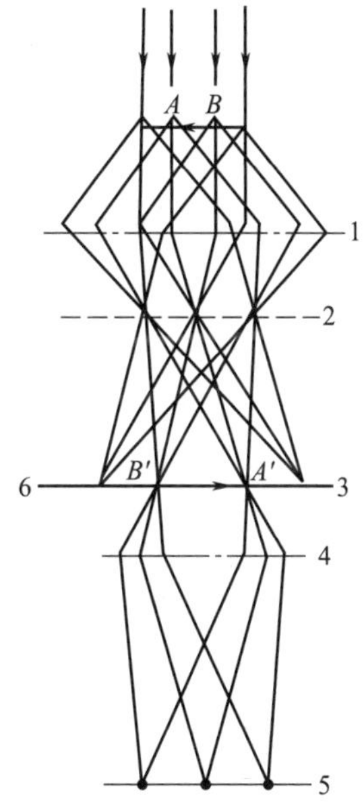

图 10－14 选区电子衍射原理图(1. 物镜；2. 背焦面；3. 选区光阑；4. 中间镜；5. 中间镜像平面；6. 物镜像平面)

选区光阑的水平位置在电子显微镜中是固定不变的，因此在进行正确的选区操作时，物镜的像平面和中间镜的物平面都必须和选区光阑的水平位置平齐，即图像和光阑孔边缘都聚焦清晰，说明它们在同一个平面上。如果物镜的像平面和中间镜的物平面重合于光阑的上方或下方，在荧光屏上仍能得到清晰的图像，但因所选的区域发生偏差而使衍射斑点不能和图像一一对应。

由于选区衍射所选的区域很小，因此能在晶粒十分细小的多晶体试样内选取单个晶粒或各自析出相进行分析，从而为研究材料单晶结构提供有利的条件。图 10－15 显示的镍基高温合金 GH4169 薄膜透射电子显微镜照片中，颗粒状的相是 α－Cr，长条状的是 δ 相，它们对应的选区衍射电子衍射谱及两相的合成电子衍射谱都可从图中获得。

图 10－15　镍基高温合金 GH4169 薄膜透射电子显微镜显示
α－Cr 相与δ相的形貌及其相应的电子衍射谱

10.2.3　透射电子显微镜中的衍射

在透射电子显微镜中是如何得到电子衍射花样的？利用薄透镜的性质，可从几何上来说明在物镜背焦面处形成第一幅衍射花样的过程。如图 10－16 所示，未被试样散射的透射束平行于主轴，通过物镜后聚焦在主轴上的一点，形成 000 中心斑点；被试样中某（*hkl*）晶面散射后的衍射束平行于某一副轴，通过物镜后将聚焦于该副轴与背焦面的交点上，形成 *hkl* 衍射斑点。

底片上（或荧光屏上）记录到的衍射花样是物镜背焦面上第一幅花样的放大像。若中间镜与投影镜的放大倍数分别为 M_I 和 M_P，物镜的焦距为 f_0，因为 f_0、M_I 和 M_P 分别取决于物镜、中间镜和投影镜的激磁电流，因而有效相机常数 $K=\lambda L$ 也将随之变化。为此，我们必须设法使 3 个透镜的电流固定，在这一条件下来标定仪器的相机常数，使 R 和 $1/d$ 之间保持确定的比例关系。

物镜、中间镜和投影镜磁场的作用，除了使电子束径向折射以外，还使其绕光轴转动，以致使斑点 $\boldsymbol{R}$ 矢量与衍射晶面的法线方向（即 $\boldsymbol{g}$ 方向）之间不再

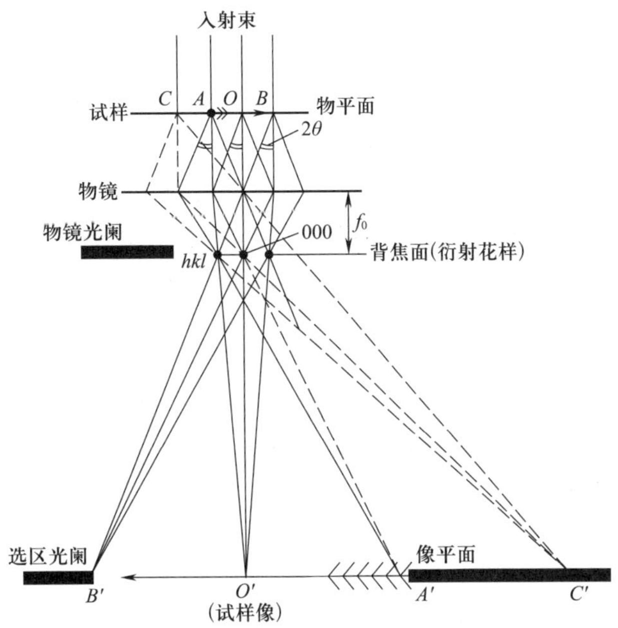

图 10-16 透射电子显微镜中衍射花样的形成过程

保持近似平行关系。如果不考虑物镜下方的中间镜和投影镜相继对衍射花样放大所产生的 180°倒转，则 $\boldsymbol{R}_{hkl}$必须加上或减去 φ_{d}(衍射模式下的磁转角)后的方向才近似平行于 $\boldsymbol{g}_{hkl}$。但是两个斑点坐标矢量 $\boldsymbol{R}$ 之间的夹角等于两个衍射晶面之间的夹角关系仍然成立。同样原因，试样上的某一晶体学方向对应形貌图像上的晶体学方向也存在一个磁转角 φ_{i}，只有补偿 φ_{i} 后，试样上的晶体学方向与对应形貌图像上的晶体学方向才能保持平行。为了能使衍射花样给出的晶体学方向标在形貌图像上，必须补偿衍射花样和形貌图像之间的相对磁转角 $\varphi=\varphi_{\mathrm{i}}-\varphi_{\mathrm{d}}$。为了确定在某一相机长度和放大倍数下衍射花样与形貌图像的相对磁转角，通常选择外形特征可以直接反映其晶体学方向的 MoO_3 晶体作为标定磁转角的标样。目前，先进的透射电子显微镜都有自动电子补偿器，使形貌图像和衍射花样不存在相对磁转角，这给在显微图像上显示出晶体学方向提供了便利。

比较成像光路和衍射光路可清楚地看到，成像方式和衍射方式的不同仅在于中间镜所处的状态不同而已：中间镜的物平面与物镜的像平面重合即为成像方式，与物镜的背焦面重合即为衍射方式。由前述的三透镜变倍原理可知，只要改变中间镜的电流就可使中间镜的物平面上下移动。显然，由成像方式转为衍射方式，只要降低中间镜电流，使中间镜物平面由物镜像平面处上升到物镜背焦面；反之，由衍射方式转为成像方式，只要提高中间镜电流，使其物平面由物镜背焦面下降到物镜像平面处。

10.2.4　选区电子衍射的原理及操作

选区电子衍射技术由于受到物镜聚焦的精度(即物镜像平面与选区光阑重合的程度)和透镜的球差影响，会产生选区误差，使试样上被选择分析的范围以外物点的散射电子束仍然对衍射花样有所贡献。典型的情况下，物镜的聚焦误差(即失焦量)$\Delta f_0 \approx 3\ \mu m$，球差系数 $C_s = 3.5\ mm$，孔径半角 $\alpha(\alpha = 2\theta) \approx 0.03\ rad$，则选区误差

$$\delta = \Delta f_0 \alpha + C_s \alpha^3 \approx 0.2(\mu m)$$

由此可见，在这种情况下，想要通过缩小选区光阑的孔径使试样上被分析范围小于 0.5 μm，这时分析的误差接近 50%，就失去了选区的意义。通常有效选区范围约为 1 μm。

为了保证物镜像平面和选区光阑的重合，获得选区电子衍射花样，必须遵循下面的标准操作步骤：

1）插入选区光阑，调节中间镜电流使荧光屏上显示该光阑边缘的清晰像。此时意味着中间镜物平面和选区光阑重合。

2）插入物镜光阑，精确调节物镜电流，使所观察的试样形貌在荧光屏上清晰显示。此时意味着物镜像平面与中间镜物平面重合，也就是与选区光阑重合。

3）移去物镜光阑，降低中间镜电流，使中间镜的物平面上升到物镜的背焦面处，使荧光屏显示清晰的衍射花样(中心斑点最细小、最圆整)。此时获得的衍射花样仅仅是选区光阑内的晶体所产生的。

采用这样的标准步骤，同时也使相机长度和磁转角保持恒定，对于三级透镜成像的电子显微镜，其选区放大倍数和选区电子衍射相机长度是唯一的，不可变的。现在，先进的电子显微镜大多采用四级透镜成像系统，使我们可以在任一档选区放大倍数下采用不同的选区衍射相机长度，以使点阵常数不一的晶体均可获得足够数量或足够分散的斑点或环花样。要了解四级透镜成像与三级透镜成像系统在这一方面的差异原因，我们在分析两者光路时，须注意下面几个条件：① 每个透镜必须满足成像基本公式$\frac{1}{f} = \frac{1}{L_1} + \frac{1}{L_2}$；② 透镜之间必须满足下一透镜的物平面必是上一透镜的像平面；③ 每个透镜的主平面、试样以及照相底片位置都是固定位置；④ 投影镜电流一般是不可变的。这样我们就能分析清楚，为什么对四级透镜成像系统，选区放大倍数和相机常数是可变的。

10.3 常见的几种电子衍射谱

10.3.1 单晶电子衍射谱

电子的波长短，反射球的半径大，因此倒易原点附近的球面可近似地看做是一个平面，故反射球与倒易空间相截是个二维倒易平面，在这个平面上的倒易阵点都落在反射球面上，相应的晶面都满足布拉格方程，因此单晶电子衍射谱是二维倒易点列的投影，也就是由某一特征平行四边形平移所得的花样。图 10－17 为镍基高温合金 GH4169 析出相 α－Cr 的 TEM 形貌及对应的电子衍射谱。同时，① 晶体在电子束入射方向很薄，所有倒易阵点都在这个方向拉长成倒易杆；② 电子束有一定的发散度，这相当于倒易点阵不动而入射电子束在一定角度内摆动；③ 薄膜试样弯曲，这相当于入射电子束不动而倒易点阵在一定角度内摆动。所有这些都增大了与反射球面相截的可能性，因此被衍射的单晶试样足够薄时，往往就可以得到具有大量衍射斑点的单晶电子衍射谱。

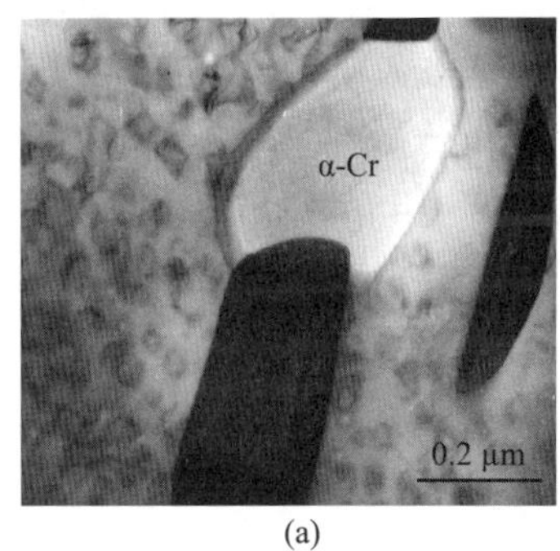

(a)

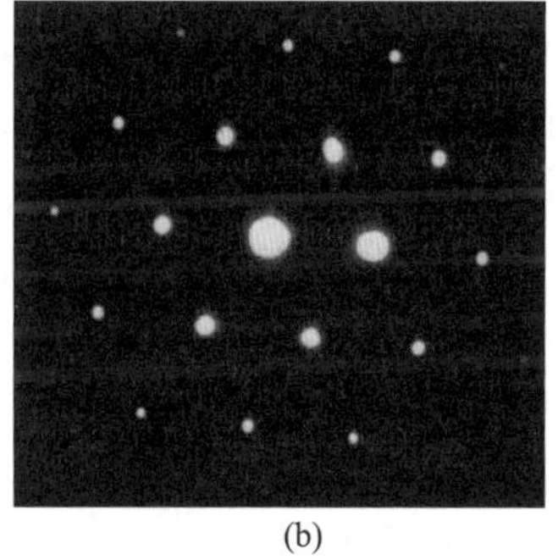
(b)

图 10－17 单晶电子衍射花样

由于单晶电子衍射谱直接反映晶体的倒易阵点配置，因此在研究晶体几何学关系时(如对称性、点阵常数大小等，特别是研究孪晶、相变等的取向关系时)，具有直观、方便、快速等优点。

10.3.2 多晶电子衍射谱

当试样是由许多混乱取向的小晶粒构成时，根据反射球构图和倒易点阵概念，完全无序的多晶体可看成是一个单晶围绕一点在三维空间内作 4π 球面度的旋转，因此多晶体的 hkl 倒易点是以倒易原点为中心、以 (hkl) 晶面间距的倒

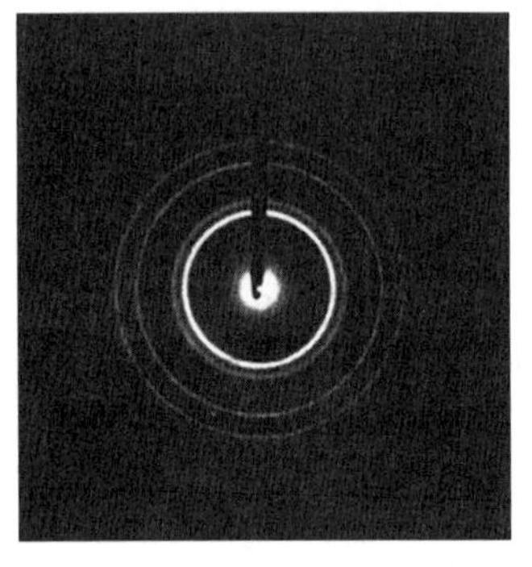

图 10－18　多晶电子衍射花样

数为半径的倒易球面。此倒易球面与反射球面相截于一个圆。所有能产生衍射的斑点都同理扩展成圆环，因此多晶体的衍射花样是一系列同心的圆环，如图 10－18 所示。

由于多晶衍射花样的环半径是相应晶面间距的倒数，因此环间距的分布与 *hkl* 直接相关，故可以很直接地根据环的分布情况定性地判断晶体结构的类型，特别在立方晶系中更是方便。如环的间距比例属于 1∶4∶3 者，可初步定为面心立方结构；如遇到环间距几乎同样大小，一般为体心立方结构。已知晶体的多晶衍射花样往往作为确定衍射常数的标准。

10.3.3　织构试样的电子衍射谱

在电子衍射工作中经常会遇到一些由弧段构成的环状花样，这表明试样中具有择优取向。有织构的多晶体试样相当于各晶体中有一特定的晶轴沿着某个方向排列，例如气相沉积、溶液凝析以及电解沉积等的产物往往与衬底物质有一定的结晶学关系，因此常常出现带有织构的多晶物质。这种试样的合成倒易点阵是由绕纤维轴[*uvw*]的转动获得的，所以每个倒易阵点扩展成连续环，且每一倒易平面由一套同心圆构成。位于相邻面上的环指数 *hkl* 由 $hu+kv+lw=N$ 给定。图 10－19 是具有[001]织构轴试样的倒易点阵。

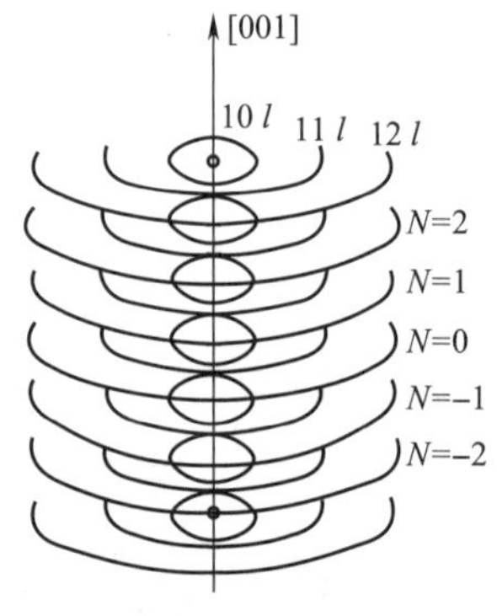

图 10－19　具有[001]织构轴试样的倒易点阵

10.3.4　多次衍射谱

晶体对电子的散射能力很强，衍射束的强度往往与透射束强度相当。因此，衍射束又可以看成是晶体内新的入射束，继续在晶体中产生二次布拉格衍射或多次布拉格衍射。这种现象称为二次衍射效应或多次衍射效应。其电子衍射谱就是在一般的单晶衍射谱上出现一些附加斑点。二次衍射斑点有的可能与一次衍射斑点重合而使一次衍射斑点的强度出现反常，有的不重合，这就导致出现了一些通常结构因子为零的禁止反射的衍射斑点。当然，多次衍射效应给我们进行电子衍射谱的强度分析带来一定的干扰。

如图 10－20 所示，$(h_1k_1l_1)$、$(h_2k_2l_2)$和$(h_3k_3l_3)$为同一单晶体中 3 个不同的晶面族，设由于消光，入射线经过$(h_1k_1l_1)$时不发生反射，但通过$(h_2k_2l_2)$时正常地产生了一次衍射，由于其强度足够大，且方向作为$(h_3k_3l_3)$的入射线正好满足布拉格条件，从而产生了二次衍射。这二次衍射看起来像是$(h_1k_1l_1)$的一次衍射，通常标注为“$(h_1k_1l_1)$禁止”，其实这个斑点不是$(h_1k_1l_1)$的贡献。

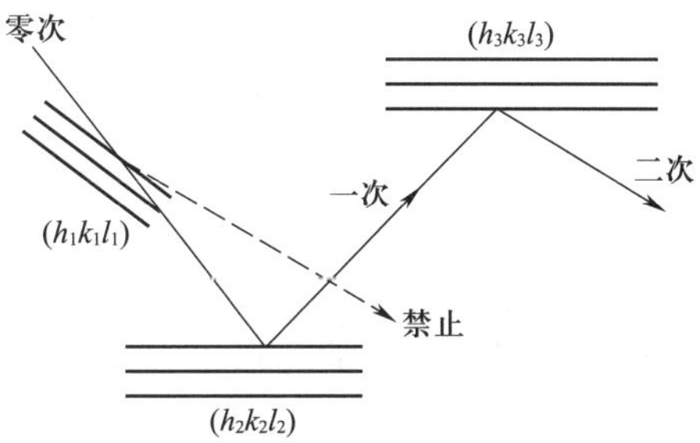

图 10－20　二次衍射效应产生的“禁止衍射”

此外，当电子束先后通过两片薄晶片时，也会产生二次电子衍射谱。例如，当电子束相继穿过单晶膜与多晶膜时（图 10－21），若单晶的晶带轴为[001]，则电子通过单晶后，将得到 000、010、110 等衍射束，这些透射束和衍射束又分别成为多晶的入射束，产生二次衍射，从而在每一个单晶衍射斑点周围都有一组多晶衍射环。由此可见，复膜的电子衍射谱可以看做是两套衍射谱的叠加，一套是单晶的一次衍射谱，另一套是多晶的一次衍射谱，然后把多晶的一次衍射谱的中心逐次移到各个单晶的一次衍射斑点上，叠加起来就得出包括二次衍射的电子衍射谱。

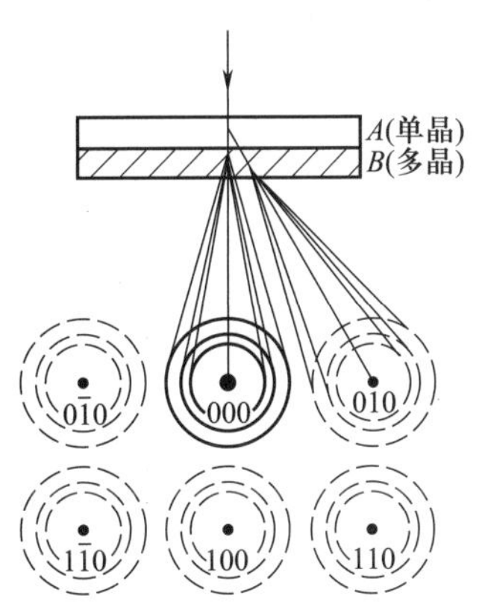

图 10－21　电子束相继通过单晶、多晶试样时产生的电子衍射谱（实线实点是一次衍射，虚线是二次衍射）

很显然，在二次衍射效应中，双衍射斑点的指数必是由最初两个衍射斑点的指数叠加而成。如果$(h_1k_1l_1)$及$(h_2k_2l_2)$满足衍射条件产生一次衍射，则$(h_1 \pm h_2, k_1 \pm k_2, l_1 \pm l_2)$也满足衍射条件产生二次衍射。

10.3.5　高级劳厄带

一般的单晶电子衍射谱是比较简单的，衍射斑点都落在一套网格上，形成二维点列。这些衍射斑点与倒易空间中一个通过原点的倒易点阵平面$(uvw)^*$上的阵点对应，衍射斑点或倒易阵点的指数 hkl 应满足晶带定律 $hu + kv + lw = 0$。但在实际电子衍射谱中，我们经常观察到不属于这一套二维点列的“多余的”衍射斑点，这些就可能是高级劳厄带的斑点。高级劳厄带的出现是由于反射球的半径不是无穷大，球面有一定的曲率。在此基础上，如果衍射晶体的点阵常数较大，倒易空间中倒易平面的间距就较小；如果晶体很薄，倒易阵点扩展成很长的倒易杆。此时与埃瓦尔德球面相接触的并不只是零层倒易平面，与之平行的上层或下层的倒易平面上的倒易杆均有可能和埃瓦尔德球面相接触。因此除了通过原点的$(uvw)^*$倒易平面上阵点可能与反射球相截外，与此平行的其他$(uvw)^*$倒易平面上的阵点也可能与反射球相截，从而产生另外一套或几套衍射斑点，由此还可能形成所谓的高级劳厄区。图 10－22 为高级劳厄斑形成的衍射几何示意图。当晶体的点阵常数比较大，例如某些高温合金中经常出现的 M_6C 相及 $M_{23}C_6$ 相，其倒易平面间距较小，使埃瓦尔德反射球比较容易同时和几层倒易平面相截。此外，如果晶体在入射电子束方向非常细小，致使倒易杆拉长，也会增加非零倒易平面与反射球相截的概率，晶带轴$[uvw]$如果不严格平行于入射电子束方向也会得到不对称花样的高级劳厄带。

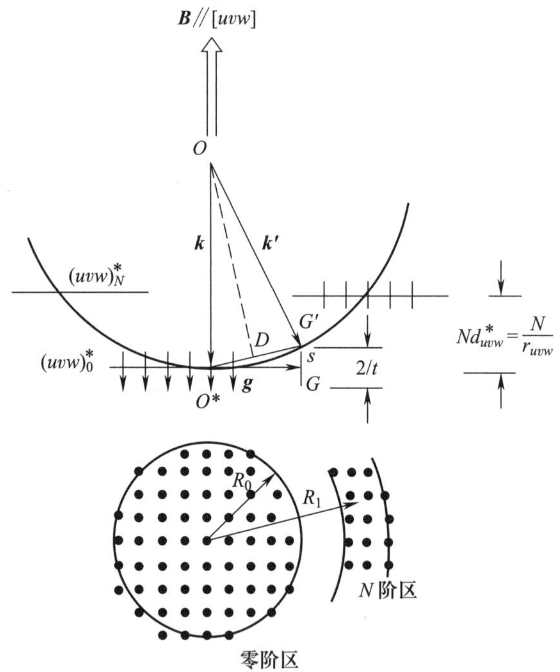

图 10－22　高级劳厄斑形成的衍射几何示意图

由于高级劳厄带的衍射斑对应于非通过倒易原点的倒易平面上的倒易点，因此高级劳厄花样的出现为我们提供了倒易空间中第三维方向的信息，弥补了一个简单的电子衍射谱确定晶体中某一倒易平面具有不唯一性的问题，因此对于晶体的相分析以及确定晶体的取向关系是极有用处的。

10.3.6 菊池线

当电子束入射到一薄的单晶试样上时，一般得到规则排列的点状花样。但若试样厚度较大(100～150 nm)，而且此单晶又较完整时，则在衍射照片上除了点状花样外还会得到一系列平行的亮、暗线对，其亮线通过衍射斑点或在其附近，暗线通过透射斑点或在其附近。当试样厚度再稍增加时，点状花样完全消失，而只剩下大量的亮、暗的平行线对。如果试样更厚些，则线对完全消失，只剩有均匀的背底。由于这些线对是由菊池(Kikuchi)首先发现并给出定性的解释的，故一般称之为菊池线(图 10－23)。

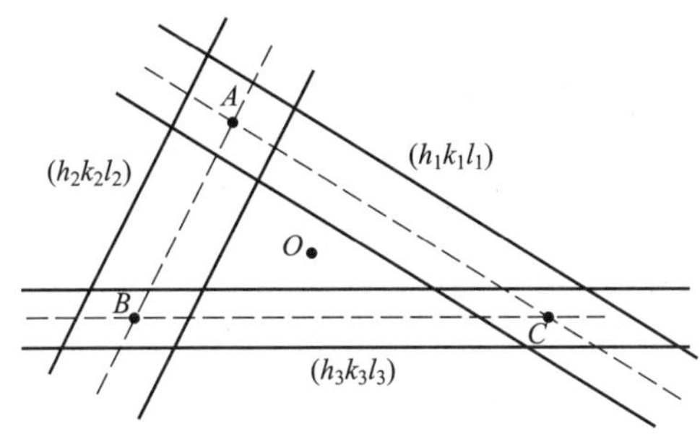

图 10－23　菊池线衍射花样示意图

菊池线是由经过非相关散射失去较少能量的电子随后又受到弹性散射所产生的。当试样厚度为 100 nm 或更厚时，入射电子束和试样间非弹性散射增加，在此过程中，电子将不同程度地损失一部分能量，其中能量损失较大的部分电子构成底片上漫散的背底强度，而能量损失较小或基本可以认为无损失的那部分电子在晶体内射到晶面族(hkl)上，如正好满足布拉格衍射条件，便产生衍射，这种衍射的结果产生菊池线。菊池衍射花样的特点是菊池线是与产生衍射的晶面(hkl)密切联系在一起的，随着晶体的转动，线对也随之很敏感地变化；而单晶斑点对薄晶体在小范围(如几度)的倾动却不敏感，由于倒易阵点拉长成倒易杆，它们往往在一个角度范围内都出现(有时只是强度略有变化)。因此在金属薄膜研究中，菊池花样常被用来精确测定晶体取向、校正电子显微镜试样倾动台的倾转角度，以及测定倒易阵点偏离布拉格位置的 $\boldsymbol{s}$ 矢量等。

10.3.7 超点阵斑点

当晶体内部的原子或离子产生有规律的位移或不同种类原子产生有序排列时，将引起其电子衍射结果的变化，即可以使本来消光的斑点出现，这种额外的斑点称为超点阵斑点。

$AuCu_3$合金是面心立方固溶体，在一定条件下会形成有序固溶体，如图10－24所示，其中Cu原子位于面心，Au原子位于顶点。

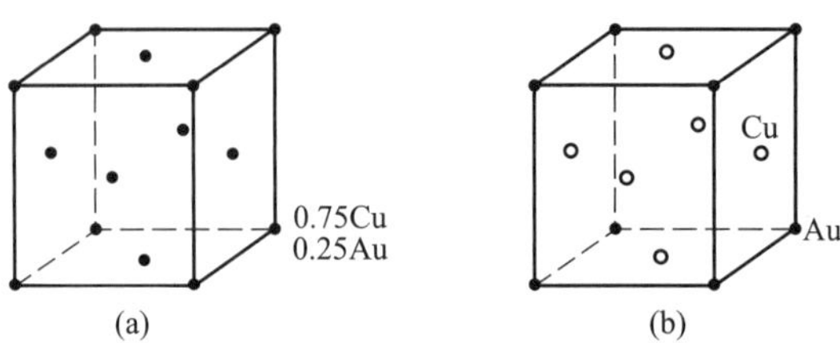

图10－24　$AuCu_3$合金中各类原子所占据的位置。

（a）无序相α；（b）有序相α′

面心立方晶胞中有4个原子，分别位于(0，0，0)、(0，1/2，1/2)、(1/2，0，1/2)和(1/2，1/2，0)位置。在无序情况下，对h、k、l全奇或全偶的晶面族，结构因子

$$F=4f_{平均}$$

例如：含有0.75Cu、0.25Au的$AuCu_3$无序固溶体，$f_{平均}=0.75f_{Cu}+0.25f_{Au}$。当$h$、$k$、$l$有奇有偶时，$F=0$，产生消光。

但是在$AuCu_3$有序相中，晶胞中4个原子的位置分别确定地由一个Au原子和3个Cu原子所占据。这种有序相的结构因子为

$$F'_a=f_{Au}+f_{Cu}[e^{\pi i(h+k)}+e^{\pi i(h+l)}+e^{\pi i(k+l)}]$$

所以，当h、k、l全奇或全偶时，$F'_a=f_{Au}+3f_{Cu}$；而当h、k、l有奇有偶时，$F'_a=f_{Au}-f_{Cu}\neq 0$，即并不消光。

从两个相的倒易点阵来看，在无序固溶体中，原来由于权重为零(结构消光)应当抹去的一些点阵，在有序化转变之后F也不为零，构成所谓“超点阵”。于是，衍射花样中也将出现相应的额外斑点，叫做超点阵斑点。

图10－25所示为$AuCu_3$有序化合金超点阵斑点及指数化结果，它是有序相α′与无序相α两相衍射花样的叠加。其中两相共有的面心立方晶体的特征斑点{200}、{220}等互相重合，因为两相点阵常数无大的差别，且保持$\{100\}_{\alpha}//\{100\}_{\alpha'}$、$\langle 100\rangle_{\alpha}//\langle 100\rangle_{\alpha'}$的共格取向关系。花样中(100)、(010)及(110)等的衍射花样看上去和简单立方晶体规律一样。应特别注意的是，超点阵斑点的强度低，这与结构因子的计算结果是一致的。

10.3.8　孪晶斑点

材料在凝固、相变和变形过程中，晶体内的一部分相对于基体按一定的对称关系生长，即形成了孪晶。图10－26为面心立方晶体基体$(1\bar{1}0)$面上的原子

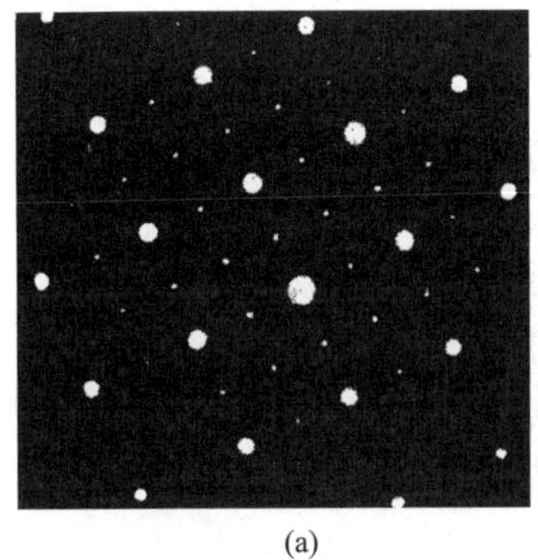

(a)

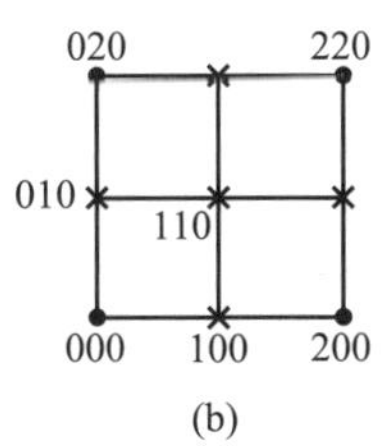

(b)

图 10-25 $AuCu_3$有序化合金超点阵斑点(a)及指数化结果(b)

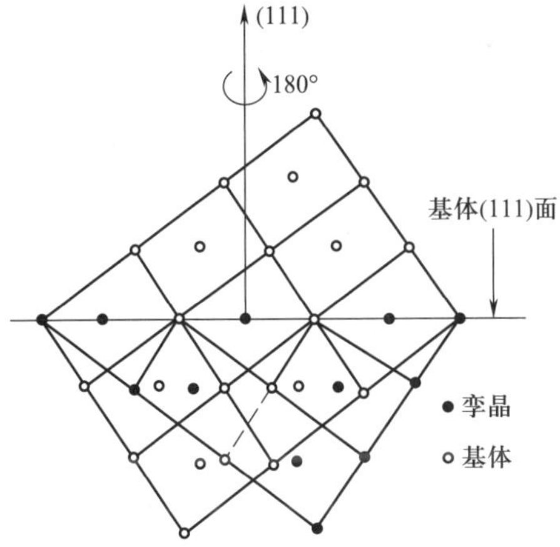

图 10-26 晶体中基体和孪晶的对称关系

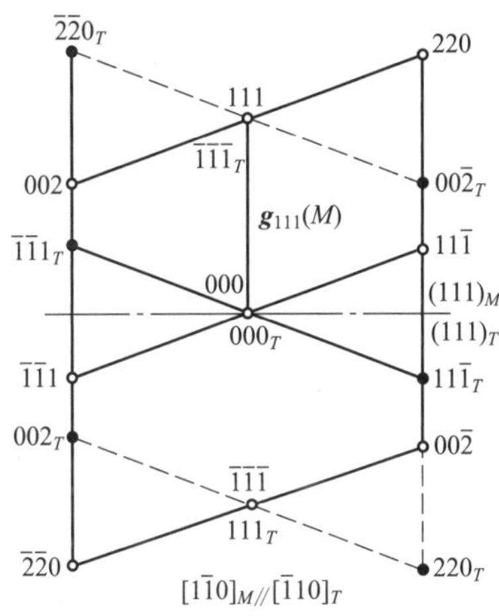

图 10-27 面心立方晶体(111)孪晶的衍射花样$[B=[1\bar{1}0]_M$，按(111)面反映方式指数化]

排列，基体的(111)面为孪晶面。若以孪晶面为镜面，则基体和孪晶的阵点以孪晶面作镜面反射。若以孪晶面的法线为轴，把图中下方基体旋转180°，也能得到孪晶的点阵。既然在正空间中孪晶和基体存在一定的对称关系，则在倒易空间中孪晶和基体也应存在这种对称关系，只是在正空间中的面与面之间的对称关系应转换成倒易阵点之间的对称关系。所以，其衍射花样应是两套不同晶带单晶衍射斑点的叠加，而这两套斑点的相对位向势必反映基体和孪晶之间存在着的对称取向关系。最简单的情况是，电子束 B 平行于孪晶面，例如 $B=[1\bar{1}0]_M$，所得到的花样如图 10-27 所示。两套斑点呈明显对称性，并与实际点阵的对应关系完全一致。如果将基体的斑点以孪晶面(111)作镜面反映，即与孪晶斑点重合。如果以 $\boldsymbol{g}_{111}$（即[111]）为轴旋转 180°，两套斑点也将重合。

如果入射电子束和孪晶面不平行，得到的衍射花样就不能直观地反映出孪晶和基体间取向的对称性，此时可先标定出基体的衍射花样，然后根据矩阵代数导出结果，求出孪晶斑点的指数。

对体心立方晶体，可采用下列公式计算：

$$\begin{cases} h^{t} = -h + \dfrac{1}{3}p(ph + qk + rl) \\ k^{t} = -k + \dfrac{1}{3}q(ph + qk + rl) \\ l^{t} = -l + \dfrac{1}{3}r(ph + qk + rl) \end{cases} \tag{10-8}$$

其中(pqr)为孪晶面，体心立方结构的孪晶面是{112}，共 12 个。(hkl)是基体中将产生孪晶的晶面，($h^{t}k^{t}l^{t}$)是(hkl)晶面产生孪晶后形成的孪晶晶面。例如孪晶面(pqr) = ($\bar{1}12$)，将产生孪晶的晶面(hkl) = ($2\bar{2}2$)，代入式(10－8)得($h^{t}k^{t}l^{t}$) = ($\bar{2}2\bar{2}$)，即孪晶($2\bar{2}2$)倒易阵点的位置和基体的($\bar{2}2\bar{2}$)重合。

对于面心立方晶体，其计算公式为

$$\begin{cases} h^{t} = -h + \dfrac{2}{3}p(ph + qk + rl) \\ k^{t} = -k + \dfrac{2}{3}q(ph + qk + rl) \\ l^{t} = -l + \dfrac{2}{3}r(ph + qk + rl) \end{cases} \tag{10-9}$$

图 10－28　单斜相 ZrO_2 的孪晶衍射斑点

面心立方晶体的孪晶面是{111}，共有 4 个。例如孪晶面为(111)时，当(hkl) = ($\bar{2}44$)，根据式(10－9)计算得到($h^{t}k^{t}l^{t}$)为(600)，即($\bar{2}44$)产生孪晶后其位置和基体的(600)重合。图 10－28 给出单斜相 ZrO_2 的孪晶衍射斑点。

孪晶可以分为生长孪晶和形变孪晶。生长孪晶是在晶体生长过程中形成的，如退火时形成的孪晶；而形变孪晶是在形变过程中以切变方式形成的孪晶，如马氏体孪晶。不管是生长孪晶还是形变孪晶，它们的几何性质是相同的。图 10－29 给出面心立方和体心立方的常见的孪晶电子衍射花样。

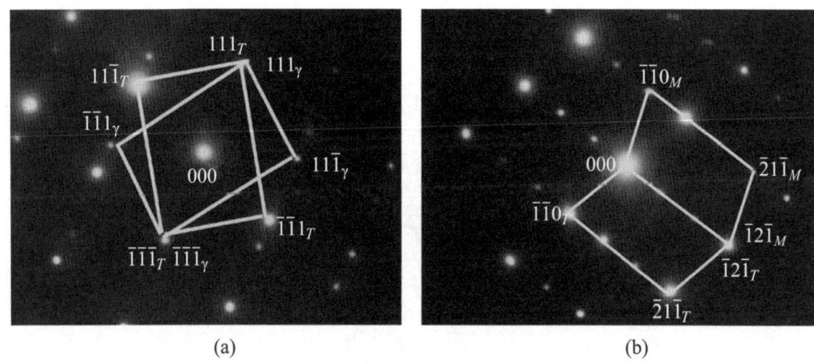

图 10－29　两种常见晶体的孪晶花样。(a) fcc 奥氏体；(b) bcc 马氏体

10.4　多晶电子衍射花样及其应用

10.4.1　多晶电子衍射花样的产生及几何特征

电子衍射花样的标定指的是：对多晶试样，确定各个产生衍射环的晶面族 $\{hkl\}$ 指数；对单晶试样，确定其衍射斑点的晶面组 (hkl) 和它们的晶带轴 $[uvw]$。花样指数化后，可获得晶体点阵类型和点阵常数。

多晶电子衍射花样的产生及其几何特征如图 10－30 所示。平行的入射电子束照射到晶体取向杂乱的多晶试样上，使各个晶粒中 d 值相同的 $\{hkl\}$ 晶面族内符合衍射条件的晶面组所产生的衍射束，构成以入射束为轴、2θ 为半顶角的圆锥面，它与底片相交获得圆环，其半径 $R=\lambda L/d$。由此可见，晶面间距不同的晶面族产生衍射，得到以中心斑点为圆心的不同半径的圆心环。具有大 d 值的低指数晶面族的衍射环在内，小 d 值的高指数晶面族的衍射环在外。事实上，属于同一晶面族但取向杂乱的那些晶面族的倒易阵点，在空间构成以 O^* 为中心、

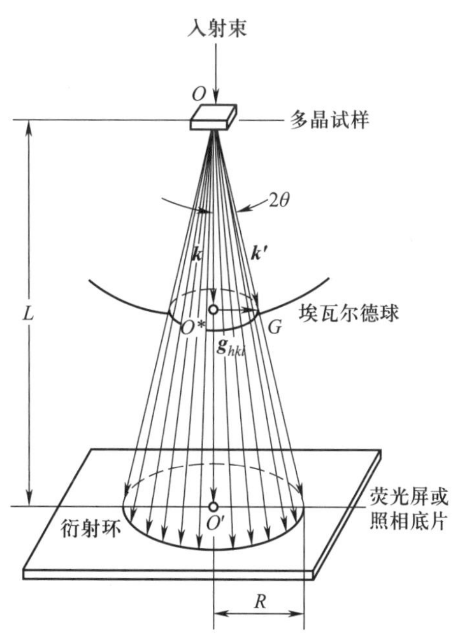

图 10－30　多晶试样电子衍射花样的产生

$g(=1/d)$为半径的球面，它与埃瓦尔德球面的交线是一个圆，记录到的衍射环就是这一交线的投影放大像。

1）立方晶系结构是材料科学研究中最经常碰到、也是最简单的。立方晶体的晶面间距为

$$d=\frac{a}{\sqrt{h^2+k^2+l^2}}=\frac{a}{\sqrt{N}}$$

式中：a 是点阵常数，$N=h^2+k^2+l^2$，于是

$$\frac{1}{d^2}=\frac{N}{a^2}\propto N$$

花样中各个衍射环的半径之比为

$$R_1:R_2:\cdots:R_j:\cdots=\sqrt{N_1}:\sqrt{N_2}:\cdots:\sqrt{N_j}:\cdots$$

或

$$R_1^2:R_2^2:\cdots:R_j^2:\cdots=N_1:N_2:\cdots:N_j:\cdots \tag{10-10}$$

因为 N 都是整数，所以立方晶体中电子衍射花样具有这样一个特点：各个衍射环半径的平方比值一定满足整数比。

由于结构因子的原因，立方晶系中不同结构类型对应于衍射可能出现的 N 值如下。

简单立方结构：1，2，3，4，5，6，8，10，…

体心立方结构：2，4，6，8，10，12，14，16，…

面心立方结构：3，4，8，11，12，16，19，20，…

金刚石结构：3，8，11，16，19，24，…

2）四方晶系：

$$\frac{1}{d^2}=\frac{h^2+k^2}{a^2}+\frac{l^2}{c^2}=\frac{N}{a^2}+\frac{l^2}{c^2}$$

当 $l=0$ 时，$R^2\propto N=h^2+k^2$。可能出现的 N 值如下。

简单四方：1，2，4，5，8，…

体心四方：2，4，8，10，16，18，20，…

3）六方晶系：

$$\frac{1}{d^2}=\frac{4}{3}\,\frac{h^2+hk+k^2}{a^2}+\frac{l^2}{c^2}=\frac{4N}{3a^2}+\frac{l^2}{c^2}$$

当 $l=0$ 时，$R^2\propto N=h^2+hk+k^2$。可能出现的 N 值为：1，3，4，7，9，12，13，16，…。

不同晶系可能含有不同类型的结构。根据结构消光原理，不同结构有各个不同的消光条件，因而显示出自己固有的特征衍射环，这是鉴别不同结构类型晶体的依据。根据晶体结构点阵常数的不同，又可以把同种晶体结构的不同物

相鉴别出来。

多晶电子衍射花样的分析是非常简单的。如果衍射晶体的晶体结构和点阵常数是已知的，根据已知的相机常数可计算出不同衍射环对应的 d 值，然后以该晶体的 ASTM 卡片中给出的 d 值最接近的晶面族 $\{hkl\}$ 指数作为该衍射环的指数。如果衍射晶体是未知的，则可采用下列方法：测量环的半径 R；计算 R_i^2 及 R_i^2/R_1^2（R_1 为最内环半径），找出最接近的整数比规律，由此确定了晶体的结构类型，并可写出衍射环的指数；根据相机常数 K 和 R_i 值可计算出不同晶面族的 d_i。根据前面 8 个最大 d 值和衍射环的估计强度，借助《芬克索引》，就可找到相应的 ASTM 卡片。全面比较 d 值和强度，就可最终确定衍射晶体是什么物相。

10.4.2　多晶电子衍射花样的应用

多晶电子衍射花样的主要用途有两个方面：利用已知晶体标定仪器的相机常数和大量弥散粒子的物相鉴定。

1. 相机常数的标定及影响因素

如前所述，在一定的加速电压下，遵循标准操作步骤时选区电子衍射的相机常数是固定的。要正确地分析未知晶体的选区电子衍射花样，必须精确地标定仪器的相机常数，利用已知晶体的衍射花样，经指数化后，测得的衍射环半径 R 与相应的晶面间距 d 的乘积就是 K 值。常用的标定试样有：

氯化铊(TlCl)：简单立方结构，$a = 0.3841$ nm；

金(Au)：面心立方结构，$a = 0.4079$ nm；

铝(Al)：面心立方结构，$a = 0.4041$ nm。

它们均可以通过真空蒸发沉积得到颗粒细小的多晶薄膜。

例如图 10－1(a)就是为标定相机常数而拍摄的金蒸发膜多晶电子衍射花样。加速电压为 100 kV($\lambda = 0.00370$ nm)，花样的测量和分析计算结果如表 10－1 所示。可见，相机常数 K 随花样上的环半径 R 不同稍有变化，画成曲线如图 10－31 所示。要对未知相正确标定，清楚地了解相机常数的误差来源是非常重要的。引起误差的原因除了与 R 的测量有关外，还受下面一些因素影响。

表 10－1　利用金多晶花样标定相机常数的分析计算结果

衍射环编号 i	1	2	3	4	5	6
R/mm	9.92	11.46	16.13	19.03	19.88	25.10
R_i^2/mm^2	98.41	131.33	261.15	362.14	395.21	630.01
R_i^2/R_1^2	1	1.33	2.65	3.68	4.02	6.40
$(R_i^2/R_1^2)\times3$	3	3.99	7.95	11.04	12.06	19.21

续表

衍射环编号 i	1	2	3	4	5	6
N	3	4	8	11	12	19
$\{hkl\}$	111	200	220	300	222	331
d/nm	0. 2355	0. 2039	0. 1442	0. 1230	0. 1178	0. 09358
$K=Rd$/(mm · nm)	2. 336	2. 337	2. 330	2. 341	2. 342	2. 349

注：$K=\sum_{i=1}^{6}\frac{R_i d_i}{6}=2.339$(mm · nm)。

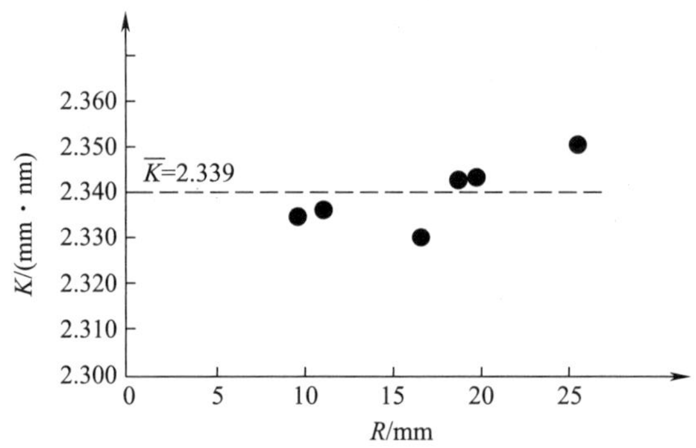

图 10 – 31　$K-R$ 标定曲线

1）由 $\lambda L=\lambda f_0 M_1 M_P$，可得

$$\frac{\Delta(\lambda L)}{\lambda}=\frac{\Delta\lambda}{\lambda}+\frac{\Delta f_0}{f_0}+\frac{\Delta M_I}{M_I}+\frac{\Delta M_P}{M_P} \qquad (10-11)$$

从式(10 – 11)可看到相机常数随波长 λ、物镜焦距 f_0、中间镜放大倍数 M_1和投影镜放大倍数 M_P的误差而变化。高压不稳定会引起波长有 $\Delta\lambda$ 的变化，由于高性能电子显微镜的高压稳定度优于 10^{-5}，所以由此引起的 $\Delta\lambda/\lambda$ 很小。投影镜的放大倍数较大，而且在有些仪器中是固定值，相对变化很小，一般可不考虑。对中间镜来说，只要保证透射斑小而圆，其变化也不大。因此，就光学系统而言，影响电子衍射重复性的主要因素是物镜的焦距 f_0。由于采用了选区衍射的标准操作，即使不能保持 f_0恒定，其变化值也很小。

2）在推导公式时引入近似关系 $\tan 2\theta\approx 2\sin\theta$，如果要得到更精确的关系，应用下列公式：

$$Rd=\lambda L\left(1+\frac{3R^2}{8L^2}\right) \qquad (10-12)$$

由式(10 – 12)可知，随着衍射角 θ 的增大(即 R 的增大)，R 的实际测量值比真实值要长一些。底片上径向的 λL 并不是一个恒定值。当 $L=400$ mm，

$R=25$ mm 时，式(10－12)括号中的修正项仅为0.15%。因此，在鉴别相结构的电子衍射分析中应用 $Rd=\lambda L$ 的精度已经足够，而测定晶体的点阵常数仍以采用精度更高的X射线衍射技术为宜。

3）相机常数的标样和实际观察试样的厚度差别一般较大，这就带来了物镜的聚焦误差 Δf_0。尤其是标定相机常数的多晶衍射花样是在样品台零倾斜条件下拍摄的，而拍摄实际试样的单晶花样都需要倾动试样。试样倾动时，与电子束正交的倾转轴如果不通过电子束，将会引起试样位置有较大的变化，这也相当于试样的高度变化。当 f_0 为3 mm时，试样高度变化0.1 mm就会使 λL 有3.3%的误差。

实验表明，对于同一张底片上的同一衍射环，由于方向不同，其衍射环直径 D 也略有差别，从而使 λL 也有所不同，这是由于中间镜和投影镜(特别是中间镜)的像散造成的。实验还表明，相机常数 K 值随衍射环半径 R 增大而增大，表明透镜有正球差。如果分析要求精度不高，一般采用平均值作为标定的相机常数。

要克服上述引起相机常数不恒定的因素，内标是一种行之有效的方法。在分析衍射花样时，把金、铝或其他标样直接蒸发到待测试样上。这种方法的缺点是在待测晶体上有几十纳米厚的内标物质，将减弱晶体的衍射强度。另一种内标方法是利用待测试样中的某一已知晶体作为内标，求出相机常数，由此来测定试样中其他未知晶体，这样可以保证内标和待测晶体在仪器、操作和试样状态上的完全一致。

2. 小尺寸颗粒的物相鉴定

由于弥散粒子颗粒极小(直径远小于1 μm)，分布较密，选区光阑套住的不是一个粒子(即一个小晶体)而是大量的粒子；即使能套住一个粒子，其衍射强度也是不够的。如果弥散粒子足够多，就能获得比较完整、连续的环花样。如果粒子不十分多，得到的是不连续的环花样，在标定前，可用圆规在正片上使之成为连续环。至此，利用前述的未知晶体测定方法就可以鉴别弥散粒子所属的物相。在实际分析中，了解试样的化学成分、热处理工艺等其他资料有利于对物相的鉴定。下面将举例说明多晶衍射花样的应用[8]。

具有巨磁电阻效应的 $FeCo-Al_2O_3$ 颗粒膜，室温溅射的颗粒膜和823 K溅射的颗粒膜具有不同的磁电阻效应，其原因应与它们的结构相关。室温溅射颗粒膜选区衍射花样如图10－32(a)所示，通过衍射花样的标定，确认为bcc结构，结合对嵌入在 Al_2O_3 基体中的纳米颗粒进行X射线能谱分析，确认颗粒为bcc $\alpha-Fe(Co)$。823 K溅射颗粒膜选区衍射花样如图10－32(b)所示，通过衍射花样的标定，确认为bcc和hcp两种结构，由此分析了该体系颗粒膜在时效过程中的结构演变。

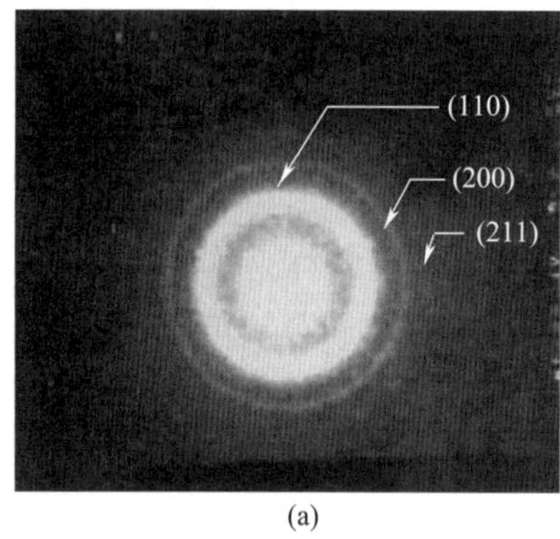

(a)

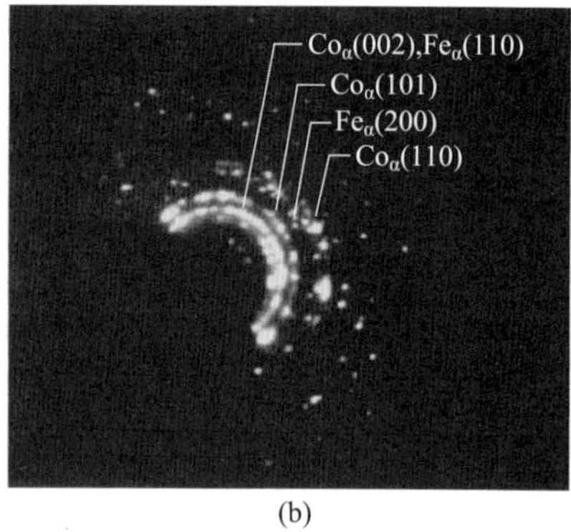

(b)

图 10-32 室温溅射和 823 K 溅射 FeCo-Al_2O_3颗粒膜的选区衍射花样。
(a) bcc α-Fe(Co)衍射花样；(b) bcc α-Fe(Co)和 hcp α-Co 复合衍射花样

10.5 单晶电子衍射花样及其应用

单晶电子衍射花样的分析实际上相当于确定二维倒易点阵平面上各倒易阵点的指数。单晶电子衍射谱的标定原理为：① 单晶电子衍射谱相当于一个倒易平面，如电子束的入射方向与晶体的[*uvw*]方向平行，则产生衍射的晶面指数(*hkl*)遵循晶带定律 $hu+kv+lw=0$；② 根据衍射花样与晶体间的几何关系，各衍射斑点 P_i到中央透射斑点 O 的距离 r_i与晶面间距 d_i的倒数成正比，即遵循 $Rd=\lambda L$；③ 各个不同方向的倒易矢量确定一个倒易点阵平面，所有衍射斑点满足矢量关系。

我们进行观察的试样大多是多晶体，晶粒尺寸一般是微米数量级，但通过选区电子衍射方法，用选区光阑套住某一晶粒，获得的就是单晶电子衍射花样。单晶花样比多晶花样能提供更多的晶体学信息，所以它是本章主要研究对象。

10.5.1 单晶电子衍射花样的几何特征和强度

本章第一节(10.1 节)就强调了用于衍射的电子波长很短，导致衍射角很小。例如，在 100 kV 加速电压下($\lambda=0.0037$ nm)，铝的(111)晶面反射的衍射角 2θ 只有 0.92°。对于更高指数的反射，衍射角 2θ 在 1°~3°范围内，因此 θ 是在 0°~1.5°。布拉格公式在电子衍射的具体运用中，导致了下面的结论：反射点阵平面几乎平行于入射束。

在晶体学中，平行于某一方向 $\boldsymbol{r}=[uvw]=u\boldsymbol{a}+v\boldsymbol{b}+w\boldsymbol{c}$ 的所有晶面组构成[*uvw*]晶带。它们共有的方向 $\boldsymbol{r}$ 称为晶带轴(图 10-33)。因此上述结论又可表

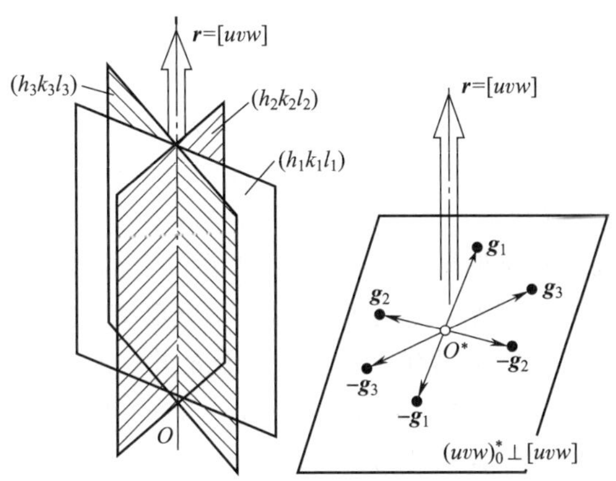

图 10－33 [uvw]晶带与(uvw)$^*_0$零层倒易平面

达为：晶带轴方向几乎平行于入射电子束的晶带才能产生衍射。

从上述概念出发，我们不能清楚地理解单晶电子衍射花样中斑点为什么是规则排列的。如果用倒易点阵概念和埃瓦尔德球构图则可得到清楚的解释。

根据倒易矢量 $\boldsymbol{g}$ 的两个基本性能，用作图法不难得到：在倒易点阵内，[uvw]晶带中的晶面所对应的倒易阵点或倒易矢量必然都在垂直于[uvw]方向，并且位于通过倒易原点 O^* 的一个平面内，这个平面就称为(uvw)$^*_0$零层倒易平面(图 10－33)。其下标“0”表示平行的倒易平面组(uvw)*中通过倒易原点 O^* 的那一个平面。零层倒易平面的法线即为正点阵中[uvw]的方向。由此可得：倒易点阵中的一个零层倒易平面对应正点阵中垂直于该倒易平面的晶带轴所构成的晶带。因为(uvw)$^*_0$⊥[uvw]，故(uvw)$^*_0$中 $\boldsymbol{g}$ 垂直于 $\boldsymbol{r}$＝[uvw]，所以

$$\boldsymbol{g} \cdot \boldsymbol{r} = 0$$

即

$$(h\boldsymbol{a}^* + k\boldsymbol{b}^* + l\boldsymbol{c}^*) \cdot (u\boldsymbol{a} + v\boldsymbol{b} + w\boldsymbol{c}) = 0$$

得

$$hu + kv + lw = 0 \tag{10-13}$$

这就是“晶带定理”，它描述了晶带轴指数[uvw]与该晶带内所有晶面指数(hkl)之间的关系。由于倒易点阵中的倒易矢量 $\boldsymbol{g}$(或倒易阵点 G)对应于正点阵中的一组(hkl)晶面，零层倒易平面(uvw)$^*_0$垂直于正点阵中晶带轴，所以电子衍射的几何条件又可表述为：只有当某个(uvw)$^*_0$几乎垂直于入射电子束时，该面上所有倒易矢量 $\boldsymbol{g}$ 才满足衍射几何条件。

由 $\boldsymbol{R} = K\boldsymbol{g}$ 所表达的物理意义是：电子衍射花样就是满足衍射条件的倒易点阵图形的放大像。现在我们可获得比此更明确的结论：单晶电子衍射花样实质上是满足衍射条件的某个(uvw)$^*_0$零层倒易平面的放大像。电子衍射花样对

应的是一个简单的二维倒易平面，而不像 X 射线衍射花样对应一个复杂的三维倒易体。对于这一点，从埃瓦尔德球与倒易矢量的相对大小可以得到进一步的理解。在高能电子衍射中，若取加速电压为 100 kV，则 $\lambda = 0.0037$ nm，$K = 270$ nm^{-1}；常见的晶体，取 $d = 0.2$ nm，则 $g = 5$ nm^{-1}，那么 $K/g = 50$，$K \gg g$。这就是说埃瓦尔德球对于能产生衍射的 g 来说是一个很大的球，真正能产生衍射的球面，只是倒易原点 O^* 周围极小部分的球面，这么小部分的球面对于一个半径很大的球来说可近似认为是垂直于 $\boldsymbol{K}$ 的平面；因而在确定的试样位向下，倒易点阵中也只有近似地垂直于 $\boldsymbol{K}$ 并且通过 O^* 的一个平面内的倒易阵点，有可能与球面接触而满足衍射几何条件。图 10－34 示意地说明了单晶电子衍射花样的产生及其几何特征。图中以面心立方单晶为例，其[001]方向平行于入射束，那么[001]晶带将满足衍射几何条件。虽然(100)、(010)、(110)晶面属于[001]晶带，但由于它们的结构因子等于零，不能产生衍射，所获得的衍射花样就是去除了那些结构因子等于零的倒易阵点后的 $(001)_0^*$ 零层倒易平面的放大像。图 10－34 中的 $\boldsymbol{B}$ 矢量称为入射电子束方向，但它定义为实际电子束入射 $\boldsymbol{K}$ 的反方向矢量，它是金属薄膜衍射衬度成像中的一个重要参数。我们所研究的晶体具有对称性和平移性，这种对称性和平移性决定了其对应的倒易点阵的对称性和平移性。然而，单晶电子衍射花样的规则排列则又是倒易平面中阵点的对称性和平移性的直接反映，因此它的特征是由衍射晶体的对称性和平移性所决定的。

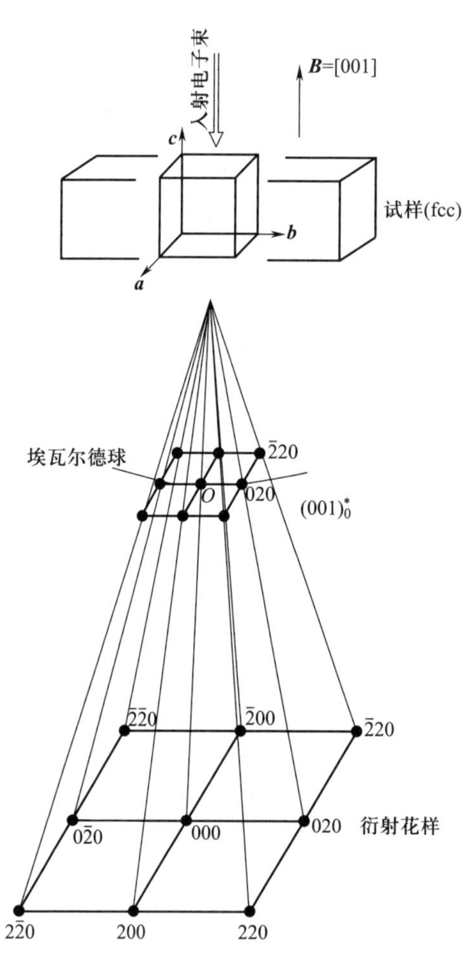

图 10－34　单晶电子衍射花样的产生及其几何特征(忽略磁转角)

单晶电子衍射花样除了其斑点按一定规则排列外，另一个重要特点是，花样中出现了大量的、强度不同的衍射斑点，如图 10－1

(b)所示。如果晶体是无限大，倒易阵点不扩展，那么无论是电子束与晶带轴[*uvw*]严格平行[相当于$(uvw)^*_0$与埃瓦尔德球面相切，这种情况称为对称入射]，还是两者稍有偏差[相当于$(uvw)^*_0$与球面相割]，只可能是少量倒易阵点正好落在埃瓦尔德球面上满足衍射条件，因而斑点总不会很多。由于观察试样是薄晶体试样，其尺寸在入射方向上很小，倒易阵点扩展为倒易杆并沿着入射束方向扩展(参见图10－12)，大大增加了与埃瓦尔德球面接触的机会，导致了单晶花样中出现大量的衍射斑点。此外，由于加速电压不够稳定，入射电子束波长略有波动，使埃瓦尔德球面具有一定的厚度；入射电子束不是严格平行，说明 $\boldsymbol{K}$ 方向略有变化，也使球面变厚。这些因素也略增加了衍射的概率。

电子衍射斑点的强度与晶体本身结构有关。若(*hkl*)晶面的结构因子大，则所获衍射强度大；若结构因子小，则衍射强度弱；若结构因子等于零，则不能产生衍射。例如 $M_{23}C_6$碳化物(面心立方点阵，晶胞中有116个原子)，它的(333)晶面组的 $|F_{hkl}|^2$假定为100，则(111)和(222)晶面组相对值只有5。这三者的斑点在同一点列上，在花样中明显呈现出它们的弱、弱、强的特征。衍射斑点强度除了与其晶体结构本身有关外，还受实验条件所影响，即受到偏离参量 s 值的影响。s 值的大小表征入射电子束与衍射晶面之间 θ 角满足布拉格条件的精确程度。某个操作反射 g_{hkl}，当具有大的 s 值，即表示它偏离布拉格条件程度大，衍射强度就弱；反之就强。当它处于 s 值等于零时，则表示精确满足布拉格条件，此时它具有最大的衍射强度。当倾动样品台使试样朝某一方向转动时，试样中的各晶面与入射电子束的相对位向随之变化，原来精确满足布拉格条件的反射晶面，它的 s 值由等于零逐渐变大，其衍射斑点也由强变弱，当 s 值大于 $1/t$ 时，衍射斑点消失；而原来不满足布拉格条件的晶面将有可能逐渐满足之，其衍射斑点强度将由弱变强(对应 s 值由大变小的过程)。当试样倾动角较大时，就能使某个晶带从满足衍射几何条件到不满足而消失，也可能使另一个晶带从不满足到满足衍射几何条件而在荧光屏上呈现其晶带的衍射花样。电子衍射斑点强度十分灵敏地与实验条件有关这一特点，在电子衍射衬度成像中有着十分重要的应用，但它也给运用衍射斑点强度信息带来一定的困难。

10.5.2 单晶电子衍射花样的标定方法

如前所述，单晶电子衍射花样就是近似垂直于入射电子束方向的某个二维的零层倒易平面放大像。因此，电子衍射花样的许多几何特征都可借助倒易点阵平面加以说明，利用其性质可使单晶花样分析工作大为简化。

倒易点阵平面可由任意两个不共方向的初基倒易矢量 $\boldsymbol{g}_1$ 和 $\boldsymbol{g}_2$ 确定，这个平面上所有点阵平移关系均可由下式导出：

$$\boldsymbol{g}(m,\ n)=m\boldsymbol{g}_1+n\boldsymbol{g}_2 \tag{10-14}$$

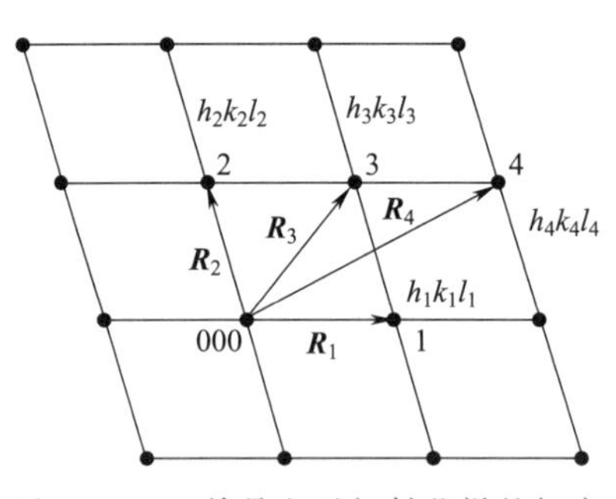

图 10－35　单晶电子衍射花样的标定

式中：m、n 是任意整数。但如选倒易点阵中最短的矢量为 $\boldsymbol{g}_1$，不与它在一条直线上的次最短的矢量为 $\boldsymbol{g}_2$，此时，倒易阵点就排列在由 $\boldsymbol{g}_1$ 和 $\boldsymbol{g}_2$ 确定的平行四边形的角上，这些阵点进行 $m\boldsymbol{g}_1+n\boldsymbol{g}_2$ 平移就构成一个无穷的二维点阵平面。显然，由公式 $R=\lambda Lg$ 可知，衍射斑点之间也应有与此相似的几何关系（图 10－35）：

$$\boldsymbol{R}_3=\boldsymbol{R}_1+\boldsymbol{R}_2$$

式中：$\boldsymbol{R}_1$ 和 $\boldsymbol{R}_2$ 是衍射花样中两个最短、次最短的衍射斑点矢量，作为描述整个衍射花样的基本矢量。值得注意的是，由于结构消光的原因，$\boldsymbol{R}_1(h_1,\ k_1,\ l_1)$ 和 $\boldsymbol{R}_2(h_2,\ k_2,\ l_2)$ 是实际衍射花样的基本矢量，并不一定是倒易点阵平面的基本矢量。3 个衍射斑点间的几何关系为 $R_3^2=R_1^2+R_2^2+2R_1R_2\cos\theta$，$\theta$ 是 $\boldsymbol{R}_1$ 与 $\boldsymbol{R}_2$ 之间的夹角。因此，我们既可以用 3 个长度 R_1、R_2 和 R_3，也可以用两个长度 R_1、R_2 和其夹角 θ 作为二维网格或平行四边形的基本参量。从上式还可得出下列指数关系：

$$h_3=h_1+h_2,\qquad k_3=k_1+k_2,\qquad l_3=l_1+l_2$$

同时它们都应满足晶带定律：

$$h_iu+k_iv+l_iw=0\quad (i=1,\ 2,\ 3)$$

式中：$[uvw]$ 是与 $\boldsymbol{B}$ 方向一致的点阵方向。

实际上，标定单晶电子衍射花样的目的是确定零层倒易截面上各 $\boldsymbol{g}_{hkl}$ 矢量端点（倒易点阵）的指数，定出零层倒易截面的法向（即晶带轴 $[uvw]$），并确定试样的点阵类型、物相及位向。下面主要介绍单晶电子衍射花样的标定方法。

1. 尝试校核法

1）测量靠近中心斑点的几个衍射斑点至中心斑点的距离 R_1，R_2，R_3，R_4，…，如图 10－35 所示。

2）根据衍射基本公式 $R=\lambda L\dfrac{1}{d}$，求出相应的晶面间距 d_1，d_2，d_3，d_4，…。

3）若晶体结构是已知的，每一 d 值即为该晶体某一晶面族的晶面间距，故可根据 d 值定出相应的晶面指数 $\{hkl\}$，即由 d_1 查出 $\{h_1k_1l_1\}$，由 d_2 查出 $\{h_2k_2l_2\}$，依此类推。

4）测定各衍射斑点之间的夹角 φ。

5）决定离开中心斑点最近的衍射斑点的指数。若 R_1 最短，则相应斑点的指数应为 $\{h_1k_1l_1\}$ 晶面族中的一个。对于 h、k、l 三个指数中有两个相等的晶面族（例如 $\{112\}$），就有 24 种标法；对于两个指数相等、另一指数为零的晶面族（例如 $\{110\}$），有 12 种标法；对于三个指数相等的晶面族（如 $\{111\}$），有 8 种标法；对于两个指数为零的晶面族，有 6 种标法。因此，第一个斑点的指数可以是等价晶面中的任意一个。

6）决定第二个斑点的指数。第二个斑点的指数不能任选，因为它和第一个斑点间的夹角必须符合夹角公式。对立方晶系来说，两者的夹角可用下式求得：

$$\cos\varphi=\frac{h_1h_2+k_1k_2+l_1l_2}{\sqrt{(h_1^2+k_1^2+l_1^2)(h_2^2+k_2^2+l_2^2)}} \tag{10-15}$$

在决定第二个斑点指数时，应进行所谓尝试校核，即只有 $h_2k_2l_2$ 代入夹角公式后求出的 φ 角和实测的一致时，$(h_2k_2l_2)$ 指数才是正确的，否则必须重新尝试。应该指出的是，$\{h_2k_2l_2\}$ 晶面族可供选择的待定 $(h_2k_2l_2)$ 值往往不止一个，因此第二个斑点的指数也带有一定的任意性。

7）一旦决定了两个斑点，那么其他斑点可以根据矢量运算求得。由图 10-35 知，$\boldsymbol{R}_1+\boldsymbol{R}_2=\boldsymbol{R}_3$，即 $h_1+h_2=h_3$，$k_1+k_2=k_3$，$l_1+l_2=l_3$。

8）根据晶带定理求零层倒易截面法线的方向，即晶带轴的指数 $[uvw]=\boldsymbol{g}_{k_1h_1l_1}\times\boldsymbol{g}_{k_2h_2l_2}$。为了简化运算可用

$$\begin{array}{c|cccccc|c} & & u & & v & & w & \\ h_1 & k_1 & & l_1 & & h_1 & & k_1 \ \ l_1 \\ & & \times & & \times & & \times & \\ h_2 & k_2 & & l_2 & & h_2 & & k_2 \ \ l_2 \end{array}$$

竖线内的指数交叉相乘后相减得出 $[uvw]$，即

$$\begin{cases} u=k_1l_2-k_2l_1 \\ v=h_2l_1-h_1l_2 \\ w=h_1k_2-h_2k_1 \end{cases}$$

最后，对 $[uvw]$ 进行互质化处理，即为该衍射花样的晶带轴指数。

2. R^2 比值法

测量数个斑点的 R 值（靠近中心斑点，但不在同一条直线上）。立方晶体中同一晶面族中各晶面的间距相等。例如 $\{123\}$ 中 (123) 晶面间距和 (321) 的晶面间距相同，故同一晶面族中 $h_1^2+k_1^2+l_1^2=h_2^2+k_2^2+l_2^2$。$h^2+k^2+l^2=N$，$N$ 值作为一个代表晶面族的整数指数。

已知

$$d=\frac{a}{\sqrt{h^2+k^2+l^2}}=\frac{a}{\sqrt{N}}$$

$$d^2\propto\frac{1}{N},\qquad R^2\propto\frac{1}{d^2},\qquad R^2\propto N$$

若把测得的 R_1，R_2，R_3，…值平方，则

$$R_1^2:R_2^2:R_3^2:\cdots=N_1:N_2:N_3:\cdots \tag{10-16}$$

从结构消光原理来看，体心立方点阵 $h+k+l=$ 偶数时才有衍射产生，因此它的 N 值只有 2，4，6，8，…。面心立方点阵 h、k、l 为全奇或全偶时才有衍射产生，故其 N 值为 3，4，8，11，12，…。因此，只要把测量的各个 R 值平方，并整理成式(10-16)，从式中 N 值递增规律来验证晶体的点阵类型，而与某一斑点的 R^2 值对应的 N 值便是晶体的晶面族指数，例如 $N=1$ 即为{100}，$N=3$ 为{111}，$N=4$ 为{200}等。

如果晶体不是立方点阵，则晶面族指数的比值另有规律。

1）四方晶体。已知

$$d=\frac{1}{\sqrt{\frac{h^2+k^2}{a^2}+\frac{l^2}{c^2}}}$$

故

$$\frac{1}{d^2}=\frac{h^2+k^2}{a^2}+\frac{l^2}{c^2}$$

令 $M=h^2+k^2$，根据消光条件，四方晶体 $l=0$ 的晶面族(即{$hk0$}晶面族)有

$$\begin{aligned}R_1^2:R_2^2:R_3^2:\cdots&=M_1:M_2:M_3:\cdots\\&=1:2:4:5:8:9:10:13:16:17:18:\cdots\end{aligned}$$

2）六方晶体。已知

$$d=\frac{1}{\sqrt{\frac{4}{3}\frac{(h^2+hk+k^2)}{a^2}+\frac{l^2}{c^2}}}$$

$$\frac{1}{d^2}=\frac{4}{3}\frac{(h^2+hk+k^2)}{a^2}+\frac{l^2}{c^2}$$

令 $h^2+hk+k^2=P$，六方晶体 $l=0$ 的{$hk0$}晶面族有

$$\begin{aligned}R_1^2:R_2^2:R_3^2:\cdots&=P_1:P_2:P_3:\cdots\\&=1:3:4:7:9:12:13:16:19:21:\cdots\end{aligned}$$

下面通过具体例子来说明单晶电子衍射花样的具体标定步骤。图 10-36 是某低碳合金钢薄膜试样中基体的选区电子衍射花样的示意图。

1）选择靠近中心斑点而且不在一条直线上的几个斑点 A、B、C、D。测量其 R 值分别为

$R_A = 7.1$ mm，　$R_B = 10.0$ mm，

$R_C = 12.3$ mm，　$R_D = 21.5$ mm

R 矢量之间夹角的测量值为：R_A 与 R_B 约 90°，R_A 与 R_C 约 55°，R_A 与 R_D 约 71°。

2）求 R^2 比值，找出最接近的整数比，由此确定各斑点所属的衍射晶面族。

$R_A^2 : R_B^2 : R_C^2 : R_D^2 \approx 2:4:6:8$

这是体心立方结构的 N 值，当然也可以写成 1∶2∶3∶4 作为简单立方结构的比值，这是在指数化过程中经常遇到的情况。解决这一问题可以通过如下多种渠道。

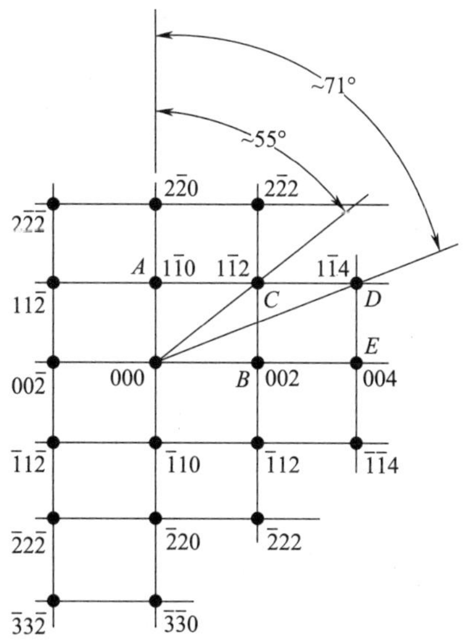

图 10-36　由照片的负片描制的花样示意及其指数化（相机常数 $K = 1.41$ mm · nm）

① 按简单立方结构比值标定，继续用下面的夹角和 N 值来校核，绝大多数情况下，斑点指数不能自洽而被否定，本例花样就属于这种情况。但有时斑点指数可能自洽。如果一幅花样可同时被标定为两种不同结构类型的指数或标定为同一结构类型的不同晶带的斑点指数，则被称为花样的“偶合不唯一性”。

② 花样指数的“偶合不唯一性”在不考虑晶体的点阵常数时容易出现。我们对研究的对象一般不会一无所知，如果遇到上述情况，可把研究对象限制在可能出现的几种物相中，通过晶面间距的校核就可判断出哪一种标定是正确的。

③ 一幅衍射花样的“偶合不唯一性”的根本原因是它仅提供了晶体的二维信息。如果绕衍射斑点中某点列转动，获得另一晶带的电子衍射花样，则两个晶带的组合就提供了三维信息。通过对它们的指数化以及比较两个晶带之间的夹角计算值和倾动测量值，即使晶体是未知的，也能排除这种“偶合不唯一性”。

因为 A、B、C、D 斑点的 N 值分别为 2、4、6、8，所以它们的晶面族指数是{110}、{200}、{211}、{411}类型。

3）尝试斑点的指数。最短矢量的 A 斑点对应的晶面族{110}共有 12 个晶面（包括正反符号）：

$$(110),(101),(011),(\bar{1}10),(\bar{1}01),(0\bar{1}1),$$
$$(\bar{1}\bar{1}0),(\bar{1}0\bar{1}),(0\bar{1}\bar{1}),(1\bar{1}0),(10\bar{1}),(01\bar{1})$$

可以任选一个指数，这样就有 12 种选法。假设 A 的指数为 $1\bar{1}0$。B 斑点的 $\{200\}$ 晶面族共有 6 个晶面：(200)、(020)、(002)、$(\bar{2}00)$、$(0\bar{2}0)$、$(00\bar{2})$。如果尝试 B 的指数为 200，代入立方晶体的晶面夹角公式：

$$\cos\varphi = \frac{h_1h_2 + k_1k_2 + l_1l_2}{\sqrt{N_1}\sqrt{N_2}} = \frac{1\times2+\bar{1}\times0+0\times0}{\sqrt{1^2+1^2+0^2}\sqrt{2^2+0^2+0^2}} = \frac{1}{\sqrt{2}}$$

所以

$$\varphi = 45°$$

显然，这与实际测得 R_A 和 R_B 之间夹角等于 90°不符，尝试失败。再用其他指数尝试可知，当 B 的指数取 002 时，$\varphi_{AB}=90°$，与实测相符。B 的指数取 $00\bar{2}$ 时，同样相符。这说明 B 斑点指数有两种取法。因此花样按这一顺序标定就有 $12\times2=24$ 种标法，它们是等价的，其原因是由于立方晶体的高对称性。

4）按矢量运算求出 C 和 D 的指数 $\boldsymbol{R}_C=\boldsymbol{R}_A+\boldsymbol{R}_B$，$h_C=h_A+h_B=1$，$k_C=k_A+k_B=-1$，$l_C=l_A+l_B=2$，所以 C 为 $1\bar{1}2$，同理求出 D 为 $1\bar{1}4$。

5）对求出的指数继续用 N 和 φ 校核。$N_C=h_C^2+k_C^2+l_C^2$，与实际 R^2 比值法所得 N 值相符；$(1\bar{1}0)$与$(1\bar{1}2)$的夹角为 54.74°，与实测 55°相符（一般允许有 ±2°误差），说明上述的斑点指数化是自洽的。

6）求晶带轴$[uvw]$。在电子衍射分析中，可用两个不共线的斑点$(h_1k_1l_1)$和$(h_2k_2l_2)$求出晶带轴方向。用行列式表示为

$$u:v:w = \begin{vmatrix} k_1 & l_1 \\ k_2 & l_2 \end{vmatrix} : \begin{vmatrix} l_1 & h_1 \\ l_2 & h_2 \end{vmatrix} : \begin{vmatrix} h_1 & k_1 \\ h_2 & k_2 \end{vmatrix}$$

在本例中，由于图 10－36 对应负片时的花样，通常我们选择 N 值小的为 $\boldsymbol{g}_1$，大的为 $\boldsymbol{g}_2$，则 $g_2=g_B=g_{002}$，$g_1=g_A=g_{1\bar{1}0}$。采用右手定则，本例中的 $\boldsymbol{g}_1$ 位于 $\boldsymbol{g}_2$ 的逆时针方向上，于是晶带轴方向或当对称入射时 B 的方向为 $\boldsymbol{B}=[uvw]=[002]\times[1\bar{1}0]=[220]$，由此求得 $\boldsymbol{B}$ 的方向是[220]，应化成互质整数比，所以 $\boldsymbol{B}=[110]$，这是 24 种标法中的一种结果。24 种标法所获得的全部可能结果就是〈110〉晶向族中所包含的所有晶向，共有 12 个。

根据已知的相机常数 $K=1.41$ mm·nm 计算相应的晶面间距，发现与 α－Fe 的标准 d 值符合得很好。由此可以确定试样上该微区为铁素体。

3. 标准花样对照法

前面已论述了单晶电子衍射花样实质就是符合衍射条件的某一晶带对应的

零层倒易平面的放大像。如果我们预先画出各种晶体点阵主要晶带的倒易平面，以此作为不同入射条件下的标准花样，则实际观察、记录的衍射花样可以直接通过与标准花样对照，写出斑点指数和晶带轴方向。查找相关文献可以获得面心立方、体心立方和密排六方晶体的几个主要低指数的零层倒易平面的标准花样，但在实际研究中常常出现其他晶带指数的花样，这时掌握标准花样的作图方法就显得尤为重要。现以画出体心立方晶体的 $\boldsymbol{B}=[uvw]=[110]$ 晶带的标准衍射花样为例，也就是画出$(110)_0^*$零层倒易平面，其步骤如下。

1）满足晶带定律：

$$hu+kv+lw=0$$

因为$[uvw]=[110]$，所以

$$h\times1+k\times1+l\times0=0,\qquad k=-h$$

所以 h、k、l 指数必属$\{h\bar{k}l\}$晶面族类型，l 可以为任意指数。

2）满足 F_g不等于零。对于体心立方晶体(bcc)，不消光的条件为 $h+k+l=$ 偶数，所允许取的 N 值和晶面族为

$$\begin{array}{cccc} N & 2 & 4 & 6\ \cdots \\ \{hkl\} & \{110\} & \{200\} & \{211\}\ \cdots \end{array}$$

在$\{110\}$晶面族中，$(\bar{1}10)$、$(1\bar{1}0)$满足晶带定律；而在$\{200\}$晶面族中，(002)、$(00\bar{2})$满足晶带定律；$\{211\}$晶面族中有 4 个晶面满足晶带定律。

3）取模最小的两个 $\boldsymbol{g}_1$和 $\boldsymbol{g}_2$作为零层倒易平面的基矢$(g_2\geqslant g_1)$，若取 $\boldsymbol{g}_1=1\bar{1}0$，$\boldsymbol{g}_2=002$，则

$$\frac{g_2}{g_1}=\frac{\sqrt{h_2^2+k_2^2+l_2^2}}{\sqrt{h_1^2+k_1^2+l_1^2}}$$

所以

$$\frac{g_{002}}{g_{1\bar{1}0}}=1.414$$

4）求 $\boldsymbol{g}_1$和 $\boldsymbol{g}_2$之间的夹角，并使 $\boldsymbol{g}_1\times\boldsymbol{g}_2$或 $\boldsymbol{g}_2\times\boldsymbol{g}_1$与 $\boldsymbol{B}$ 方向一致。由晶面夹角公式或查表求出 $\boldsymbol{g}_{002}$和 $\boldsymbol{g}_{1\bar{1}0}$之间夹角为 90°，尝试得到 $\boldsymbol{g}_2\times\boldsymbol{g}_1$与 $\boldsymbol{B}=[uvw]=[110]$晶带轴方向一致。对于负片(它与荧光屏上观察到的花样方位一致)用右手定则，故 $1\bar{1}0$ 应在 002 的逆时针方向上。

5）根据矢量运算，求出其余倒易阵点指数。利用下面两个性质有助于指数标定。

① 通过倒易原点直线上并位于其两侧等距的两个倒易阵点，其指数相同，符号相反。

② 由倒易原点出发，在同一直线方向上与倒易原点的距离为整数倍的两

个倒易阵点，其指数也相差同样的整数倍。此含意的数学表达式为：如果

$$\frac{g_{h'k'l'}}{g_{hkl}} = n$$

则

$$g_{h'k'l'} = g_{nhnknl}$$

根据上述的结果就可以画出体心立方$(110)^*_0$零层倒易平面，如图 10 - 37 所示。

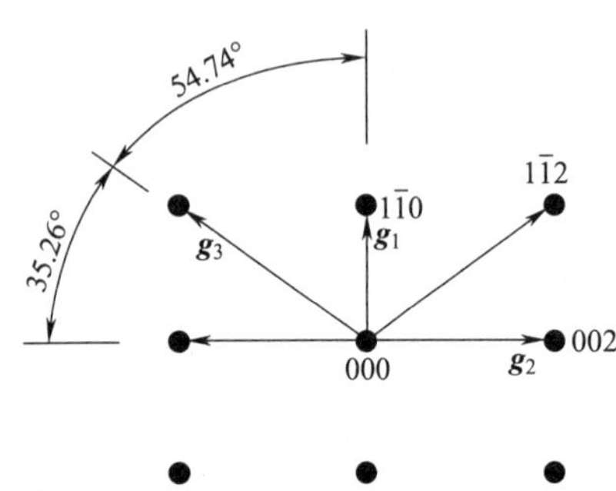

图 10 - 37 体心立方点阵[110]晶带标准电子衍射花样

这与前面的体心立方的 α 铁素体的[110]电子衍射花样几何上完全相似，也就是标准花样中两个倒易矢量 $\boldsymbol{g}_i$ 和 $\boldsymbol{g}_j$ 的模之比和夹角与衍射花样中对应衍射斑点矢量 $\boldsymbol{R}_i$ 和 $\boldsymbol{R}_j$ 模之比和夹角分别相等。反之，在应用标准花样来指数化时，必须确保实际衍射花样中斑点之间的关系满足上述条件，才能把标准花样中 $\boldsymbol{g}_i$ 和 $\boldsymbol{g}_j$ 的指数标到实际衍射花样中 $\boldsymbol{R}_i$ 和 $\boldsymbol{R}_j$ 上去。

从标准花样作图过程中可看出，立方晶体只有一个待定的点阵常数 a，而 g_1/g_2 的比值及它们之间的夹角 φ 都与 a 无关，所以绘制的标准衍射花样适用于所有立方晶体，使用起来比较方便。对于两个点阵常数不同而结构类型相同的立方晶体，它们相同晶带指数的衍射花样是相似的，只是大小比例不同而已，与标准花样对照，就可直接确定衍射花样中每个斑点的指数，再通过 d 值的计算就可把两者区分出来。

在标定衍射花样时，尝试 - 校核法具有普遍性，它不仅适用于立方晶系的晶体，而且适用于任何晶系的晶体，但是它的计算量大，比较烦琐，标准花样对照法就弥补了这一缺点。但是一般书中只给出少数几个结构类型的、有限的几个低指数晶带的标准花样，往往不能满足实际研究的需要；而要作出不同结构类型的不同晶带的标准花样，就需要花费大量的时间。因此，对于这两种方法存在的问题，借助电子计算机是最好的解决方法。

4. *查表对照法*

一般在标定斑点花样的电子衍射谱时，需要将两类截然不同的任务分开：一类工作是测定新结构，这种结构的参数是完全未知的，在 ASTM 卡片及其他文献中都找不到；另一类工作是鉴定旧结构，这种结构的参数前人已经作过测定，要求在这些已测结构中找出符合的结构来。大量经常的任务还是鉴定结构，并对衍射谱加以注明或标定。这时对于斑点花样来说，在标定电子衍射谱

过程中没有必要从头开始积累并罗列各种矢径(或晶面间距)的比值，重新进行测定晶格各类参数的工作。目的只是要通过计算来确认结构，并尽快地标定谱图。在鉴定结构的问题中，又可以分为两类：一是立方和密堆六方结构衍射谱的标定；二是其他结构衍射谱的标定。如果对欲测定的结构完全不了解，无从估计，建议首先按一类而后二类的顺序进行计算和标定，因为在实际材料存在的结构中，立方和密堆六方的结构占了很大的比例，同时计算周期也比较短。

立方和密堆六方结构的特点，是晶体点阵的基轴比值固定，基轴间的夹角固定。例如：立方晶格 $a:b:c=1:1:1$，$\alpha=\beta=\gamma=90°$；密堆六方晶格 $a:b:c=1:1:1.63$，$\alpha=\beta=90°$，$\gamma=120°$。这样同一类结构的衍射谱必然呈现相似的几何图形，无论晶格常数大小怎样变化，根据这种图形的相似性就可以核定晶型的类别。为了统一比较标准，选择一个由斑点组成的平行四边形单元，其选择要求如下(参考图 10－35)。

1）最短边原则。斑点间的矢量组成了平行四边形的边，选择的平行四边形由最短的两个邻边组成，并且二者命名顺序由最短边开始。即

$$r_1\leqslant r_2\leqslant r_i$$

2）锐角原则。显然满足上述要求的最短矢径间的夹角必然有两种情况，一为钝角，一为锐角。规定选择锐角的方案。因为这时锐角所对的平行四边形对角线是短的对角线；同时两个矢量的旋转方向(或左旋或右旋)才能唯一确定下来。命名夹角 θ 的原则简单写为

$$\theta\leqslant 90°$$

同时命名这个短的平行四边形的对角线，即夹角 θ 所对的对角线的矢量为 $\boldsymbol{r}_3$。一般习惯把透射斑作为矢径的原点。

选择的结果，实际是选定了由 $\boldsymbol{r}_1$、$\boldsymbol{r}_2$、$\boldsymbol{r}_3$ 围成的三角形。用这个特征的三角形表征衍射斑排列的几何特征。通常描述三角形相似性，习惯用两种方法：① 平行四边形法。简称“三边法”，即用 3 个矢量长度的比值 r_2/r_1 和 r_3/r_1 来说明。② 边比夹角法。也称“两边夹一角法”，即用两个最短矢量长度的比值 r_2/r_1 和它们的夹角来说明。下面将以这种方法作为基础，说明这类电子衍射谱的标定过程。一般的标定步骤如下。

1）测量透射斑到衍射斑的最小矢径和次小矢径的长度和它们之间的夹角 r_1、r_2、θ。

2）根据矢径长度的比值 r_2/r_1 及夹角 θ 查表(具体数据表格可查阅参考文献[15]的附录)，按简单立方(pc)、体心立方(bcc)、面心立方(fcc)、密堆六方(hcp)结构逐个晶型查找、核实这 4 种晶型各自存在的可能性。

3）经过查对与某些晶型相符后，再根据表中 d_1/a 的比值和晶面间距 d_1 计

算出晶格常数：

$$a = d_1/(d_1/a)$$

然后根据 a 值，在这类结构中逐个核实与查找物质。

4）经过查对与某个(些)物质相符后，标定衍射谱中各斑点的指数 $h_ik_il_i$ 和晶带轴 $[uvw]$。下面以实例说明该查表法的应用。

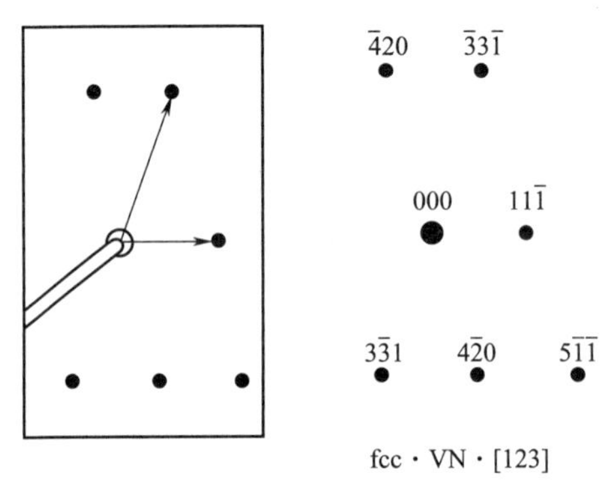

图 10－38　电子衍射谱及其标定图

已知电炉冶炼的钒钢在使用中脆断，从断口上萃取了薄片相。其电子衍射谱示意地表示为图 10－38，试标定该衍射谱。（$L\lambda$ = 24.8）

① 测量图 10－38 的衍射谱得 r_1 = 10 mm，r_2 = 25.18 mm，θ = 83°，$d_1 = L\lambda/r_1 = 2.48$(Å)。

② 根据 r_2/r_1 = 2.52 及 θ = 83°，查参考文献[15]附录中的（一）、（二）、（三）、（四）表格，并得到表 10－2 相符的结果。

表 10－2　不同晶体结构获得相符的结果

晶体结构	r_2/r_1	θ	d_1/a	$h_1k_1l_1$	$h_2k_2l_2$
bcc	2.49	85.4	0.316	$\bar{3}01$	$1\bar{6}5$
fcc	2.52	82.4	0.577	$11\bar{1}$	$\bar{3}3\bar{1}$
hcp	2.52	81.9	0.594	$01\bar{2}$	$\bar{3}0\bar{4}$

③ 根据 d_1 = 2.48 及各 d_1/a 值，计算出各类结构的 a 值并查找物质，则有

bcc ：a = 7.848，未查到物质

fcc ：a = 4.30，查到 VN(4.28)，FeO(4.31)，TiC(4.32)，SiC(β)(4.35)

hcp ：a = 4.18，未查到物质

按结构计算，上述 4 种物质都有可能，但考虑到是钒钢，在电炉冶炼中易于电离溶氮的情况，判断可能是 VN。同时根据断口萃取相的形貌观察及 VN 可引起脆断的先例和报道，便可作出结论。当然，如用 X 射线能谱测定它含有钒而其他 3 种物质不含钒，则得出的结论理由更为充分。

5）标定衍射谱。在复制斑点图上标出各斑点的对应倒易指数(即晶面指数)。在照片上通过右旋规则由两个倒易指数求出晶带轴或倒易平面指数，标

在标定图的下部，写成[*uvw*]或(*uvw*)*均可，如图 10 - 38 的标定，并写出物质的结构和名称。

一般矢径比值 $R=r_2/r_1$ 和角度值 θ 与表中所列的值比较时，所谓的相“符合”有一个公差标准：$\Delta R/R\leqslant 0.04$，$\Delta\theta\leqslant 2°$。

因为衍射谱反映的仅仅是倒易点阵的一个截面，所以最好是有 3 张以上底片都能标出同一物质，这样得到的结论较为稳妥。

另外，上面谈到符合了晶体结构的类型，再根据晶格常数查询或核实具体物质名称。最好事先准备好一个常见结构物质名称检索表。表中物质按结构类型分类，每类中按晶格常数 *a* 的大小顺序排列，这样查询很方便。

10.5.3 单晶电子衍射花样的基本应用

单晶电子衍射花样在材料科学的研究中应用很广，其中物相鉴定和晶体取向分析是最基本的研究。

1. 物相鉴定

X 射线衍射一直是物相分析的主要手段，但是电子衍射的应用日益增多，与 X 射线物相分析相辅相成。一方面，电子衍射物相分析的灵敏度非常高，就连一个小到几十甚至几个纳米的微晶也能通过现代的纳米衍射技术给出清晰的电子衍射花样。因此它特别适用于：① 待定物相在试样中含量很低，如晶界的微量沉淀物、第二相在晶内的早期析出过程等；② 物相的颗粒非常小，如结晶或相变开始时生成的微小产物等。另一方面，选区电子衍射都给出单晶电子衍射花样，当出现未知的新结构时，可能比 X 射线多晶衍射花样易于分析。不仅如此，单晶花样还可以得到有关晶体取向关系的信息，如晶体生长时择优取向、析出相与基体的取向关系、在基体中析出的惯习面等。电子衍射物相分析可以与形貌观察同时进行，还能得到物相大小、形态、分布等重要信息，这是 X 射线物相分析所不能比拟的。此外，透射电子显微镜中加上 X 射线能谱仪和电子能量损失谱仪附件，可直接得到所测物相的化学成分。因此，电子衍射物相分析已成为研究材料的重要方法。

单晶电子衍射花样鉴别物相的原理与多晶电子衍射花样(或多晶 X 射线衍射)鉴别物相的原理相同，即利用晶面间距 *d* 值和衍射强度两方面的信息。但它与多晶花样有所不同，在利用信息时将遇到一些特殊的问题。在确定未知晶体时，需要获得前面 8 个最大的 *d* 值。单晶花样一般只包含某一晶带的衍射斑点，由此获得的 *d* 值是不完整的。例如，面心立方晶体中几个低指数晶带能够得到 *d* 值的情况如表 10 - 3 所示。从表中可知，在这几个低指数晶带中，任何一个晶带均不能获得前面 8 个全部 *d* 值。解决这一问题并不难，只需倾动晶体试样，拍摄不同晶带的衍射花样。比如面心立方晶体，拍摄[110]和[100]或

[112]两个晶带的衍射花样，就可获得完整的 8 个晶面间距 d 值。通过《芬克索引》找到待测物相的 ASTM 卡片，d 值大的斑点一定是低指数的，所以尽可能拍摄含有较多大 d 值的低指数晶带花样。

表 10－3　面心立方晶体中几个低指数晶带可能获得的前 8 个 d 值

fcc		$\boldsymbol{B}=[uvw]$			
N	{hkl}	[100]	[110]	[111]	[112]
3	111		√		√
4	200	√	√		
8	220	√	√		√
11	311		√		√
12	222		√		√
16	400	√	√	√	
19	331		√		
20	420	√			√

单晶电子衍射花样中斑点强度和 X 射线粉末衍射照相中衍射环强度的计算方法差别很大，而且单晶衍射斑点的强度灵敏度随晶体位向不同而变化，当偏离参量 s 值增大时，强度迅速下降。因此，ASTM X 射线粉末衍射卡片中的强度数据常常与单晶电子衍射斑点实际强度相差甚远，造成应用强度信息作为物相鉴别依据的困难。尽管如此，在某些特殊情况下，衍射斑点强度分析在物相分析中还是起着决定性的作用。例如有两种晶体具有同样的点阵类型，而且点阵常数的差别在电子衍射的实验误差附近，这时通过结构因子的计算可以分析相同晶带的电子衍射花样中两者衍射强度的差异，以此鉴别物相。例如高温合金中常见的两种碳化物 $M_{23}C_6$ 和 M_6C，它们都是面心立方点阵晶体，$M_{23}C_6$ 的点阵常数约为 1.06 nm（晶胞中有 116 个原子），M_6C 的点阵常数约为 1.10 nm（晶胞中有 112 个原子），由于电子衍射测量点阵常数的准确度不如 X 射线衍射高，较难从衍射花样的几何配置来区别它们，这时衍射花样的强度分析就成为区分两种碳化物的重要依据。在进行强度分析时，必须使电子衍射花样处于对称入射条件，这样可减小偏离参量 s 值对强度的影响，使实际的衍射斑点相对强度接近理论计算值。又如，在前述的“偶合不唯一性”中，同一斑点可用不同指数标定，由于计算获得 d 值相同或非常接近而无法从几何上判别何种标定正确，此时应用强度的信息就可以确定它。下面将举例说明在不能用衍射几何信息确定物相时，可用衍射强度信息来确定它。

随氮含量的不同，存在着 3 种六方结构类型的 ε 相：$\varepsilon-Fe_3N$、$\varepsilon-Fe_{2-3}N$

和 ε－Fe_2N，其中 ε－Fe_3N 和 ε－Fe_2N 的空间群分别是 $P6_322$ 和 $P312$。它们的点阵类型相同，点阵常数相近，所以借助电子衍射花样的几何关系难以区别。研究认为，有序地占据六方点阵八面体间隙的氮原子会导致超点阵反射。由于氮含量不同，使它们的超点阵反射的强度和分布不一样，我们可以通过结构因子计算获得电子衍射斑点强度。结构因子计算中由等效点系确定的原了的坐标位置如下。

ε－Fe_2N 的 6 个铁原子：1/3，1/3，3/4；－1/3，0，3/4；0，－1/3，3/4；－1/3，－1/3，1/4；1/3，0，1/4；0，1/3，1/4。3 个氮原子：0，0，0；1/3，2/3，0；2/3，1/3，1/2。ε－Fe_3N 除 000 坐标是空着的之外，其余原子坐标均与 ε－Fe_2N 相同。

由于 ε－$Fe_{2-3}N$ 是非化学计量化合物，无法确定出氮原子的正确坐标。为此，认为 ε－Fe_3N、ε－$Fe_{2-3}N$ 和 ε－Fe_2N 之间的差异仅表现在 000 坐标上氮原子出现的概率(r)不同：当 $r=1$ 时，为 ε－Fe_2N；当 $r=0$ 时，为 ε－Fe_3N；若 $0<r<1$，为 ε－$Fe_{2-3}N$。计算中取 $r=0.5$。

根据结构因子的大小，用圆点的半径近似地表示其大小，由此画出 $[\bar{1}2\bar{1}0]$ 晶带电子衍射花样模拟图，如图 10－39(b)、(c)、(d)所示，与实际衍射花样[图 10－39(a)]对照，确定了渗氮 20 钢中 ε 相为 ε－$Fe_{2-3}N$。

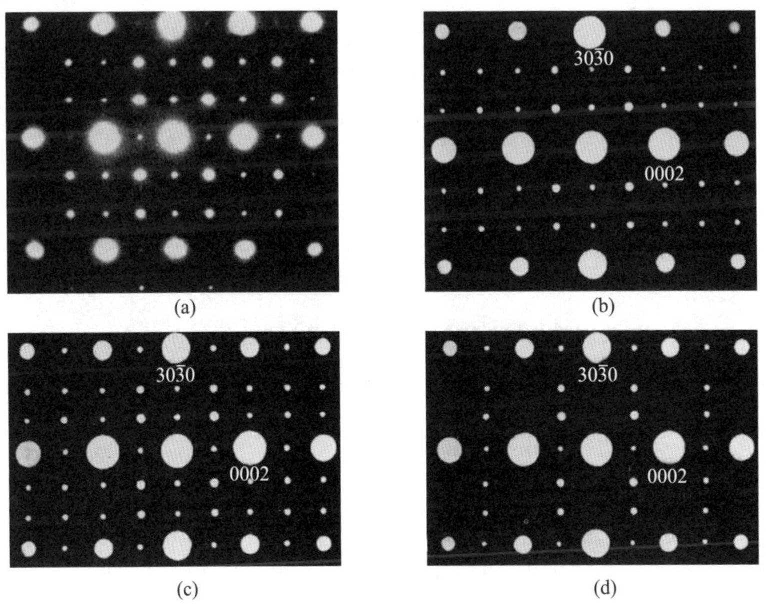

图 10－39　ε 相$[\bar{1}2\bar{1}0]$晶带电子衍射花样及电子衍射斑点强度模拟图。(a) ε 相的电子衍射花样；(b) ε－Fe_3N 模拟花样；(c) ε－$Fe_{2-3}N$ 模拟花样；(d) ε－Fe_2N 模拟花样

在大部分的实际研究中，我们对被分析试样的显微组织与结构都有一定的了解，根据已知的试样的化学成分和热处理工艺等，常可把待测物相限制于为数不多的几种可能性。此时，只需根据下面 3 个条件，仅由一幅衍射花样就可从中把物相鉴别出来。物相验证的 3 个条件是：① 由衍射花样确定的点阵类型必须与 ASTM 卡片中物相符合；② 衍射斑点指数必须自洽；③ 主要低指数晶面间距与卡片中给出的标准 d 值相符，允许的误差约为 3%。

2. 晶体取向分析

晶体取向分析一般分为两种情况，一种是已知两相之间可能存在的取向关系，用电子衍射花样加以验证，另一种是对两种晶体取向关系的预测。在相变过程中，两相之间常有固定的取向关系，这种关系常用一对互相平行的晶面及面上一对平行的晶向来表示。例如奥氏体（γ）转变为马氏体（α）的西山取向关系为：$(1\bar{1}0)_{\alpha}//(1\bar{1}\bar{1})_{\gamma}$，$[001]_{\alpha}//[0\bar{1}1]_{\gamma}$。由于两者均属立方晶系，这种取向关系也可写成两对平行的方向或平行的面。现举例说明如何用电子衍射花样来进行取向关系验证。某低碳钒钢金属薄膜试样，已知 α－Fe（体心立方晶体，点阵常数 $a=0.2866$ nm）和 V_4C_3 析出相（面心立方晶体，点阵常数 $a=0.4130$ nm），两相的选区电子衍射花样负片示意如图 10－40 所示。对两相花样分别指数化，计算过程如表 10－4 和表 10－5 所示（已知相机常数 $K=2.065$ mm·nm）。

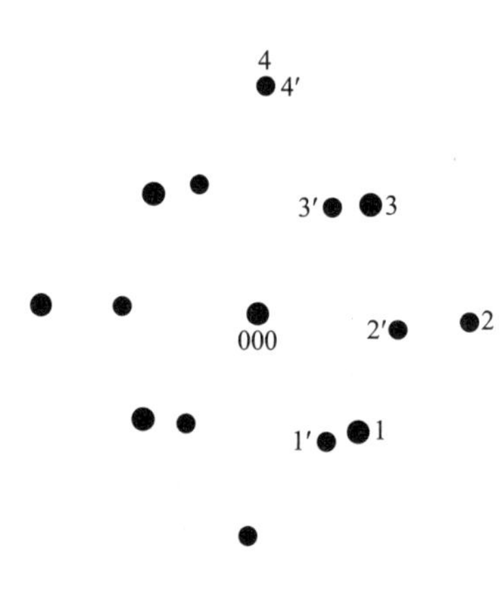

图 10－40　某低碳钒钢中基体与析出相的选区电子衍射花样示意图

表 10－4　α－Fe 的[001]晶带衍射花样分析计算（已知 $K=2.065$ mm·nm）

斑点	R/mm	R_j^2/R_1^2	N	$\{hkl\}$	(hkl)	φ（测量）	φ（标准）	$d_{计算}=K/R$/nm	$d_{标准}$/nm
1	10.1	1	2	110	$1\bar{1}0$			0.2044	0.2024
2	14.4	2.032	4	200	200	$45°_{1-2}$	$45°_{1-2}$	0.1434	0.1433
3	10.1	1	2	110	110	$90°_{1-1}$	$90°_{1-1}$	0.2044	0.2027
4	14.4	2.032	4	200	020	$135°_{1-4}$	$135°_{1-4}$	0.1434	0.1433

表 10-5 V_4C_3的[011]晶带衍射花样分析计算

斑点	R/mm	R_j^2/R_1^2	N	{hkl}	(hkl)	φ(测量)	φ(标准)	$d_{计算}=K/R$/nm	$d_{标准}$/nm
1′	8.7	1	3	110	$1\bar{1}1$			0.2374	0.2385
2′	10.1	1.35	4	200	200	$55°_{1'-2'}$	54.74°	0.2045	0.2065
3′	8.7	1	3	110	$11\bar{1}$	$110°_{1'-2'}$	109.47°	0.2374	0.2385
4′	10.1	2.63	8	200	$02\bar{2}$	$145°_{1'-2'}$	144.74°	0.1464	0.1460

由单晶电子衍射花样产生的几何条件可知，这两套衍射花样的晶带轴方向都近似地平行于电子束，因此可得$[001]_{\alpha-Fe}/\!/[011]_{V_4C_3}$。两套衍射花样中，某一对斑点 ***R*** 矢量在同一方向上，即表示对应晶面法线平行，也就是晶面平行，由此得到$(200)_{\alpha-Fe}/\!/(02\bar{2})_{V_4C_3}$。这就获得了一对平行的晶面及面上一对平行的晶向。从衍射花样看出，α-Fe 的 020 斑点与 V_4C_3的 $02\bar{2}$ 斑点重合，由 d 值的计算表明两者有一定的错配度，存在半共格的关系，这种错配度对材料有应变强化的作用。由此可得 α-Fe 和 V_4C_3之间的取向关系为

$$[001]_{\alpha-Fe}/\!/[011]_{V_4C_3},\qquad (100)_{\alpha-Fe}/\!/(01\bar{1})_{V_4C_3}$$

或

$$[001]_{\alpha-Fe}/\!/[011]_{V_4C_3},\qquad (010)_{\alpha-Fe}/\!/(01\bar{1})_{V_4C_3}$$

对于立方晶系，两者取向关系可写成一般关系：

$$\langle 100\rangle_{\alpha-Fe}/\!/\langle 110\rangle_{V_4C_3},\qquad \{100\}_{\alpha-Fe}/\!/\{110\}_{V_4C_3}$$

在上述取向关系验证的实际研究中，最简便而有效的方法是采用标准花样对照法，即根据两相间可能存在的取向，预先画出对应的衍射花样合成图，其方法如下。

1）以平行面上的一对平行方向分别作为两相衍射花样的晶带轴方向，根据晶带定理、结构因子等就可作出对应晶带轴的标准衍射花样，花样的比例大小由操作仪器的相机常数决定或任意设定。

2）让两者倒易原点（即中心斑点）000 重合，并使一对平行面所对应的衍射斑点处于同一方向上。

在电子显微镜操作中，倾动试样，使一相（衍射斑点强的一相）位于所要求的晶带轴方向，并使斑点强度力求对称均匀，即尽可能接近对称入射条件。根据荧光屏上出现的两者衍射斑点之间的配置与标准花样合成图进行比较，即可在操作过程中就确认两相间是否存在这种取向关系。

10.6　低能电子衍射

低能电子衍射指以能量为 10 ~ 500 eV 的电子束照射晶体试样表面产生的衍射现象。低能电子衍射给出试样表面 1 ~ 5 个原子层的结构信息，是研究晶体表面结构的重要方法[11]。

10.6.1　单晶表面原子排列与二维点阵

由于晶体结构的周期性在表面中断，单晶表面的原子排列有 3 种可能的状态，如图 10 - 41 所示。

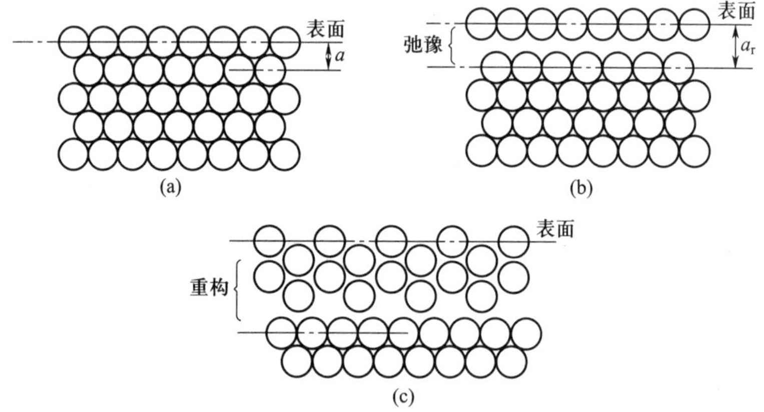

图 10 - 41　单晶表面原子排列的可能状态。(a) 体原子的暴露面；(b) 表面弛豫；(c) 表面重构

1) 表面原子排列仍维持体内原子周期性对应位置，相当于体原子的暴露面。

2) 表面原子排列仍保持体内周期性，但层间距离改变，有所伸长或压缩，称为表面弛豫。

3) 表面原子排列在水平方向的周期性不同于体内，但层间距离相同，称为表面重构。

单晶表面原子排列规则可用二维点阵描述，表达其周期性的点阵基本单元称为(单元)网格。网格由表示其形状及大小的两个矢量 ***a*** 与 ***b*** 描述，称为(二维)点阵基矢或单元网格矢量。与三维点阵的排列规则可用 14 种布拉维点阵表达相似，二维点阵的排列可用 5 种二维布拉维点阵表达，如图 10 - 42 所示。

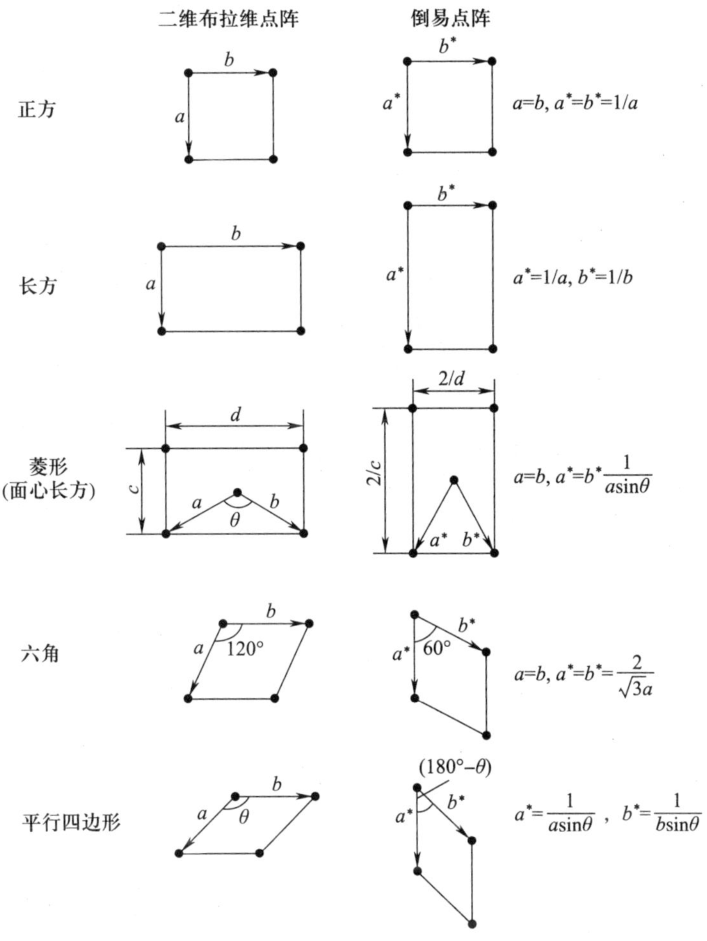

图 10－42　二维布拉维点阵与其倒易点阵

10.6.2　二维点阵的倒易点阵

对于由点阵基矢 $\boldsymbol{a}$ 与 $\boldsymbol{b}$ 定义的二维点阵，若由点阵基矢 $\boldsymbol{a}^*$ 与 $\boldsymbol{b}^*$ 定义的二维点阵满足

$$\begin{cases}\boldsymbol{a}^* \cdot \boldsymbol{a} = \boldsymbol{b}^* \cdot \boldsymbol{b} = 1 \\ \boldsymbol{a}^* \cdot \boldsymbol{b} = \boldsymbol{b}^* \cdot \boldsymbol{a} = 0\end{cases} \tag{10-17}$$

则 $\boldsymbol{a}^*$ 与 $\boldsymbol{b}^*$ 定义的点阵是 $\boldsymbol{a}$ 与 $\boldsymbol{b}$ 定义的点阵的倒易点阵。可以证明，二维倒易点阵平面与二维正点阵平面平行。

1. 二维点阵基矢与其倒易点阵基矢的关系

若以二维点阵中任意阵点为坐标原点，建立二维正交坐标系，则二维基矢

$\boldsymbol{a}$ 与 $\boldsymbol{b}$ 可表达为

$$\begin{cases}\boldsymbol{a}=a_x\boldsymbol{i}+a_y\boldsymbol{j}\\\boldsymbol{b}=b_x\boldsymbol{i}+b_y\boldsymbol{j}\end{cases}\tag{10-18}$$

式中：$\boldsymbol{i}$ 与 $\boldsymbol{j}$ 为两坐标轴的单位矢量；a_x 与 a_y 为 $\boldsymbol{a}$ 在两坐标轴上的投影；b_x 与 b_y 为 $\boldsymbol{b}$ 在两坐标轴上的投影。

二维倒易基矢可表达为

$$\begin{cases}\boldsymbol{a}^*=a_x^*\boldsymbol{i}+a_y^*\boldsymbol{j}\\\boldsymbol{b}^*=b_x^*\boldsymbol{i}+b_y^*\boldsymbol{j}\end{cases}\tag{10-19}$$

式中：a_x^* 与 a_y^* 为 $\boldsymbol{a}^*$ 在两坐标轴上的投影；b_x^* 与 b_y^* 为 $\boldsymbol{b}^*$ 在两坐标轴上的投影。

由式(10－18)与式(10－19)，按矢量点积坐标表达式，可将式(10－17)改写为

$$\begin{cases}a_x^*a_x+a_y^*a_y=1\\b_x^*b_x+b_y^*b_y=1\\a_x^*b_x+a_y^*b_y=0\\b_x^*a_x+b_y^*a_y=0\end{cases}\tag{10-20}$$

由式(10－20)可解得

$$\begin{cases}a_x^*=\dfrac{b_y}{A}, & a_y^*=\dfrac{-b_x}{A}\\b_x^*=\dfrac{-a_y}{A}, & b_y^*=\dfrac{a_x}{A}\end{cases}\tag{10-21}$$

或

$$\begin{cases}a_x=\dfrac{b_y^*}{A^*}, & a_y=\dfrac{-b_x^*}{A^*}\\b_x=\dfrac{-a_y^*}{A^*}, & b_y=\dfrac{a_x^*}{A^*}\end{cases}\tag{10-22}$$

两式中：$A=a_xb_y-a_yb_x$，$A^*=a_x^*b_y^*-a_y^*b_x^*$。

式(10－21)与式(10－22)均为二维基矢与其倒易基矢的正交坐标关系式。按式(10－21)可由二维基矢坐标求其倒易基矢坐标，按式(10－22)则可由倒易基矢坐标求其相应的二维正点阵基矢坐标。

由式(10－21)可得

$$|a^*|=\frac{|b|}{|A|},\qquad |b^*|=\frac{|a|}{|A|}\tag{10-23}$$

按矢量叉积的行列式计算可得 $|\boldsymbol{a}\times\boldsymbol{b}|=|a_x b_y-a_y b_x|$；又因 $|\boldsymbol{a}\times\boldsymbol{b}|=|\boldsymbol{a}||\boldsymbol{b}|\sin\theta$（$\theta$ 为 $\boldsymbol{a}$ 与 $\boldsymbol{b}$ 之夹角），故式(10－23)中 $|A|=|\boldsymbol{a}||\boldsymbol{b}|\sin\theta$，即 $|A|$ 为二维点阵单元网格面积，式(10－23)可写为

$$\begin{cases}|\boldsymbol{a}^*|=\dfrac{|\boldsymbol{b}|}{|\boldsymbol{a}||\boldsymbol{b}|\sin\theta}=\dfrac{1}{|\boldsymbol{a}|\sin\theta}\\[2ex]|\boldsymbol{b}^*|=\dfrac{|\boldsymbol{a}|}{|\boldsymbol{a}||\boldsymbol{b}|\sin\theta}=\dfrac{1}{|\boldsymbol{b}|\sin\theta}\end{cases}\tag{10-24}$$

同理，由式(10－22)可得

$$\begin{cases}|\boldsymbol{a}|=\dfrac{|\boldsymbol{b}^*|}{|A^*|}=\dfrac{1}{|\boldsymbol{a}^*|\sin\theta^*}\\[2ex]|\boldsymbol{b}|=\dfrac{|\boldsymbol{a}^*|}{|A^*|}=\dfrac{1}{|\boldsymbol{b}^*|\sin\theta^*}\end{cases}\tag{10-25}$$

式中：$|A^*|$ 为二维倒易点阵的网格面积，即 $|A^*|=|\boldsymbol{a}^*\times\boldsymbol{b}^*|$。

式(10－24)与式(10－25)为二维基矢与其倒易基矢的绝对值关系式。

按二维基矢与其倒易基矢的关系，可由5种二维布拉维点阵单元网格获得其相应的二维倒易点阵单元网格，如图10－42所示。

2. 二维倒易点阵阵点延伸为倒易杆

将二维点阵视为三维点阵的特例，即将由 $\boldsymbol{a}$ 与 $\boldsymbol{b}$ 定义的二维点阵视为垂直于其平面方向、长度→0的三维点阵，则在三维正交坐标系中，点阵基矢 $\boldsymbol{a}$、$\boldsymbol{b}$、$\boldsymbol{c}$ 的坐标表达式为

$$\begin{cases}\boldsymbol{a}=a_x\boldsymbol{i}+a_y\boldsymbol{j}+0\boldsymbol{k}\\\boldsymbol{b}=b_x\boldsymbol{i}+b_y\boldsymbol{j}+0\boldsymbol{k}\\\boldsymbol{c}=0\boldsymbol{i}+0\boldsymbol{j}+c_z\boldsymbol{k}\end{cases}\tag{10-26}$$

由倒易点阵基矢表达式，并按行列式计算，有

$$\boldsymbol{c}^*=\frac{\boldsymbol{a}\times\boldsymbol{b}}{\boldsymbol{a}\cdot(\boldsymbol{b}\times\boldsymbol{c})}\frac{\begin{vmatrix}\boldsymbol{i} & \boldsymbol{j} & \boldsymbol{k}\\a_x & a_y & 0\\b_x & b_y & 0\end{vmatrix}}{\begin{vmatrix}a_x & a_y & 0\\b_x & b_y & 0\\0 & 0 & c_z\end{vmatrix}}=\frac{1}{c_z}\boldsymbol{k}\tag{10-27}$$

按式(10－27)，$c_z\to0$，则 $|\boldsymbol{c}^*|\to\infty$。由此可知，二维倒易点阵阵点在垂直于点阵平面方向上延伸为连续直线，称之为倒易杆(棒)。

3. 二维倒易矢量及其性质

仍将由 $\boldsymbol{a}$ 与 $\boldsymbol{b}$ 定义的二维点阵视为垂直于其平面方向($\boldsymbol{c}$ 方向)、长度→0的三维点阵。三维点阵中平行于 $\boldsymbol{c}$ 的晶面($hk0$)当 $\boldsymbol{c}$ 方向长度→0时，

即为二维点阵的晶列(阵点列)，其指数可记为(hk)，晶列间距记为 d_{hk}。

二维倒易矢量即二维点阵中倒易原点与任意阵点的连接矢量，记为$\boldsymbol{r}_{hk}^{*}$(或$\boldsymbol{r}^{*}$)。由三维倒易矢量$\boldsymbol{r}_{hkl}^{*}$与(hkl)晶面的关系，不难理解二维倒易矢量的性质：$\boldsymbol{r}_{hk}^{*}$与正点阵中晶列(hk)一一对应，$\boldsymbol{r}_{hk}^{*} \perp hk$，且$|\boldsymbol{r}_{hk}^{*}| = 1/d_{hk}$；而倒易点($\boldsymbol{r}_{hk}^{*}$终点)在倒易点阵中的坐标即阵点指数为 hk，$\boldsymbol{r}_{hk}^{*}$在倒易点阵中的坐标表达式为

$$\boldsymbol{r}_{hk}^{*} = h\boldsymbol{a}^{*} + k\boldsymbol{b}^{*} \tag{10-28}$$

10.6.3　低能电子衍射原理

1. 二维电子衍射方向

低能电子衍射线来自于试样表面(几个原子层)的相干散射，衍射方向(衍射必要条件)可近似由二维劳厄方程描述[参见式(7-32)]。

将二维点阵视为三维点阵特例，二维点阵衍射方向亦可由衍射矢量方程描述，二维点阵衍射矢量方程可写为

$$(\boldsymbol{S} - \boldsymbol{S}_0)/\lambda = \boldsymbol{r}_{hk}^{*} = h\boldsymbol{a}^{*} + k\boldsymbol{b}^{*} + 0\boldsymbol{c}^{*} \tag{10-29}$$

2. 成像原理与衍射花样特征

低能电子衍射埃瓦尔德图解如图 10-43 所示。图中 O 点为反射球中心(可认为试样位于 O 点)，反射球半径 $r = OO^{*} = |\boldsymbol{S}_0/\lambda| = 1/\lambda$。$O^{*}$点为二维倒易点阵原点，倒易点阵平面与其相应正点阵平面(试样表面)平行，各倒易阵点向倒易点阵平面法线方向延伸为倒易杆。若倒易杆与反射球相交，则该倒易杆(点)相应的(hk)晶列满足矢量衍射方程，O 点与交点之连接矢量即为该晶列之衍射线波数矢量 $\boldsymbol{S}/\lambda$，如图 10-43 中之 OP。

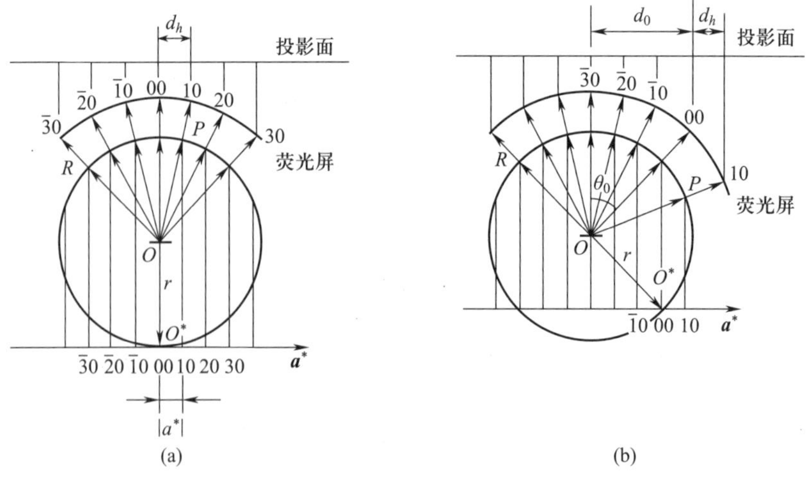

图 10-43　低能电子衍射的埃瓦尔德图解。(a) 电子束正入射；(b) 电子束斜入射

低能电子衍射以半球形荧光屏(接收极)接收信息。由图 10－43 可知,荧光屏上显示的衍射花样由若干衍射斑点(衍射线与荧光屏的交点)组成;每一个斑点对应于试样表面一个晶列衍射,亦即相应于一个倒易点,因而低能电子衍射花样是试样表面二维倒易点阵的投影像,荧光屏上与倒易原点对应的衍射斑点(00)处于入射线的镜面反射方向上。

当电子束正入射时,如图 10－43(a)所示,(00)点位于荧光屏中心;又有 $|\boldsymbol{a}^*|/r=d_h/R$,$d_h$为衍射斑点沿着 $\boldsymbol{a}^*$ 方向的单元距离(任意两相邻斑点的距离),如图中之(00)点与(10)点间的距离;R 为荧光屏半径,故有

$$|\boldsymbol{a}^*|=d_h/(\lambda R) \tag{10-30}$$

同理,有

$$|\boldsymbol{b}^*|=d_k/(\lambda R) \tag{10-31}$$

式中:d_k为沿 $\boldsymbol{b}^*$ 方向衍射斑点的单元距离。

当电子束斜入射时,如图 10－43(b)所示,(00)点及整个衍射花样平移。设 θ_0为入射线与试样表面法线夹角,则(00)点平移距离 d_0[(00)点与荧光屏中心距离]为

$$d_0=R\sin\theta_0 \tag{10-32}$$

由图 10－43(b)也可证明,当电子束斜入射时,式(10－30)与式(10－31)仍成立。

10.6.4 低能电子衍射仪

低能电子衍射仪如图 10－44 所示,主要由电子光学系统、记录系统、超高真空系统和控制电源组成。从电子枪阴极发出的电子束,经过三级聚焦杯的

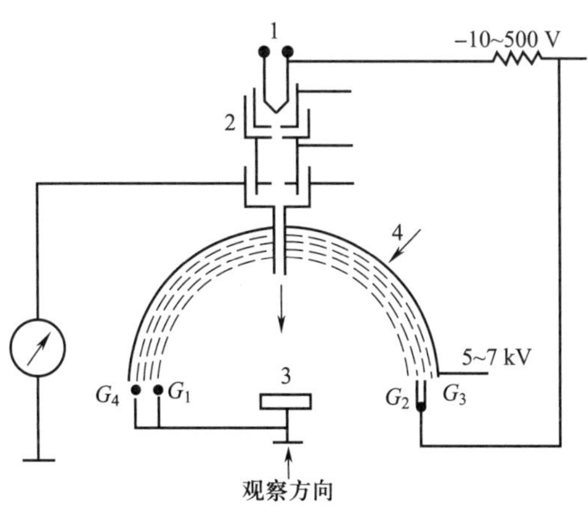

图 10－44 低能电子衍射仪示意图(1. 电子枪阴极;2. 聚焦杯;3. 试样;4. 接收极)

聚焦和准直作用，入射到试样表面。入射电子束的束斑直径为0.4～1 mm，发散度约1°。试样处于半球形接收极(荧光屏)的中心。在试样与接收极之间有4个半球形栅极。栅极 G_1 和试样均接地，以保证从试样表面发出的衍射电子在无场空间沿着其原有的方向运动。栅极 G_2 与 G_3 相连并施加略高于阴极的负电位，排斥来自试样的非弹性散射电子，只允许弹性散射电子穿过 G_2，打到加正高压的荧光屏上，从而在荧光屏上产生肉眼可见的低能电子衍射图。栅极 G_4 接地，它对接收极起屏蔽作用，减少 G_3 与接收极间的电容。半球形接收极上涂有荧光粉，并加有5～7 kV的正电位，对穿过栅极的衍射电子起加速作用。

低能电子衍射装置必须采用无油的超高真空系统，真空度要优于 1.33×10^{-7} Pa，以避免晶体表面吸收残余气体分子造成表面污染，使固有表面衍射图发生变化。此外在低能电子衍射装置中都装备有原位清洗表面或制备清洁表面的辅助装置，可实现原位的溅射剥蚀、在超高真空中沉积新鲜表面等。

上述球栅拒斥场分析器也可作为俄歇电子谱仪(AES)的能量分析装置，因此可以方便地组成AES－LEED联合分析仪，实现对试样表面结构和成分的综合分析。

10.6.5　低能电子衍射分析与应用

依据低能电子衍射方法提供的多种信息，我们可以分析与研究晶体表面结构，包括：利用低能电子衍射花样分析确定晶体表面及吸附层二维点阵单元网格的形状与大小；利用低能电子衍射谱及有关衍射强度理论分析确定表面原子位置(单元网格的内原子位置、吸附原子相对于基底原子的位置等)及沿表面深度方向(两三个原子层)原子三维排列情况(层间距、层间原子相对位置、吸附是否导致表面重构等)；利用衍射斑点的形状特征及相关的运动学理论等分析表面结构缺陷(点缺陷、台阶表面、镶嵌结构、应变结构、规则和不规则的畴界和反畴界)等。低能电子衍射不仅应用于半导体、金属及合金等材料表面结构与缺陷的分析，吸附、偏析和重构相的分析，也应用于气体吸附、脱附及化学反应，以及外延生长、沉积、催化等过程的研究；低能电子衍射还可应用于表面动力学过程，如生长动力学和热振动的研究等。

低能电子衍射花样的基本分析过程是：由试样衍射花样确定 $\boldsymbol{a}^*$ 与 $\boldsymbol{b}^*$ 的方向，并按式(10－30)和式(10－31)求得 $|\boldsymbol{a}^*|$ 与 $|\boldsymbol{b}^*|$，从而确定试样表面二维倒易点阵单元网格，进而按倒易基矢与正点阵基矢的对应关系[如图10－43及式(10－25)]确定试样表面点阵单元网格的形状与大小。

按低能电子衍射花样分析试样表面吸附层的示例如图10－45所示。图10－45(a)及(b)分别为干净W表面[(100)面]及吸附O原子后W表

面的衍射花样。由图 10－45(b)与图 10－45(a)比较可知，除原有衍射斑点(图中以“•”表示)外，增加了许多衍射斑点(图中以“○”表示)。此时倒易点阵单元网格仍为正方形，倒易基矢 $\boldsymbol{a}_s^* = \boldsymbol{a}^*/2$，$\boldsymbol{b}_s^* = \boldsymbol{b}^*/2$。根据式(10－24)可知，正方点阵基矢长度是其倒易基矢长度之倒数，故可得 $|\boldsymbol{a}_s| = 2|\boldsymbol{a}|$，$|\boldsymbol{b}_s| = 2|\boldsymbol{b}|$。由此可知，W(100)面吸附原子后仍为正方排列，吸附原子间距为基底原子间距的两倍。图 10－45(c)所示为吸附的 O 原子在 W 表面的可能排列。

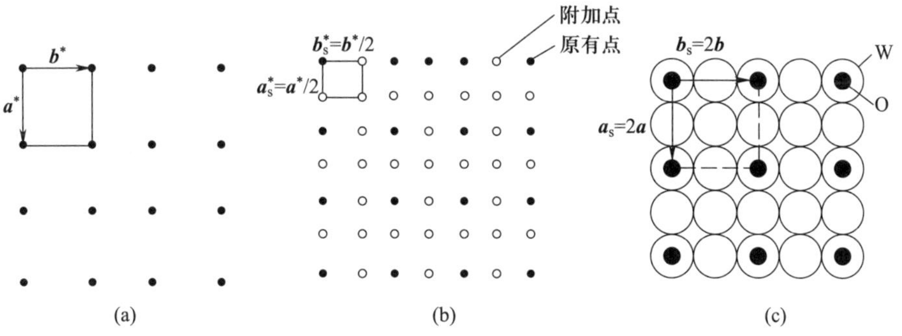

图 10－45　W(100)面吸附 O 原子层衍射分析。(a) 干净 W(100)面衍射花样；(b) W(100)面吸附 O 原子后的衍射花样；(c) 吸附的 O 原子在表面的可能排列

表面吸附原子的排列可用符号式表示。W 表面吸附 O 原子的排列符号式为：W(100)－(2×2)－O。此式第一项表示基底材料及晶面；第二项表示吸附原子排列方式及间距(吸附原子排列网格为正方形，边长为 $2a$，a 为基底点阵常数)；第三项表示吸附原子的化学成分。此外，若按低能电子衍射谱分析进一步确定吸附原子排列方式为无心点阵或有心点阵，则分别在第二项前标注字母 P[即 P(2×2)]或字母 C。又如，符号式 fcc(111)—($\sqrt{3}\times\sqrt{3}$)R－30°，第一项表示面心立方基材(111)面；第二项表示吸附原子排列网格为正方形，边长为$\sqrt{3}a$，第二项中之 R－30°表示吸附原子网格相对于基底原子网格转动 30°。此例未列第三项，即未注明吸附原子成分。

(hk)衍射束强度或衍射斑点强度(I)对入射电子能量(E)的分布($I-E$)曲线称为低能电子衍射谱或衍射斑点的强度特性。

低能电子衍射强度理论包括运动学理论(只考虑一次散射)和动力学理论(考虑多次散射)。低能电子衍射运动学理论关于二维点阵衍射强度公式的建立过程及相关概念(如结构因子、干涉函数)等内容均与 X 射线衍射强度运动理论相似，事实上若将二维点阵视为三维点阵的特例，由 X 射线衍射强度理论可导出低能电子衍射运动学理论的基本公式与相关概念。

有关低能电子衍射的强度理论、低能电子衍射谱及分析应用，以及表面结构缺陷的类型、衍射特征与分析等内容，可见参考文献[16－18]。

本章知识点

1）区别电子衍射与 X 射线衍射的异同性，并进一步理解电子衍射花样的意义。

2）掌握电子衍射的空间分布规律及电子衍射基本公式。

3）理解选区电子衍射的原理及操作。

4）了解常见电子衍射谱的特征。

5）掌握多晶电子衍射花样的标定。

6）理解并熟练掌握单晶电子衍射花样的标定。

7）了解低能电子衍射原理。

思考题

1）电子衍射分析的基本原理是什么？它有哪些特点？

2）电子衍射分析的基本公式是如何形成的？电子衍射花样有何特征？有何应用？

3）在透射电子显微镜中进行选区电子衍射分析，如何能将形貌观察及结构分析结合起来？

4）如何理解简单单晶电子衍射花样是$(uvw)_0^*$零层倒易平面的放大像？

5）单晶电子衍射花样的标定有哪几种方法？

6）结合例子说明如何利用电子衍射谱进行物相鉴定和取向关系分析。

7）计算面心立方点阵和底心四方点阵的结构因子，说明衍射条件，并分别画出它们所对应的倒易点阵。

8）标定淬火配分钢中残余奥氏体(fcc)和马氏体(bcc)的复合点阵衍射花样(如下图)，确定它们的取向关系。

9）证明简单单晶电子衍射花样是$(uvw)_0^*$零层倒易平面的放大像，即衍射斑点的位置矢量 $\boldsymbol{R}$ 与相应晶面的倒易矢量 $\boldsymbol{g}^*$ 之间满足：$\boldsymbol{R}=C\boldsymbol{g}^*$ 。

10）下图为某物相(面心立方，$a=4.3\ \mathring{A}$)的电子衍射谱，已知相机常数为 24.8 mm · Å，$R_1=10$ mm，$R_2=25.18$ mm，$\theta=83°$。试标定该衍射谱。

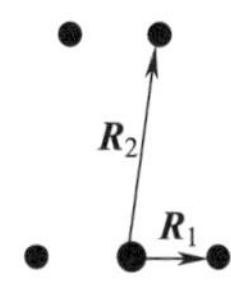

11）说明低能电子衍射花样的形成、特征及基本分析方法。

12）从原理及应用方面指出 X 射线衍射、透射电子显微镜中的电子衍射和低能电子衍射 3 种衍射方法在材料结构分析中的异同点。

第十一章 电子衍射衬度成像

电子衍射花样和电子衍衬像是透射电子显微镜从物质晶体试样中获得的两个重要信息，它涉及全部电子衍射理论。前者涉及电子衍射的几何学问题，后者关系到电子衍射的强度问题，两者又是不可分割的。电子像衬度来源于试样对电子束的作用使得透射电子束强度产生了不均匀的变化，而如何解释这种不均匀性造成的图像衬度，则是本章需要解决的问题。利用衍衬运动学和衍衬动力学的原理可以计算各像点的衍射强度，从而可以定性地解释透射电子显微镜衍衬像的形成原因，但两者又各有侧重。

11.1 电子像衬度的分类及其成像方法

电子像的成因取决于入射电子束与物质试样的相互作用，当其逸出试样下表面时，试样对电子束的作用使得透射电子束强度发生了变化，因而透射到荧光屏上的强度是不均匀的，这种强度的不均匀分布现象称为衬度。在透射电子显微镜内，产生这种差异的主要原因是振幅差和相位差。与此相应的衬度分别称为振幅衬度和相位衬度。

振幅衬度是由于离开试样下表面的电子，部分被物镜光阑挡掉而不能参与成像造成的，它包括质量厚度衬度（简称质厚衬度）和衍射衬度(简称衍衬)。质厚衬度的概念主要用于复型成像，其来源一部分是由于电子束穿过试样各点的厚度不同产生的，一部分是由于用重金属原子投影所引起的质量差异造成的。在金属薄膜试样内，厚度或成分变化也会引起质厚衬度效应。围绕透射电子显微术研究晶体及其缺陷而展开的研究领域主要是使用衍射衬度，它是靠试样晶面相对入射束取向不同，产生衍射强度不一造成的。相位衬度是试样内各点对入射电子作用不同，导致它们在试样出口表面上相位不一，经成像放大系统让它们重新组合，使相位差转换成强度差而形成的。事实上，相位衬度和振幅衬度两种机制是同时存在的，但晶体试样厚度大于 10 nm 时以振幅衬度为主，而当试样厚度小于 10 nm 时则以相位衬度为主。

由此可见，电子像衬度可分为 3 类，即质厚衬度(或称散射吸收衬度)、衍射衬度和相位衬度。本节将简要介绍 3 种衬度的原理，比较它们的成像方式。

11.1.1　质厚衬度成像原理

质厚衬度建立在非晶体试样中原子对入射电子的散射和透射电子显微镜小孔径角成像的基础上，是解释非晶体试样(如复型)电子显微图像衬度的理论依据。

衬度是指在荧光屏或照相底片上，眼睛能观察到的光强度或感光度的差别。电子显微镜图像的衬度取决于投射到荧光屏或照相底片上不同区域的电子强度的差别。对于非晶体试样来说，入射电子透过试样时碰到的原子数目越多(试样越厚或原子密度越大)，试样原子核库仑电场越强，被散射到物镜光阑外的电子就越多，而通过物镜光阑参与成像的电子强度也就越低。因此，试样中相邻区域不同的厚度或密度就会导致成像电子强度的差异，这就产生了衬度。5.2.1 节已讨论了质厚衬度原理，得出式(5－10)：

$$\frac{\Delta I_A}{I_B}=1-e^{-(Q_At_A-Q_Bt_B)}$$

这说明不同区域的 Qt 值差别越大，复型的图像衬度越高。倘若复型是同种材料、不同区域厚度构成的，如图 11－1(a)所示，则 $Q_A=Q_B=Q$，那么上式可简化为

$$\frac{\Delta I_A}{I_B}=1-e^{-Q(t_A-t_B)}=1-e^{-Q\Delta t}\approx Q\Delta t\quad(Q\Delta t\ll 1)\tag{11-1}$$

这说明用来制备复型的材料总散射截面 Q 值越大，或复型相邻区域厚度差别越大(后者取决于金相试样相邻区域浮雕高度差)，复型图像衬度越高。

一般认为肉眼能辨认的最低衬度不应小于 5%，由式(11－1)可知，复型

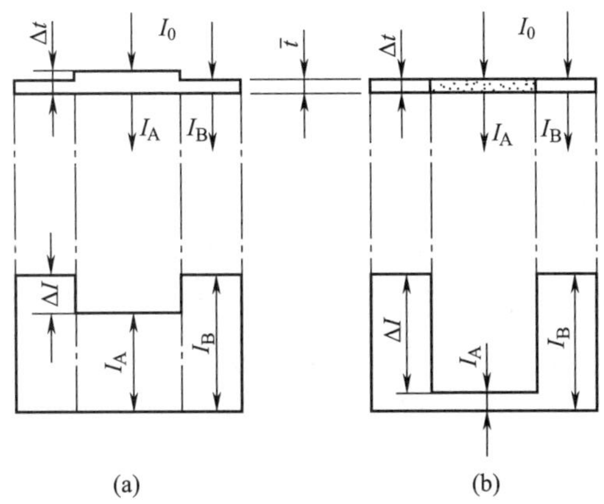

图 11－1 质厚衬度成像原理。(a) 区域厚度不同的复型；(b) 区域密度不同的复型

必须具有的最小厚度差为

$$\Delta t_{\min}=\frac{0.05}{Q}=0.05t_{c}$$

如果复型是由两种密度不同、厚度相同的材料(A、B)组成的两个区域，如图 11－1(b)所示，假定 A 部分总散射截面为 Q_A，此时复型图像衬度为

$$\frac{\Delta I_A}{I_B}=1-e^{-(Q_A-Q_B)t}\approx t\Delta Q \quad (t\Delta Q_A\ll 1)$$

显然，当两个相近区域的密度相差越大时，衬度越高。

11.1.2 衍射衬度成像原理

晶体试样中各部分相对于入射电子的方位不同，或它们彼此属于不同结构的晶体，因而满足布拉格条件的程度不同，导致它们产生的衍射强度不同，利用透射束或某一衍射束成像，由此产生的衬度称为衍射衬度。

现以厚度均匀的单相多晶金属薄膜试样为例来具体说明衍射衬度的来源。设薄膜内有两颗晶粒 A 和 B，它们没有厚度差，同时又足够薄，以致可不考虑吸收效应，两者的平均原子序数相同，唯一差别在于它们的晶体位向不同。在强度为 I_0 的入射电子束照射下，假设 B 晶粒中仅有一个(hkl)晶面组精确满足衍射条件，即 B 晶粒处于“双光束条件”，故得到一个强度为 I_{hkl} 的 hkl 衍射斑点和一个强度为(I_0-I_{hkl})的 000 透射斑点。同时，假设在 A 晶粒中任何晶面均不满足衍射条件，因此 A 晶粒只有一束透射束，其强度等于入射束强度 I_0。

由于在透射电子显微镜中，第一幅电子衍射花样出现在物镜的背焦面处，若在这个平面上插入一个尺寸足够小的物镜光阑，把 B 晶粒的 hkl 衍射束挡掉，只让透射束通过光阑孔成像，则在物镜的像平面上获得试样形貌的第一幅放大像。此时，两颗晶粒的像亮度不同，因为 $I_A \approx I_0$，$I_B \approx I_0 - I_{hkl}$，这就产生衬度。通过中间镜、投影镜进一步放大的最终像，其相对强度分布依然不变。因此，我们在荧光屏上将会看到，B 晶粒较暗而 A 晶粒较亮。这种只让透射束通过物镜光阑成像的方式称为明场成像。如果以未发生衍射的 A 晶粒像的强度 I_A 作为背景强度 $\bar{I}$，则 B 晶粒的像衬度为

$$\left(\frac{\Delta I}{\bar{I}}\right)_b = \frac{I_A - I_B}{I_A} = \frac{I_0 - (I_0 - I_{hkl})}{I_0} = \frac{I_{hkl}}{I_0}$$

式中：$\left(\frac{\Delta I}{\bar{I}}\right)_b$ 中下标 b 表示明场，明场成像原理图如图 11－2(a)所示。

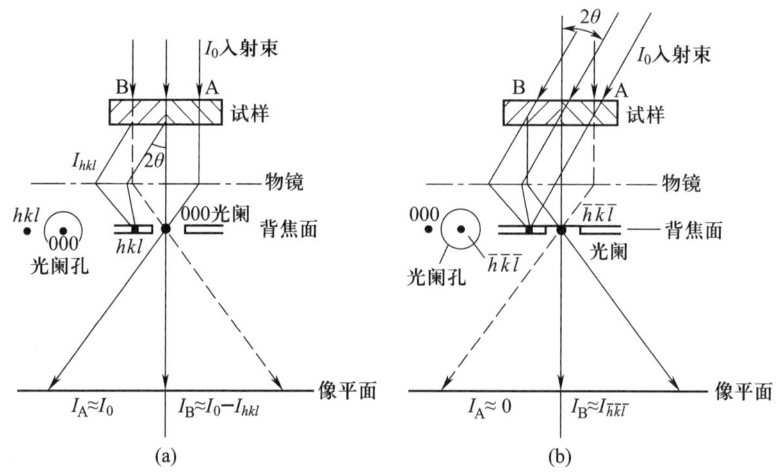

图 11－2　明场成像和中心暗场成像原理图。
（a）明场成像；（b）中心暗场成像

如果我们把图 11－2(a)中物镜光阑位置平移一下，使光阑孔套住 hkl 斑点而把透射束挡掉，这种让单个衍射束成像的方式称为暗场成像，如图 11－2(b)所示。在这种方式下，衍射束倾斜于光轴，故又称离轴暗场。离轴暗场像的质量差，物镜的球差($\Delta\gamma_s = C_s\alpha^3$)限制了像的分辨能力，此时，$\alpha = 2\theta_B$。因此，随后就出现了另一种产生暗场像的方式，即通过倾斜照明系统使入射电子束倾斜 $2\theta_B$，让 B 晶粒的($\bar{h}\bar{k}\bar{l}$)晶面满足布拉格条件，产生强衍射，而物镜光阑仍在光轴位置上。此时只有 B 晶粒的 $\bar{h}\bar{k}\bar{l}$ 衍射束正好沿着光轴通过光阑孔，而透射束被挡掉[图 11－2(b)]，这种方式称为中心暗场成像。在具体操作中要

特别注意的是，把透射斑点移到 hkl 衍射斑点位置，随之透射束另一侧对称位置上的 $\bar{h}\bar{k}\bar{l}$ 斑点移至原透射斑点位置（即位于光轴上）。在倾斜电子束过程中，$\bar{h}\bar{k}\bar{l}$ 斑点强度逐渐增大至原 hkl 强度值。在暗场成像中，B 晶粒的像强度为 $I_B = I_{hkl}$，而 A 晶粒的像强度几乎等于零，图像的衬度特征正好与明场像相反，B 晶粒亮而 A 晶粒很暗。由衬度公式推知，暗场像的衬度显著地高于明场像。

在暗场成像中还有一种非常有用的技术，即弱束暗场成像技术，它获得的图像的分辨率远高于双束的中心暗场像。例如，用一般中心暗场方式获得的位错像宽度约 20 nm，而弱束暗场显示出位借像宽度约 2 nm。其操作方法正好与中心暗场相反。它是让强衍射斑点 hkl 移到透射斑点（即光轴位置）上，此时 hkl 衍射斑点强度极大减弱，而 $3h3k3l$ 晶面正好满足布拉格条件而产生强衍射，让很弱的 hkl 衍射束（具有大的偏离参量 s 值）通过物镜光阑成像，获得的图像称为弱束暗场像。上述方法又称 $g_{hkl}/3g_{hkl}$操作。图 11－3 显示出用埃瓦尔德球表示明场、中心暗场和弱束暗场满足衍射条件的不同 $\boldsymbol{g}$ 以及它们对应的衍射斑点位置特征。图 11－4 更清楚地比较了 3 种衍射方式在荧光屏上观察到的衍射斑点强度和位置特征。

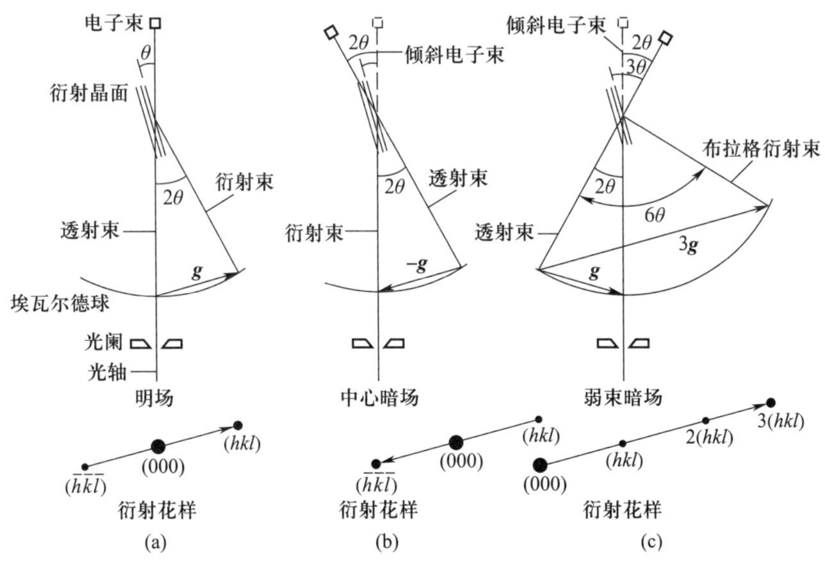

图 11－3　3 种衍射方式的埃瓦尔德球表示。
（a）明场；（b）中心暗场；（c）弱束暗场

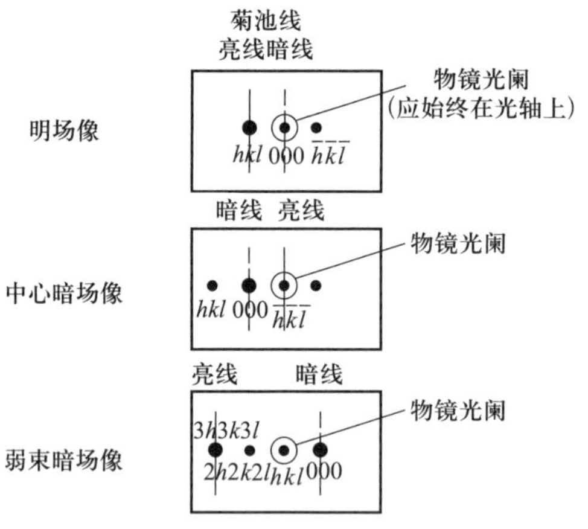

图 11-4　3 种衍射方式产生的衍射斑点相对位置的比较

11.1.3　相位衬度成像原理

如果除透射束外还同时让一束或多束衍射束参加成像，就会由于各束的相位相干作用而得到晶格(条纹)像和晶体结构(原子)像，前者是晶体中原子面的投影，而后者是晶体中原子或原子集团电势场的二维投影。用来成像的衍射束越多，得到的晶体结构细节越丰富。衍射衬度成像的分辨率不能优于1.5 nm(弱束暗场像的极限分辨率)，而相位衬度成像能提供小于 1.5 nm 的细节。因此，这种图像称为高分辨像。用相位衬度方法成像，不仅能提供研究对象的形态(在通常的放大倍数下相当于明场像)，更重要的是提供了晶体结构信息。图 11-5 显示出明场成像、中心暗场成像和高分辨成像时物镜光阑对衍射斑点的选择。

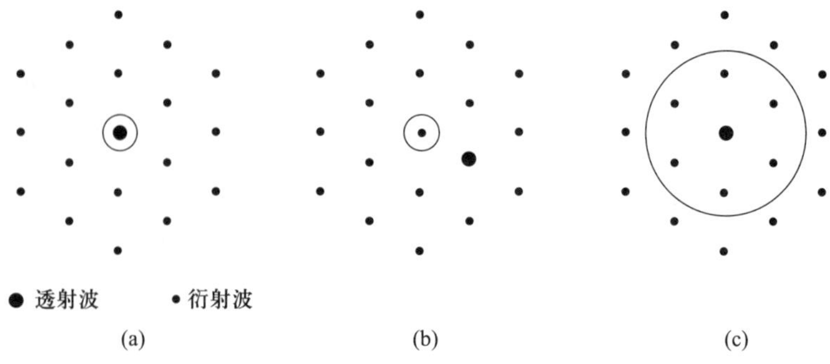

图 11-5　衍射衬度成像和高分辨成像的方式。(a) 明场成像；(b) 中心暗场成像；(c) 高分辨成像

11.1.4　消光距离

入射电子受原子强烈的散射作用，因而在晶体内透射波和衍射波之间的相互作用实际上是不容忽视的。我们将在简单的双光束条件下，即当晶体的(hkl)晶面处于精确的布拉格位向时，入射波只被激发成为透射波和(hkl)晶面的衍射波的情况下，考虑这两个波之间的相互作用。

如图 11－6 所示，当波矢量为 $\boldsymbol{k}$ 的入射波到达试样上表面时，随即开始受到晶体内原子的相干散射，产生波矢量为 $\boldsymbol{k}'$的衍射波。但是在此上表面附近，由于参与散射的原子或晶胞数量有限，衍射强度很小；随着电子波在晶体内深度方向上的传播，透射波(与入射波具有相同的波矢量)强度不断减弱，假若忽略非弹性散射引起的吸收效应，则相应的能量(强度)转移到衍射波方向，使衍射波的强度不断增大，如图 11－6(a)所表示的那样。不难想象，当电子波在晶体内传播到一定深度(如 A 位置)时，由于足够的原子或晶胞参与了散射，将使透射波的振幅 Φ_0下降为零，全部能量转移到衍射方向使衍射波振幅 Φ_g上升为最大，它们的强度 $I_0 = \Phi_0^2$和 $I_g = \Phi_g^2$也相应地发生变化，如图 11－6(b)、(c)所示。

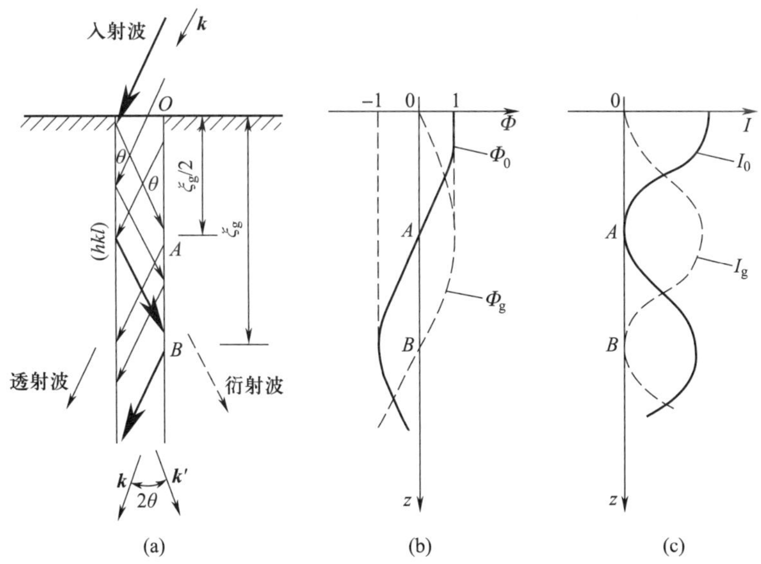

图 11－6　在(hkl)晶面为精确的布拉格位向时电子波在晶体内深度方向上的传播。(a) 布拉格位向下的衍射(箭头粗细表示振幅绝对值或强度大小)；(b) 增幅变化；(c) 强度变化

与此同时，我们必须注意，由于入射波与(hkl)晶面交成精确的布拉格角 θ，所以由入射波激发产生的衍射波也与该晶面交成同样的角度。于是在晶体内逐步增强的衍射波也必将作为新的入射波激发同一晶面的二次衍射，其方向恰好与透射波的传播方向相同。随着电子波在晶体内深度方向上的进一步传播，OA 阶段的能量转移过程将以相反的方式在 AB 阶段中被重复，衍射波的强度逐渐下降而透射波的强度相应增大。

这种强烈的动力学相互作用的结果，使 I_0 和 I_g 在晶体深度方向上发生周期性的振荡，如图 11－6(c)所示。振荡的深度周期叫做消光距离，记作 ξ_g。这里，"消光"指的是尽管满足衍射条件，但由于动力学相互作用而在晶体内一定深度处衍射波(或透射波)的强度实际为零。理论推导结果表明

$$\xi_g = \frac{\pi d \cos\theta}{\lambda n F_g} \tag{11-2}$$

式中：d 为晶面间距；n 为原子面上单位面积内所含晶胞数。

所以，$1/n$ 就是一个晶胞所占有的面积，而晶胞的体积 $V_c = d\left(\frac{1}{n}\right)$，代入式(11－2)得

$$\xi_g = \frac{\pi V_c \cos\theta}{\lambda F_g} \tag{11-3}$$

式中：V_c 为晶胞体积；θ 为布拉格角；F_g 为结构因子。

由此可见，对同一晶体，当不同晶面的衍射波被激发时，也有不同的 ξ_g 值。表 11－1 是几种晶体的消光距离。表 11－2 是消光距离随加速电压的变化。

表 11－1　几种晶体在加速电压为 100 kV 时的消光距离　　(单位：nm)

晶体	Z	点阵	hkl			
			110	111	200	211
Al	13	fcc		56	68	
Ag	47	fcc		24	27	
Au	79	fcc		18	20	
Fe	26	bcc	28		40	50

晶体	Z	点阵	$hkil$		
			$10\bar{1}0$	$11\bar{2}0$	$20\bar{2}0$
Mg	12	hcp	150	140	335
Zr	40	hcp	60	50	115

表 11－2 几种晶体消光距离随加速电压的变化 （单位：nm）

晶体	*hkl*	50 kV	100 kV	200 kV	1000 kV
Al	111	41	56	70	95
Fe	110	20	28	41	46
Zr	$10\bar{1}0$	45	60	90	102

11.2 衍衬运动学

这里所指的衬度是指像平面上各像点强度(亮度)的差别。衍射衬度实际上是入射电子束和薄晶体试样之间相互作用后，反映试样内不同部位组织特征的成像电子束在像平面上存在强度差别的反映。利用衍衬运动学的原理可以计算各像点的衍射强度，从而可以定性地解释透射电子显微镜衍衬像的形成原因。

薄晶体电子显微图像的衬度可用运动学理论或动力学理论来解释。如果按运动学理论来处理，则电子束进入试样时随着深度增大，在不考虑吸收的条件下，透射束不断减弱，而衍射束不断加强。如果按动力学理论来处理，则随着电子束深入试样，透射束和衍射束之间的能量是交替变换的。虽然动力学理论比运动学理论能更准确地解释薄晶体中的衍衬效应，但是理论数学推导烦琐，且物理模型抽象，在有限的篇幅内难以把它阐述清楚。与之相反，运动学理论简单明了，物理模型直观，对于大多数衍衬现象都能很好地定性说明。下面我们将讲述衍衬运动学的基本概念和应用。

11.2.1 基本假设

运动学理论有两个基本假设。① 不考虑衍射束和入射束之间的相互作用，也就是说两者间没有能量的交换。当衍射束的强度比入射束小得多时，这个条件是可以满足的，特别是在试样很薄和偏离矢量较大的情况下。② 不考虑电子束通过晶体试样时引起的多次反射和吸收[19]。换言之，由于试样非常薄，因此多次反射和吸收可以忽略。在满足了上述两个基本假设条件后，运动学理论采用以下两个近似处理方法。

1. 双光束近似

假定电子束透过薄晶体试样成像时，除了透射束外只存在一束较强的衍射束，而其他衍射束却大大偏离布拉格条件，它们的强度均可视为零。这束较强衍射束的反射晶面位置接近布拉格条件，但不是精确符合布拉格条件(即存在一个偏离矢量 $\boldsymbol{s}$)。这样假定的目的有二：① 存在一个偏离矢量 $\boldsymbol{s}$ 是要使衍射束的强度远比透射束弱，这就可以保证衍射束和透射束之间没有能量交换（如果衍射束很强，势必发生透射束和衍射束之间的能量转换，此时必须用动力学方法来处理衍射束强度的计算）。② 若只有一束衍射束，则可以认为衍射束的强度 I_g 和透射束的强度 I_t 之间有互补关系，即 $I_0 = I_t + I_g = 1$，I_0 为入射束强度。因此，我们只要计算出衍射束强度，便可知道透射束强度。

2. 柱体近似

所谓柱体近似，就是把成像单元缩小到和一个晶胞相当的尺度。可以假定透射束和衍射束都能在一个和晶胞尺寸相当的晶柱内通过，此晶柱的截面积等于或略大于一个晶胞的底面积，相邻晶柱内的衍射波不相干扰，晶柱底面上的衍射强度只代表一个晶柱内晶体结构的情况。因此，只要把各个晶柱底部的衍射强度记录下来，就可以推测出整个晶体下表面的衍射强度（衬度）。这种把薄晶体下表面上每点的衬度和晶柱结构对应起来的处理方法称为柱体近似，如图 11－7 所示。图中 I_{g1}、I_{g2}、I_{g3} 三点分别代表晶柱 Ⅰ、Ⅱ、Ⅲ 底部的衍射强度。如果三个晶柱内晶体构造有差别，则 I_{g1}、I_{g2}、I_{g3} 三点的衬度就不同。由于晶柱底部的截面积很小，它比所能观察到的最小晶体缺陷（如位错线）的尺度还要小一些，事实上每个晶柱底部的衍射强度都可看做一个像点，把这些像点连接成图像，就能反映出晶体试样内各种缺陷组织结构特点。

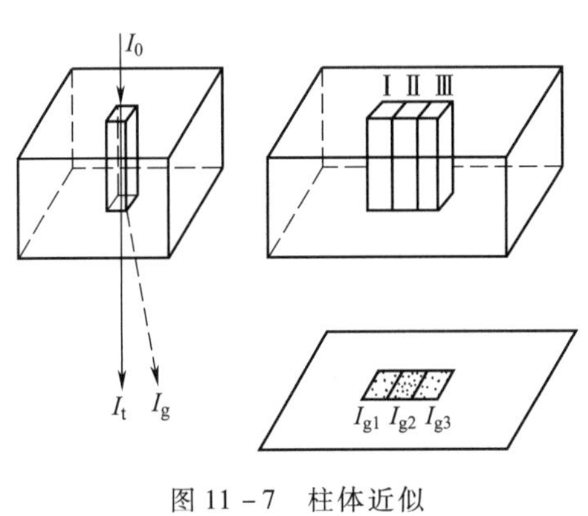

图 11－7　柱体近似

11.2.2　理想晶体的衍射强度

考虑图 11－8 所示的厚度为 t 的完整晶体内晶柱 OA 所产生的衍射强度。首先要计算出柱体下表面处的衍射波振幅 $\boldsymbol{\Phi}_g$［图 11－8(a)］，由此可求得衍射强度。设平行于表面的平面间距为 d，则 A 处厚度单元 dz 内有 dz/d 层原子，则此厚度单元引起的衍射波振幅变化为

$$\mathrm{d}\boldsymbol{\Phi}_g = \frac{in\lambda F_g}{\cos\theta} e^{-2\pi i K' \cdot r} \mathrm{d}z \qquad (11-4)$$

晶体下表面的衍射振幅等于上表面到下表面各层原子面在衍射方向 $\boldsymbol{k}'$ 上的衍射波振幅叠加的总和。考虑到各层原子面衍射波振幅的相位变化，则可得到 $\boldsymbol{\Phi}_g$ 的表达式如下：

$$\Phi_g = \frac{\pi i}{\xi_g}\sum_{柱体} e^{-2\pi i K'\cdot r}dz = \frac{\pi i}{\xi_g}\sum_{柱体} e^{-i\varphi}dz \tag{11-5}$$

式中：$\varphi = 2\pi \boldsymbol{K}' \cdot \boldsymbol{r}$ 是 r 处原子面散射波相对于晶体上表面位置散射波的相位差，考虑到在偏离布拉格条件时[图 11－8(b)]，衍射矢量 $\boldsymbol{K}'$ 为

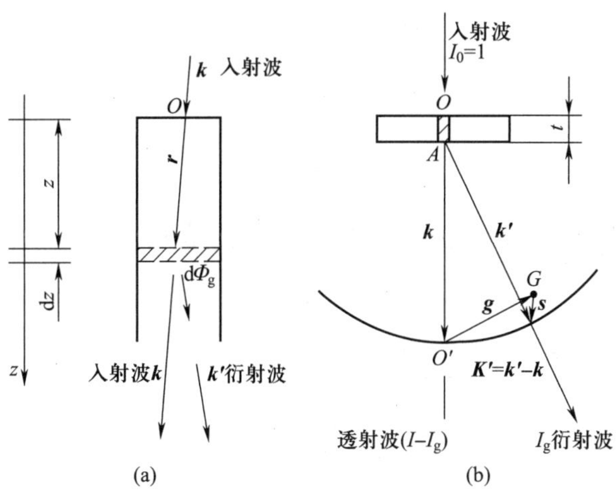

图 11－8　晶柱 OA 产生的衍射强度($s>0$)

$$\boldsymbol{K}' = \boldsymbol{k}' - \boldsymbol{k} = \boldsymbol{g} + \boldsymbol{s}$$

故相位差可表示如下：

$$\varphi = 2\pi \boldsymbol{K}' \cdot \boldsymbol{r} = 2\pi \boldsymbol{s} \cdot \boldsymbol{r} = 2\pi sz$$

$\boldsymbol{g} \cdot \boldsymbol{r}$ = 整数(因为 $\boldsymbol{g} = h\boldsymbol{a}^* + k\boldsymbol{b}^* + l\boldsymbol{c}^*$，而 $\boldsymbol{r}$ 必为点阵平移矢量的整数倍，可以写成 $\boldsymbol{r} = u\boldsymbol{a} + v\boldsymbol{b} + w\boldsymbol{c}$)，$\boldsymbol{s}/\!/\boldsymbol{r}/\!/z$，且 $r = z$，于是有

$$\Phi_g = \frac{\pi i}{\xi_g}\sum_{柱体} e^{-2\pi isz}dz = \frac{\pi i}{\xi_g}\int_0^t e^{-2\pi isz}dz \tag{11-6}$$

其中的积分部分

$$\begin{aligned}\int_0^t e^{-2\pi isz}dz &= \frac{1}{2\pi is}(1 - e^{-2\pi ist})\\ &= \frac{1}{\pi s}\frac{e^{\pi ist} - e^{-\pi ist}}{2i}e^{-\pi ist}\\ &= \frac{1}{\pi s}\sin \pi st e^{-\pi ist}\end{aligned}$$

代入式(11－6)，得到

$$\Phi_g = \frac{\pi i}{\xi_g}\frac{\sin \pi st}{\pi s}e^{-\pi ist} \tag{11-7}$$

而衍射强度

$$I_g = \Phi_g \cdot \Phi_g^* = \left(\frac{\pi^2}{\xi_g^2}\right)\frac{\sin^2 \pi ts}{(\pi s)^2} \qquad (11-8)$$

这个结果告诉我们，理想晶体的衍射强度 I_g 随试样的厚度 t 和衍射晶面与精确的布拉格位向之间的偏离参量 s 而变化。由于运动学理论认为明暗场的衬度是互补的，故令

$$I_t + I_g = 1$$

因此有

$$I_t = 1 - \left(\frac{\pi^2}{\xi_g^2}\right)\frac{\sin^2 \pi ts}{(\pi s)^2} \qquad (11-9)$$

11.2.3　理想晶体衍衬运动学基本方程的应用

1. 等厚条纹(衍射强度随试样厚度的变化)

如果晶体保持在确定的位向，则衍射晶面偏离矢量 $\boldsymbol{s}$ 保持恒定，此时式(11－8)可以改写为

$$I_g = \frac{1}{(s\xi_g)^2}\sin^2 \pi ts \qquad (11-10)$$

把 I_g 随晶体厚度 t 的变化画成曲线，如图 11－9 所示。显然，当 s = 常数时，随试样厚度 t 的变化，衍射强度将发生周期性的振荡，振荡的周期为 $t_g = 1/s$。这就是说，当 $t = n/s$（n 为整数）时，$I_g = 0$；而当 $t = \left(n + \frac{1}{2}\right)/s$ 时，衍射强度为最大，有

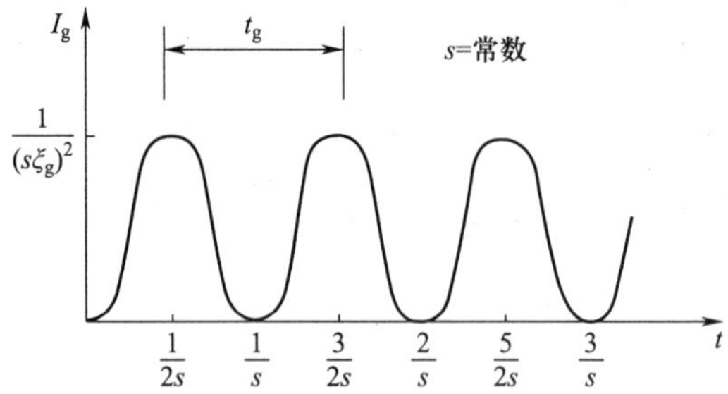

图 11－9　衍射强度 I_g 随晶体厚度 t 的变化

$$I_{gmax} = \frac{1}{(s\xi_g)^2} \qquad (11-11)$$

利用类似于图 11－10 的振幅－相位图，可以更加形象地说明衍射振幅在晶体内深度方向上的振荡情况。我们首先把式(11－5)改写成

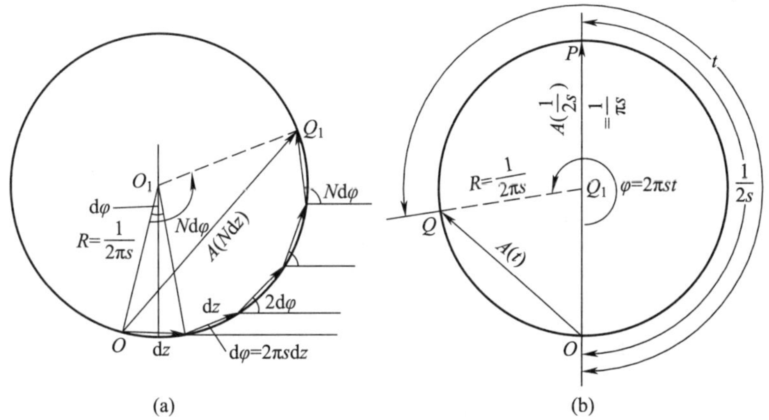

图 11－10 理想晶体内衍射波的振幅－相位($A-\varphi$)图

$$\Phi_g = \sum_{\text{柱体}} \frac{\pi \mathrm{i}}{\xi_g} \mathrm{e}^{-\mathrm{i}\varphi} \mathrm{d}z = \sum_{\text{柱体}} \mathrm{d}\Phi_g \tag{11-12}$$

式中：$\varphi = 2\pi sz$，表示在深度为 z 处的散射波相对于试样上表面原子层散射波的相位；$\mathrm{d}\Phi_g$ 为该深度处 $\mathrm{d}z$ 厚度单元散射波振幅。考虑 π 和 ξ_g 都是常数，所以

$$\mathrm{d}\Phi_g = \frac{\pi \mathrm{i}}{\xi_g} \mathrm{e}^{-\mathrm{i}\varphi} \mathrm{d}z \propto \mathrm{d}z \tag{11-13}$$

如果取所有的 $\mathrm{d}z$ 都是相等的厚度单元，则暂不考虑比例常数$\frac{\pi \mathrm{i}}{\xi_g}$，而把 $\mathrm{d}z$ 作为每一个厚度单元 $\mathrm{d}z$ 的散射振幅，而逐个厚度单元的散射波之间相对相位差为 $\mathrm{d}\varphi = 2\pi s\mathrm{d}z$。于是，在 $t = N\mathrm{d}z$ 处的合成振幅为 $A(N\mathrm{d}z)$，用 $A-\varphi$ 图表示就是一个半径 $R = \frac{1}{2\pi s}$的圆周，如图 11－10(b)所示。此时，晶体内深度为 t 处的合成振幅就是

$$A(t) = \frac{\sin \pi ts}{\pi s}$$

相当于从 O 点(晶体上表面)顺圆周方向长度为 t 的弧段所张的弦 $|OQ|$。显然，该圆周长度等于 $1/s$，就是衍射波振幅或强度振荡的深度周期 t_g；而圆的直径 OP 所对的弧长为$\frac{1}{2s} = \frac{1}{2}t_g$，此时衍射振幅为最大。随着电子波在晶体内的传播，即随着 t 的增大，合成振幅 OQ 的端点 Q 在圆周上不断运动，每转一周相当于一个深度周期 t_g。同时，衍射波的合成振幅 $\Phi_g(\propto A)$从零变为最大又变为零，强度 $I_g(\propto |\Phi_g|^2 \propto |A|^2)$发生周期性的振荡。如果 $t = nt_g$，合成振幅 OQ 的端点 Q 在圆周上转了 n 圈以后恰与 O 点重合，$A = 0$，衍射强度亦

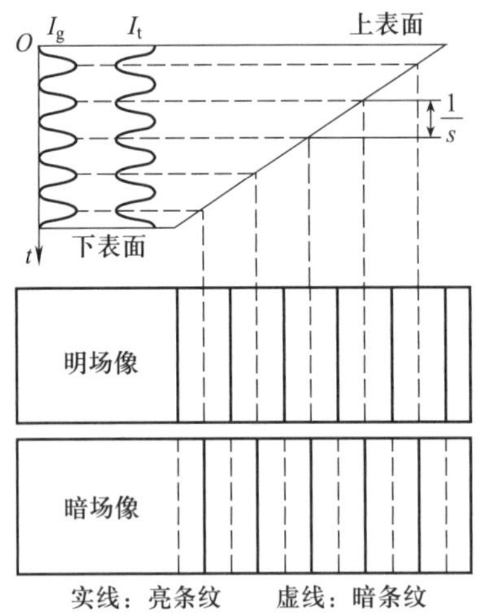

图 11－11　等厚条纹形成原理示意图

为零。

I_g随 t 周期性振荡这一运动学结果，定性地解释了晶体试样楔形边缘处出现的厚度消光条纹，并和电子显微图像上显示出来的结果完全相符。图 11－11 为一个薄晶体，其一端是一个楔形的斜面，在斜面上晶体的厚度 t 是连续变化的，故可把斜面部分的晶体分割成一系列厚度各不相等的晶柱。当电子束通过各晶柱时，柱体底部的衍射强度因厚度 t 不同而发生连续变化。根据式(11－8)的计算，在衍衬像中楔形边缘上将得到几列亮、暗相间的条纹，每一亮、暗周期代表一个消光距离的大小，此时

$$t_g = \frac{1}{s} \tag{11－14}$$

因为同一条纹上晶体的厚度是相同的，所以这种条纹叫做等厚条纹。由式(11－14)可知，消光条纹的数目实际上反映了薄晶体的厚度。因此，在进行晶体学分析时，可通过计算消光条纹的数目来估算薄晶体的厚度。

上述原理也适用于晶体中倾斜界面的分析。实际晶体内部的晶界、亚晶界、孪晶界等都属于倾斜界面。图 11－12 是这类界面的示意图。若图中下方晶体偏离布拉格条件甚远，则可认为电子束穿过这个晶体时无衍射产生；而上方晶体在一定的偏差条件(s＝常数)下可产生等厚条纹，这就是实际晶体中倾斜界面的衍衬像。图 11－13 为铝合金中倾斜晶界照片，可以清楚地看出晶界上的条纹。

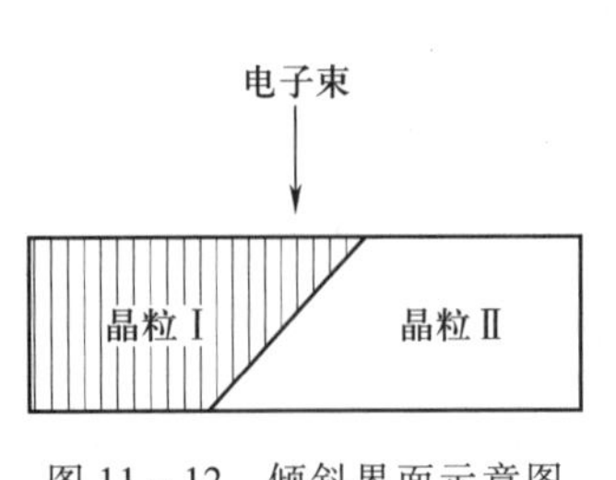

图 11－12　倾斜界面示意图

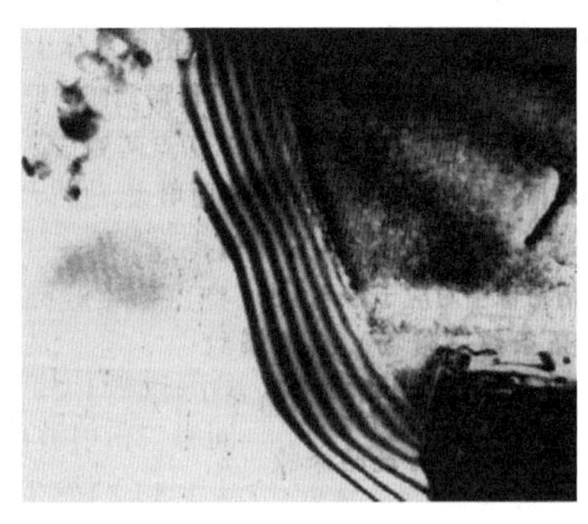

图 11－13　铝合金中倾斜晶界处的等厚条纹

2. 等倾条纹

在计算弯曲消光条纹的强度时，可以把式(11－8)改写成

$$I_g=\frac{(\pi t)^2}{\xi_g^2}\cdot\frac{\sin^2(\pi ts)}{(\pi ts)^2} \qquad (11-15)$$

因为 t＝常数，故 I_g 随 s 而变化，其变化规律如图 11－14 所示。由图可知，当 $s=0$，$\pm\frac{3}{2t}$，$\pm\frac{5}{2t}$，…时，I_g 有极大值，其中 $s=0$ 时，衍射强度最大，即

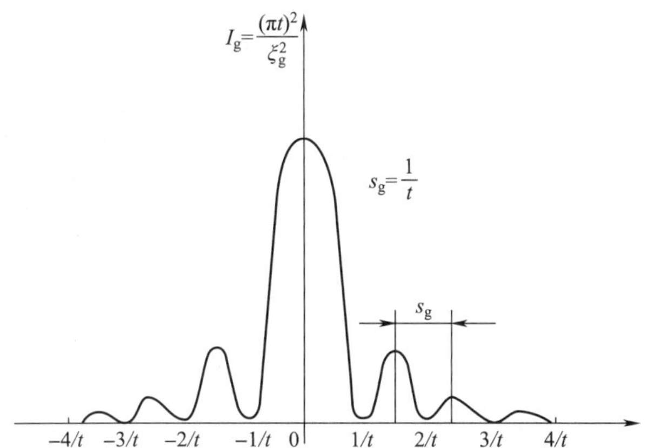

图 11－14 衍射强度 I_g 随偏离参量 s 值的变化

$$I_g=\frac{(\pi t)^2}{\xi_g^2}$$

当 $s=\pm\frac{1}{t}$，$\pm\frac{2}{t}$，$\pm\frac{3}{t}$，…时，$I_g=0$。图 11－14 反映了倒易空间中衍射强度的变化规律。由于 $s=\pm\frac{3}{2t}$ 时的二次衍射强度峰已经很小，所以可以把 $\pm\frac{1}{t}$ 的范围看做是偏离布拉格条件后能产生衍射强度的界限。这个界限就是第十章中所述的倒易杆的长度，即 $s=\frac{2}{t}$。据此就可以得出晶体厚度越薄，倒易杆长度越长的结论。

如果把没有缺陷的薄膜晶体稍加弯曲，则在衍衬像上可出现弯曲消光条纹，即等倾条纹。利用运动学理论关于衍射强度 I_g 随偏离参量 s 周期变化的这一结果，可以定性解释在弹性变形的薄晶体中所产生的等倾条纹，如图 11－15 所示。在图 11－15 中，如果试样上 O 处衍射晶面的取向精确满足布拉格条件($\theta=\theta_B$，$s=0$)，由于试样的弹性变形，在 O 点两侧该晶面向相反方向转动，s 的符号相反，且 $|s|$ 随距 O 点距离的增大而增大。由运动学理论关于 I_g 随 s

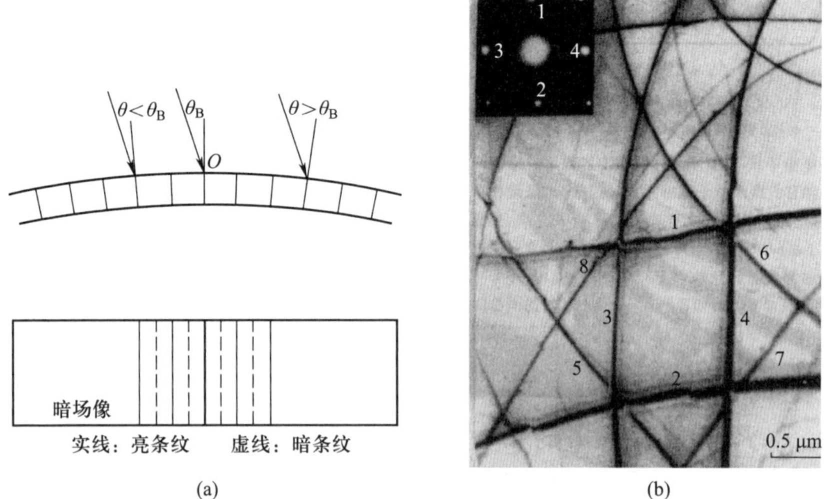

图11－15　(a) 等倾条纹形成示意图；(b) [001]取向时的弯曲消光条纹和插入的衍射花样

的变化规律可知，当 $s=0$ 时，I_g取最大值，因此衍衬像中对应于 $s=0$ 处将出现亮条纹(暗场)或暗条纹(明场)，在其两侧相应于 $I_g=0\left(s=\pm\frac{1}{t}\right)$处将出现暗条纹(暗场)，在两侧 I_g取极大值及 $I_g=0$ 的位置，还会相继出现亮、暗相同的条纹。同一条纹相对应的试样位置的衍射晶面的取向是相同的(s 相同)，即相对于入射束的倾角是相同的，所以这种条纹称做等倾条纹。实际上，等倾条纹是由于试样弹性弯曲变形引起的，故习惯上也称其为弯曲消光条纹。

由于薄晶体试样在一个观察视野中弯曲的程度是很小的，衍射晶面的偏离程度大约在 $s=0\sim\pm\frac{3}{2t}$范围内，且随 $|s|$ 增大衍射强度峰值迅速衰减，因此条纹数目不会很多，所以，在一般情况下，只能观察到 $s=0$ 处的等倾条纹。如果试样变形状态比较复杂，那么等倾条纹不具有对称的特征，还可能出现相互交叉的等倾条纹。有时试样受电子束照射后，由于温度升高而变形，或者试样稍加倾转，可以观察到等倾条纹在荧光屏上发生大幅度扫动。这是因为试样温度变化或倾斜，将导致试样上 $s=0$ 的位置发生改变，等倾条纹出现的位置也随之改变。

11.2.4　非理想晶体的衍射衬度

电子穿过非理想晶体的晶柱后，晶柱底部衍射波振幅的计算要比理想晶体复杂一些。这是因为晶体中存在缺陷时，晶柱会发生畸变，畸变的大小和方向可用缺陷矢量(或称位移矢量)$\boldsymbol{R}$ 来描述，如图 11－16 所示。如前所述，理想晶体晶柱中位置矢量为 $\boldsymbol{r}$，而非理想晶体中的位置矢量应该是 $\boldsymbol{r}'$。显然，$\boldsymbol{r}'=\boldsymbol{r}+\boldsymbol{R}$，则相位角 φ' 为

$$\varphi'=2\pi\boldsymbol{K}'\cdot\boldsymbol{r}'=2\pi[(\boldsymbol{g}_{hkl}+\boldsymbol{s})\cdot(\boldsymbol{r}+\boldsymbol{R})] \tag{11-16}$$

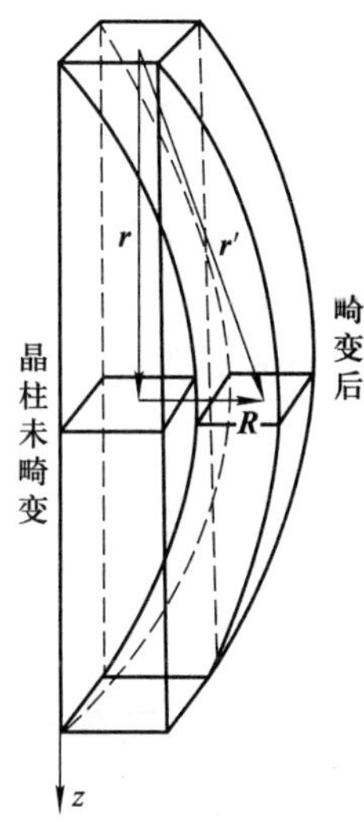

图 11－16 缺陷矢量 $\boldsymbol{R}$

从图 11－16 中可以看出，$\boldsymbol{r}'$和晶柱的轴线方向 z 并不是平行的，其中 $\boldsymbol{R}$ 的大小是轴线坐标 z 的函数。因此，在计算非理想晶体晶柱底部衍射波振幅时，首先要知道 $\boldsymbol{R}$ 随 z 的变化规律。一旦求出了 $\boldsymbol{R}$ 的表达式，那么相位角 φ'就随之而定。非理想晶体晶柱底部衍射波振幅就可根据下式求出：

$$\Phi_g=\frac{\pi i}{\xi_g}\sum_{柱体}e^{-i\varphi'}dz \tag{11-17}$$

$$\begin{aligned}e^{-i\varphi'}&=e^{-2\pi i[(\boldsymbol{g}_{hkl}+\boldsymbol{s})(\boldsymbol{r}+\boldsymbol{R})]}\\&=e^{-2\pi i(\boldsymbol{g}_{hkl}\cdot\boldsymbol{r}+\boldsymbol{s}\cdot\boldsymbol{r}+\boldsymbol{g}_{hkl}\cdot\boldsymbol{R}+\boldsymbol{s}\cdot\boldsymbol{R})}\end{aligned}$$

因为$\boldsymbol{g}_{hkl}\cdot\boldsymbol{r}$ 等于整数，$\boldsymbol{s}\cdot\boldsymbol{R}$ 数值很小，有时 $\boldsymbol{s}$ 和 $\boldsymbol{R}$ 接近垂直故可以略去，又因 $\boldsymbol{s}$ 和 $\boldsymbol{r}$ 接近平行，故 $\boldsymbol{s}\cdot\boldsymbol{r}=sr=sz$，所以

$$e^{-i\varphi'}=e^{-2\pi isz}\cdot e^{-2\pi\boldsymbol{g}_{hkl}\cdot\boldsymbol{R}}$$

据此，式(11－17)可以改写成

$$\Phi_g=\frac{\pi i}{\xi_g}\sum_{柱体}e^{-i(2\pi sz+2\pi\boldsymbol{g}_{hkl}\cdot\boldsymbol{R})}dz$$

亦即

$$\Phi_g=\frac{\pi i}{\xi_g}\int_0^t e^{-(2\pi isz+2\pi i\boldsymbol{g}_{hkl}\cdot\boldsymbol{R})}dz$$

令

$$\alpha=2\pi\boldsymbol{g}_{hkl}\cdot\boldsymbol{R} \tag{11-18}$$

则有

$$\Phi_g=\frac{\pi i}{\xi_g}\sum_{柱体}e^{-i(\varphi+\alpha)}dz \tag{11-19}$$

比较式(11－19)和式(11－5)可以看出，α 就是由于晶体内存在缺陷而引入的附加相位角。由于 α 的存在，造成式(11－5)和式(11－19)各自代表的两个晶柱底部衍射波振幅的差别，由此就可以反映出晶体缺陷引起的衍射衬度。

11.3 衍衬动力学简介[3]

运动学理论可以定性地解释许多衍衬现象，但由于该理论忽略了透射束与衍射束的交互作用以及多重散射引起的吸收效应，使其具有一定的局限性，对某些衍衬现象尚无法解释。衍衬动力学理论仍然采用双光束近似和柱体近似两种处理方法，但它考虑了因非弹性散射引起的吸收效应。动力学理论与运动学理论的根本区别在于，动力学理论考虑了透射束与衍射束之间的交互作用。后面将会看到，在运动学理论适用的范围内，由动力学理论可以导出运动学理论的结果，因此运动学理论实质上是动力学理论在一定条件下的近似。

11.3.1 运动学理论的不足之处及适用范围

运动学理论是在两个基本假设的前提下建立起来的，理论不完善，还存在一些不足之处，其适用范围具有一定的局限性。按照运动学理论，衍射束强度在试样深度(t)方向上的变化周期为偏离参量的倒数(s^{-1})，而等厚消光条纹的间距正比于s^{-1}。当$s \to 0$时，条纹间距将趋于无穷大。而实际情况并非如此。事实上，即使当$s=0$时，条纹间距仍然为有限值，此时它正比于消光距离ξ_g。由此可以说明，运动学理论在某些情况下是不适用的，或者可以认为实验条件没有满足运动学理论基本假设的要求。

由运动学理论导出的衍射强度公式

$$I_g = \left(\frac{\pi^2}{\xi_g^2}\right)\frac{\sin^2 \pi ts}{(\pi s)^2}$$

可知，衍射束强度随偏离参量s呈周期性变化，当$s=0$时，衍射束强度取最大值，即

$$I_{gmax} = \left(\frac{\pi t}{\xi_g}\right)^2$$

可见，试样厚度$t > \frac{\xi_g}{\pi}$时，则有$I_{gmax} > 1$，衍射束强度将超过入射束强度($I_0 = 1$)，这显然是不成立的。运动学理论要求衍射束强度相对于透射束强度是很小的($I_{gmax} \ll 1$)，可以忽略透射束和衍射束的交互作用。要满足这一假设条件，试样厚度必须远小于消光距离，即$t \ll \frac{\xi_g}{\pi}$。运动学理论适用于极薄的试样。

再根据衍射束强度随试样深度t的变化规律可知，衍射束强度的极大值为

$$I_{gmax} = \frac{1}{(s\xi_g)^2}$$

当 $|s\xi_g|<1$ 时，也会出现衍射束强度超过入射束强度的错误结果。若满足 $I_{gmax}\ll 1$，则要求 $|s|\gg \xi_g^{-1}$，即要求有较大的偏离参量。运动学理论适用于衍射晶面相对于布拉格反射位置有较大的偏移量。

11.3.2 完整晶体的动力学方程

这里仅限于在双光束条件下采用柱体近似处理方法，简要介绍衍衬动力学的一些基本概念，并直接给出动力学方程。

如图 11－17 所示，$\boldsymbol{x}$ 是入射电子束波矢。设透射束的振幅为 Φ_0，衍射束的振幅为 Φ_g，透射波和衍射波通过小柱体内的单元 dz，引起的振幅变化 $d\Phi_0$ 和 $d\Phi_g$ 可用下式表示：

$$\begin{cases}\dfrac{d\Phi_0}{dz}=\dfrac{\pi i}{\xi_0}\Phi_0+\dfrac{\pi i}{\xi_g}\Phi_g e^{2\pi isz}\\[2ex]\dfrac{d\Phi_g}{dz}=\dfrac{\pi i}{\xi_0}\Phi_g+\dfrac{\pi i}{\xi_g}\Phi_0 e^{-2\pi isz}\end{cases}\tag{11－20}$$

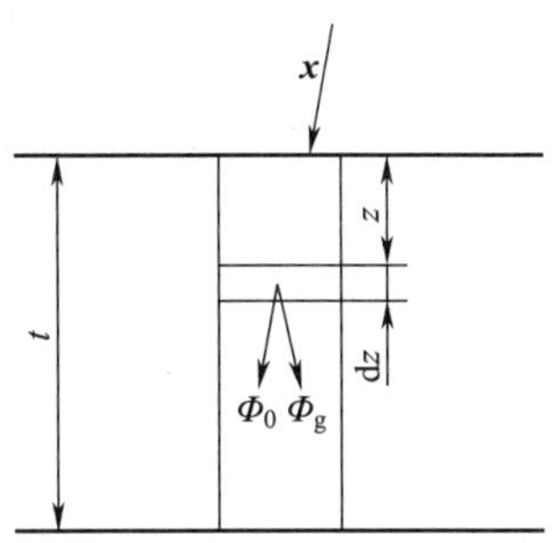

图 11－17 双光束条件下的动力学柱体近似

由式(11－20)可以看出，透射波和衍射波振幅的变化是这两波交互作用的结果，透射波振幅 Φ_0 的变化 $d\Phi_0$ 有衍射波 Φ_g 的贡献，衍射波振幅 Φ_g 的变化 $d\Phi_g$ 也有透射波 Φ_0 的贡献。

为求解方便，可作如下代换：

$$\begin{cases}\Phi_0'=\Phi_0\exp\left(-\dfrac{\pi iz}{\xi_0}\right)\\[2ex]\Phi_g'=\Phi_g\exp\left(2\pi isz-\dfrac{\pi iz}{\xi_0}\right)\end{cases}\tag{11－21}$$

代入式(11－20)，并略去角标“′”(因为上述代换只修正了相位，对强度并无影响)，可得到完整晶体衍衬动力学方程的另一种形式：

$$\begin{cases}\dfrac{d\Phi_0}{dz}=\dfrac{\pi i}{\xi_g}\Phi_g\\[2ex]\dfrac{d\Phi_g}{dz}=\dfrac{\pi i}{\xi_g}\Phi_0+2\pi is\Phi_g\end{cases}\tag{11－22}$$

从上式中消去 Φ_g 和 $\dfrac{d\Phi_g}{dz}$，可导出 Φ_0 的二阶微分方程

$$\frac{d^2\Phi_0}{dz^2}-2\pi is\frac{d\Phi_0}{dz}+\frac{\pi^2}{\xi_g^2}\Phi_0=0\tag{11－23}$$

利用边界条件，在试样上表面 $z=0$ 处，$\Phi_0=1$，$\Phi_g=0$，可求解微分方程

$$\begin{cases}\Phi_0=\cos\left(\dfrac{\pi t\sqrt{1+\omega^2}}{\xi_g}\right)-\dfrac{i\omega}{\sqrt{1+\omega^2}}\sin\left(\dfrac{\pi t\sqrt{1+\omega^2}}{\xi_g}\right)\\ \Phi_g=\dfrac{i}{\sqrt{1+\omega^2}}\sin\left(\dfrac{\pi t\sqrt{1+\omega^2}}{\xi_g}\right)\end{cases}\tag{11-24}$$

式中：$\omega=s\xi_g$ 是一个量纲一的参量，用以表示衍射晶面偏离反射位置的程度。由此可获得动力学条件下的完整晶体衍射强度公式：

$$I_g=|\Phi_g|^2=\frac{1}{1+\omega^2}\sin^2\left(\frac{\pi t\sqrt{1+\omega^2}}{\xi_g}\right)\tag{11-25}$$

在此引入一个新的参数，称为有效偏离参量 s_{eff}，即

$$s_{eff}=\frac{\sqrt{1+\omega^2}}{\xi_g}=\sqrt{s^2+\xi_g^{-2}}\tag{11-26}$$

代入式(11－25)，可得

$$I_g=\left(\frac{\pi}{\xi_g}\right)^2\frac{\sin^2\pi ts_{eff}}{(\pi s_{eff})^2}\tag{11-27}$$

比较式(11－27)和式(11－15)可见，动力学理论导出的衍射强度公式与运动学理论的衍射强度公式具有相对应的形式。下面就运动学理论所存在的局限性问题，对动力学的衍射强度公式进行讨论。

1）式(11－25)表明，衍射束强度 $I_g\leqslant\dfrac{1}{1+\omega^2}\leqslant 1$。当 $s=0$ 时，$I_{gmax}=1$。无论试样厚度如何变化，即使 $t>\dfrac{\xi_g}{\pi}$，也不会出现衍射束强度超过入射束强度的错误结果。

2）衍射束强度随试样厚度 t 呈周期性变化，变化周期为$\dfrac{1}{s_{eff}}$。当 $s=0$ 时，$\dfrac{1}{s_{eff}}=\xi_g$，衍射束强度在试样深度方向上的变化周期等于消光距离。此时等厚消光条纹的间距为正比于 ξ_g的有限值。

3）当 $s\gg\dfrac{1}{\xi_g}$时，可忽略式(11－26)中的 ξ_g^{-2} 项，s_{eff}和 s 近似相等，于是式(11－27)可变化为

$$I_g=\left(\frac{\pi}{\xi_g}\right)^2\frac{\sin^2\pi ts}{(\pi s)^2}$$

这正是运动学理论给出的结果。由此可见，由动力学理论可以推导出运动学理论的结果，也就是说，运动学理论是动力学理论在特定条件下的近似。

11.3.3 不完整晶体的动力学方程

采用与运动学理论完全类似的方法，在有晶格畸变的柱体中引入位移矢量 $\boldsymbol{R}$，将其引起的附加相位角 $\alpha=2\pi\boldsymbol{g}\cdot\boldsymbol{R}$，以附加相位因子的形式代入完整晶体的波振幅方程式(11－20)中，可得到不完整晶体的波振幅动力学方程：

$$\begin{cases}\dfrac{\mathrm{d}\Phi_0}{\mathrm{d}z}=\dfrac{\pi\mathrm{i}}{\xi_0}\Phi_0+\dfrac{\pi\mathrm{i}}{\xi_g}\Phi_g\exp(2\pi\mathrm{i}sz+2\pi\mathrm{i}\boldsymbol{g}\cdot\boldsymbol{R})\\[2ex]\dfrac{\mathrm{d}\Phi_g}{\mathrm{d}z}=\dfrac{\pi\mathrm{i}}{\xi_0}\Phi_g+\dfrac{\pi\mathrm{i}}{\xi_g}\Phi_0\exp(-2\pi\mathrm{i}sz-2\pi\mathrm{i}\boldsymbol{g}\cdot\boldsymbol{R})\end{cases}\tag{11-28}$$

式(11－28)的第一个方程中的附加相位因子 $\exp(2\pi\mathrm{i}\boldsymbol{g}\cdot\boldsymbol{R})$ 表示衍射波相对透射波的散射引起的相位变化，第二个方程中的 $\exp(-2\pi\mathrm{i}\boldsymbol{g}\cdot\boldsymbol{R})$ 表示透射波相对衍射波的散射引起的相位变化。

为了进一步讨论晶体缺陷对透射波和衍射波振幅的影响，可通过如下变换，将波振幅方程变化为另一种形式，令

$$\begin{cases}\Phi_0''=\Phi_0\exp\left(-\dfrac{\pi\mathrm{i}z}{\xi_0}\right)\\[2ex]\Phi_g''=\Phi_g\exp\left(2\pi\mathrm{i}sz-\dfrac{\pi\mathrm{i}z}{\xi_0}+2\pi\mathrm{i}\boldsymbol{g}\cdot\boldsymbol{R}\right)\end{cases}\tag{11-29}$$

代入式(11－28)，并略去角标“″”，可推出

$$\begin{cases}\dfrac{\mathrm{d}\Phi_0}{\mathrm{d}z}=\dfrac{\pi\mathrm{i}}{\xi_g}\Phi_g\\[2ex]\dfrac{\mathrm{d}\Phi_g}{\mathrm{d}z}=\dfrac{\pi\mathrm{i}}{\xi_g}\Phi_0+\left(2\pi\mathrm{i}sz+2\pi\mathrm{i}\boldsymbol{g}\cdot\dfrac{\mathrm{d}\boldsymbol{R}}{\mathrm{d}z}\right)\Phi_g\end{cases}\tag{11-30}$$

与式(11－22)比较可见，式(11－30)的第二个方程中的 $\boldsymbol{g}\cdot\dfrac{\mathrm{d}\boldsymbol{R}}{\mathrm{d}z}$反映了晶体缺陷对衍射波振幅的影响。缺陷引起的晶格畸变使衍射晶面发生局部的转动，使衍射晶面偏离布拉格位置的程度增大 $\boldsymbol{g}\cdot\dfrac{\mathrm{d}\boldsymbol{R}}{\mathrm{d}z}$，偏离参量由完整晶体处的 s 变化为晶体缺陷处的$\left(s+\boldsymbol{g}\cdot\dfrac{\mathrm{d}\boldsymbol{R}}{\mathrm{d}z}\right)$，从而使有缺陷处的衍射束强度(或振幅)有别于无缺陷的完整晶体，使缺陷显示衬度。

11.4 晶体缺陷分析

这里所指的晶体缺陷主要是下列 3 种，即层错、位错和第二相粒子在基体上造成的畸变。现分述如下。

11.4.1　层错

堆积层错是最简单的平面缺陷。层错发生在确定的晶面上，层错面上、下方分别是位向相同的两块理想晶体，但下方晶体相对于上方晶体存在一个恒定的位移 $\boldsymbol{R}$。例如，在面心立方晶体中，层错面为{111}，其位移矢量 $\boldsymbol{R}=\pm\frac{1}{3}\langle 111\rangle$ 或 $\pm\frac{1}{6}\langle 112\rangle$。$\boldsymbol{R}=+\frac{1}{3}\langle 111\rangle$ 表示下方晶体向上移动，相当于抽去一层{111}原子面后再合起来，形成内禀层错；$\boldsymbol{R}=-\frac{1}{3}\langle 111\rangle$ 相当于插入一层{111}面，形成外禀层错。$\boldsymbol{R}=\pm\frac{1}{6}\langle 112\rangle$ 表示下方晶体沿层错面的切变位移，同样有内禀和外禀两种，但包围着层错的偏位错与 $\boldsymbol{R}=\pm\frac{1}{3}\langle 111\rangle$ 类型的层错不同。对于 $\boldsymbol{R}=\pm\frac{1}{6}\langle 112\rangle$ 的层错，

$$\alpha=2\pi\boldsymbol{g}\cdot\boldsymbol{R}=2\pi(h\boldsymbol{a}^{*}+k\boldsymbol{b}^{*}+l\boldsymbol{c}^{*})\cdot\frac{1}{6}(\boldsymbol{a}+\boldsymbol{b}+2\boldsymbol{c})=\frac{\pi}{3}(h+k+2l)$$

因为面心立方晶体衍射晶面的 h、k、l 为全奇或全偶，所以 α 只可能是 0 或 $\pm\frac{2\pi}{3}$。如果选用 $\boldsymbol{g}=[11\bar{1}]$ 或[311]等，层错将不显示衬度；但若 $\boldsymbol{g}$ 为[200]或[220]等，$\alpha=\pm\frac{2\pi}{3}$，可以观察到这种缺陷。下面以 $\alpha=-\frac{2\pi}{3}$ 为例，说明层错衬度的一般特征。

1. 平行于薄膜表面的层错

设在厚度为 t 的薄膜内存在平行于表面的层错 CD，它与上、下表面的距离分别为 t_1 和 t_2，如图 11－18(a)所示。对于无层错区域，衍射波振幅为

$$\Phi_{\mathrm{g}}\propto A(t)=\int_0^t \mathrm{e}^{-2\pi isz}\mathrm{d}z=\frac{\sin\pi ts}{\pi s} \tag{11-31}$$

而对于存在层错的区域，衍射波振幅则为

$$\begin{aligned}\Phi'_{\mathrm{g}}\propto A'(t)&=\int_0^{t_1}\mathrm{e}^{-2\pi isz}\mathrm{d}z+\int_{t_1}^{t_2}\mathrm{e}^{-2\pi isz}\mathrm{e}^{-i\alpha}\mathrm{d}z\\&=\int_0^{t_1}\mathrm{e}^{-2\pi isz}\mathrm{d}z+\mathrm{e}^{-i\alpha}\int_{t_1}^{t_2}\mathrm{e}^{-2\pi isz}\mathrm{d}z\end{aligned} \tag{11-32}$$

显然，在一般情况下，$\Phi'_{\mathrm{g}}\neq\Phi_{\mathrm{g}}$，衍衬像存在层错的区域将与无层错区域显示不同的亮度，即构成了衬度。层错区显示为均匀的亮区或暗区。

在振幅－相位图[图 11－18(c)]中，振幅 $A(t)$ 相当于 $|OQ|$。事实上，如果把无层错区域的晶体柱也分成 t_1 和 t_2 两部分，则 $\boldsymbol{OQ}=\boldsymbol{OS}+\boldsymbol{SQ}$，即 $A(t)=$

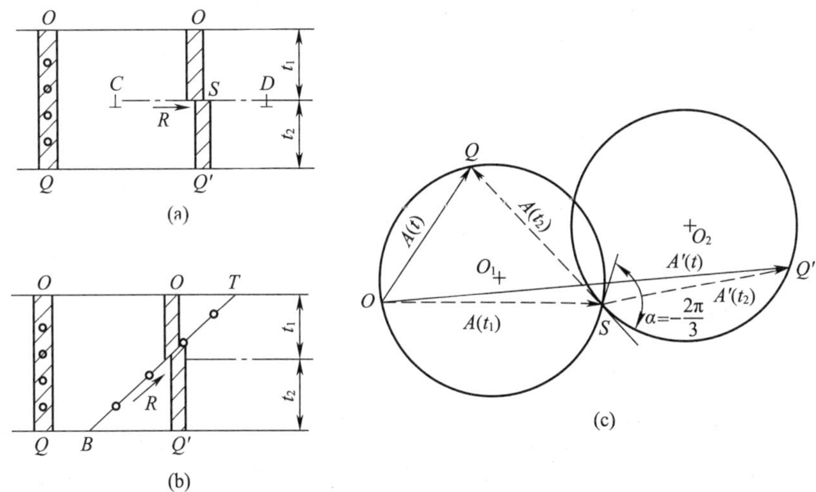

图 11－18 堆积层错的衬度来源。(a) 平行层错；(b) 倾斜层错；(c) 当 $\alpha=2\pi\boldsymbol{g}\cdot\boldsymbol{R}=-\frac{2\pi}{3}$时的振幅－相位图

$\boldsymbol{A}(t_1)+\boldsymbol{A}(t_2)$，其中$\boldsymbol{A}(t_1)$和$\boldsymbol{A}(t_2)$分别是厚度为$t_1$和$t_2$的两段晶体柱的合成振幅。因为不存在层错，所有厚度单元的散射振幅$\mathrm{d}\boldsymbol{\Phi}_g(\propto \mathrm{d}z)$都在以$O_1$为圆心的同一个圆周上叠加。可是，对于层错区域，晶体柱在S位置(相当于t_1深度)以下发生整体的位移$\boldsymbol{R}$，所以下方晶体厚度单元的散射振幅将在另一个以O_2为圆心的圆周上叠加，在S点处发生$\alpha=-\frac{2\pi}{3}$的相位突变。于是，它的合成振幅$\boldsymbol{A}'(t)=\boldsymbol{A}(t_1)+\boldsymbol{A}'(t_2)$，相当于$\boldsymbol{OQ}'=\boldsymbol{OS}+\boldsymbol{SQ}'$。由此不难看出，尽管$|\boldsymbol{A}'(t_2)|=|\boldsymbol{A}(t_2)|$，可是由于附加相位$\alpha$的引入，致使$\boldsymbol{A}'(t)\neq\boldsymbol{A}(t)$。

作为一种特殊情况，如果$t_1=nt_g=n/s$(其中n为整数)，则在振幅－相位图中S与O点重合，$\boldsymbol{A}(t_1)=0$，此时$\boldsymbol{A}'(t)=\boldsymbol{A}(t)$，层错也将不显示衬度。

2. 倾斜于薄膜表面的层错

如图 11－18(b)所示，薄膜内存在倾斜于表面的层错，它与上、下表面的交线分别为T和B。此时层错区域内的衍射波振幅仍由式(11－32)表示；但在该区域内的不同位置，晶体柱上、下两部分的厚度t_1和$t_2=t-t_1$是逐点变化的。在振幅－相位图中，t_1的变化相当于S点在O_1圆周上运动，而t_2的变化相当于O_1点在O_2圆周上运动。如果$t_1=n/s$，则$\boldsymbol{A}'(t)=\boldsymbol{A}(t)$，亮度与无层错区域相同；如果$t_1=\left(n+\frac{1}{2}\right)/s$，则$\boldsymbol{A}'(t)$为最大或最小，可能大于$\boldsymbol{A}(t)$，也可能小于$\boldsymbol{A}(t)$，但肯定不等于$\boldsymbol{A}(t)$。基于上述分析，运动学理论告诉我们：倾斜于薄膜表面的堆积层错与其他的倾斜界面(如晶界等)相似，显示为平行于层错，与上、下表面交线的亮暗相间的条纹，其深度周期为 $t_g = 1/s$。孪晶的形态不同于层错，孪晶是由黑白衬度相间、宽度不等的平行条带构成，相间的相同衬度条带为同一位向，而另一衬度条带为相对称的位向。层错是等间距的条纹。图 11－19 所示为低层错能的不锈钢中层错的暗场像和弱束暗场像。需要指出的是，当用弱束暗场成像时，由于偏离矢量 $\boldsymbol{s}$ 很大，倾斜层错的条纹显著增多，如在图 11－19(b)所示的层错的弱束暗场像中，层错条纹远多于暗场像[图 11－19(a)]中的条纹。这种现象可从衍衬运动学理论得到的衍射强度 I_g 随厚度周期性振荡变化(即振荡周期)得到解释，因为 s 增大，振荡周期 t_g 变小，厚度条纹增加。

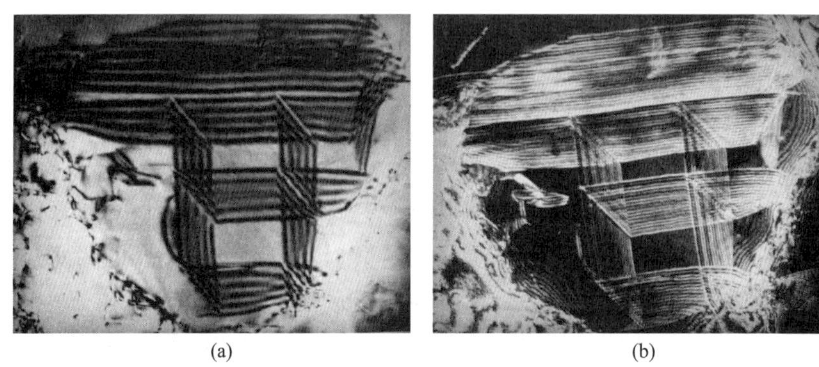

(a)　　(b)

图 11－19　(a) 层错的暗场像；(b) 层错的弱束暗场像(采用 $\boldsymbol{g}_{111}/3\boldsymbol{g}_{111}$)

图 11－20 所示为单斜 ZrO_2 的孪晶照片及孪晶界面的等厚条纹形貌。

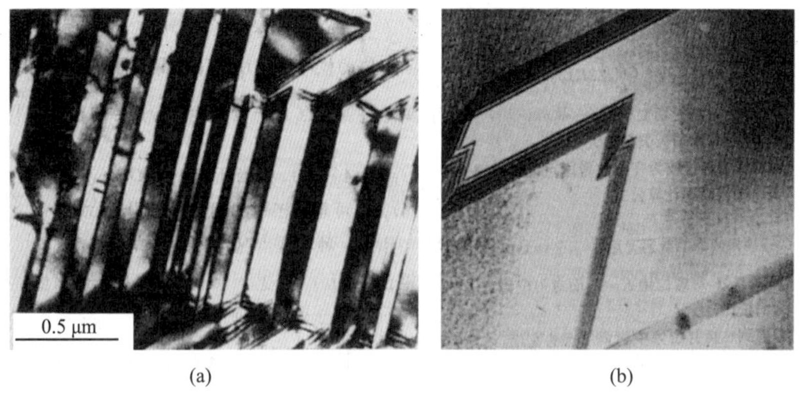

(a)　　(b)

图 11－20　单斜 ZrO_2 中的孪晶形貌(a)及孪晶界面等厚条纹(b)

11.4.2 位错

不完整晶体衍衬运动学基本方程可以用来很清楚地说明螺型位错线的成像原因。图 11－21 所示是一条和薄晶体表面平行的螺型位错线，螺型位错线附近有应变场，使晶柱 PQ 畸变成 $P'Q'$。根据螺型位错线周围原子的位移特性，可以确定缺陷矢量 $\boldsymbol{R}$ 的方向和布氏矢量 $\boldsymbol{b}$ 的方向一致。图中 x 表示晶柱和位错线之间的水平距离，y 表示位错线至膜上表面的距离，z 表示晶柱内不同深度的坐标，薄晶体的厚度为 t。因为晶柱位于螺型位错的应力场之中，晶柱内各点应变量都不相同，因此各点上 $\boldsymbol{R}$ 矢量的数值均不相同，即 $\boldsymbol{R}$ 应是坐标 z 的函数。为了便于描绘晶体的畸变特点，把矢量 $\boldsymbol{R}$ 的长度坐标转换成角坐标 β，其关系如下：

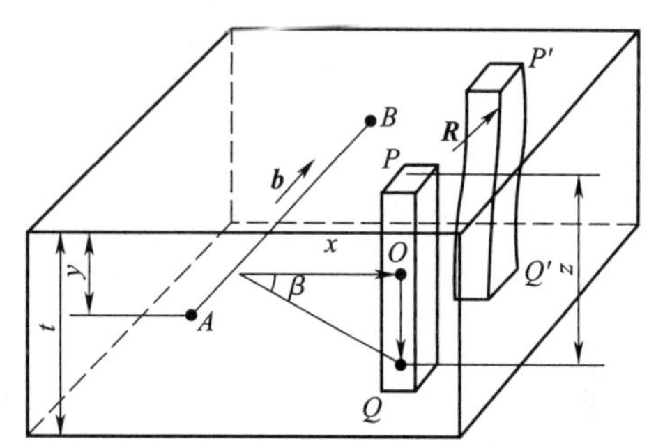

图 11－21 与膜面平行的螺型位错线使晶柱 PQ 畸变

$$\frac{R}{b}=\frac{\beta}{2\pi}$$

$$R=b\frac{\beta}{2\pi}$$

这表示 β 转一周时，螺型位错的畸变量正好是一个布氏矢量长度。β 角的位置已在图 11－21 中表示出来。由图可知

$$\beta=\tan^{-1}\frac{z-y}{x}$$

所以

$$\boldsymbol{R}=\frac{\boldsymbol{b}}{2\pi}\tan^{-1}\frac{z-y}{x}$$

从式中可以看出晶柱位置确定后（x 和 y 一定），$\boldsymbol{R}$ 是 z 的函数。因为晶体中引入缺陷矢量后，其附加相位 $\alpha=2\pi\,\boldsymbol{g}_{hkl}\cdot\boldsymbol{R}$，故

$$\alpha=\boldsymbol{g}_{hkl}\cdot\boldsymbol{b}\tan^{-1}\frac{z-y}{x}=n\beta \qquad (11-33)$$

式中，$\boldsymbol{g}_{hkl}\cdot\boldsymbol{b}$ 可以等于零，也可以是正的或负的整数。如果 $\boldsymbol{g}_{hkl}\cdot\boldsymbol{b}=0$，则附加相位就等于零，此时即使有螺型位错线存在也不显示衬度。如果 $\boldsymbol{g}_{hkl}\cdot\boldsymbol{b}\neq 0$，则螺型位错线附近的衬度和完整晶体部分的衬度不同，其间存在的差别就可通过下面两个式子的比较清楚地表示出来。

完整晶体：

$$\Phi_g = \frac{i\pi}{\xi_g}\sum_{柱体} e^{-i\varphi}dz \tag{11-34}$$

有螺形位错线时：

$$\Phi'_g = \frac{i\pi}{\xi_g}\sum_{柱体} e^{-i(\varphi+\alpha)} = \frac{i\pi}{\xi_g}\sum_{柱体} e^{-i(\varphi+n\beta)}dz$$

$$\Phi_g \neq \Phi'_g$$

$\boldsymbol{g}_{hkl}\cdot\boldsymbol{b}=0$ 称为位错线不可见性判据，利用它可以确定位错线的布氏矢量。因为$\boldsymbol{g}_{hkl}\cdot\boldsymbol{b}=0$ 表示$\boldsymbol{g}_{hkl}$和 $\boldsymbol{b}$ 相垂直，如果选择两个 $\boldsymbol{g}$ 矢量作操作衍射时，位错线均不可见，则可以列出如下两个方程：

$$\begin{cases}\boldsymbol{g}_{h_1k_1l_1}\cdot\boldsymbol{b}=0\\ \boldsymbol{g}_{h_2k_2l_2}\cdot\boldsymbol{b}=0\end{cases}$$

联立后即可求出位错线的布氏矢量 $\boldsymbol{b}$。面心立方晶体中，滑移面、操作矢量$\boldsymbol{g}_{hkl}$和位错线的布氏矢量三者的关系在表 11－3 中给出。

表 11－3　面心立方晶体全位错的 $\boldsymbol{g}\cdot\boldsymbol{b}$ 值

$\boldsymbol{g}$ \ $\boldsymbol{b}$	$1\bar{1}1$, $\bar{1}11$ $\frac{1}{2}[110]$	111, $11\bar{1}$ $\frac{1}{2}[\bar{1}10]$	$\bar{1}11$, $11\bar{1}$ $\frac{1}{2}[101]$	111, $1\bar{1}1$ $\frac{1}{2}[\bar{1}01]$	$1\bar{1}1$, $11\bar{1}$ $\frac{1}{2}[011]$	111, $\bar{1}11$ $\frac{1}{2}[0\bar{1}1]$
111	1	0	1	0	1	0
$\bar{1}11$	0	1	0	1	1	0
$1\bar{1}1$	0	$\bar{1}$	1	0	0	1
$11\bar{1}$	1	0	0	$\bar{1}$	0	$\bar{1}$
200	1	$\bar{1}$	1	$\bar{1}$	0	0
020	1	1	0	0	1	$\bar{1}$
002	0	0	1	1	1	1

现在，我们定性地讨论刃型位错线衬度的产生及其特征。如图 11－22 所示，(hkl)是由位错线 D 引起的局部畸变的一组晶面[图 11－22(a)]，并以它作为操作反射用于成像。若该晶面与布拉格条件的偏离参量为 s_0，并假定 $s_0>0$，则在远离位错 D 的区域(例如 A 和 C 位置，相当于理想晶体)衍射波强度为 I(即暗场像中的背景强度)[图 11－22(b)]。位错引起它附近晶面的局部转动，意味着在此应变场范围内，(hkl)晶面存在着额外的附加偏差 s'。离位错越远，s'越小。在位错线的右侧，$s'>0$，在其左侧 $s'<0$。于是，如图 11－22(a)所示，在右侧区域内(例如 B 位置)，晶面的总偏差 $s_0+s'>s_0$，使衍射强度 $I_B<I$；而在左侧，由于 s'与 s_0符号相反，总偏差 $s_0+s'<s_0$，且在某

个位置(例如 D')恰巧使 $s_0 + s' = 0$，衍射强度 $I_{D'} = I_{max}$。这样，在偏离位错线实际位置的左侧，将产生位错线的像(暗场像中为亮线，明场相反)，如图 11－22(c)所示。不难理解，如果衍射晶面的原始偏离参量 $s_0 < 0$，则位错线的像将出现在其实际位置的另一侧。这一结论已由穿过弯曲消光条纹(其两侧 s_0 符号相反)的位错线像相互错开某个距离得到证实。

位错线像总是出现在它的实际位置的一侧或另一侧，说明其衬度本质上是由位错附近的点阵畸变所产生的，叫做“应变场衬度”。而且，由于附加的偏差 s'随离开位错中心的距离而逐渐变化，使位错线的像总是有一定的宽度(一般为 3 ~ 10 nm)。尽管严格来说，位错是一条几何意义上的线，但用来观察位错的电子显微镜却并不必具有极高的分辨率。通常，位错线像偏离实际位置的距离也与像的宽度在同一数量级范围内。对于刃型位错的衬度特征，运用衍衬运动学理论同样能够给出很好的定性解释。

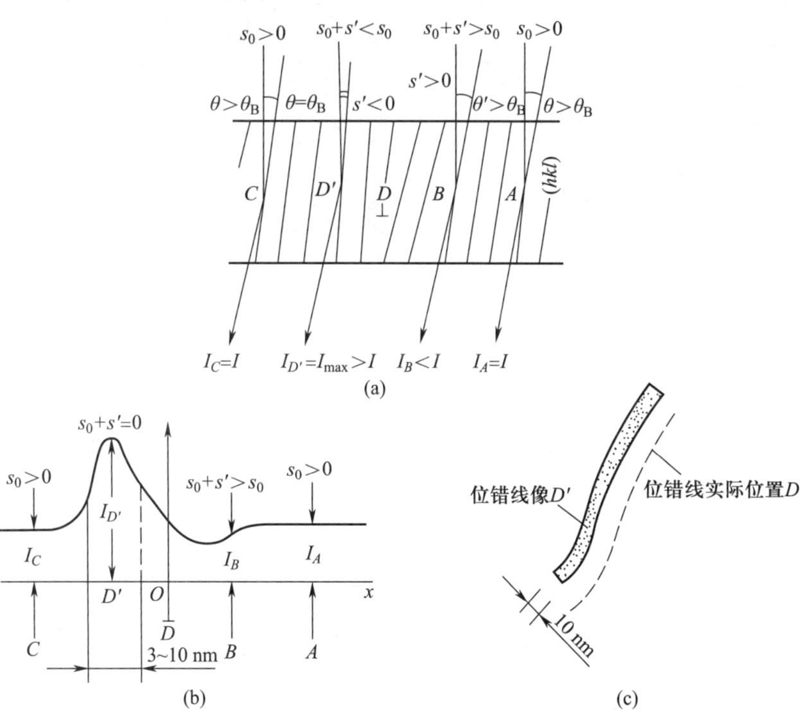

图 11－22　刃型位错线衬度的产生及其特征

图 11－23 为不锈钢中的位错线像，图 11－24 为钢中呈现“Z”字形衬度特征的位错及 Al_2O_3颗粒周围的位错塞积。

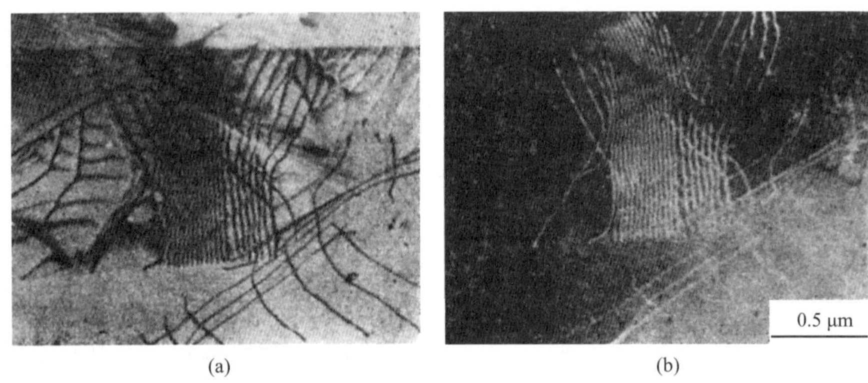

图 11－23　不锈钢中的位错线像。(a) 明场；(b) 暗场

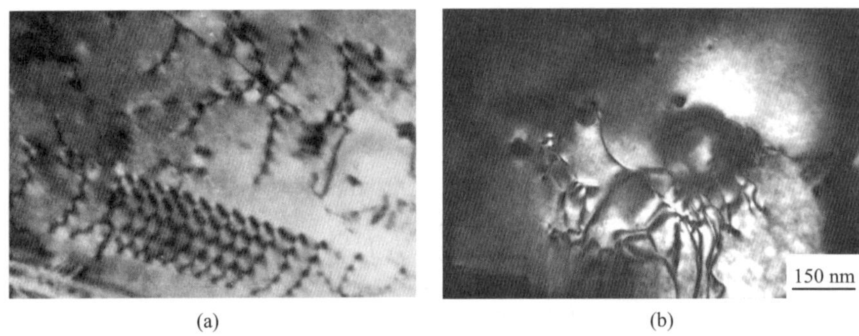

图 11－24　钢中呈现“Z”字形衬度特征的位错(a)及 Al_2O_3 颗粒周围的位错塞积(b)

11.4.3　第二相粒子

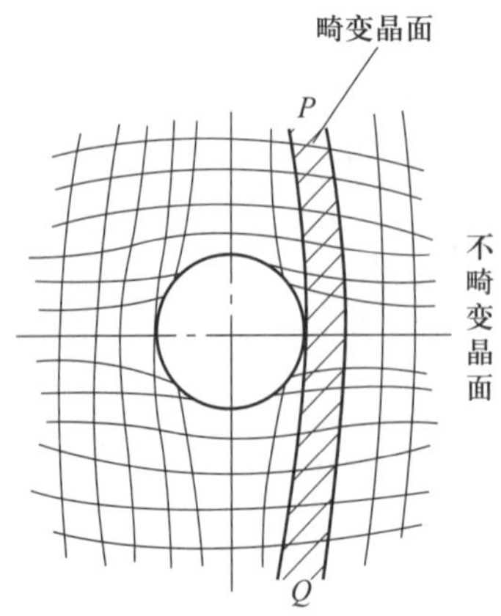

图 11－25　球形粒子造成应变场衬度的原因示意图

这里的第二相粒子主要是指那些和基体之间处于共格或半共格状态的粒子。它们的存在会使基体晶格发生畸变，由此就引入了缺陷矢量 $\boldsymbol{R}$，使产生畸变的晶体部分和不产生畸变的部分之间出现衬度的差别，因此，这类衬度被称为应变场衬度。应变场衬度产生的原因可以用图 11－25 说明。图中示出了一个最简单的球形共格粒子，粒子周围基体中晶格的结点原子产生位移，结果使原来的理想晶柱弯曲成弓形。利用运动学基本方程分别计算畸变晶柱底部的衍射波振幅(或强度)和理想晶柱(远离球形粒子的基体)的

衍射波振幅，两者必然存在差别。但是，凡通过粒子中心的晶面都没有发生畸变（如图 11－25 中通过圆心的水平和垂直两个晶面），如果用这些不产生畸变的晶面作衍射面，则这些晶面上不存在任何缺陷矢量（即 $\boldsymbol{R}=0$，$\alpha=0$），从而使穿过粒子中心晶面的基体部分也不出现缺陷衬度。因晶面畸变的位移量是随着离开粒子中心的距离变大而增加的，因此形成基体应变场衬度。球形共格沉淀相的明场像中，粒子分裂成两瓣，中间是个无衬度的线状亮区。操作矢量 $\boldsymbol{g}$ 正好和这条无衬度线垂直，这是因为衍射晶面正好通过粒子的中心，晶面的法线为 $\boldsymbol{g}$ 方向，电子束是沿着和中心无畸变晶面接近平行的方向入射的。根据这个道理，若选用不同的操作矢量，无衬度线的方位将随操作矢量而变。操作矢量 $\boldsymbol{g}$ 与无衬度线呈 90°角，图 11－26 给出了 $ZrO_2-Y_2O_3$ 陶瓷中析出相的无衬度线。图 11－27 显示的是超级 304 H 不锈钢在 600 ℃时效析出富 Cu 相的 TEM 形貌，清楚地看到零衬度区的存在。

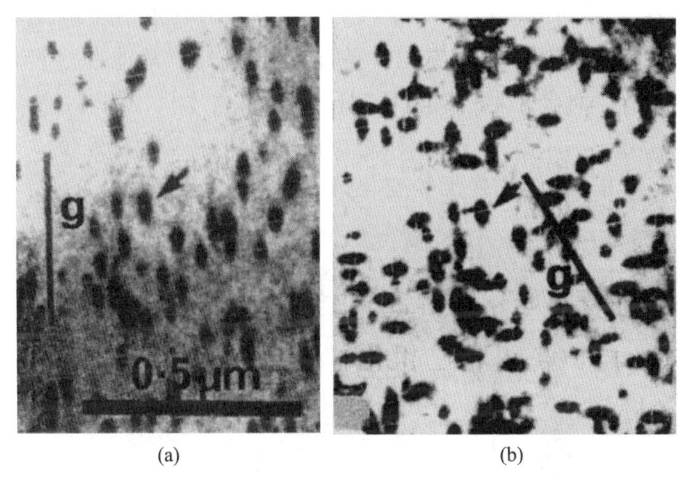

(a) (b)

图 11－26 $ZrO_2-Y_2O_3$ 陶瓷中析出相的无衬度线

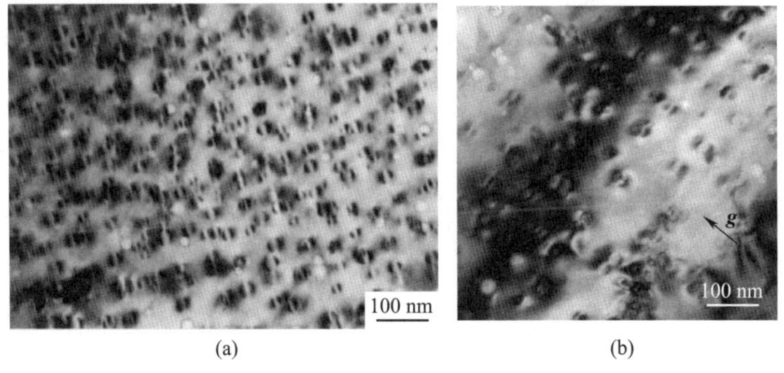

(a) (b)

图 11－27 超级 304 H 不锈钢在 600 ℃时效析出的富 Cu 相的 TEM 形貌

应该指出的是，共格第二相粒子的衍衬像并不是该粒子真正的形状和大小，这是一种因基体畸变而造成的间接衬度。

在进行薄膜衍衬分析时，试样中的第二相粒子不一定都会引起基体晶格的畸变，因此在荧光屏上看到的第二相粒子和基体间的衬度差别主要是下列原因造成的。

1）第二相粒子和基体之间的晶体结构以及位向存在差别而造成的衬度。利用第二相粒子提供的衍射斑点作暗场像，可以使第二相粒子变亮。这是电子显微镜分析过程中最常用的验证与鉴别第二相结构和组织形态的方法。

2）第二相粒子的散射因子和基体不同造成的衬度。如果第二相粒子的散射因子比基体大，则电子束穿过第二相粒子时被散射的概率增大，从而在明场像中第二相粒子变暗。实际上，造成这种衬度的原因和形成质厚衬度的原因相类似。另一方面，由于散射因子不同，二者的结构因数也不相同，由此造成了所谓结构因数衬度。

图 11－28 所示为不同成分的镍基高温合金 GH4169 在 680 ℃时效后析出的γ″弥散相的 TEM 形貌。可以看出，除了合金 1 外，其他合金析出相细小弥散，与基体共格，而合金 1 析出相已粗化，变成盘片状，此时，析出相与基体仍有严格的位向关系。图 11－29 则显示了 GH625 镍基合金在 650 ℃不同时间时效后弥散析出相γ″的暗场像形貌变化情况。

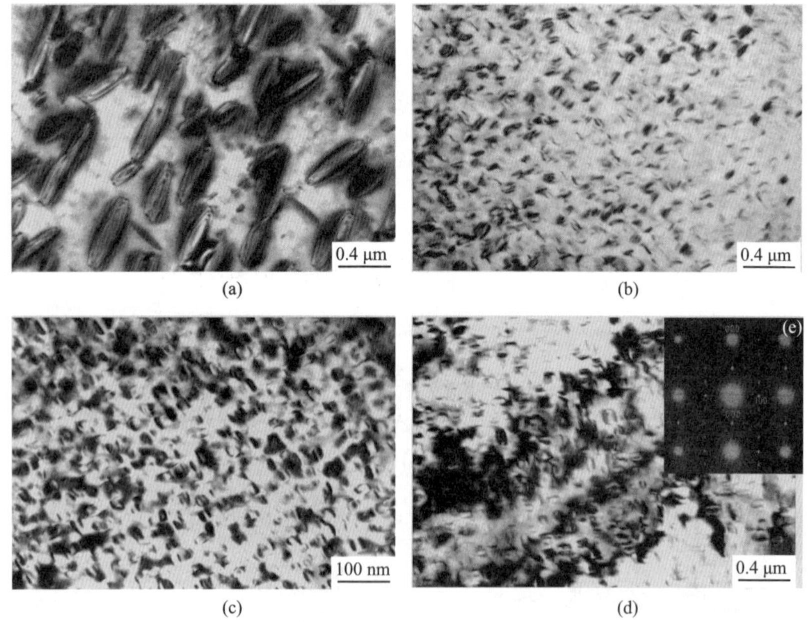

图 11－28 GH4169 合金在 680 ℃下时效后的γ″相形貌(TEM)。(a) 合金 1，1000 h；(b) 合金 3，1000 h；(c)、(d) 合金 4，500 h 和 1000 h；(e) γ″相[001]选区电子衍射

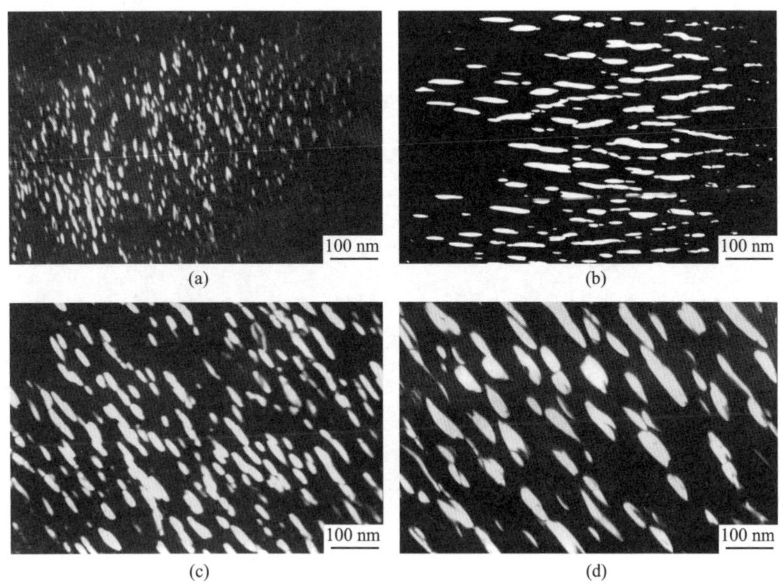

图 11－29　GH625 合金在 650 ℃长期时效后γ″的 TEM 暗场像。(a) 1000 h；(b) 5000 h；(c) 7500 h；(d) 10000 h

本章知识点

1）了解衍射衬度成像原理和质厚衬度成像原理。

2）理解并掌握选区电子衍射与中心暗场像技术。

3）理解消光距离与等厚条纹、等倾条纹。

4）理解典型缺陷衬度。

思考题

1）试简要说明 3 种电子像衬度的原理及成像方式。

2）试分析复型试样的成像原理。为什么要以倾斜方向给复型“投影”重金属?

3）电子衍射衬度受哪些参数的影响?

4）在分析相位衬度像时要注意哪些因素?

5）为什么衍射晶面和透射电子显微镜入射电子束之间的夹角不精确符合布拉格条件时仍能产生衍射?

6）试用运动学理论解释层错、位错的衬度形成原因。

7）等厚条纹产生的原因是什么? 在实际观察中如何判断等厚条纹?

8）解释等倾条纹产生的原因。

第十二章

材料综合分析方法案例

在掌握了材料常用的分析方法，如金相分析、电子显微分析和 X 射线衍射分析后，我们对材料研究过程中的形貌和结构分析有了较全面的了解。为了对这些研究方法有更加深刻的理解，本章进一步通过对材料研究过程中的案例进行说明，巩固之前所学知识，并对今后研究工作中材料分析方法的应用有初步的感性认识。

12.1 烟气轮机涡轮盘开裂原因分析

炼油厂重催装置所排出的烟气具有较大的能量，用于回收烟气中能量的装置为烟气轮机。由于烟气轮机运行的环境很特殊，故对其运行的安全性要求很高。烟气轮机工作时是一个多元热平衡系统，当转子处于热平衡状态时，其金属温度呈现一定的分布，沿轮心至轮缘温度逐渐升高。

在修复一个服役 40000 多小时后的涡轮盘(图 12 - 1)过程中，发现多个榫齿根部有严重的几乎贯穿榫齿的裂纹。现利用所学的知识，对该涡轮盘的开裂原因进行分析。

解剖前的检查包括涡轮盘外观磨损与氧化观察、着色探伤、四触点电位探伤。结果表明，实际运行 40000 多小时后涡轮盘表面氧

(a)　　(b)

图 12－1　待解剖分析涡轮盘的宏观形貌照片

化层致密，无疏松起皮现象，也没有观察到被冲刷浸蚀的迹象。

为了进一步分析开裂的本质原因，对涡轮盘榫齿根部开裂部分取样，如图 12－2 所示，对该裂纹从纵向和横向两个方向进行仔细分析。

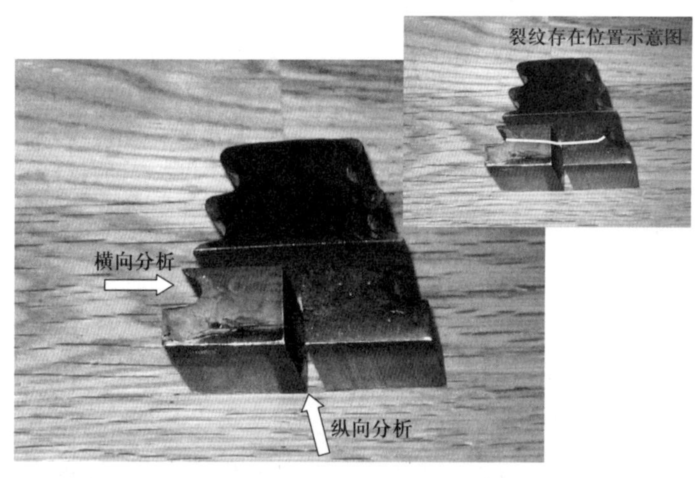

图 12－2　涡轮盘榫齿根部裂纹位置及取样分析图

针对要分析的部位切取试样后，制备金相试样。图 12－3 为涡轮盘榫齿根部取样的夹杂物大小形态和分布情况，对夹杂物进行扫描电子显微镜的 EDS 能谱分析发现，夹杂物主要以 Ti 的碳氮化合物形式存在。

图 12－4 为涡轮盘榫齿的晶粒度组织形貌，从图中可以看出，晶粒组织并不是很均匀，存在一定的大小混晶的现象。

为了对裂纹的开裂方式进行观察分析，可用扫描电子显微镜和光学金相显微镜进行观察。图 12－5(a)和(b)为纵向方向切开后裂纹沿纵深方向发展的情

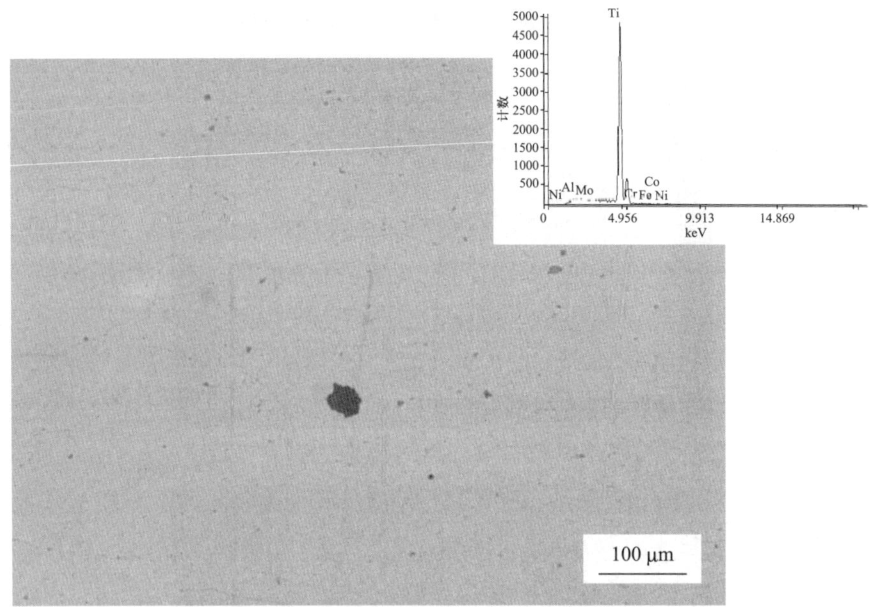

图 12－3　涡轮盘榫齿夹杂物及扫描电子显微镜 EDS 能谱分析

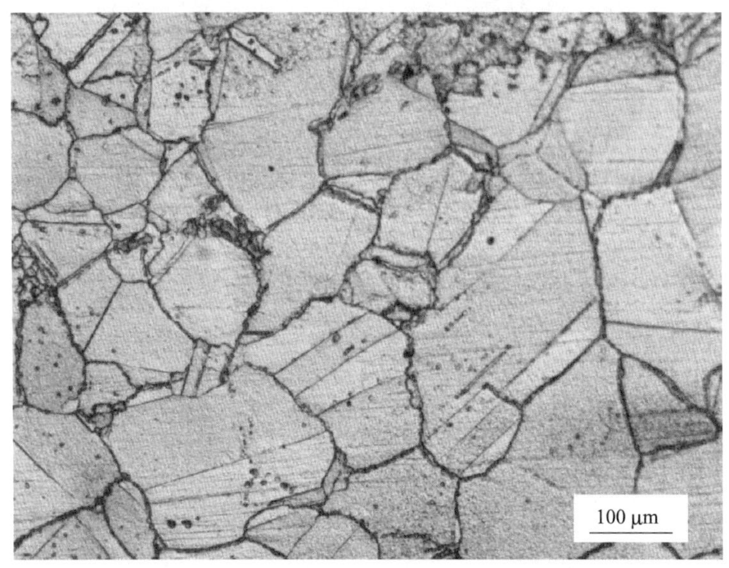

图 12－4　涡轮盘榫齿晶粒度组织形貌

况，从图中可以看出，从榫齿表面向内扩展的裂纹已经达 6 mm 左右。仔细观察可以发现，裂纹的扩展似乎不是由某一个方向开始向同一个方向扩展，而是在某些部位先形成裂纹源，然后互相扩展连接而成。以上给出的裂纹扩展情况

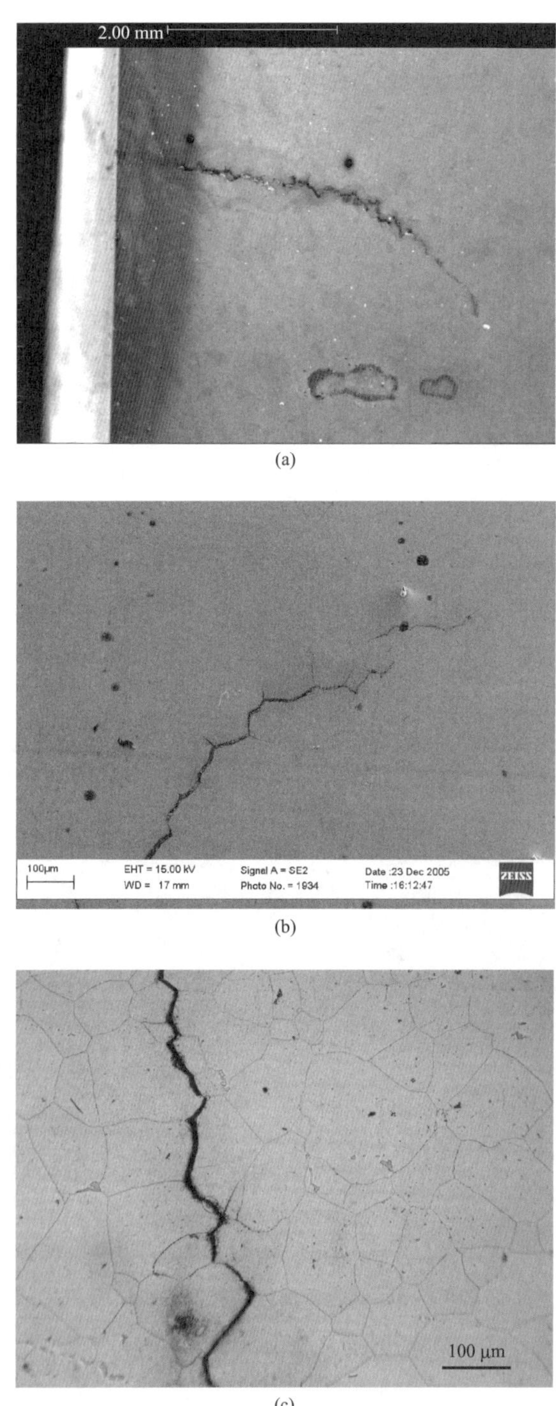

图 12－5　裂纹沿纵向扩展(a、b)和裂纹沿晶扩展特征(c)

是沿榫齿纵向方向，图 12－5(c)则给出了裂纹沿榫齿横向方向的扩展情况。可以看出，裂纹明显呈现沿晶扩展特征。因此晶界脆化导致晶界开裂并扩展连接可能是导致该涡轮盘榫齿失效的主要原因。

为了进一步对该涡轮盘的组织失稳情况进行分析，对在榫齿取样的试样进行强化相和晶界析出相的扫描电子显微镜(SEM)和进一步的透射电子显微镜(TEM)观察分析。

图 12－6(a)为榫齿部位强化相的 SEM 组织形貌，从图中可以观察到大 γ′强化相弥散分布，合金的大 γ′强化相分布较为均匀，没有观察到大 γ′相的贫化和长大现象。进一步的 TEM 观察[图 12－6(b)]认为，合金强化相是由大、小 γ′相匹配析出，小 γ′相也较为均匀弥散，说明合金的强化相并没有失稳。

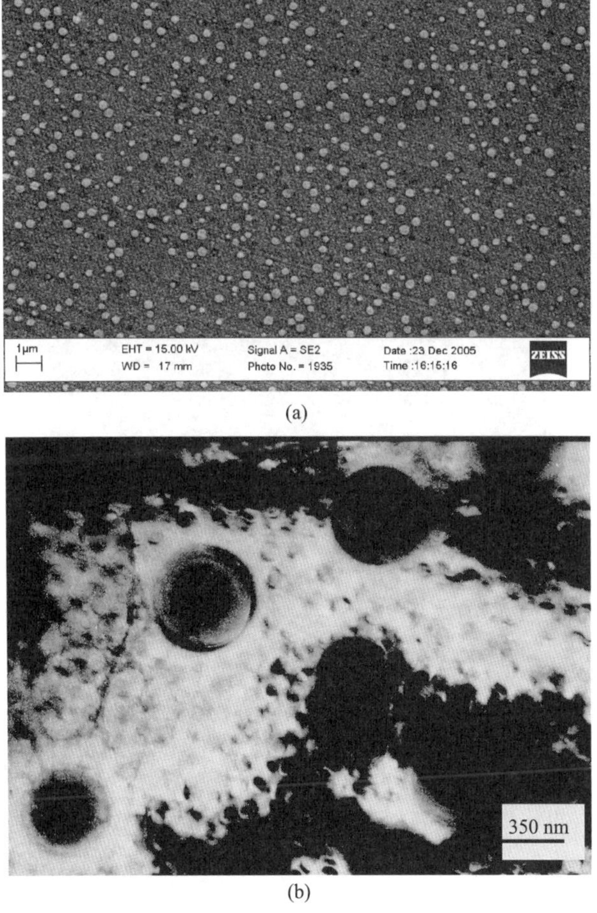

(a)

(b)

图 12－6 涡轮盘榫齿强化相的 SEM(a)和 TEM(b)组织形貌

值得注意的是，对合金晶界的观察却能给出不同的结果。晶界的演变情况可从图 12-7 观察到，在晶界上有大量的晶界相析出，晶界几乎被连续析出的晶界相所覆盖，沿晶界连接成晶界析出相膜，表明此时合金的晶界已经发生了明显的弱化，主要是晶界碳化物连续成长进而包裹了整个晶粒，说明该涡轮盘榫齿在实际服役情况下，晶界已经发生了明显的失稳，晶界的失稳可能是导致沿晶开裂的主要原因。

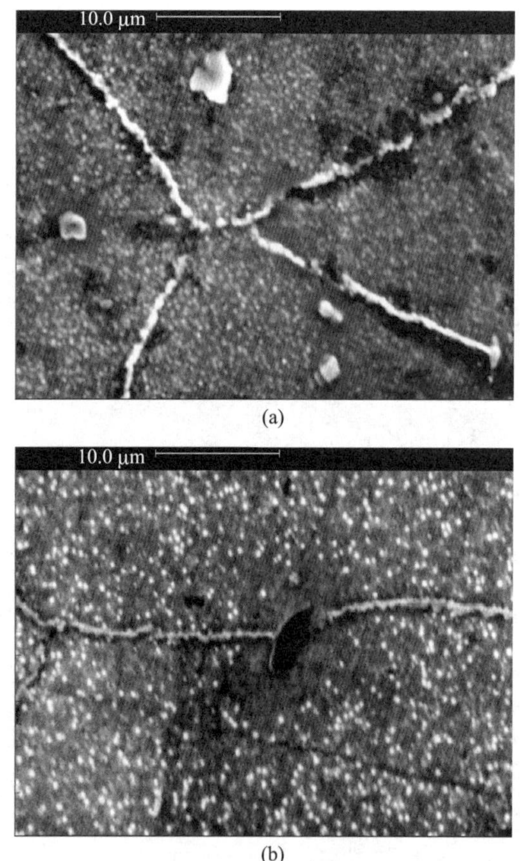

(a)

(b)

图 12-7 涡轮盘榫齿晶界形态

为了将解剖涡轮盘的晶界与正常未使用合金晶界进行比较，图 12-8 给出了正常组织状态的 SEM 形貌。可以看出，正常合金晶界没有成膜，强化相分布也较为均匀，相比之下解剖涡轮盘的晶界却有明显的差别，但强化相没有太明显的区别。

总之，该涡轮盘榫齿根部开裂的主要原因是榫齿在实际服役过程中合金的晶界发生失稳弱化甚至脆化。在榫齿根部应力集中部位，对应被弱化的三岔晶

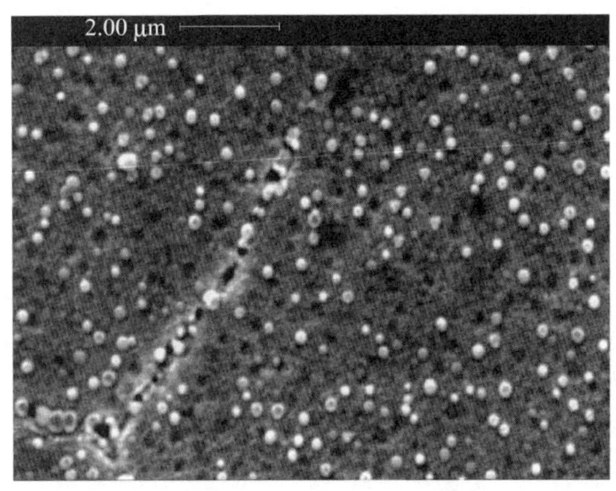

图 12－8　经标准热处理后正常未使用合金的强化相和晶界形态

界或内部夹杂物缺陷处首先发生脆化开裂，形成裂纹。随后在疲劳和蠕变的交互作用下，合金应力集中部位出现了沿晶开裂的裂纹扩展模式。疲劳和蠕变的交互作用导致榫齿裂纹的扩展，并最终导致几乎贯穿榫齿根部的裂纹出现。

从该案例分析可以看出，分析过程中应用了金相显微镜、扫描电子显微镜及能谱分析和透射电子显微镜分析。对不同的分析对象，应采用不同的微观分析技术。当然，材料学相关知识的积累和应用是分析判断的基础。

12.2　IC10 定向凝固高温合金组织特征及 B 的影响

IC10 是一种新型的 Ni_3Al 基定向凝固材料，它具有优良的抗氧化、耐腐蚀性能以及优异的铸造性能，在航空领域有广泛的应用前景，可作为 1100 ℃使用的涡轮导向叶片材料。微量元素 B 对合金的性能和组织有明显的影响。为了分析该合金的组织特征及 B 对组织行为的影响，可采用扫描电子显微镜、X 射线能量色散谱和电子探针显微分析仪等进行系统的观察分析。

利用光学金相显微镜可对铸态 IC10 中的枝晶情况进行观察。由图 12－9 可见，枝晶非常粗大，枝晶间距为 500 μm 以上。

可利用扫描电子显微镜对 IC10 铸态组织中的共晶形貌进行观察分析，如图 12－10 所示，$\gamma+\gamma'$共晶组织呈葵花状，花瓣为 γ'，心部丝状物为 γ。

除了共晶相以外，还可观察到草书状碳化物，如图 12－11 所示。EDS 分析结果表明，草书状碳化物主要成分为 TaC。

利用背散射电子像可以对 B 元素的分布行为进行观察。IC10 中添加了 0.015 wt% 的 B 元素，析出的硼化物非常少，如图 12－12(a)中黑色十字标出部分。

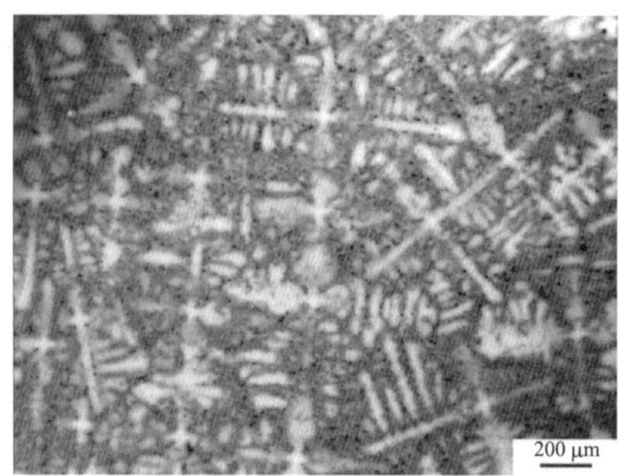

图 12－9　IC10 铸态组织

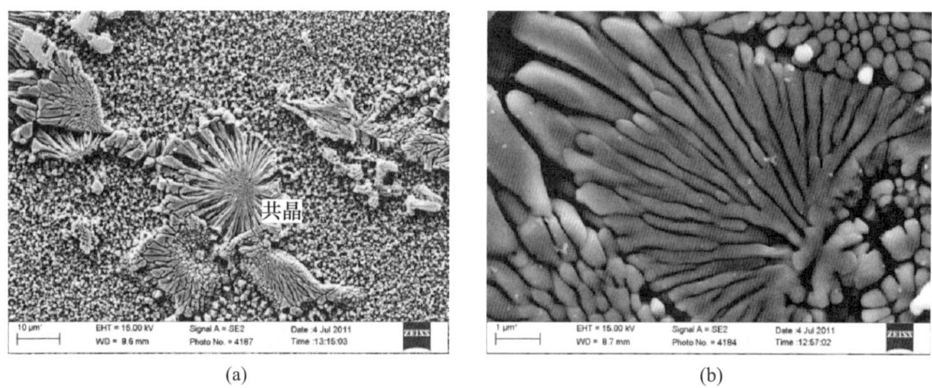

图 12－10　共晶 γ＋γ′。(a) 独立的共晶花；(b) 共晶花瓣细节

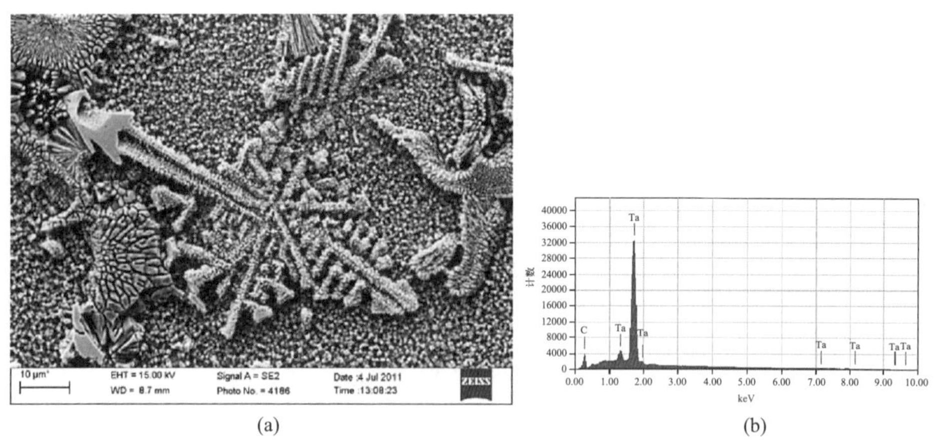

图 12－11　草书状碳化物及对应的 EDS 能谱

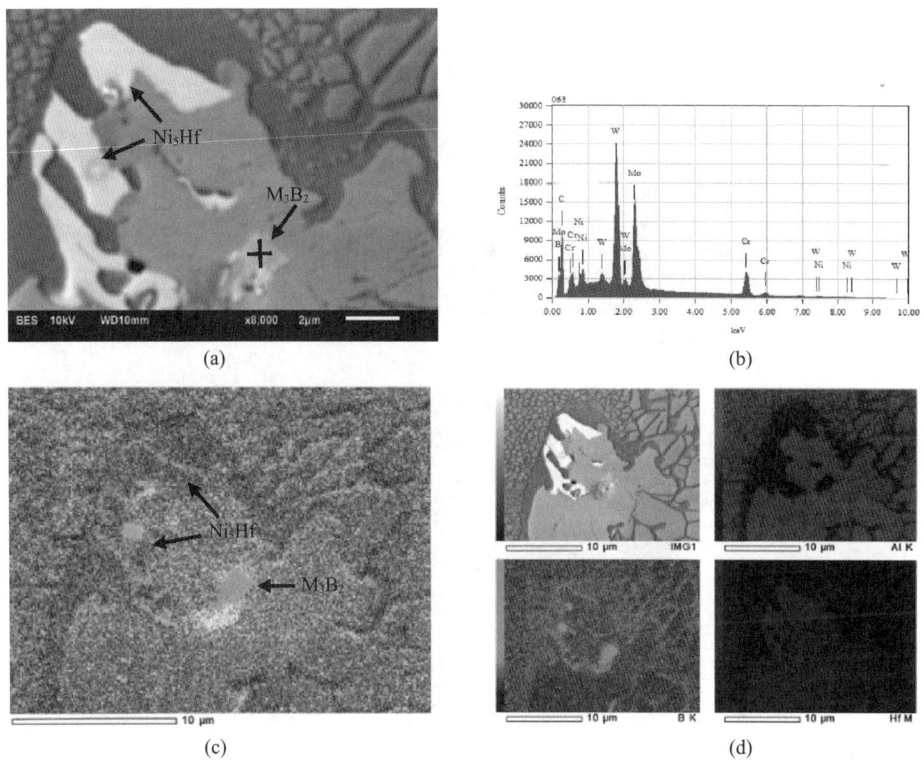

图 12－12 IC10 铸态组织中的硼化物。(a) SEM 组织形貌(黑色十字标出部分为硼化物)；(b) 硼化物的 EDS 分析；(c) 图(a)中的元素分布情况；(d) Al、B、Hf 元素分布

从图 12－12(a)中可以看出，硼化物在共晶上析出，形状不规则，尺寸在 2 μm 以下。图 12－12(b)显示，硼化物的主要金属元素为 Cr、Mo、W、Ni、Co，而且含量依次递减。图 12－12(c)显示除硼化物外，B 还存在于 γ 基体中。图 12－12(a)中在共晶上的白色析出物为 Ni_5Hf，呈不太明显的蜂窝状。Ni_5Hf 与硼化物都在共晶上析出，这样的共晶花瓣 γ′都含有一定的 Hf。

为了进一步研究细小的 γ′相的析出和分布形态，可利用场发射扫描电子显微镜进行观察分析。图 12－13 为 IC10 铸态组织中的二次 γ′和三次 γ′。从图 12－13(a)中可以清楚地看到 IC10 铸态组织中的二次 γ′，二次 γ′呈现不规则多边形状，或者因为 γ′的分裂而呈梅花状或蝶状。二次 γ′尺寸分布比较均匀，为 200～500 nm。在二次 γ′之间还有三次 γ′，如图 12－13(b)所示。三次 γ′更加细小，基本都是球形，尺寸大约几十纳米。图 12－13(c)为共晶 γ′花瓣之间析出的二次 γ′和更为细小的三次 γ′，其中共晶 γ′花瓣之间析出的二次 γ′要较枝晶干中析出的二次 γ′小一些。

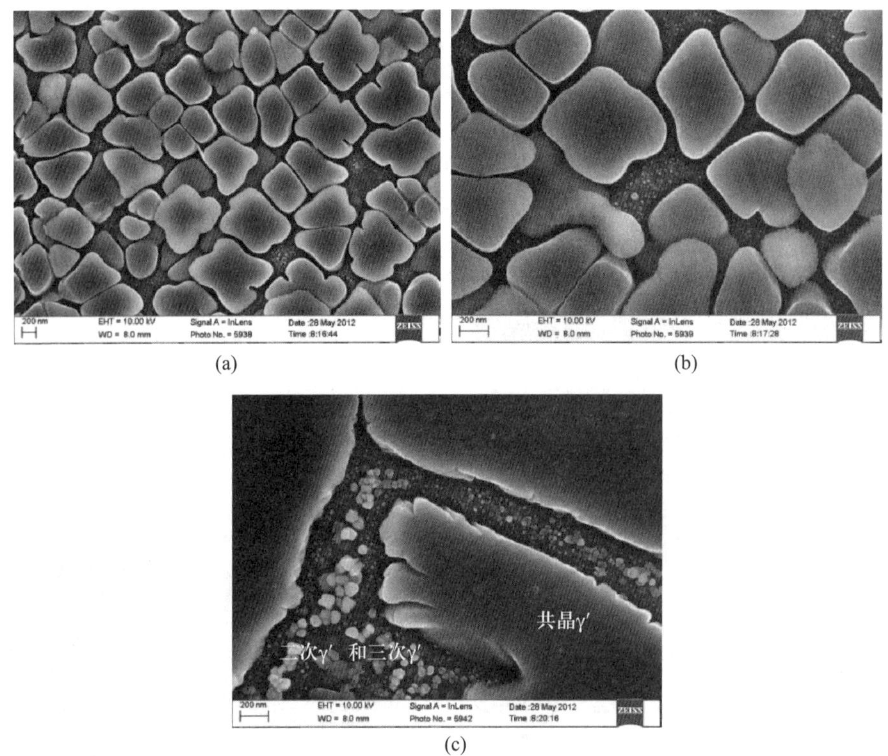

图 12－13　IC10 铸态组织中的二次 γ′和三次 γ′。(a)、(b) 分别为非共晶间析出的二次 γ′和三次 γ′；(c) 为共晶间析出的二次 γ′和三次 γ′

B 是高温合金中常见的晶界强化元素，它可降低晶界能，增加晶界结合力，从而增强晶界抵抗裂纹的能力。因此 B 对高温合金的持久性能和蠕变性能影响明显。IC10 合金中 B 含量较少，硼化物不易观察，而且 B 元素属于轻元素，一般的检测手段难以分辨，所以关于 M_3B_2 的报道也较少。为了在 IC10 中观察分析硼化物的析出和分布规律，对其进行了仔细的电子显微镜分析工作。

图 12－14 是 B 含量为 0.03 wt% 的试样中硼化物和碳化物的电子探针分析的结果。

图 12－14(b)为电子探针收集到的图 12－14(a)中灰白块状物(即圈出部分)中 B 元素的波谱信息，其中 B 峰突出，由此验证了灰白块状物为硼化物。从波谱分析结果及对应的 B 元素[图 12－14(c)]和 C 元素[图 12－14(d)]的分布图可以看出，图 12－14(a)中灰白部分为硼化物，紧挨大片状共晶中的 γ′析出，大小约为 9 μm；而白亮的块状物为碳化物，参见图 12－14(d)。

B 元素分别以硼化物的形式和固溶形式存在于合金中。由于晶界处原子排

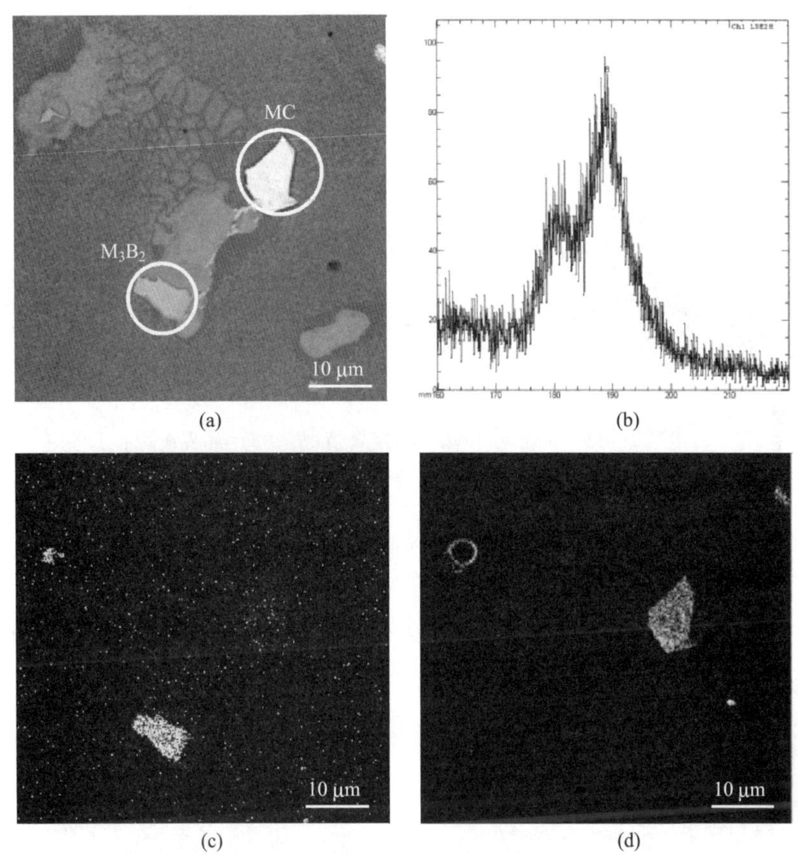

图 12－14 铸态 B1(0.03 wt% B)合金中的硼化物及其波谱分析和元素分布情况。(a) B1 合金中的硼化物；(b) B1 合金中硼化物的波谱分析结果；(c)、(d) 分别为(a)中 B 元素和 C 元素的分布图

列较为混乱，含有较多缺陷，以固溶形式存在于合金中的 B 原子更倾向于偏聚在晶界上，固溶在晶内的 B 原子会相对较少。利用电子探针显微分析仪，可以对晶界处 B 元素的分布情况进行观察分析。图 12－15(b)的数据就是由电子探针采集的。图 12－15 直接证明了，B 不仅以硼化物的形式存在，还会以固溶的形式存在于 IC10 合金中。而且，图 12－15(b)显示晶界处 B 原子浓度明显高于晶内，也证明了在 IC10 合金中相对于晶内 B 更倾向于偏聚在晶界上。可以推测，B 原子首先固溶在基体中，并倾向于向晶界偏聚，随后在某些 B 元素浓度超过饱和浓度和能量有利位置形成硼化物。

Hf 对 IC10 合金组织性能也有很显著的影响。Hf 改变合金凝固特性，使晶界和枝晶间状态得到改善；改变碳化物形态和分布。添加适量的 Hf 可使横向

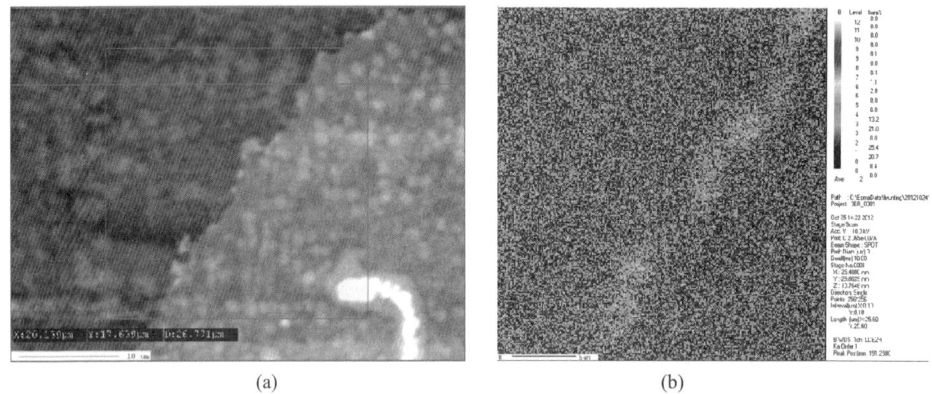

图 12-15　晶界处 B 元素的偏聚情况。(a) 晶界图像；(b) 对应(a)晶界处 B 元素的分布情况

持久性能、瞬时性能和纵向持久性能提高。但 Hf 与 B 是否有交互作用，其相互影响规律如何，将需要进行深入的观察分析。

图 12-16(a)、(c)、(e)、(g)分别为 Hf 含量由低到高的 H1(0.5 wt%

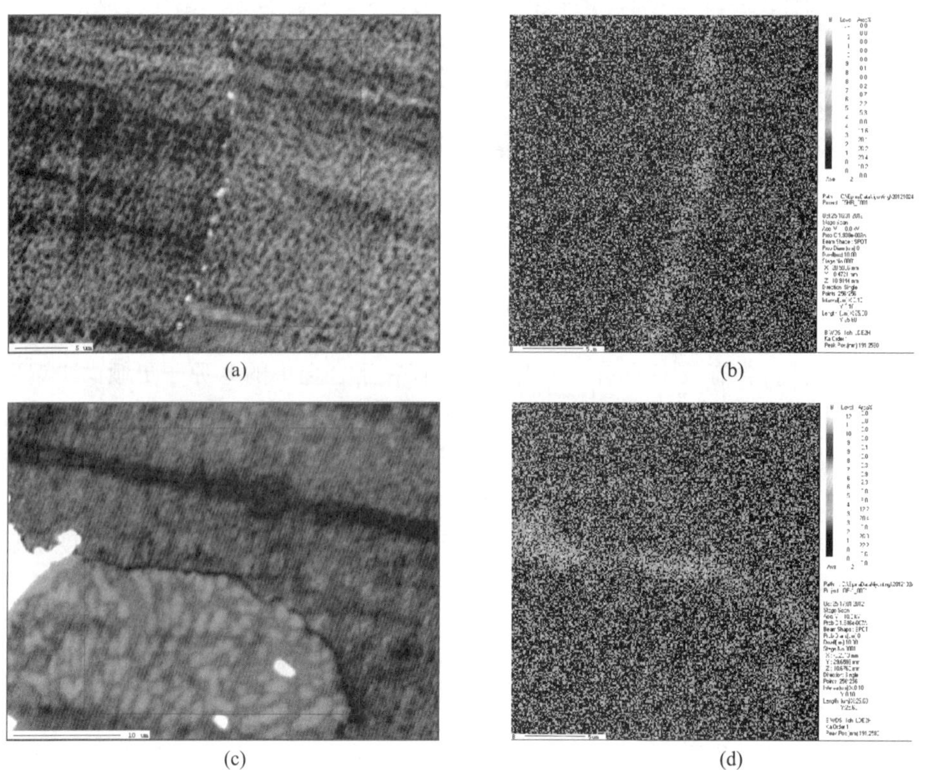

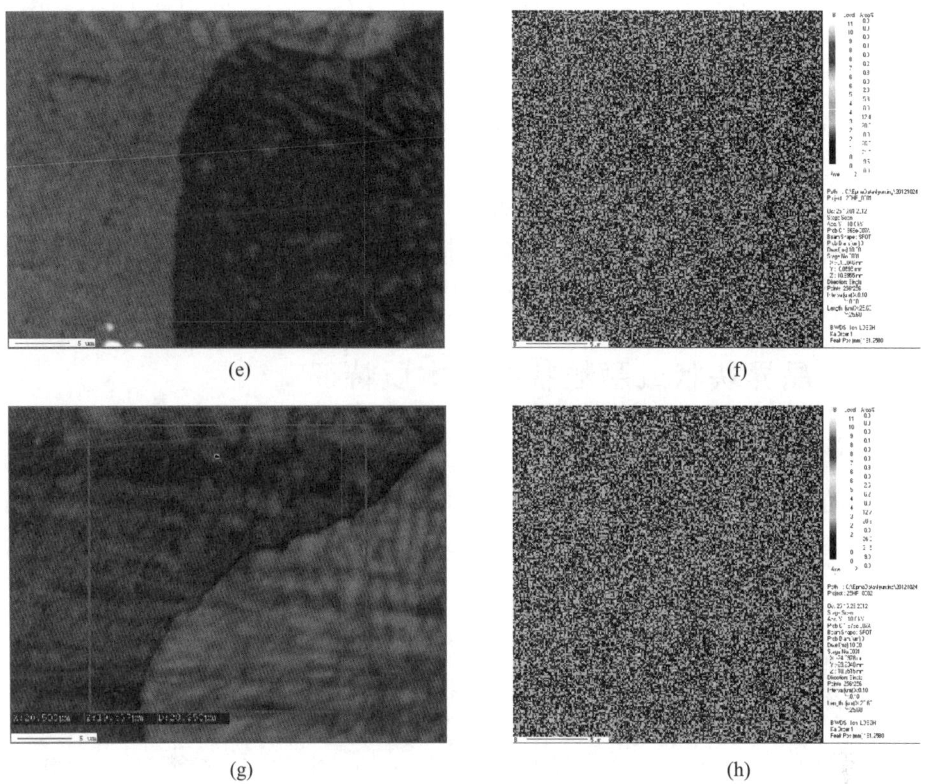

图 12-16 Hf 元素对晶界上 B 元素偏聚的影响。(a)、(c)、(e)、(g) 分别为 H1 (0.5 wt% Hf)、IC10(1.5 wt% Hf)、H2(2.0 wt% Hf)、H3(2.5 wt% Hf)合金热处理后的晶界情况；(b)、(d)、(f)、(h) 分别为对应于(a)、(c)、(e)、(g)图中方框中的 B 元素分布

Hf)合金、IC10(1.5 wt% Hf)合金、H2(2.0 wt% Hf)合金、H3(2.5 wt% Hf)合金热处理后的晶界情况，图 12-16(b)、(d)、(f)、(h)分别是与之对应的方框圈出部位的 B 元素的偏聚情况。

图 12-16(a)中，H1 合金热处理后在晶界上有细小的不连续的析出物，图 12-16(b)显示，在晶界上有明显的 B 元素的聚集，说明这些细小的析出物含元素 B，它可能是硼化物，也可能是含 B 的碳化物。将 Hf 含量由 0.5 wt% 增加到 1.5 wt%后，即为图 12-16 (c)中的 IC10 合金，经热处理后，其晶界上没有发现析出物，但是图 12-16 (d)中依然显示出，在晶界上有 B 元素的偏聚，说明当 Hf 增加到一定程度后，B 以固溶的状态偏聚在晶界上，而不是以析出物的方式存在于晶界上。继续增加 Hf 含量，当 Hf 含量为 2.0 wt% 时，即为图 12-16 (e)中的 H2 合金，其晶界上依然没有析出物出现，图 12-16

(f)中没有偏聚亮带而只有背景色，说明当Hf增加到一定程度后，晶界上既不会以析出物形式也不会以固溶形式出现B元素的偏聚。可以推测，继续增加Hf含量后，在晶界上依然不会有B元素的偏聚。从图12－16(g)中可以看出，H3(2.5 wt% Hf)合金在晶界上没有任何析出物，并且图12－16(h)中也没有显示出在晶界上有B元素的偏聚。

从以上的组织观察可以看出，随着Hf含量的增加，B元素在晶界上偏聚的趋势减小，在Hf含量达到2.0 wt%时，在晶界上已经检测不出B的痕迹。这组实验直接说明了Hf有抑制B在晶界上偏聚的作用。

12.3　晶界块状或颗粒状相的本质特征

图12－17为一种镍基高温合金经1100 ℃保温30 min以使所有的析出相均回溶，随后在δ相的析出峰值温度900 ℃保温20 h后获得的扫描电子显微镜组织形貌。从图中可看出，除了针状的δ相之外，晶界上均析出块状或颗粒状的相。

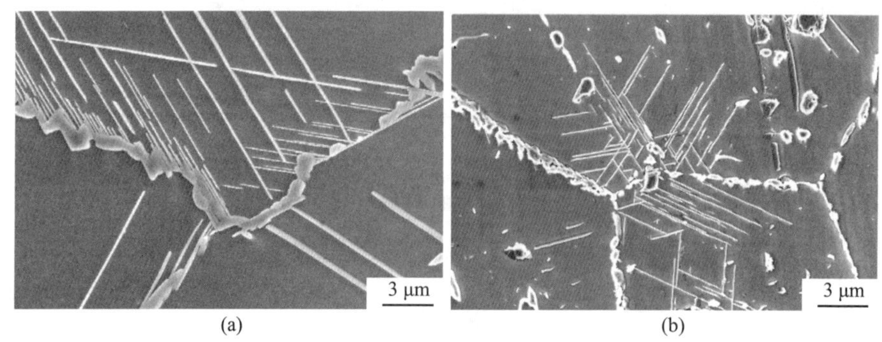

图12－17　合金试样经900 ℃保温20 h后的组织形貌

为了分析晶界块状或颗粒状相的成分特征，利用扫描电子显微镜的背散射电子像观察晶界析出相元素的分布情况，结果如图12－18所示，可知合金中的晶界析出相为富Nb和富Mo相。

进一步通过X射线萃取相分析手段，对上述试样进行相分析，X射线衍射谱如图12－19所示，对应的衍射数据如表12－1所示。从表中可以看出，待定相δ″与δ相的衍射峰值及强度显然不同，与标准JCPDS卡片对照后发现$(Ti_{21}Mo_9)(Fe_{50}Cr_5Si_5)$相与δ″相衍射数据符合较好，该相是在不锈钢中发现的一种具有六方晶体结构的析出相。

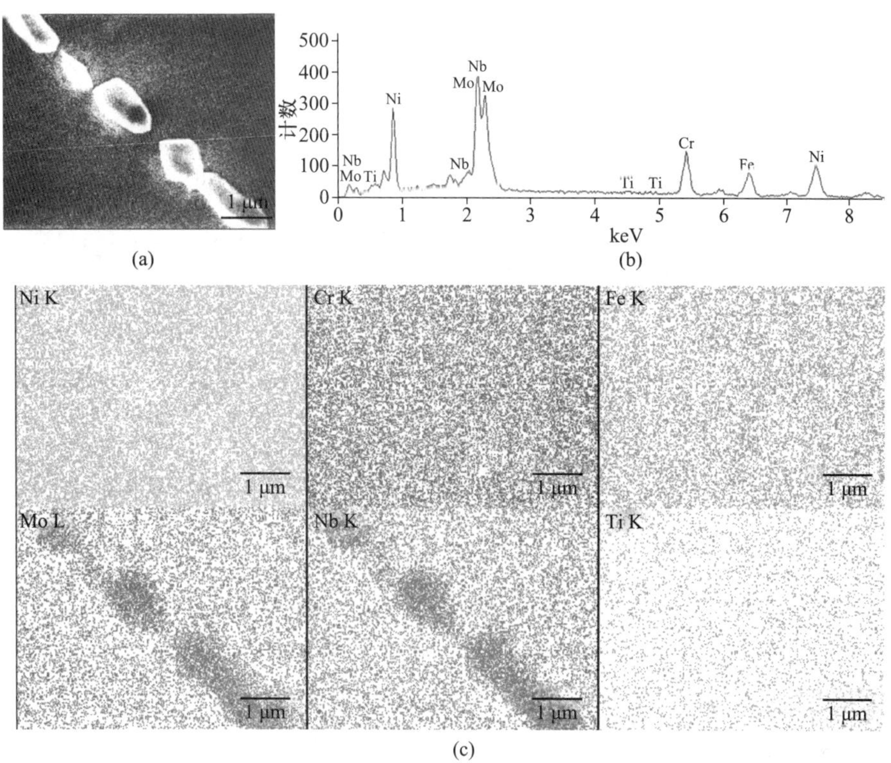

(a)　(b)　(c)

图 12－18　合金晶界块状或颗粒状析出相元素分布

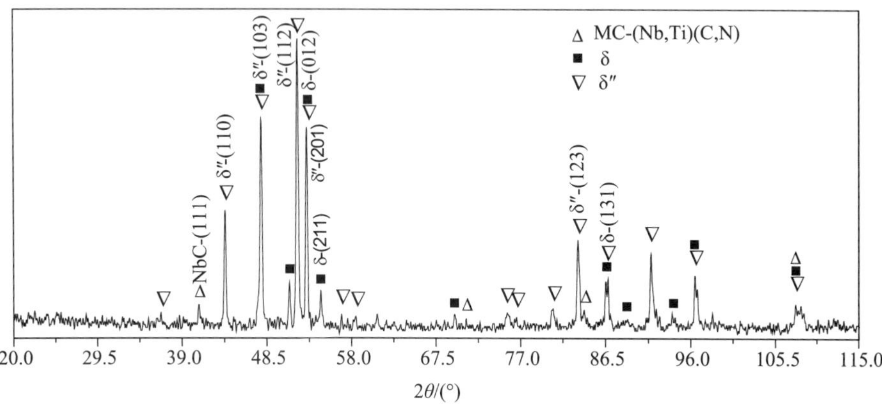

图 12－19　X 射线萃取相分析图谱

表 12-1　合金晶界块状或颗粒状析出相 δ″与其他相的 X 射线衍射数据

δ 相		待定相 δ″		$(Ti_{21}Mo_9)(Fe_{50}Cr_5Si_5)$	
d	*I*	*d*	*I*	*d*	*I*
1.97	100	2.043	99	2.034	100
2.12	70	2.205	68	2.198	80
2.01	70	2.007	56	1.998	95
1.30	70	2.399	37	2.390	50
2.22	40	1.345	29	1.338	18
1.28	40	1.248	26	1.242	20
1.20	40	1.200	23	1.191	14
1.111	16	2.077	16	2.070	16
1.800	10	1.305	19	1.298	18
1.095	10	1.951	15	1.943	20
		1.385	15	1.3770	4
		1.834	9	1.826	12
		1.768	11	1.7600	6
		1.333	10	1.338	18
		1.224	9	1.215	4
		1.104	12	1.098	10

综上可以看出，块状或颗粒状析出相均为同一种相——δ″相，该相富 Nb 和 Mo(W)合金元素，具有六方晶体结构，故可以推测 δ″相是一种具有六方晶体结构的富 Nb 和 Mo(W)相，其化学组成为$(Ni_{34}Cr_{19}Fe_{16})(Nb_{20.5}Mo_{10}Ti_{0.5})$或$(Ni_{28}Cr_{20}Fe_{19})(Nb_{20}Mo_{10}W_2Ti)$。

12.4　K418 合金增压器涡轮叶片热裂分析

汽车发动机采用涡轮增压技术，目前使用的增压器涡轮工作温度达 550～850 ℃，转速为$(2.5\sim10)\times10^4$ r/min，工作寿命达几千小时至几万小时，因此要求增压器涡轮材料具有较好的高温力学性能、屈服点和长期组织稳定性以及良好的铸造性能。K418 合金是一种镍基铸造高温合金，具有良好的综合性能，如具有长期组织稳定性和铸造工艺性能，在较宽的温度范围内可大量用于制作柴油机和汽油机增压器涡轮，也适于制作在 900 ℃以下工作的燃气轮机涡轮转子叶片、导向叶片和整铸涡轮等高温部件。然而增压器涡轮结构复杂，叶片截面变化大，叶梢最薄处甚至仅为 0.3 mm，因此采用 K418 合金浇铸增压器涡轮时，叶片极易出现热裂。

采用金相显微镜和扫描电子显微镜分析了 Al 和 Ti 含量的增加对 K418 合金显微组织的影响，分析了热裂的形貌和断口特征，利用 Thermo-Calc 热力学软件计算了 K418 合金中可能析出的平衡相，并分析了 Al、Ti 含量变化对平衡相的影响。

K418 合金增压器涡轮的外形如图 12－20 所示(1#)，图中箭头所指处为叶片热裂纹取样部位(2#)。

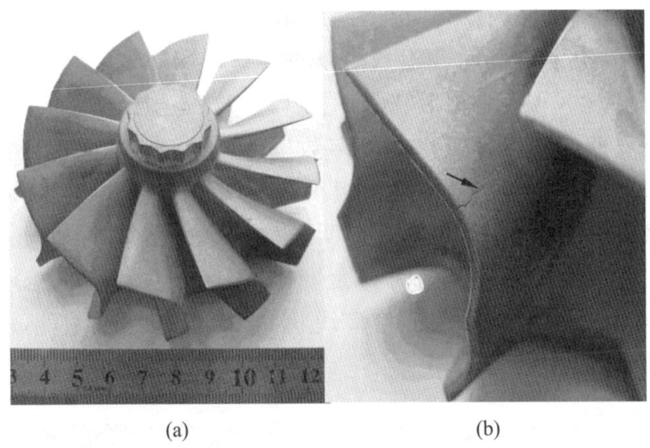

(a) (b)

图 12－20 K418 合金增压器涡轮外形和叶片热裂

2#较 1#K418 合金 Al、Ti 含量均略有增加，接近标准成分上限。图 12－21

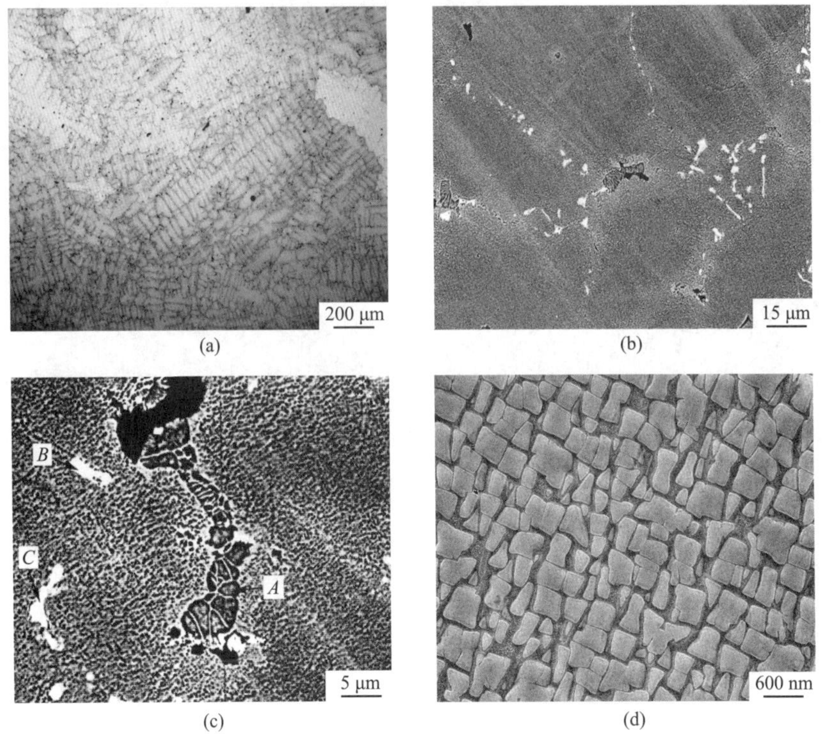

(a) (b) (c) (d)

图 12－21 1#K418 合金的显微组织。(a) OM 枝晶；(b) 背散射电子像；(c) SEM 共晶；(d) SEM 析出相 γ′

是 $1^{\#}$K418 合金的显微组织。由图 12－21(a)的光学金相可以看出，K418 合金呈典型的树枝状结构，枝晶之间形成枝晶间隙。从图 12－21(b)的扫描电子显微镜背散射电子像，可以看出合金的组织由 γ 固溶体基体、γ′析出相及分布在枝晶间的(γ＋γ′)共晶和碳化物组成。从图 12－21(c)的扫描电子显微镜二次电子像观察到（γ＋γ′)共晶相形貌，而图 12－21(d)则给出了合金的主要强化相 γ′相弥散分布于基体上，其形貌大多数呈方形，只有少量呈不规则形状。

图 12－22 是 $2^{\#}$K418 合金的显微组织。由图 12－22(a)可以看出，$2^{\#}$K418 合金枝晶间隙的析出相较 $1^{\#}$K418 合金明显增多。由图 12－22(b)和图 12－22(c)可以看出，$2^{\#}$K418 合金枝晶间有大量连续分布的大块状(γ＋γ′)共晶，γ′相尺寸较 $1^{\#}$K418 合金明显增大，且呈块状和十字花形及其他不规则形状杂乱地分布在 γ 基体上。

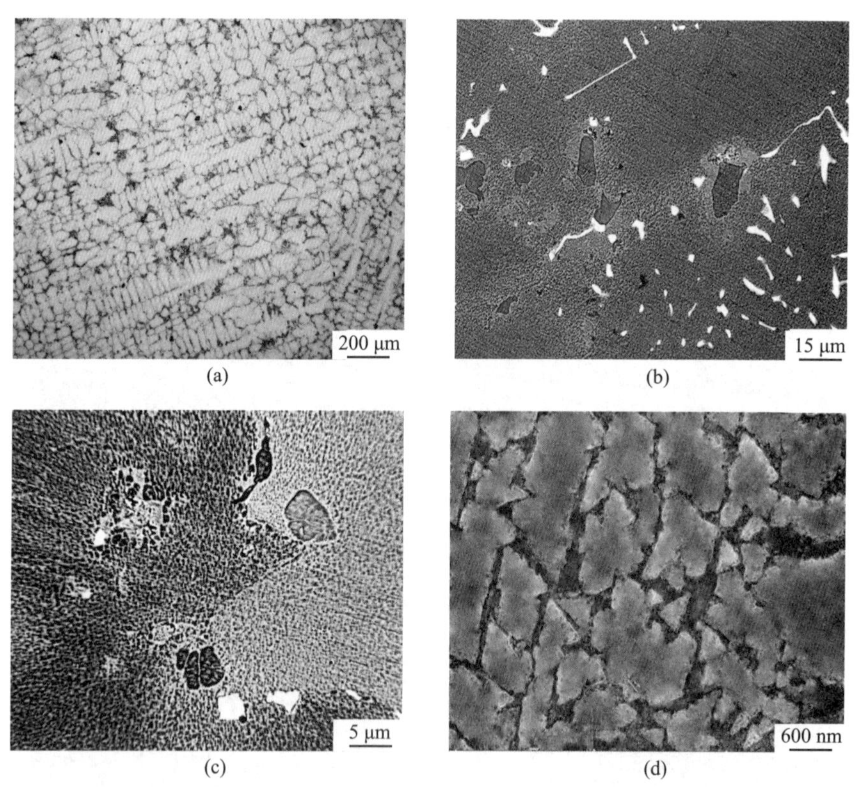

图 12－22　$2^{\#}$K418 合金的显微组织。(a) OM 枝晶；(b) 背散射电子像；(c) SEM 共晶；(d) SEM 析出相 γ′

Al、Ti 含量增加后促进了枝晶间(γ＋γ′)共晶的形成。合金中出现(γ＋γ′)共晶组织会使合金的塑性急剧下降，因此大块状的共晶组织前沿成为薄弱环节，导致裂纹优先萌生和扩展的部位增多。

为了对 2#涡轮叶片的断口进行观察，图 12－23 给出了热裂纹断口的扫描电子显微镜形貌，热裂纹在枝晶间产生且不连续，沿枝晶间呈跳跃式扩展。同时观察到在大裂纹附近有一些微小的裂纹，微小裂纹也有沿枝晶间进一步扩展的趋势。

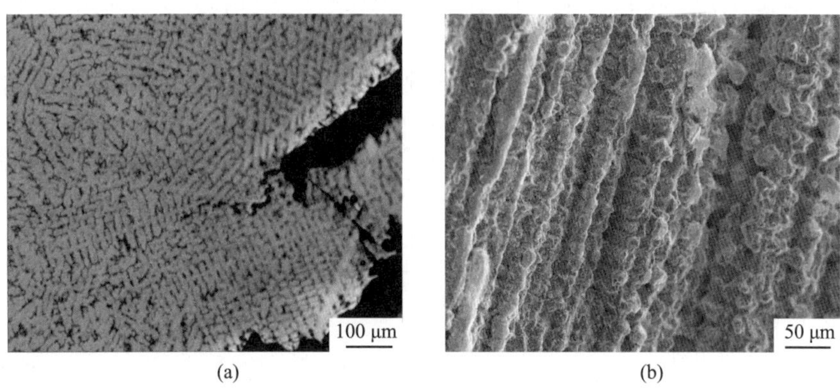

图 12－23 K418 合金涡轮叶片热裂纹特性

为了进一步说明 Al、Ti 含量对析出相的影响规律，图 12－24 给出了 1#和 2#对应合金成分的热力学平衡相计算结果。对比图 12－24(a)和(b)可知，K418 合金析出相的种类并未因成分改变而发生变化，合金的主要平衡相有 γ 相、γ′相和 MC 相，此结果与显微组织观察结果一致。除此之外，还有 $M_{23}C_6$ 相、P 相和 σ 相，由于热力学计算结果为稳定的平衡相，因此这些相可能会在合金长期使用过程中逐步析出。由计算结果可知，1#K418 合金 γ′相的初始析

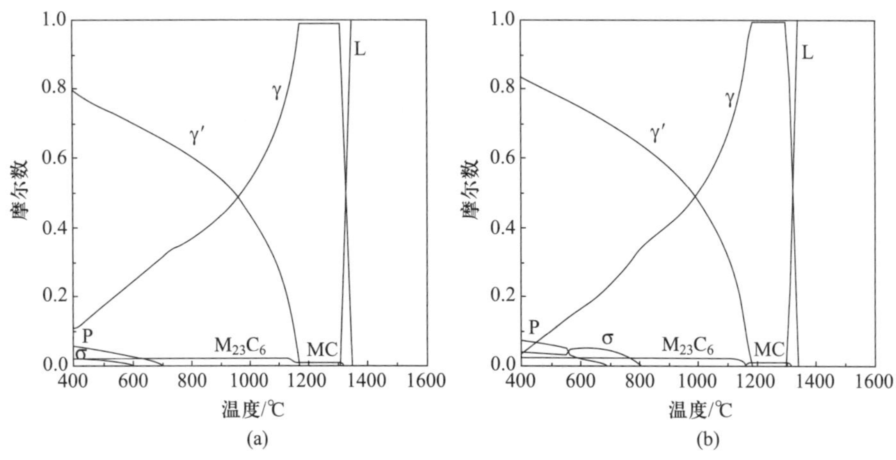

图 12－24 K418 合金各相析出量与析出温度的计算曲线。(a) 1#合金；(b) 2#合金

出温度为 1171 ℃，合金对应的初熔和终熔温度分别为 1306 ℃和 1346 ℃，凝固范围为 40 ℃。2#K418 合金 γ′相的初始析出温度为 1183 ℃，对应的初熔和终熔温度分别为 1297 ℃和 1340 ℃，凝固范围为 43 ℃。由此可知，Al 含量升高 0.26% 和 Ti 含量升高 0.06% 以后，γ′相的析出温度升高了 12 ℃，初熔温度和终熔温度分别降低了 9 ℃和 6 ℃，初熔温度的显著降低致使合金的凝固范围扩大了 3 ℃。

图 12－25 为以 1#K418 合金成分为典型成分，γ′的析出温度和析出量随 Al 含量的变化关系。从图中可以看出，在 Al 含量从 5.4% 增至 6.4% 的过程中，γ′的析出温度从 1152 ℃升高至 1190 ℃，γ′的析出量从 0.7194 增至 0.8677。可见，γ′的析出温度和析出量都随合金中 Al 含量的增加而明显增加。

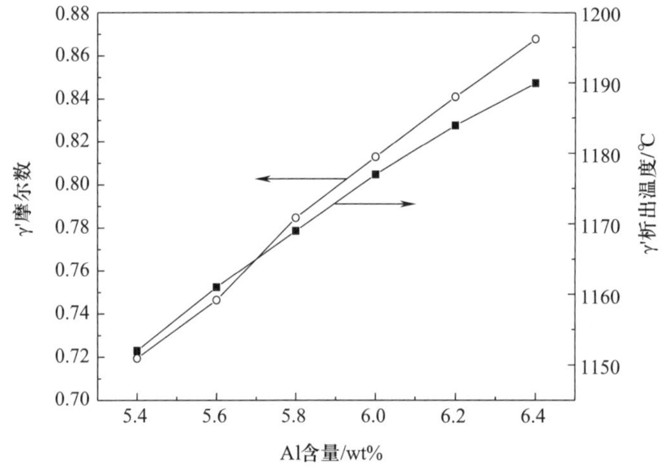

图 12－25　Al 含量对 γ′相的析出温度和析出量的影响

图 12－26 为 γ′的析出温度和析出量随 Ti 含量的变化关系。从图中可以看出，在 Ti 含量从 0.5% 增至 1.0% 的过程中，γ′的析出温度从 1168 ℃增至 1176 ℃，γ′的析出量从 0.7875 增至 0.8083。由计算结果可知，随着合金中 Ti 含量的提高，γ′的析出温度和析出量都有所增加，但这种影响远不如 Al 的影响效果明显。

热裂是在合金的固－液相线之间接近固相线温度时形成的，此时合金处于固液两态。将合金凝固时晶体形成连续的骨架并开始线收缩的温度和固相线之间的温度范围称为有效结晶温度范围 ΔT_2，它比用固－液相之间的温度范围 ΔT 更确切地描述了凝固时裂纹形成的状态。ΔT 和 ΔT_2 越大，合金可铸性越差。热力学计算结果表明，γ′的析出量和析出温度均随 Al、Ti 含量的增加而增加，且 Al 的影响更为显著，因此认为 Al 含量的增加可能使（γ＋γ′）共晶析

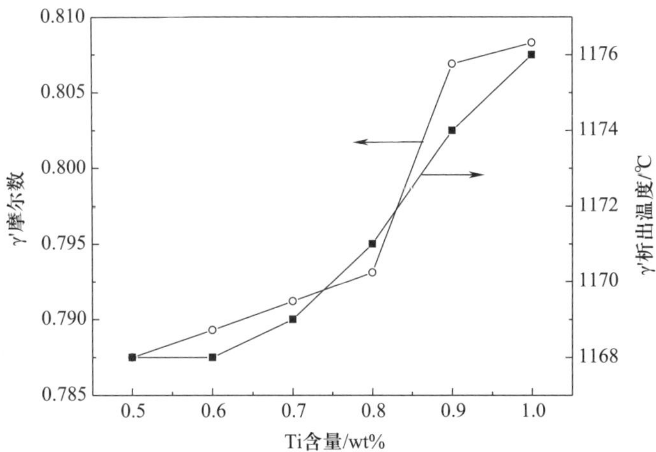

图 12－26　Ti 含量对 γ′ 的析出温度和析出量的影响

出温度提高，且其提高(γ＋γ′)共晶析出温度的作用明显大于 Ti。合金中 Al 含量增加以后，导致(γ＋γ′)共晶在较高凝固温度就大量析出，致使枝晶间合金液的补缩通道被过早地堵塞，因此增加了不可补缩区域的面积，使有效结晶温度范围变宽，恶化了合金的流动性，导致高 Al 合金在铸造涡轮时叶片产生热裂。同时，随着强正偏析元素 Ti 含量的增加，合金的固、液相线温度降低，尤其是固相线温度降低更多，因此扩大了合金的有效结晶温度范围，改变了合金的凝固特性。因此合金中 Ti 含量的增加无疑恶化了合金的可铸性，增加了铸件凝固时在枝晶间产生热裂的倾向。

综上分析，在冶炼 K418 合金的过程中应严格控制 Al、Ti 的含量，避免其含量接近标准成分上限。

以上几个案例采用材料分析过程中经常遇到的常规分析手段，主要涉及本课程学到的基本分析方法，所以要通过对实际过程的分析研究才能理解和全面掌握材料分析方法。

本章知识点

1）在全面了解材料形貌和结构分析方法的基础上，通过实际例子掌握对材料进行全面分析的基本方法。

2）通过本章基于形貌和结构的分析案例，应掌握对材料进行组织特征分析的方法。

3）掌握材料的基本分析方法，为进一步深入开展材料组织行为研究奠定基础。

第十三章 材料计算分析方法

材料科学的显著特点是多学科的相互交叉。材料科学与数学、物理学、化学、光学、电子学、声学及计算机科学等学科密不可分。也正因为这种多学科交叉的复杂性，材料科学的发展还不成熟，目前对它的研究很大程度上还依赖于经验的积累，系统的材料研究需要一个很长的过程。但是随着人类步入21世纪，计算技术的发展日新月异，它在材料科学领域的应用日渐深入，同时也促进了材料科学的飞速发展。

计算材料学是近年来飞速发展的一门新兴交叉学科。计算材料学是根据材料科学和相关学科基本原理，通过模型化与计算实现对材料制备、加工、结构、性能和服役表现等参量或过程的定量描述，帮助我们理解材料成分、结构和性能之间的关系，引导材料设计的一门科学。

计算材料学主要包括两个方面：① 计算模拟，即从实验数据出发，通过建立数学模型及数值计算，模拟实际过程；② 材料的计算机设计，即直接通过理论模型和计算，预测或设计材料结构与性能。前者使材料研究不仅仅停留在对实验结果的定性讨论上，而是使特定材料体系的实验结果上升到理论层次；后者则使材料的研究与开发更具方向性、前瞻性，有助于原始性创新，可以大大提高研究效率。计算材料学所涉及的材料范围涵盖金属材料、无机材料、有机材料、核材料、超导材料和各种特殊性能材料。计算材料学的研究内容，按研究尺度可以分为 3 类：① 微观尺度模拟；② 介观尺度模拟；③ 宏观尺度模拟。微观尺度模拟计算常用的研究方法主要包括第一性原理计算法、蒙特卡罗法和分子动力学法；介观尺度模拟计算，主要是以连续介质概念为基础，用热力学方法预测材料的相变过程以及相变产物的微观结构；宏观尺度模拟计算一般与材料或材料部件的工业生产有关，通过引入外界环境参数，建立差分或微分方程求解，有助于设计合理的设备和工艺。

计算材料学涉及的内容很多，显然，材料研究过程中计算方法将会起到越来越重要的作用。本章对计算机在材料科学中的应用，以及常用的计算分析方法作简单的介绍，作为对材料分析方法的补充和拓展。

13.1　计算机在材料科学中的应用

13.1.1　计算机模拟技术用于材料行为工艺研究

材料行为工艺的计算机模拟是指利用计算机对真实的系统进行模拟实验，提供材料在某种工艺条件下的行为变化规律，如对材料相变的计算机模拟，对材料成形过程中的计算机模拟，对材料在冲击载荷作用下的计算机模拟等。采用计算机模拟技术进行材料研究的优势在于它不但能够模拟各类实验过程，了解材料的内部微观性质及宏观力学行为，而且在没有实际制备加工出这些新材料之前就能预测它们的性能，为设计出优异性能的新型结构材料提供强有力的理论指导，同时可避免大量的实验工作，提高材料研究者的工作效率，降低工作强度，节省研究经费。

计算机模拟技术是一种根据实际体系在计算机上进行的模型实验，通过将模拟结果和实际体系的实验数据进行比较，可以检验模型的准确性，也可以检验由计算模型得出的对解析理论所作的简化近似是否合理。在模型体系上获得的相关信息一般比在实际体系上通过实验得到的信息更多。在很多情况下，计算机模拟可以部分地取代实验。另外，计算机模拟对于理论的发展具有重要的支撑作用，它们为现实模型和实验室中无法实现的探索模型提供了一种行之有效的研究方法，如材料在超高压力和温度条件下经历相变的四维体系，材料在超高速冲击条件下的损伤与失效研究，以及材料科学中一些发展极快而用现有的测试技术无法精密检测的问题等，都可以借助计算机模拟技术进行详细研究。

计算机模拟技术已用于材料行为工艺研究的各个方面，包括材料组织结构的计算机模拟、材料热处理过程的计算机模拟、材料腐蚀与防护的计算机模拟、铸造过程的计算机模拟、材料塑性成形过程的计算机模拟、材料焊接过程的计算机模拟等[20]。

13.1.2 计算机技术用于材料数据库和知识库

工程材料种类繁多，而每一种材料都有其特定的成分、结构和性能，因此所有工程材料的成分、结构及性能就构成了一个庞大的信息系统。为了便于材料工作者查询和研究，有必要建立各种类型的材料数据库。材料数据库一般应包括材料的性能及一些重要参量的数据，如材料成分、处理、实验条件以及材料的应用与评价等。目前已建立了许多不同类型的材料数据库，如中国科学院金属研究所的材料数据库(http://www.material.csdb.cn/SDB/)，该数据库提供了纳米材料、高温合金、钛合金、精密管材、材料连接、材料腐蚀和失效分析等方面的数据；美国材料性能数据库(http://www.jahm.com)，提供了铝合金、铜合金、镁合金、钛合金、镍基合金、铸铁、金属间化合物、碳化物、金属基复合材料、陶瓷基复合材料、高分子材料、透明材料等约 2000 个牌号的相关性能数据；美国国家标准研究所(NIST)材料数据库(http://www.nist.gov/srd/materials.htm)，包括陶瓷数据库、复合材料数据库和腐蚀数据库；日本国立材料科学研究所材料数据库(http://mis.nims.go.jp/db_top_eng.htm)，包括晶体结构基本数据库、材料结构数据库、压力容器材料数据库和扩散数据库等；Matweb 材料性能数据库(www.matweb.com)，提供了铝合金、钴、铜、铅、镁、高温合金、钛和锌合金、陶瓷材料、热塑性和热固性高聚物等材料的性能数据。这些数据库在材料设计与研究方面发挥了巨大作用。

知识库主要是材料成分、组织、工艺和性能间的关系以及材料科学与工程的有关理论成果，它是实现人工智能的基本条件。实际上知识库就是材料计算设计中的一系列数理模型、用于定量计算或半定量描述的关系式的总和。近年来国际上兴起了知识发现 KDD 的研究，它是一种以强调归纳逻辑推理为特色和自适应寻找规律为目标的知识库系统构造方法。数据库中存储的是具体的数据值，它只能进行查询，不能推理，就像仓库一样。而知识库中存储的是规则、规律，通过数理模型的推理、运算，以一定的可信度给出所需的性能等数据；也可利用知识库进行成分和工艺控制参量的计算设计。利用数据库和知识库可以实现材料性能的预测功能和设计功能，达到设计的双向性。

材料设计专家系统是指具有相当数量的与材料有关的各种背景知识，并能运用这些知识解决材料设计中有关问题的计算机程序系统。自从 1968 年费根鲍姆等人成功研制第一个用于质谱仪分析有机化合物分子结构的专家系统以来，专家系统已获得迅速发展，广泛应用于材料科学研究的各个方面。传统的专家系统主要有下列几个模块：优化模块，集成化模块，知识获取模块。目前基于人工神经网络的处理技术在材料科学中得到了越来越多的应用，在处理规律不明显、组分变量多、非线性方面的问题具有特殊的优越性，并且还可以对建立的数学模型和计算结果进行验证。

13.1.3 计算机技术用于材料设计

材料设计的思想源于20世纪50年代，是指通过理论分析与计算预报新材料的组分、结构及性能，进而通过理论设计来“定做”具有特定性能的新材料。长期以来，材料设计主要采用依据大量的实验进行大面积筛选的方法，这势必消耗大量的人力、物力和时间。同时，由于大量尚未理论化的经验和实验规律的存在，在相当长的一段时间内，人们还不可能完全脱离经验和不进行探索性实验来进行纯理论的材料设计。因此，理论辅助和实验验证相结合的材料设计方法便成为人们探讨的重点。目前，随着计算机技术的发展，将先进的计算机技术应用于材料设计，可以用较少的实验获得理想的材料设计结果。

苏联首先开展了关于合金设计及无机化合物的计算机计算预报，20世纪70年代美国首次用计算设计方法开发了镍基合金。20世纪80年代材料设计在理论和应用上都取得了重大进展，所涉及的材料范围也扩大为无机材料、有机材料、金属材料、核材料、超导材料和各种特殊性能的材料等。日本在玻璃、陶瓷、合金钢等材料的数据库、知识库和专家系统方面开展了很多工作，取得了不少成果；美国的橡树岭国家实验室、美国国家标准和试验研究院、麻省理工学院、卡耐基-梅隆大学在新材料设计方面做出了重大贡献。1985年三岛良绩出版了材料设计的第一部专著《新材料开发和材料设计》，标志着材料设计工作进入了一个新的阶段。1990年、1992年召开了以计算机辅助设计新材料开发为主题的第一、第二届国际会议，同时，有关材料设计的国际性杂志也应运而生，如 *Modeling and Simulation in Materials Science and Engineering* 和 *Computational Materials Science*。

材料设计一般可分为3个层次：① 微观设计层次，尺度约1 nm数量级，是电子、原子、分子层次的设计；② 介观设计层次，尺度约1 μm数量级，材料被看做是连续介质，是组织结构层次的设计；③ 宏观设计层次，尺度对应于宏观材料，涉及大块材料的成分、组织、性能和应用的设计研究，是工程应用层次的设计。不同层次所用的理论及方法是不同的，不同层次之间常常相互交叉，不同层次的目的、任务及应用也不尽相同。

材料科学将发展为材料系统科学，材料设计也必将是系统设计。不同结构层次与不同性质间的理论需要沟通，逐步形成有机联系的知识体系。单一层次的设计必将被多层次设计所代替，多层次设计必须要建立多尺度材料模型(multiscale materials modeling，MMM)和各层次间相互关联的数理模型。

长久以来，新材料的研发基本上是沿用尝试法的模式，经过反复的实验摸索，才能探索到一种新的或更好的合金成分与制备工艺，耗时长、成本高、普适性差。为了大幅缩短新材料开发周期，很多国家均在探索如何将材料计算、实验、数据等手段有机融合，有效缩短关键新材料研发与验证所需时间，促进材料原始性创新，大力促进材料产业的技术跨越以增强其全球竞争力。例如，2011 年 6 月美国政府提出“材料基因组计划”，其中打造融计算、实验、数据为一体的新材料创新平台以加速材料研发是其核心内容。因此，如何建立材料的成分 - 组织 - 性能之间的定量关系是实现材料设计和生产从传统经验式的“炒菜”法向科学化方法转变的关键，即建立融合计算、测试和表征、开发、优化的高速立体材料开发模式，是今后材料高速开发的必经之路，已经引起全世界极大关注。

13.1.4 计算机技术用于材料加工控制

对材料进行加工是工业制造过程中的重要手段。材料加工主要包括铸造、锻造、压力加工、热处理及粉末冶金等，所有这些材料加工过程均可采用计算机对其进行自动控制。材料加工过程计算机控制的基本原理是：根据材料加工的尺寸或性能要求向计算机输入相关数据，将得到的加工过程中的信息经过 A/D 转换器转化成数字信号再输入计算机，计算机经过程序处理，最后将处理后的数字信号经 D/A 转换器变成模拟信息，进而将模拟信息传输到相应的执行设备以达到自动控制效果。

材料及加工技术的发展主要体现在控制技术的飞速发展，微型计算机和可编程控制器在材料加工过程中的普遍应用体现了这种发展趋势。采用计算机技术控制材料的加工过程可以大幅度提高产品的加工精度和加工质量，同时也可以提高加工效率，改善工作条件。

13.1.5 计算机技术用于材料性能表征与检测

材料性能的测定大多使用专门的测试设备和仪表。有时为了测定某些较为特殊的性能，也常用一些通用的测试设备和仪表组成比较复杂的测试系统。在组建的测试系统中，如果使用计算机来控制整个系统，使其协调运行，进行数据采集和数据处理，通常都能使整个系统的功能得到飞跃性的增强。计算机化的材料性能测试系统(CAT 系统)是提高材料研究水平的重要手段。由于计算机灵活的编程方式、强大的数据处理能力和很高的运算速度，使得 CAT 系统可以实现手动方式不能完成的许多测试工作，提高了材料实验研究的水平和测试的精度。在材料性能分析方面，计算机的应用也非常广泛。例如，对纳米非均匀体系中的内应力场及其对相变的影响，以及多晶系统中的晶粒压电共振等许多问题进行计算和模拟。这些计算和模拟为深刻地认识材料的物理性质、建立相应的物理模型提供了有力的论据。

13.1.6　计算机技术用于材料数据和图像处理

材料科学中的实验为材料科学研究提供了大量的含有材料基本行为特征信息的实验数据，如何快速、精确地处理这些复杂的数据，发现其中的规律，从而得到真实客观的材料行为信息，对材料科学研究而言非常重要。现代计算机的大容量存储特征和快速运算功能为存储和处理大量的材料实验数据提供了很好的平台。计算机对材料数据的处理工作主要包括存储、计算、绘图、拟合分析及快速查询等。目前，可用于材料数据处理的软件很多，如最小二乘法数据处理软件、X 衍射数据处理软件、DPS 数据处理软件、Excel 软件、Origin 软件等，其中的典型代表是 Origin 软件，可以对材料科学数据进行一般的处理，并能实现数据绘图、曲线拟合，以及孔洞率、球化率、圆度、涂层厚度的测量等。

13.1.7　计算机网络技术用于材料科学研究

计算机网络技术是通信技术与计算机技术相结合的产物。计算机网络是按照网络协议，将地球上分散的、独立的计算机相互连接的集合。连接介质可以是电缆、双绞线、光纤、微波、载波或通信卫星。计算机网络具有共享硬件、软件和数据资源的功能，具有对共享数据资源进行集中处理及管理和维护的能力。

借助于计算机网络，不同区域的材料科学研究者可以相互交流，及时了解材料科学的发展动向，查阅各种科技文献，共享材料研究的最新成果，迅速获得各种相关信息。计算机网络技术实现了资源共享，材料研究工作者可以在办公室、家里或其他地区，访问查询网上的资源，极大地提高了工作效率。而且，利用计算机网络技术使原本烦琐的文献检索工作变得非常简单，使人们可以更快捷、更准确地获得相关的材料科学研究信息。

13.2　材料科学研究中的数学模型及分析方法

作为 21 世纪重要基础科学之一的材料科学离不开数学。通过建立适当的数学模型对实际问题进行研究，已成为材料科学研究和应用的重要手段之一。从材料的合成、加工、性能表征到材料的应用都可以建立相应的数学模型[20]。

材料工作者在长期的研究过程中，尝试了多种材料研究分析的方法。目前，许多材料研究分析方法已成为材料研究工作者不可或缺的工具。根据用途的不同，这些方法可以划分为三大类：用于材料及其结构计算的方法，用于材料微观组织结构计算及性能预测的方法，用于材料及其相关信息处理的方法。其中，材料及其结构计算的方法主要用于研究材料及其结构在加工、成形及使用过程中由于载荷作用而引起的材料内部应力场、应变场及温度场等的变化情况，为材料性能评价和材料结构设计提供依据。这类分析方法主要包括有限差分法、有限元法、上限元法及边界元法等。材料微观组织结构计算及性能预测的方法，主要是针对材料内部的原子、分子进行计算，并预测材料的宏观性能，可实现材料在微观领域的优化设计。这类分析方法主要包括分子力学法、分子动力学法及蒙特卡罗法等。材料及其相关信息处理的方法，主要用于对材料的化学成分、组织性能、制备工艺、使用性能等大量信息进行分析处理并得出其内在规律，为材料选择、材料性能预测及材料设计提供依据。这类分析方法主要包括人工神经网络法。

本节首先介绍数学模型的基本概念以及建立数学模型的基本步骤、原则和方法，然后简要介绍材料科学研究中常用的分析方法，主要包括有限差分法、有限元法、蒙特卡罗法、分子动力学法及人工神经网络法。

13.2.1 数学模型基础及建模方法

1. 数学模型基础

(1) 数学模型的定义

数学模型有广义和狭义两种理解方式。按广义理解，凡是以相应的客观原型(即实体)作为背景加以抽象的数学概念、数学式子、数学理论等都叫做数学模型。按狭义理解，那些反映特定问题或特定事物系统的数学符号系统就叫做数学模型。构造数学模型的目的在于解决具体的实际问题。

(2) 数学模型的分类

数学模型按照不同的分类标准有着多种分类方法。

1) 按照建立模型的数学方法分类，可以分为图论模型、规划论模型、微分方程模型、最优控制模型、随机模型、模拟模型等。

图论模型指的是根据图论的方法，通过由点和线组成的图形为任何一个包含了某种二元关系的系统提供一个数学模型，并根据图的性质进行分析。如：物质结构都可用点和线连接起来的图进行模拟，有机化合物的分子结构、同分异构体的计数问题均可通过图论中的树算法进行研究。

微分方程模型指的是在所研究的现象或过程中取一局部或一瞬间，然后找出有关变量和未知变量的微分(或差分)之间的关系式，从而获得系统的数学模型。微分方程模型在材料研究中应用很广泛，如材料中的扩散问题、材料电子显微分析中的衍衬运动学、衍衬动力学理论等。

随机模型是根据概率论的方法描述随机现象的数学模型。例如描述高分子材料链式化学反应的数学模型，多晶材料晶粒生长模拟中基于蒙特卡罗法的伊辛(Ising)模型、Q - State Potts 模型等。

模拟模型是用其他现象或过程来描述所研究的现象或过程，用模型的性质来代表所研究问题的性质。例如采用非牛顿流体力学和流变学来描述高聚物的加工过程、建立液晶高分子材料的本构方程等。已发展的模拟模型有液晶高分子流体B模型、聚合物熔体流动不稳定性(例如高聚物熔体由喷丝孔挤出时产生的拉伸共振、挤出物表面畸变、薄膜吹塑中产生的不稳定膜泡等现象)的扰动本构理论模型。

2) 按照模型的特征分类，可以分为离散模型和连续性模型、线性模型和非线性模型等。

如果系统的有关变量是连续变量，则称其为连续系统，它们的数学模型称为连续性模型。如果系统的有关变量是离散变量，则称该系统模型为离散模型。比如采用有限元法和有限差分法研究材料某些性质时(比如材料的稳、瞬态热传导问题)，连续性模型被转化成离散模型。

如果系统输入和输出呈线性关系，则该系统称为线性系统，线性系统的数学模型称为线性模型。与之相反，如果系统输入与输出呈非线性关系，则该系统称为非线性系统，非线性系统的数学模型称为非线性模型。

2. 建立数学模型的一般步骤和原则

数学模型的建立(简称数学建模)没有固定的模式。按照建模过程，一般采用的建模基本步骤如下。

(1) 建模准备

建模准备是确立建模课题的过程，就是要了解问题的实际背景，明确建模的目的。建模之前应该掌握与课题有关的第一手资料，汇集与课题有关的信息和数据，弄清问题的实际背景和建模的目的，进行建模筹划。

(2) 建模假设

建模假设就是根据建模的目的对原型进行适当的抽象、简化。对原型的抽象、简化不是无条件的，必须按照假设的合理性原则进行。假设合理性原则有以下几点。

1) 目的性原则。从原型中抽象出与建模目的有关的因素，简化那些与建模目的无关的或关系不大的因素。

2) 简明性原则。所给出的假设条件要简明、准确，有利于构造模型。

3) 真实性原则。假设要科学，简化带来的误差应满足实际问题所允许的误差范围。

4) 全面性原则。对事物原型本身做出假设的同时，还要给出原型所处的环境条件。

(3) 构造模型

在建模假设的基础上，进一步分析建模假设的内容，首先区分哪些是常量，哪些是变量，哪些是已知量；然后查明各种量所处的地位、作用和它们之间的关系，选择恰当的数学工具和构造模型的方法对其进行表征，构造出刻画实际问题的数学模型。一般来讲，在能够达到预期目的的前提下，所用的数学工具越简单越好。

（4）模型求解

构造数学模型后，根据已知条件和数据，分析模型的特征和模型的结构特点，设计或选择求解模型的数学方法和算法，然后编写计算机程序或运用与算法相适应的软件包，并借助计算机完成对模型的求解。

（5）模型分析

根据建模的目的要求，对模型求解的数字结果，或进行稳定性分析(指分析结果重复获得的可能性)，或进行系统参数的灵敏度分析，或进行误差分析等。

（6）模型验证

模型分析符合要求之后，还必须回到客观实际中对模型进行检验，看是否符合客观实际，若不符合，就须修改或增减假设条款，重新建模。循环往复，不断完善，直到获得满意结果。

（7）模型应用

模型应用是数学建模的宗旨，也是对模型的最客观、最公正的检验。一个成功的数学模型，必须根据建模的目的，将其用于分析、研究和解决实际问题，充分发挥数学模型在生产和科研中的重要作用。

13.2.2 有限差分法

1. 有限差分法简介

有限差分法(FDM)是计算机数值模拟最早采用的方法，至今仍被广泛运用。该方法将求解域划分为差分网格，用有限个网格节点代替连续的求解域。有限差分法通过泰勒(Taylor)级数展开等方法，把控制方程中的导数用网格节点上的函数值的差商代替进行离散，从而建立以网格节点上的值为未知数的代数方程组。该方法是一种直接将微分问题变为代数问题的近似数值解法，数学概念直观，表达简单，是发展较早且比较成熟的数值方法。

有限差分法在材料成形领域的应用较为普遍，是材料成形计算机模拟技术领域中最主要的数值分析方法之一。目前材料加工中的传热分析(如铸造过程中的传热凝固、塑性成形过程中的传热、焊接过程中的传热等)、流动分析(如铸件充型过程，焊接熔池的产生、移动等)，都可以用有限差分法进行模拟。与有限元法相比，有限差分法在流场分析方面优势明显。

对于有限差分格式，从格式的精度来划分，有一阶格式、二阶格式和高阶格式。从差分的空间形式来考虑，可分为中心格式和逆风格式。考虑时间因子的影响，差分格式还可以分为显格式、隐格式、显隐交替格式等。目前常见的差分格式主要是上述几种形式的组合，不同的组合构成不同的差分格式。差分方法主要适用于有结构网格，构造差分的方法有多种形式，包括泰勒级数展开法、多项式拟合法、控制容积积分法和平衡法，目前主要采用的是泰勒级数展开法。其基本的差分表达式主要有 4 种格式：一阶向前差分、一阶向后差分、一阶中心差分和二阶中心差分等，其中前两种格式为一阶计算精度，后两种格式为二阶计算精度。通过对时间和空间不同差分格式的组合，可以获得不同的差分计算格式。

2. 商用有限差分软件简介

商用有限差分软件主要包括 FLAC、UDEC/3DEC 和 PFC 程序，其中，FLAC 是一个基于显式有限差分法的连续介质程序，主要用来进行土质、岩石和其他材料的三维结构受力特性模拟和塑性流动分析。UDEC/3DEC 是针对岩体不连续问题开发，用于模拟非连续介质在静、动态载荷作用下的反应。PFC (particle flow code) 是利用显式差分算法和离散元理论开发的微、细观力学程序，它是从介质的基本粒子结构的角度考虑介质的基本力学特性，并认为给定介质在不同应力条件下的基本特性主要取决于粒子之间接触状态的变化，适用于研究粒状集合体的破裂和破裂发展问题，以及颗粒的流动(大位移)问题。下面主要介绍与材料科学关系比较密切的 PFC 有限差分软件。

PFC 不能直接给模型介质赋予物理力学参数和初始应力条件，必须通过不断调整构成模型介质的基本粒子组成、接触方式和相应的微力学参数实现。

(1) PFC 程序基本功能

1) 介质是颗粒的集合体，它由颗粒、颗粒之间的接触两个部分组成，颗粒大小可以服从任意的分布形式。

2) “接触”物理模型由线性弹簧或简化的 Hertz-Mindlin、库仑滑移、接触或平行链接等模型组成，内置接触模型包括：简单的黏弹性模型、简单的塑性模型以及位移软化模型。凝块模型支持凝块的创建，凝块体可以作为普通形状“超级颗粒”使用。

3) 可指定任意方向线段为带有自身接触性质的墙体、普通的墙体提供几何实体。

4) 模拟过程中颗粒和墙体可以随时增减。

5) 提供了局部非黏性和黏性两种阻尼。

6) 密度调节功能可用来增加时间步长和优化解题效率。

7) 通过能量跟踪可以观察链接能、边界功、摩擦功、动能、应变能。

8) 可以在任意多个环形区域测量平均应力、应变率和孔隙率。

(2) PFC 程序特色

1) 功能强大。PFC 是以介质内部结构为基本单元(颗粒和接触)，从介质结构力学行为角度研究介质系统的力学特征和力学响应。PFC 中有效的接触探测方式和显式求解方法可以保证精确快速地进行大量不同类型问题的模拟——从快速流动到坚硬固体的脆性断裂。

2）应用广泛。PFC 是高级非连续介质程序，适用于任何需要考虑大应变、破裂、破裂发展以及颗粒流动的问题。在岩土体工程中可以用来研究结构开裂、堆石材料特性和稳定性、矿山崩落开采、边坡解体、爆破冲击等一系列采用传统数值方法难以解决的问题。

3）性能独特。PFC 采用的显式求解方式为不稳定物理过程提供稳定解。它通过模拟介质系统内部颗粒间接触状态的变化精确描述介质的非线性特征，这一固有特性使 PFC 成为同类程序中唯一的商业软件。

13.2.3　有限元法

1. 有限元法简介

有限元法（FEM）是用于求解各类实际工程问题的方法。应力分析中稳态的、瞬态的、线性的、非线性的问题以及热力学、流体力学、电磁学和高速冲击动力学问题都可以通过有限元法得到解决。现代有限元法的起源可以追溯到 20 世纪早期，当时一些研究者应用离散的等价杆拟合弹性体。然而，人们公认 Courant 是应用有限元法的第一人，1943 年 Courant 使用分段多边形插值法来研究扭转问题。在 20 世纪 50 年代，波音公司采用三角元对机翼进行建模，大大推动了有限元法的发展和使用。到 20 世纪 60 年代，有限元法已被应用于多个实际工程领域问题的求解中，如热传导和地下渗流等问题。"有限元"这一术语也逐渐得到人们的接受和认可。1967 年，Zienkiewicz 和 Cheung 撰写了第一本有限元专著。

有限元法的基础是变分原理和加权余量法，其基本思想是把连续的几何结构离散成有限个单元，并在每一个单元中设定有限个节点，从而将连续体看做仅在节点处相连接的一组单元的集合体，同时选定场函数的节点值作为基本未知量，并在每一单元中假设一近似插值函数以表示单元中场函数的分布规律，再建立用于求解节点未知量的有限元方程组，从而将一个连续域中的无限自由度问题化为离散域中的有限自由度问题，求解得到节点值后就可以通过设定的插值函数确定单元上以至整个集合体上的场函数。由于单元可以被设计成不同的几何形状，因而运用有限元法可以模拟和逼近复杂的求解域。显然，如果插值函数满足一定的要求，随着单元数量的增加，求解的精度会不断提高而最终收敛于精确解。从理论上讲，无限增加单元的数量，可以得到问题的精确解，但此举必会导致计算时间的无限增加，因此，在解决实际工程问题中，求解所得的数据只要满足工程需要即可。

与有限差分法相比，有限元法的准确性与稳定性都比较好，这是由于有限元法必须假定值在网格节点之间的变化规律（即插值函数），并将其作为近似解，而有限差分法只考虑网格节点上的数值而不考虑值在网格节点之间如何变化。

2. 有限元软件简介

表 13 - 1 列出了目前常用的有限元分析软件。其中，应用范围最广、功能最全面的商用有限元分析软件是美国 ANSYS 公司旗下的 ANSYS 系列产品。

表 13 - 1　常用有限元分析软件

软件名称	简介	软件名称	简介
ABAQUS	通用有限元分析软件	DYNAFORM	板料冲压成形模拟软件
ALGOR	通用有限元分析软件	MSC/MARC	非线性分析有限元软件
ANSYS	通用有限元分析软件	MSC/NASTRAN	结构分析有限元软件
ADINA	非线性分析有限元软件	SAP	线性静、动力学结构分析软件
DEFORM	材料成形分析专用非线性有限元软件	VPG	专业整车分析模拟软件
AUTOFORM	薄板成形模拟软件	SYSWELD	焊接与热处理分析软件

（1） ANSYS 软件

1） ANSYS 软件简介。ANSYS 软件是融结构、热、流体、电磁、声学于一体的大型通用有限元商用分析软件，其代码长度超过 10000 行，可广泛应用于核工业、铁道、石油化工、航空航天、机械制造、能源、电子、造船、汽车交通、国防军工、土木工程、生物医学、轻工、地矿、水利、日用家电等一般工业及科学研究，是目前最主要的有限元软件。该软件可在大多数计算机及操作系统上运行，从 PC 机到工作站直至巨型计算机，ANSYS 文件在其所有的产品系列和工作平台上均兼容；该软件基于 Motif 的菜单系统使用户能够通过对话框、下拉式菜单和子菜单进行数据输入和功能选择，此举大大方便了用户操作。ANSYS 软件能与大多数 CAD 软件实现数据共享和交换，是现代产品设计中高级的 CAD/CAE 软件之一。

ANSYS 软件是第一个通过 ISO9001 质量认证的大型分析设计类软件，是美国机械工程师协会（ASME）、美国核安全局（NQA）及近 20 种专业技术协会认证的标准分析软件。在国内第一个通过了中国压力容器标准化技术委员会认证并在国务院 17 个部委推广使用。

2） ANSYS 使用环境。ANSYS 程序可运行于 PC 机、工作站以及巨型计算机等各类计算机及操作系统中，其数据文件在其所有的产品系列和工作平台上均兼容。其多物理场耦合的功能，允许在同一模型上进行各种耦合计算，如热 - 结构耦合、热 - 电耦合、磁 - 结构耦合以及热 - 电 - 磁 - 流体耦合，同时在 PC 机上生成的模型可运行于工作站及巨型计算机上，所有这一切就保证了

ANSYS 用户对多领域多变工程问题的求解。

ANSYS 可与多种先进的 CAD（如 AutoCAD、Pro/Engineer、NASTRAN、Alogor、IDEAS 等）软件共享数据，ANSYS 的数据接口可以精确地将在 CAD 系统下生成的几何数据传输到 ANSYS，通过必要的修补可准确地在该模型上划分网格并进行求解，这样就可以节省用户在创建模型的过程中所花费的大量时间，使用户的工作效率大幅度提高。

3）ANSYS 软件功能。ANSYS 软件主要包括三个部分：前处理模块、求解模块和后处理模块，如图 13－1 所示。前处理模块提供了一个强大的实体建模及网格划分工具，用户可以方便地构造有限元模型；求解模块包括结构分析（结构线性分析、结构非线性分析和结构高度非线性分析）、热分析、流体动力学分析、电磁场分析、声场分析、压电分析以及多物理场的耦合分析，可模拟多种物理介质的相互作用，具有灵敏度分析及优化分析能力；后处理模块可将计算结果以彩色等值线显示、梯度显示、矢量显示、粒子流迹显示、立体切片显示、透明及半透明显示等图形方式显示出来，也可将计算结果以图表、曲线形式显示或输出。ANSYS 程序提供了近 200 种单元类型，用来模拟工程中的各种结构和材料。

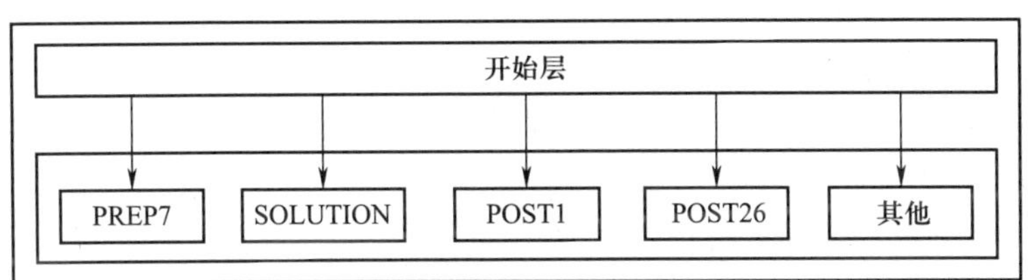

图 13－1 ANSYS 程序的组织结构

4）ANSYS 文件系统。ANSYS 文件的形式为[Jobname].[ext]，包括工作名和扩展名两部分。ANSYS 文件的工作名由用户定义，用于标识不同个体的差异，而扩展名为 ANSYS 程序定义，用于标识 ANSYS 文件的不同类型。典型的 ANSYS 文件包括：

日志文件（Jobname.LOG）：当进入 ANSYS 时系统会打开日志文件。在 ANSYS 中键入的每个命令或在 GUI（图形用户界面）方式下执行的每个操作都会被拷贝到日志文件中。当退出 ANSYS 时系统会关闭该文件。使用/INPUT 命令读取日志文件可以对崩溃的系统或严重的用户错误进行修复。

数据库文件（Jobname.DB）：数据库文件是 ANSYS 程序中最重要的文件之一，它包含了所有的输入数据（单元、节点信息，初始条件，边界条件，载荷信息）和部分结果数据（通过 POST1 后处理器读取）。

出错文件（Jobname.ERR）：出错文件用于记录 ANSYS 发出的每个错误或

警告信息。如果 Jobname. ERR 文件在启动 ANSYS 之前已经存在，那么所有新的警告和出错信息都将追加到这个文件的后面。

输出文件(Jobname. OUT)：输出文件会将 ANSYS 给出的响应捕获至用户执行的每个命令，而且还会记录警告、出错消息和一些结果。

结果文件(Jobname. RST、Jobname. RTH、Jobname. RMG)：结果文件是存储 ANSYS 计算结果的文件。其中，Jobname. RST 为结构分析结果文件，Jobname. RTH 为热分析结果文件，Jobname. RMG 为电磁分析结果文件。

其他的 ANSYS 文件还包括：图形文件(Jobname. GRPH)和单元矩阵文件(Jobname. EMAT)。

(2) ABAQUS 软件

ABAQUS 是一套功能强大的工程模拟有限元软件，其解决问题的范围从相对简单的线性分析到许多复杂的非线性问题。ABAQUS 包括一个丰富的、可模拟任意几何形状的单元库，并拥有各种材料模型，可以模拟典型工程材料的性能，其中包括金属、橡胶、高分子材料、复合材料、钢筋混凝土、可压缩超弹性泡沫材料以及土壤和岩石等地质材料。作为通用的模拟工具，ABAQUS 除了能解决大量结构(应力/位移)问题，还可以模拟其他工程领域的许多问题，例如热传导、质量扩散、热电耦合分析、声学分析、岩土力学分析(流体渗透/应力耦合分析)及压电介质分析。ABAQUS 产品包括以下模块：ABAQUS/CAE、ABAQUS FOR CATIA(前后处理模块)、ABAQUS/Standard(隐式求解器模块)以及 ABAQUS/Explicit(显式求解器模块)。

ABAQUS 软件的功能可以归纳为线性分析、非线性和瞬态分析、机构分析三部分。

1) 线性分析。即静力学、动力学和热传导分析。包括静强度/刚度、动力学/模态、热力学/声学、金属/复合材料、应力、振动、声场以及压电效应等。

2) 非线性和瞬态分析。包括汽车碰撞、飞机坠毁、电子器件跌落、冲击、损毁、接触、塑性失效、断裂/磨损以及橡胶超弹性等。

3) 机构分析。包括挖掘机机械臂运动分析、起落架收放、汽车悬架、微机电 MEMS 以及医疗器械等。

(3) 有限元分析软件的发展趋势

综观当今世界上 CAE 软件的发展情况，可以看出有限元分析方法的一些发展趋势如下。

1) 与 CAD 软件的无缝连接。当今有限元分析软件的一个发展趋势是与通用 CAD 软件的集成使用，即在用 CAD 软件完成部件和零件的造型设计后，能直接将模型传送到 CAE 软件中进行有限元网格划分并进行分析计算。如果分析的结果不满足设计要求则重新进行设计和分析，直到满意为止，从而极大地提高了设计水平和效率。为了满足工程师快捷地解决复杂工程问题的要求，许多商业化有限元分析软件都开发了和著名的CAD软件(例如Pro/Engineer、Unigraphics、SolidEdge、SolidWorks、IDEAS、Bentley和AutoCAD等)的接口。有些CAE软件为了实现和CAD软件的无缝集成而采用了CAD的建模技术，如ADINA软件由于采用了基于Parasolid内核的实体建模技术，能和以Parasolid为核心的CAD软件(如Unigraphics、SolidEdge、SolidWorks)实现真正无缝的双向数据交换。

2）更为强大的网格处理能力。有限元法求解问题的基本过程主要包括分析对象的离散化、有限元求解、计算结果的后处理三部分。由于结构离散后的网格质量直接影响到求解时间及求解结果的正确性，近年来各软件开发商都加大了其在网格处理方面的投入，使网格生成的质量和效率都有了很大的提高，但在有些方面却一直没有得到改进，如对三维实体模型进行自动六面体网格划分和根据求解结果对模型进行自适应网格划分，除了个别商业软件做得较好外，大多数分析软件仍然没有此功能。自动六面体网格划分是指对三维实体模型能自动地划分出六面体网格单元。现在大多数软件都能采用映射、拖拉、扫描等功能生成六面体单元，但这些功能都只能对简单规则模型适用，对复杂的三维模型则只能采用自动四面体网格划分技术生成四面体单元。对于四面体单元，如果不使用中间节点，有时会产生不正确的结果，如果使用中间节点将会引起求解时间、收敛速度等方面的一系列问题，因此人们迫切希望自动六面体网格功能的出现。自适应网格划分是指在现有网格基础上，根据有限元计算结果估计计算误差、重新划分网格和再计算的一个循环过程。对于许多工程实际问题，在整个求解过程中，模型的某些区域将会产生很大的应变，引起单元畸变，从而导致求解不能进行下去或求解结果不正确，因此必须进行网格自动重划分。自适应网格往往是许多工程问题如裂纹扩展、薄板成形等大应变分析的必要条件。

3）由求解线性问题发展到求解非线性问题。随着科学技术的发展，线性理论已经远远不能满足设计的要求，许多工程问题如材料的破坏与失效、裂纹扩展等仅靠线性理论根本不能解决，必须进行非线性分析求解，例如薄板成形就要求同时考虑结构的大位移、大应变(几何非线性)和塑性(材料非线性)；而对塑料、橡胶、陶瓷、混凝土及岩土等材料进行分析中需要考虑材料的塑性、蠕变效应时则必须考虑材料非线性。众所周知，非线性问题的求解是很复杂的，它不仅涉及很多专门的数学问题，还要求人们必须掌握一定的理论知识和求解技巧，学习起来也较为困难。为此国外一些公司花费了大量的人力和物力开发非线性求解分析软件，如ABAQUS、ADINA、ANSYS等。它们的共同特点是具有高效的非线性求解器、丰富而实用的非线性材料库。

4）由单一结构场求解发展到耦合场问题的求解。有限元分析方法最早应用于航空航天领域，主要用来求解线性结构问题，实践证明这是一种非常有效的数值分析方法。而且从理论上也已经证明，只要用于离散求解对象的单元足够小，所得的解就可足够逼近于精确值。现在用于求解结构线性问题的有限元法和软件已经比较成熟，发展方向是结构非线性、流体动力学和耦合场问题的求解。例如由于摩擦接触而产生的热问题，金属成形时由于塑性功而产生的热问题，需要结构场和温度场的有限元分析结果交叉迭代求解，即所谓“流固耦合”的问题。由于有限元的应用越来越深入，人们关注的问题越来越复杂，耦合场的求解必定成为 CAE 软件的发展方向。

5）程序面向用户的开放性。随着商业化程度的提高，各软件开发商为了扩大自己的市场份额，满足用户的需求，在软件的功能、易用性等方面花费了大量的投资，但由于用户的要求千差万别，不管他们怎样努力也不可能满足所有用户的要求，因此必须给用户一个开放的环境，允许用户根据自己的实际情况对软件进行扩充，包括用户自定义单元特征、用户自定义材料本构（结构本构、热本构、流体本构）、用户自定义流场边界条件、用户自定义结构断裂判据和裂纹扩展规律等。

关注有限元的理论发展，采用最先进的算法技术，扩充软件的功能，提高软件的性能以满足用户不断增长的需求，是 CAE 软件的又一主要发展趋势。

13.2.4　蒙特卡罗法

蒙特卡罗法（Monte Carlo method）实质上是一种随机模拟技术，即基于一定的随机数与概率统计来研究问题。它自从第二次世界大战之后兴起以来，目前已广泛应用于物理、化学、生物、生态学、社会学、交通管理、经济金融等领域。采用蒙特卡罗法对于分析一些比较复杂的材料科学问题也具有独特的优势，如研究高能离子在材料中的输运、晶粒生长过程、薄膜材料的外延生长、气相沉积、复合材料的失效破坏等。其基本原理是：首先建立一定的随机过程或概率模型，使其参数等于问题的解；然后通过对模型或过程的观察来计算所求参数的统计特征；最后给出所求解问题的近似值。可通过计算估计值的标准方差来判断解的精确度。

13.2.5　分子动力学法

1. *分子动力学法简介*

近年来，随着计算机软硬件技术的飞跃式发展，直接针对于原子、分子进行计算，从而预测其宏观性能已成为当前材料学界的研究热点。目前主要出现了三种应用广泛且极具发展潜力的计算方法：分子力学（molecular mechanics，MM）法、蒙特卡罗（Monte Carlo，MC）法以及分子动力学（molecular dynamics，

MD)法。

三种计算方法的比较如表 13 - 2 所示。分子力学法主要是针对单个分子，以寻求可能存在的最稳定的分子结构；蒙特卡罗法已在上文进行了简单介绍，它主要是基于一定的随机模型，以获得相关参量的统计估值；分子动力学法则可以用于分析材料的静态与动态特征，允许模拟与时间相关的变量，适用于研究有机材料、无机非金属材料以及金属材料等各类材料。目前，该技术已成功应用于晶格畸变、晶粒生长应力 - 应变关系、熔化及高温变形、扩散及微传热以及热物性的预测等方面。

表 13 - 2 三种计算方法的比较

计算方法	研究对象	研究目标
分子力学(MM)法	单个分子	寻求最稳定的分子结构
蒙特卡罗(MC)法	大量原子及分子	获得相关参量的统计估值
分子动力学(MD)法	大量原子及分子	静态与动态特征

分子动力学法实际是利用计算机对介质中所有质点的牛顿运动方程进行数值求解，得到原子坐标、速度等力学量随时间变化的函数。分子动力学模拟过程中，需要知道原子间的相互作用势，一般采用经验势来代替原子间实际的作用势，如 Lennard-Jones 势、Vinet 势、Morse 势、Born-Mayer 势、EAM 势、Finnis-Sin-Clair 势、MEAM 势、键级势、Chelikowsky-Phillips 势、Stillinger-Waber 势等。从分子体系的不同状态构成的系综中抽取样本，从而计算体系的构型积分，并以积分的结果为基础进一步计算体系的热力学量，了解其他宏观性质。

分子动力学的发展经历了以下几个重要时期：

1957 年：基于刚球势的分子动力学法(Alder 和 Wainwright)；

1964 年：利用 Lennard-Jones 势函数法对液态性质的模拟(Rahman)；

1971 年：模拟具有分子团簇行为的水的性质(Rahman 和 Stillinger)；

1977 年：约束动力学方法(Rychaert 等)；

1980 年：恒压条件下的动力学方法(Andersen 法、Parrinello-Rahman 法)；

1983 年：非平衡态动力学方法(Gillan 和 Dixon)；

1984 年：恒温条件下的动力学方法(Nosé-Hoover 法)；

1985 年：第一性原理分子动力学法(Car-Parrinello 法)；

1991 年：巨正则系综的分子动力学法(Cagin 和 Pettit)。

分子动力学(MD)法是按该体系内部的内禀动力学规律来计算并确定位形的转变。分子动力学计算机模拟是在原子尺度上模拟材料的性质，模拟的根本问题是要确定一群有相互作用的粒子在时空中的演化规律，也就是说，要知道各个粒子什么时候在什么地方是如何运动的。要实现这一模拟目标，首先要建立数学模型，即把关于微观粒子或粒子团的结构、粒子间力的知识与牛顿力学结合起来，制定粒子运动应遵循的自然规律和粒子间相互作用的形式，然后用计算机计算粒子集合的相轨道，从而确定系统的静态和动态性质。可以看出，分子动力学法不存在任何随机因素。在分子动力学法的计算过程中，数学模型的建立是通过对物理体系的微观数学描述给出的。在这个微观的物理体系中，每个分子运动的内禀动力学是用理论力学上的哈密顿量或拉格朗日函数来描述，也可以直接用牛顿运动方程来描述。确定性方法是实现玻尔兹曼的统计力学途径。这种方法可以处理与时间有关的过程，因而可以处理非平衡态问题。分子动力学法相比蒙特卡罗法其计算机程序较复杂，计算量大，占用内存也多。但在原子层次上，分子动力学法是能够提供深入理解微结构演化路径的唯一确定性模拟方法。与蒙特卡罗法相比，分子动力学法实际可进入的状态要少。1985 年，Car 和 Parrinello 在传统的分子动力学中引入了电子的虚拟动力学，提出了从头计算分子动力学法(也称 CP 法)，这使得第一性原理计算直接用于统计力学模拟成为可能，极大地扩展了模拟的深度和广度。分子动力学法可计算模拟系统的各种性质，模拟非晶态形成过程、晶格缺陷动力学和表面物理过程以及进行水溶液、冲击波模拟等。

第一性原理计算方法是指仅需采用 5 个基本物理常量，即电子的静止质量 m_0、电子电量 e、普朗克常量 h、光速 c 和玻尔兹曼常量 k_B，而不需要其他任何经验或拟合的可调参量，就可以应用量子力学原理计算出体系性质的理论方法。在计算过程中，只需知道构成体系的各种元素与所需要模拟的环境(如晶体结构)，因此有着半经验方法不可比拟的优势。区别于模拟原子水平的蒙特卡罗法和分子动力学法，第一性原理计算方法是电子水平的模拟方法。近年来，第一性原理计算，特别是基于密度泛函理论的第一性原理计算，在材料设计、合成、模拟计算和评价等诸多方面有许多突破性的进展，如成功预报 C3N4 超硬材料和 Si 存在高压金属相及其超导性。因此应用第一性原理计算方法研究材料问题，能使我们对材料中的物理和化学行为有更深层次的理解，从而为新材料设计开发提供理论指导。

2. 分子动力学相关软件

分子动力学法作为分子建模及材料性能预测的一种重要方法，在分子模拟中已经得到了广泛的应用。目前，广泛应用的分子动力学软件包主要有 Discover、NAMD、Moldy、Materials Explorer 等。

(1) Discover 程序

作为大型的材料分析软件 Materials Studio 的分子力学计算引擎，Discover 使用了多种成熟的分子力学和分子动力学方法，其方法被证明完全适应分子设计的需要。以多个经过仔细推导的力场为基础，Discover 可以准确地计算出最低能量构象，并可给出不同系综下体系结构的动力学轨迹。Discover 支持多种模拟方法，如外压和外电场存在条件下的模拟；周期性边界条件允许进行固态系统的模拟，如晶体、非晶和溶剂体系。利用 Discover 可以模拟分子结构、热力学性质、弹性常数、动力学量等材料性质。

（2） NAMD 程序

NAMD（NAnoscale Molecular Dynamics，NAMD），是美国伊利诺依大学理论生物物理学会研究组（http：//www. ks. uiuc. edu/）开发的适用于大分子体系的高性能并行分子动力学计算软件。该软件完全免费，用户可以自由下载源代码并自由引入新算法。NAMD 是采用面向对象的 C++ 语言编写的多模块程序，其运行平台为 Windows、Unix 或 Linux。采用的分子力场是 CHARMM 和 AMBER 力场，计算的势能项主要包括键的伸缩能、角的弯曲能、二面角和不规则二面角的弯曲能、动能、范德瓦耳斯相互作用能及静电相互作用能等。NAMD 曾获美国 2002 年度 Gordon Bell 大奖，目前已在蛋白质和生物大分子的分子模拟中得到了广泛应用。

（3） Moldy 程序

Moldy 是由英国牛津大学原子模拟研究中心 Keith Refson 教授开发设计的一款分子动力学软件，且其源程序对外免费（http：//www. earth. ox. ac. uk/~keithr/moldy. html），主要用于研究小分子、离子和原子浓缩相的统计力学，适用于固、液相及其混合相的模拟。该软件利用牛顿－欧拉转动方程把分子近似为刚性分子，通过联结原胞的方法计算短程力，支持绝大多数通用的对势函数，长程库仑力则采用 Ewald 求和技术处理。为了更好地实现内存的动态分配和结构化的数据管理，Moldy 使用 C 语言编写而成。Moldy 是一个高度矢量化的程序，在广泛的矢量平台上作过测试，包括工业级的 Cray、Convex、Stardent 和 Alliant。在现代工作站以缓存为基础的平台上运行也有很好的表现。

（4） Materials Explorer 程序

Materials Explorer 是由日本富士通公司推出的面向材料开发的多功能分子动力学软件包，拥有强大的分子动力学计算及 Monte Carlo 软件包，是结合应用领域研究材料工程的有力工具。其计算速度非常快，单机即可模拟上千个原子在内的体系。Materials Explorer 可在 Windows、Linux 等多种操作系统平台上运行，具有便捷友好的图形用户界面。该软件可以模拟的对象非常广泛，能够预测 X 射线和中子衍射的干涉函数、均方位移及原子扩散系数、相变、膨胀、压缩系数、抗拉强度、缺陷等。研究体系包括有机物、高聚物、生物大分子、金属、陶瓷材料、半导体等晶体、非晶体、液体或气体。此外，Materials Explorer 的新版本中还增加了聚合物建模功能及热传导分析功能。

13.2.6　人工神经网络法

1. 人工神经网络简介

人工神经网络（artificial neural network，ANN）是一种新兴的信息处理技术，它是由大量简单的高度互连的处理元素（神经元）所组成的复杂网络计算系统，能够模拟生物神经系统对真实世界物体所作出的交互反应。它是在现代神经科学研究成果的基础上提出的，反映了人脑功能的若干基本特征，是模拟人工智能的一条重要途径。

神经网络也称为神经计算机，但它与现代数字计算机有着明显的不同：神经网络的信息存储与处理（计算）是合二为一的，即信息的存储体现在神经元互联的分布上，而常规数字计算机的存储与计算是相互独立的；神经网络具有很强的鲁棒性和容错性，善于联想、概括、类比和推广，任何局部的损伤都不会影响整体结果；神经网络具有很强的自学习能力，可以在学习过程中不断完善，具有创新特性；神经网络是一个大规模自适应非线性系统，具有集体运算的能力，而现代数字计算机则是一个线性系统。

2. 人工神经网络基本结构

人工神经网络的基本单元是神经元，又称为处理单元，其模型如图 13－2 所示。它能完成生物神经元最基本的三种处理过程：评价信号，决定每个输入信号的强度；计算所有输入信号的权重和，并与神经元的阈值进行比较；决定神经元的输出。每个神经元具有一个和时间相关的活动状态和阈值，将神经元 j 的活动状态和阈值分别用 $a_j(t)$ 和 $\theta_j(t)$ 表示，神经元之间的连接强度用权值 W_{ij} 表示，神经元 j 的输入为 $\{X_1, X_2, \cdots, X_n\}$，输出为单值 y_i，数学描述如下：

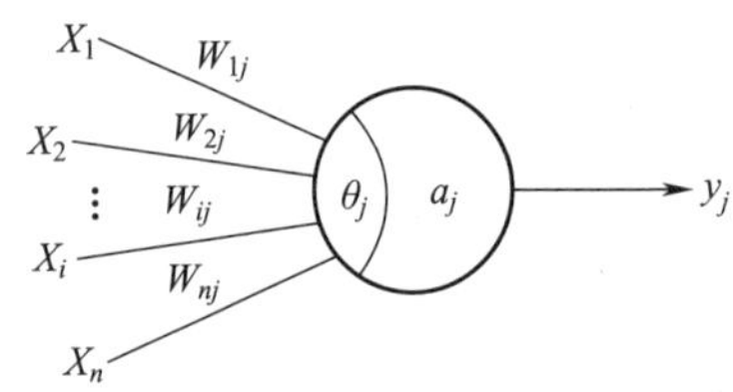

图 13－2　神经元模型

$$s_j = \sum_{i=1}^{n} W_{ij}X_i - \theta_i \tag{13-1}$$

$$a_j = f(s_j) \tag{13-2}$$

$$y_i = g(a_i) \tag{13-3}$$

以上各式中：f 为神经元功能函数，又称传递函数；g 为转换函数。当 $g(a_i) = a_i$ 时，神经元的输出为

$$y_i = f\left(\sum W_{ij}X_i - \theta_i\right) \tag{13-4}$$

从上式可知，神经元可以有很多输入，所有这些输入信号都是同时传送给神经

元的。神经元是否被激发，激发的强度如何，取决于输入信号的权重和、阈值和神经元功能函数。神经元可以直接将信息输出，也可将输出信号作为另外一些神经元的输入信号。

人工神经网络由排列成层的神经单元组成，接收输入信号的单元层称为输入层，输出信号的单元层为输出层，不直接与输入输出发生联系的单元层称为中间层或隐层。图 13－3 是典型的人工神经网络结构。

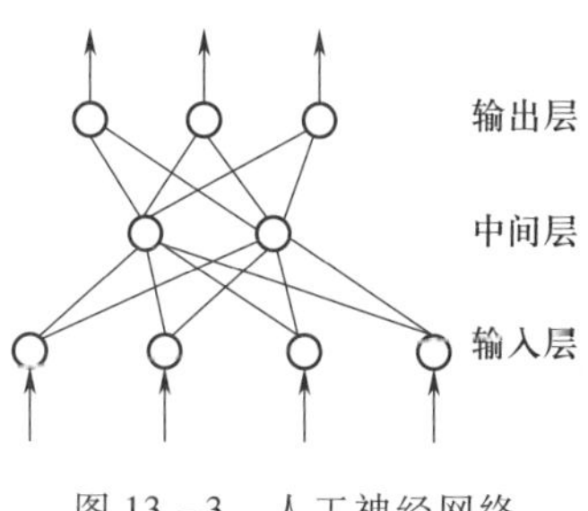

图 13－3　人工神经网络结构示意图

13.3　材料计算方法应用实例

13.3.1　GH4169 高温合金的热力学平衡相模拟计算

采用 Thermo-Calc 热力学软件和与之相应的镍基高温合金数据库进行模拟计算。通过计算系统吉布斯自由能的最小值来预测材料中可能存在的热力学平衡相，同时也计算出了各个平衡相的析出量随温度的变化情况以及平衡相的化学成分。

GH4169 高温合金的典型化学成分(wt%)为 0.02C，19Cr，18Fe，3Mo，0.5Al，1.0Ti，5.0Nb，余量为 Ni。合金的微观组织特征为晶界上分布着针状的 δ 相[图 13－4(a)]，晶内为盘片状的 γ″相和球状的 γ′相[图 13－4(b)]。经热力学计算，得出平衡相的析出量与析出温度之间的关系，如图 13－5 所示。其中图 13－5(b)为图 13－5(a)的部分放大图。由图 13－5 可知，GH4169 合金中的主要平衡析出相为 γ′、δ、MC、$M_{23}C_6$。析出相平衡成分和开始析出温度分别如表 13－3 和表 13－4 所示。

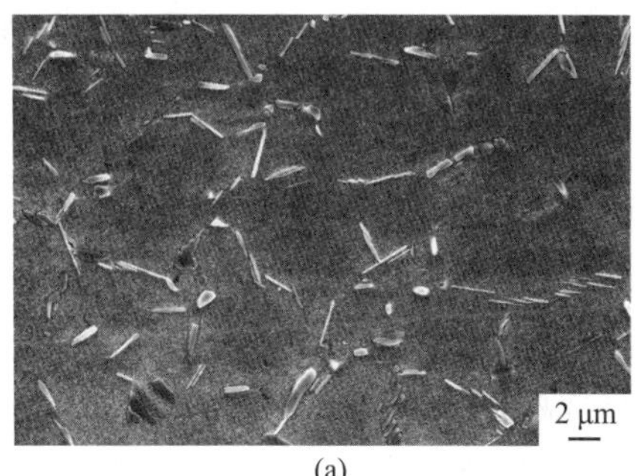

(a)

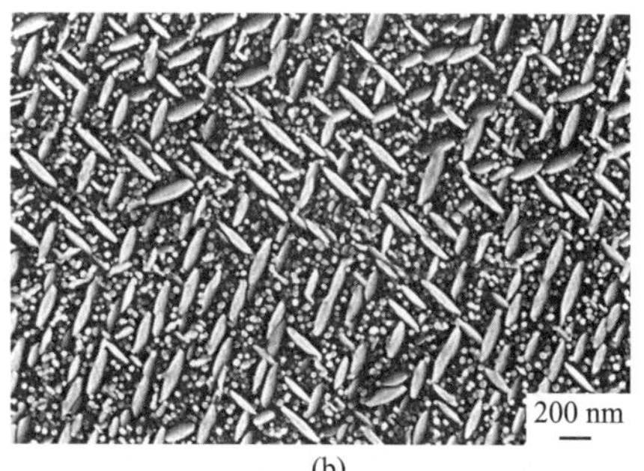

(b)

图 13－4　GH4169 合金的显微组织形貌。(a) 晶界 δ 相；(b) 晶内 γ″相和 γ′相

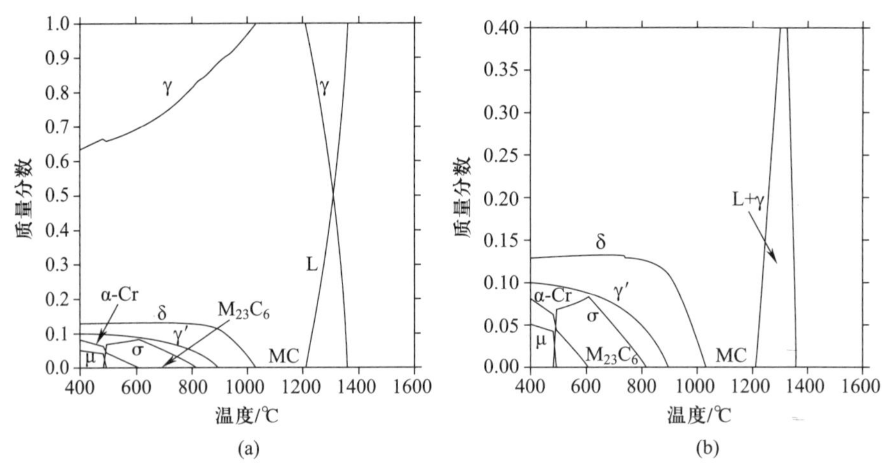

图 13－5　GH4169 合金各相析出量与析出温度的热力学计算相图

表 13－3　GH4169 合金中析出相的平衡成分　（单位：wt%）

析出相	Ni	Mo	Fe	Cr	Al	Ti	Nb	C
δ	66.31	0.54	1.41	0.97	0.22	1.92	30.35	—
γ	52.09	1.9	23.23	22.27	0.19	0.0087	0.23	—
γ′	75.5	0.0072	1.72	0.6	4.04	8.22	9.86	—
$M_{23}C_6$	2.97	19.67	1.65	70.55	—	—	—	5.15
σ	17.95	22.34	17.64	42.07	—	—	—	—
MC	—	0.29	—	—	—	4.10	85.3	10.22

表 13－4　GH4169 合金中析出相的开始析出温度　（单位:℃）

析出相	γ′	δ	MC	$M_{23}C_6$	初熔点	终熔点	α－Cr	σ
固溶温度	896	1031	1227	739	1211	1351	609	819

通过系统的热力学模拟计算，图 13－6 给出了 Al、Ti、Nb 含量变化对合金 γ′相和 δ 相开始析出温度和析出量的影响规律。可以看出，合金中 Al 和 Ti 含量提高会显著提高 γ′相的开始析出温度和增加其析出量，同时降低 δ 相的开始析出温度和减少 δ 相析出量。但提高 Al 含量对 γ′相和 δ 相的析出特征影响大于提高 Ti 含量所带来的效应。Al 和 Ti 含量过高会分别促进 σ 相和 η 相形成。

总之，通过热力学平衡相的计算分析，可以给出合金元素对析出相的影响规律，为合金设计及相控制提供理论指导。

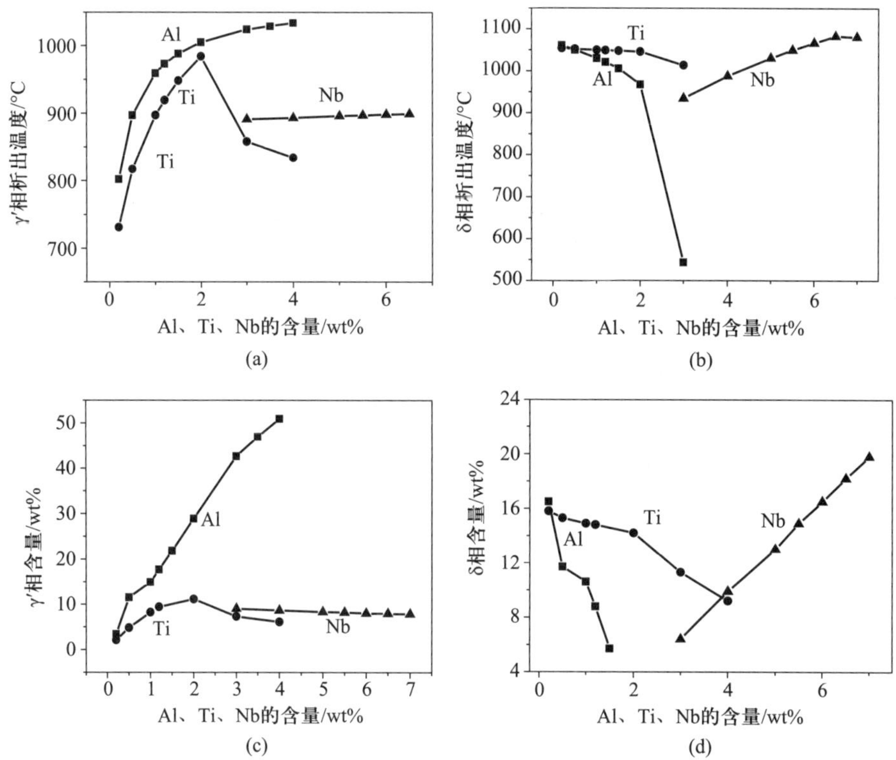

图 13-6 Al、Ti 和 Nb 含量变化对相的开始析出温度和析出量的影响

13.3.2 扩散连接过程元素互扩散规律的动力学模拟计算

DICTRA 是一个模拟多元系统中扩散控制转变的软件包，该程序是基于材料不同区域内多元扩散方程的数值解，求得不同温度、时间、压力下的元素浓度分布。DICTRA 软件建立在对多组元扩散方程数值求解的基础上，其与 Thermo-Calc 热力学软件配合使用，Thermo-Calc 用来处理必要的热力学计算。扩散模拟是基于存储于数据库内的已经评估的热/动力学数据。利用必要的热/动力学数据，DICTRA 可同时模拟包含 10 种元素以上合金的扩散过程，可以建立出多相模拟的模型。

使用的模拟对象为 K418B 铸造高温合金和 FGH91 粉末高温合金，两种合金的典型成分如表 13-5 和表 13-6 所示。

表 13-5 K418B 合金成分 （单位：wt%）

元素	Al	Cr	Mo	Ti	C	B	Zr	Ni
含量	5.83	12.40	4.35	0.76	0.045	0.01	0.06	余

表 13－6　FGH91 合金成分　（单位：wt%）

元素	Al	Co	Cr	Mo	Ti	C	B	Ni
含量	4.0	17.0	15.0	5.0	3.5	0.04	0.02	余

时间、温度和压力是影响热等静压扩散连接的主要工艺参数。其中，压力的作用是在一定的温度下，使连接表面产生微小的宏观变形并紧密接触，连接部件通过一定时间的扩散而实现结合。在模拟计算的过程中，扩散偶是在理想情况下紧密连接的。因此，只讨论时间和温度对扩散的影响。

1. 不同时间下的动力学计算

将压力暂定为 103 MPa，选取 4 个温度(1120 ℃、1160 ℃、1180 ℃、1200 ℃)进行计算，时间取为 0.5 h、1 h、2 h、3 h、5 h、8 h、10 h、30 h。

图 13－7 是 1120 ℃下各元素的扩散情况的模拟计算结果。负值部分(即左侧)为 K418B，对应正值部分(即右侧)为 FGH91。可以看出，Al 元素发生了明显的扩散，形成了宽度 100 μm 以上的扩散区。而 Ti、Co、Mo 元素的扩散区宽度相对较窄。

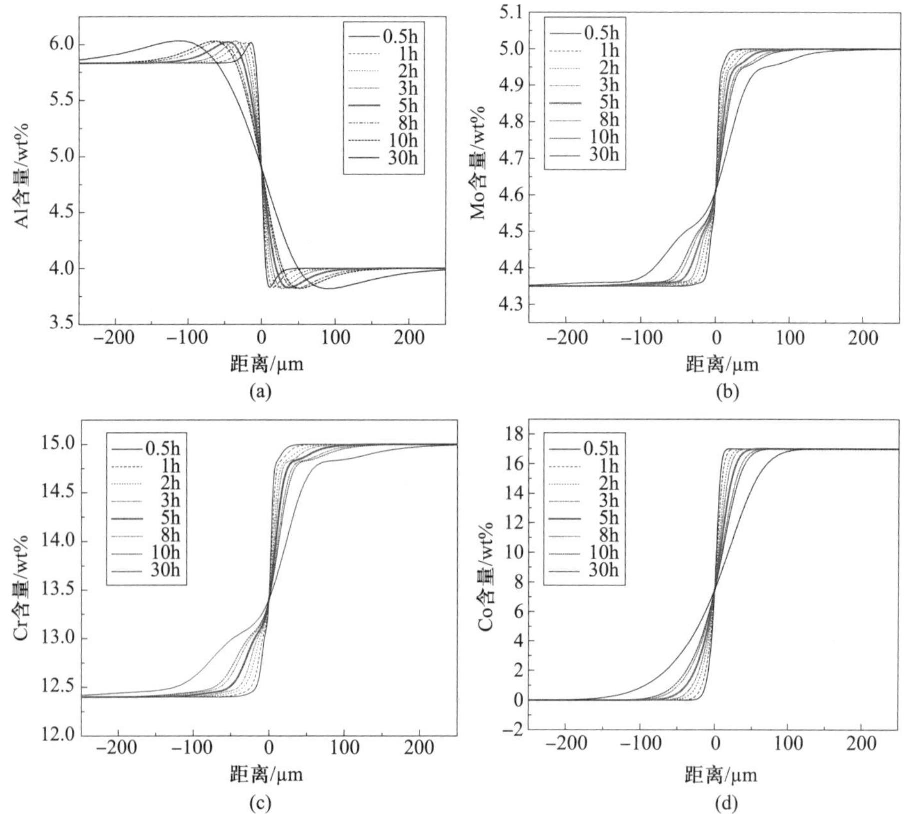

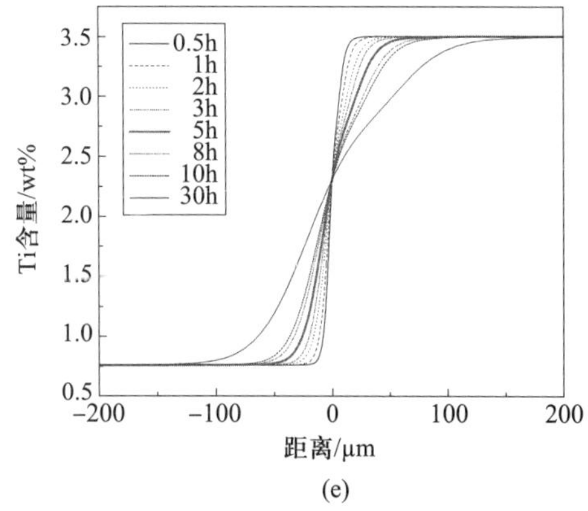

图 13－7　1120 ℃下不同扩散时间后的元素浓度分布曲线

同时也可以看出各元素的扩散区宽度都随时间的变化而增加。其他温度下的扩散规律随时间的变化情况与 1120 ℃下的基本相同，故只选取 1120 ℃的数据进行分析。观察 1120 ℃时扩散区宽度随时间的变化情况，图 13－8 给出的是各元素扩散区宽度(单侧)随时间的变化。可以看出在 3～5 h 的区间内有较快的增长速率。随时间的延长，即时间大于 8～10 h 后增长速率开始下降并保持比较稳定的速率。大多数元素的曲线在大约 5 h 以后便出现转折点。

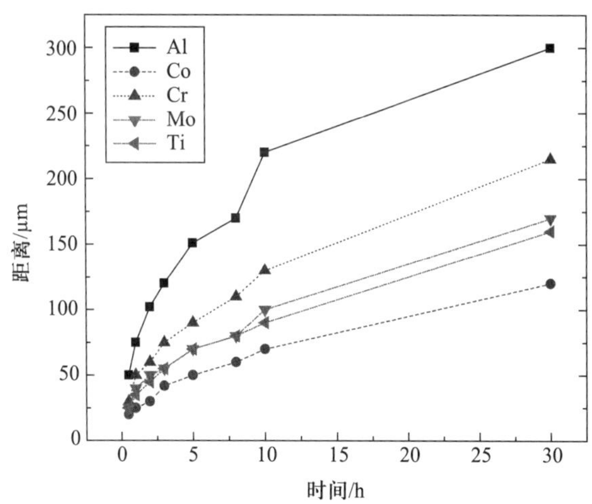

图 13－8　1120 ℃下各元素扩散区宽度(单侧)随时间变化曲线

2. 不同温度下的动力学计算

选取与上例相同的模型和主要条件计算，压力选为 103 MPa，将时间暂定为 3 h，选取 8 个不同的温度：1000 ℃、1060 ℃、1120 ℃、1160 ℃、1180 ℃、1200 ℃、1260 ℃、1300 ℃。计算结果如图 13－9 所示。

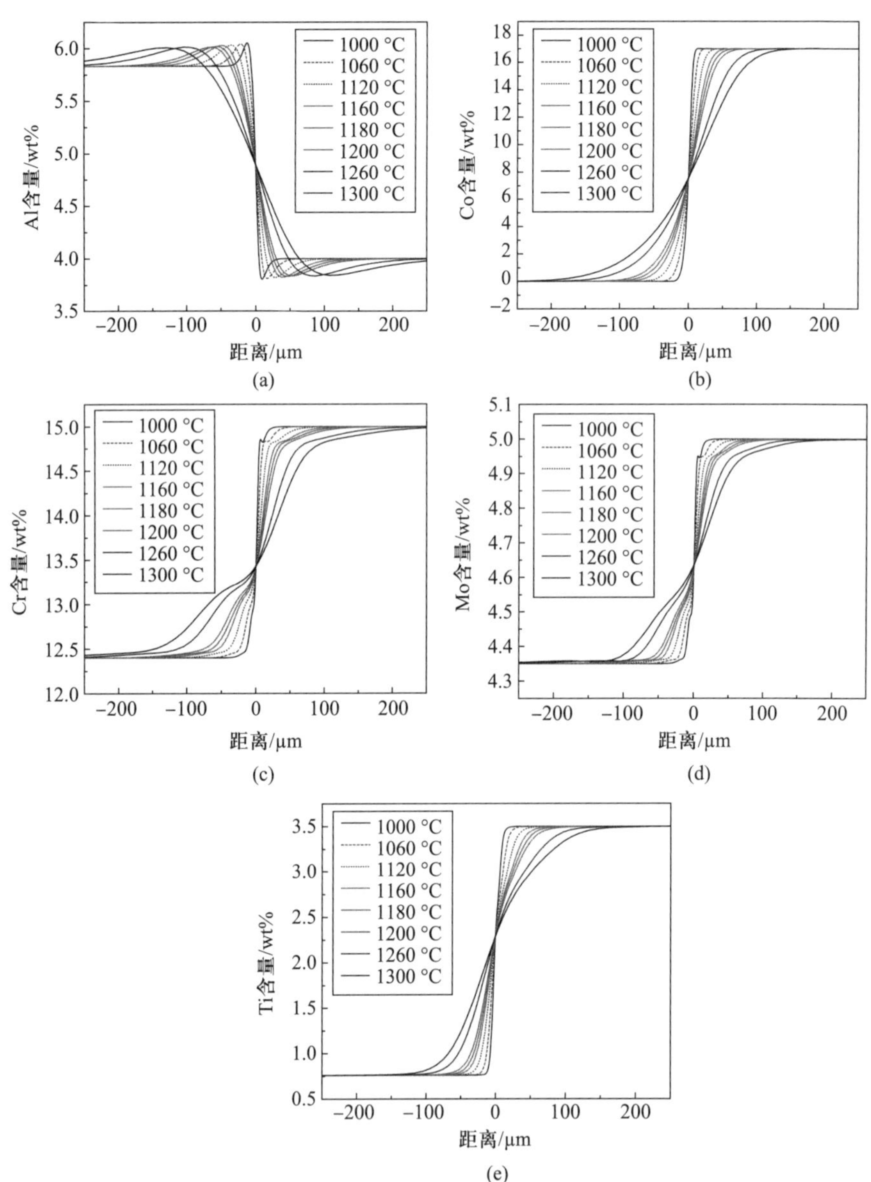

图 13－9　不同扩散温度下扩散 3 h 后的元素浓度分布曲线

可以看出各元素都形成了一个明显的扩散区，其中 Al 元素的扩散区宽度要大于其他元素。Mo、Ti 等元素扩散区宽度较小，随温度变化的程度也较小，因此这几个元素在扩散连接中的扩散速度较为缓慢，在实际工艺中可重点关注这几个扩散较慢的元素。

从图 13－9 也可以看出，各元素的扩散区宽度都随扩散温度的增加而增加，只是由于各自迁移率的差别而增加得或多或少。观察扩散区宽度随温度变化的规律，如图 13 - 10 所示，可以看出图中曲线可大致分为具有不同增长速率的几段，它们大致都在 1120 ~ 1150 ℃出现第一个转折点。但与时间对扩散区宽度的影响不同，在温度更高的阶段，扩散区宽度的增长速率变得更大。但考虑到温度升高可能带来的不利后果，例如增加设备负担、强化相回溶等，可将温度定为 1120 ℃ ~ 1150 ℃为宜。

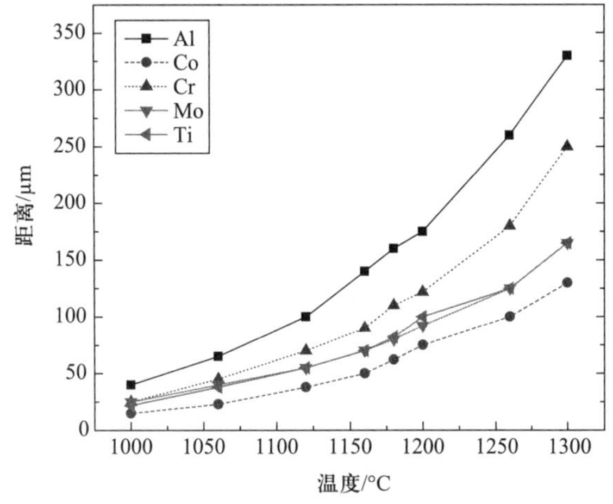

图 13 - 10　3 h 时各元素扩散区宽度(单侧)随温度变化曲线

总之，通过 DICTRA 动力学软件和 Thermo-Calc 热力学软件对 K418B 铸造高温合金和 FGH91 粉末高温合金进行热等静压扩散连接反应层的元素互扩散规律的模拟计算。通过不同时间和温度的计算，分析在不同工艺条件下元素的互扩散规律，为热等静压扩散连接的工艺制度和优化提供理论依据。

13.3.3 夹杂物及附近基体应力应变场的有限元模拟计算

高强度弹簧钢 60Si2CrVA 及粉末高温合金 FGH95 中的非金属夹杂物对构件的疲劳寿命有很大影响。根据有限元法，通过所建立的考虑夹杂物特征参数及附近基体力学行为的弹塑性有限元模型，可研究 60Si2CrVA 及 FGH95 合金在拉伸载荷下夹杂物及附近基体应力应变场的分布情况。图 13 - 11 为所研究合金含有内部夹杂物的断口形貌。

在建立模型时认为夹杂物与基体是连续的各向同性材料，二者间完全结合，无过渡区域。在加载过程中 Al_2O_3 夹杂物保持弹性状态，60Si2CrVA 基体发生弹塑性变形。图 13 - 12(a)为圆形夹杂物在水平载荷下的有限元计算模型。由于基体屈服强度为 1700 MPa，抗拉强度为 1930 MPa，设定初始载荷为

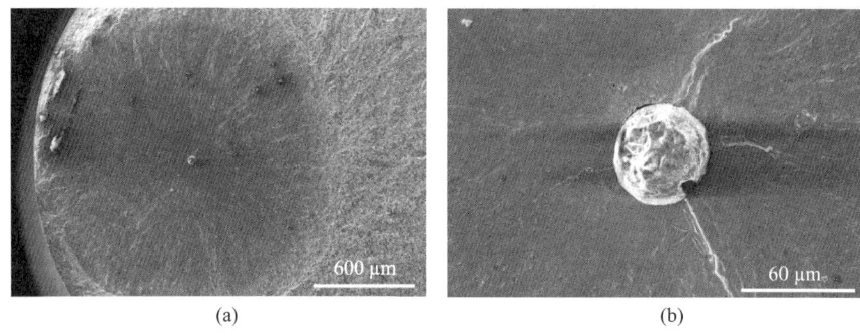

(a)　　(b)

图 13－11　合金内部夹杂物及放大图

1600 MPa，采用增量加载模式。

为了讨论夹杂物形状因素对附近力学场量的影响，建立矩形夹杂物模型［图 13－12(b)］。矩形夹杂物尺寸分布范围与圆形夹杂物一致。不同于圆形夹杂物的各向同性与对称性，矩形夹杂物的特性参数比较复杂，主要考虑包括长短轴比($a:b$)、长轴方向与外载荷夹角(α)等因素。

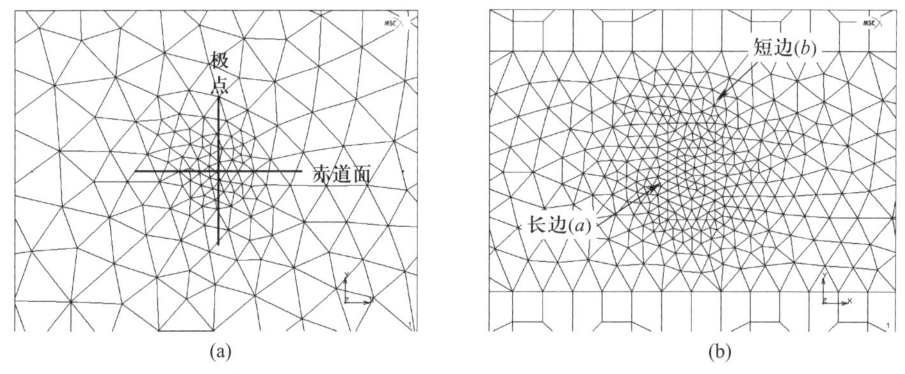

(a)　　(b)

图 13－12　(a) 圆形夹杂物模型；(b) 矩形夹杂物模型

图 13－13 为夹杂物直径 $d=60$ μm、试样直径 $D=6$ mm($d/D=1:100$)时夹杂物及基体内的 Von Mises 等效应力分布。初始载荷为水平方向 1600 MPa 的拉伸应力。图 13－13(a)中外加水平方向名义拉伸应力σ_L为 1600 MPa，模型内最大应力$\sigma_{max\text{-}inclusion}$为 1759 MPa，出现在夹杂物内靠近赤道面边缘处，但夹杂物内应力分布无明显差异。模型内最小应力σ_{min}出现在极点附近基体，为 1186 MPa。基体内的最大应力$\sigma_{max\text{-}matrix}$位于夹杂物赤道面处，因该区域应力水平仅次于夹杂物内，称之为次高应力区。因为 $E_1<E_2$，因此夹杂物内应力分布要明显高于基体内分布，夹杂物内应力分布均匀一致；夹杂物附近基体沿赤道面，即外应力方向，存在明显高应力区域；在极点附近存在模型内最低应力

区域，且在与应力轴方向呈45°角方向有一定延伸。随着σ_L继续增大，次高应力区范围减小，这说明，该区域的应力水平与周围基体趋于一致，并且这种趋势将继续扩展到整个基体。当σ_L增加至1900 MPa之后，基体内应力水平更加接近，不再存在次高应力区。当σ_L为1920 MPa时，除极点位置的最低应力区外，基体应力几乎一致。

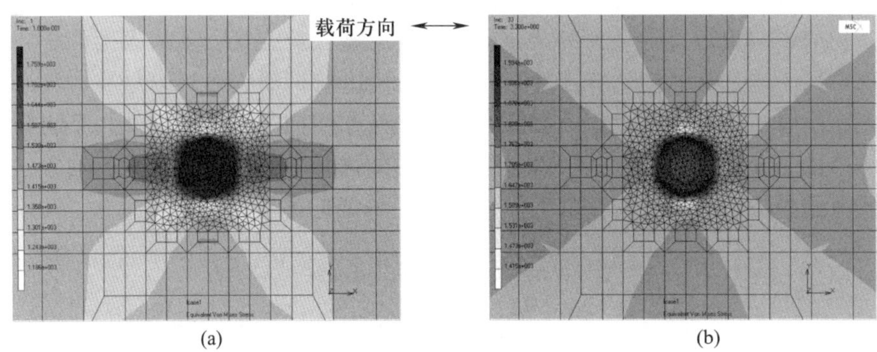

图13－13　$d=60\ \mu m$、$D=6\ mm$模型内Von Mises等效应力分布。(a) $\sigma_L=1600$ MPa；(b) $\sigma_L=1920$ MPa

建立$a:b=2:1$($a=30\ \mu m$，$D=6000\ \mu m$)的矩形夹杂物模型，如图13－14所示。外加水平方向拉伸载荷，以10 MPa增量加载，初始载荷为1600 MPa。由图13－14可知，夹杂物内应力高于基体内应力。由于矩形夹杂物的不对称性，其夹杂物内部应力并非均匀分布，而是出现夹杂物心部应力低、边缘应力高的现象。矩形夹杂物短边(b边)处的基体，沿外载荷方向出现较高应力区，为基体内最大应力区域，参考圆形夹杂物分析过程，将其称为次高应力区($\sigma_{max\text{-}matrix}$)。夹杂物长边($a$边)处基体出现最低应力区($\sigma_{min}$)。长轴($a$轴)线上

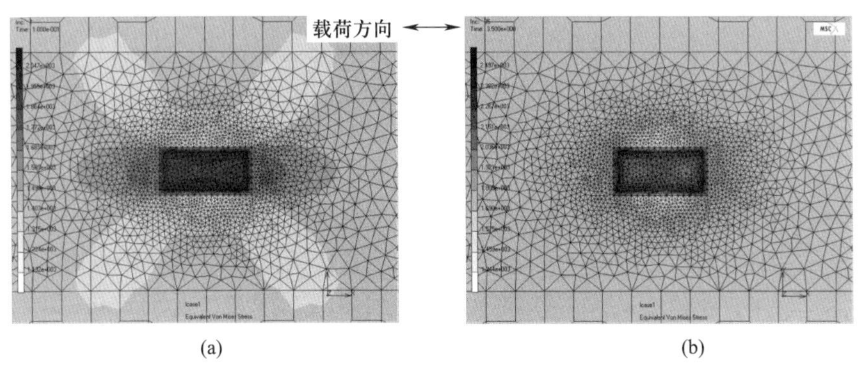

图13－14　$a=30\ \mu m$、$b=15\ \mu m$矩形夹杂物模型内应力变化。(a) $\sigma_L=1600$ MPa；(b) $\sigma_L=1940$ MPa

的基体内次高应力区在$\sigma_L \geqslant 1700$ MPa后逐渐缩小，表明此刻基体内次高应力区进入塑性变形阶段。随着载荷继续增加，基体内应力分布趋于一致，仅长边（a边）附近的最低应力区保持不变。

总之，通过所建立的考虑夹杂物特征参数及附近基体力学行为的弹塑性有限元模型，研究了合金在拉伸载荷下夹杂物及附近基体应力应变场的分布情况。可以获得内部夹杂物的形状、尺寸及外载荷方向对夹杂物及附近基体内的应力场的影响规律；近表面夹杂物的应力场及塑性应变场受基体表面的影响而出现不同于内部夹杂物的分布规律；对邻近夹杂物的研究也可以给出，夹杂物间距较小时，夹杂物附近应力场因为发生交互作用而使夹杂物内及夹杂物附近基体内应力分布发生变化，随着夹杂物间距的进一步减小而出现极值现象。计算研究结果为含夹杂物构件的寿命设计等提供理论指导。

13.3.4 GH738涡轮盘锻造成形过程组织模拟计算

通过大量设计的物理模拟实验，对GH738合金动态再结晶、亚动态（静态）再结晶及晶粒长大过程进行系统研究，构建GH738合金晶粒组织控制模型。对MSC. SUPERFORM软件进行二次开发时，使用该软件用户子程序UGRAIN，调用编写的FORTRAN程序命令语言，基于材料状态模拟晶粒度演变情况，使MSC. SUPERFORM软件具有预测GH738合金锻造过程组织演变全过程的功能。模拟计算时，该用户子程序在每一个积分点都会被调用，且按照组织演变的数学模型计算各个节点的晶粒尺寸。

涡轮盘锻造过程中晶粒组织演变的有限元计算流程如图13－15所示，程序开始首先输入初始变形条件参数，如有效应变量、有效应变速率、温度及初始晶粒尺寸等。在变形温度高于1000 ℃过程中，若应变量小于临界应变量ε_c时，则仅发生原始晶粒长大现象；当应变量超过临界应变量ε_c时，则发生动态再结晶现象，并可以计算动态再结晶量及动态再结晶晶粒大小。当动态再结晶体积百分数大于等于95%时，晶粒在保温和随后的冷却过程则发生晶粒的长大现象；若动态再结晶体积百分数小于95%，则变形后发生亚动态（静态）再结晶。当亚动态（静态）再结晶体积百分数大于等于95%时，该部分亚动态（静态）再结晶晶粒发生晶粒长大现象；若亚动态（静态）再结晶体积百分数小于95%，则该部分晶粒显示为平均亚动态（静态）再结晶的晶粒尺寸。

根据某型号ϕ1400 mm涡轮盘锻件图，建立了该涡轮盘模锻的有限元模型，如图13－16所示。为了对该特大型涡轮盘进行锻造工艺的优化，对其进行数值模拟计算分析，将ϕ660 mm×1100 mm、初始晶粒尺寸为150 μm的GH738合金锻坯模锻成ϕ1400 mm涡轮盘。模拟条件：模具预热温度为400 ℃，摩擦系数为0.2，水压机变形速率为10 mm/s，坯料预热锻造初始温度为1080 ℃，

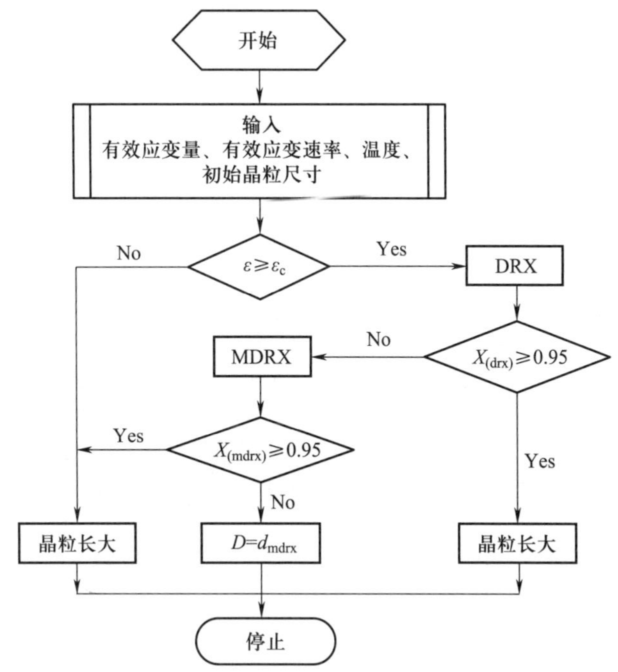

图 13－15　GH738 合金晶粒微观组织演变过程的有限元计算流程

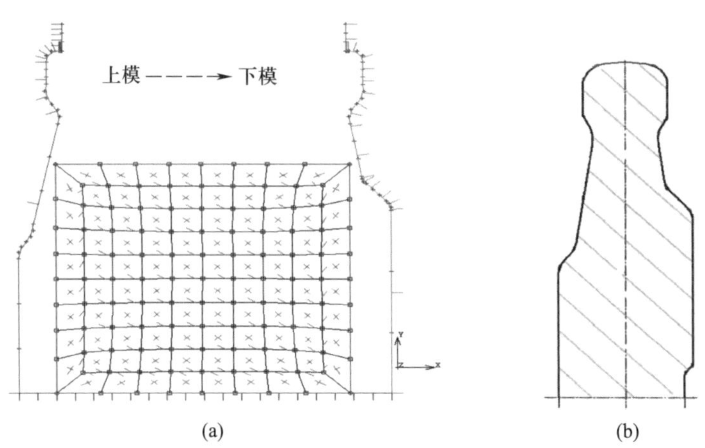

图 13－16　（a）涡轮盘模锻有限元模型；（b）模拟盘模锻模型

盘件锻造前加保温包套，坯料与环境的对流换热系数为 15 W/(m^2·K)，与模具的接触换热系数为 100 W/(m^2·K)。

图 13－17 为在变形温度为 1080 ℃、变形速率为 10 mm/s 条件下的平均晶粒度分布，图中标记数据为 ASTM No. 晶粒度级别数值。坯料在 1080 ℃以上

加热保温时，由于γ′强化相的完全回溶和晶界碳化物的部分溶解，使得晶粒迅速长大。涡轮盘中心表面出现较大的晶粒层(约124 μm)，心部晶粒则较为均匀，约75 μm；*R*/2处涡轮盘晶粒较为均匀，约40 μm；在涡轮盘边缘晶粒尺寸约为90 μm。总体看，整个涡轮盘组织较为理想。在整个锻造过程中，包套和提高坯料与模具之间的润滑程度都是非常重要的，保持锻造坯料与外界和模具之间的合理的热传递系数，不仅可以提高模具的寿命，也是决定最终锻件组织质量的重要因素。

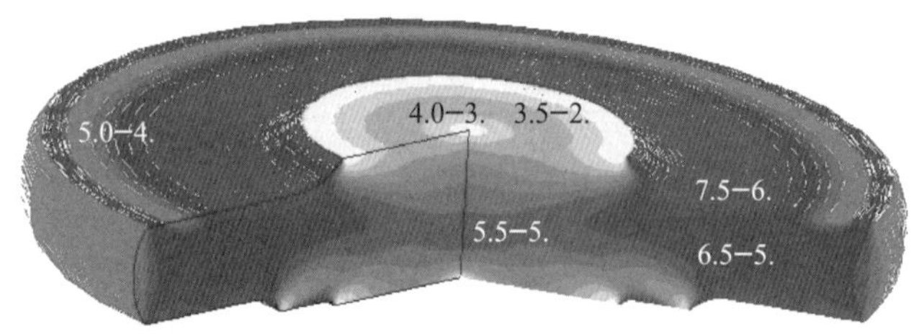

图13－17　1080 ℃、10 mm/s变形条件下平均晶粒度分布情况

总之，通过对SUPERFORM软件的二次开发及现有GH738热变形全过程组织演变模型，可以对锻造涡轮盘温度场、应力场、应变场、位移场及晶粒度分布规律等进行模拟，从而有效确定锻压条件，如锻压载荷、保温措施、润滑情况及组织特征等，这样可以在锻造前作好准备，降低成本。如上特大型涡轮盘的模拟，为锻造提供了重要的理论数据。

本章知识点

1）了解计算材料学在材料科学研究中的重要作用。

2）了解常用的几种计算分析方法。

3）了解常用的计算分析软件及应用范围。

第十四章 其他显微分析方法

以上章节阐述的有关分析方法，如光学金相分析、扫描电子显微分析、透射电子显微分析及 X 射线衍射分析等，都是材料分析过程中经常用到的研究手段，需要很好地掌握。随着对材料分析的深入研究，以及现代测试分析手段的发展，还有许多其他物理测试方法。本章将简要介绍几种常用的表层分析技术和原子像分析技术[3]，作为对材料进行深入分析的补充基础知识。从空间分辨率而言，它们至少可以提供表面几个原子层范围内的化学成分，有的能在原子分辨的基础上显示表面的原子排列情况乃至鉴别单个原子的元素类别。

14.1 离子探针显微分析

到目前为止，电子探针仪仍然是微区成分分析最常用的工具。总的来说其定量分析的精度是比较高的，但是，由于高能电子束对试样的穿透深度和侧向扩展，使它难以满足薄层表面分析的要求。同时，电子探针对 $Z \leqslant 11$ 的轻元素的分析还很困难，因为荧光产额低，特征 X 射线光子能量小，使轻元素检测灵敏度和定量精度都较差。

离子探针仪利用电子光学方法把惰性气体等初级离子加速并聚

焦成细小的高能离子束轰击试样表面，使之激发和溅射二次离子，经过加速和质谱分析，分析区域可降低到 1～2 μm 的直径和小于 5 nm 的深度，大大改善了表面成分分析的功能。从表 14－1 所给出的一些对比资料可以看到，离子探针在分析深度、采样质量、检测灵敏度、可分析元素范围和分析时间等方面，均优于电子探针，但因初级离子束聚焦困难使束斑较大，影响了其空间分辨率。

表 14－1　几种表面微区成分分析技术的性能对比

性能分析	电子探针	离子探针	俄歇电子能谱仪
空间分辨率/μm	0.5～1	1～2	0.1
分析深度/μm	0.5～2	<0.005	<0.005
采样体积质量/g	10^{-12}	10^{-13}	10^{-16}
可检测质量极限/g	10^{-16}	10^{-19}	10^{-18}
可检测浓度极限/$\times10^{-6}$	50～10000	0.01～100	10～100
可分析元素	$Z\geqslant4$（$Z\leqslant11$ 时灵敏度差）	全部（对 He、Hg 等灵敏度较差）	$Z\geqslant3$
定量精度（w_c>10%）	±（1～5）%		
真空度要求/Pa	1.33×10^{-3}	1.33×10^{-6}	1.33×10^{-8}
对试样的损伤	对非导体损伤大，一般情况下无损伤	损伤严重，属消耗性分析，但可进行剥层	损伤少
定点分析时间/s	100	0.05	1000

离子探针仪的结构如图 14－1 所示。双等离子流发射器将轰击气体电离，以 12～20 kV 的加速电压引出，通过扇形磁铁偏转（同时将能量差别较大的离子滤除）后进入电磁透镜聚焦成细小的初级离子束，轰击由光学显微镜观察选定的分析点。当用惰性气体（如 Ar^{+}）时，初级离子把动能转交给试样原子，使轰击区域深度小于 10 nm 的表层内原子受到剧烈的搅动，变为高度浓集的等离子体，温度可达 6000～15000 K，形成多种形式的化学体（包括原子和多原子集团），并有不同程度的电离。等离子体存在的离子大多会被电子中和，但也有某些离子会逸出表面，即发生所谓“溅射过程”。二次离子逸出的概率取决于必须克服的表面位垒和它们的动能。如果采用化学性质活泼的气体离子（如 O^{-} 或 O_2^{+} 等）轰击，则在溅射的同时表面化学组成会发生变化。但是由此生成的各种化合物和化合物离子，将使可能中和正离子的电子数目减少，或是提供产生带负电离子的最佳条件，并改变表面有效功函数的值，达到稳定的高离子

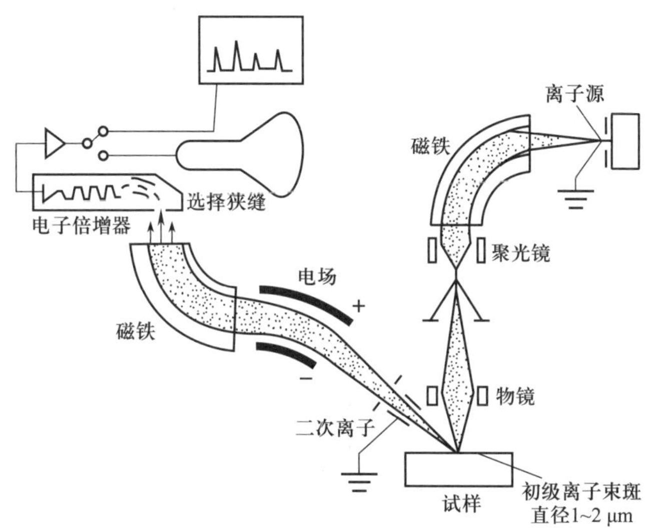

图 14-1 离子探针仪结构示意图

产额，使痕量或定量元素分析得以进行。目前，大多数离子探针分析工作均以氧作为初级离子。

二次离子的平均初始能量为 10 eV 数量级，也有不少能量高达几百电子伏。考虑到二次离子的能量非单一性，质谱分析采用图 14-1 所示的双聚焦系统。由 1 kV 左右加速电压从表面引出的二次离子首先进入圆筒形电容器式静电分析器，径向电场 E 产生的向心力为 $Ee = mv^2/r'$，其中 e 和 m 是离子的电荷和质量，v 为离子的运动速度，离子轨迹的半径为

$$r' = \frac{mv^2}{Ee} \tag{14-1}$$

这样，电荷和动能相同、质量未必相同的离子将有同样程度的偏转，因为 r' 正比于离子的动能。接着，扇形磁铁内的均匀磁场（磁感应强度为 B）把离子按 e/m 比进行分类。若引出二次离子的加速电压为 U，则

$$eU = \frac{1}{2}mv^2$$

而磁场产生的偏转由式 $Bev = mv^2/r$ 给出，其中 r 为磁场内离子轨迹的半径，由两式整理可得

$$r = \sqrt{\frac{2Um}{eB^2}} \propto \frac{1}{\sqrt{e/m}} \tag{14-2}$$

双聚焦系统的优点在于：① 初始能量分散的同种离子（e/m 相同）最终可一起聚焦。② 所有离子均被聚焦于同一平面内，便于照相记录或通过质量选

择狭缝检测离子流强度。当以底片记录时，离子数量被显示为谱线的感光黑度；如果用电子倍增器计数，则谱线强度(cps)表明元素或同位素的相对含量。图 14-2 是典型的离子探针质谱分析结果。应当指出，质谱分析的背景强度几乎为零(如基体元素离子的计数率可达 10^7 cps 数量级，而背景为 10 cps 数量级)，使其检测灵敏度极高，可检测质量极限为 10^{-19} g 数量级，仅相当于几百个原子的存在量。

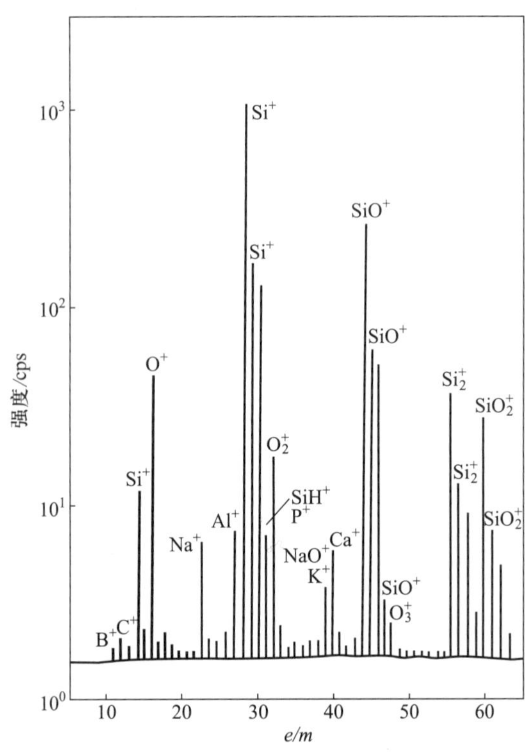

图 14-2　典型的离子探针质谱分析结果

(18.5 keV 氧离子轰击的硅半导体)

溅射过程的复杂机理以及多种形式离子的同时产生，包括单原子或多原子离子、化合物(氧化物、氢化物等)以及其他复合离子的出现，造成按 e/m 比分类时谱线的相互干扰，使离子探针的定量分析比较困难，但在某些情况下通过相对测量等方法，可以取得较好的结果。

在可控的条件下，利用初级离子轰击溅射剥层，可以获得元素浓度随深度变化的资料，刻蚀率为 1~100 nm/s，因轰击能量和试样而异。与电子探针的面分布相类似，当初级离子束在试样表面扫描时，选择某离子信号强度调制同步扫描的阴极射线管荧光屏亮度，可以显示元素面分布的图像。

14.2 俄歇电子能谱分析

在第三章讨论高能电子束与固体试样相互作用时已经指出，当原子内壳层电子因电离激发而留下一个空位时，由较外层电子向这一能级跃迁使原子释放能量的过程中，可以发射一个具有特征能量的 X 射线光子，也可以将这部分能量交给另外一个外层电子引起进一步的电离，从而发射一个具有特征能量的俄歇电子。检测俄歇电子的能量和强度可以获得有关表层化学成分的定性或定量信息，这就是俄歇电子能谱仪的基本分析原理。近年来，由于超高真空(1.33×10^{-7}~1.33×10^{-8} Pa)和能谱检测技术的发展，俄歇电子能谱仪作为一种极为有效的表面分析工具，为探索和澄清许多涉及表面现象的理论和工艺问题，作出了十分可贵的贡献，受到人们日益普遍的重视。

14.2.1 俄歇跃迁及其概率

原子发射一个 KL_2L_2 俄歇电子，其能量由下式给定：

$$E_{KL_2L_2}=E_K-E_{L_2}-E_w$$

可见，俄歇跃迁涉及 3 个核外电子。普遍的情况应该是，由于 A 壳层电子电离，B 壳层电子向 A 壳层的空位跃迁，导致 C 壳层电子的发射。考虑到后一过程中 A 电子的电离将引起原子库仑电场的改组，使 C 壳层能级略有变化，可以看成原子处于失去一个电子的正离子状态，因而对于原子序数为 Z 的原子，电离以后 C 壳层由 $E_C(Z)$ 变为 $E_C(Z+\Delta)$，于是俄歇电子的特征能量应为

$$E_{ABC}(Z)=E_A(Z)-E_B(Z)-E_C(Z+\Delta)-E_w \tag{14-3}$$

其中 Δ 是一个修正量，数值在 1/2 ~ 3/4 之间，近似地可以取作 1。这就是说，式中 E_C 可以近似地被认为是比 Z 高 1 的那个元素原子中 C 壳层电子的结合能。

可能引起俄歇电子发散的电子跃迁过程是多种多样的。例如，对于 K 层电离的初始激发状态，其后的跃迁过程中既可能发射各种不同能量的 K 系 X 射线光子($K_{\alpha1}$，$K_{\alpha2}$，$K_{\beta1}$，$K_{\beta2}$，…)，也可能发射各种不同能量的 K 系俄歇电子(KL_1L_1，$KL_1L_{2,3}$，$K_{2,3}L_{2,3}$，…)，这是两个互相竞争的不同跃迁方式，它们的相对发射概率，即荧光产额 ω_K 和俄歇电子产额 $\overline{\alpha}_K$ 满足

$$\omega_K+\overline{\alpha}_K=1 \tag{14-4}$$

同理，以 L 或 M 层电子电离作为初始激发状态时，也存在同样的情况。事实上，最常见的俄歇电子能量总是相应于最有可能发生的跃迁过程，也即那些给出最强 X 射线谱线的电子跃迁过程。各种元素在不同跃迁过程中发射的俄歇

电子的能量如图 14－3 所示。显然，选用强度较高的俄歇电子进行检测有助于提高分析的灵敏度。

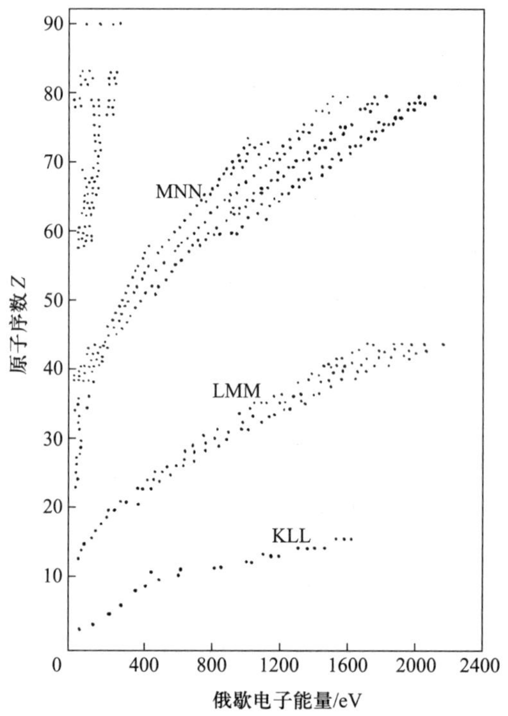

图 14－3　各种元素的俄歇电子能量

平均俄歇电子产额 $\overline{\alpha}$ 随原子序数的变化如图 14－4 所示。对于 $Z<15$ 的轻元素的 K 系，以及几乎所有元素的 L 和 M 系，俄歇电子的产额都是很高的。由此可见，俄歇电子能谱分析对于轻元素是特别有效的；对于中、高原子序数

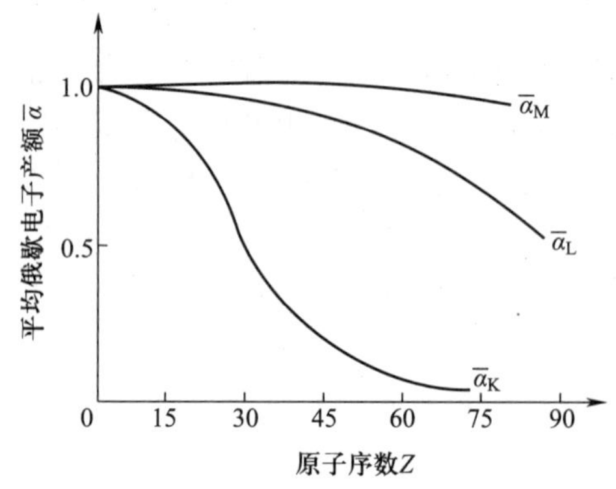

图 14－4　平均俄歇电子产额 $\overline{\alpha}$ 随原子序数的变化

的元素来说，采用 L 和 M 系俄歇电子进行分析也比采用荧光产额很低的长波长 L 或 M 系 X 射线灵敏度高得多。通常，对 $Z \leqslant 14$ 的元素，采用 KLL 电子来鉴定；对 $Z > 14$ 的元素，LMM 电子比较合适；对 $Z \geqslant 42$ 的元素，以 MNN 和 MNO 电子为佳。为了激发上述这些类型的俄歇跃迁，产生必要的初始电离所需的入射电子能量都不高，例如 2 keV 以下就足够了。

大多数元素在 50 ~ 1000 eV 能量范围内都有产额较高的俄歇电子，它们的有效激发体积取决于发射的深度和入射电子束的束斑直径 d_p。虽然俄歇电子的实际发射深度取决于入射电子的穿透能力，但真正能够保持其特征能量而逸出表面的俄歇电子却仅限于表层以下 0.1 ~ 1 nm 的深度范围。这是因为大于这一深度处发射的俄歇电子，在到达表面以前将由于与试样原子的非弹性散射而被吸收，或者部分地损失能量而混同于大量二次电子信号的背景。0.1 ~ 1 nm 的深度只相当于表面几个原子层，这就是俄歇电子能谱仪作为有效的表面分析工具的依据。显然，在这样的浅表层内，入射电子束的侧向扩展几乎完全不存在，其空间分辨率直接与束斑直径 d_p 相当。目前，利用细聚焦入射电子束的“俄歇探针仪”可以分析大约 50 nm 的微区表面化学成分。

14.2.2　俄歇电子能谱的检测

在我们最感兴趣的俄歇电子能量范围内，由初级入射电子所激发产生的大量二次电子和非弹性背散射电子构成了很高的背景强度。俄歇电子的电流约为 10^{-12} A 数量级，而二次电子等的电流高达 10^{-10} A，所以俄歇电子能谱的信噪比(S/N)极低，检测相当困难，需要某些特殊的能量分析器和数据处理方法。

1. 阻挡场分析器(RFA)

俄歇电子能谱仪与低能电子衍射仪在许多方面存在相似的地方，如电子光学系统、超高真空样品室等，它们需要检测的电子信号都是低能的微弱信息。因此，俄歇电子能谱仪的早期发展大多利用原有的低能电子衍射仪，仅增加一些接收俄歇电子并进行微分处理的电子学线路而已。

在图 10 – 44 所示的低能电子衍射装置中，一方面提高电子枪的加速电压(200 ~ 3000 V)，另一方面让半球形栅极 G_1 和 G_3 的负电位在 0 ~ 1000 V 之间连续可调，即可用来检测俄歇电子能谱。把电子枪装在半球形分析器的外面，试样略有倾斜，使初级电子束以 15° ~ 25°的小角度入射，可以大大降低背散射电子的信号强度，使分辨率提高。

如果使栅极 G_2 和 G_3 处于 $-U$ 电位，则它们将对表面发射的电子中能量低于 eU 的部分产生一个阻挡电场使之不能通过，而仅有能量高于 eU 的电子得以到达接收极。这样的检测装置叫做阻挡场分析器，具有“高通滤波器”的性质。接收极收集到的电流信号，包括所有能量高于 eU 的电子，显然，要直接从这

样得到的 $I(E)-E$ 能谱曲线(例如图 14－5 中的曲线 1)上检测到微弱的俄歇电子峰，将是十分困难的，至少灵敏度是极差的。

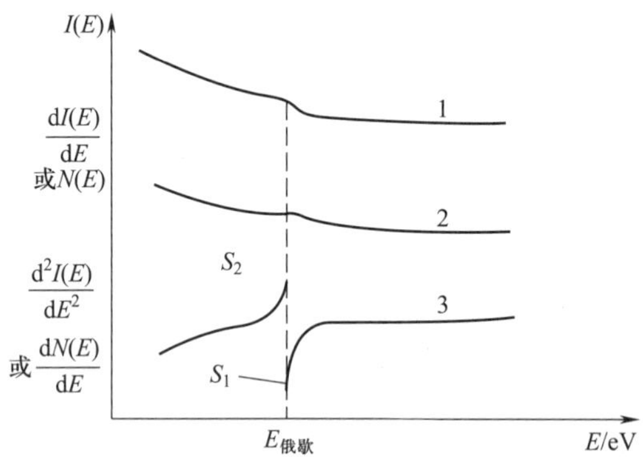

图 14－5　接收极信号强度的 3 种显示方式

为了提高测量灵敏度，我们在直流阻挡电压上叠加一个交流微扰电压 $\Delta U=k\sin \omega t$，典型的情况是 $k=0.5\sim5$ V，$\omega=1\sim10$ kHz。这样，接收极收集的电流信号 $I(E+\Delta E)$(其中 $\Delta E=eU$)也有微弱的调幅变化，用泰勒公式展开：

$$I(E+\Delta E)=I(E)+I'(E)\Delta E+\frac{I''(E)}{2!}\Delta E^2+\frac{I'''(E)}{3!}\Delta E^3+\cdots$$

式中：$I'(E)$、$I''(E)$、$I'''(E)$……是 $I(E)$ 对 E 的一次、二次、三次……微分。当 k 很小时，上式改写为

$$\begin{aligned}I&=I_0+\left(I'k+\frac{I'''k^3}{8}+\cdots\right)\sin \omega t-\left(\frac{I''k^2}{4}+\frac{I'''k^4}{48}+\cdots\right)\cos 2\omega t+\cdots\\&\approx I_0+I'k\sin \omega t-\frac{I''k^2}{4}\cos 2\omega t\end{aligned}$$

利用相敏检波器可以将频率 ω 或 2ω 的信号挑选出来整流并放大，分别给出 $\frac{\mathrm{d}I(E)}{\mathrm{d}E}$ 或 $\frac{\mathrm{d}^2I(E)}{\mathrm{d}E^2}$ 随阻挡电压 U 或电子能量 $E=eU$ 的变化曲线，如图 14－5 中的曲线 2 和曲线 3 所示。

由于接收极收集的电流信号 $I(E)\propto\int_E^{\infty}N(E)\mathrm{d}E$，其中 $N(E)$ 是能量为 E 的电子数目，于是有

$$N(E)\propto\frac{\mathrm{d}I(E)}{\mathrm{d}E}\qquad(14-5)$$

所以，曲线 2 也可以看做是 $N(E)$ 随 E 的变化，即电子数目随能量分布的曲线，在二次电子等产生的较高背景上叠加有微弱的俄歇电子峰。曲线 3 则是电

子能量分布的一次微分$\left(\frac{\mathrm{d}N(E)}{\mathrm{d}E}\right)$，背景低而峰明锐（典型的相对能量分辨率可达0.3%～0.5%，信噪比为4000左右），容易辨认，这是俄歇电子能谱仪常用的显示方式。从俄歇峰的能量可以作元素定性分析，从峰的高度可以得到半定量或定量的分析数据。

2. 圆筒反射镜分析器(CMA)

圆筒反射镜分析器是1966年出现的一种新型电子能量分析器，如图14-6所示，已为近代俄歇电子能谱仪所广泛采用。它是由两个同轴的圆筒形电极所构成的静电反射系统，内筒上开有环状的电子入口(E)和出口(B)光阑，内筒和试样接地，外筒接偏转电压U。两个圆筒的半径分别为r_1和r_2，r_1典型值为3 cm左右，而$r_2=2r_1$。如果光阑选择的电子发射角为42°18′，则由试样上轰击点S发射的能量为E的电子，将被聚焦于距离S点为$L=6.19r_1$的F点，并满足如下关系：

$$\frac{E}{U_e}=1.31\ln\frac{r_1}{r_2} \tag{14-6}$$

连续地改变外筒的偏转电压U，即可得到$N(E)$随电子能量分布的谱曲线（同样可进行微分处理）。通常采用电子倍增管作为电子信号的检测器。显然，这是一种“带通滤波器”性质的能量分析装置，因为只有满足式(14-6)的能量为$E+\Delta E$的电子可以聚焦并被检测，ΔE受到反射镜系统的球差、光阑的角宽度（约±3°）以及杂散电磁场的限制，能量分辨率理论上可达到0.04%，实际上一般在0.1%左右。总的灵敏度可比阻挡场分析器提高2～3个数量级。

俄歇电子能谱仪的电子枪常装在圆筒反射镜分析器的内筒腔里，形成同轴系统，而在侧面安放溅射离子枪作为试样表面清洁或剥层之用，如图14-6所示。

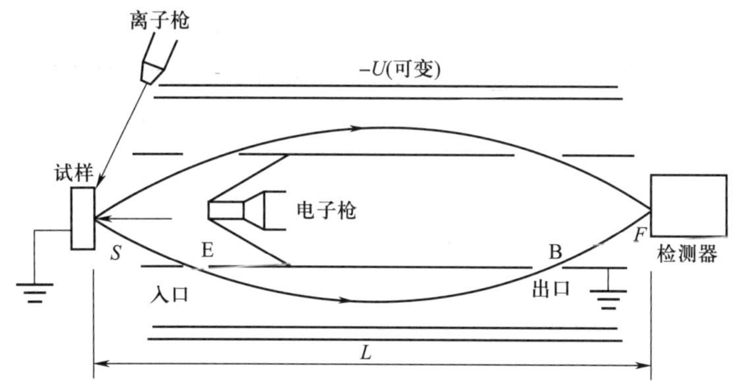

图14-6 俄歇电子能谱仪所用的圆筒反射镜分析器

14.2.3　定量分析

目前，利用俄歇电子能谱仪进行表面成分的定量分析，精度还比较低，基本上只是半定量的水平。常规的情况下，相对精度仅为30%左右。如果能对俄歇电子的有效发射深度估计得较为正确，并充分考虑到表面以下基底材料的背散射对俄歇电子产额的影响，精度可能提高到与电子探针相近，即约5%。

显然，微分俄歇能谱曲线(图14－5的曲线3)的峰－峰幅值S_1S_2的大小应是有效激发体积内元素浓度的标志。为了把测量得到的峰－峰幅值I_A(A为某元素符号)换算成为它的摩尔分数C_A，需要采用特定的纯元素标样——银，并通过下式计算：

$$C_A = \frac{I_A}{I_{\mathrm{Ag}}^0 S_A D_{\mathrm{X}}} \tag{14-7}$$

式中：I_{Ag}^0是纯银标样的峰－峰幅值；S_A是元素A的相对俄歇灵敏度因数，它考虑了电离截面和跃迁概率的影响，可由专门的手册查得；D_{X}为一标度因数，当I_A和I_{Ag}^0的测量条件完全相同时，$D_{\mathrm{X}}=1$。

如果测得俄歇谱中所有存在元素(A，B，C，…，N)的峰－峰幅值，则摩尔比值可由下式计算：

$$C_A = \frac{I_A/S_A}{\sum_{j=A}^{N}(I_j/S_j)} \tag{14-8}$$

14.2.4　俄歇电子能谱仪的应用

从自由能的观点来看，不同温度和加工条件下材料内部某些合金元素或杂质元素在自由表面或内界面(例如晶界)处发生偏析，以及它们对于材料性能的种种影响，早已为人们所猜测或预料到了。可是，由于这种偏析有时仅仅发生在界面的几个原子层范围以内，在俄歇电子能谱分析方法出现以前，很难得到确凿的实验证据。具有极高表面灵敏性的俄歇电子能谱仪技术为成功地解释各种和界面化学成分有关的材料性能特点提供了极其有效的分析手段。目前，在材料科学领域内，许多金属和合金晶界脆断、蠕变、腐蚀、粉末冶金、金属和陶瓷的烧结、焊接和扩散连接工艺、复合材料以及半导体材料和器件的制造工艺等，都是俄歇电子能谱仪应用得十分活跃的方面。以下仅举3个例子加以说明。

(1) 压力加工和热处理后的表面偏析

含Ti仅0.5%(质量分数)的18Cr－9Ni不锈钢热轧成0.05 mm厚的薄片后，俄歇电子能谱仪分析发现，表面Ti的浓度大大高于它的平均成分。随后，把薄片加热到998 K和1118 K，Ti的偏析又稍有增高；当温度提高到1373 K

时，发现表面层含 Ti 竟高达 40%（摩尔分数）左右。特别是极低能量（28 eV）的 Ti 俄歇峰也被清楚地检测到了，间接地证明在最外表层中确实含有相当多的 Ti 原子。进一步加热到 1473 K，表面含 Ti 量下降，S 浓度增高，O 消失，而 Ni、P 和 Si 出现。

在热处理过程中，金属与气氛之间的界面由于从两侧发生元素的迁移导致成分发生变化。例如，成分为 60Ni－20Co－10Cr－6Ti－4Al 的镍基合金，在真空热处理前后表面成分很不相同。原始表面附着元素有 S、Cl、O、C、Na 等；热处理后，表面 Al 的浓度明显增高，而其他基体元素（Ni、Co、Cr 等）的俄歇峰都很小，离子轰击剥层 30 nm 左右后，近似成分为 Al_2O_3。这表明，如果热处理时真空较差，表面 Al 的扩散和氧化将生成相当厚的 Al_2O_3，可能导致它与其他金属部件焊接时发生困难。

（2）金属和合金的晶界脆断

钢在 550 ℃左右回火时的脆性、难熔金属的晶界脆断、镍基合金的硫脆、不锈钢的脆化敏感性、结构合金的应力腐蚀和腐蚀疲劳等，都是杂质元素在晶界偏析引起脆化的典型例子。引起晶界脆性的元素可能有 S、P、Sb、Sn、As、O、Te、Si、Pb、Se、Cl、I 等，有时它们的平均含量仅为 10^{-6}～10^{-3}，在晶界附近的几个原子层内浓度竟富集到 10～10^4倍。

为了研究晶界的化学成分，必须在超高真空样品室内用液氮冷却的条件下，直接敲断试样，以便提供未受沾污的原始晶界表面供分析。低温晶间断裂得到的晶界表面俄歇谱如图 14－7 所示。我们看到，在脆性状态（曲线 2），Sb

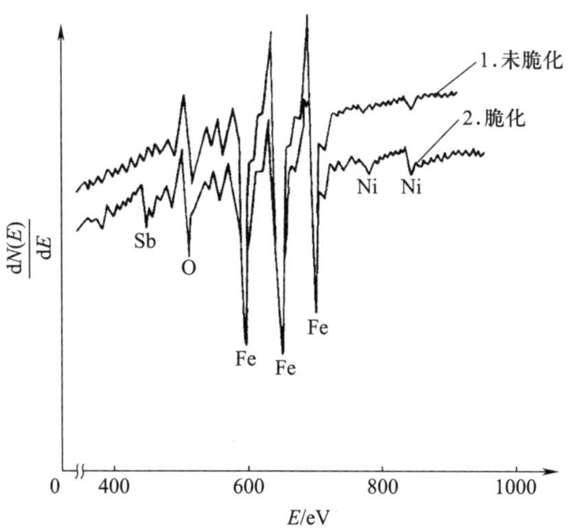

图 14－7　合金钢（$\omega_C = 0.39\%$，$\omega_{Ni} = 3.5\%$，$\omega_{Cr} = 1.6\%$，$\omega_{Sb} = 0.06\%$）的俄歇谱，注意正常状态和回火脆性状态下 Sb 和 Ni 的双重峰变化

的浓度比平均成分高2个数量级；利用Ar离子轰击剥层0.5 nm以后，Sb的含量即下降5倍左右，说明脆性状态下它的晶界富集层仅为几个原子层的厚度。在未脆化的状态，则晶界上未检测到Sb的俄歇峰，如图14－7中曲线1所示。

（3）镍基高温合金GH4169的晶界偏聚行为

将研究合金制备成俄歇试样。因镍基高温合金有很好的韧性，要获得沿晶断口，需要对该试样进行充氢处理。充氢15天后，在俄歇电子能谱仪的腔体中真空下打断，以获得未被污染的新鲜沿晶断口，用SAM进行原位俄歇观察分析，研究GH4169合金中微量元素的偏聚及共偏聚行为规律。图14－8为真空下打断获得的沿晶断口，在每个晶面上收取俄歇谱。图14－9为典型的俄歇谱。

图14－8　GH4169合金晶界SAM形貌

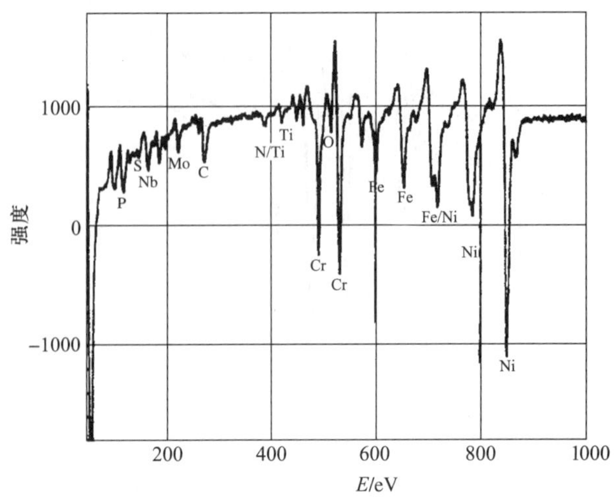

图14－9　镍基高温合金GH4169典型的晶界俄歇谱

将收集到的晶界俄歇谱与基体谱进行对比，可以分析出该合金一些微量元素在晶界的含量大大高于基体，如S、P等。进一步利用俄歇分析可以研究界面偏聚的元素沿纵向分布的情况，图14－10为在研究合金碳化物颗粒界面未溅射及溅射不同时间后收集到的俄歇谱，随溅射时间的延长，S的峰高明显下降。

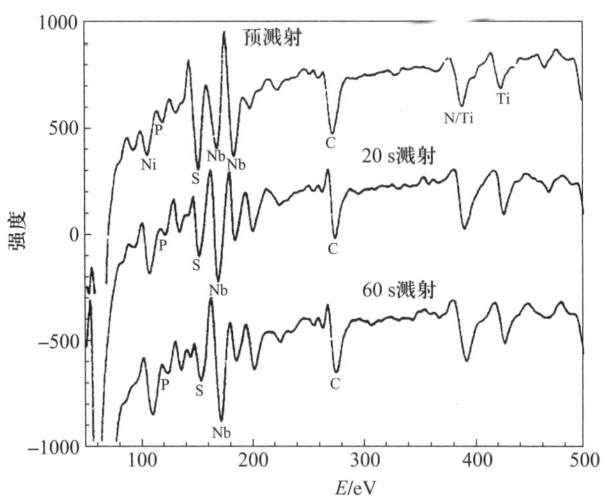

图14－10 GH4169合金中碳化物/基体界面不同溅射时间的俄歇谱

14.3 场离子显微镜与原子探针

所有显微成像或分析技术的共同要求是尽量减少同时被检测的试样质量，避免过多的信息被激发和记录，以期提高它的分辨率。在现阶段，把固体内的原子直接分辨成像，可以被认为是一个现实的目标。例如在透射电子显微镜和透射扫描电子显微镜中，利用衍射和位相衬度效应，以及对透射电子的特征能量损失谱分析，显示固体薄膜试样中原子或原子面的图像(晶格像和结构像)，以及在适当的基底膜上单个原子的成像等，均已取得许多重大的进展。由米勒(E. W. Müller)在20世纪50年代开创的场离子显微镜及其有关技术，则是别具一格的原子直接成像方法，它能清晰地显示试样表层的原子排列和缺陷，并在此基础上进一步发展到利用原子探针鉴定其中单个原子的元素类别。

14.3.1 场离子显微镜的结构

场离子显微镜的结构示意图如图14－11所示。场离子显微镜由一个玻璃真空容器组成，平坦的底部内侧涂有荧光粉，用于显示图像。试样一般采用单晶细丝，通过电解抛光得到曲率半径约为100 nm的尖端，以液氮、液氢或液

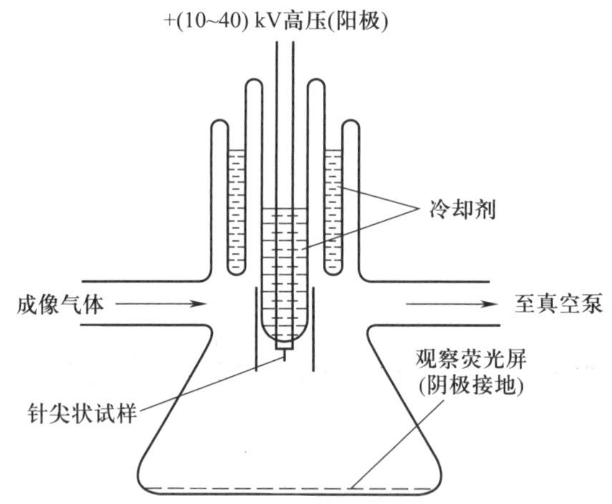

图 14－11　场离子显微镜结构示意图

氦冷却至深低温，以减小原子的热振动，使原子的图像稳定可辨。试样接＋(10～40)kV 高压作为阳极，而容器内壁(包括观察荧光屏)通过导电镀层接地，一般用氧化锡，以保持透明。

仪器工作时，首先将容器抽到 1.33×10^{-6} Pa 的真空度，然后通入压力约 1.33×10^{-1} Pa 的成像气体，例如惰性气体氦。在试样加上足够高的电压时，气体原子发生极化和电离，荧光屏上即可显示尖端表层原子的清晰图像，如图 14－12

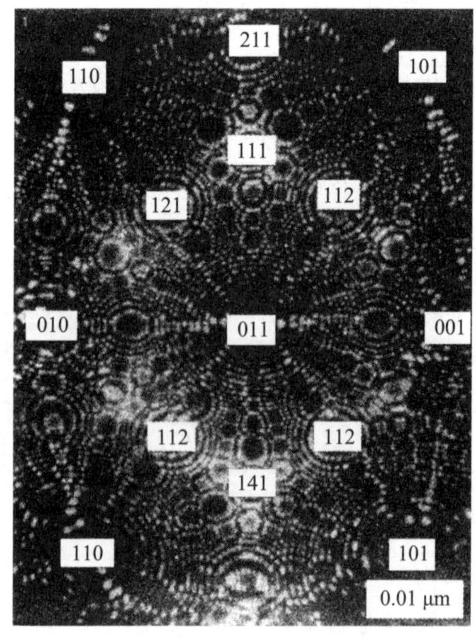

图 14－12　钨单晶尖端的场离子显微镜图像

所示，其中每一亮点都是单个原子的像。

14.3.2　场致电离和原子成像

如果试样细丝被加上数值为 U 的正电位，它与接地的阴极之间将存在一个发散的电场并以曲率半径 r 极小的尖端表面附近产生的场强为最高：

$$E \approx \frac{U}{5r} \tag{14-9}$$

当成像气体进入容器后，受到自身动能的驱使会有一部分到达阳极附近，在极高的电位梯度作用下气体原子发生极化，即使中性原子的正、负电荷中心分离而成为一个电偶极子。极化原子被电场加速并撞击试样表面，由于试样处于深低温，所以气体原子在表面经历若干次弹跳的过程中也将被冷却而逐步丧失其能量，如图 14－13 所示。

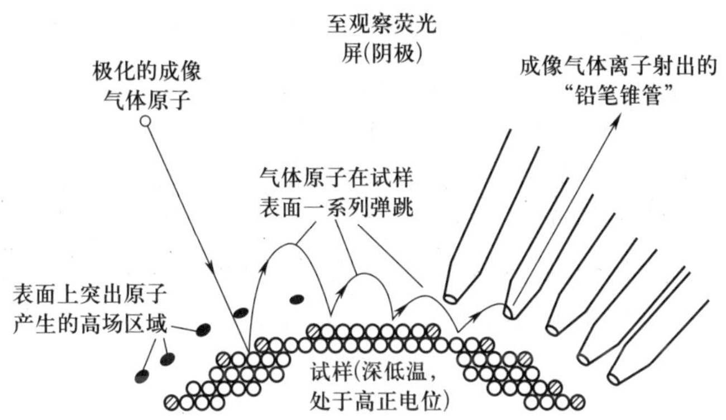

图 14－13　场致电离过程和表面上突出原子像亮点的形成

尽管单晶试样的尖端表面近似地呈半球形，可是由于原子单位的不可分性使得这一表面实质上是由许多原子平面的台阶所组成，处于台阶边缘的原子(图 14－13 中画有斜线的原子)总是突出于平均的半球形表面而具有更小的曲率半径，在其附近的场强亦更高。当弹跳中的极化原子陷入突出原子上方某一距离的高场区域时，若气体原子的外层电子能态符合试样中原子的空能级能态，该电子将有较高的概率通过"隧道效应"而穿过表面位垒进入试样，气体原子则发生场致电离变为带正电的离子。此时，成像气体的离子由于受到电场的加速而径向地射出，当它们撞击观察荧光屏时，即可激发光信号。

显然，在突出原子的高场区域内极化原子最易发生电离，由这一区域径向地投射到观察荧光屏的"铅笔锥管"内，其中集中着大量射出的气体离子，因此图像中出现的每一个亮点对应着试样尖端表面的一个突出原子。

使极化气体电离所需要的成像场强 E_i 主要取决于试样材料、试样温度和成像气体外层电子的电离激发能。几种典型气体的成像场强如表 14－2 所示。对于常用的惰性气体 He 和 Ne，$E_i \approx 400$ MV/cm。根据式(14－9)，当 $r = 10 \sim 300$ nm 时，在尖端表面附近产生这样高的场强所需要的试样电位 U 并不很高，仅为 5～50 kV。

表 14－2　几种气体的成像场强

气体	E_i/(MV/cm)	气体	E_i/(MV/cm)
He	450	Ar	230
Ne	370	Kr	190
H_2	230		

14.3.3　图像的解释

如上所述，场离子显微镜图像中每一亮点实际上是试样尖端表面一个突出原子的像。由图 14－12 看到，整个图像由大量环绕若干中心的圆形亮点环所构成，其形成的机理可由图 14－14 得到解释。设想某一立方晶体单晶试样细丝的长轴方向为[011]，则以[011]为法线方向的原子平面[即(011)晶面]与半球形表面的交线即为一系列同心圆环，它们同时也就是表面台阶的边缘线。因为图像中同一圆环上的亮点，正是同一台阶边缘位置上突出原子的像，而同心亮点环的中心则为该原子平面法线的径向投影极点，可以用它的晶面指数表示。

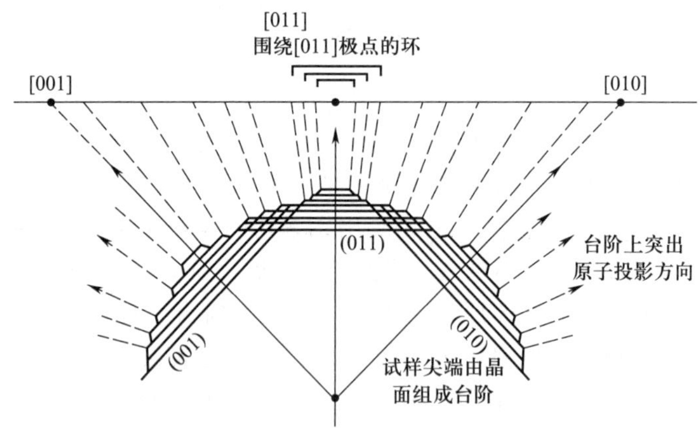

图 14－14　立方单晶体场离子显微镜图像中
亮点环的形成及其极点的解释

图 14－14 也画出了另外两个低指数晶向及其相应的晶面台阶。不难看到，平整的观察荧光屏上所显示的同心亮点环中心的位置就是许多不同指数的晶向

投影极点。如果回忆一下晶体学中有关“极射赤面投影图”的概念，我们立即可以理解，两者极点所构成的图形将是完全一致的。所以，对于已知点阵类型的晶体试样，它的场离子图像的解释将是毫不困难的，尽管由于尖端表面不可能是精确的半球形，所得极点图形会有某种程度的畸变。事实上，场离子图像总是直观地显示了晶体的对称性质。据此可以方便地确定试样的晶体学位向和各极点的指数(参看图 14-12)。

从图 14-14 还可以看到，场离子显微镜图像的放大倍数可简单地表达为

$$M = R/r \tag{14-10}$$

式中：R 是试样至观察荧光屏的距离，典型的数值为 5~10 cm，所以 M 大约是 10^6 倍。

14.3.4 场致蒸发和剥层分析

在场离子显微镜中，如果场强超过某一临界值，将发生场致蒸发。E_e叫做临界场致蒸发场强，它主要取决于试样材料的某些物理参数(如结合键强度)和温度。当极化的气体原子在试样表面弹跳时，其负极端总是朝向阳极，因而在表面附近存在带负电的“电子云”对试样原子的拉曳作用，使之电离并通过“隧道效应”或热激活过程穿越表面位垒而逸出，即试样原子以正离子形式被蒸发，并在电场的作用下射向观察荧光屏。某些金属的临界场致蒸发场强 E_e 如表 14-3 所示。

表 14-3 某些金属的临界场致蒸发场强

金属	难熔金属	过渡族金属	Sn	Al
E_e/(MV/cm)	400~500	300~400	220	160

显然，表面吸附的杂质原子将首先被蒸发，因而利用场致蒸发可以净化试样的原始表面。由于表面的突出原子具有较高的位能，总是比那些不处于台阶边缘的原子更容易产生蒸发，它们也正是最有利于引起场致电离的原子。所以，当一个处于台阶边缘的原子被蒸发之后，与它挨着的一个或几个原子将突出于表面，并随后逐个地被蒸发，据此，场致蒸发可以用来对试样进行剥层分析，显示原子排列的三维结构。

为了获得稳定的场离子图像，除了必须将试样深冷以外，表面场强必须保持在低于 E_e而高于 E_i的水平。对于不同的金属，通过选择适当的成像气体和试样温度，目前已能实现大多数金属的清晰场离子成像，其中难熔金属被研究得最多。显然，像 Sn 和 Al 这样的金属，稳定成像是困难的。采用较低的气体压强，以适当降低表面“电子云”密度，也许可以缓和场致蒸发，但同时又使

像点亮度减弱，曝光时间延长，必须引入高增益的像增强装置。

14.3.5　原子探针

场致蒸发现象的另一应用是所谓“原子探针”，可以用来鉴定试样表面单个原子的元素类别，其工作原理如图 14－15 所示。

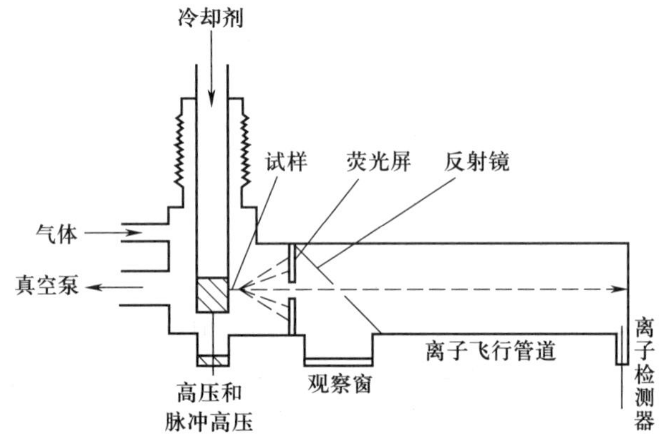

图 14－15　原子探针结构示意图

首先，在低于 E_e 的成像条件下获得试样表面的场离子图像，通过观察窗监视试样位向的调节，使欲分析的某一原子像点对准荧光屏的小孔，它可以是偏析的溶质原子或细小沉淀物相等。当试样被加上一个高于 E_e 的脉冲高压时，该原子的离子可被蒸发，穿过小孔到达飞行管道的终端而被高灵敏度的离子检测器所检测。若离子的价数为 n，质量为 m，则其动能为

$$E_K = neU = \frac{1}{2}mv^2$$

式中：U 为脉冲高压。可见，离子的飞行速度取决于离子的质量。如果测得其飞行时间，而试样到检测器的距离为 S（通常长达 1～2 m），则有

$$t \approx \frac{S}{v} = S \Big/ \sqrt{\frac{2neU}{m}} \tag{14-11}$$

由此可以计算离子的质量 m，从而达到原子分辨水平的化学成分分析的目的。

14.3.6　场离子显微镜的应用

场离子显微镜技术的主要优点在于表面原子的直接成像，通常只有其中约 10% 的台阶边缘原子给出像亮点。在某些理想情况下，台阶平面的原子也能成像，但衬度较差。对于单晶试样，图像的晶体学位向特征是十分明显的，台阶平面或极点的指数化纯粹是简单的几何方法。

由于参与成像的原子数量有限，实际分析体积仅约 10^{-21} m^3，因而场离子显微镜只能研究在大块试样内分布均匀和密度较高的结构细节，否则观察到某一现象的概率有限。例如，若位错的密度为 10^8 cm^{-2}，则在 10^{-10} cm^2的成像表面内将难以被发现。对于结合键强度或熔点较低的材料，由于 E_e 太低，不易获得稳定的图像；对于多元合金，常常因为浓度起伏等造成图像的某种不规则性，其中组成元素的 E_e 也不相同，图像不稳定，分析较困难。此外，在成像场强作用下，试样经受着极高的应力(如果 $E_i=47.5$ MV/cm，应力高达 10 kN/mm^2)，可能使试样发生组织结构的变化，如位错形核或重新排列、产生高密度的假象空位或形变孪晶等，甚至引起试样的崩裂。

尽管场离子显微镜技术存在着上述一些困难和限制，但由于它能直接给出表面原子的排列图像，因此在材料科学许多理论问题的研究中，仍不失为一种独特的分析手段。

(1) 点缺陷的直接观察

空位或空位集合、间隙或置换的溶质原子等点缺陷，目前还只有场离子显微镜可以使它们直接成像。在图像中，它们表现为缺少一个或若干个聚集在一起的像亮点，或者出现某些衬度不同的像亮点。问题在于很可能出现假象，例如荧光屏的疵点以及场致蒸发，都会产生虚假的空位点；同时，在大约 10^4个像亮点中发现十来个空位，也不是一件容易的事情，如果空位密度高，又难以计数完全。所以，目前虽不能给出精确的定量信息，但在淬火空位、辐照空位、离子注入等方面，场离子显微镜提供了比较分析的重要资料。

(2) 位错

鉴于前述的困难，场离子显微镜不太可能用来研究形变试样内的位错排列及其交互作用。但是，当有位错在试样尖端表面露头时，其场离子图像所出现的变化却是与位错的模型非常符合的。图 14－16 中三角处即为一个位错的露头。本来，理想晶体的表面台阶所产生的图像应是规则的同心亮点环。若台阶平面的倒易矢量为 $\boldsymbol{g}$，由于伯格斯矢量为 $\boldsymbol{b}$ 的全位错的存在，法线方向的位移分量将是晶面间距的 $\boldsymbol{g}\cdot\boldsymbol{b}$ 倍，对于低指数晶面，$\boldsymbol{g}\cdot\boldsymbol{b}$ 通常为 0、1、2 等。于是，台阶边缘突出原子所产生的亮点环变为某种连续的螺旋形线，如图 14－16 所示，即为 $\boldsymbol{g}\cdot\boldsymbol{b}=1$ 的情况，其节距(台阶高度差)就等于晶面间距的数值。若 $\boldsymbol{g}\cdot\boldsymbol{b}=2$，则是围绕位错露头的双螺旋形线。

(3) 界面缺陷

界面原子结构的研究是场离子显微镜最早的、也是十分成功的应用之一。例如，现有的晶界构造理论在很大程度上依赖于它的许多观察结果，因为图像可以清晰地显示界面两侧原子的排列和位向的关系(精度达 ±2°)。

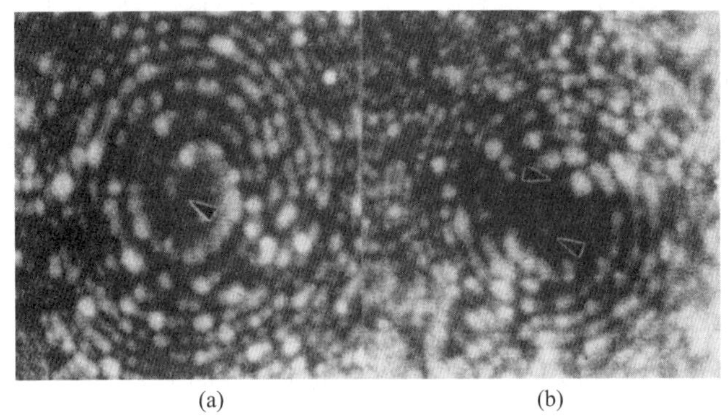

(a)　(b)

图 14 - 16　含有位错的试样的场离子显微镜图像。(a) 单螺旋；(b) 双螺旋

图 14 - 17 所示为含有一条晶界的场离子图像。显然，它由两个不同位向的单晶体所组成。可以看到，晶界两侧原子的配合是十分紧密的，处于晶界内的原子偏离其理想位置的位移，由于分辨率的限制尚无法精确测量。

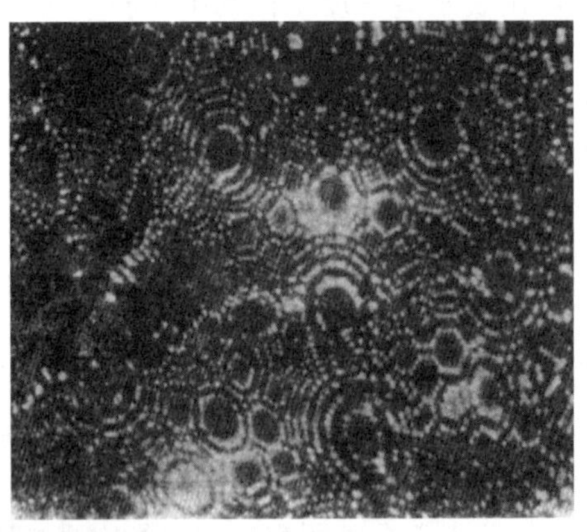

图 14 - 17　晶界的场离子图像

其他如亚晶界、孪晶界和层错界面等，场离子显微镜都给出了界面缺陷的许多细节结构图像。

(4) 合金或两相系

为了在原子分辨的水平上研究沉淀或有序化转变过程，必须区分不同元素的原子类别。显然，把原子探针方法应用于这一目的将是十分适宜的，因为单靠像点亮度的差别有时不一定可靠。有关无序 - 有序转变中结构的变化，反相畴界的点阵缺陷以及细小的畴尺寸(约 7 nm)的观察，都是非常成功的例子。

铁基和镍基等合金中细小弥散的沉淀相析出的早期阶段，包括它们的形核和粗化，只有利用场离子显微镜才能加以观察。因为在透射电子显微镜中，高密度的细小粒子图像将在深度方向上互相重叠而无法分辨。人们希望这类研究能提高到定量的水平，从而有助于合金设计和相变机理研究方面的进一步发展。

14.4 扫描隧道显微镜与原子力显微镜

14.4.1 扫描隧道显微镜的分辨率

扫描隧道显微镜(STM)是 Gerd Binnig 等于 1983 年发明的一种新型表面测试分析仪器。与扫描电子显微镜、透射电子显微镜和场离子显微镜相比，STM 具有结构简单、分辨率高等特点，可在真空、大气或液体环境下，在实空间内原位动态观察试样表面的原子组态，并可直接用于观察试样表面发生的物理或化学反应的动态过程及反应中原子的迁移过程等。STM 除具有一定的横向分辨率外，还具有极优异的纵向分辨率。STM 的横向分辨率达 0.1 nm，在与试样垂直的 z 方向分辨率高达 0.01 nm。由此可见，STM 具有极优异的分辨率，可有效地填补扫描电子显微镜、透射电子显微镜和场离子显微镜的不足，而且，从仪器工作原理上看，STM 对试样的尺寸、形状没有任何限制，不破坏试样的表面结构。目前，STM 已成功地用于单质金属、半导体等材料表面原子结构的直接观察。

表 14-4 列出了 STM 和其他几种常用分析测试仪器的主要特点及分辨率。

表 14-4 常用分析测试仪器的主要特点及分辨率

分析技术	分辨率	工作环境	工作温度	对试样的破坏程度	检测深度
扫描隧道显微镜(STM)	可直接观察原子 横向分辨率：0.1 nm 纵向分辨率：0.01 nm	大气、溶液、真空均可	低温、室温、高温	无	1~2 原子层
透射电子显微镜(TEM)	横向点分辨率：0.3~0.5 nm 横向晶格分辨率：0.1~0.2 nm 纵向分辨率：无	高真空	低温、室温、高温	中	等于试样厚度(小于 100 nm)
扫描电子显微镜(SEM)	采用二次电子成像 横向分辨率：1~3 nm 纵向分辨率：低	高真空	低温、室温、高温	小	1 μm

续表

分析技术	分辨率	工作环境	工作温度	对试样的破坏程度	检测深度
场离子显微镜(FIM)	横向分辨：0.2 nm 纵向分辨率：低	超高真空	30～80 K	大	原子厚度
俄歇电子能谱(AES)	横向分辨率：6～10 nm 纵向分辨率：0.5 nm	超高真空	室温、低温	大	2～3 原子层

14.4.2　扫描隧道显微镜的工作原理

扫描隧道显微镜(STM)的工作原理示意图如图 14－18 所示，图中 A 为具有原子尺度的针尖，B 为被分析试样。STM 工作时，在试样和针尖间加一定电压，当试样与针尖间的距离小于一定值时，由于量子隧道效应，试样和针尖间产生隧道电流。图中 d 为针尖与试样间距；I、V 为隧道电流和工作偏压；V_z 为控制针尖在 z 方向高度的反馈电压。

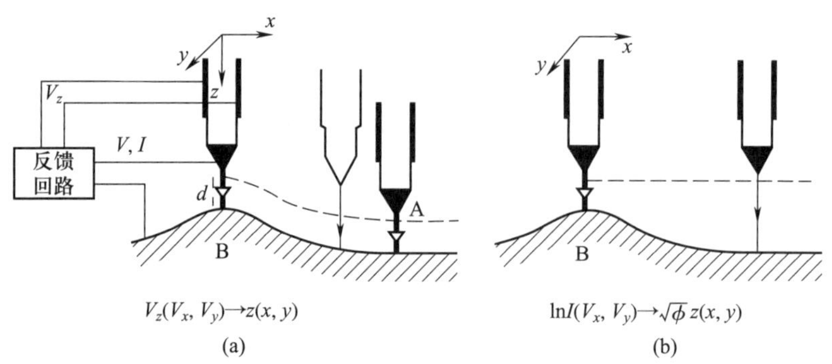

图 14－18　扫描隧道显微镜的工作原理示意图。
（a）恒电流模式；（b）恒高度模式

在低温、低压下，隧道电流 I 可近似地表达为

$$I \propto \exp(-2kd) \tag{14-12}$$

式中：I 为隧道电流；d 为试样与针尖间的距离；k 为常数，在真空隧道条件下，k 与有效局部功函数 Φ 有关，可近似表示为

$$k = \frac{2\pi}{h}\sqrt{2m\Phi} \tag{14-13}$$

其中：m 为电子质量；Φ 为有效局部功函数；h 为普朗克常量。

典型条件下，Φ 近似为 4 eV，$k = 10\ \text{nm}^{-1}$，由式(14－12)算得，当间距 d 每增加 0.1 nm 时，隧道电流 I 将下降一个数量级。

需要指出，表达式(14－12)是非常近似的。STM 工作时，针尖与试样间的距离一般约为 0.4 nm，此时隧道电流 I 可更准确地表达为

$$I=\frac{2\pi e}{h^2}\sum_{\mu v}f(E_\mu)[1-f(E_v+eU)]|M_{\mu v}|^2\delta(E_\mu-E_v) \qquad (14-14)$$

式中：$M_{\mu v}$为隧道矩阵元；$f(E_\mu)$为费米函数；U 为跨越能垒的电压；E_μ表示状态 μ 的能量。μ、v 表示针尖和试样表面的所有状态。$M_{\mu v}$可表示为

$$M_{\mu v}=\frac{h^2}{2m}\int \mathrm{d}d\cdot(\Psi_\mu^*\ \nabla\Psi_v-\Psi_v^*\ \nabla\Psi_\mu^*) \qquad (14-15)$$

式中：Ψ 为波函数。

由此可见，隧道电流 I 并非试样表面起伏的简单函数，它表征试样和针尖电子波函数的重叠程度。隧道电流 I、针尖和试样之间距离 d 以及平均功函数 Φ 之间的关系可表示为

$$I\propto V\exp(-A\Phi^{1/2}d) \qquad (14-16)$$

式中：V 为针尖与试样之间所加的偏压；Φ 为针尖与试样的平均功函数；A 为常数，在真空条件下，A 近似为 1。根据量子力学的有关理论，由式(14－16)也可算得：当距离 d 减小 0.1 nm 时，隧道电流 I 将增加一个数量级，即隧道电流 I 对试样表面的微观起伏特别敏感。

根据扫描过程中针尖与试样间相对运动的不同，可将 STM 的工作原理分为恒电流模式[图 14－18(a)]和恒高度模式[图 14－18(b)]。若控制试样与针尖间的距离不变，如图 14－18(a)所示，则当针尖在试样表面扫描时，由于试样表面高低起伏，势必引起隧道电流变化。此时通过一定的电子反馈系统，驱动针尖随试样高低变化而作升降运动，以确保针尖与试样间的距离保持不变，此时针尖在试样表面扫描时的运动轨迹[如图 14－18(a)中虚线所示]直接反映了试样表面态密度的分布。而在一定条件下，试样的表面态密度与试样表面的高低起伏程度有关，此即恒电流模式。

若控制针尖在试样表面某一水平面上扫描，针尖的运动轨迹如图 14－18(b)所示，则随着试样表面高低起伏，隧道电流不断变化。通过记录隧道电流的变化，可得到试样表面的形貌图，此即恒高度模式。

恒电流模式是目前 STM 仪器设计时常用的工作模式，适合于观察表面起伏较大的试样；恒高度模式适合于观察表面起伏较小的试样，一般不能用于观察表面起伏大于 1 nm 的试样。但是，恒高度模式下，STM 可进行快速扫描，而且能有效地减少噪声和热漂移对隧道电流信号的干扰，从而获得更高分辨率的图像。

STM 的主要技术问题在于精密控制针尖相对于试样的运动。目前，常用 STM 仪器中针尖的升降、平移运动均采用压电陶瓷控制，利用压电陶瓷特殊的

电压、位移敏感性能，通过在压电陶瓷材料上施加一定电压，使压电陶瓷制成的部件产生变形，并驱动针尖运动。只要控制电压连续变化，针尖就可以在垂直方向或水平面上作连续的升降或平移运动，其控制精度要求达到0.001 nm。

图14－19给出CO在Pt(111)面吸附后表面重构的STM像。可以看出，其横向分辨率已达到目前高档高分辨电子显微镜的水平，纵向分辨率也有显著改善。

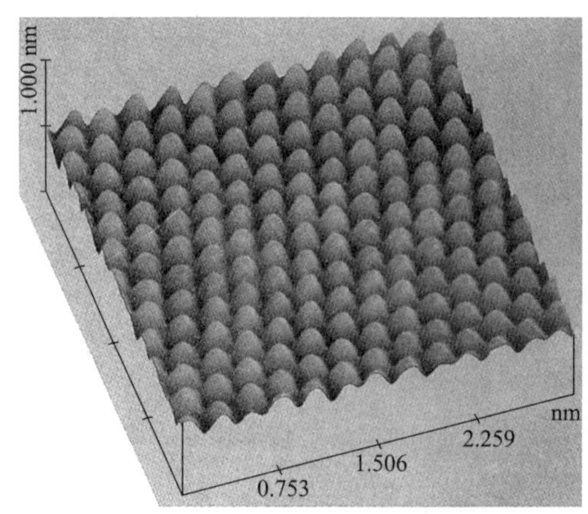

图14－19　CO在Pt(111)面上吸附后表面重构的STM像

14.4.3　原子力显微镜

扫描隧道显微镜不能测量绝缘体表面的形貌。1986年Gerd Binnig提出原子力显微镜(AFM)的概念，它不但可以测量绝缘体表面形貌，达到接近原子分辨，还可以测量表面原子间的力，测量表面的弹性、塑性、硬度、黏着力、摩擦力等性质。

AFM的原理接近指针轮廓仪(stylus profilometer)，但采用STM技术。指针轮廓仪利用针尖(指针)，通过杠杆或弹性元件把针尖轻轻压在待测表面上，使针尖在待测表面上作光栅扫描；或使针尖固定，表面相对针尖作相应移动，针尖随表面的凹凸作起伏运动。用光学或电学方法测量起伏位移随位置的变化，就可得到表面三维轮廓图。指针轮廓仪所用针尖的半径约为1 μm，所加弹力(压力)为10^{-2}～10^{-5} N，横向分辨率为100 nm，纵向分辨率为1 nm。而AFM利用STM技术，针尖半径接近原子尺寸，所加弹力可以小至10^{-10} N，在空气中测量，横向分辨率达0.15 nm，纵向分辨率达0.05 nm。

力的测量通常用弹性元件或杠杆。对弹性元件或杠杆，

$$F = S\Delta z \tag{14-17}$$

式中：F 为所施加的力；Δz 为位移；S 为弹性系数。知道 S，测出 Δz 即可算出力。

要测量小的力，S 和 Δz 都必须很小。在减小 S 时，测量系统的谐振频率 f_d降低，因 $f_d = \frac{1}{2\pi}\sqrt{\frac{S}{m}}$。如 f_d低，振动影响将较大。因此，在降低 S 的同时必须降低 m。由于微细加工技术的进步，要制作 S 和 m 都很小的杠杆或弹性元件是可能的。图 14－20 中所用的是由 Au 箔做的微杠杆，质量 $m = 10^{-10}$ kg，谐振频率 $f_d = 2$ kHz，从上面公式算出 $S = 2\times10^{-2}$ N/m。在 AFM 中，利用 STM 测量微杠杆的位移，Δz 可小至 $10^{-3} \sim 10^{-5}$ nm，因此用 AFM 测量最小力的量级为

$$F = S\Delta z = 2\times10^{-2}\times(10^{-12}\sim10^{-14})\,\text{N} = 2\times(10^{-14}\sim10^{-16})\,\text{N}$$

图 14－20 为 Binnig 在 1986 年提出的 AFM 的结构原理图，有两个针尖和两套压电晶体控制机构。2 是 AFM 的针尖；3 是 STM 的针尖；1 是 AFM 的待测试样；4 是微杠杆，又是 STM 的试样。5 是使微杠杆发生周期振动的调制压电晶体，用于调制隧道结间隙。当隧道结间隙用交流调制时，最小可测位移 Δz 可小至 10^{-5} nm。

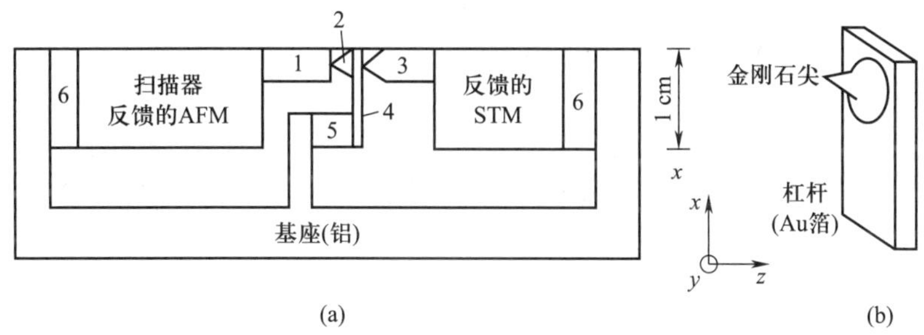

图 14－20　AFM 结构原理图。(a) AFM 结构原理；(b) 微杠杆尺寸
[1. AFM 试样；2. AFM 针尖；3. STM 针尖(Au)；4. 微杠杆，同时又是 STM 试样；5. 调制用压电晶体；6. 氟橡胶]

测量针尖和试样表面之间的原子力的方法如下。先使试样 1 离针尖 2 很远，这时杠杆位于不受力的静止位置，然后使 STM 针尖 3 靠近杠杆 4，直至观察到隧道结电流 I_{STM}。使 I_{STM} 等于某一固定值 I_0，并开动 STM 的反馈系统使 I_{STM}自动保持在 I_0 数值，这时由于 2 处在悬空状态，电流信号噪声很大。然后使 AFM 试样 1 向针尖 2 靠近，当 2 感受到 1 的原子力时，2 将稳定下来，STM 电流噪声明显减小。设试样表面势能和表面力的变化如图 14－21 所示，在距离试样表面较远时表面力是负的(负力表示吸引力)，随着距离变近，吸引力先增加然后减小直至降到零。当进一步减小距离时，表面力变正(排斥力)，

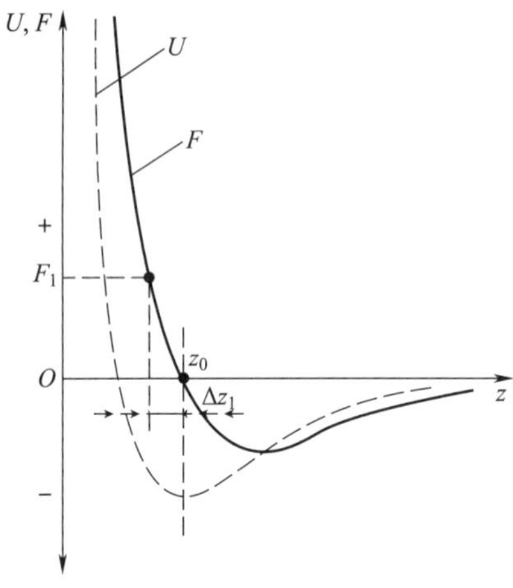

图 14－21　试样表面势能 U 和表面力 F 随表面距离 z 变化的曲线

并且表面力随距离进一步减小而迅速增加。如果表面力是这种性质，则当试样 1 向针尖 2 靠近时，2 首先感到 1 的吸引力，2 将向左倾，STM 电流将减小，STM 的反馈系统将使 STM 针尖向左移动 Δz 距离，以保持 STM 电流不变；从 STM 的 P_z 所加电压的变化，即可知道 Δz；知道 Δz 后，从胡克定律即知试样表面对杠杆针尖的吸引力 F，因为 $F=-S\Delta z$，S 是杠杆的弹性系数。试样继续右移，表面对针尖 2 的吸引力增加，到吸引力最大值时，杠杆 4 的针尖向左偏移（从 STM 感觉到 Δz）亦达到最大值。试样进一步右移时，表面吸引力减小，位移 Δz 减小，直至试样和针尖 2 的距离相当于 z_0 时，表面力 $F=0$，杠杆回到原位（未受力的情况）。试样继续右移，针尖 2 感受到的将是排斥力，即杠杆 4 将后仰。

总之，试样和针尖 2 之间的相对距离可由 AFM 的 P_z（控制 z 向位移的压电陶瓷）所加的电压和 STM 的 P_z 所加的电压确定，而表面力的大小和方向则由 STM 的 P_z 所加的电压的变化来确定。这样，就可求出针尖 2 的顶端原子感受到试样表面力随距离变化的曲线。当然，以上的分析是在不考虑 STM 针尖和微杠杆之间原子力的条件下作出的。

以上未考虑针尖或试样在力的作用下的变形。假如针尖 2 是硬度很高的材料（如金刚石），现要测量 AFM 试样的弹性或塑性变形随力的变化。在针尖与试样距离达到 z_0 以后，再进一步靠近，如果试样 1 是理想的弹性材料，则当 $|\Delta z|$ 增加时，排斥力 F 增加，F 和针尖进入试样的深度（即 $|\Delta z|$）有如图 14－22(a) 所示的形状。但是当试样退回，$|\Delta z|$ 从大变小时，力 F 应按原曲线变小直至变至零，这是理想弹性材料的弹性变形。对于另一个极端，在针尖进入试样一定深度后，当试样 1 稍微回撤时，力 F 即降至零，这是理想的塑性材料。由此可测量材料的弹性、塑性、硬度等性质，即 AFM 可用做纳米量级的“压痕器”（nanoindentor）。

利用 AFM 测量试样（包括绝缘体）的形貌或三维轮廓图的方法介绍如下。使 AFM 针尖工作在排斥力 F_1 状态（参看图 14－21），这时针尖相对零位向右移动 Δz_1 距离。此后保持 STM 的 P_z 固定不变，并沿 x（和 y）方向移动 AFM 试样，如试样表面凹下，则杠杆向左移动，于是 STM 的电流 I_{STM} 减小，I_{STM} 控制的放

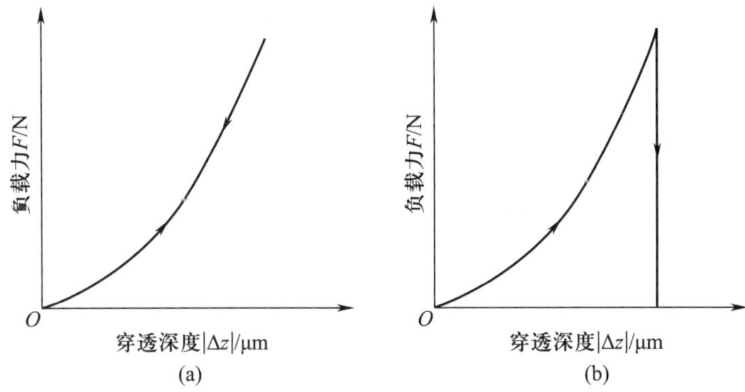

图 14－22 针尖和试样作用力与针尖进入试样深度的关系。(a) 理想弹性材料；(b) 理想塑性材料

大器立即使 AFM 的 P_l推动试样向右移动以保持 I_{STM}不变，即用 I_{STM}反馈控制 AFM 的 P_z以保持 I_{STM}不变。这样，当 AFM 试样相对针尖 2 作(x，y)方向光栅扫描时，记录 AFM 的 P_z随位置的变化，即得试样表面形貌的轮廓图。

AFM 尚有其他工作模式，此项技术正在发展中。

14.5 X 射线光电子能谱分析

14.5.1 X 射线光电子能谱的测量原理

X 射线光电子能谱(XPS)也就是化学分析用电子能谱(ESCA)，它是目前最广泛应用的表面分析方法之一，主要用于成分和化学态的分析。

用单色的 X 射线照射试样，具有一定能量的入射光子同试样原子相互作用，光致电离产生了光电子，这些光电子从产生之处输运到表面，然后克服逸出功而发射，这就是 X 射线光电子发射的三步过程。用能量分析器分析光电子的动能，得到的就是 X 射线光电子能谱。

根据测得的光电子动能可以确定表面存在什么元素以及该元素原子所处的化学状态，这就是 X 射线光电子能谱的定性分析。根据具有某种能量的光电子的数量，便可知道某种元素在表面的含量，这就是 X 射线光电子能谱的定量分析。其获得的是表面信息，因为光电子发射过程的后两步，与俄歇电子从产生处输运到表面然后克服逸出功而发射出去的过程是完全一样的，只有深度极浅范围内产生的光电子，才能够能量无损地输运到表面，用来进行分析的光电子能量范围与俄歇电子能量范围大致相同。所以，和俄歇电子能谱一样，从 X 射线光电子能谱得到的也是表面的信息，信息深度与俄歇电子能谱相同。

如果用离子束溅射剥蚀表面，用 X 射线光电子能谱进行分析，两者交替进行，还可得到元素及其化学状态的深度分布，这就是深度剖面分析。

X 射线光电子能谱仪、俄歇电子能谱仪和二次离子质谱仪是 3 种最重要的表面成分分析仪器。X 射线光电子能谱仪的最大特色是可以获得丰富的化学信息，三者相比，它对试样的损伤是最轻微的，定量也是最好的。它的缺点是由于 X 射线不易聚焦，因而照射面积大，不适于微区分析。不过近年来这方面已取得一定进展，分析者已可用约 100 μm 直径的小面积进行分析。最近英国 VG 公司制成可成像的 X 射线光电子能谱仪，称为“ESCASCOPE”，除了可以得到 ESCA 谱外，还可得到 ESCA 像，其空间分辨率可达到 10 μm，被认为是表面分析技术的一项重要突破。X 射线光电子能谱仪的检测极限与俄歇电子能谱仪相近，这一性能不如二次离子质谱仪。

X 射线光电子能谱的测量原理很简单，它是建立在爱因斯坦光电发射定律基础之上的，对孤立原子，光电子动能 E_k 为

$$E_k = h\nu - E_b \tag{14-18}$$

式中：$h\nu$ 是入射光子的能量，E_b是电子的结合能。$h\nu$ 是已知的，E_k可以用能量分析器测出，于是 E_b就知道了。同一种元素的原子，不同能级上的电子 E_b不同，所以在相同的 $h\nu$ 下，同一元素会有不同能量的光电子，在能谱图上，就表现为不止一个谱峰。其中最强而又最易识别的，就是主峰，一般当然用主峰来进行分析。不同元素的主峰，E_b和 E_k不同，所以用能量分析器分析光电子动能，便能进行表面成分分析。

对于从固体试样发射的光电子，如果光电子出自内层，不涉及价带，由于逸出表面要克服逸出功 φ_s，所以光电子动能为

$$E'_k = h\nu - E_b - \varphi_s \tag{14-19}$$

这里 E_b是从费米能级算起的。

实际用能量分析器分析光电子动能时，分析器与试样相连，存在着接触电位$(\varphi_A - \varphi_s)$，于是进入分析器的光电子动能为

$$E'_A = h\nu - E_b - \varphi_s - (\varphi_A - \varphi_s) = h\nu - E_b - \varphi_A \tag{14-20}$$

式中：E'_A 和 φ_A 分别是分析器材料的光电子动能和逸出功。

这些能量关系可以很清楚地从图 14－23 看出。在 X 射线光电子能谱中，电子能级符号以 nl_j表示，例如 $n=2$，$l=1$(即 p 电子)，$j=3/2$ 的能级，就以 $2p_{3/2}$表示。$1s_{1/2}$一般就写成 1s。图 14－23 表示 $2p_{3/2}$光电子能量，为清楚起见，其他芯电子能级及能带均未画出。

在式(14－20)中，如 $h\nu$ 和 φ_A 已知，测 E'_A 可知 E_b，便可进行表面分析了。X 射线光电子能谱仪最适于研究芯电子的光电子能谱。如果要研究固体的能带结构，则利用紫外光电子能谱仪(ultraviolet photoelectron spectroscopy,

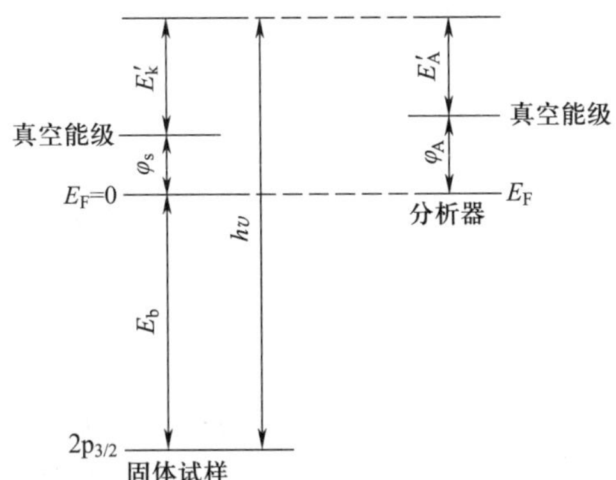

图 14－23　从固体发射的 $2p_{3/2}$ 光电子能量，E_F 是费米能级

UPS）更为合适。

根据上述的基本工作原理，可以得出 X 射线光电子能谱仪最基本的原理框图如图 14－24 所示。

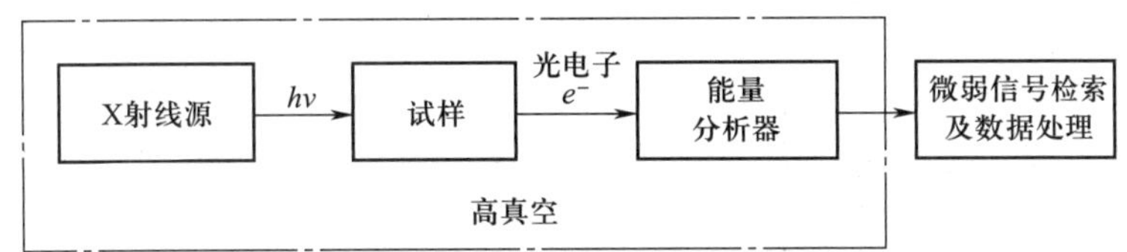

图 14－24　X 射线光电子能谱仪原理框图

常用的 X 射线源有两种，一是利用 Mg 的 K_α 线，一是利用 Al 的 K_α 线。它们的 K_α 双线之间的能量间隔很近，因此 K_α 双线可认为是一条线。Mg K_α 线能量为 1254 eV，线宽 0.7 eV；Al K_α 线能量为 1486 eV，线宽 0.9 eV。Mg 的 K_α 线稍窄一些，但由于 Mg 的蒸气压较高，用它作阳极时能承受的功率密度比 Al 阳极低。这两种 X 射线源所得射线线宽还不够理想，而且除主射线 K_α 线外，还产生其他能量的伴线，它们也会产生相应的光电子谱峰，干扰光电子能谱的正确测量。此外，由于 X 射线源的韧致辐射还会产生连续的背底。用单色器可以使线宽变得更窄，且可除去 X 射线伴线引起的光电子谱峰，以及除去因韧致辐射造成的背底。不过，采用单色器会使 X 射线强度大大削弱。不用单色器，在数据处理时用卷积也能消除 X 射线线宽造成的谱峰重叠现象。测量小的化学位移，可采用以上两种方法中的一种。

X 射线光电子能谱仪所采用的能量分析器，主要是带预减速透镜的半球或接近半球的球偏转分析器 SDA，其次是具有减速栅网的双通筒镜分析器 CMA，因源面积较大而且能量分辨要求高，用前者比较合适。能量分析器的作用是把从试样发射出来的、具有某种能量的光电子选择出来，而把其他能量的光电子滤除。对于以上两种能量分析器，选取的能量与加到分析器的某个电压成正比，控制电压就能控制选择的能量。如果加的是扫描电压，便可依次选取不同能量的光电子，从而得到光电子的能量分布，也就是 X 射线光电子能谱。采用预减速时，有两种扫描方式：一种是固定分析器通过(透射)能量方式(CAT 方式)，不管光电子能量是多少，都被减到一个固定的能量再进入分析部分；另一种是固定减速比方式(CRR)，光电子能量按一固定比例减小，然后进入分析部分。

X 射线光电子能谱的背底不像俄歇电子能谱那样强大，因此不用微分法，而是直接测出能谱曲线。由于信号电流非常微弱，在 $1\sim10^5$ cps 范围内，因此用脉冲记数法测量。与俄歇电子能谱相比，分析速度较慢。电子倍增器一般采用通道电子倍增器，大体上能较好地满足要求。近年来各厂家在新的 X 射线光电子能谱仪中采用了位置灵敏检测器(PSD)，明显地提高了信号强度。

X 射线光电子能谱的检测极限受限于背底和噪声。X 射线照射试样产生的光电子在输运到表面的过程中受到非弹性散射损失部分能量后，就不再是信号而成为背底。对于性能良好的 X 射线光电子能谱仪，噪声主要是信号与背底的散粒噪声。所以，X 射线光电子能谱的背底和噪声与被测试样有关。一般说来，检测极限大约为 0.1%。采用位置灵敏检测器能检测含量更小的元素，但设备较复杂，价格较高。

14.5.2　定性分析

根据测量所得光电子谱峰位置，可以确定表面存在哪些元素以及这些元素存在于什么化合物中，这就是定性分析。定性分析可借助于手册进行，最常用的手册就是 Perkin - Elmer 公司的 X 射线光电子能谱手册。在此手册中有在 Mg K_α和 Al K_α照射下从 Li 开始各种元素的标准谱图。谱图上有光电子谱峰和俄歇峰的位置，还附有化学位移的数据。对照实测谱图与标准谱图，不难确定表面存在的元素及其化学状态。

定性分析所利用的谱峰，当然应该是元素的主峰(也就是该元素最强、最尖锐的峰)。有时会遇到含量少的某元素主峰与含量多的另一元素的非主峰相重叠的情况，造成识谱的困难。这时可利用“自旋 - 轨道耦合双线”，也就是不仅看一个主峰，还看与其 n、l 相同但 j 不同的另一峰，这两峰之间的距离及其强度比是与元素有关的，并且对于同一元素，两峰的化学位移又是非常一致的，所以可根据两个峰(双线)的情况来识别谱图。

伴峰的存在与谱峰的分裂会造成识谱的困难，因此，要进行正确的定性分析，必须正确鉴别各种伴峰及正确判定谱峰分裂现象。

进行定性分析时一般首先进行全扫描(整个 X 射线光电子能量范围扫描)，以鉴定存在的元素，然后再对所选择的谱峰进行窄扫描，以鉴定化学状态。在 X 射线光电子能谱图里，C 1s、O 1s、C(KLL)、O(KLL)的谱峰通常比较明显，应首先鉴别出来，并鉴别其伴线；然后由强到弱逐步确定测得的光电子谱峰，最后用“自旋－轨道耦合双线”核对所得结论。

在 X 射线光电子能谱中，除光电子谱峰外，还存在 X 射线产生的俄歇峰。对某些元素，俄歇主峰相当强也比较尖锐。俄歇峰也携带着化学信息，如何合理利用它是一个重要问题。

本章知识点

1) 了解离子探针的原理及应用范围。
2) 了解俄歇电子能谱分析的工作原理及应用范围。
3) 了解场离子显微镜的工作原理。
4) 了解扫描隧道显微镜的工作原理及分析对象。
5) 了解 X 射线光电子能谱分析的工作原理及分析范围。

参考文献

[1] 戴起勋，等．材料科学研究方法．北京：国防工业出版社，2004

[2] 北京科技大学材料学系．材料科学与工程基础实验指导书．北京：北京科技大学自编教材，2004

[3] 周玉．材料分析方法．北京：机械工业出版社，2004

[4] 常铁军，祁欣．材料近代分析测试方法．哈尔滨：哈尔滨工业大学出版社，2000

[5] 王改莲，吴翠微，张麦仓，等．α－Cr 在 In718 合金中析出行为的微观分析．稀有金属材料与工程，2002，31(1)：7－40

[6] 陈世朴，王永瑞．金属电子显微分析．北京：机械工业出版社，1982

[7] E. 利弗森．材料的特征检测．叶恒强，等，译．北京：科学出版社，1998

[8] 戎咏华．分析电子显微学导论．北京：高等教育出版社，2006

[9] 余永宁．金属学原理．北京：冶金工业出版社，2000

[10] 李树堂．晶体 X 射线衍射学基础．北京：冶金工业出版社，1990

[11] 左演声，陈文哲，梁伟．材料现代分析方法．北京：北京工业大学出版社，2003

[12] 王英华．X 光衍射技术基础．北京：原子能出版社，1985

[13] 祁景玉．X 射线结构分析．上海：同济大学出版社，2003

[14] 李树堂．金属 X 射线衍射与电子显微分析技术．北京：冶金工业出版社，1980

[15] 刘文西，黄孝瑛，陈玉如．材料结构电子显微分析．天津：天津大学出版社，1989

[16] 陆家和，陈长彦．现代分析技术．北京：清华大学出版社，1995

[17] 薛增泉，吴全德．电子发射与电子能谱．北京：北京大学出版社，1993

[18] 胡汉泉，王迁．真空物理与技术．北京：国防工业出版社，1985

[19] 周玉，武高辉．材料分析测试技术．哈尔滨：哈尔滨工业大学出版社，2001
[20] 张朝晖．计算机在材料科学与工程中的应用．长沙：中南大学出版社，2008